2017

青铜峡年鉴

QINGTONGXIA YEARBOOK

青铜峡市党史地方志编纂委员会办公室 编

方志出版社

图书在版编目(CIP)数据

青铜峡年鉴.2017 / 青铜峡市党史地方志编纂委员会办公室编.--北京:方志出版社,2018.2

ISBN 978-7-5144-2967-1

Ⅰ. ①青… Ⅱ. ①青… Ⅲ. ①青铜峡—2017—年鉴
Ⅳ. ①Z524.34

中国版本图书馆CIP数据核字(2018)第027796号

青铜峡年鉴(2017)

编　　者:青铜峡市党史地方志编纂委员会办公室
责任编辑:齐　笑

出 版 人:冀祥德
出 版 者:方志出版社
地址　北京市朝阳区潘家园东里9号(国家方志馆4层)
邮编　100021
网址　http://www.fzph.org
发　　行:方志出版社图书经销中心
电话(010)67110500
经　　销:各地新华书店
印刷装订:宁夏凤鸣彩印广告有限公司

开　　本:889 mm×1194 mm　1/16
印　　张:28.75
字　　数:804千
印　　次:2018年2月第1版　　2018年2月第1次印刷
印　　数:0001~1000册

ISBN 978-7-5144-2967-1　　定价　300.00元

青铜峡市党史地方志编纂委员会

主　　任：石瑞林

副 主 任：金永灵　杨春燕　马晓贤　赵金峰

委　　员：郭志强　鲍　强　庞志文　贾志中　王学华　马新斌
张立军　肖敬元　郭恒君　徐怀俊　汤建华　马有荣
聂少军　王葆青

《青铜峡年鉴》（2017）编辑部

主　　任：郭恒君

副 主 任：陈瑞龙

总　　纂：陈瑞龙

特邀编审：冀祥德　于伟平　贠有强

责任编辑：张景增　常洁琼　吴晓红

编　　辑：陈瑞龙　王雪霞　杜文君　乔才山　丁　丽　马　婷

装帧设计：王雪霞　王　丽

编 辑 说 明

一、《青铜峡年鉴》（2017）是由青铜峡市人民政府主办，青铜峡市党史地方志编纂委员会承办，青铜峡市党史地方志编纂委员会办公室编纂，在国内外公开发行的具有政府公报性质的地方综合年鉴。

二、本年鉴辑录内容时限为2016年1月1日至2016年12月31日。图片资料下限至2017年6月。

三、本年鉴系统、翔实地记载了青铜峡2016年度政治、经济、文化及社会各项事业的发展状况、重大事件和最新成就。内容丰富，信息量大，可读性强，具有“资政、教化、存史”的价值，可为社会各界了解青铜峡、宣传青铜峡、建设青铜峡提供全方位的信息咨询服务。

四、本年鉴采用分类编辑法，以类目、分目、条目组成框架结构 的主体部分，少数分目中增设子分目。表述形式有专文、条文、大事记、表格、图片等多种，其中条目属最基本的表述形式，条目标题统一用黑体字加【 】表示。全书前有目录，后有索引，具有比较完善的检索系统。

五、本年鉴设特载、专载、大事记、市情概览、组织机构、党政、军事、法治、党派团体、公共管理、农业农村经济、工业、商贸服务、城乡基础设施、生态环境与监测、教育・科技、文化・旅游、大众传媒、卫生和计划生育、社会事务管理、银行・保险、镇・街道・农（林）场、荣誉榜、附录、索引25个类目。全书用条目编写的部分共列分目236个（含子分目）、条目1464个。条目为主要信息载体和基本撰稿形式。

六、本年鉴对各分目、条目之间的交叉重复，在分清主次和互补的基础上，采取平衡删留、详略互见、区别视角等不同记述方法。

七、本年鉴严格实行出版物汉字使用管理规定，法定计量单位、出版物数字用法规定，标点符号用法规定，力求规范化。

八、本年鉴所辑录的文字和图片资料全部由辖区内各镇、街道办、农（林）场、行政机关、事业单位提供。其中经济社会发展的主要数据以《青铜峡市2016年国民经济和社会发展统计公报》为准。

九、《青铜峡年鉴》（2017）的编纂工作，得到了方志出版社、自治区地方志编审委员会办公室、青铜峡市各级领导及各部门、驻青单位以及社会各界人士的热情支持和鼎力相助，在此表示衷心感谢。

青铜峡市党史地方志编纂委员会办公室

2017年12月

2016年10月11日，自治区党委书记李建华（前排右三）、政府主席咸辉（前排左一）调研青铜峡市经济社会发展情况

2016年7月25日，中共吴忠市委书记赵永清（前排右一）慰问驻青铜峡部队官兵

2016年9月17日，吴忠市市长喜清江（右一）调研青铜峡市至永宁接银川正源街快速通道建设项目整体规划情况

2016年9月9日，中共吴忠市委常委、青铜峡市委书记石瑞林（前排右三）现场调研审定相关项目建设选址及规划方案

2016年5月19日，市长金永灵（前排右二）深入青铜峡新材料基地调研工业经济运行情况

2016年4月12日，市人大常委会主任姬文泽（前排右三）检查代表议案建议办理情况

2016年4月27日，政协十届委员会主席张慧（前排左二）视察全市司法改革试点工作

2017年4月20日，政协十一届委员会主席王洋（前排左二）视察全市清真食品管理工作

2016 年 9 月 26 日至 27 日，中国共产党青铜峡市第十二次代表大会在小坝龙海宾馆召开

市委书记石瑞林作党代会工作报告

中国共产党青铜峡市第十二届委员会全体常委（左起）：何元凯、马晓贤、杨旭年、弋忠朝、张铁缨、石瑞林、金永灵、杨春燕、刘国强、马光锋、贺江

2016年10月26日至29日，青铜峡市第十五届人民代表大会第一次会议在小坝龙海宾馆召开

代表分组讨论

主任姬文泽作人大常委会工作报告

市长金永灵作政府工作报告

代表投票选举

2016年10月25日至28日，中国人民政治协商会议青铜峡市第十一届委员会第一次全体会议在青铜峡宾馆召开

大会胜利闭幕

十届政协主席张慧作常委会工作报告

十一届政协主席王洋在大会闭幕式上讲话

委员分组讨论

委员投票选举

2017 年 2 月 23 日，吴忠市 2017 年重点项目大会战暨青铜峡市项目集中开工仪式

禹皇酒庄地下酒窖

宁夏中航郑飞塞外香清真食品有限公司产品展示

宁夏菲斯克汽车轮毂轴承有限公司生产的轴承配件

宁夏汇高科技有限公司智能制造生产线

举办装备制造高技能人才培训班

青铜峡市仁和纺织材料科技有限公司纺纱生产线

嘉宝轻纺工业园警务服务中心

2016 年 5 月 13 日，全区 2016 年引黄灌区夏播生产现场会在青铜峡市召开

奶牛养殖

供港蔬菜

2016 年 9 月 21 日，召开青铜峡市 2016 年秋季农田水利基本建设现场启动会

秋季农田水利基本建设

全市机关干部参加春季义务植树活动

青铜峡高速公路路口

城市东区一角

2016 年 12 月 16 日，举办农村环境综合整治项目车辆发放仪式

建设中的黄河文化体育会展中心

河东区污水处理厂 SBBR 池体浇筑

热电联产工程完成并网投入运行

2016年7月5日，青铜峡市召开创建国家现代公共文化服务体系示范区动员会

2016年7月17日至18日，市文化演艺公司创编的秦腔小戏《过草地》进京参加全国基层院团戏曲会演

2016年3月19日，甘城子果农刘小琴参加中央电视台《星光大道》节目

2016年7月29日，举办庆“八一”建军节广场文艺晚会

2016 年 6 月 24 日，“李宁 · 红双喜杯”2016 年中国乒乓球协会会员联赛（青铜峡站）开幕

2016 年 5 月 24 日，市卫生和计划生育系统首届职工运动会开幕

举办春节社火比赛

青秀园五人制足球场

2016年4月20日，在黄河楼举行创建国家全城旅游示范市启动仪式

2016年9月23日，青铜峡市举办首届稻花香文化艺术节

2016年5月28日，“2016阿迪力青铜峡大峡谷高空挑战极限之旅”新闻发布会在人民大会堂北京厅举行

“旅游年卡”推介

开通旅游公交直通车

吉林省名师来青铜峡市开展“送教送培”活动

举办教师教学能力提升业务培训

市职教中心高铁班学生进行特色专业展示

2016 年 5 月 3 日至 5 日，举办全市中小学生“梦想之歌·唱响古峡”合唱艺术节

2016年9月27日，举办全市第十二届中学生运动会

积极打造高效课堂

实施贫困学生免费午餐计划

丰富的课外活动

2016 年 7 月 20 日，中国乡村医生培训工程启动会暨首期培训会在青铜峡市举行

2016 年 6 月 12 日，举行医疗技术下基层启动仪式

举办全面两孩政策宣传培训

2016年3月7日，召开全市卫生和计划生育工作会议

举办宁夏卫生系统先进典型事迹巡回报告会

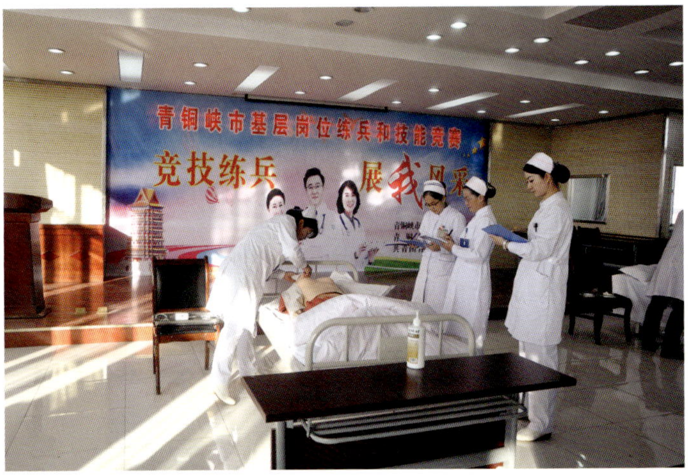

开展岗位练兵和技能竞赛

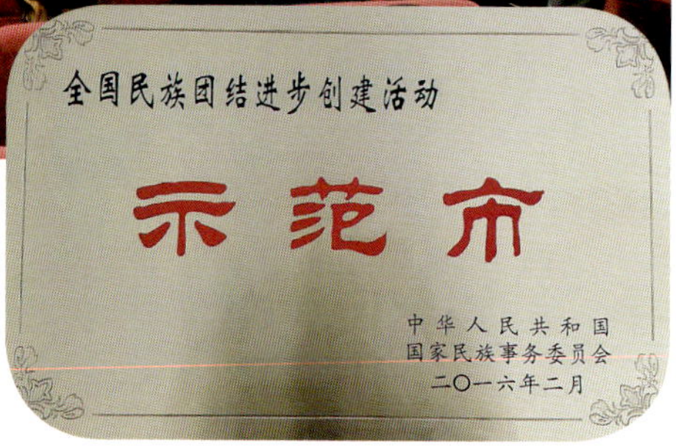

2016 年 2 月，青铜峡市荣获“全国民族团结进步创建活动示范市”称号

举办电子商务人员培训班

开展“服务百姓健康行动”大型义诊活动

医保政策宣传

2017 年 1 月 24 日，召开市纪委十二届二次全体（扩大）会议暨全市党风廉政建设和反腐败工作会议

瞿靖镇时坊村创办村民“善行银行”

鲁忠义家庭被评为全国文明家庭

2016 年 8 月 25 日，举办全市“学党章、知党规、守党纪、强党性”专题知识竞赛

2016年7月1日，全国校园禁毒图书角项目现场会在青铜峡市召开

开展反恐 处突演练

举办消防安全演练活动

2016年7月15日，青铜峡市召开法学会成立暨第一次会员代表大会

深入推进政法机关服务型窗口建设

法律宣讲进校园

荣誉青铜峡

【全国民族团结进步创建活动示范市】
青铜峡市
颁奖单位：国家民委
颁奖时间：2016 年 2 月
【双拥模范城】
青铜峡市
颁奖单位：全国双拥工作领导小组、民政部、中央军委政治工作部
颁奖时间：2016 年 7 月
【国土资源节约集约模范县（市）】
青铜峡市
颁奖单位：国土资源部
颁奖时间：2016 年 6 月
【2016 – 2020 年度全国科普示范县（市、区）】
青铜峡市
颁奖单位：中国科学技术协会
颁奖时间：2016 年 2 月 4 日
【全国公安信访窗口示范单位】
青铜峡市公安局
颁奖单位：公安部
颁奖时间：2016 年 2 月
【全国公安机关执法示范单位】
青铜峡市公安局
颁奖单位：公安部
颁奖时间：2016 年 10 月
【2016 年全国青少年禁毒知识竞赛二等奖】
青铜峡市教育局
颁奖单位：国家禁毒委、教育部、共青团中央
颁奖时间：2016 年 11 月
【双拥模范城】
青铜峡市
颁奖单位：自治区党委、自治区人民政府、宁夏军区
颁奖时间：2016 年 12 月
【2015 年度卫生计生工作综合目标管理一等奖】
青铜峡市
颁奖单位：自治区人民政府
颁奖时间：2016 年 1 月 21 日

目　录

特　载

专　载

大事记

市情概览

组织机构

党 政

军　事

法　治

党派团体

公共管理

农业农村经济

工　业

商贸服务

城乡基础设施

生态环境与监测

教育·科技

文化·旅游

大众传媒

卫生和计划生育

社会事务管理

银行·保险

镇·街道·农(林)场

荣誉榜

附　录

索　引

QINGTONGXIA
YEARBOOK

特 载

编辑◎王雪霞 乔才山

上级领导来青纪实

李建华带领全区产业发展和重点工作现场交流会与会人员观摩青铜峡市经济社会发展情况

10月11日，自治区党委书记李建华、政府主席咸辉带领全区产业发展和重点工作现场交流会的与会代表，深入青铜峡嘉宝轻纺工业园区宁夏华冠数控装备有限公司和宁夏鸿亚特种钢管有限公司，实地观摩青铜峡市产业发展和重点工作进展情况。

吴忠市和青铜峡市领导赵永清、喜清江、石瑞林、金永灵陪同观摩。

宁夏华冠数控装备有限公司是专业生产数控机床和工业机器人高科技企业，项目总投资1.5亿元，投产后可年产专用数控机床300台、工业机器人500台、实现销售收入3.5亿元、利税3800万元。宁夏鸿亚特种钢管有限公司年产9万吨精密轴承钢管及3亿件精密车件项目，是青铜峡市引进的高精尖产业，2016年初开始安装精密轴承钢管生产线，不到一年便形成了集精密汽车零部件设计、研发、生产、销售于一体的制造业全产业链，产品出口美国、意大利、印度等国家。项目建成后，将实现年销售收入8.25亿元。截至2016年8月底，青铜峡市制造业中以“高端”和“先进”为定语的企业达28家。

李建华、咸辉希望青铜峡市各工业企业要进一步创新理念和方法，提升产能、产品附加值和产品利润率，不断增强企业的竞争力。

刘慧调研青铜峡市第一季度工业经济运行情况

4月15日，自治区主席刘慧在自治区、吴忠市及青铜峡市领导张超超、赵永清、喜清江、石瑞林的陪同下，深入宁夏金昱元化工集团有限公司、华能宁夏大坝发电有限责任公司，对青铜峡市第一季度工业经济运行情况进行调研。

刘慧在调研中要求，各级政府和相关部门要有破解困局的决心和勇气，聚力打好“稳”“准”“转”“进”组合拳，千方百计破解发展困局，确保完成工业经济增长目标。

崔波、曾一春调研青铜峡市国有林场改革发展工作

2月24日，自治区党委副书记崔波、政府副主席曾一春带领调研组到青铜峡市树新林场，就国有林场改革发展工作进行专题调研。

吴忠市和青铜峡市领导桂福田、石瑞林、金永灵、程潜等陪同调研。通过实地走访、听取汇报，详细了解树新林场改革工作进展情况。

崔波对青铜峡市国有林场改革工作给予肯定，希望青铜峡市结合实际，坚持有利于保护和改善生态、有利于增强林业发展活力的原则，深化改革，激发活力。要加强管理，推进林场人事制度、分配制度改革，依岗定员、依岗定责，建立干部能上能下、能进能出选人用人机制，调动广大干部职工干事创业的积极性。要创新经营体制，加速现代林业发展进程，培育主导产业，逐步扩大现代林业产业经营规模和效益，加快国有林场改革发展步伐，为全区生态建设做出新的更大的贡献。

崔波调研青铜峡市信访维稳工作

9月26日，自治区党委副书记崔波到小坝镇司法所，就青铜峡市信访维稳工作进行调研。

吴忠市及青铜峡市领导喜清江、刘军、张铁缨陪同调研。

通过实地查看、现场走访和听取汇报，崔波对青铜峡市信访维稳工作给予肯定，认为青铜峡市2016年基层基础工作扎实，逐级走访趋势日渐形成，网上信访形成常态，主要信访指标稳步下降，信访形势总体向好。

崔波希望全区各级党政组织2016年要坚持把规范化作为推进阳光信访、责任信访、法治信访重要抓手，加大涉法涉诉信访问题协调处理力度，研究制定相关政策，促进信访问题及时有效依法解决。要建立领导信访事项批示件的协调督办机制，防止层层下批、问题转回原地。相关负责人要谋实策、出实招，通过持续不断用力，推动信访工作规范化发展。

崔波调研青铜峡市秋季农田水利基本建设工作

11月1日，自治区党委副书记崔波到青铜峡市叶盛镇，就秋季农田水利建设工作进行调研。

市领导石瑞林、闫培华陪同调研。

2016年，青铜峡市秋季全市农田水利基本建设计划投入资金2.74亿元，重点治理9大片区，实施22项重点水利工程，建设高标准农田36.25万亩。

崔波对青铜峡市秋季农田水利建设工作给予肯定，希望青铜峡市农田水利基本建设要创新机制，实行沟渠田林路综合治理，科学规划大网格林带建设，搞好供排水体系建设，调田整档，不断提高农业综合生产能力，营造塞上江南美丽田园风光。

蔡国英调研吴忠市和青铜峡市同城化工作

6月1日，自治区党委常委、宣传部部长、政协副主席蔡国英在吴忠市及青铜峡市领导喜清江、孙瑛、张学慧、石瑞林、杨少清、金永灵、崔奇鹏、何志强陪同下，深入黄河文化体育会展中心，对吴忠市和青铜峡市同城化工作进行调研。

通过调研，蔡国英对吴忠市和青铜峡市同城化工作给予肯定，希望全市上下统一思想，扎实工作，进一步强化组织领导，整合各方力量，全面抓好同城化建设工作，为加快全区同城化建设进程，推进宁夏空间发展战略规划实施做出更大贡献。

李文章来青开展走访慰问活动

1月28日，自治区党委常委、政法委书记李文章在吴忠市和青铜峡市领导桂福田、石瑞林、金永灵、张铁缨、刘国祥陪同下，对青铜峡市困难老党员、伤残警察、低保户、劳动模范和贫困户代表进行走访看望，并向他们致以新春佳节的美好祝愿和问候。

李文章希望青铜峡市各级党政组织要切实关心关注困难群众的生产生活，帮助他们解决生产生活中遇到的实际困难，想方设法改善他们的生活条件，让他们共享全社会改革发展成果，过一个欢乐祥和的春节。

马力督查青铜峡市安全生产工作

8月22日，自治区副主席马力到滨河大道事故多发地段，实地督查青铜峡安全生产工作。

吴忠市及青铜峡市领导张学慧、金永灵、张克文陪同检查。

马力希望青铜峡市要高度重视安全生产工作，深刻吸取事故教训，切实加强领导、明确责任。在抓建设、抓经济的过程中抓好安全工作，思想上高度重视安全生产问题，行动上坚决贯彻上级对安全工作的相关部署，杜绝各类安全事故发生，确保全市各项建设安全有序推进。

曾一春调研青铜峡市农业农村工作

3月10日至11日，自治区副主席曾一春到青铜峡市，就农业农村工作进行调研。

吴忠市及青铜峡市领导赵永清、桂福田、石瑞林、马玉龙、程潜陪同调研。

曾一春一行先后深入叶盛镇五星村、恒源林牧场养殖园、宁夏中航郑飞塞外香清真食品有限公司等地，通过听取有关情况汇报，与企业和镇村负责人进行座谈交流，全面了解青铜峡市农业农村工作进展情况。

曾一春对青铜峡市农业农村发展取得成绩给予肯定。希望青铜峡市要加大政策扶持力度，以农业增效、农民增收、农村发展为目标，整合全市资源，着力发展现代农业，让农民真正尝到现代农业的甜头。要积极培育市场，支持农产品深加工企业不断推出新产品，促进一、二、三产业融合，争取早日把产品打入高端市场。

刘可为调研青铜峡市城市建设工作

4月12日，自治区副主席刘可为在吴忠市及青铜峡市领导赵永清、张学慧、石瑞林、杨春燕陪同下，深入黄河文化体育会展中心、黄河楼，对青铜峡市城市建设工作进行调研。

刘可为对青铜峡市近年来城市建设取得成绩给予肯定，希望青铜峡市加大力度，切实加快吴忠黄河文化体育会展中心项目建设进度，充分整合各类项目资源，用足用活项目资金，按照项目总体规划保证工程质量，确保工程按期完工。要把吴忠黄河文化体育会展中心项目做细、做实、做好，建成一流的百年精品工程，建成吴忠、青铜峡对外开放、对外交流的窗口。要不断挖掘黄河楼的旅游文化资源内涵，将黄河楼打造成为全区黄河城市带精品旅游点，为沿黄城市经济带发展做出积极贡献。

孟庆丰看望慰问“12·06”特大盗窃案专案组参战民警

12月26日，公安部副部长孟庆丰率领公安部慰问组一行，在吴忠市领导刘军、王小平和青铜峡市领导金永灵、张铁缨、刘国强陪同下，到青铜峡市公安局刑侦大队，看望慰问青铜峡市“12·06”特大盗窃黄金首饰案专案组参战民警。

孟庆丰对青铜峡市公安机关成功破获“12·06”特大盗窃案及市公安局刑侦大队科技强警和信息化建设工作给予高度评价，希望青铜峡市公安局全体民警不辜负党和人民的期盼，在打击犯罪，维护稳定工作中做出新的更大的贡献。

赵永清调研青铜峡市经济社会发展及第一季度工作

2月18日，中共吴忠市委书记赵永清到青铜峡市，就经济社会发展及第一季度开局工作进行调研。

赵永清在吴忠市及青铜峡市领导张学慧、石瑞林、马耀宗、杨金海、杨少清、金永灵等陪同下，先后深入峡口镇谭桥村、青铜峡铝业集团有限公司、温家酒堡、杭萧汽车零配件产业园、正鑫源现代农业示范区、叶盛镇五星村等地，通过实地走访、座谈交流和听取汇报，详细了解青铜峡市经济社会发展情况及第一季度开局工作运行情况。

赵永清希望青铜峡市要以新理念认清新优势，充分发挥农业、工业、旅游等多重优势，推动经济社会实现新的发展。要面对挑战，敢于拼搏、敢于奋斗，勇于担当，以良好的精神状态主动适应新常态、引领新常态。要以新作风推动新发展，推行领导干部精准包扶，以强有力的措施解决项目建设过程中遇到的难题，促工业转型升级。要突出项目带动，狠抓“两大任务”、接力“两场赛跑”，延伸电解铝产业链，盘活老工业，加大招商引资力度，培育新工业。要以点带面，准确定位，促农业向品牌化发展。要找准支点，凸显旅游业优势，让资源变为资产、资产变为资本、资本变为证券，全力推进全域旅游发展。要脱胎换骨，加快发展电商、休闲服务，促现代服务业提速升级。要“四化融合”，促精准脱贫，让农民职业化、市民化、新型化、信息化，提前完成扶贫攻坚工作。

赵永清调研青铜峡市防洪排涝工作

7月24日，中共吴忠市委书记赵永清到青铜峡市贺兰山东麓大沟拦洪库，就防洪排涝工作进行调研。

吴忠市和青铜峡市领导石瑞林、王天军、马玉龙、金永灵、闫培华、陈雪松陪同调研。

赵永清希望全市各级各部门要高度重视防汛工作，认真贯彻落实习近平总书记关于做好防汛工作重要指示精神，迅速进入临战状态，通过层层落实防汛责任制，严格执行24小时值班制度，加强预警预报和汛情监测，强化防洪重点部位监管，抓好地质灾害易发区全面排查及除险加固工作，开展防洪排涝应急演练，确保人民群众生命财产安全。

赵永清带领吴忠市产业发展和重点工作现场交流会与会人员到青铜峡市观摩

8月2日，中共吴忠市委书记赵永清、市长喜清江率领吴忠市产业发展和重点工作现场交流会参会代表，到恒源林牧业肉驴养殖场、宁夏轴承谷科技发展有限公司轴承谷项目建设工地、宁夏鸿亚特种钢管有限公司生产车间、青铜峡旅游景观标识工程项目施工现场及黄河七彩园，实地观摩青铜峡市2016年重点项目、重点工作进展情况。

青铜峡市领导石瑞林、金永灵、姬文泽、张慧陪同观摩

赵永清希望恒源林牧业肉驴养殖

场要加强科学管理，延长畜产品加工产业链，提高肉驴养殖质量和效益；宁夏轴承谷科技发展有限公司等企业要加大项目建设，为全市经济转型发展做出贡献；青铜峡市要进一步得天独厚资源优势，盘活旅游资源，增加旅游新业态，建设适合不同人群休闲观光娱乐生态景观带，打造独具特色新型旅游城市。

喜清江调研青铜峡市工业经济运行情况

4月1日，吴忠市市长喜清江到青铜峡市，就工业经济运行情况进行调研。

吴忠市和青铜峡市领导石瑞林、杨金海、金永灵、撒贵清陪同调研。

喜清江一行先后深入宁夏金昱元化工集团有限公司、宁夏可可美生物工程有限公司和杭萧汽车零部件产业园，全面了解企业生产经营情况。喜清江希望全市各级各部门要积极主动提供优质服务，帮助企业解决建设和发展中的实际困难和问题，特别是要解决好融资难、用工难等方面的问题，为加快工业项目建设创造良好条件。各企业要坚定信心，充分挖掘发展潜能，加快结构优化升级，积极开拓市场，在拉长产业链条上做好文章，提升市场竞争力，为经济社会发展做出更大贡献。

喜清江调研青铜峡市至永宁接银川正源街快速通道建设项目

9月17日，吴忠市市长喜清江到永宁县许黄路与规划快速通道交叉处和小李路与曹沿路交叉处，就青铜峡市至永宁接银川正源街快速通道建设项目整体规划情况进行调研。

吴忠市及青铜峡市领导王天军、金永灵、陈雪松陪同调研。

青铜峡市至永宁接银川正源街快速通道，全长30.5千米，计划总投资7.8亿元，按照一级公路标准建设。公路路基宽24.5米、路面宽23米，两侧各设15米宽绿化带。公路设计速度80千米每小时。

喜清江希望相关单位要进一步优化设计方案，坚持高起点定位，高层次布局，高水平规划。各有关部门要加快做好项目前期工作，争取项目早日开工建设。

报告

在中国共产党青铜峡市第十二次代表大会上的报告

继往开来 砥砺前行 奋力谱写全面建成小康社会新篇章

中共吴忠市委常委 青铜峡市委书记 石瑞林

各位代表、同志们：

现在，我代表中国共产党青铜峡市第十一届委员会向大会作报告，请审议。

中国共产党青铜峡市第十二次代表大会，是在我市开启“十三五”新征程、加快转型升级、全面建设小康社会关键时期召开的一次十分重要的会议。大会的主要任务是：高举中国特色社会主义伟大旗帜，全面贯彻落实习近平总书记系列重要讲话精神，回顾总结青铜峡市十一次党代会以来的工作，审议确定今后五年的主要任务，选举产生中国共产党青铜峡市第十二届委员会和纪律检查委员会，动员全市上下继往开来，砥砺前行，建设实力、活力、魅力、和谐、幸福青铜峡，为全面建成小康社会而努力奋斗！

一、攻坚克难，奋力争先，经济社会发展迈上新台阶

第十一次党代会以来的五年，是我市发展史上极不平凡的五年。五年来，面对“三期”叠加的严峻形势，经济增量与经济减量、建设速度与下滑速度“两场赛跑”的不利局面，市委深入贯彻落实党的十八大和十八届三中、四中、五中全会精神，在自治区、吴忠市党委、政府的坚强领导下，团结带领全市党员干部群众，在解放思想中转方式、调结构，在破解难题中抓改革、促发展，在应对挑战中保民生、兜底线，较好地完成了十一次党代会确定的目标任务，开创了经济社会持续健康发展新局面。

过去的五年，我们真抓实干、攻坚克难，综合实力不断增强。主动适应经济发展新常态，坚持发展速度、质量、效益相统一，突出项目带动，狠抓投资拉动，全力推进新型工业化、农业现代化、旅游精品化、城乡一体化进程，经济总量稳步提升。预计2016年底，实现地区生产总值136亿元，年均增长5.3%；城乡居民人均可支配收入分别达到23870元和12200元，年均分别增长7.6%和9.8%；五年累计完成固定资产投资555亿元，是上个五年的2.4倍，年均增长16%；强力推进“两大任务”，招商引资到位资金462亿元，落实上争资金104亿元，经济社会发展后劲进一步增强。

过去的五年，我们转变方式、推动转型，产业结构持续优化。始终把调结构作为提升发展质量和效益的核心任务，围绕工业转型突破、农业提质增效、服务业提档升级，力促三次产业协调发展。成功引进杭萧产业园、轴承谷、汇高智能制造、仁和纺织等一批高新精项目，工业结构调整实现突破，装备制造、生态纺织等新兴产业规模不断壮大，轻重工业比由2011年的17:83提高到25:75；非公有制工业占全市工业的比重由2011年的32%提高到50%，对经济增长的带动能力凸显。以优质粮食、酿酒葡萄、特色养殖等优势产业为主导的现代农业发展势头强劲，市场稳步扩大，品牌效应不断提升。现代服务业加快发展，“黄河岸边、稻花香里、贺兰山下”三大旅游板块正在加快完善，旅游、文化、商贸、物流、金融等融合发展的效应日益显现。三次产业结构由2011年的12:65:23调整为12:60:28。

过去的五年，我们深化改革、扩大开放，发展动能逐步释放。政企分开、政资分开、政社分开不断深化，部门职责体系更加健全，城乡、财税、投融资、农村产权、社会保障、医药卫生等18个领域体制改革稳步推进。农村综合改革取得突破，五星村“土地变股权、农民变股东、收益有分红”土地股份合作制改革经验在全国扶贫工作座谈会上交流并在全区推广。完成新一轮政府机构改革，政府职能进一步转变。行政审批制度改革稳步推进，“五证合一、一照一码”全面推行，减少行政审批221项，取消和减免行政事业性收费12大项，行政审批时限平均压缩55%。投融资改革深入推进，成立金融国资局，引进商业银行2家，挂牌上市“新三板”企业3家。对外开放取得新进展，积极走出去、请进来，广泛开展了江浙鲁等地区的交流合作，与法国波尔多市弗龙萨克大区缔结友好城市，对外交流合作领域不断拓宽。特别是一些优秀重大项目的引进，为今后转型发展奠定了坚实基础。科技推广力度不断加大，科技对经济增长的贡献率持续提高，荣获“全国科普示范市”称号。

过去的五年，我们统筹推进、协调发展，城乡面貌焕然一新。坚持规划引领，编制完善15项城乡规划，建立规委会和专家委员会制度，统筹抓好城乡规划、建设、管理和公共服务，增强规划权威性，提升决策科学化水平。建成了中华黄河楼、大禹文化园等重点项目293项，完成22个120万平方米老旧小区既有建筑节能综合改造，城市供热改造工程即将投入使用。叶盛、瞿靖、邵岗等5个特色小城镇初具规模，赵渠、先锋等7个美丽村庄通过验收，乡村条件大为改观，城镇化率达57.8%，提高9个百分点。创新棚户区改造货币化安置模式，房地产去库存走在全国前列。新建改建公路299千米，八纵六横交通网络基本形成。持续开展了主干道路大整治大绿化和拆违治乱专项治理活动，城乡环境整洁有序，市容村貌靓丽多彩，顺利通过国家卫生城市复验。国土资源管理工作成效显著，荣获“全国国土资源节约集约模范县(市)”荣誉称号。循环经济取得长足发展，二氧化硫、化学需氧量排放年均减少7.8%和5.7%，空气质量Ⅱ级标准以上天数年均超过286天。跻身全国首批绿色能源示范县(市)。

过去的五年，我们倾注民生、增进福祉，社会事业加快发展。始终把改善民生作为工作的出发点和落脚点，每年民生投入占到财政收入的80%以上。多渠道扩大就业创业，城镇登记失业率控制在4.1%以内。城乡教育差距缩小，学前教育迅猛发展，义务教育学校办学条件实现标准化，顺利通过国家义务教育均衡验收。基本普及高中阶段教育，职业教育蓬勃发展，教育教学质量稳步提升。建立高龄老人、孤儿最低养育和残疾人津贴制度，社会保障体系更加完善。医药卫生体制改革深入推进，公共卫生和医疗服务体系日趋完善，成功进入国家级卫生应急综合示范市行列。提前完成自治区下达的“十二五”生态移民任务，移民群众生产生活稳步改善和提高，全市小康社会实现程度达到82.4%。文化事业繁荣发展，成功举办了黄河文化周暨“百花奖”文艺大赛、阿迪力走钢丝跨越黄河极限挑战等系列活动，《塞上明珠青铜峡》荣获2015年度全国城市宣传片金奖。平安青铜峡建设深入推进，信访维稳、社会治安、安全生产形势持续好转，社会大局保持和谐稳定。法治建设卓有成效，“六五”普法成效显著，全民法治观念全面加强，禁毒预防教育走在全国前列。民族宗教事务管理规范有序，国防动员和双拥共建成果丰硕，荣获“全国民族团结进步创建活动示范单位”“全国双拥模范市”称号。

过去的五年，我们强基固本、凝心聚力，党的建设全面加强。思想政治建设不断深入，党的群众路线教育实践活动、“三严三实”专题教育成效显著，“两学一做”学习教育扎实推进，党员干部政治意识、大局意识、核心意识、看齐意识进一步增强。基层组织建设巩固提升，非公企业和社会组织党组织覆盖率分别提高到91.9%和85.1%，“联合党委”、“三建四关心”、“两管三评一推优”干部差额选任、干部考核全程纪实等经验在全区推广，“五星级远程教育站点”得到中组部肯定。干部人事制度改革不断深化，选贤任能、风清气正的干部选拔任用导向更加明确。中央八项规定全面执行，“两个责任”有力落实，“四风”问题得到有效遏制，惩治和预防腐败体系逐步健全，立案查处姚自宏、马万斌等违纪违法案件，反腐败的高压态势逐步形成，干部作风持续好转。荣获“全区基层组织建设先进市”“全区学习型党组织建设示范市”称号。

五年来，市委始终坚持解放思想，实事求是，与时俱进，认真学习并坚决贯彻习近平总书记系列重要讲话精神，坚决执行党中央的路线方针政策，坚持执行自治区、吴忠市的决策部署，主动发挥核心作用，自觉担负起推进青铜峡建设发展的重任，狠抓政治引领、思想教育和凝心聚力。严格执行民主集中制原则，坚持重大决策、重点项目、重要事项集体讨论决定，市委民主决策、科学决策的水平不断提高。支持人大常委会、政府、政协依法履行职责。加强统一战线工作，工会、共青团、妇联等群众团体的桥梁纽带作用进一步增强。党史、老干部、残联、关心下一代等工作取得新进步。

看似寻常最奇崛，成如容易却艰辛。五年取得的成绩，是习近平总书记治国理政新理念指引的结果，是自治区、吴忠市党委、政府正确领导的结果，是市委、人大、政府、政协班子精诚团结、奋发拼搏的结果，是全市广大党员和干部群众艰苦奋斗、开拓创新的结果，是社会各界各方面关心支持的结果。在此，我代表十一届委员会，向全市广大党员干部和各族群众，向各民主党派、工商联、无党派人士，向驻青部队官兵、公安干警，向为青铜峡各项事业做出积极贡献的各界人士和朋友们，表示诚挚的感谢，并致以崇高的敬意！

各位代表、同志们，回顾过去五年的艰辛历程，我们深深体会到：

——必须精准定位、创新发展。我们坚持以创新的理念引领工作、以争先的精神鼓舞干劲，积极适应经济发展新常态，始终把发展作为第一要务，民生作为第一需求，稳定作为第一责任，科学研判，精准施策，使坐标更加清晰、路径更加明确，凝聚起广大干部群众的思想共识。新思维催生新局面，新发展需要新动力。只要我们坚持理念常新、思路创新，就一定能够把握制高点、赢得主动权。

——必须注重效益、提升品质。我们突出产业集中布局、项目集群建设、资源集约利用，工业结构由倚重倚能向环保节能型、质量效益型转变；现代农业品牌效应持续释放，市场竞争力不断增强；旅游优势成效明显，吸引带动力正在提升。补短板才能增优势，去杠杆才能优结构。只要我们坚持科学发展，以转型为要，以质量取胜，就一定能够调优结构、提升效益。

——必须以人为本、共建共享。我们牢记民生为先，在为民惠民上千方百计加大投入，财政累计支出达到100亿元。实实在在的民生投入、真真切切的民生关怀，让群众的幸福有了获得感。惠民生、顺民意才能汇民智、聚民力。只要我们坚持把民生作为幸福之基、和谐之本，实现好、维护好、发展好广大群众的根本利益，就一定能够获得广泛的群众基础和强大的力量源泉。

——必须敢于担当、善作善成。我们始终讲大局、抓执行，重落实、敢担当，紧盯一产提质、二产增效、三产升级等重点环节，厉行“实、细、快”的工作作风，推行责任制限时制，任务倒逼，刚性督查，破解一个又一个难题，取得一个又一个突破。事在人为、重在能为、贵在善为。只要我们坚持埋头苦干、真抓实干,就一定能够把既定的目标变为生动的现实。

——必须围绕核心、从严治党。我们发挥市委总揽全局、协调各方的领导核心作用,集思广益谋发展,志同道合干事业,营造了上下同心、和谐共进的良好氛围;始终把全面从严治党摆在突出位置,整体统筹抓党建,驰而不息转作风,让全面管党不留死角。风清则气正、政通则人和。只要我们坚持党要管党、从严治党,凝聚人心、汇集力量,我们的事业就一定大有作为。

五年来的成绩,为今后发展打下了坚实基础;五年来的实践,为继续前进积累了宝贵经验。但也必须清醒地看到我们所面临的困难和挑战,突出表现在:经济总量小与经济结构不合理的挑战并存,经济转型发展的任务还十分艰巨;城乡规划建设管理水平仍需提高,区域发展不平衡问题依然突出;教育、医疗、就业和住房等民生问题备受关注,统筹兼顾各方利益难度加大;社会管理基层基础相对薄弱,和谐社会建设面临新课题;经济发展与资源环境约束矛盾日趋凸显,生态建设和环境保护任重道远;一些党员干部思想不够解放,工作作风仍需改进;个别领域消极腐败现象依然存在等等。这些问题对我们当前和今后相当时期内的工作有直接影响和制约,我们必须高度重视,切实加以解决。

二、坚定信心,迎难而上,科学规划提档升级、加速崛起的宏伟蓝图

今后五年,是青铜峡加快转型升级的关键阶段。放眼全球,世界经济在深度调整中曲折复苏,产业变革蓄势待发,求和平、谋发展正在成为世界各国的共识,随着我国全方位的崛起和综合国力的整体提升,中国已成为世界所有领域不可或缺的重要力量,这些必将为我们争取到更加和平有利的发展机遇期。纵观国内,经济发展进入调速换挡、结构优化、动力转换的新常态,尽管面临持续下行压力,但我国经济发展长期向好的基本面没有改变,供给侧结构性改革红利逐步释放。更重要的是,我们党治国理政的路径越来越科学、清晰和自信。审视全市,我们已经迎来机遇叠加、大有作为的重要时期,特别是随着"四个宁夏"建设的纵深推进,自治区空间发展战略规划全面实施,地处沿黄城市带精华区的青铜峡,发展空间将进一步开阔。我们具备谋求突破、再攀新高的坚实基础,较完备的工业体系、良好的农业基础、优美的人居环境、丰富的旅游资源,都为我们加快转型、加速崛起打下了雄厚基础。只要我们不忘初心,持续用力,久久为功,一定会再创青铜峡市未来的新辉煌。

今后五年,经济社会发展的指导思想是:以党的十八大及十八届三中、四中、五中全会和习近平总书记系列重要讲话精神为指导,坚定不移落实上级党委决策部署,以提高经济发展质量和效益为中心,以改革开放为动力,以改善民生为落脚点,大力实施"1155"发展思路,全面加强和改进党的建设,奋力谱写青铜峡全面建成小康社会新篇章!

"1155"发展思路,就是围绕一个目标,打赢一场硬仗,加快五区建设、打造"五个青铜峡"。

一个目标,就是全面建成小康社会;

一场硬仗,就是坚决打赢转型发展这场硬仗;

加快五区建设,就是建设西部创新发展先行区、老工业基地转型升级样板区、中国"甘城子"葡萄酒黄金产区、黄河文化旅游精品区、宁夏富硒有机大米产业化发展示范区;

打造五个青铜峡:

——实力青铜峡。新型工业、全域旅游、现代农业产业体系更加完善,产业迈向中高端;投资更加强劲有力,出口实现新突破、消费需求拉动增强,三次产业结构更趋合理,经济发展质量和效益全面提升。到2021年,地区生产总值、固定资产投资、一般公共预算收入和支出、社会零售品总额增幅均在吴忠市中上水平。

——活力青铜峡。重点领域和关键环节改革取得实质性进展,体制机制更具活力,"大众创业、万众创新"的生动局面全面形成;各领域对外交流合作不断深化,开放型经济发展取得新突破;争项目、引项目、上项目的氛围更加浓厚,产业吸纳力、辐射力、带动力明显增强,发展动力更足、势头更强;干部作风持续好转,干事创业热情不断激发,"两优"环境更加优化。

——魅力青铜峡。城市综合承载能力进一步加强,城市品位显著提升,管理服务精细到位,产城融合、风景怡人、宜居宜业城市发展新格局全面形成;美丽乡村建设深入推进,生态环保机制更加健全,全域旅游体系更加完善,魅力青铜峡更具吸引力;地域特色、人文特质充分彰显,生态环境和生活质量显著提升,让天更蓝、地更绿、水更清、城更净。

——和谐青铜峡。民主政治进一

步加强，依法治市深入实施，社会治理能力逐步提升；治理体系更趋完善，社会秩序更加规范；民族团结、宗教和顺的良好局面不断巩固，社会大局持续稳定，社会公平正义得到全面维护；公民思想道德建设切实加强，崇德向善的文明风尚日益浓厚。

——幸福青铜峡。就业渠道更加多元，群众物质生活更加殷实，精神文化生活更加丰富，民生事业全面进步，社会保障体系更加健全，公共服务更加均等便捷，公众幸福指数稳步提高，实现学有所教、病有所医、住有所居、老有所养，全面进入小康社会。城镇登记失业率控制在4%以内，城乡居民人均可支配收入分别增长9%和8.5%。

各位代表、同志们，实现奋斗目标既有客观可行性，更有巨大挑战性。我们必须加倍努力，艰辛付出，才能取得令上级组织和广大人民群众满意的成绩。只要全市勠力同心，再鼓干劲，奋勇拼搏，确定的目标就一定能够实现！

三、优化结构，转型升级，打造功能复合、业态融合的实力青铜峡

转型是青铜峡科学发展的迫切要求，是加速崛起的战略定位。我们要大力调整产业结构和所有制结构，促进转型升级，实现总量扩大、质量提升、实力增强。

强力推进工业转型升级。坚持工业强市战略不动摇，改造提升现有企业，培养壮大产业集群，夯实转型发展基础，打造老工业基地转型发展样板区。改造升级传统产业。坚持用高新技术、先进适用技术和现代信息技术改造提升冶金、化工、建材、农副产品加工等传统产业，重点实施铝合金制造、PVC循环经济升级、新型节能环保建材、农产品延伸加工等项目，促进产业链向高附加值、高技术含量环节延伸。支持鼓励青铝、金昱元、可可美等企业加大技术改造力度，用新技术、新工艺、新设备，开发一批重点产品，推进传统产业在资源利用、节能减排、提升产品创新上转型升级。培育壮大新兴产业。对接“中国制造2025”、互联网+，信息化与工业化“两化融合”、先进智能制造与创新“双轮驱动”，加大招商引资力度，持续做好增量文章。大力实施以轴承谷、工业机器人、汇高智能制造等为主的装备制造项目，以高性能铝合金材料、氮化硅、苏锡光电铜等为主的新材料项目，以仁和纺织、氨纶等为主的生态纺织项目，以多元醇等为主的精细化工项目，着力打造装备制造、新材料、生态纺织、精细化工产业集群和重点产业链。积极实施大企业战略、品牌创建计划和技术标准战略，培育壮大一批具有规模优势、自主知识产权的企业集群。扩容升级园区功能。发挥园区的平台优势、环境优势，大力实施扩园和“两化”管理提标提档行动，全面促进政策向园区倾斜、要素向园区集中、产业向园区集聚；创新基础设施投融资体制机制，加快建设园区治污、集中供暖工程、绿化美化及信息化服务等基础设施，推动园区产业布局更加科学、经济结构更加优化、政务服务更加高效、配套设施更加完善。高度重视环保问题，严把项目准入关，杜绝有环保问题的项目落地，对有污染、规模小、效益差的落后产能坚决淘汰，打造循环经济园区，力争到2021年，工业园区产值达到700亿元。扶强做大非公经济。下大力气调整所有制结构，鼓励、支持和引导非公经济发展，创新合作模式、回报方式，健全服务体系，积极为民营企业争取政策、项目、资金等扶持，让非公企业在投融资、税收、土地使用和对外贸易等方面，与其他企业享受同等待遇。帮助企业拓宽视野，创新管理模式，促进非公转型升级。到2021年，力争非公有制工业占工业比重超过70%。

大力推进全域旅游持续提速。以创建“国家全域旅游示范市”为契机，全力推进“黄河岸边、稻花香里、贺兰山下”三条线建设，打造“印象黄河·彩虹之上”文化旅游品牌。全景式打造精品。提档升级“黄河岸边”线，打造集水上观光、生态度假、文化体验、户外运动、节庆活动于一体的黄河文化旅游新名片。创新拓展“稻花香里”线，打造集乡村度假、户外休闲、采摘垂钓、民俗体验、特色餐饮为一体的塞上江南田园风情游新名片。优化布局“贺兰山下”线，打造集自驾探险、品鉴美酒、运动康体等多功能于一体的寻古探幽、养心健身体验旅游新名片。全景式推进建设。以景区建设、城镇建设、美丽村庄建设为抓手，以中华黄河坛、黄河楼、大禹文化园、黄河公园等重点旅游资源为支撑、添景添绿、提质提档做好现有基础设施完善和提升工作，做足文化产业补充工作，做足做透山水田园文章，积极构建全域旅游空间结构体系。实施青铜古镇运营、游乐园、热气球基地、低空航线、娱乐广场、水上舞台、黄河路景观等项目建设，实现旅游产业全域覆盖。全景式完善基础设施。配套完善景区设施，在全面加大山水林田路等基础设施建设的同时，重点规划建设连接银川正源街快速通道、沿贺兰山东部北起北岔口长城南至库区湿地旅游通道（含通

往葡萄酒庄、鸽子山遗址、广武岩画等支线)、牛首山旅游环线、打包建设农村道路、109改线道路、滨河大道景观线、沿山公路绿化景观线、稻花香里骑行线、低空观光线、西干渠联通银川水系线"十条线"建设,提升全景式基础设施服务功能。做大做强旅游产业,推进旅游与现代服务业互动发展、与新型工业有机结合、与现代农业紧密衔接,实现旅游产业多样化、现代化,打造黄河文化旅游精品区。力争2018年成功创建国家全域旅游示范市,2020年进入国家旅游城市行列。

全力推进现代农业质效双增。全力推动"两优一特"产业发展,重质量、盯市场、提效益、找出路。充分发挥"塞上硒都"核心区优势,以龙头企业为引领,以品牌创建为抓手,以基地建设为依托,大力打造宁夏富硒有机大米产业化示范区。要积极支持农民群众发展经济效益好、市场前景好的制种玉米、有机瓜菜等多种种植。依托贺兰山东麓酿酒葡萄最佳原产地资源禀赋,重点抓好甘城子中法葡萄酒庄集群示范基地建设,培育列级酒庄20家,打造中国"甘城子"葡萄酒黄金产区。大力发展肉驴等特种养殖业,巩固提升生猪、奶牛、家禽等传统养殖业,引进阿胶、乳业、肉类加工企业,促进农产品就地就近加工增值。鼓励特色农产品申请注册商标,积极构建农产品与互联网融合的网络营销体系,将特色农产品推向国内外市场。加强农技服务和流通体系建设,建立农产品质量安全追溯体系,大力培育无公害、绿色、有机认证产品,确保农产品安全。实现农业大市向农业强市转变,让农业更强、农民更富、农村更美。

倾力推进新型服务业优化升级。激活消费市场,制定加快服务业发展的政策措施。进一步提升购物平台建设,实施台湾城、古峡商业中心、特色农产品体验馆、黄河外滩风情街等项目,重视发展养生健身、疗养康复、健康管理等服务业。实施养老健康城、老年活动中心、中医回医保健中心等项目,推动养老服务与医疗、健身、家政、保险等融合发展,加快构建医药疗养互动、功能配套衔接、资源集约共享的健康服务产业集群。充分利用地方特色食材,挖掘经典名菜、地方美食、特色小吃,打造提升3条特色餐饮集聚街区,打响地方特色美食品牌。鼓励错峰休假,激活假日消费,培育和支持信息经济发展。实施"互联网+"行动计划,建设电子商务中心、电子商务服务站,促进信息化与新型工业化、农业现代化、城镇化四化融合,形成经济增长新亮点。做强现代物流,建设立新交通物流、铁路仓储、粮食加工物流园等专业市场,构筑工业、农村、城市配送物流网络。

四、深化改革,扩大开放,打造创新驱动、包容共赢的活力青铜峡

认真落实全面深化改革各项部署,不断提升对外开放水平,扎实推进创新驱动战略,构建富有效率、充满活力的体制机制,为经济社会发展注入新动力。

以改革激发新活力。切实把供给侧结构性改革作为今后五年经济改革的重点,促进过剩产业生产要素向新兴产业转移,积极扩大有效供给,力促产业结构不断优化。深化农村综合改革,积极推进农村土地股份合作制、"三权"抵押贷款、不动产登记等改革,赋予农民更多财产权。探索农业经营制度、农村户籍制度、农村社会治理制度等方面的改革,发展壮大农民专业合作社、家庭农场,释放"三农"发展活力。深化行政审批制度改革,健全权力清单和责任清单制度,简化事项、优化流程、提高效能,加强事中、事后监管,促进政府职能转变。推行"互联网+政务服务",开展网上并联审批,方便群众办事。推进重点领域改革,推行商事制度改革,便利市场准入,健全服务企业、服务项目工作机制,改善投资软环境,吸引客商投资兴业。加大财税、投融资等领域改革力度,支持古峡担保、产业基金公司发展壮大,鼓励普惠金融和绿色金融同步发展,开展投贷联动试点,探索组建消费金融公司,扩大消费信贷,提高现期购买能力,撬动更多社会资本参与重大项目和基础设施建设,激发经济社会发展潜力。

以开放拓展新空间。坚持把开放合作作为转型发展的突破口,主动融入"一带一路"战略,构建与银川综合保税区港区联动一体化大通关机制。巩固与法国波尔多市弗龙萨克大区友好城市成果,推动葡萄酒企业与国际知名企业开展经济技术合作,助推葡萄酒产业走向全国、迈出国门。鼓励有条件的企业积极拓展国外市场,不断拓宽对外开放渠道。打造互联互通枢纽,配合做好京藏高速扩建、大坝火车站改造、银川至中卫城际铁路等交通物流平台建设,推进铁路、公路互通,提升物流服务功能。创新招商机制,在更宽领域、更大范围引进资金、技术和管理。注重招大引强,瞄准高端产业,主动对接中国500强、民企500强,引进一批投资体量大、带动能力强的"专、精、特、新、好"

项目，以优质项目引进调结构、增后劲。紧紧围绕“五区”建设，精心谋划，储备建设一批推进转型发展的优质项目。今后五年项目建设的绝对投资要比前一个五年翻一番，增强转型崛起发展后劲。

以创新增添新动能。实施创新驱动战略，构筑创业平台，统筹建设小企业孵化园、创客空间、大学生创业就业基地等创业平台，以众创、众筹、众扶等推动企业生产模式和组织方式变革，推动创新与创业、线上与线下、孵化与投资相结合，以专业型、骨干型人才助推“大众创业、万众创新”。激发创业活力，培育创新主体，鼓励企业加大研发和创新投入，加强理念创新、技术创新、产品创新，研发核心技术，开发自主产品。支持企业与高等院校、科研院所等开展技术、产业、标准合作，加快科技成果转化，培育一批拥有自主知识产权和知名品牌的创新型企业。设立支持小微企业创业创新的基金，强化信贷和担保贷款扶持，发展创新型经济，加快技术创新和产品升级，延伸拓展产业链条，提高产品附加值，着力打造西部创新发展先行区。

五、统筹协调，一体发展，打造生活宜居、环境怡人的魅力青铜峡

以推进新型城镇化为主线，主动融入大银川都市区，以产兴城 以城带产 产城融合，着力打造宜居宜业、特色鲜明、富有魅力的现代化城市。

强化规划引领。以《宁夏空间发展战略规划》为总纲，完善城市总体规划，制定老城区控制性详细规划和《青铜峡市城镇村体系规划》，从整体平面和立体空间上布局城市功能区，构建“一核、两轴、两带”的城镇空间格局。整合城市主体功能区、经济社会、土地利用、城乡建设、产业发展、生态环境保护等规划，加快推进“多规合一”。将城市设计与总体规划结合起来，统筹城市建筑，协调景观风貌，形成青铜峡具有汉唐明清仿古特色的城市建筑风格。强化规划约束，管控好空间发展“六线三区”和城市内部“四条彩线”，加快构建科学合理的城镇化格局、产业发展格局和生态空间格局。

提升城市品质。坚持新区提升与老城改造并举的方针，新区建设以完善功能、扩展服务、聚集人气为重点，加快推进黄河路景观街和新区商贸、游乐、休闲、生活服务等重点项目建设，努力营造宜居宜业宜游环境。老城区以改造提升承载能力和保障能力为重点，加大老旧小区、棚户区改造力度，对破旧小区和影响观瞻的地方下大力气彻底改造；对主街道和重点商业街区、公交站点、重要节点等进行美化提升，打造特色鲜明、品位大气、文化内涵丰富的标志性建筑；在旧城改造过程中，千方百计腾出空间，优先发展，切实解决停车难、休息场所少的问题，化解“城市病”带来的矛盾；围绕罗家河、惠农渠、汉延渠等穿城水系，坚持自然生态美和景观建设相协调统一的原则，提质提标，做足文章，让城市更加靓丽。积极推进“海绵城市”建设，规划建设城市地下综合管廊，进一步完善城市基础设施建设，完成供热、城市双回路供电等改造工程。实施农房改造、农村沼气、污水处理等工程，推动城镇基础设施和公共服务向农村延伸，加快城乡一体化进程。以特色小城镇和美丽村庄建设为抓手，绿化美化村庄，整治村容村貌，“留得住青山绿水、记得住乡愁”。

创新治理方式。推进城市管理综合执法体制改革，全面推行网格化、精细化管理，健全基层治理机制。集中开展市容市貌综合整治，巩固国家卫生城市、园林城市创建成果。畅通全社会共同参与城市管理工作渠道，吸引社会力量参与城市亮化、景观绿化等公共基础设施建设和管理，提升城市经营管理水平。加快“智慧城市”建设，全面推进信息共享基础设施建设，搭建智慧城市公共信息平台。扩大棚户区改造货币化安置比例，推动保障性住房和商品房融合发展，有效化解房地产库存。全面推行标准化物业服务，覆盖率达到70%以上。

美化生态环境。启动“蓝天碧水、绿色城乡”专项行动，整治大气、水、土壤环境问题，争创国家生态城市。实施重点行业清洁生产审核，加强“三废”综合治理，大力促进资源节约循环高效利用。建立健全垃圾分类收集、运输、处理机制，推进生活垃圾、餐厨垃圾无害化处理。实施贺兰山东麓、牛首山北麓防风固沙、西部水系连通和库区湿地保护性开发等项目，加强黄河、城市公园、渠道水系、湖泊湿地生态建设和利用，构建生态环保一体化格局。建立资源环境承载力监测预警机制，基本形成源头预防、过程控制、损害赔偿、责任追究的生态文明制度体系。倡导绿色生活方式，规范和约束自然资源开发等行为，用法治保护好“绿水青山”，让绿色生态成为青铜峡的靓丽名片，力争到2021年，城镇化率达到65%，建成区绿地率达到42%。

提升人文内涵。深化社会主义核心价值观“六进”活动，推动中国梦和社

会主义核心价值观更加深入人心。以城乡文明共建、“美丽乡村”精神文明示范点创建活动为载体，广泛开展“乡村好人家”评选、弘扬“好家风好家训”等活动，培树良好社会风尚。围绕国家级公共文化服务示范县(市)目标，积极推进档案馆、文化馆、图书馆等文化惠民工程及市、镇、村(社区)三级公共文化服务网络建设，提升全市文化供给服务水平。建立文艺精品创作扶持基金，深入挖掘培养以曹元升等为代表的优秀文艺人才，努力创作具有民族特色、地方文化底蕴的文艺精品。加强文化遗产保护力度，启动渠首文化申遗工作，实施明长城遗址、“五七”干校旧址等保护工程，促进文化可持续发展。以创建“文明城市”为载体，实施市民素质提升工程，塑造青铜峡人民开放包容、诚信友善、热情好客的良好形象。

六、综合治理，依法行政，打造公平正义、安定有序的和谐青铜峡

和谐稳定是改革发展的首要前提，是群众安宁的最大基础。我们要加快推进社会治理创新，从源头上预防和减少影响社会和谐稳定因素，营造安定团结、和谐有序的发展环境，汇聚推动青铜峡转型发展、加速崛起的强大“正能量”。

加强民主政治建设。加强和改进党对人大、政协工作的领导，支持人大及其常委会依法行使重大事项决定权、监督权和选举任免权，支持人民政协依照章程履行政治协商、民主监督、参政议政职能。加强基层民主建设，坚持和完善政务公开、厂务公开、村务(居务)公开，保证公民依法行使选举权、知情权、参与权、监督权。开展形式多样的基层民主协商，推进基层协商制度化、规范化建设，构建更加和谐的社会基础。认真落实党的民族宗教政策，巩固全国民族团结进步模范市创建成果，坚决打击非法宗教活动，维护民族团结、宗教和顺的良好局面。扎实做好新形势下统一战线工作，支持社会组织参与社会治理和提供公共服务，为各民主党派、工商联、无党派人士发挥作用搭建有效平台。充分发挥工会、共青团、妇联、文联、科协、残联等人民团体联系群众的桥梁纽带作用。加强国防教育和国防动员，推动军民融合深度发展，深化双拥工作，保持全国双拥模范城荣誉称号。

提升依法治理水平。加快法治政府建设，进一步完善重大决策社会稳定风险评估机制，健全政府法律顾问制度，提升决策的科学化、民主化、法治化水平。深化司法体制、行政执法体制改革，推进司法公开和行政权力依法规范公开运行。支持法院、检察院依法独立公正行使审判权、检察权。把法治教育纳入精神文明创建活动，深入开展“七五”普法，在全社会形成学法、守法、尊法、用法的自觉，提升全民法治观念和素养。坚持依法管网治网，净化网络环境。加强诚信建设，推行守信激励和失信惩戒制度，让“守信者一路畅行、失信者寸步难行”。

维护社会和谐稳定。按照党委领导、政府主导、社会协同、公众参与、法治保障的要求，完善社会治理体制，夯实基层治理基础，形成社会治理新格局。完善社会治安立体化防控体系，开展禁毒、违驾、电信诈骗、非法集资等专项整治行动，对各类违法犯罪活动防得住、控得严、打得狠，维护稳定有序的社会局面。深化“大调解”体系建设，持续开展疑难复杂问题包案化解，依法妥善解决群众的合理诉求和历史遗留问题。推行公共安全常态化监管机制，加强食品药品安全监管，深化重点领域整治，严防重特大安全事故发生，提升公众安全感。

七、以人为本，改善民生，打造质优均衡、共建共享的幸福青铜峡

民生无小事，枝叶总关情。要坚持人人参与、人人尽力、人人享有，从群众最关心、最直接、最现实的利益问题抓起，让人民群众切实感受到看得见、摸得着的获得感，不断提高群众的幸福感和满意度。

共享发展改革成果。鼓励创业带动就业，扩大创业优惠政策惠及面，扶持更多有创业意愿和创业能力的人自主创业，努力开发就业岗位，构建多渠道、宽领域、可持续的增收格局，促进充分就业、公平就业、稳定就业。建立职工工资集体协商机制、支付保障机制，切实提高中低收入群体收入水平，努力实现居民收入增长与经济发展同步。落实好住房补贴、车改补贴、职业年金等津贴补贴，保障合理的待遇和收入。深入开展和谐劳动关系创建活动，严厉打击恶意拖欠农民工工资行为，切实维护劳动者合法权益。打赢精准脱贫攻坚战，以生态移民困难群众脱贫致富为重点，实施精准脱贫方略，到2018年，实现“两确保、三不愁、四保障、五通八有”目标。

统筹推进社会事业。坚持教育优先发展战略，构建政府主导，公办、民办、公建民营等多种形式办学格局。大力发展学前教育，高度重视职业教育，突出抓好义务教育和高中阶段教育，推动教育向较高均衡水平发展。稳定教

师队伍，优化师资结构，盘活各类事业单位编制存量，切实解决教师老龄化问题，着力打造优秀校长队伍和骨干教师队伍，努力办好人民满意教育。完善基本医疗卫生服务体制，积极推进医药卫生体制改革，鼓励医疗机构拓展服务业态，走医养结合的路子，鼓励社会资本兴办医疗机构，让更多的医养资源惠及百姓，使群众享有公平、可及、能负担的公共卫生服务。坚持计划生育基本国策，全面落实“二孩”政策，认真做好妇女儿童工作，统筹发展老龄、残联等各项事业，促进人的全面发展。实施全民健身计划，加强体育设施建设，建成体育会展中心，做好全区民运会筹办工作，提升健康青铜峡水平。

健全社会保障体系。健全城乡居民社会保障机制，突出应保尽保、提质提标，逐步提高统筹层次和保障水平。实施社会保险“五险合一”经办体制改革，全面推行机关事业单位养老保险制度，落实被征地农民养老保险和城乡居民大病医疗保险政策，推动社会保障从制度全覆盖迈向人员全覆盖。统筹政府资源，汇集社会力量，完善城乡救助体系，健全城乡居民最低生活保障制度，确保群众求助无障碍、受助无遗漏，决不让任何一个困难群众在全面小康路上掉队落单。推进养老服务业综合改革，加大老年人活动、颐养场地建设，完善“老年饭桌”“日间照料托老”等养老服务机制，探索公建民营养老新机制，构建覆盖城乡的基本养老服务体系，实现老有所养、老有所依。建立市场配置与政府保障相结合、租赁与购买并举的住房保障体系，加大农村危房改造力度，确保城乡困难群众和弱势群体住有所居。

八、从严从实，凝心聚力，全面加强和改进党的建设

切实履行全面从严治党的政治责任，全面加强和创新党建工作，为建设“五个青铜峡”提供坚强有力的政治保证。

实施“强脑铸魂”工程，筑牢党员干部思想基石。崇高的理想、坚定的信念，是推动我们事业不断前进的灵魂支柱。思想政治建设永远在路上。始终把加强理论武装作为首要任务，突出思想建党，抓好经常性思想政治教育，用习近平总书记治国理政新理念新思想武装党员、教育干部、引导群众，切实增强道路自信、理论自信、制度自信、文化自信。加强学习型党组织建设，抓好干部教育培训，深化理论宣传宣讲，推进基层党组织“三会一课”正常化、规范化，让广大干部群众打通思想经脉、解开思想疙瘩，筑牢建设“五个青铜峡”的思想基础。深入开展“两学一做”学习教育，把总书记“七一”重要讲话和来宁视察重要讲话精神，作为“学”的重要内容、“做”的基本要求，引导广大党员不忘初心、继续前进。深入持续开展新一轮大规模干部教育培训工作，探索村级党校试验工作，优化干部知识结构，强化干部实践锻炼，不断提升各级干部理论素养和水平，推动改革发展和经济社会不断前进。

实施“强干健体”工程，锻造担当尽责干部队伍。“政治路线确定后，干部就是决定因素”。在发展中选拔任用干部。坚持党管干部原则，按照“信念坚定、为民服务、勤政务实、敢于担当、清正廉洁”的好干部标准，牢固树立“从发展看实绩、从实绩看德才、凭德才用干部”的导向，注重在经济发展主战场、项目建设第一线、重大问题立场表现考察识别干部，让有能力、有品德的干部有用武之地，进一步树立正确的用人导向，营造风清气正、干事创业的良好环境。加大年轻干部、妇女干部、党外干部、民族干部选拔力度。建立干部跨部门、跨镇场、跨岗位流动机制，着力构建结构合理、素质优良、充满活力的干部队伍。建立科学的干部考核评价机制，健全完善“容错纠错”机制和“能上能下”制度，进一步保护、调动干部的积极性创造性，把各级领导班子建设成为善于推动发展、促进和谐的坚强领导集体，打造高素质执政骨干队伍。

实施“强基提质”工程，建就执政为民坚强堡垒。一个党组织就是一个先进堡垒，一名党员就是一面先锋旗帜。坚持以创建服务型党组织统揽基层党建工作全局，进一步巩固提升社区“联合党委”运行机制、“三建四关心”等特色做法，着力推进党建促发展、壮大村集体经济、园区党群服务中心建设等重点工作，推动农村、社区、机关、企事业单位、非公经济组织等领域基层党建工作全面提升，不断提高基层党组织的凝聚力和战斗力。关注关心基层党员干部，特别是镇村两级干部，他们身处发展和群众工作的第一线，任务和压力很大，我们一定要从政治上、经济上、工作上、生活上关心他们，让他们立足基层、多做贡献；帮助他们解决工作生活中的一些实际困难，让他们更有劲头、更有奔头。进一步提高做好群众工作的能力，既要用心用情做工作，还要对群众“不轻诺、不欠账、不忽悠”，学会运用经济、行政、法治等多种方式做好群众工作，以干部的“实干指数”提升群众的

"幸福指数"。

实施"强才聚贤"工程,注入持续发展源头活水。人才是强市之基、转型之要、竞争之本。大力实施人才强市战略,充分发挥党组织凝聚人才作用,积极打造区域人才高地,着力形成人才优先发展新格局。加强人才政策创新,优化环境"筑巢引凤",形成符合人才成长和发展规律、具有区域特色的良好制度环境。突出调整结构、转型发展、重大项目需要培养集聚人才,重点围绕六大支柱产业、战略性新兴产业和未来产业发展需要,引进急需紧缺人才,培养一批专业拔尖、掌握核心技术的产业领军人才。实施"百千万人才计划"和人才要素"回流工程",加快培育一批实用型、技能型人才,为外出创业人才搭建回乡创业平台。充分发挥"本土人才"辐射引领作用,激发人力资源活力。加大投入力度,完善和规范人才服务工作流程,努力打造"一站式"人才服务模式。开辟高层次人才服务"绿色通道",打破常规引才引智,为我所用,在高层次人才引进上树立"不求所有、但求所用"的理念,增强对高端人才的吸引力和保障力。

实施"强堤固防"工程,打造清正廉洁政治生态。作风建设关乎党的形象,影响党的事业。始终把正风肃纪作为重要着力点,以优良作风和严明纪律营造风清气正的政治生态。把砥砺过硬作风作为成事之基,牢记"作风建设永远在路上",持之以恒落实中央八项规定等作风建设要求,巩固党的群众路线教育实践活动等成果,推进党员领导干部家风建设,建立健全作风建设常态督查、联动督查机制,坚决防止"四风"问题反弹和穿上"隐身衣"。把落实"两个责任"作为根本之策,将主体责任牢牢扛在肩上,抓在手上,强化责任分工、完善制度建设,建立健全横向到边、纵向到底的党风廉政建设责任体系。积极支持纪委履行监督责任,时刻把纪律和规矩挺在前面。认真执行廉洁自律准则、纪律处分条例和问责条例,推动监督执纪"四种形态"有效运用,着力解决不担当、不作为、乱作为等问题,努力营造担当作为、干事创业的良好政治生态。以"无禁区、全覆盖、零容忍"的态度对腐败行为和腐败分子紧盯不放、利剑高悬。大力推进基层巡察工作全面覆盖,进一步加强源头治理,加快形成不敢腐、不能腐、不想腐的有效机制,让广大党员干部始终保持为民、务实、清廉的本色。

各位代表、同志们,蓝图已经绘就,使命重在担当。让我们高举中国特色社会主义伟大旗帜,在自治区和吴忠市党委、政府的坚强领导下,发扬"不到长城非好汉"的宁夏精神,以共产党人的坚定理想信念和实干,以全市人民的伟大智慧和实践,不忘初心,继续前进,建设实力、活力、魅力、和谐、幸福青铜峡,为奋力谱写全面建成小康社会新篇章而努力奋斗!

(市委办公室)

名词解释:

三期叠加:增长速度换档期,结构调整阵痛期,前期刺激政策消化期。

"中国制造2025":是国家实施制造强国战略第一个十年行动纲领。

"五证合一":营业执照、组织机构代码证、税务登记证、社会保险登记证和统计登记证"五证合一"登记制度。

"一照一码":将由三个部门分别核发不同证照,改为由工商部门直接核发加载统一社会信用代码的营业执照登记制度。

创客空间:使青年人群把创意转变为产品的工作空间。

"六线三区":即建设用地规模、建设用地增长边界、产业、生态、基本农田、基础设施空间廊道"六条控制线"和禁止建设区、限制建设区、适宜建设区"三个空间管制区"。

城市内部"四条彩线":即城市蓝线(河道规划控制线)、绿线(各类绿地范围控制线)、紫线(历史建筑保护范围界线)、黄线(城市基础设施用地控制界线)。

"一核、两轴、两带":即以中心城区(含小坝镇和陈袁滩镇)为核心,以滨河大道和西线高速公路为轴线,打造青铜峡镇—峡口镇民族特色城镇带和大坝镇—瞿靖镇—邵岗镇—叶盛镇沿黄城镇带。

海绵城市:即城市能够像海绵一样,采用渗、滞、蓄、净、用、排等措施,将70%的降雨就地消纳和利用。

"两确保、三不愁、四保障、五通八有":"两确保"即确保全市建档立卡贫困户6787人全部脱贫,确保移民村全部脱贫销号;"三不愁、四保障"即稳定实现扶贫对象不愁吃、不愁穿、不愁冬季取暖,保障义务教育、基本医疗、住房和安全饮水;"五通八有"即实现贫困村通路、通水、通广播电视、通信息、通客车,有增收支柱产业、有经济合作组织、有综合服务网点、有标准化卫生室、有文化体育活动场所、有村集体经济收入、有团结干事的"两委"班子、有驻村工作队。

(市委办公室)

在中共青铜峡市第十二届委员会第二次全体(扩大)会议上的工作报告

中共吴忠市委常委 青铜峡市委书记　石瑞林

2016年12月15日

各位委员、同志们：

现在，我代表市委常委会，向全委会报告工作，请予审议。

即将过去的一年，是青铜峡发展历史上很不平凡的一年，是我们负重奋进、砥砺前行的一年，是我们解放思想、转变作风的一年，更是我们调整结构、转型发展取得重要突破的一年。一年来，面对复杂严峻的经济形势、艰巨繁重的发展任务，市委常委会在自治区、吴忠市党委、政府的坚强领导下，在各级人大、政协和社会各界支持下，在全市上下共同努力下，我们紧紧围绕“四个全面”战略布局，全面践行“五大”发展理念,牢牢把握稳中求进总基调，大力实施“9222”工作任务，振奋精神，保持定力，积极作为，在顶层设计上科学谋划，在攻坚克难上勇于担当，在干事创业上凝心聚力，在补齐短板上主动作为，引领全市经济社会发展和党的建设取得了新成效。预计全年实现地区生产总值136亿元，按可比价格计算增长5%；全社会固定资产投资127.5亿元，同比增长11%；地方一般公共预算收入7.5亿元，同比增长7%；城镇居民人均可支配收入23870元,同比增长8.5%；农村居民人均可支配收入12200元，同比增长9%。

回顾过去的一年，市委常委会主要做了以下几个方面的工作：

一年来，我们理思路、解难题，发展活力彰显新气象

市委始终坚持政治原则，把握政治方向，把解放思想贯穿于发展的全过程，以更大决心冲破思想障碍、以更强信心坚定信仰信念，深入探索、大胆实践，逐步实现了由思想解放向思想实践、理论实践、政策实践、制度实践的有效转换，取得了用党的最新理论成果武装头脑、指导实践、推动工作的新成效。

解放思想增添活力。一年来，我们审时度势、敢于求变，把狠抓“两大任务”，接力“两场赛跑”，主攻“两个主题”的过程，当成“解放思想、转变观念、开拓创新、凝聚共识”的过程，在解放思想中发现干部，在项目建设主战场上历练干部，在转型发展中磨练干部，在狠抓落实中检验干部，使解放思想、更新观念的过程，转化为“比学赶帮超”的过程，切实提高各级干部领导科学发展的能力、解决民生突出问题的能力、维护社会稳定的能力，广大干部群众“比学习、比实践、比能力、比实干、比业绩、比贡献”蔚然成风，为推动全市经济社会又好又快发展统一了思想、坚定了信心、注入了新的思想活力。

政治引领聚集合力。市委始终把发出正声音、凝聚正能量作为弘扬主流的主抓手，把深入学习贯彻好党的十八大及三中、四中、五中、六中全会、习近平总书记系列重要讲话精神、区市党委的决策部署，作为一项长期政治任务，教育广大党员和干部始终同党中央、区市党委、政府在政治上、思想上、行动上保持高度一致。坚持学以致用、用以促学，在全市各级党组织中深入开展“两学一做”学习教育，进一步增强广大党员干部的政治意识、大局意识、核心意识、看齐意识，做到政治信仰不变、政治立场不移、政治方向不偏，在全市营造了政策引领、宣传鼓劲、真学真用的浓厚氛围，凝聚了加快发展的正能量。

科学规划引领航向。加快发展始终是青铜峡最硬的道理、最紧的任务。市委常委会始终把科学研判、科学决策作为抓落实的前提，先后3次召开专题会议，研究审议“十三五”规划，明确了“十三五”发展方向。特别是面对宏观经济下行压力，深刻审视我市具有的独特优势和潜力，牢牢抓住“一带一路”发展的历史性机遇，市十二次党代会确立了“1155”的新思路，即围绕全面建成小康社会目标，坚决打赢转型发展这场硬仗，打造西部创新发展先行区、老工业基地转型升级样板区、中国“甘城子”葡萄酒黄金产区、黄河文化旅游精品区、宁夏富硒有机大米产业化发展示范区，建设“实力、活力、魅力、和谐、幸福”青铜峡的新目标，构建了以工业转型和全域旅游为主的特色经济板块新布局。这些思路、举措和目标，切合青铜峡实

际，体现了科学发展主题，为改革发展奠定了坚实基础。

干事创业破解难题。一年来，市委面对压力和困难，精心谋划，大胆探索体制机制、工作模式创新，大力弘扬“团结创业、不怕困难、敢为人先、勇争一流”的精气神，在深入调研、广泛征求意见的基础上，提出了“9222”工作任务，制定了2016年项目建设“双百”行动、“两大任务”、“两大主题”攻坚战，打出了疑难复杂问题解决、信访积案化解、打击滥挖盗采行动等一整套促经济、保稳定、提士气的“组合拳”，从思想上、思路上、措施上提出一系列破解问题和困难的办法和举措，有效应对了经济大幅下滑的被动局面，有力解决了影响社会和谐稳定的矛盾和问题，激发了全市上下大干快上、苦干争先、实干转型的意志干劲。

一年来，我们抓项目，调结构，转型发展取得新突破

市委始终在扩大总量中调结构，在做优增量中转方式，在增速换挡中提质量，主攻产业、聚焦项目、提升质效，市域经济冲出了低位徘徊的困境，地区生产总值、固定资产投资、公共财政收入、工业增加值4项指标由负转正，结束了一年多的负增长局面，实现了企稳回升、稳步增长。

工业转型成效明显。工业发展在扩园区、攻项目、壮集群中，实现了转型突破、变负为增。编制完成新材料基地、嘉宝轻纺工业园总体规划，开工建设新材料基地污水处理厂及排水管网、天然气配气站、嘉宝园区纬四路道路及排水工程等项目，园区的承载能力进一步增强。以项目扩投资、调结构、促转型，四套班子全出动，园区、部门、镇场、街道齐上阵，积极走出去、请进来，成功引进轴承谷、苏锡光电、仁和纺织等亿元项目18个，装备制造、新型材料、现代纺织等新兴产业加速推进，工业产业结构调整步伐加快，民营经济比重提高到50.3%，首次超过国有经济，成为新的经济增长极。争取整合各类扶持工业转型升级资金4.5亿元，促使大唐国际、勤昌轴承、金昱元等15家企业技术改造，全市万元GDP综合能耗下降15%。开展项目建设“双百”行动，狠抓精准包抓企业责任制，实行“一企一策、一包三年、动态调整”推进机制，协调企业解决生产用水、道路运输、产品销售等难题263个，帮助普华等29家停产半停产企业恢复生产。全面推行“五证合一、一照一码”工商登记，建立企业融资担保平台，帮助企业做大做强，顺宝、法福来等三家公司在“新三板”挂牌。全市工业企业引进应用专利技术250项，自治区级科技型中小企业累计达31家，被列为国家专利质押融资试点城市。预计全年实现规模以上工业增加值60亿元，增长5%。

文化旅游提档升级。以创建国家旅游城市为目标，编制青铜峡市全域旅游发展规划，围绕“黄河岸边、稻花香里、贺兰山下”三大旅游板块，全面开展智慧旅游等“十项工作”，实施“印象黄河·彩虹之上”旅游景观标识等“十项工程”，旅游产业向纵深拓展，全域旅游迈出坚实步伐。大力开展黄河文化旅游形象宣传推介，成功举办阿迪力黄河大峡谷挑战极限之旅、百家旅行社来青踏青踩线、黄河楼彩灯嘉年华灯展等活动，黄河楼通过国家4A级旅游景区验收，黄河文化旅游的影响力进一步扩大。鼓励乡村休闲产业发展，新增农家乐16家，1名旅游从业人员荣获“全国旅游劳动模范”称号，3名讲解员被国家和自治区评为“十大金牌讲解员”，22名行业从业人员被吴忠市评为“百名旅游服务之星”，旅游服务质量逐步提升。开通青铜峡旅游直通车，制定引客入青奖励办法，出台促进餐饮住宿业发展措施，激活旅游消费市场。预计全年接待游客300万人，实现旅游总收入7.8亿元。特色产品展馆、市级电商服务中心、村级电商服务站等加快发展，跻身国家电子商务进农村综合示范市，预计实现社会消费品零售总额20.6亿元，增长8%。

现代农业提质增效。“两优一特”产业扎实推进，在抓基地、创品牌、拓市场中，有了新的提升和飞跃。全市落实水稻20.3万亩，创建水稻粮油高产万亩示范方6个，举办了优质大米产业发展论坛、稻花香里文化艺术节等活动，“青铜峡”大米品牌影响力逐步释放。实施中法葡萄酒庄集群示范区项目、先锋大青葡萄长廊等工程，新建续建葡萄酒庄8个，葡萄种植面积突破13.6万亩，葡萄酒产业标准化建设持续推进，御马被评为自治区五星级列级酒庄。实施恒源、恒辉、绿宝、兴盛达4个规模化肉驴养殖场项目，肉驴饲养量近万头，特种养殖规模逐步显现。生猪、肉牛、奶牛、家禽等养殖势头发展良好。五星村土地股份合作模式在全市稳步推广，土地确权登记颁证工作通过自治区验收。培育扶持正鑫源、塞外香、法福来等农业产业化龙头企业35家，农副产品精深加工比重由9%上升到17%，转化增值能力大幅提升。预计全年完成农业总产值32.5亿元，同比增长6%。

一年来，我们强规划，重管理，城乡建设展现新面貌

市委始终把城市建设作为带一产、聚二产、促三产的重要平台，紧紧围绕《宁夏空间发展战略规划》，推进城乡规划、产业发展、生态环保、基础设施等一体化，城市魅力日益彰显。

城市治理更加科学。扎实开展城市控制性详细规划编制工作，合理确定城市主体功能区，城市布局更加优化。完善土地利用总体规划，高效利用土地资源，被评为“国土资源节约集约模范县市”称号。结合空间规划（多规合一）试点工作，积极推进地下综合管线规划。加强城市景观设计研究，明确了以明清汉唐为特色的城市建筑风格，建设宜居宜业文化名城。出台刺激房地产发展政策，消化商品房420套3.8万平方米，有效化解房地产库存。

城乡功能日趋完善。加快老城区改造步伐，完成22个老旧小区给排水管网、公共绿地、公共设施等综合改造。实施热电联产、景观绿化、集污管网等基础设施建设工程，城市功能更加完善、环境更加优美、品味不断提升。认真落实镇村体系规划，积极推进特色小城镇和美丽村庄建设，完成沙湖村、郝渠村、龙门村等3个美丽村庄改造，新建改建农村公路33.9千米，农村人居环境质量得到明显提升。农村高速宽带网络逐步覆盖，智慧城市建设加快推进。

城乡环境改善明显。全面落实水、大气、土壤、固废污染防治行动计划，集中开展打击盗采滥挖砂石和随意焚烧秸秆专项行动，淘汰燃煤小锅炉20台，办理中央第八环保督察组转办32件，城乡环境污染得到有效治理。狠抓生态造林绿化、城市园林绿化等生态项目建设，重点实施西线高速匝道、汉延东路北段景观等绿化工程，新增绿化公共绿地面积44.9万平方米，空气质量优良天数超过286天，形成了城在绿中、城水相依的滨河园林新格局。深入开展城乡环境综合整治“百日专项”行动，城乡人居环境更加整洁有序，顺利通过国家卫生城市复验。

一年来，我们保基本，重普惠，人民幸福指数实现新攀升

市委始终坚持以百姓之心为心，把保障和改善民生、增进人民福祉作为根本，在财政增收困难的情况下，用于保障改善民生的财力不减，民生事业得到持续改善。

教育文化利民。完成第六小学、陈袁滩幼儿园、余桥教师周转宿舍等项目建成任务，教育教学条件大为改善。扎实推进基础教育内涵发展行动计划，教育队伍不断优化，学生素质不断加强，高考上线率达到33.2%，同比提高6.6个百分点。加快职业教育信息化建设，组队参加职业技能大赛荣获国家级一等奖1个、自治区级一等奖3个，连续第三年被命名为全国科普示范市。成功申办“李宁·红双喜杯”全国乒乓球会员联赛、承办第五届黄河金岸（吴忠）国际马拉松比赛、举办青铜峡市“广电网络杯”唱响青铜峡好声音电视歌手大赛等文体活动，群众文化生活进一步丰富。《过草地》代表宁夏进京汇报演出，秦腔折子戏《打镇台》在北京民族文化宫隆重上演，小品《爱有你我他》荣获全区群众文艺汇演创作一等奖。杨福珍入选中国好人榜，鲁忠义家庭被评为全国“文明家庭，姜中云等6人被评为吴忠第三届道德模范，尚德尚善的社会氛围更加浓厚。

医疗卫生便民。完善以预防、保健、卫生监督为主的公共卫生服务体系，普及基本公共卫生服务项目，公共卫生服务基本实现均等化。普惠性体检工作提前完成，“七免一救助”工作实现全覆盖。医药卫生体制改革深入推进，公共卫生和医疗服务体系日趋完善，群众看病难、看病贵等问题持续缓解。完善市妇幼保健和计生服务中心、镇卫生院、村服务室建设，群众就医环境大幅改善。市医院二甲医院通过自治区复审验收，兴建了卫生监督所及妇幼保健所综合楼等项目工程，叶盛和峡口卫生院创建为自治区第二批“群众满意乡镇卫生院”，小坝镇、瞿靖镇被评为宁夏计划生育五星级镇。

社会保障惠民。统筹推进养老、医疗、失业等社会保险事业协调发展，构筑城乡低保、农村五保供养、城乡医疗、城乡居民临时救助、重残救助、孤儿救助、移民救助“七位一体”救助体系。全面落实各类社会保障惠民政策，推进保障提标扩面，开展职工医疗互助活动，发放城乡低保资金及各类补贴5221万元，发放困难残疾人护理补贴301万元，城乡居民养老保险、医疗保险参保人数分别达到9.75万人、21.7万人。全面完成1897户7836人精准扶贫建档摸底工作，确定产业、培训、教育、兜底等“四个一批”精准脱贫路径，制定并落实11项脱贫攻坚措施，发放扶贫小额贷款4303.34万元，脱贫2010人，贫困群众“自主造血”能力进一步提升，精准脱贫成效显著。

就业住房安民。深入推进大众创业、万众创新，鼓励以创业带动就业，新培养小老板371个，培育小企业185家，发放支持创业小额担保贷款7462.9万元，创造新岗位1060个，带动就业2513人。全市新增城镇就业4975人，转移农村劳动力就业38578人，实现工资性收入4.39亿元，就业形势总体稳定。塞上e家和物流汽车创业园被自治区命名为“自治区级创业孵化示范基地”。开工建设碧水蓝天、学府一号等房地产项目，建设公租房440套，投资3.1亿元实施了1000户棚户区改造任务，低收入家庭住房难问题得到有效缓解。

一年来，我们崇法治，促和谐，依法治市开创新局面

市委始终把维护稳定作为第一责任，牢固树立以人为本的理念，坚持以法治为基础，加强社会管理、创新社会治理、促进社会和谐。

民主政治有序发展。市委把党的领导更多体现在谋长远、管方向、掌大局、定大事、抓监督上，重大问题加强统驭、决策、协调，具体事宜放权、放手、支持，保证了重大决策的全面贯彻执行。坚持人民代表大会和政治协商会议制度，成功召开市第十五届人民代表大会和第十一届政协委员会，顺利完成了市、镇两级领导班子换届选举工作。加强监督工作，听取和审议“一府两院”专项工作报告，开展执法检查。巩固和发展最广泛的爱国统一战线，加强同各民主党派和无党派人士团结合作，成立知识分子联合会议，鼓励各民主党派和无党派人士参政议政、建言献策。军民融合式发展成效突出，第六次被评为“全国双拥模范市”称号。建立群团工作联席会议制度，完成工商联第九届执委会换届。支持总工会、共青团、妇联等人民团体开展工作。

依法治市持续推进。推行依法治市各项重点举措落实，认真总结“六五”普法先进经验，开展了“守法好公民”推荐、“守法好公民”事迹报告、法制文艺创作巡演等活动，启动“七五”普法，重点部署“法律九进”活动，全市广大干部依法办事能力和人民群众法治意识明显增强。坚持依法行政，严格依法办事，开展电视问政活动，推进阳光政务，自觉接受社会监督。全面推行权力清单和责任清单，基本建立权责明晰、运转高效的政府权责体系。行政决策普遍实行合法性论证，行政许可、行政处罚、行政强制措施依法规范。成立青铜峡市法学会，探索从律师和法学专家中公开选拔立法工作者、法官、检察官，推进司法专业化和职业化，案件审判质量不断提高，有力保证了司法公正，维护了社会公平正义。

社会治理创新升级。深入推进“平安青铜峡”建设，积极处置疑难复杂问题和化解信访积案，维护群众合理合法诉求，依法打击违法上访行为。建立信访信息互联互通系统，信访网上办理满意度测评位居全区前列。加强和创新社会治理，全市各类刑事案件同比下降19%，破案率提高36%，成功侦破“12·06”特大盗窃案，群众满意度和公众安全感不断提高。创新吸毒人员收戒管控和社区警务工作，禁毒预防教育工作走在全区前列，得到国家禁毒委充分肯定，我市中学生荣获全国青少年禁毒知识竞赛决赛二等奖，“青铜峡一村一警”社区警务工作模式在全区推广。加强网络舆情信息日常监测，涉青舆情得到及时妥善处理。严格落实安全生产责任，开展重点行业领域突出问题整治，全市安全生产形势持续好转。

一年来，我们强基础，固根本，党的建设得到新加强

实现转型发展，关键在党，市委始终坚持党要管党、从严治党，全面落实从严管党治党主体责任，不断提升党的建设科学化水平，为全面建成小康社会提供坚强的组织保证。

自身建设不断提高。强化党的政治纪律和组织纪律，增强政治敏锐性和鉴别力，在思想上、政治上、行动上始终与上级党委保持高度一致。认真贯彻《党委会的工作方法》，严格实行集体领导，完善常委会议事规则，科学民主依法决策，增强班子凝聚力战斗力。健全常委会集体领导和常委个人分工负责相结合的制度，心往一处想、劲往一处使，形成推动工作的强大合力。带头贯彻《中国共产党党内监督条例》、《关于新形势下党内政治生活的若干准则》，切实加强和规范党内政治生活。认真落实党内监督责任，坚定不移地推进全面从严治党，为全面建成小康社会营造风清气正的政治环境。

党建基础夯实提升。大力实施“强龙工程”，出台《关于进一步深化“强龙工程”加强农村基层党建工作的实施意见》，创建三星级党组织58个，二星级党组织318个，整顿转化后进党组织31个。创新社区“联合党委”工作机制，大力推行社区“一站式”便民服务、集中办公和网格化管理，有效提升了社区共建、社区治理和社区服务水平。不断深化拓展“三建四关心”党内关怀机制，注重把服务由党内向社会拓展，将重点由关爱向激励创业延伸，为农村党员和大学生村官发放党员创业双带资金70万元。开展党员组织关系集中排查，强化流动党员管理，排查率达到100%。坚持“以实干论英雄、凭实绩用干部”的选人用人导向，在镇党委、政府换届中一批优秀事业身份干部进入领导班子，进一步调动干部积极性。研究制定了干部选拔任用动议办法，切实规范干部初始提名工作，坚决防止“带病提名”。深入实施“领头雁”工程，进一步加大基层党组织书记的选、育、管、用力度，培养362名村级后备人才队伍，基层组织力量不断壮大。3名优秀村(社区)书记考录为公务员。坚持把全面从严治党要求贯穿于换届选举全过程，顺利完成市、镇领导班子换届工作。启动村“两委”换届工作。

作风建设深入推进。全面履行从严治党主体责任，持续用力抓干部纪律作风转变，对在工作中“不善为、不能为、不作为”的干部及时处理，对在单项工作和阶段性工作中成绩突出的干部给予表彰激励。严格执行“一案双查”制度和《青铜峡市落实党风廉政建设“两个责任”问责暂行办法》，对3名落实责任不到位的领导干部进行了责任追究。深入开展“中央八项规定精神回头看”工作，查处违反中央八项规定精神问题4起，给予党纪政纪处分4人，问责16人。开展“清风使者行动”，聘用1000名“清风使者”深入村居社区，宣传党纪党规，监督干部作风，改进工作作风。

在总结成绩的同时，我们还面临着转型发展的艰巨任务和社会治理中的诸多困难：经济转型发展仅仅迈出了万里长征的第一步，任重道远；财政收支压力持续加大，收支平衡的难度越来越大；城乡规划建设治理水平仍需提高，特色不突出、发展不平衡问题依然存在；教育、卫生、文化等社会事业与群众的期盼还有一定差距，公共服务体系不够健全，和谐社会建设面临新课题；生态建设任务繁重，环境治理欠账多、难度大，绿色发展长效机制需要进一步完善；一些党员干部担当意识不强，工作作风仍需改进等等。这些问题，一定程度上还影响、制约着我们当前和今后一个时期的发展，我们将高度重视，切实加以解决。

各位委员、同志们，空谈误国，实干兴邦；功崇惟志，业广惟勤。面对新形势、新任务，我们责任重大、使命光荣，需要不忘初心，继续前行。让我们紧密团结在以习近平同志为核心的党中央周围，在自治区、吴忠市党委、政府的坚强领导下，不断解放思想，坚持改革创新，加快转型发展，走好新的长征路，为实现全面建成小康社会、努力打造实力、活力、魅力、和谐、幸福青铜峡而努力奋斗！

(市委办公室)

在青铜峡市第十五届人民代表大会第一次会议上的工作报告

市人大常委会主任　姬文泽

2016年10月28日

各位代表：

现在，我受青铜峡市第十四届人大常委会委托，向大会报告工作，请予审议。

市十四届人大常委会任期的四年，是依法履行监督职权、助推经济社会发展的四年，是关注群众利益诉求、助推民生持续改善的四年，是加强民主法制建设、助推社会和谐进步的四年，是激发代表工作热情、发挥代表主体作用的四年，也是人大工作适应新形势新任务、敢于监督、善于监督，取得明显成效的四年。四年来，在市委的正确领导下，市人大常委会全面贯彻落实党的十八大、十八届三中、四中、五中全会和习近平总书记系列重要讲话精神，紧紧围绕市委决策部署，紧紧围绕全市中心工作，紧紧围绕事关全市经济社会发展的重大事项，紧紧围绕社会关注和群众关心的热点难点问题，依法履职，加强监督，突出重点，增强实效，全力推进人大各项工作，开启了人大依法履职的崭新历程，谱写了人大实践发展的新篇章。

——本届以来，围绕市委决策部署，我们服务大局，严以监督，始终把促进“一府两院”依法行政、公正司法作为监督工作的根本目的。市人大常委会紧紧围绕全市改革发展稳定大局，突出市委重大决策部署的贯彻落实，突出民主法制建设的深入推进，突出维护人民群众的根本利益，切实增强监督实效，助推经济社会向好发展。先后组织对全市中小工业企业科技创新、工业园区建设与管理、“两园两带”规划建设、招商引资政策落实等情况进行专题调查，为工业经济结构调整和转型升级提出意见建议。听取和审议全市标准化养殖园区建设、酿酒葡萄、优质大米产业发展、林业发展等情况的报告，督促市人民政府和相关部门不断强化工作措施，稳步推进农业和农村经济的发展。组织对《环境保护法》《安全生产法》《土地管理法》《旅游法》《水法》《物业管理条例》《食品安全法》等11部法律法规贯彻实施情况进行执法检查，促使一些突出问题得到整改落实，保障了法律法规的有效实施。对市人民法院执行工作、市人民检察院民事行政检察和反贪污贿赂等工作进行调研，促进法检两院公正司法、改进工作。同时，受理群众来信来访140件(次)，并督促相关部门认真解决信访反映的突出问题，为理顺情绪、化解矛盾、促进和谐发挥了积极作用。

——本届以来，面对人民群众的殷切期望，我们倾听民声，关注民生，始终把推动解决民生问题作为监督工作的出发点和落脚点。市人大常委会坚持把为民、利民、惠民作为依法行使监督权的根本要求，把推动解决民生问题作为监督工作的重点来抓，紧盯民生实事不放松，多次组织对“关于提升城市综合管理水平的议案”落实情况进行视察，并跟踪督办，就城市综合管理中存在的一些突出问题专题向市人民政府提出整改意见和建议，市人民政府高度重视，组织相关部门认领意见，及时整改，城市综合管理得到明显提升；始终把义务教育作为一项民生大事，多次听取市人民政府及有关部门的汇报，督促市人民政府及有关部门持续优化教育资源配置，加强师资队伍建设，加大对农村学校和寄宿制学校的经费投入，强化校园安全管理，进一步提升了义务教育均衡发展水平；持续关注小坝城区饮用水水质提升工程，对工程实施情况多次组织调查、视察，督促市人民政府在财力有限的情况下投资完成了小坝城区饮用水水质提升工程；督促市人民政府完成了邵岗镇东方红万亩农业综合开发区项目建设，从根本上解决了邵岗镇东方红村、二旗村6个生产小组1.5万亩农田排灌难的问题。同时，听取和审议市人民政府有关民生问题等工作报告，督促市人民政府加强物业管理，加快保障性住房建设，兑现农民土地补偿费，解决物业管理、失地农民就业、养老、医疗、子女上学、住房等问题，促使一批涉及群众生产生活的民生实事得到了有效落实。

——本届以来，按照法律赋予的职权，我们严格程序，依法履职，始终把决定重大事项和人事任免作为监督工作的重要内容。市人大常委会紧紧围绕实现科学发展、率先发展，及时抓住经济社会发展中的重大问题和事关人民群众切身利益的热点问题，依法行使重大事项决定权。对市人民政府提请的议案，认真审议，慎重研判，按照法定程序，审查批准了本级财政决算、动用本级预算超收收入、调整公共财政预算、使用地方债券资金、政府投资项目融资、沿黄文化带基础设施建设项目融资、棚户区改造项目融资等议案，依法作出决议决定18项，有效解决了项目资金短缺问题，推动了全市重大项目和重点工作的顺利实施。坚持党管干部与人大依法任免有机统一，依法行使人事任免权，确保市委推荐的人选通过法定程序成为国家机关工作人员。认真落实任前调查、法律考试等任免程序，坚持被任命人员向宪法宣誓，进一步完善供职制度，要求新任命人员在供职报告中突出个人及家庭有关事项、任职前工作成效及存在不足等情况，保障人大常委会组成人员在审议时的知情权。通过开展工作评议深化任后监督，在重点评议部门主要负责人履职情况的同时，深入开展民意调查和民主测评，广泛听取服务对象、群众代表和相关部门的意见，拓展了干部任后监督的深度。

——本届以来，适应代表工作的形势需要，我们创新机制，强化服务，始终把提高代表履职能力作为人大工作的力量根基。市人大常委会把强化代表工作作为人大工作的力量源泉、智慧源泉、活力源泉，坚持从健全完善代表工作机制入手，积极为代表履职创造条件、搞好服务、提供保障，充分发挥代表作用。加强代表学习培训，采取人代会培训、业务培训、上下联动培训、观摩学习等形式，培训四级人大代表2320多人次，有效提升了代表履职能力。建立人大常委会组成人员联系代表制度，收集到各类意见建议240余条，实现了代表联系群众、反映民情民意和转办督办代表意见建议常态化，推动解决了一些群众看得见、摸得着、有成效的实事好事。加强代表履职监督，定期组织人大代表开展向选民述职活动，增强代表履职责任意识。加强基层人大阵地建设，完善“代表之家”和“代表工作室”，为代表开展活动搭建平台。在全市人大代表中深入开展了“三联、四实、五带头”活动，促使人大代表密切联系群众，反映群众呼声，表达群众意愿，积极参加代表活动，认真履行代表职责，充分发挥了人大代表在各行各业、各个领域的示范引领作用，涌现出了叶盛正鑫源现代农业、奶牛规模养殖和肉驴等特种养殖业、企业技术创新、城市社区规范化建设、农民专业合作社试点等行业一批优秀人大代表，他们在不同的工作岗位上认真履行职责，为我市经济社会发展做出了积极贡献。紧盯代表议案、建议的办理落实，采取人大常委会领导督办、组织代表进行视察、承办单位与代表面对面答复等方式加大督办力度，提高办理质量和效果。四年来，代表提出的关于对农村公路危旧桥分期进行改造、关于提升城市综合管理水平、关于补充普通高中“三限生”政策取消后教学经费缺额的3件议案按期办结；203件建议已办结174件，办结率达到85.7%。城市综合管理、农村危旧桥改造、渠道砌护等一批代表关注、群众关心的问题得到有效解决，受到了广大代表和群众的一致好评。

——本届以来，面对市委和全市人民的高度信任，我们内强素质，外树形象，切实把加强人大常委会自身建设作为做好人大工作的根本保证。市人大常委会适应新形势新任务的发展变化，准确把握人大工作的特点和规律，扎实推进人大常委会及机关思想建设、制度建设、作风建设，打造善于监督、敢于监督的干部队伍，形成规范干事、高效运转的工作机制。着力加强履职能力建设，深入开展了群众路线教育实践活动、“三严三实”专题教育、“两学一做”学习教育，经常开展座谈讨论，坚持以上率下，多方征求意见，强化整改措施，提高整改实效，着力解决班子和个人存在的突出问题，打牢政治理论和专业知识基础，强化责任，振奋精神，创新理念，改进作风，不断提升履职能力和工作水平。进一步完善监督制度，修订完善了《青铜峡市人大常委会议事规则》、《青铜峡市人大常委会对“一府两院”工作报告实行满意度测评的暂行办法》等6项工作制度，制定了《青铜峡市人大常委会组成人员守则》、《青铜峡市人大常委会关于对视察检查调查报告建议意见落实情况集中汇报的暂行办法》，从制度机制上保障人大常委会依法依规开展工作。严格执行中央“八项规定”，精简会议文件，改进视察调研，厉行勤俭节约，全面落实党风廉政建设“主体责任”和“一岗双责”，切实做到严以修身、严以律己、严以用权。

——2016年以来，按照上级党委和市委的安排部署，我们从严要求，依法办事，切实把做好市镇人大换届选举工作作为一项政治任务。市人大常委会按照市委的统一安排和要求，根据选举法和有关法律规定，多次召开主任会、选委会会议和工作例会，专题研究，精心安排，在选举的每个阶段和每个环节，市人大常委会领导坚持深入镇（街道）、选区检查指导，落实市委严肃换届纪律的有关要求，协调解决换届选举中的相关问题，切实做好换届选举的各项工作，依法保障了市镇两级人大换届选举工作的顺利开展。共选举产生市人大代表176名、镇人大代表483名，选举工作程序合法，平稳有序，代表结构和素质得到了进一步优化。目前，各镇换届选举工作按照要求圆满完成。全市换届选举严格执行“九个严禁、九个一律”的纪律要求，换届选举风清气正。

（市人大办公室）

在青铜峡市第十五届人民代表大会第一次会议上的政府工作报告

青铜峡市人民政府市长　金永灵

2016年10月27日

各位代表：

我代表市第十四届人民政府向大会报告工作，请予审议，并请市政协委员和列席人员提出意见。

攻坚克难　负重拼搏
经济社会发展逆势前行

市十四届人民政府任期以来的四年，是我市经济发展形势异常严峻、推进异常艰难的时期，也是青铜峡探索发展新路、谋划产业转型的四年。四年来，面对“三期”叠加、“两场赛跑”的不利局面，在自治区、吴忠市党委、政府和市委的坚强领导下，在市人大、政协的监督支持下，市人民政府团结带领全市各级组织和广大干部群众，深入贯彻落实党的十八大和十八届三中、四中、五中全会精神，坚持“四个全面”战略布局，牢固树立“五大发展”理念，紧紧围绕打造沿黄新型工业集聚区、现代农业示范区、金岸城市精品区、黄河文化展示区、内陆开放先行区、社会管理创新区目标，在抢抓机遇中逆势前行，在迎接挑战中锐意进取，精准施策，定向发力，有效遏制了经济下滑，实现了市十四届人大一次会议确定的目标。

——坚持不懈抓项目、促投资、保

增长，综合实力持续增强。始终坚持发展第一要务不放松，持之以恒扩大增量、抑制减量，加快推进工业新型化、农业现代化、旅游精品化、城乡一体化进程，经济综合实力实现了速度和质量的同步提升。预计2016年实现地区生产总值136亿元，年均增长4.5%；社会消费品零售总额20.6亿元，年均增长9.7%；城镇和农村常住居民人均可支配收入分别达23870元、12200元，年均增长8%、8.5%；完成固定资产投资471亿元，年均增长10.9%；小康实现程度达83%。抢抓中东部产业转移有利机遇，累计引进招商项目204个345亿元。紧盯中央、自治区产业政策和投资导向，落实城乡基础设施、民生改善等各类项目1100个77亿元，化解地方债务25.5亿元，培育"新三板"挂牌企业3家。成功跨入中国最具投资潜力中小城市、中国最具区域带动力中小城市百强县（市）行列。

——坚持不懈转方式、调结构、提质量，产业结构持续优化。围绕工业转型升级、农业提质增效、服务业提升推进，力促三次产业协调发展。杭萧汽车零部件产业园等一批项目的引进实施，形成了产业集聚，夯实了转型发展基础，被授予"中国西部青铜峡轴承产业基地"，特别是民营经济比重从2012年的33%提高到50.3%，首次超过国有经济比重，成为新的经济增长极。以优质粮食、酿酒葡萄、特色养殖等优势产业为主导的现代农业发展势头强劲，农作物种植面积稳定在56万亩，优质水稻发展到20.3万亩，粮食产量实现"十三连丰"；葡萄种植面积突破13万亩，产量累计达到14.3万吨，分别占全区四分之一以上；建成标准化肉驴养殖场4个，饲养量达到近万头，肉驴特色养殖初具规模。农业总产值年均增长5.5%。以旅游业为龙头的现代服务业迎来快速发展的黄金期，"黄河岸边、稻花香里、贺兰山下"三大旅游板块基本形成，黄河大峡谷、黄河坛被评为国家AAAA级旅游景区，接待游客762.7万人次，实现旅游综合收入23.9亿元，年均分别增长30.4%、31.2%。三次产业结构由2012年的12:66:22调整为12:60:28，荣获"中国经济转型发展示范市"称号。

——坚持不懈抓建设、强管理、促统筹，城乡一体持续推进。严格遵循宁夏空间发展战略规划，编制完善15项城乡规划。累计投资224亿元，实施中华黄河楼、热电联产等重点项目293项，新开发住宅小区32个，完成棚户区改造3500户，安置商品房2150套，城镇人口由8.6万人增加到11.7万人，城镇化率由50.8%提高到57.8%。实施古青高速等重点工程，新增通车里程299千米，形成"八纵六横"交通网络。扎实开展主干道路大整治、大绿化和拆违治乱专项治理行动，新建、改造特色小城镇5个、美丽村庄16个、少数民族特色村寨4个、农村危房977户，新增城市公共绿地面积7500亩，城乡供水、环卫实现一体化，市容村貌不断改观。顺利通过国家卫生、园林城市复验，荣获全国特色魅力城市称号和"中国人居环境范例奖"。

——坚持不懈抓环保、守红线、利长远，生态建设持续加强。严守生态、耕地、水资源保护红线，强力推进生态文明建设。大力实施生态保护工程，完成营造林19.8万亩，森林覆盖率达到15.5%，成功创建自治区级生态示范县（市），峡口镇、赵渠村被评为国家级生态镇、生态村，国家生态文明建设示范县（市）创建工作全面启动。大力发展循环经济，实施工业企业节能减排改造项目26个，淘汰水泥、电解铝、造纸等落后产能81万吨。深入开展环境保护专项整治行动，关停整顿环保不达标企业23家，空气质量优良天数年均超过286天，集中式饮用水水质达标率100%。实施国土整治、增减挂钩、占补平衡项目5个，全面完成城市周边永久性基本农田划定工作，实现耕地数量不减少、质量有提升。荣获全国循环经济示范县（市）、全国国土资源节约集约模范县（市）等荣誉称号。

——坚持不懈惠民生、兜底线、促和谐，人民生活持续改善。始终把保障和改善民生作为首要任务，民生投入78亿元，占财政支出的80%以上，实现改革发展成果民众共享。提前一年完成"十二五"生态移民搬迁安置任务，精准扶贫工作取得阶段性成果。实施教育基础设施项目59个，城乡教育差距逐步缩小，义务教育均衡发展通过国家验收。累计发放创业小额担保贷款3.1亿元，新增城镇就业2.1万人，城镇登记失业率控制在4.1%以内。城乡医疗、养老、低保、救助等社会保障体系不断完善，基本公共服务均等化水平大幅提升，进入国家级卫生应急综合示范市行列。大力实施宽带乡村及智慧城市基础网络建设等惠民项目，率先在全区实现惠农广播"村村响""户户通"。实施黄河铁桥、108塔、鸽子山遗址等文物保护工程，成功举办黄河文化高峰论坛、阿迪力黄河大峡谷挑战极限之旅等活动，《塞上明珠青铜峡》荣获2015年度全国城市宣传片金奖，荣获自治区公共文化服务体系示范县（市）称号。民族宗教事务管理规范有序，军地共建稳步推进，荣获全国民族团结进步示范单位、全国双拥模范城称号。"六五"普法成效显著，法治建设不断加强。全国禁毒预防教育现场会在我市召开，信访维稳、社会治安、食品药品、安全生产形势持续好转，社会大局和谐稳定。

——坚持不懈抓改革、转作风、提效能，发展活力持续迸发。全面推行权力清单和责任清单制度，基本建成权责清晰、运转高效的政府职责体系。新一轮政府机构改革、行政审批制度改革等顺利实施，公立医院、不动产登记、供销社、国有林场、户籍制度等改革有序推进，"五证合一、一照一码"制度改革取得阶段性成果，司法改革试点经验在全区推广。成立金融工作局，组建产业基金管理、国有资本投资运营、古峡担保3家投融资公司，引进石嘴山银行、贺兰山村镇银行，财税、金融体制改革成效初显。在全国率先开展湿地确权改革，水权、林权改革稳步推进，五星村土地股份合作制经验在国务院减贫与发展高层论坛上交流并在全区推广。与法国弗龙萨克大区建立友好城市关系，与台湾巨皇公司签订合作协议，成功举办纪念浙江知青50周年联谊活动，对外交流合作领域不断拓宽。强化政府投资项目招标控制价预算审计，财政资金使用效益不断提高。自觉接受人大及其常委会法律监督和政协民主监督，累计办理人大代表议案建议205件，政协委员提案326件。深入开展党的群众路线教育实践活动、"三严三实"专题教育、"两学一做"学习教育，严格执行中央八项规定，"四风"问题得到有效遏制，干部作风明显转变、工作效能不断提升。国防动员、人防、档案、气象、史志等工作取得新进展，统计、老龄、妇女儿童、青少年、残疾人等事业有了新进步。

各位代表：四年来，一个个重大任务的完成，体现了青铜峡人民攻坚克难、奋勇争先的豪情壮志；一项项社会事业的发展，蕴含了青铜峡人民热爱家乡、建设家园的信念决心。四年来的成就，是自治区、吴忠市党委、政府和市委总揽全局、科学决策的结果，是人大、政协鼎力支持、共谋发展的结果，是全市上下齐心协力、同舟共济的结果。在此，我代表市人民政府，向辛勤奋战在全市各条战线上的广大干部群众，向给予政府工作大力支持的人大代表和政协委员，向各民主党派、工商联和各界人士，向中央、自治区驻青单位、驻地部队、武警官兵，向所有关心、支持青铜峡发展的各界朋友表示崇高的敬意和衷心的感谢！

成绩来之不易，经验尤为宝贵。四年的发展实践，我们有着最为深刻的体会：一是始终坚持把发展作为首要任务。我们把项目建设作为推动经济发展的突破口，将做大做强优势产业和骨干企业作为强市之基，凝心聚力打造工业园区平台，全力以赴推进项目建设，实现了工业转型升级、农业提质增效、服务业加快发展，城乡建设统筹推进和社会事业全面进步，为全市经济社会发展步入新征程奠定了坚实基础。二是始终坚持改革创新不动摇。我们把全面深化改革作为应对新常态、贯彻新理念的最大"利器"，通过深化简政放权、农业农村、国资国企等各项改革，让制度更加完善，发展更有质量，治理更有水平。大力引进新兴产业调整结构、注重扶持本土企业做大做强、积极推动科技创新成果转化，经济发展的质量和效益明显提升。三是始终坚持维护群众切身利益。我们把持续保障和改善民生作为一切工作的出发点和落脚点，落实了一批事关群众切身利益的实事好事，让发展成果实实在在惠及广大群众。实践证明，只有坚持把为民谋利作为政府工作的根本，才能得到群众的拥护，才能凝聚加快发展的强大合力。四是始终坚持狠抓作风建设。我们认真贯彻市委各项决策部署，强化干部队伍建设，切实转变工作作风，狠抓责任落实，将应对挑战、加快发展的举措不折不扣落到实处。实践证明，只有真抓实干，直面矛盾，敢于担当，才能打开局面；只有环环相扣，步步主动，才能务实推进；只有不畏困难，勇往直前，才能有效落实。

风雨多经志弥坚，关山初度路犹长。在四年的发展实践中，我们清醒地认识到，经济社会发展还存在很多困难和问题，主要表现在：经济转型发展难度大、速度慢，转方式、调结构任重道远；财政收入远远满足不了发展的需要；教育、卫生、文化等社会事业与群众的期盼还有一定差距，公共服务体系有待完善，社会治理还需进一步加强；环境治理存在薄弱环节，生态建设任务繁重；改革创新不够深入，体制机制性障碍仍然存在，部分干部适应新常态的意识和创新发展的本领不强，政府的服务水平与转型发展有较大差距，发展环境还需进一步优化。对此，我们必须高度重视，采取有力措施，切实加以解决。

坚定信心 真抓实干
全面实现小康社会宏伟目标

今后五年，是我市加快转型发展的关键期，也是全面建成小康社会的决胜期。国家“一带一路”、宁夏“两区”建设、自治区空间发展战略规划的全面实施,供给侧结构性改革红利的逐步释放,为我们提供了难得的发展机遇。经过新一轮发展,我市已形成比较完备的工业体系、良好的农业基础、丰富的旅游资源、优美的人居环境,为我们加快转型、加速崛起奠定了坚实基础。站在新起点,面对新任务,我们必须坚定信心,真抓实干,抢抓机遇,奋力赶超,在新一轮激烈竞争中抢占制高点、赢得主动权,推动经济社会发展再上新台阶、实现新突破,让广大群众有更多的获得感和幸福感。

根据市十二次党代会精神,今后五年经济社会发展总体思路是:以党的十八大及十八届三中、四中、五中全会和习近平总书记系列重要讲话精神为指导,坚持“四个全面”战略布局,深入贯彻五大发展理念,坚定不移落实上级党委、政府和市委决策部署,以提高经济发展质量和效益为中心,以改革开放为动力,以改善民生为根本,全力落实“1155”战略任务,加快“五区”建设,着力打造实力、活力、魅力、和谐、幸福青铜峡,全面实现建成小康社会宏伟目标!

主要预期目标是:地区生产总值年均增长7.5%,地方公共财政预算收入年均增长8.5%,固定资产投资年均增长11%,社会消费品零售总额年均增长10%,城镇和农村常住居民人均可支配收入年均分别增长9%、10%。

今后五年,我们主要在五个方面谋求突破:

(一)以转型发展为主线,在建设实力青铜峡上求突破

立足提升发展质量和效益,打好转型组合拳,实现综合实力新提升,力争三次产业比重由12:60:28调整为10:58:32。

再造工业转型发展新优势。全面落实中国制造2025宁夏行动纲要,发展壮大战略性新兴产业,改造提升传统产业,推动生产方式向智能、精细、高端转变,打造老工业基地转型升级样板区。依托“中国西部轴承产业青铜峡基地”平台,实施轴承谷、鸿亚制造、华冠工业机器人、汇高数控机床等一批大项目,着力打造以轴承为主的汽车零部件生产高端装备制造产业集群,并将汽车零部件制造上游产品向新材料基地布局,形成上下游产业接续发展的格局。依托苏锡光电铜业、高性能轻合金、氮化硅、碳纤维等一批项目的实施,着力打造集设计研发、生产加工、物流仓储于一体的新材料产业集群。依托仁和纺织、氨纶等一批项目的实施,填补产业空白,着力打造集纺纱、织布、成衣于一体的现代纺织产业集群。依托新材料基地现有化工产业基础,实施多元醇等项目,引导企业从传统化工向新型精细化工转变,着力打造精细化工产业集群。实施大坝四期、PVC升级、新型节能环保建材、农产品精深加工等重点项目,支持青铝、金昱元、可可美等企业加大技改力度,促进传统产业向高新技术、高附加值方向发展。全面启动国家级循环经济产业园区创建工作,加快完善园区基础设施,提升园区承载能力。到2021年,力争新增规模以上企业50家,打造2个百亿元、3个50亿元产业基地。

打造全域旅游发展新格局。围绕创建国家全域旅游示范市目标,全力推进“黄河岸边、稻花香里、贺兰山下”三大旅游主线建设。依托黄河楼、黄河坛、牛首山寺庙群等资源,深度挖掘黄河文化、宗教文化,实施游乐园、大峡谷景区栈道、极限运动中心等项目,开发索道、蹦极、低空飞行等旅游体验项目,申报大峡谷国家地质公园,提升黄河生态园档次和水平,打造集水上观光、文化体验于一体的黄河文化游新亮点;依托优质水稻观光区、金穗观光采摘园、大坝水利风景区等资源,深度挖掘农耕文化,实施正鑫源优质大米产业融合、大青葡萄长廊、旅游特色村等项目,培育星级农家乐30家,建设标准化垂钓中心10家,打造集休闲度假、乡村体验、特色农家餐饮于一体的特色田园风情游新亮点;依托贺兰山东麓葡萄长廊、庙山湖、明长城遗址等资源,配套完善沿山葡萄酒庄示范区基础设施,实施葡萄小镇、公寓酒庄、拓展训练基地、长城艺术谷、新能源博物馆等项目,打造集自驾探险、美酒品鉴、军事体验于一体的养心健身体验游新亮点,促进旅游与工农商贸、文化体育等产业深度融合,实现旅游产业多样化、多元化。规划建设西部生态景观水系、牛首山旅游环线、热气球和低空飞行观光等“十线”工程,构建水路、陆路、空路立体化旅游交通网络,完善全域旅游基础设施,提升全域旅游保障能力,打响“印象黄河·彩虹之上”文化旅游品牌,打造黄河文化旅游精品区,力争黄河大峡谷景区跻身5A级景区,2018年成功创建国家全域旅游示范市,2021年进入国家旅游城市行列。

优化现代农业发展新布局。坚持“两优一特”,强化龙头带动,突出品牌培育,增强农业竞争力。充分发挥富硒资源优势,采取“公司+合作社+基地+农户”模式,建设绿色、生态、有机、富硒水稻万亩示范方5个,千亩示范方30个,

总面积达8万亩。通过财政补贴、税收优惠等措施，依托塞外香、正鑫源、法福来等龙头企业，加快构建新品种研发、标准化种植、精深化加工、网格化销售于一体的现代农业体系，提升"青铜峡大米"品牌影响力，打造宁夏富硒有机大米产业化发展示范区。高标准完成鸽子山中法葡萄酒庄集群示范区建设项目，酿酒葡萄种植面积达到16万亩，培育列级酒庄10家，新增酒庄30家，打造贺兰山东麓"甘城子"葡萄酒黄金产区。大力发展肉驴等特色养殖业，标准化规模肉驴养殖场达到10个以上，饲养量达到3万头以上；积极引进阿胶、乳制品、肉类等畜禽精深加工企业，延长产业链，提高附加值。大力实施品牌战略，培育农字号"中国驰名商标"3个。完善农产品质量安全追溯体系，申请认证有机、绿色、无公害产品10个。鼓励支持企业在国内外设立特色产品营销中心，提升农产品增值转化能力。农业总产值年均增长5%以上。

实现服务业发展新提升。出台促进服务业发展政策措施，进一步激活消费市场，拉动经济增长。加快铁路仓储等一批商贸物流园项目建设，着力构建社会化商贸物流品牌运营网络。实施"双五"工程，培育建设商业综合体5家、星级酒店5家，扎实推进住宿餐饮服务企业标准化创建，力争2021年80%的住宿餐饮企业（个体工商户）达到标准化水平。实施养老健康城、老年活动中心、中医保健中心等项目，加快构建医养结合、功能完善、资源共享的健康服务产业集群。落实"互联网+"行动计划，加快发展电子商务、金融等生产性服务业，促进信息化与三次产业融合发展。

（二）以改革开放为引领，在建设活力青铜峡上求突破

立足深化改革、扩大开放，大力实施创新驱动战略，让一切创造社会财富的源泉充分涌流。

深化重点领域改革。大力推进供给侧结构性改革，扩大有效供给，着力改变产业低端、产能过剩、产销脱节的状况。积极推进农村土地股份合作制、集体资产股份量化、不动产登记等改革，激活农村产权市场。放大财政和项目资金的撬动作用，加快壮大集体经济，基本消除"空壳村"。加快构建现代农业经营体系，培育壮大农民专业合作社150家、家庭农场125家，完善农业保险制度，释放"三农"发展活力。扎实开展旅游经营管理体制改革，鼓励更多战略投资者、风险投资机构进入旅游领域，实现旅游发展由政府主导向社会参与转变。深化行政审批制度改革，推进权力清单、责任清单和"双随机、一公开"工作常态化。稳步推进事业单位分类改革，加快政府职能转变。深化政府投融资体制改革，坚持市场化思路，推进国有资产证券化。深入对接资本市场，利用好多种金融工具，做实做强国有资本运营平台。发挥好财政资金杠杆作用，鼓励发展直接融资和普惠金融，切实加大金融对实体经济的支持力度。

拓宽开放合作空间。主动融入"一带一路"、开放宁夏战略，构建与银川综合保税区联动一体化大通关机制，充分享受各类优惠政策，吸引更多优质资源，加快产业转型升级步伐。加强与法国弗龙萨克大区交流合作，鼓励支持葡萄酒企业与国际知名企业开展技术交流、产品研发，推动酿酒葡萄产业品牌化、高端化、国际化发展。实施京藏高速改扩建、包兰铁路大坝火车站改造、青铜峡至银川正源街、青阿公路等交通项目，打造互联互通枢纽，畅通对外开放通道。创新招商机制，注重招大引强，瞄准高端产业，主动对接全国民营500强企业，引进一批科技含量高、创新能力强、市场前景好的"专、精、特、新"项目，完成招商引资到位资金600亿元。围绕"五区"建设，精心谋划，储备实施一批推动转型升级项目，增强转型发展后劲。

实施创新驱动战略。采取创新与创业、线上与线下、孵化与投资相结合方式，统筹推进中小企业孵化园、创客空间、大学生创业就业基地等创业平台建设，培育小企业900家、小老板1800个，新增城镇就业2.3万人，以众创、众筹、众扶等推动企业生产模式和组织方式变革。搭建创业融资平台，创新融资服务模式，提供更多创业融资保障。鼓励支持企业加大创新投入力度，加强校地合作、院地合作，开展联合技术攻关，积极培养引进人才，加速科技成果转化应用，切实推动大众创业、万众创新，打造西部创新发展先行区。

（三）以城乡一体为重点，在建设魅力青铜峡上求突破

立足区域统筹，加快新型城镇化进程，构建以城带乡、城乡互动的一体化新格局，力争城镇化率达62%。

不断提升城市品质。紧扣宁夏空间发展战略规划，完善城市总体规划，编制各类专项规划，整合经济社会、城市主体功能区、土地利用、产业发展、生态环境保护等规划，扎实推进"多规合一"改革试点工作，管控好空间发展"六线三区"和城市内部"四条彩线"，构筑"一核、两轴、两带"空间发展格局。改造老城区，提升新城区，重点实施棚户

区改造、地下综合管廊等重点项目，统筹城市建筑、景观和风貌，打造具有鲜明特色的城市街区2条，进一步完善城市功能，彰显城市品质。集中建设一批重点特色城镇和美丽村庄，改善镇村环境，保存乡愁记忆。

切实增强城乡魅力。实施净化工程。健全城乡环卫一体化管理机制，完善"村收集、镇转运、市处理"垃圾处理模式，力争垃圾无害化处理率达98%以上。实施亮化工程。加强城市主街道、大型建筑、商贸休闲、水域湖畔等夜景照明设施建设和管理，扮靓城市夜空。实施增绿工程。建设沿山公路景观长廊、滨河公园和罗家河、大青渠、小李路过境段绿化项目，新建改造小微游园20处，增添城市色彩。实施智能工程。加快"智慧青铜峡"建设，促进信息基础设施互联互通，建成信息共享、功能齐全、智能高效的城市综合管理服务平台。实施畅通工程。新建改建城乡道路210千米，打通城区断头路6条，建设立体式停车场及地下停车场10个，切实解决停车难、通行不畅等问题。实施美化工程。加快推进东部罗家河水系连通及惠农渠、汉延渠水系综合改造，做足水系文章，升华景致，增添城市灵气，实现一路一景观、一街一特色，全方位、多角度展示青铜峡独特魅力。

加快推进生态建设。启动"蓝天碧水、绿色城乡"专项行动，全面落实水、大气、土壤、固废污染防治行动计划，实施治山、治水、治气、治渣"四治工程"，规范和约束自然资源开发行为，促进资源高效节约利用。完善贺兰山防洪规划体系，实施西线高速沿线生态景观防护林等项目，加强库区自然保护区、滨河大道等湖泊湿地生态保护，完成营造林面积9万亩，力争森林覆盖率提高到16%，城市空气质量优良率达80%以上，争创国家森林城市和生态文明示范县(市)。

（四）以依法治理为抓手，在建设和谐青铜峡上求突破

立足和谐稳定，坚持源头治理、动态管理，预防和减少不稳定因素，开创社会治理新局面。

培育人文精神内涵。深化社会主义核心价值观"六进"活动，大力弘扬"好家风好家训"，唱响主旋律，凝聚正能量。加强文化传承与创新，创作一批具有民族特色、地方文化底蕴的精品力作。深化国家公共文化服务体系示范市创建，实施文化馆、图书馆、博物馆、青少年宫等文体惠民项目，完善市、镇、村三级现代公共文化服务网络。大力发展群众文化，打造城市文化示范点、农村文化大院20家，实现85个行政村民间自乐班全覆盖，构建城乡"半小时文化服务圈"。加大文物保护力度，实施明长城遗址、"五七"干校旧址等保护工程。扎实推进市民素质提升工程，开展"最美古峡人"评选活动，启动全国"文明城市"创建工作。

加强民主法治建设。深入推进依法治市，加快建设法治政府、法治社会。健全政府法律顾问制度，完善重大决策社会稳定风险评估机制。深化司法体制、行政执法体制改革，推进司法和行政权力规范运行。实施"七五"普法规划，深入开展"法律八进"活动，提高公民法律意识。完善村民自治制度，加强社会组织管理。认真落实党的民族宗教政策，维护民族团结。深化双拥共建，巩固"全国双拥模范城"创建成果。

提升社会治理能力。深化平安青铜峡建设，建立健全立体化社会治安防控体系，加强重点人员管控、重点区域整治和网络虚拟社会管理，严厉打击违法犯罪。全面落实政府领导、部门监管和企业主体责任，推进安全生产标准化建设，预防各类事故发生。加强食品药品安全监管，保障群众饮食用药安全。建立疑难复杂问题包案化解长效机制，健全人民调解组织"四张网络"，依法解决历史遗留问题和群众合理诉求。完善自然灾害及突发公共事件预警和应急处置体系，促进社会和谐稳定。

（五）以改善民生为根本，在建设幸福青铜峡上求突破

立足共建共享，坚持以百姓之心为心，持续推进民生改善，让人民生活更加幸福。

大力发展社会事业。坚持教育优先发展，加大教育投入力度，建成七小、八中，规划建设八小、九中，科学调整中小学校布局，进一步优化教育资源配置。大力发展学前教育，均衡发展义务教育，普及高中阶段教育。依托产业发展，培育产教融合的中职特色专业，推动各类教育协调发展。盘活编制存量，优化教师结构，切实解决教师老龄化问题。全面实施公立医院综合改革，鼓励医疗机构拓展医养结合服务新业态，支持社会资本兴办医疗机构，健全疾病防控、妇幼保健、卫生监督等公共卫生服务体系。坚持计划生育基本国策，积极推行基层计生服务管理新模式，保障妇女儿童权益。落实全民健身计划，完善体育基础设施，建成文体会展中心，满足群众健身需求。

完善社会保障体系。健全城乡居民最低生活保障制度和救助体系，推进低保制度与社会保险制度、扶贫政策以

及灾害、教育、医疗、救助和慈善帮扶有效衔接，巩固扩大社会保障覆盖面。大力发展养老服务业，加强老年人活动、颐养场地建设，健全日间照料中心、老饭桌管理运行机制，探索建立公建民营、医养结合养老模式，实现社会养老服务全覆盖。建立完善市场配置、政府保障等多渠道住房保障体系，让城乡困难群众住有所居。

切实增进人民福祉。扎实推进精准扶贫，全力打赢脱贫攻坚战。积极落实创业就业政策，完善就业服务体系，妥善解决农村转移劳动力、失地农民和就业困难人员就业，力争城镇登记失业率控制在4%以内，切实增加农民和困难群体收入。认真落实住房、车改、村医等补贴政策，切实增加干部职工收入。开展和谐劳动关系创建活动，完善企业职工工资集体协商、农民工工资支付保障机制，维护劳动者合法权益。

各位代表：我们坚信，只要咬定目标不放松，坚持创新发展不动摇，就一定能够打赢转型发展这场硬仗；只要我们振奋精神，真抓实干，就一定能够实现全面建成小康社会的宏伟目标，青铜峡一定会在转型发展中再当标兵、再创辉煌！

凝心聚力 砥砺前行
奋力谱写转型发展新篇章

2017年是实施“十三五”规划承前启后的重要一年，也是新一届政府履职的开局之年，更是青铜峡转型发展的关键之年。我们要认真贯彻习近平总书记来宁重要讲话及自治区党委十一届八次全会精神，按照市十二次党代会部署要求，围绕“1155”战略目标，主攻“两大主题”，瞄准突破口，着力稳增长、调结构、促改革、惠民生，力促各项工作开好局、起好步。

经济社会发展主要预期目标是：力争实现地区生产总值145亿元，增长7%；地方公共财政预算收入8.1亿元，增长8%；社会消费品零售总额22.4亿元，增长8.5%；城镇和农村常住居民人均可支配收入分别达到25900元、13300元，分别增长8.5%和9%；城镇登记失业率控制在4%以内。

2017年，我们要突出抓好八个方面工作：

（一）狠抓投资拉动，进一步夯实经济发展基础。坚持把投资作为拉动经济增长第一动力，突出项目建设，强化上争外引，力争完成固定资产投资140亿元，增长11%。强化责任抓项目。深化项目建设“双百行动”，开展“准备之冬”项目大会战活动，把各项工作谋划到位，研究到位，准备到位，年度实施基本建设项目130个，计划投资157亿元，切实把“准备之冬”变成“动工之春”“大干之夏”“收获之秋”。紧盯各个节点，加大跟踪问效力度，积极协调解决存在的困难和问题，强力推进汇高智能制造、苏能压力容器、锦绣轻合金等重点项目顺利实施、投产达效，增强转型发展后劲。主动对接争资金。紧盯国家、自治区产业政策和投资方向，围绕城乡建设、旅游开发、民生改善等领域，充实完善项目库，发挥一切优势，挖掘一切资源，加大争抢力度，千方百计争取中央、自治区计划项目、产业扶持项目、专项基金项目等资金支持，完成上争资金25亿元以上。激发活力促招商。抢抓全国工商联十一届十次常委会在银召开机遇，重点围绕高端装备制造、新材料、现代纺织、精细化工和旅游开发、葡萄深加工等领域，完善招商机制，创新招商方式，积极引进一批投资体量大、产业链条长的大项目、好项目，为转型发展添力助跑。全面推行招商项目领办、代办制度，着力构建“亲、清”的新型政商关系，形成全民招商的浓厚氛围，力争引进过亿元项目20个以上，实际到位资金105亿元。

（二）狠抓结构调整，进一步推动工业转型升级。坚持优势培育和改造升级并举，提升工业发展质量和效益，完成规模以上工业增加值65亿元，增长6%。培育壮大新型工业。实施宁夏轴承谷、新蓝奥汽车节能环保、苏锡光电铜业、仁和纺织、金昱元多元醇等24个项目，加快打造新兴产业集群。加强与清华大学、哈尔滨工业大学、宁夏大学等高校、科研机构交流合作，引进设立轴承研究院、工业机器人研究院、汽车节能减排研究院、装备制造科研基地，推动各类创新要素集聚，力争新增规上企业10家以上。改造提升传统产业。重点抓好大坝四期扩建、大唐国际、青铜峡水泥等技改续建项目，用新技术推动传统产业挖潜增效，延伸产业链，提高附加值。通过资产重组、产权转让等方式，盘活峡光纸业、松瑞林产品等停产半停产企业。精准帮助服务企业。深化市级领导精准包抓企业责任制，进一步加大企业帮扶力度。加强政银企合作，充分发挥古峡担保公司等融资平台作用，有效破解企业融资难题。实施中小企业成长培育工程，从政策、资金、人才、技术等方面给予重点扶持，推动民营经济加快发展。扩容升级园区功能。加快新材料基地综合服务区、天然气、固废处理等项目建设，配套完善园区给排水、道路、绿化、亮化等基础设施，提升园区服务功能。鼓励低效用地、要素闲置企业，通过内部挖潜、联营合作等形式，实现二次招商，促进园区生产要素集约高效利用。加快推进“智慧园区”建设，建立企业网络服务平台，实现信息资源共享。

（三）狠抓产业融合，进一步激发服务业发展活力。坚持全景、全业、全时、全民、全域统筹推进，加快现代服务业发展，力争第三产业实现增加值40亿元，增长7%。做好全域旅游大文章。深化国家全域旅游示范市创建工作，紧紧围绕“三大”旅游主线，重点实施滨河大道慢车道、游乐园、水上舞台、穆桂英点将台、自驾营基地等项目，开发黄河文化体验、田园休闲度假、庙山湖自驾探险等一批群众喜闻乐见的旅游产品，着力打造旅游新亮点。创作印象黄河舞台剧，举办稻花香里文化艺术节、葡萄酒文化节、工业企业文化节、热气球嘉年华、汽车越野赛等系列活动，确保月月有活动，节节有创意，增强旅游品牌吸引力和感染力。落实引客入青、旅游招商、休闲观光等优惠政策，积极鼓励旅游公司、旅行社及各类单位组团来青旅游，千方百计提升旅游效益。全面实施“十百千万”工程，推动旅游产业与新型工业、现代农业及城乡建设深度融合。力争全年接待游客330万人次，实现旅游综合收入12亿元。推动服务水平大提升。加快台湾城、上陵波斯顿大酒店、欧蓓莎商海城、宁夏特优农产品体验中心等项目建设并投入运营。落实促进住宿餐饮业繁荣发展政策措施，开展餐饮名店、名厨师、服务之星评选活动，力争15%的住宿餐饮企业（个体工商户）达到标准化水平。打造东区汉餐一条街、黄土地特色餐饮一条街，开发以驴肉系列、黄河鱼系列和农家菜为主的特色菜品，不断提升餐饮服务品质品味，形成与利通区资源共享、优势互补的餐饮服务格局，打造“舌尖上的青铜峡”。实施全民健身活动中心、高端康复理疗中心等项目，推动养老服务与医疗、健身、家政、保险等融合发展。加快国家电子商务进农村示范县建设，新建市级电子商务产业园区1个、镇级电子商务配送中心5个、村级服务站50个，实现农村电子商务全覆盖，电子商务交易额突破3亿元。

（四）狠抓特色培育，进一步促进农业质效双增。坚持“两优一特”引领，培育特色，打造品牌，农业总产值达到35.2亿元，增长5%。优化特色产业布局。编制完善富硒水稻种植、特色养殖规划，健全优质粮食原产地保护机制。发展有机富硒水稻5万亩，建成自治区级大米科技示范区，打响青铜峡大米品牌。完成鸽子山中法葡萄酒庄集群示范区年度建设任务，新栽植酿酒葡萄5000亩，新建续建酒庄10个。新建标准化规模肉驴养殖场2个，肉驴饲养量突破1.5万头，引进实施肉驴精深加工项目，延伸产业链。构建现代经营体系。引导农户采取多种方式加速土地流转，积极发展新型经营主体，培育家庭农场、农民专业合作社40家。建立完善“互联网+农业”营销体系，支持恒源、顺宝、晓鸣禽业等龙头企业“走出去”开拓市场，推动农业精细化、品牌化、集群化发展。夯实农业生产基础。落实最严格耕地保护制度，实施鸽子山扬水二期、金沙湾高效节水、马莲沟治理等水利工程7个。整合国土、农综、千亿斤粮食等项目，新建、复整高标准农田30万亩，新增高效节水面积1万亩。完善农技农艺、动物疫病防控、农产品质量安全和农机社会化服务等农业服务保障体系，建成自治区级水稻农机化示范园区2个，主要农作物综合机械化水平达到93%以上。

（五）狠抓城乡统筹，进一步加快一体化进程。坚持建设与管理并重，着力塑造城乡特色，力争城镇化率达到58.6%。加快推进城乡建设。全面贯彻落实自治区城市工作会议精神，扎实开展“多规合一”改革试点工作，编制城市控制性详规及地下综合管廊、海绵城市专项规划。整合交通、林业、水利、城建等基础设施项目，采取PPP模式，实施109国道改线、青铜峡至银川正源街快速通道等重点工程。新建改建纬五路等城乡道路17条62千米、老城区停车场3处、怡心园等小微游园5处。启动破旧小区和8个城中村改造工程。加快推进古峡商业中心、黄河路景观街、黄河外滩风情街等37个项目和城市特色街区、广场改造项目，改造棚户区2100户，高标准实施1个特色小城镇和2个美丽村庄改造工程。配合完成叶盛黄河大桥合拢，开工京藏高速。精细高效管理城乡。深入开展“城乡管理提升年”活动，深化城乡管理综合执法体制改革，采取市场化运作模式，实施城乡环卫一体化管理。探索建立城市供暖、城乡供水智能化平台，统一设置主街道、商业街区、公交站点等公共场所城市标识，全力提升综合执法、物业服务、市容市貌等网格化、精细化、精准化管理水平。深化国家级生态镇（村）创建和农村环境综合整治活动，规范农村污水处理站、垃圾填埋场运行，改善农村生活条件。持续提升人居环境。实施城市园林提升工程，进一步完善黄河缤纷园基础设施，丰富业态，确保年内向群众开放。营造防护林1万亩，完成封山育林1万亩，森林覆盖率达到15.6%，巩固提升国家园林城市创建成果。实施第二、第三污水处理厂提标改造、东区集污管网等项目，巩固农村环境连片整治项目成果，推进生活污水、垃圾无害化处理。深化农村人饮水源保护及水土流失综合治理，加强主要河流和重点地区污染源控制，打造环境优美的幸福家园。

（六）狠抓民生改善，进一步提升群众幸福指数。坚持共享发展理念，增加民生投入，办好民生实事，增进民生福祉。加大精准扶贫力度。深入推行“五个一”安置模式，完成“十三五”易地搬迁安置任务。全面落实11项精准脱贫攻坚措施，实施顺宝扶贫产业园、光伏发电、肉牛托管等项目，多渠道增加以移民村群众为主的贫困户收入，年内脱贫495户2010人。办好人民满意教育。全面落实促进城乡教育均衡发展各项政策措施，大力实施素质教育，加强教师队伍建设，深入推进名师名校长工程，注重师德师风和素质能力培养，不断提高教育教学水平。实施职教中心实训车间及同乐小学运动场改造等项目，着力改善办学条件。健全农村留守儿童、困难家庭儿童帮扶制度，完善家庭经济困难学生资助体系，力促教育公平。提升文体惠民水平。加快公共文化数字化、信息化建设，积极创建国家现代公共文化服务体系示范区。新建城市社区文化示范点、农村文化大院4处，培育农村自乐班20个。开展“百花奖大赛暨黄河文化周”等系列活动，创作一批贴近群众的文艺精品力作，举办各类文艺演出260场次，丰富群众精神文化生活。推进基本公共体育服务体系示范市创建工作，实施青秀园健身步道项目，深入开展全民健身活动，全力备战自治区第十五届全运会。完善公共服务体系。全面落实12类52项基本公共卫生服务项目和二孩政策，深入推进公立医院改革，与美年大健康产业集团合作设立健康康复医院，提升公共卫生服务水平。实施峡石、连湖、唐源3个社区日间照料中心改建、老年幸福院、农村老饭桌等项目，让空巢、独居老人乐享晚年。修缮烈士陵园，适时建设殡仪服务中心，提升殡葬服务管理水平。健全社会保障机制。落实社会保险“五险合一”体制改革和被征地农民养老保险政策。完善社会救助家庭经济状况核查机制，实现低保、医疗、扶残等社会救助公平公正。落实更加积极的创业就业扶持政策，发放小额担保贷款5000万元，新增城镇就业4900人。培育壮大劳务经纪人队伍，转移农村劳动力2.2万人，实现工资性收入1.9亿元。

（七）狠抓改革创新，进一步增强发展内生动力。坚持改革创新，先行先试，增添发展新动力。让体制更顺。认真开展行政职能事业单位改革试点工作，推进政企分开、政资分开、政事分开。扎实做好权责清单制度动态管理，完善工作机制，创新管理办法，实现权力行使程序化、规范化和制度化。强化行政执法管理，理顺生产事故、文化市场、城管执法、劳动监察、商贸市场和旅游市场监督处罚权。让机制更活。积极推行商事制度改革，全面推进“五证合一、一照一码”登记审批改革，促进市场主体快速发展。建立涉企收费清单管理制度，切实减轻企业负担。深化农村土地股份合作制等改革，开展农村产权流转交易试点工作，赋予农民更多财产权。加大财税、投融资等领域改革，建立健全国有金融类企业的体制机制，用好助保贷、财保贷、产业基金等多种融资模式，推进融资租赁、企业债券等国有资产证券化，强化政银企合作，鼓励企业积极对接资本市场，初步构建多层次、多元化现代金融服务体系。让服务更优。创新公共服务提供方式，通过政府购买、引导社会资本参与等方式，推动公共服务提供主体和方式多元化。完善法律援助制度，维护困难群体合法权益。健全社区矫正执行体系，提高教育矫正的针对性和实效性。推行“互联网+政务服务”，加强智慧青铜峡建设，将智慧政务、交通、医疗等现代信息技术融入群众日常生活，让数据多跑路，群众少跑腿。

（八）狠抓综合治理，进一步维护社会和谐稳定。坚持“政府主导、社会协同、公众参与、法治保障”原则，着力构筑共建共享社会治理格局，确保社会安定有序、人民安居乐业。强化社会治安防控。深化平安青铜峡建设，完善社会管理信息服务平台，健全基层治安防控网络和联动机制，推动禁毒工作向纵深发展。严厉打击各类违法犯罪活动，提升公众安全感。强化社区服务功能，引导社会组织参与社会管理和公共服务，增强基层社会自治能力。认真落实党的民族宗教政策，巩固提升民族团结进步创建成果。健全公共安全体系。全面落实“党政同责、一岗双责、失职追责”制度和“三个必须”要求，健全隐患排查治理及风险防控体系，深入开展重大危险源防控和隐患排查工作，坚决防止安全事故发生。以创建国家食品安全示范市为重点，健全食品安全追溯体系，保障群众食品安全。加强危机预防和应急管理，完善应急救援快速响应机制，提高公共社会突发事件和自然灾害应急处置能力。构建和谐稳定大局。推进“七五”普法教育，深化“法律八进”活动，提高公民遵法守法意识。坚持法定途径优先原则，统筹发挥诉讼、仲裁、行政和人民调解作用，健全畅通有序的诉求表达、矛盾调处、权益保障机制。严格实行领导定期接访、重点约访、带案下访、包保化解重点疑难复杂问题及信访积案工作机制，维护群众合法权益，消除不稳定因素。

（市政府办公室）

附：有关情况说明

1. **三期叠加**：增长速度换挡期、结构调整阵痛期、前期刺激政策消化期。

2. **两场赛跑**：经济增量与经济减量赛跑，建设速度与下滑速度赛跑。

3. **四个全面**：全面建成小康社会、全面深化改革、全面推进依法治国、全面从严治党。

4. **“五大发展”理念**：创新发展、协调发展、绿色发展、开放发展、共享发展。

5. **八纵六横**：八纵即沿山公路、闽青公路、沙韦公路、青黄公路、小李公路、109国道、唐青公路、青铜峡滨河大道；六横即叶玉公路、叶甘公路、万树公路、小大公路、中大公路、吴青公路。

6. **五证合一、一照一码**：指企业登记时依次申请，分别由工商行政管理部门（市场监管）核发工商营业执照、质量技术监督部门核发组织机构代码证、税务部门核发税务登记证、统计部门核发统计证、社保部门核发社保证，改为一次申请、由工商行政管理部门（市场监管）核发一个营业执照的登记制度。

7. **一带一路**：丝绸之路经济带和21世纪海上丝绸之路。

8. **“两区”建设**：宁夏内陆开放型经济试验区和银川综合保税区。

9. **“1155”发展思路**：就是围绕一个目标，打赢一场硬仗，加快五区建设，打造五个青铜峡。一个目标即全面建成小康社会；一场硬仗即坚决打赢转型发展这场硬仗；加快五区建设即建设西部创新发展先行区、老工业基地转型升级样板区、中国“甘城子”葡萄酒黄金产区、黄河文化旅游精品区、宁夏绿色生态有机富硒大米产业化发展示范区；打造五个青铜峡即打造实力青铜峡、活力青铜峡、魅力青铜峡、和谐青铜峡、幸福青铜峡。

10. **中国制造2025**：国家实施制造强国战略“三步走”第一个十年行动纲领，即坚持“创新驱动、质量为先、绿色发展、结构优化、人才为本”基本方针和“市场主导、政府引导，立足当前、着眼长远，整体推进、重点突破，自主发展、开放合作”基本原则，到2025年迈入制造强国行列。

11. **全域旅游**：即把一个行政区域全部当作旅游景区来规划和建设，旅游产业在区域内全资源、全时空、全产业、全社会覆盖，为游客提供处处是景的旅游体验和全域消费空间，产业从门票经济向产业经济转变，最终实现全域资源、全面布局、全境打造、全民参与的发展模式。

12. **两优一特**：“两优”指优质大米、酿酒葡萄，“一特”指特色养殖。

13. **双随机、一公开**：即随机抽取检查对象、随机抽取执法人员、检查结果公开。

14. **多规合一**：通过推动经济社会发展规划、城乡规划、土地规划、生态环境保护规划等多个规划相互融合，逐步建立统一衔接、功能互补、相互协调的规划体系。

15. **六线三区**：即建设用地规模、建设用地增长边界、产业、生态、基本农田、基本设施空间廊道“六条控制线”和禁止建设区、限制建设区、适宜建设区“三个空间管制区”。

16. **四条彩线**：即城市蓝线（河道规划控制线）、绿线（各类绿地范围控制线）、紫线（历史建筑保护范围界线）、黄线（城市基础设施用地控制界线）。

17. **一核、两轴、两带**：以中心城区（含小坝镇和陈袁滩镇）为核心，以滨河大道和西线高速公路为轴线，打造青铜峡镇—峡口镇民族特色城镇带和大坝镇—瞿靖镇—邵岗镇—叶盛镇沿黄城镇带。

18. **海绵城市**：即城市能够像海绵一样，采用渗、滞、蓄、净、用、排等措施，将70%的降雨就地消纳和利用。

19. **“五个一”安置模式**：生态移民一户一套房、一个就业岗位、一头奶牛、一次职业教育机会、人均一亩土地。

20. **三个必须**：即管行业必须管安全、管业务必须管安全、管生产经营必须管安全。

21. **法律八进**：即开展法律“进村组、进乡村、进社区、进学校、进企业、进单位、进家庭、进宗教场所”活动。

22. **“双百”行动**：即抓百个建设项目，促百亿元投资。

23. **五险合一**：将城镇职工基本养老保险、医疗保险、失业保险、工伤保险和生育保险等五项保险实行统一登记、统一基数、统一征缴和统一稽核。

在青铜峡市政协十一届一次会议上的工作报告

青铜峡市政协主席 张 慧

2016年10月26日

各位委员：

我代表政协青铜峡市第十届委员会常务委员会，向大会报告工作，请予审议，并请列席会议的同志提出意见。

十届政协委员会任期的四年，是我市应对各种风险考验，经济社会实现稳步发展的四年，也是人民政协事业在继承中创新、在巩固中发展的四年。四年来，在中共青铜峡市委的坚强领导下，市政协常委会高举爱国主义、社会主义伟大旗帜，牢牢把握团结和民主两大主题，把推动科学发展作为第一要务，把促进社会和谐作为第一责任，把关注民生作为第一视点，认真履行政治协商、民主监督、参政议政职能，充分发挥协调关系、汇聚力量、建言献策、服务大局的重要作用，圆满完成了十届政协确定的各项任务，为全面建成小康社会做出了积极的贡献，谱写了人民政协事业发展的新篇章。

一、加强思想建设，凝聚政治共识

常委会始终坚持以中国特色社会主义理论引领政协事业发展，把增进和凝聚共识作为思想政治建设的根本，不断巩固共同奋斗的思想政治基础，用科学理论武装头脑、指导实践、推动工作。

强化理论武装，保持正确方向。坚持把理论学习、统一思想作为推动政协事业发展的基础性工作，努力在深入持久、落实见效上下功夫。通过党组会议、主席会议、常委会议和委员培训活动，深入学习邓小平理论、“三个代表”重要思想和科学发展观，学习党的十八大、十八届三中、四中、五中全会和习近平总书记系列重要讲话精神及市委历次全会精神，用学习武装头脑，提高素质，不断增强委员的政治意识、责任意识和主体意识，切实把市委重大决策部署转化为政协委员的自觉行动，始终与市委在思想上同心同德、目标上同心同向、行动上同心同行。

强化思想引导，广泛凝聚共识。按照中央和区、市党委的统一部署，深入开展了党的群众路线教育实践活动、“三严三实”专题教育和“两学一做”学习教育工作。抓住纪念抗日战争胜利70周年、中国共产党建党95周年等重大契机，举办了一系列具有政协特色的活动，回顾党的光辉历程，讴歌党的丰功伟绩，引导各党派团体、工商联负责人、各界人士和全体政协委员，深刻认识中国共产党领导的多党合作和政治协商制度的特点和优势，增进对中国特色社会主义、党的民族宗教政策的政治认同、思想认同、感情认同，坚定道路自信、理论自信和制度自信。做到政治信仰坚定不移，政治立场旗帜鲜明，政治定力坚如磐石。

强化业务学习，促进知情议政。坚持以增长知识、提高素质为目标，通过党组中心组重点学习、常委会专题学习、机关集中学习、举办委员培训等形式，积极搭建学习平台，先后举办委员专题培训班4期，推动了委员学理论、学业务的常态化，促进了委员在学习中了解、在了解中沟通、在沟通中履职，激发了委员知情明政、知情议政的热情，进一步提升了委员的政治把握能力、调研能力、协商能力、合作共事能力和联系群众能力，全方位、多渠道唱响好声音，汇聚正能量，提振精气神。

二、服务科学发展，积极建言献策

常委会紧紧围绕全市工作大局谋划和推动工作，主动适应新常态，坚持把思想统一到谋求发展上来，把力量凝聚到促进发展上来，把精力集中到服务发展上来，积极为推动科学发展建言献策。

围绕重大问题进行协商议政。全委会议期间，委员们以高度的政治责任感和使命感，积极参与全委会集体协商。围绕产业结构调整、城乡统筹发展、民生民计改善、社会管理创新和加强教师队伍建设、提高公共服务能力等重大议题，多层面开展协商议政活动，提出了涉及当前、兼顾长远的意见建议356条，为推动全市经济社会发展贡献了智慧和力量。常委会自觉融入全市改革发展稳定大局，围绕市委、政府中心工作，就重点项目推进、招商引资政策落实、生态移民工程建设等工作开展专题协商，积极向市委、政府建言献策，助推全市经济社会发展。主席会着眼于事关人民群众切身利益的民生问题开展重点协商，组织委员专题调研视察，有力促进了协商成果的转化。推选25名政协委员分别列席参加市委常委会、政府常务会，进一步拓展了协商形式，丰富了协商内容。通过多角度、多层次、多形式的协商议政活动，使政协工作与全市发展大局和阶段性重点工作同频共振，为深入开展民主协商提供了有力保障。

围绕重要课题开展专题调研。坚持“抓住重点、彰显特色、打造精品”的工作原则，围绕全市农业“一优一特”、文化遗产保护、葡萄产业发展、公立医院综合改革、现代公共文化服务体系建设、司法体制改革等课题，深入开展调查研究，认真分析论证，形成了内容翔实、建言中肯、参考价值较高的调研报告28篇。关于加快物流园区规划建设、大力提升农业产业发展水平、开展非物质文化遗产进校园等建议得到市委、政府领导的批示，并被相关部门吸收采纳，为市委、政府科学决策提供了有益参考；针对城市公交运营体系建设的问题，提出了关于扶持我市城市公交运营体系建设的建议案，有关部门高度重视，通过公交资源整合、站点合理布局，促进了建议的有效落实；关于加快工业转型升级、大力发展第三产业等调研报告，得到了市委、政府领导的重视和肯定，并分别作出批示，有关部门认真落实，转化为调结构、保增长的激励措施。政协班子成员围绕中心工作，积极参与“两大任务”、“五个十大”重点、项目建设“双百”行动等专项工作的视察督查，为全市重点工作献计出力，切实做到在参与发展中尽心履职，在助推发展中务实作为。

围绕重点领域加强民主监督。坚持以提案办理为主要抓手，进一步创新和完善民主监督形式。通过提案协商督办、调研督办、视察督办和面商督办等行之有效的办理形式，促进了提案办理工作的有序开展。不断完善市委、政府、政协领导领衔督办重点提案制度，切实加大督办力度。四年来，广大政协委员和政协各参加单位提交提案594件，审查立案346件，办复率达到100%，办理质量明显提升。坚持以民主评议为切入点，不断丰富和拓展民主监督内容。选派53名委员担任部门、单位政风行风监督员，通过调研、座谈等形式，对综合执法部门和窗口单位进行监督评议，进一步提高了监督实效，丰富了履职实践。坚持以专项视察为重要载体，不断强化和提升民主监督效果。邀请市政府、纪委监察局通报全市经济运行、提案办理、政风行风和党风廉政建设等工作情况，对全市重点项目实施、民生工程建设、重点提案办理、法院民事审判、戒毒人员就业培训安置、民族团结进步创建等工作进行专项视察监督，广泛开展民主评议，切实履行监督职能，真正把民主监督融入到履职的全过程，体现在推进工作的效果中。

三、聚焦群众关切，推动民生改善

常委会始终把履职为民作为工作的根本出发点和落脚点，积极协助市委、政府做好顺民心、解民忧、惠民生的各项工作，努力促进人民群众在共建共享发展中有更多获得感。

积极建言，多谋民生之利。着眼群众关注的焦点，我们走乡村、进企业、入社区，倾听群众呼声，回应百姓关切。十届一次会议以来，涉及民生的121件提案，得到了较好的办理落实。关于对“青铜峡黄河铁桥进行抢救性保护的建议”被自治区政协社情民意采纳，得到自治区政府领导的批示，并转相关部门予以办理。关于居民饮用水质提升、社区物业管理、失地农民安置、城市东区市场和清真寺建设、加强青秀园西门早市管理、解决农民晒粮难问题、旅游旺季开通黄河楼夜间公交线路等一批群众关心的难点、热点问题的意见建议得到了主管部门吸收采纳，相关问题得到及时解决。在“三送三促”和“七加一”帮扶活动中，市政协领导深入基层，邀请市政府分管领导现场办公，及时解决了林东村部分农田的灌溉和交通问题，为帮扶村、社区、企业解决了阵地建设、网络信息、融资上市、产品销售等实际困难，使履职活动更接地气、更察民情。

反映民意，多解民生之忧。着力引导委员充分利用专题调研视察，及时反映群众的意见、愿望和要求。选择新农合健康运行、农村卫生室和社区卫生服务站建设、企业安全生产等民生问题，组织委员先后开展专项视察活动，对委员们提出的意见建议，以多种形式反馈到相关部门。关于加快构建居家养老服务体系建设、完善青秀园服务功能、尽快解决被征地农民养老保险问题、继续加大老旧小区改造、解决农村垃圾清运费等建议，市政府通过实施项目建设、完善配套政策、创建物业管理示范小区等措施，有力推动了相关问题的妥善解决。强化政协信息舆情汇集和民意表达功能，广泛收集社情民意和民生诉求。四年来，各民主党派、工商联和广大委员共报送社情民意151条，市政协编辑报送社情民意信息127期，履职“直通车”的作用得到了有效发挥。

发挥优势，多为民生之举。坚持把委员基层联系点建设作为政协联系基层、服务民生的重要渠道，扶贫济困的“服务队”更加贴心。四年来，依托11个基层联系点，积极组织文化艺术、医疗卫生、农业科技界的专家委员开展文化下乡、科技咨询、义诊服务、爱心捐助、圆梦微心愿等活动，免费发放药品2万余元，举办农业技术培训36场次，义诊服务1050人次;开展贫困儿童大病救助和“兴华成才助学金”捐助行动，引导委员开展捐资助学等公益活动，帮助21名家庭困难的大病儿童免费进行手术治疗，资助了134名贫困学生，向地震灾区、残疾人、困难家庭捐款捐物220多万元;积极争取中国光华基金会大型公益项目，为1518名大学毕业生、复转军人、残疾人、妇女等就业困难人群，赠送了价值102万元的就业技能培训爱心学习卡。彰显了政协委员心系群众、奉献社会的责任情怀，社会主义核心价值观得到了进一步发扬光大。

四、广泛凝心聚力，促进社会和谐

常委会紧紧围绕团结民主两大主题，注重发挥大团结、大联合的组织优势，聚各界之心，汇各方之智，为推动全市各项事业进步倾尽所能，形成了“同唱一台戏”的发展合力。

积极促进党派合作共事。坚持开放议政、平等协商，支持和保障各民主党派、工商联通过政协渠道履行职责、发挥作用。支持民主党派和无党派人士在政协各种会议上发表意见，参与全市大政方针及重要问题的协商讨论。邀请他们参加市政协组织的调研、视察、座谈会、报告会、通报会和各类学习班，列席政协常委会，为促进全市经济发展、社会稳定、民族团结献计出力。认真做好党派团体提案和社情民意征集、报送、反馈工作，为他们发挥作用提供舞台。四年来，各民主党派、工商联共提交提案66件。民革市委会提出的关于进一步做好我市民族团结创建工作的建议、民盟市委会提出的关于促进城乡义务教育均衡发展的建议、民进市委会提出的关于加快推进美丽乡村建设等建议得到了较好的办理落实。中国共产党领导的多党合作和政治协商制度优势得到进一步发挥。

大力促进民族团结进步。深入贯彻中央民族工作会议精神，牢固树立民族工作“重在平时、抓好平常、重在交心、以心换心”的理念。围绕宗教活动场所依法管理、少数民族特色村寨建设推进、民族团结进步创建工作等议题，深入开展了“健康青铜峡”进宗教场所和民族宗教政策“八进”活动，组织宗教、卫生界委员，向信教群众讲解医疗保健知识，宣传党的民族宗教政策，教育引导信教群众爱国爱教、积极参与和谐寺观创建。坚持重大节日走访慰问宗教界人士，加强与民族宗教界人士和信教群众的沟通交流，充分听取他们的意见建议，为促进宗教和顺、民族和睦、社会和谐做出了积极的贡献。

广泛促进对外联谊交流。接待了多批外省区政协考察团到我市考察学习，宣传了我市经济社会发展成就;加强与县(市)区政协的横向交流，传递正能量，弘扬主旋律，进一步扩大了我市的知名度和美誉度;参与了自治区、吴忠市政协开展的部门作风建设、职业教育发展、农村公厕改造等21个课题的调研视察，形成了上下联动、成果共享的工作格局，提升了政协工作的整体水平。充分发挥文史资料存史资政、团结育人的作用，广泛征集“三亲”史料，在全区县级政协率先建立了文史资料室，征集整理各类文史资料156卷，编辑出版了《青铜峡文史资料》第七辑、《青铜峡市文史资料精选》、《政协青铜峡市十届委员会工作实录》，为青铜峡市历史文化的传承保护留下了宝贵的文史资料，让文史工作从政协走向了社会，凸显了以史为鉴，以史传情的政协特色。

五、加强自身建设，夯实履职基础

常委会始终坚持把加强自身建设摆在重要位置，以改革的思维、创新的理念、务实的举措，切实推进思想建设、组织建设和制度建设，不断提高政协工作的整体质量和水平。

加强工作制度建设。认真贯彻落实中共中央关于加强人民政协工作的意见，按照“继而有创，抓而有度，行而有章，活而有序”的思路，修订完善了全委会、常委会、主席会工作规则、政协领导领衔督办重点提案制度、提案工作条例、加强同委员联系的意见等一系列规章制度。进一步拓展了政协履职领域，丰富了履职内容，完善了履职形式，形成了规范有序的工作运行机制，为政协各项工作和委员履职提供了强有力的制度保障。

加强委员队伍建设。坚持市政协主席、副主席联系常委、常委联系委员、委员联系群众的“三联系”工作制度，在委员中深入开展“五个一”活动。进一步完善委员管理办法，建立委员履职档案，加强委员考核管理，切实增强了委员的责任意识。以“强素质、激活力、促履职”为主题，开展了优秀政协委员评比活动，激发了委员的履职热情。通过安排委员列席政协常委会、专题协商会和调研视察等活动，为委员参政议政搭建平台、创造条件，充分发挥了政协委员助推发展、服务社会的主体作用，形成了人人都在组织中、人人都在活动中的良好局面。

加强机关作风建设。按照“造就一支政治坚定、作风优良、业务熟练的高素质干部队伍”的要求，在中共青铜峡市委的高度重视和大力支持下，政协干部队伍建设得到了新的加强；以创建“学习型、服务型、创新型、和谐型、效能型”政协机关为目标，大力加强政协机关自身建设，强化了干部职工的政治意识、责任意识、大局意识，工作作风进一步转变，服务水平进一步提升，工作效率进一步提高。

各位委员、同志们，过去的四年，市政协围绕中心谋划，紧扣重点履职，工作不断提升，事业不断进步。四年来取得的成绩，归功于中共青铜峡市委的正确领导和市人大、政府的大力支持；倾注着政协各参加单位和各族各界人士的热情参与；凝聚着历届老领导和广大政协委员的智慧和力量。在此，我代表十届政协常委会，向大家表示衷心的感谢和崇高的敬意！

四年的工作实践使我们深刻地体会到：做好新形势下的人民政协工作、推进政协事业不断向前发展，必须坚持中国共产党的领导，始终保持政协工作坚定正确的政治方向；必须坚持把促进科学发展作为履行职能的第一要务，服从和服务于全市经济社会发展大局，在服务大局中发挥作用，在积极参与中展示作为；必须坚持团结和民主两大主题，不断增强人民政协的感召力和凝聚力；必须坚持人民政协为人民的理念，把维护和实现人民群众的根本利益作为履行职能的出发点和落脚点；必须坚持以委员为主体，始终保持政协工作的生机和活力。

在肯定成绩的同时，我们也清醒地认识到，政协工作还存在着一些问题和不足，主要是：建言献策的质量还有待进一步提高，民主监督的领域还有待进一步拓宽，参政议政的成果转化机制还有待进一步完善，对新形势下政协工作的理论研究和实践创新还有待进一步探索等。对这些问题，应引起高度重视，认真加以解决。

（市政协办公室）

QINGTONGXIA YEARBOOK
专载

编辑◎王雪霞 马 婷

青铜峡市国民经济和社会发展第十二个五年规划纲要

第一章　全面建成小康社会的形势和总体要求

第一节　发展成就

“十二五”时期是青铜峡市经济社会发展极不平凡的五年，也是调整结构、转型发展最具挑战性的五年，更是迎难而上、共克时艰的五年。面对全球金融危机的持续影响，面对我国经济发展新常态，青铜峡市委、政府带领全市干部群众务实苦干、开拓创新，紧紧围绕全面建成小康社会阶段性目标，主动转方式、调结构、促改革、惠民生，全市经济社会呈现出“产业基础不断夯实、结构调整扎实推进、质量发展稳步提升、综合实力日益增强、社会事业全面发展”的新态势。

——经济发展稳中有进，综合实力稳步增强。“十二五”末，地区生产总值128.5亿元，比2010年增加了43.7亿，年均增长8.7%；人均地区生产总值45080元；地方财政一般预算收入6.99亿元，年均增长5.7%；全社会固定资产投资累计489亿元，年均增长17.7%；社会消费品零售总额19.1亿元，年均增长12.9%。进入中国最具投资潜力中小城市、中国最具区域带动力中小城市百强县（市）行列。新材料基地和嘉宝轻纺工业园基础设施不断完善，现代农业积极推进，城乡建设步伐加快，商贸旅游活力显现，为“十三五”期间经济社会持续健康发展奠定了坚实基础。

——结构调整逐步推进，经济增长质量提升。积极应对经济发展市场压力和不利形势，主动适应经济发展新常态，不断优化产业结构，力促经济增长动力和发展质量实现新突破，获得“中国经济转型发展示范市”荣誉称号。全市三次产业结构比例由2010年的13.1:62.4:24.5调整为12.6:61.3:26.1。农副产品加工、新材料和装备制造业快速发展，非公经济比重由2010年的19.7%提升至40.3%。规模以上工业增加值达到55.5亿元，年均增长3.8%。农业以优质粮食和酿酒葡萄产业为重点，产业链条不断延伸，产品开发及品牌建设有效突破，优质粮食种植基地扩展到国外。全市葡萄种植面积13万亩，本地葡萄酒多次获得国际国内质量评选金奖、银奖，甘城子地区最佳酿酒葡萄原产地的优势和影响力开始显现。高标准农田改造加快实施，标准化养殖规模扩大，现代农业基础不断夯实。农业总产值达到30.6亿元，年均增长6%。中华黄河坛、中华黄河楼、大禹文化园、黄河生态园、塔林博物馆先后建成对外开放，沿黄文化旅游板块核心区的引领地位更加凸显。龙海宾馆、龙海商业街、国贸百货地下商场等商业体相继建成营运，“千村电商”试点市积极推进，商贸、物流、餐饮、信息等服务业加快发展。第三产业增加值达到33.5亿元，年均增长9.7%。

——新型城镇化进程加快，城乡面貌焕然一新。抢抓国家推进新型城镇化和自治区建设沿黄城市带的历史机遇，加快中心城区、青铜峡镇等城（镇）区基础设施建设，“一城三区多节点”的新型城镇格局基本形成。吴青黄河大桥、西线高速和古青高速青铜峡段建成，城乡道路全面改造。实施供水、供热、污水处理等一大批市政公用设施工程，市一中、市医院建成使用，开发住宅小区33个，新增城市建筑面积337万平方米。完成罗家河、惠农渠、滨河大道等道路水系两侧景观改造和青秀园扩建工程，城市建成区绿化覆盖率39.7%。积极推进叶盛、峡口、瞿靖、邵岗特色小城镇和美丽村庄建设，农村居住环境明显改善。全市常住人口城镇化率达到55.8%，城市建成区面积25平方千米。国家园林城市进一步巩固，成功创建国家卫生城市，荣获"中国人居环境范例奖"。

——民生福祉快速提升，社会事业全面发展。城乡居民收入水平稳步提升，2015年全市城镇居民人均可支配收入达到22003元，年均增长9.3%；农村居民人均可支配收入达到11200元，年均增长11.3%。就业创业能力提升，新增城镇就业人口2.7万人，城镇登记失业率控制在4.1%以内。扶贫攻坚成效显著，提前两年完成生态移民3277户13800人搬迁任务。基础教育均衡发展，教学质量稳步提升，顺利通过国家义务教育均衡工作验收。医疗卫生体制改革取得突破，基本医疗保障制度全面推行，基本公共卫生服务均等化水平明显提升。全面形成以城乡低保、农村五保供养、城乡医疗、城乡居民临时救助、重残救助、孤儿救助、移民救助为主的"七位一体"救助体系，养老、医疗、失业等社会保险实现全覆盖，"五保"集中供养率达到100%。新建保障性住房4303套，棚户区及农村危房改造7617户，低收入家庭住房难问题得到有效缓解，建成"全国五星级慈善城市"。2015年人口自然增长率3.18‰。广播电视、国防动员、妇女儿童、残疾人、老龄和慈善等社会事业全面进步。

——加强环境保护治理，生态文明建设卓有成效。全面开展城乡环境综合整治和绿化美化"两大工程"，全市生态环境明显改善。大力实施天然林保护、农田林网、防沙治沙等生态保护工程，五年新增封山育林6万亩，森林覆盖率提高到15.2%。8个镇进入自治区级文明乡镇，峡口镇被评为全国生态文明乡镇，余桥、蒯桥、韦桥、陈滩、南庄、沙湖6个村被评为自治区级生态文明村。大力发展循环经济，推进清洁生产，实施电厂脱硫脱硝、余热发电、废气废渣再利用等技改和产业延伸项目，万元GDP综合能耗下降20%。二氧化硫、化学需氧量排放量年均减少7.8%和5.7%。空气质量Ⅱ级标准以上天数超过286天。跻身全国首批绿色能源示范县（市）。

——积极推进改革创新，奋力拓展开放空间。全面开展农村土地承包经营确权登记工作，完成确权登记5万户。创新土地流转方式，流转土地17万亩。完成集体林权制度改革试点工作，确权登记集体林地0.41万亩，确权率100%。加快政府职能转变，建立政府权力清单、责任清单和负面清单，推进行政审批制度改革，进一步简政放权，撤并取消行政审批事项223项，推行"一站受理、三证合一"，简化审批程序，政府行政效能大幅提升。创新招商方式，建立4个驻外招商站，主动承接中东部地区产业转移，先后引进欧蓓莎、普华冶金、上陵集团、浙江杭萧、金环、天达等一批东部及本区企业和项目，引资总量、质量明显提升，5年累计招商引资到位资金330亿元。

专栏1：青铜峡市国民经济和社会发展第十二个五年规划主要目标完成情况一览表

指标		计算单位	2010年实际	"十二五"规划目标	2015年实现值	"十二五"年均增长（%）
经济发展	地区生产总值	亿元	84.8	150	128.5	8.7
	人均地区生产总值	元	31656	50000	45080	——
	地方财政一般预算收入	亿元	5.3	12	6.99	5.7
	全社会固定资产投资总额	亿元	50.9	（600）	（489）	17.7
	社会消费品零售总额	亿元	10.4	23	19.1	12.9
	工业总产值	亿元	180.6	390	205	2.6
	农业总产值	亿元	20.2	26	30.6	6

指 标		计算单位	2010年实际	“十二五”规划目标	2015年实现值	“十二五”年均增长(%)
结构调整	三次产业结构	%	13.1:62.4:24.5	9:67.7:23.3	12.6:61.3:26.1	——
	第一产业增加值	亿元	11.1	13.5	16.3	6.9
	第二产业增加值	亿元	52.9	101.5	78.7	7.6
	其中:工业	亿元	47.2	95.5	61.8	5
	第三产业增加值	亿元	20.8	35	33.5	9.7
	旅游总收入	亿元	2.53	15	6.6	19.2
	城镇化率	%	37.54	55	56.8	——
社会进步	每千人医生数	人	4.1	4.9	2.13	——
	每千人医院卫生院床位数	人	3.1	3.8	4.18	——
	城镇职工基本养老保险参保人数	万人	3.5	4.7	5.2	
	城乡居民养老保险参保人数	万人	9.5	13	9.8	
	新型农村合作医疗覆盖率	%	92	100	100	
	高中阶段毛入学率	%	88	90	88.6	
	学前教育三年普及率	%	70.5	80	76.7	
	亿元GDP安全生产事故死亡率		1.05	0.8	0.125	
	户籍人口数	万人	26.7	30	28.2	
	人口自然增长率	‰	6.83	7.5	5.43	
人民生活	城镇居民人均可支配收入	元	14117	26000	22003	9.3
	农村居民人均可支配收入	元	6549	11300	11200	11.3
	城镇登记失业率	%	3.3	4.3	3.97	
	五年城镇新增就业人口	万人	1.8	2	2.7	
	五年转移农村劳动力	万人	12	15	18.8	
资源环境	单位生产总值能耗下降	%	20	完成下达任务	20	
	万元工业增加值综合能耗	吨标煤	10 .65	10	6.96	
	二氧化硫排放	万吨	5.49	5.7	3.65	
	化学需氧量排放	万吨	1.22	1.59	0.91	
	工业固体废物综合利用率	%	78.8	85	80	
	城市污水集中处理率	%	85	88	96	
	城市垃圾无害化处理率	%	86	90	92	
	森林覆盖率	%	10.71	17.4	15.2	
	城市人均公共绿地面积	平方米	10.5	11.2	25.24	

第二节　面临形势

2020年全面建成小康社会，是我们党确定的第一个百年奋斗目标，青铜峡市制定“十三五”规划，奋力建成高质量的全面小康社会，既有难得的历史机遇，也有诸多叠加矛盾的严峻挑战。从国际上看，全球经济都已进入新常态，世界主要经济体增长速度将低于潜在增长率，国际金融市场震荡加剧，不稳定、不确定因素明显增多。从国内看，经济下行压力还将持续，产能过剩依然突出，困难不容低估，但是国家经济发展基本面良好，潜力大、韧性强、回旋余地大，新动力正在强化，新业态不断出现，中央“四个全面”战略布局、五大发展理念和“十三五”规划建议等一系列战略部署，特别是加快中西部地区中小城市和特色小城镇建设，实施新农村“五改”工程等具体政策，必将为我们加快发展带来重大机遇。从全区看，作为国家级内陆开放型经济试验区，向西开放的前沿阵地，自治区实施空间发展战略，加快对外开放步伐，积极融入“一带一路”发展战略空间明显扩大，将为青铜峡市科学发展、稳中求进提供了重要机遇。

我们也要清醒认识到：青铜峡市正处于转型发展的困难期，经济下行压力并未缓解，新的增长动力尚未形成，作为宁夏老工业基地倚重倚大倚公和产业结构性矛盾突出，经济社会发展还面临诸多挑战。一是产业结构不合理，三次产业融合发展不足，三产比重过低，重工业占比过大，达80%，大型国企比重达60%，过剩产能比重大。二是产业发展层次低，产业链条短，初级产品多，产品市场占有率低。旅游“吃住行、游购娱”全要素发展薄弱，难以吸引人、留住人。三是创新驱动力弱，科技投入少，产品研发能力弱，企业改造升级投入不足固定资产投资的10%，严重制约技术、产品的优化升级。四是财政收支压力大。财政收入下滑与社会事业刚性支出增加的矛盾突出，财政难以满足民生需求。这些问题如解决不好，将严重影响本市全面小康社会的如期实现。我们必须紧抓机遇，依托自身优势，深挖产业优化升级、文化旅游大发展等潜力，扩展更加广阔的发展空间。

第三节　指导思想

高举中国特色社会主义伟大旗帜，以党的十八大和十八届三中、四中、五中全会精神为指导，按照中央“四个全面”战略布局和自治区建设“四个宁夏”的战略任务，抢抓国家“一带一路”和宁夏内陆开放型经济试验区建设战略机遇，以全面建成小康社会为奋斗目标，以创新为发展第一动力，以开放扩大发展空间，全面推进五大建设和党的建设，保持经济中高速增长，推动物质文明和精神文明同步发展，力争建成西部创新发展先行区、老工业基地转型升级样板区、黄河文化旅游精品区、中国甘城子葡萄酒黄金产区、宁夏富硒有机大米产业化基地“四区一基地”，不断提高人民生活水平和质量，提升城乡人民素质和社会文明程度。

全力提升经济发展效益，推动经济社会健康协调发展，实现“十三五”时期经济社会发展目标，必须遵循五大发展理念：

——坚持创新发展。大力实施创新驱动战略，构建以企业为主体、以科技创新为核心的区域创新体系，加快推进制度创新、科技创新、管理创新、产品创新、文化创新，激发全社会创新创业活力。全面深化改革，充分发挥市场配置资源的决定性作用和更好发挥政府职能，建立有利于市场发展的体制机制和服务环境。

——坚持开放发展。牢固树立开放理念，以全球视野、长远眼光，主动融入国家“一带一路”战略和开放宁夏建设战略，立足国内开放，扩大国外开放，积极搭建开放平台，加快“引进来走出去”，推进经贸合作、人文交流，优化开放环境，拓展发展空间，奋力建设开放青铜峡。

——坚持协调发展。把推进新型工业化、城镇化、农业现代化和信息化融入青铜峡市转型发展全过程，统筹生态与经济协调发展，城乡协调发展，物质文明和精神文明协调发展，引领全市经济振兴、城乡一体、文化繁荣、环境优美，经济与社会民生协调发展。

——坚持绿色发展。坚持节约资源和保护环境的基本国策，推动经济增长由主要依靠增加物质资源消耗向主要依靠科技进步、劳动者素质提高、管理创新转变，发挥青铜峡市依山靠河的独特优势，构造“天蓝、水绿、山青”的黄河金岸城市风貌。优化空间布局，划定生态、基本农田、城镇等空间边界，发展绿色循环低碳经济。

——坚持共享发展。以增进人民福祉为目标，稳步提高城乡居民收入，扩大公共服务供给，推进基本公共服务均等化，提高社会保障水平，创新社会治理，巩固民族团结，促进社会公平正义，建设健康、和谐的青铜峡。

第四节　战略定位

——西部创新发展先行区。在传统工业转型升级，发展先进装备制造、新材料等战略性新兴产业上取得创新突破，在开发全域旅游、建设黄河文化旅游、贺兰山东麓葡萄酒庄休闲度假旅游、塞上江南乡村休闲旅游三大旅游带上取得创新突破，在建设国家级葡萄酒黄金产区和富硒有机大米品牌上取得创新突破，在实施“互联网+”行动计划，推进信息化与新型工业化、农业现代化、新型城镇化四化融合发展上取得创新突破。

——老工业基地转型升级样板区。把再造产业竞争新优势作为主攻方向，加快老工业基地结构调整、优化升级步伐，提升能源、冶金、化工等传统优势产业，积极培育装备制造、新材料等战略性新兴产业，增强自主创新能力，提升经济发展质量和效益，把青铜峡市建成宁夏沿黄经济区老工业基地转型升级样板区。

——黄河文化旅游精品区。发挥青铜峡“塞上江南”区位优势，按照“建设大景区、打造大产业”的思路，以打造“印象黄河·彩虹之上”品牌为核心，深度开发黄河文化旅游资源，推动旅游全域开发，推进由观光旅游向度假休闲旅游转型，建成黄河文化旅游精品区。

——中国甘城子葡萄酒黄金产区。发挥青铜峡市甘城子等地区位处贺兰山东麓酿酒葡萄种植原产地最优气候、土壤优势，倾力打造中国最具影响力的酿酒葡萄种植基地和优质葡萄酒基地，建成“中国葡萄酒之都，世界葡萄酒之乡”。

——宁夏富硒有机大米产业化基地。发挥引黄灌区大面积土壤硒含量高的特殊优势，积极创建富硒健康农业，突出“塞上硒都”核心区建设，打造全国独具特色的富硒、有机大米品牌，再造引黄灌区新优势。

第五节　发展目标

到2020年，全面完成“十三五”各项目标任务，在全区率先全面建成小康社会。

——经济保持中高速增长。经济增速保持合理区间。地区生产总值年均增速不低于7.5%，三次产业结构为12:57:31，地方财政一般公共预算收入年均增长7.5%以上，全社会固定资产投资年均增长11%左右。

——创新驱动引领作用凸显。把创新驱动贯穿产业转型升级全过程，产业增长的科技含量明显提高，科技对经济增长贡献率达到60%以上，R&D投入占GDP比重2.5%，建成西部创新发展先行区。

——人民生活水平全面提高。坚持以人为本，富民为先，就业比较充分，就业、教育、文化、社保、医疗、住房等社会事业全面发展，公共服务体系更加完善，基本公共服务均等化水平稳步提高，城乡收入差距进一步缩小，城乡居民收入显著提升。到2020年，城镇居民人均可支配收入达到33850元，年均增长9%，农村居民人均可支配收入16840元，年均增长8.5%。

——社会文明和市民素质普遍提高。社会主义核心价值观更加深入人心，爱国主义、集体主义、社会主义思想广泛弘扬，向上向善、诚信互助的社会风尚更加浓厚，市民思想道德素质、科学文化素质、健康素质明显提高，法治意识不断增强。公共文化服务体系不断完善，文化产业较快发展，基本公共服务达到全国平均水平，国民素质和社会文明程度显著提高。

——基础设施条件大幅改善。合理规划建设现代交通网络、信息网络、输配电网络、天然气管网等基础设施。基本实现公路交通外通内联、安全便捷。完善城乡水、电、暖、气、网络设施。全面实施灌区“十大水系”综合整治工程。

——新型城镇化特色更加鲜明。实施产城融合、城乡一体化发展，加强产业集聚和人口集聚的协调发展，改造提升旧城区，建设生态环境优美、建筑风格独特的美好新家园，逐步形成大银川都市区的南大门、后花园。

——生态环境质量明显提升。坚持经济、社会、资源、环境协调发展，推进资源高效利用，空间有序开发。城市集中供热、生活垃圾无害化和污水处理全覆盖。农业面源污染得到有效控制。单位GDP能耗、二氧化碳排放等显著降低。森林覆盖率达到18%。空气质量超过国家标准。

——开放发展取得新突破。实施“引进来”与“走出去”战略。发挥政府引导作用，加快对外开放的通道、平台建设，优化开放发展环境，全方位扩大经贸合作和人文交流，开放水平大幅提升。

——社会治理体系更加完善。社会治理方式不断改进，社会组织活力进一步激发，法治理念深入人心，人民民主更加充分，司法公信力明显提高，食品药品、安全生产、应急等公共安全体系进一步健全，社会更加公平和谐。

2030年愿景目标：全市经济发展内生动力明显增强，产业转型升级成效显著，经济实力大幅提升，基础设施更加完善。统筹城乡、区域发展取得重大进展。生态系统、环境保护更加优化，城乡面貌发生历史性变化。社会就业更加充分，基本公共服务体系达到更高水平。实现由“全面小康”向“共同富裕”的新突破，把青铜峡市建成经济繁荣、环境优美、民族团结、社会和谐、人民富裕的美好家园。

专栏2:青铜峡市“十三五”经济社会发展指标体系一览表

序号	指标名称	2015年实际	2020年目标	“十三五”年均增减(%)	备注
1	地区生产总值(2015年价,亿元)	128.5	184.5	7.5	预期性
2	人均生产总值(元)	45080	61500	6.4	预期性
3	地方财政一般公共预算收入(亿元)	6.99	10	7.5以上	预期性
4	全社会固定资产投资(亿元)	114.9	(790)	11	预期性
5	社会消费品零售总额(亿元)	19.1	31	10	预期性
6	农业总产值(亿元)	30.6	40	5	预期性
7	规模以上工业增加值(2015年价,亿元)	55.5	78	7	预期性
8	户籍人口城镇化率(%)	32	40	-	预期性
	常住人口城镇化率(%)	55.8	59.3	-	预期性
9	服务业增加值比重(%)	26.1	31	-	预期性
10	轻重工业比例(%)	23:77	35:65	-	预期性
11	研究与试验发展(R&D)支出占GDP比重(%)	1.6	2.5	-	预期性
12	申请专利(件)	80	120	8.4	预期性
13	小学六年级义务教育巩固率(%)	98.9	99.6	-	预期性
14	初中三年义务教育巩固率(%)	98.1	99	-	预期性
15	高中阶段教育毛入学率(%)	90	92	-	预期性
16	学前教育三年毛入园率(%)	76.7	82	-	预期性
17	居民人均可支配收入(元)	15024	22590	8.5	预期性
	城镇常住居民人均可支配收入(元)	22003	33850	9	预期性
	农村常住居民人均可支配收入(元)	11200	16840	8.5	预期性
18	城乡居民人均住房面积(平方米)	36	40	-	预期性
19	城镇登记失业率(%)	3.97	≤4.3	-	约束性
20	5岁以下儿童死亡率(‰)	12.64	≤12	-	约束性
21	农村自来水普及率(%)	82.1	85	-	约束性
22	城乡居民基本养老保险参保率(%)	91	98	-	约束性
23	城乡居民基本医疗保险参保率(%)	97	98	-	约束性
24	户籍人口总规模(万人)	28.2	30	-	预期性
25	每千人拥有医生数(人)	2.13	2.5	3.3	预期性
26	每千人拥有医院床位数(人)	4.18	4.8	2.8	预期性
27	单位GDP能耗下降(%)	(20)	(15)	-	约束性
28	化学需氧量排放(万吨)	0.91	0.819	-	约束性
29	二氧化硫排放(万吨)	3.65	3.28	-	约束性
30	城市生活垃圾无害化处理率(%)	92.1	95	-	约束性
31	森林覆盖率(%)	15.2	18	-	约束性
32	城市建成区绿化覆盖率(%)	30	35	-	约束性

第二章
创新驱动引领 着力提升产业发展质量效益

创新是发展的第一动力，把创新摆在全市发展全局的核心位置，让创新贯穿全市一切工作。大力实施创新驱动战略，以科技创新提升产业层次，以制度创新释放市场活力，以人力资本开发夯实发展基础，全方位激发全社会创新活力，突出经济效益发展，保持经济中高速增长，力争进入国家西部创新型城市行列，开创经济社会发展新局面。

第一节 实施创新驱动战略

思想观念创新。用改革创新的办法破解科学发展难题，以改革创新的精神加快科学发展步伐，要破除因循守旧、固步自封的保守思想，树立大胆创新、敢闯敢试的进取意识。在实践中大胆探索，敢闯敢试，敢于突破前人、突破常规、突破自我，不断创造新业绩。要破除小富即安、小进即满的落后观念，树立勇争一流、合作共赢的发展意识。要站在更广的开放层面看发展，站在更高的层次看未来，在更大范围和更广领域参与国际国内经济技术合作与竞争，真正实现合作共赢，在思想观念创新的基础上，实现体制机制创新、发展模式创新、创业业态创新。

加强科技创新。坚持需求导向和产业化发展方向，突出企业创新主体地位，提升科技贡献水平，形成新的经济增长动力。着眼科技前沿和我市战略需求，选择具有一定基础和优势，影响全局和长远的重点领域和关键环节，有效组织开展科技攻关，力争在原始创新、集成创新和消化吸收再创新等方面突破和掌握一批共性、关键技术。鼓励、支持企业通过与区内外高校、科研机构联合等方式，建立工程技术研发中心、重点实验室等各类科技创新平台，加快构建企业为主体、产学研相结合的技术创新体系。到2020年，新增6个自治区级工程技术中心或创新中心。鼓励支持企业参与行业标准、国家标准制定，在装备制造、新材料、特色农产品等领域形成一批拥有自主知识产权的企业。扶持发展高新技术企业，发展壮大高新技术产业。到2020年，认证国家级高新技术企业达到10家以上，知识产权试点示范企业达到10家以上。积极推进科技成果转化，全面完善科技中介服务体系，积极推进技术创新公共平台建设，重点实施一批科技专项，依靠科技进步提升经济社会发展水平。

推动大众创业万众创新。按照“政策上给予最大宽限、服务上给予最大便利、时间上给予最快速度、态度给予最多热情”的要求，积极推动大众创业。着力壮大创业主体，培育各个领域、各个层次、各种类型的创业主体，开拓创业领域，大力支持个体工商户“率先创业”、大中专毕业生“青春创业”、农民“致富创业”、科技人员“知识创业”、成功人士“回乡创业”、困难群众“自主创业”，优化创业环境，完善创业政策，突出本土化、投资少、见效快、市场前景好的特点，建立创业项目库，为创业者提供个性化、专业化咨询服务。加强创业指导专、兼职队伍建设。采取有效措施，培育创业文化，进一步释放全社会创业激情。搭建创业平台，建立创业创新孵化基地，通过政府补助、民营企业入股等多种途径，鼓励各类园区、市场、物流中心、企业建立创业孵化基地。

第二节 加快老工业基地转型升级

工业是本市产业发展的重中之重，是整个国民经济转型的关键，加快老工业基地转型升级，是实现‘十三五’规划稳增长、调结构目标的生命线。依托新材料基地、嘉宝工业园、铝材产业园三大平台，发展先进装备制造、新材料、冶金、电力、化工、农产品加工六大产业，以延伸和优化产业链条为导向，全力推进工业转型升级。在铝产业深加工上实现新突破，在装备制造和新材料产业上谋求增长点，在电力、化工和农副产品加工产业上稳步发展保持增量，再造老工业基地新优势。到2020年，将“两园一基地”打造成三个百亿元工业园区，实现“一个突破，两个翻番，三个稳步增长”，全市规上工业增加值达到78亿元，转型升级取得良好成效。

一、提升传统产业

分业分类施策，重点推进冶金、电力、化工和农产品加工等传统产业改造升级、提质增效，积极落实和推进中央电力电价改革政策。

——延伸冶金产业链。延伸冶金行业相关产业链，鼓励发展高水平深加工项目，大力开展铝镁合金、稀土合金、铝板带、铝型材、铝箔、压铸件、高端碳基材料等中下游产品研发和生产，重点实施铝合金轮毂、铝合金汽车零部件、汽车车身材料和建筑材料、高性能铝塑合金等深加工项目，提高产品附加值，扩大镁合金规模。政府做好服务，促进杭萧汽车零部件等企业与铝厂等企业实行上下游产业链协作对接，鼓励民营企业资本参与国有企业资产重组，发展混合型经济，建设西部重要冶金全产业链基地。力争到2020年，铝深加工产业实现新突破，产业链延伸成效突出，铝产品深加工能力达到30万吨，冶金产业产值突破100亿元。

——形成循环、绿色电力产业集群。重点实施大坝电厂四期、青铜峡水电厂提升改造、牛首山抽水蓄能电站等项目，改造提升火电、水电发电能力。支持发展分布式光伏发电，扩大风电、光电和生物质发电规模。力争到2020年，新能源快速发展，能源电力产业稳步发展，新增电力产值20亿元。

——改造提升化工产业。应用高新技术、先进工艺和新装备，提升现有化工产业生产技术水平，拉长产业链，优化产业结构。改造提升PVC等传统产业，开发甲烷氯化物、三氯乙烯等氯碱系列及新产品深加工项目，力促化工产业产品开发和链条延伸有所突破，在稳步发展中保持增量。力争到2020年化工产业新增产值20亿元。

——壮大农产品加工。突出发展葡萄酒、富硒有机大米、肉类加工等“两优一特”产品，重点支持御马、塞外香等一批龙头企业迅速成长，推动产业标准化、国际化发展。力争到2020年，农产品加工产业新增产值20亿元。

专栏3 工业转型升级重点项目

20万吨铝材深加工，铝板带材二期，铝合金建筑型材，10万吨高性能铝塑合金材，万吨铝合金手机外壳，普华6万吨镁合金综合利用装置，青铝固废综合利用。

大坝电厂四期（2×660兆瓦机组）扩建、供热机组改造，抽水蓄能电站（800兆瓦）新建，太阳能光伏电站（总装机2000MWp，其中分布式光伏800MWp），连源生物质发电。

金昱元离子膜技改，PVC循环经济升级、复合编织袋，可可美节能降耗技改。

黄河谣农产品产业链延伸加工，塞外香大米深加工技改项目。

二、培育壮大新兴产业

大力培育壮大先进装备制造、新材料、生态纺织业等战略性新兴产业，鼓励发展高新技术绿色产业，加强与东部地区人才、技术、资金合作，优化投资环境，创新招商方式，积极承接产业转移，引进一批科技含量高、经济效益好、资源消耗低、环境污染少、吸纳就业多的大项目、好项目。

——做大先进装备制造业。依托嘉宝工业园，重点发展汽车制造、新能源设备等产业，突出发展轴承、数控机床、机器人产业，支持发展模具、阀门等标准件、功能部件向大轴承、汽车精部件等成套产品，积极发展先进农机制造、高端输变电设备和基础件等产业及产品，逐步形成现代制造业产业集群。推动现有装备制造智能化升级，提高企业信息化水平，加快向“中国制造2025”、“工业4.0”发展。力争到2020年，先进装备制造业产值比2015年翻一番。

——壮大新材料产业。重点发展氮化硅、高端铁合金等新材料，形成合金新材料—多型态合金产业链。积极引进和发展超高分子量聚乙烯纤维新兴材料，发展绿色建材、新型管材、新型墙体材料、装饰装修材料以及固废综合利用循环产业，建成循环产业园。力争到2020年，新材料产业产值比2015年翻一番。

专栏4 新兴产业重点项目

杭萧汽车精密零部件（轴承、轮毂等），勤昌高精度轴承、工业机器人，和兴氮化硅，万向机电设备，鲁润压力容器及供热设备，东孚脱硫剂及复合添加剂，超高分子量聚乙烯纤维，固废综合利用，皮草产业园，吴灵青胡萝卜浓缩汁，新希望反刍饲料加工，恒优包装袋。

三、加快非公经济、混合型经济发展

鼓励、支持和引导非公经济发展，推动民营资本进入特许经营领域，创新合作模式、回报方式，健全服务体系，营造有利于非公经济发展的良好环境。非公有制企业在投融资、税收、土地使用和对外贸易等方面，与其他企业享受同等待遇。加大对非公经济的金融支持。以新材料基地、嘉宝工业园、铝材产业园为重点，找准某些上下游产业链紧密相联的国有企业和民营企业作为股份制改造试点，通过兼并、收购、资产重组等资本运作，实现非公经济、混合型经济企业的扩量提质，推动园区产业规模化、平台化、集群化发展。充分发挥市场在园区建设中的决定性作用和政府引导作用，积极尝试PPP模式吸引社会资本，加大园区基础设施建设。到2020年，非公经济占GDP比重超过60%。

专栏5 工业园基础设施建设项目

新材料基地污水处理、供排水管网、集中供热、天然气供给、道路亮化，新材料基地工业地产，新材料基地综合服务区，新材料基地信息化服务体系，嘉宝工业园区供排水、供电，嘉宝工业园工业地产。

第三节 推进现代农业发展

发挥引黄灌区十大干渠渠首的区位优势，准确把握居民健康消费快速增长的新趋势，推进农业发展方式转变，以贺兰山东麓葡萄酒、灌区富硒有机大米、牛首山特种养殖“两优一特”重点产业为主，突出发展现代绿色农业，推进农业与加工、商贸、旅游等二、三产业融合发展，努力使农业更强、农民更富、农村更美。

一、优化农业空间布局

划定引黄灌区农业空间红线，强化

永久性基本农田保护。推进优质水稻等粮食作物种植示范区和设施蔬菜、瓜果等高效科技园，以及鲜食葡萄种植、酿酒葡萄长廊建设，促进农业集约化、标准化、专业化发展，形成“三带多园一基地”的现代农业格局。

专栏6 农业三带多园一基地

三带：贺兰山东麓酿酒葡萄产业带，沿黄富硒有机大米产业带，沿山特种畜禽养殖产业带。

多园：鸽子山中法葡萄酒庄集群示范园，109国道大青葡萄示范园，叶盛优质水稻种植示范园，贺兰山东麓畜禽养殖示范园，牛首山北麓畜禽养殖示范园，滨河休闲观光农业示范园等。

一基地：宁夏富硒有机大米产业化基地。

二、再造灌区农业新优势

坚持“因地制宜、突出优势、区域布局、集群发展”，做优做精酿酒葡萄、优质大米、特种养殖和休闲农业四大产业。

——大力发展葡萄产业。依托贺兰山东麓酿酒葡萄最佳原产地的气候、土壤优势，围绕自治区党委政府确定的“种好葡萄园、酿好葡萄酒”战略定位和“小酒庄、大产区”发展模式，以“一园两镇百庄”建设为抓手，建成集种植、加工、销售、休闲度假旅游于一体，具有国际竞争力的中国甘城子葡萄酒黄金产区。2020年葡萄种植16万亩，葡萄生态文化长廊60千米，年产葡萄酒6万吨，葡萄产业产值达到90亿元。

专栏7 葡萄长廊一园两镇百庄

一园：与法国弗龙萨克大区建立葡萄酒友好城市，建设贺兰山东麓中法葡萄酒庄集群示范园，在鸽子山地区发展优质酿酒葡萄种植基地3万亩，将鸽子山地区打造成为集高效节水葡萄种植及酿造、生态旅游、休闲观光、葡萄酒养生保健产品开发、培训服务、品牌建设、市场营销等功能为一体的高标准酿酒葡萄园。

两镇：规划建设甘城子西部风情葡萄小镇、金沙湾黄河文化葡萄小镇，加快完善文化旅游基础设施，整合优化文化旅游资源，打造成为集休闲度假旅游、会展培训、葡萄酒文化体验等功能为一体的特色葡萄小镇。

百庄：建设品质高档、风格各异、经营管理模式先进的葡萄酒庄100个左右，建成全国一流、世界知名的葡萄酒产业示范区。到2020年新建葡萄酒庄30个，2030年达100个以上。

一廊一线：以201省道为主线，建设甘城子核心区至金沙湾葡萄小镇60公里生态文化葡萄长廊；以滨河大道为主线，打造怡园酒庄至金沙湾酒庄休闲观光精品旅游线。

实施品牌战略，重点培育2~3个世界级高端葡萄酒品牌，10个著名商标，10个列级酒庄，提高市场竞争力。设立葡萄产业发展基金，从土地流转、苗木培育、酒庄建设、技术研发、人才培育、品牌推广、市场营销、度假休闲旅游设施建设等方面予以扶持。

组建全市葡萄酒庄联盟、协会，加强葡萄酒庄、酒厂、酒堡等行业企业的规范管理，统一产地标志、统一产品质量分级，规范行业及市场行为，推动葡萄酒产业与国内外同行业快速接轨，促进葡萄产业向精细化、标准化、高端化发展。

——提升发展富硒有机大米产业。发挥我市引黄灌区大面积土壤硒含量高的特殊优势，创建宁夏富硒有机大米产业化基地。扩大富硒水稻种植面积，推广水稻大棚育秧、旱育稀植栽培、全程有机种植、机械化生产、病虫害综合防治等集成先进技术，重点建设叶盛、瞿靖等优质水稻种植基地。到2020年，全市优质水稻面积达20万亩。

——积极发展特种养殖业。按照扩量、提质、增效要求，规划建设沿山贺兰山东麓、牛首山北麓畜禽养殖示范园，尊重市场规律，巩固和发展生猪养殖，鼓励企业和养殖大户建设标准化养殖园区，培育驴、鹿及禽类等特种畜禽养殖板块。提高畜牧业安全生产水平，加强畜牧业服务体系建设，促进产加销一体化，建成全区生猪和特种养殖生产示范区。到2020年，标准化养殖园区140个，畜牧业产值占农业总产值50%以上，特种养殖占畜牧业产值10%，生猪养殖占畜牧业产值20%。

——加快发展休闲农业。以绿色、有机、环保为标准，发展创意农业与观光、休闲、度假旅游为一体的休闲农业，保护农村田园景观，优化整合农村居民点，建设历史文化村落。以农家乐、农家宾馆大院改造建设为主，给予财政、金融信贷等政策支持，完善配套设施，改善农村环境，吸引城镇居民采果、体验农作，享受乡土情趣，增加农民收入。

三、实施强农五大计划

实施强农五大计划，推动农业由生产导向向消费导向转变。

——农业技术服务提升计划。健全农业技术推广服务体系，围绕农业产前、产中、产后环节，开展新技术、新品种和疫病防控、设施养殖等关键技术推广。建立农产品质量安全可追溯体系，实现农残检测全覆盖。加强农产品流通体系建设，改造新建一批农产品专业市场，发展一批农超对接、直供直销、代理配送等新型流通业态。2020年农业机械化水平达95%，农业保险覆盖率达40%。

——新型农业经营主体培育计划。尊重农民意愿和市场规律，积极发展农民专业合作组织、家庭农场、种养大户，造就一大批懂技术、会经营、善管理的新型职业农民和新型农业经营主体，提高农民的组织化程度。2020年农民专业合作组织发展到350家，家庭农场达150家。

——农业龙头企业壮大计划。积极推行“公司+基地+合作社”的产业化运作模式，鼓励和扶持一批龙头企业积极发展订单农业，建设工厂化育苗基地和科技示范基地。实施农产品品牌创建战略，完善农产品质量安全体系。2020年新培育国家级农业龙头企业1~3家、自治区级15家以上；新培育国家驰名商标1~3个、自治区著名商标3~5个。

——职业农民培养计划。抓好农业科技示范户、农村合作经济组织带头人、农村青年创业致富带头人培训，培养造就有文化、懂技术、会经营的新型职业农民。实施“阳光工程”、“科技入户”和“职业农民培训”工程，力争每个农民掌握1~2门新技术。

——农民收入倍增计划。发展农村二三产业，建设适合农民特点的创业基地，引导农民通过创业增加收入。发展劳务经济，促进农村劳动力向二三产业转移，开展农民专业技能培训，提高劳动技能，促进劳务转移由体力型向技能型转变，提高农民的工资性收入。积极发展村级集体股份制经济，增加农民股权分红收益。建立财政支农稳定增长机制，为农民增收提供强力支撑。

第四节　做大做活服务业

充分发挥服务业在产业结构调整、扩大内需、拉动增长、带动就业中的关键作用，坚持市场导向、企业主体、政府协调，突出发展全域旅游业，积极发展商贸物流、金融、保险、房地产、信息等现代服务业，促进全市服务业由劣势向优势、由短板向跳板转变，奋力打造青铜峡市经济转型发展新引擎。

一、推进旅游全域开发

以“印象黄河·彩虹之上”品牌为核心，以建设黄河文化旅游精品带、现代农业观光旅游带、贺兰山东麓旅游带三大旅游产业带为重点，打造国内独具特色的黄河文化旅游精品区。到2020年，创建国家AAAAA级景区1~2处，AAAA级景区2~3处，全市游客数量、旅游收入比2015年翻一番以上。

发挥现有中华黄河楼、中华黄河坛、黄河大峡谷（一百零八塔等）核心景区的带动作用，串连黄土地度假村、黄河生态园、青铜峡市库区鸟岛、牛首山寺庙群等十大景点，建设声光电游乐园，增加新夜景，开发“印象黄河”、“夜游黄河”等新品牌，形成黄河文化精品旅游带；以滨河大道、109国道、罗家河沿岸为重点，大力发展集生态、观光、度假、休闲、体验、光伏温棚等为一体的现代农业观光带；以鸽子山、甘城子一线葡萄酒庄文化长廊为核心，链接明长城遗址、庙山湖神泉、广武岩画等历史文化景点，建设贺兰山东麓休闲度假旅游带。

发展“全域旅游”新模式，深度开发“吃住行、游购娱”一条龙服务，配套完善酒店、餐饮、娱乐、商务等关联产业，释放“旅游+”综合效应，形成功能齐全、设施完善、综合配套的全域旅游服务体系。开发“一日游”、“两日游”、“多日游”旅游线路，建设游客集散中心和旅游客运等配套服务设施，实现各景点互联互通。加大宣传推介，提升全市景区景点知名度和影响力。

专栏8　旅游重点建设项目

青铜峡黄河大峡谷旅游区亮化及栈道，大禹文化园九州部落文化园，贺兰山东麓葡萄旅游基础设施，贺兰山东麓酿酒葡萄长廊铁路，青铜峡智慧旅游，青铜峡旅游直通车，青铜峡库区鸟岛旅游开发，库区湿地保护，牛首山寺庙群旅游开发，庙山湖山湖庄园建设，明长城保护及开发，广武岩画保护及开发，鸽子山遗址保护及开发，黄河生态园旅游基础设施，青铜古镇营运，青铜峡景区停车场。

发展农家体验游、自然亲子游、拓展健身游、自驾观光游、黄河排沙观景游等，实现由观光游向休闲度假游的转型。建设一批旅游村、休闲农庄、文化大院和农家宾馆，与黄河文化旅游、葡萄长廊旅游联合构成全域旅游发展新格局。规划打造休闲农业旅游特色村10个，星级农家乐100家。

专栏9　休闲农业旅游特色村

大青鲜食葡萄休闲体验特色村，湿地生态特色休闲村，农耕文化体验特色村，特色林果采摘休闲度假村，花卉节庆观赏栽培特色村。

二、提升现代商贸物流业

加快构建以包兰、大古铁路为主轴，以109国道、京藏高速等公路为干线，以工业园区、农贸市场为支撑的区域物流网络，加快连锁经营、物流配送、电子商务等现代服务业态发展，形成黄河金岸商贸集散区。高起点建设一批集市场信息、仓储、配送、多式联运、会展、交易等功能于一体的工业、商贸、农副产品专业市场。加快推进大型农产品批发市场、冷链物流配送中心、标准化菜市场、“南菜北运”和“菜篮子”连锁超市等重点项目建设，加强市场流通体系建设，扩大“农超对接”规模，实施“肉菜流通追溯体系”试点城市建设，打造农产品产销一体化流通供应链，保障居民“菜篮子”市场供应。改造提升运输、仓储、邮政等传统物流企业和工商企业物流,大力发展第三方物流,推动物流社会化、专业化、规模化发展。

专栏10 商贸物流重点项目

西部煤炭物流综合贸易中心,公路铁路大型仓储物流园,立新综合物流园,东区商贸中心,酿酒葡萄物流中心,电子商务物流平台,农副产品批发及农贸市场,二手车交易市场,再生资源回收市场,花卉鸟鱼市场,粮食安全保障服务体系,粮食加工物流园区。

三、发展金融服务业

加强金融创新,优化金融结构,着力提高金融对全市实体经济的支持能力。组建专门的金融管理机构,统筹协调全市金融发展工作,切实提高政银企沟通协作能力。大力发展直接融资,鼓励企业通过资本市场筹措发展资金,切实改善全市融资结构。加大金融开放,鼓励商业银行、证券公司、担保公司、融资租赁、产业基金等金融机构在青铜峡设立分支机构,基本形成多业态、全覆盖的机构格局,构建相互补充、有效竞争的金融体系。完善金融支持地方经济发展的奖励办法,鼓励商业银行加大对本地企业的信贷投放力度。深化与政策性银行合作,积极争取国家专项建设基金规模,强化政策性银行对全市重点项目的支持力度。探索建立中小企业融资担保机构,引导金融机构加大对中小企业的信贷支持力度。深化全市农村金融改革,引导农业银行、农村信用社、村镇银行等涉农金融机构创新金融产品,提升对全市农户和涉农产业的支持力度。探索发展村级资金互助组织,大力发展扶贫金融和普惠金融。建立重点产业发展基金,创新金融对全市重点产业的支持力度。盘活国有资产,组建政府融资平台,大胆探索PPP、产业引导基金等新型政府融资模式。强化对小额贷款公司、典当行等小型贷款组织的监管,加大对非法集资的排查力度,有效控制金融风险底线。

四、规范中介服务业

充分发挥中介行业作用,完善中介服务机构及其从业人员信用分类管理。重点加强公证仲裁、律师、会计、担保、鉴证、检验检测、评估、拍卖、认证、代理、职业介绍、咨询、交易等中介机构分类管理,探索建立科学合理的评估指标体系、评估制度和工作机制。坚持引导、扶持和规范管理相结合,逐步完善中介机构的信用管理制度,规范中介服务市场秩序,促进中介服务业的快速发展。

五、加快发展健康产业

夯实健康产业发展基础,重点推进医疗服务、健康检测评估、中医药医疗保健服务、运动休闲等服务。大力发展养老、健康服务产业,争取建设一座一流的自治区级康复中心医院。积极发展全民体育健身和户外运动健身。积极搭建健康信息服务基础框架,大力开发健康信息服务普惠项目,拓展健康信息服务新型业态。引导和鼓励群众发展绿色健康农业,加快形成一批特色鲜明、配套完善的健康产业集群,推动健康产业大发展,与旅游业全域开发形成相辅相成的优势互补态势。

第五节　拓展网络经济空间

制定实施青铜峡市“互联网+”行动计划,发展大数据、云计算、物联网等新一代信息技术产业,促进信息化与新型工业化、农业现代化、新型城镇化四化融合发展。以城乡电子商务、跨境电子商务为突破口,支持基于互联网的各类产业发展创新。

“互联网+农业”。促进移动互联网企业与农业产业化龙头企业及特色基地对接,开展农业生产智能化管理。开发面向农业的移动电子商务服务平台,建设农产品网上营销、休闲农业等电商应用系统,在葡萄种植园等区域建设智能化高效节水灌溉系统,加强网上农牧业—加工业—流通等环节的一条龙服务。

“互联网+工业”。推动企业向“互联网+制造”模式迈进,树立一批工业化、信息化融合典型模式,引导企业全面运用4G开展车间、仓储等场所远程视频监控,构造互联网平台用于研发、制造、营销、售后服务,利用物联网技术对企业能耗、三废实时监控。在嘉宝工业园、新材料基地各培育2~3家“互联网+制造”智能化企业。

“互联网+服务业”。扶持一批城乡电商企业,建设电商产业园、电商创业园、电商物流园。实施信息惠民工程,加快科技、教育、文化、卫生、商贸、交通、金融、旅游等各类服务业的信息化进程。建设智慧青铜峡市,逐步实现政府公共服务和社会管理的智能化。

第三章
扩大开放带动 拓展内陆发展新空间

坚定不移地实施开放带动战略,推动全面开放与重点突破相结合,对内开放与对外开放相结合,“引进来”与“走出去”相结合。通过积极参与“一带一路”和宁夏内陆开放型经济实验区建设,着力拓展内陆发展新空间,开创经济社会发展新局面。

第一节 积极推进国内开放

树立开放带动发展的理念，着眼全市干部、群众解放思想，面向全国、放眼全球。着力培育一批开放型人才，逐步建立与开放型经济体系相适应的体制机制，积极营造人人支持开放、参与开放、推动开放的良好氛围。进一步加强与区内各市县、陕甘蒙毗邻区域经济贸易合作，努力推动东西合作跨上新台阶。依托现有工业园区，承接更多东部企业特别是高新技术产业来本市落户发展。探索东西部之间科技、文化、教育、卫生等多领域、全方位的战略协作。

第二节 搭建参与“一带一路”建设的开放平台

全面落实自治区开放宁夏战略、宁夏内陆开放型经济试验区规划和吴忠内陆开放型经济先行区行动纲要、“丝绸之路”经济带建设行动计划，先行先试国家和自治区深化改革重大举措、扩大开放试点政策、国际通行规则标准、促进内陆开放体制机制、“一带一路”重大项目合作方式，确保外向型经济产业支撑能力、基础设施互联互通能力、开放平台辐射带动能力、市场主体国际竞争能力、人文经贸互融互动能力明显增强。巩固发展我市与法国波尔多市弗龙萨克大区正式签订友好城市合作协议成果，积极与先进地区和陆港、海港口岸县市缔结友好城市，在经济技术、外经外贸、旅游产业、民间团体交往等方面开展深层次的交流与合作。积极对接银川综合保税区配套产业区建设规划，争取在青铜峡建立保税监管区域和场所，实现海关申报、检验检疫、征税退税、外汇结算、物流管理等业务“一站式”办理，实现口岸管理相关部门信息互换、监管互认、执法互助。加强公共信息服务平台建设，建立对外投资合作信息服务系统，不断拓展服务功能。大力发展商务会展、现代信息、电子商务等现代服务业，推动金融投资、技术合作、文化旅游等产业国际交流合作向纵深发展。借力中阿博览会、宁洽会、中国回商大会等交流平台，深化本市与阿拉伯国家人文交流、经济贸易合作。

第三节 发展内陆合作新模式

坚持国家投资项目与招商引资项目相结合，进一步创新招商引资模式，推进全产业链招商。依托新材料工业基地、嘉宝轻纺工业园、铝材工业园，以企业为主体，重点引进一批拥有自主知识产权、创新能力强、成长性好的外向型、补链型企业入园，有效延伸产业链条，推动产业集群发展。积极争取建设青铜峡陆港口岸和园区海关特殊监管区，推进形成大通关机制，促进新材料工业基地、嘉宝工业园与银川综合保税区港区联动一体化发展。创新对外投资合作方式，鼓励企业广泛参与跨境投资和经贸合作，支持市内有实力的企业率先走出去，积极承包海外劳务、建筑、基础设施等建设，投资能源、装备制造、冶金、建材等产业领域，有效转移过剩产能，扩大企业发展空间。推动葡萄酒企业与国际知名企业开展经济技术合作，推进葡萄酒品牌国际化，依托网上丝路和跨境电商平台，支持企业在境外设立产品销售窗口。建立对外合作投资信息服务平台，为企业提供市场项目、投资环境等信息咨询，完善“走出去”服务体系。大力推进文化旅游业的东西合作、港澳台合作及国际合作。

第四章 坚持协调发展 推进产城融合、城乡一体化建设

坚持区域协同、产城融合、城乡一体、物质文明和精神文明并重，以推进新型城镇化为契机，主动融入大银川都市区，建成大银川都市区的南大门、后花园，着力打造宜居宜业的新型城镇化示范市。

第一节 优化空间布局

依据宁夏空间发展战略规划、宁夏主体功能区规划对青铜峡市的战略定位，按照全市区域背景、资源环境承载能力及未来发展潜力，科学谋划空间开发格局，提高青铜峡市空间利用效率和整体竞争力。

一、总体布局

将全市划分为生态、农业、城镇三类空间，通过三类空间的合理布局，科学确定国土开发强度(即建设用地占国土面积的比重)，形成开发与保护融为一体的规划布局总图。

专栏11 三类空间面积、比重预测一览表

空间类型	主体功能区划	用地类	面积 （平方千米）	比重(%)
生态空间小计			1050	55.0
一类生态空间	禁止开发区核心区、缓冲区	青铜峡库区湿地自然保护区、重点文物保护区等	220	11.5
二类生态空间	禁止开发区试验区，限制开发区的重点生态功能区	重点林地、草地、湿地	830	43.5
农业空间	限制开发区的农产品主产区	基本农田、一般耕地、园地、农村居民点等	687	36.0
城镇空间	重点开发区	中心城区、工业园区、各建制镇区	171	9.0
合计			1908	100

说明：建设用地包括城镇空间加上农村居民点用地、道路、水利设施等用地，合计213平方千米，占国土面积11.2%，即国土开发强度。

由专栏11期空间布局图3可知，全市生态空间占55%，农业空间占36%，城镇空间占9%，国土开发强度11.2%，空间结构符合其在宁夏沿黄城市中，作为大银川都市圈重要组成部分和重要工业城市、农业基地的地位、作用。

二、生态空间

生态空间是主要承担生态服务和生态系统维护功能的地域，以自然生态为主，包含一些交叉分布的农地、村庄。

宁夏空间发展战略规划规定，优先制定支持和保护城乡可持续发展的基本生态空间，努力保持生态空间的山清水秀。青铜峡市生态空间分为两类：一类对应于市域内的禁止开发区，包括青铜峡库区湿地自然保护区、黄家地湿地保护区、三道湖湿地保护区的核心区、缓冲区、重点文物保护区（一百零八塔、明长城遗址等）的核心区，重要水源保护地的核心区等。二类对应于市域内自然保护区的实验区，限制开发区内的重点生态功能区。生态空间的划定即生态保护红线。

要明确生态空间的各种类型保护建设的目标、任务和管控要求，把保护生态环境作为首要任务，严控各类开发活动，保障本市和沿黄城市带的生态安全。在生态空间二类地域，可在保护好生态的前提下，适度发展生态农业、生态旅游业。

三、农业空间

农业空间是主要承担农产品生产和农村生活活动的地域，以田园风光为主，兼有部分生态功能，分布一定数量的集镇、村庄。

以银川平原引黄灌区为主，划定永久基本农业保护区，保持一般耕地、园地、林地、草地、湿地，加强贺兰山东麓适宜地区的葡萄种植园建设。要强化农地保护，推动土地整治，保护农村田园景观。围绕现代农业产业化发展，着重专业化、规模化、标准化建设，积极推进农-工-贸-旅（游）全产业链一体化发展。积极推进新农村建设，适应农村人的转移和村庄变化趋势，按照发展中心村，保护特色村，整治空心村的任务，科学引导农村居民点建设，保护和传承乡村地域文化特色，提高基本公共服务均等化水平。

四、城镇空间

城镇空间是重点进行城镇建设，发展二、三产业、集聚城镇人口的地域，包括现有城镇建成区和城镇规划区、产业园区（包括工业园区、物流园区、旅游景区）。在科学预测2020年全市中心城区、各建制镇区、开发园区等城镇人口基础上，合理确定城镇建成区规划，着力加快小坝东区开发建设，划定城镇规划区用地规模控制线，城镇建设用地增长边界控制线。在城镇空间范围之内，也保护一定比例的市民休闲公园、绿化带、湿地等分散布局的生态用地。

作为重点开发区的青铜峡市中心城区及其有关工业园区，要加快新型工业化、新型城镇化与信息化融合发展进程，促进先进制造业和现代服务业发展，增强产业、人口集聚能力，为农村人口转移、流动务工人员市民化创造良好条件，注重城市核心区的城市品位提升，建设古代与现代相互融合、独居特色的建筑风格。

城镇空间要着力提高建设用地集约利用水平，促进产城融合和低效建设用地再开发，积极有序推进旧城区改造和新区建设。

第二节　融入大银川都市区

落实《宁夏空间发展战略规划》、《大银川都市区规划》，按照“东融南拓北联西限”的发展思路，加速青铜峡市融入大银川都市区同城化步伐，作为先进装备制造业、新材料基地和黄河文化旅游区以及宜业宜居宜游的绿色城市，奋力构建“一核、两轴、两带”的城镇空间格局。划定全市城镇规划控制范围的开发边界，提高建设用地集约利用水平，提升单位国土面积的投资强度和产出效率。严格控制中心城区工业建设用地比例，打通本市中心城区与银川市区的快速通道，完善中心城区与新材料基地等工业园区的快速通道，促进产城融合。控制国土开发强度，着力促进存量空间的优化调整，提升国土空间利用效率。到2020年，城市建成区面积达到35平方千米。

专栏12　一核两轴两带

一核：以中心城区（含小坝镇和陈袁滩镇）为核心。

两轴：以滨河大道和西线高速公路为轴线。

两带：青铜峡镇-峡口镇民族特色城镇带；大坝镇-瞿靖镇-邵岗镇-叶盛镇沿黄城镇带。

整合现有房地产资源，以小坝东区开发建设为重点，加快产城融合，建设具有现代服务功能的新型城市体系。重点建设康体养生基地、康复疗养中心，高起点规划休闲养生度假区；积极引进国内外银行、证券、期货、保险等金融机构开设分支机构，推进阿拉伯金融机构和本土金融机构合作，健全多层次资本市场体系，依托欧蓓莎商业综合体，建设配套基础设施，推进现代化、国际化发展，打造中阿经贸交流金融服务区。实施黄河河道整治、造林绿化、湿地保护等系列工程，以绿色发展理念提升城市品位，建成建筑风格独特和水系穿城、风景宜人的黄河文化旅游观光区。

第三节　加快推进小城镇和美丽乡村建设

按照城乡统筹、布局合理、功能匹配的原则，重点建设青铜峡、叶盛等中心镇，培育一批特色鲜明的沿黄旅游镇、文化名镇。按照社区建设模式，配套完善城镇特色产业基础设施、生态环境和服务体系，引导产业和人口向中心镇集聚。实施绿化、美化、净化、亮化工程，创建“天蓝、水清、地绿”的优美宜居宜业环境。

坚持“整合改造、设施配套、绿化美化、共享共建”原则，突出规划引领，以中心镇和中心村为重点，实施庄点改造、基础配套、环境整治、生态建设等工程，开展农村环境治理，健全“组保洁、村收集、镇拉运、市处理”等农村生活垃圾处理机制，确保乡村清洁。加强公路沿线两侧，村庄巷道的绿化美化建设，提高生态效益和景观效果。深入开展文明村创建活动，物质文明、精神文明并进，提高农民群众文化素养，形成生产发展、生活宽裕、乡风文明、村容整洁、管理民主、邻里和睦的美丽乡村格局。到2020年，全市中心村均达到美丽乡村建设标准。

专栏13　乡村重点建设项目

农房改造，农村基础设施建设，农村生态环境建设，农村沼气等新能源建设，农村供水、供电、供气、污水处理、垃圾处理、环卫等建设，农田水利建设，美丽乡村标准化建设。

第四节　建立城乡一体发展新机制

建立科学化、高效率、城乡一体的户籍登记、迁徙、管理体系，实现城乡居民就业、住房、养老、医疗、教育等社会保障逐步均等化。深化城乡土地使用权改革，积极探索城镇空间扩张和宅基地有偿退出的替代机制，促进城乡之间土地要素合理流动，改善村镇用地结构，优化各类用地布局，整体提高土地集约利用水平。落实农村进城人员与城市居民同等的劳动报酬、子女上学、技能培训、公共卫生、住房租购、社会保障、职业安全卫生等政策。

第五章
绿色发展导向加强生态文明建设

坚持绿色发展，以生态文明建设为主线，着力加强重点地区和农村环境污染防治，改善生态、水、大气、土壤环境质量，提升固体废物综合利用水平，落实国家下达的节能减排目标任务，加强环境监督管理，着力解决影响群众健康和可持续发展的环境问题，改善生产生活环境质量。

第一节　加强生态保护治理

突出青铜峡山地河流、湖泊湿地生态优势，围绕建设西部生态屏障，打造生态文明建设样板区。

划定生态保护红线，加强生态保

护、修复、控制，严格落实用水总量、用水效率、水功能区限制纳污“三条红线”管理制度，加强对湿地保护区等禁止开发区强制性保护，提高自然保护功能和生物多样性保护水平，实现全域生态环境质量整体提升。控制开发强度，严控不合理开发活动。配合葡萄文化长廊建设，实施鸽子山甘城子葡萄产区生态绿化工程建设；实施沿山公路生态绿化提升工程，推进沿山公路201省道，西线高速沿线生态防护林、葡萄等经果观光林带建设；实施牛首山景区及道路生态绿化工程、巩固提升牛首山、鸽子山封山育林，甘城子荒漠化生态治理成果；实施新材料基地生态绿化工程。实施黄河金岸绿化美化工程，重点加强青铜峡库区自然保护区、滨河大道、树新林场等湖泊湿地生态保护和黄河护岸林建设，打造沿黄生态景观长廊。高标准实施城乡主干道路及干沟干渠绿化美化工程，营造塞上江南新景观，争创森林城市、生态文明城市。

专栏14 生态保护建设重点

一山：以贺兰山为轴线，以沿山防风固沙生态林、酿酒葡萄长廊为支撑西部沿山防风固沙生态屏障。

一河：以黄河为轴线，以库区、湖泊、湿地为主的东部黄河湿地保护带。

一平原：以十大水系为脉络的中部平原田园林网绿化景观带。

第二节 强化环境综合整治

加大环境保护力度，以电力、冶金、化工、建材等行业为重点，严格节能环保准入，提高“三废”综合利用水平，改善生态环境。继续实施农村环境综合整治，积极推进国家级生态乡镇创建，以农村饮用水安全、生活垃圾收集系统、防控农业面源污染、畜禽养殖污染和土壤污染为重点，加快环境基础设施建设，有效改善农村环境质量。

水和大气环境污染治理。落实水污染防治行动计划，实施城镇污水提标改造工程，推进黄河干支流主要排水沟、湖泊湿地等流域的污染治理，对入河水系进行全面排查，确保达标。加强电力、建材等行业的脱硫、脱硝和烟尘治理，加大燃煤供热污染治理，控制机动车尾气污染，逐步改善环境空气质量。

固体废物污染防治与循环利用。按照“减量化、资源化、无害化”原则，建立工业固体废物综合利用和安全处置体系，实现综合利用和处置管理法制化、规范化、制度化。强化危险废物全过程监管和安全处置。实施工业固体废物、污泥、生活垃圾等处理处置工程。

专栏15 环境整治重点

城市生活垃圾分类收集处理，城市存量垃圾治理，环境连片综合整治，饮用水源保护，大气污染综合防治，重金属污染防治，环境管理能力建设。

第三节 大力发展低碳循环经济和清洁生产

依托循环经济示范市建设，全面推进节能节水和资源节约利用工作。加大企业技术改造投入力度，重点实施嘉宝工业园、新材料基地、大坝电厂、煤炭物流园等工业集中区循环经济项目，推动企业能源循环再生利用。加快城乡生活垃圾无害化处理设施建设，优先推广垃圾焚烧利用等先进技术，实现城镇生活垃圾无害化处理设施全覆盖。积极推行生活垃圾分类试点，加快推进餐厨垃圾无害化和资源化处理工作，建立城市生活垃圾资源化系统和社区废旧物回收和再生系统，实现废弃物资的循环利用和转化。加大已有工业危固废处理力度，建设固废循环利用产业园。

全面推行清洁生产，把清洁生产作为环保审批、环保验收、污染物减排量核算的重要因素，提升清洁生产水平。对污染物排放超标或者超总量的企业，以及使用有毒、有害原料或者排放有毒、有害物质的企业实施强制性清洁生产审核，鼓励企业自愿开展清洁生产。

第四节 推进节能减排

全面推进高耗能企业生产技术改造，扩大新能源利用领域。开发和推广节约循环利用、治理污染先进实用技术，加大节能型技术和新产品的推广应用。争取开展自治区绿色建筑集中示范市试点，大力发展墙体自保温隔热系统、节能门窗、高强材料、烧结空心制品、复合墙板、一体化屋面等建筑节能节材技术。大力推广节能灯、节能机电产品和绿色施工技术。积极倡导社会车辆和私家车使用清洁燃料，倡导低碳出行。加强污染减排“指标体系、监测体系、考核体系”建设，加快淘汰落后产能，严控“两高一剩”（高污染、高耗能、产能严重过剩）行业新增产能，因地制宜、因煤制宜、因炉制宜地加快烟尘治理设施改造。大力开展工业锅炉污染整治，积极推进工业园区集中供气、供热工程，减少污染治理成本，提高污染源监管和控制水平。全面完成上级下达化学需氧量和二氧化硫等主要污染物减排任务。

第五节 严守生态保护红线

加快实施主体功能区战略和环境功能区划，划定并严守生态保护红线，构建科学合理的生产空间、生活空间和生态空间。实施差别化的区域开发管理政策。加强城乡水系建设、水土流失治理与荒漠化防治、盐碱地治理，加强生态涵养林保护与修复，加强城乡居民饮用水水源地保护，实现水生态体系完整、水生态环境优美。

第六章

落实民生为本 全面实现共享发展

坚持发展为了人民、发展依靠人民、发展成果由人民共享，朝着共同富裕方向稳步前进。把着力改善民生作为各项工作的出发点和落脚点，推动社会事业健康快速发展，为全市人民享受更高质量更高水平的优质生活提供保障。

第一节 打赢脱贫攻坚战

大力实施精准扶贫，以同福村、同进村、同兴村和农村困难群体脱贫致富为重点，推行精准识别、施策、输血、帮扶、管理、考核“六位一体”的精准扶贫模式，落实“一村一策、一户一法”的精细化扶贫措施，建立扶贫工作考核机制，增强扶贫工作的精准度。完成生态移民300户1300人安置任务。深入推进互助资金千村信贷工程，引导困难群众发展优势特色产业，通过发展生产、转移就业脱贫一批，发展基础教育、职业教育脱贫一批，加强医疗保险、医疗救助脱贫一批，社会保障兜底一批，到2018年实现贫困人口全部脱贫。

第二节 优先发展教育

办好人民满意的教育，推进教育均衡发展，根据城乡人口状况合理布局教育资源配比，努力为全市孩子优化教育教学环境。优先发展教育事业，财政资金优先保障教育发展投入，公共资源优先保障教育发展需要，人员规划编制优先满足教师队伍需求，切实保障教育优先发展。大力发展学前教育，全面普及高中阶段教育，免除学杂费，完善普通高中家庭经济困难寄宿制学生生活费补助政策，确保学生不因贫困而失学。大力发展职业教育，免除学杂费、书本费、住宿费，突出办学特色，改进职业教育模式，以就业为导向，以提高质量为核心，实行工学结合、校企合作、顶岗实习、脱产学习和业余培训相结合的人才培养模式，努力培养一批高素质的劳动者和技能型、应用型人才。加快教育信息化建设，提升信息化应用能力，推进信息化教育资源有效应用，缩小城乡和学校之间的数字化差距。注重科技教育，提高青少年科学素质，建设青少年活动中心和青铜峡科技馆。重点实施中小学校园改造和体育设施改造项目，配套建设中小学生课外活动场所。

专栏16 教育重点项目

青铜峡市第七小学，青铜峡市第八中学，青铜峡市第一中学二期，中小学体育设施改造，师资培训中心，青铜峡市职业教育中心运动场，教育信息化普及工程，青少年宫，青铜峡科技馆，迁建青铜峡市汉坝小学、第六中学。

第三节 强化就业创业服务

落实各类就业政策，推进高校毕业生、农村转移劳动力和城镇就业困难群体充分就业。加强就业援助，购买和开发公益性岗位，帮助失业人员再就业。重点扶持以大学生为主的青年群体创业和农民工返乡创业，以创业带动就业。实施劳动力素质提升工程，加强技能培训。加快公共就业信息服务平台建设，实施就业管理和就业服务全程信息化。加强劳动保护、劳动力市场监管和劳动执法监察，维护劳动者权益，构建和谐劳动关系。“十三五”期间，力争实现城镇新增就业2.5万人，城镇登记失业率控制在4.1%以内，实现农村富余劳动力转移就业20万人次。

第四节 加强全民思想道德和文化体育事业建设

牢牢把握正确的舆论导向，健全社会舆论引导机制，传递正能量。加强社会主义核心价值体系建设，大力弘扬民族文化精神，坚持“二为”方向、“双百”方针、“三贴近”原则，推动文化大发展大繁荣。打好黄河文化牌、唱响黄河主旋律，大力实施文化强市战略，全面提高人民群众思想道德和科学文化素质。挖掘一百零八塔西夏文化、边塞文化丰富内涵，挖掘青铜峡水利文化，建设黄河文化书画院等新的文化平台，弘扬水利专家吴尚贤、教育家王嘉毅、书画家曹元升等当代名人文化。大力推进文化惠民工程，加大文化体育事业财政投入，实施文化精品战略，扶持优秀文化产品创作生产，加强文化人才培养。加强重点文化设施和各类公共文化服务网点建设，重点建设一批文化、体育、健身等公共服务场所，完善配套设施，努力形成镇有宣传文体中心，村（社区）有文化广场、文化室、文化大院的公共文化服务体系。培育扶持有特色的群众文化团队、文化能人，大力发展业余文艺团体，不断壮大业余文化队伍，有效提高城乡文化供给。打造文化品牌，重点加强非物质文化遗产保护开发，鼓励民间艺术产业化发展。广泛开展各种文明创建活动，经常性开展道德模范评选活动、乡风文明建设活动、好婆婆好媳妇评选活动，引领公众改陋习、树新风。深入开展全民健身运动，提高全民身体素质。指导全市各行业开展丰富多彩的群众性体育活动，为各社区、村镇完善健身设施。到2020年，人均公共文化财政支出200元，每个村至少建成1个体育健身场所。积极推进体育下乡，引导群众科学健身，创建全国公共文化体育示范市。

专栏17 文体事业重点项目

市图书馆，博物馆，档案馆，广播影视中心，数字影院，演艺中心，综合体育馆，文化馆，镇全民健身活动中心，基层文化活动中心，户外健身场地。

第五节 加强医疗卫生及人口事业发展

围绕实现人人享有基本医疗卫生服务为目标，全面深化医药卫生体制改革，不断加大投入，更加关注民生，把破解人民群众“看病难”、“看病贵”问题作为主攻方向，加强公立医院改革和公共卫生服务体系建设。实施市医院扩建、中医院改造，引进新型医疗设备设施，增强服务手段。积极应对老龄化社会，医疗机构和社区做好老年人健康服务保障，推进健康养生教育。加快改造乡镇中心卫生院，支持社区、村级卫生室发展，积极推进民办特色医疗服务机构建设，建立健全疾病预防控制、妇幼保健、卫生监督、应急救治、健康教育等公共卫生服务网络，提高公共卫生服务和突发公共卫生事件应急处置能力。加强医疗服务体系建设，完善医药卫生的管理、运行、投入、价格、监管体制机制。加强医疗卫生队伍建设，建立有效的人才补充保障机制，充实医疗卫生队伍。采取“请进来、送出去”的办法，加快专业人才培养，强化医护人员的业务技能，提升医疗卫生机构的诊疗水平，确保每年有四分之一的医护人员外出参加进修培训，逐步解决村卫生室人员老化、结构不合理等问题。到2020年，力争全市各类医务人员达到1700名，每千人拥有2.5名医师，每千人拥有病床4.8张。积极开展健康宁夏行动（2016—2020年），贯彻落实“一法两纲一条例”，全面落实政府卫生民生计划。实施妇幼卫生惠民政策，孕产妇死亡率控制在0.2‰以内，婴儿死亡率控制在12‰以内。进一步开展健康知识普及、公众健康服务、疾病预防控制、健康饮食保障、全民素质健身、城乡环境整治、健康产业促进等行动，提升全民健康水平。适应国家放开二孩计生政策，完善医疗、卫生、婴儿保健、托儿、学前教育等配套服务。完善区、市、乡远程会诊系统，构建卫生专网，实施居民健康一卡通工程，开展老年慢性病的健康指导和综合干预，提高65岁以上老年人健康管理服务覆盖面，巩固国家慢性病综合防控示范区成果。到2020年，全市出生人口性别比稳定在正常水平，出生人口素质明显提高，出生缺陷明显下降。

专栏18 卫生重点建设项目

综合性康复医院，青铜峡市卫生监督所、妇幼保健所业务综合楼，职业防治医院，红十字医院改扩建，儿童专科医院，市中医院，博爱医养结合服务院，中医回医保健中心，市人民医院住院部扩建。

第六节 统筹城乡社会保障

全力保障城乡低收入困难群众基本生活，让低收入群体体面工作、体面生活，保障困难群众平等参与、平等发展的权利。推进农村低保制度与扶贫开发政策有效衔接。加快完善社会保障体系，以社会保险、社会救助、社会福利为基础，以基本养老、基本医疗、最低生活保障制度为重点，以慈善事业、商业保险为补充，加快完善社会保障体系。加强社会保险经办、街道（乡镇）社区社会保险工作平台建设，调整理顺社会保险工作职能，推动社会保险业务工作的规范化、标准化和科学化。大力加强养老保险信息化建设，全面促进社会保险业务的信息化，建成市、镇（街道）、社区三级劳动监察网络。稳妥推进社保基金运营和监督管理机制改革，多渠道强化基金监管，确保基金安全运行。加强工会、团委、妇联、残联等社会组织、团体的建设，发挥其纽带和桥梁作用。积极破解农村“三留守”问题，建设农村幸福院、积极推广“老饭桌”，健全养老服务体系，解决好农村留守儿童、妇女、老人关爱服务问题。发展社会养老产业，应对城乡老龄人口需求。到2020年，全市养老保险、基本医疗保险实现全覆盖。

专栏19 社会保障重点项目

青铜峡市养老城，市敬老院，老年活动中心，社区日间照料中心及老年饭桌，殡仪馆迁建，残疾人康复和托养服务中心。

第七章 加强基础设施建设 增强发展支撑

适应“四化同步”和内陆开放型经济试验区建设的要求，提档升级基础设施，提高对经济社会发展的支撑保障能力。争取一批重大基础设施建设项目，发挥投资对拉动经济增长的关键作用。

第一节 加强对外综合交通体系

围绕开放宁夏战略及大银川都市区建设，进一步拓展对外通道，把青铜峡建成出入通畅、方便快捷的区域交通枢纽。

铁路：加快包兰铁路复线青铜峡段改造及车站、广场等附属基础设施、青嘉铁路李井滩—大坝电厂铁路专用线建设；积极做好沿黄城际铁路延伸线前期工作，推进青铜峡与大银川都市区一体联动。

公路：以打通交通基础设施关键通道和关键节点为重点，配合实施西线高速、京藏高速拓宽工程，推动叶甘路-阿拉善左旗巴润别立镇公路，青铜峡至阿拉善左旗栾井至蒙古国边境口岸公路建设，拓宽青铜峡市发展空间。贯通完善相邻市县的公路网络，建设青铜峡-永宁快速通道、青铜峡-永宁景观大道，拓宽叶甘路，完成叶盛黄河大桥新建工程，实施G109、S201拓宽工程。完善工业园区路网和旅游景区以及重要景点交通网络建设。加强农村公路建设，继续抓好"通镇达村畅通工程"，有力推进农村公路提档升级。优化城乡公交运行线路，加密公交班次，方便城乡居民出行。

专栏20 交通重点项目

青嘉铁路及公路(李井滩至大坝)，包兰铁路复线(青铜峡段)，进藏高速拓宽、青海至玛沁高速青铜峡过境段拓宽工程，青铜峡至永宁快速通道，青铜峡至永宁景观大道，叶盛至S201线拓宽工程，叶盛黄河公路大桥，牛首山公路，环牛首山以及上下山和联通周边路网公路，滨河大道大中修工程，小坝至大坝火车站快速通道，青铜峡市贺兰山东麓葡萄产业及文化长廊道路，危桥改造，农村公路。

第二节 推进农业基础设施建设

发挥青铜峡市地处黄河十大渠首得天独厚的水利资源优势，推进全域水系综合治理，配合自治区水利部门实施十大干渠综合整治工程，努力建设现代化节水综合配套示范区、世界水利遗产暨水利风景区。采取分类分区分段方式，实施渠道砌护、桥涵改造、渠道疏通、造林美化工程，全面推进十大水系沿线支、斗、毛渠砌护改造、林网建设、中低产田改造和乡村路网建设，把十大水系建成农业生命线、生态景观线。实施青铜峡拦河大坝改造提升工程，加快推进十大干渠老旧泵站改造、渠道维修砌护、渠道沟道两岸绿化美化、城区渠系综合改造提升等配套工程。科学合理布局建设大型水库和智能化中控系统，配套建设覆盖田间地头的喷灌、滴灌管网，逐步实现全流域智能化节水灌溉。加强农田基本建设，实施"千亿斤粮食"工程、"沃土工程"、十大干沟畅通工程、贺兰山东麓青铜峡市防洪体系水土保持工程，提升农业生产综合水平，打造国家智能化节水灌溉示范市。

第三节 加快信息基础设施建设

加快宽带通信网、数字电视网和互联网等信息基础设施建设，促进网络融合和系统互联互通，实现信息共享。加快推进农村地区的信息基础设施建设，建立信息基础设施保护机制，健全和完善乡村和城市社区邮政服务网络，不断创新业态，扩大特快专递、物流配送等新兴业务。推进公共区域无线局域网全覆盖，加强建设城市综合指挥调度中心、公共服务信息平台。加快建立城乡社区信息化综合服务平台，推进教育、就业、文化、社会保障、供电、供水、供气和防灾减灾等领域的信息化、数字化水平。大力推动电子政务内外网升级扩容，整合电子政务网络和部门办公应用系统，构建覆盖全市的统一电子政务网络和办公服务平台。全面推行网上办公和行政权力的网上公开及在线办理。推动部门之间信息资源共享及应用协同。推进电子政务绩效考核、电子监察系统和数字身份认证系统建设，建立健全电子政务的运行维护、安全保障、项目管理及政策法规体系。加快智能传感技术和数字标签技术在公安、水利、交通、卫生、气象、环保、食品药品等领域的应用，实现政府管理的精细化和智能化。

第四节 完善能源设施建设

调整优化能源生产消费结构，加快能源供应体系建设，加快构建天然气、风能、太阳能、清洁能源等为主的多元化能源供应体系。合理布局天然气网点及线路，提升中心城区和青铜峡镇的天然气保障能力；建设一批集镇CNG站，实现城乡天然气全覆盖，让全市人民享受清洁能源。加大城乡能源基础设施投入，科学合理规划电力空中走廊，改造建设中心城区、中心集镇、美丽村庄智能电网，新建一批110KV变电站、220KV变电站。全面实施城乡变电站、输电线路升级改造工程，提高电网智能化水平，提高电网输送能力和供电质量，推进微电网建设。大力推进绿色能源示范市建设，3年内实现全市农户太阳能全覆盖。

第五节 优化城镇公用基础设施

推进智慧城市、绿色城市的建设，

用现代化、信息化方式促进城市有序治理。强化城市基础设施建设，加大老旧小区改造力度，加快城区、特色集镇市政管线畅通工程，争取实施中心城区地下综合管廊建设、海绵城市试点，推进城乡供水、排水、污水处理、垃圾收集处理一体化，大力实施城区供热、通信、供电、道路等基础设施改造提升，提高城镇承载能力。保护和发扬青铜峡市特色建筑风格。建设市民休闲场所、地下人防等项目，加强城市管理，实施城镇绿荫行动，强化绿线绿地管理，实施罗家河、惠农渠等穿城水系两侧绿化、美化、净化、亮化工程，提升城市品位，改善生态景观。到2020年，城市建成区绿化覆盖率达35%，人均绿地面积28平方米。

专栏21 城镇公用设施重点项目

市民休闲森林公园，老城区天然气入户工程，老城区供热等基础设施改造，沿黄城镇污水处理提标改造工程，城镇道路改造工程，地下综合管廊建设。

第八章 全面深化改革 激发经济社会发展活力

第一节 深化行政审批制度改革

充分发挥市场配置资源的决定性作用，进一步精减行政审批事项，优化审批流程，缩短审批时限，推行网上并联审批。规范行政许可设定审查程序，进一步明确政府服务中心职能定位、运行流程，实现“一门受理、一站式办理、一章审批”。加快各社区、各中心村民生代办点建设，以网上办理代理群众跑腿。在“先照后证”、“三证合一、一证一码”基础上，实现企业登记、注册全程电子化和电子营业执照，进一步推进登记注册便利化。规范中介服务行为。进一步减少行政事业性收费项目，降低收费标准，严格实行审批与收费分离。建立健全政府部门职责履行评估检查和民意调查机制，切实加强对政府履行职能的监督。

第二节 推进农村领域改革

推进农村产权制度改革，全面完成农村集体土地所有权、土地承包经营权、宅基地使用权、集体建设用地使用权和房屋所有权的确权、登记、颁证工作。稳妥推进农村各类产权抵押、担保、转让等资本化营运及股权交易，探索建立农民以土地承包经营权入股发展农业产业化经营的机制，推进农村集体资产股份制改革试点，通过流转、招标、拍卖、投资入股等方式盘活农村集体资产。建立健全市、镇、村三级土地流转服务体系，完善土地流转市场。建立农民自愿退出土地承包经营权、宅基地使用权和房屋所有权补偿机制。鼓励发展集体经济合作组织，推进农村集体资产股份改革试点。健全农村集体“三资”（资金、资产、资源）管理监督制度。稳步推进农村产权流转交易市场建设。

第三节 深化财税体制改革

实施全面规范、公开透明的预算制度，推行全过程预算绩效管理，优化财政支出结构，盘活财政存量资金。建立事权与支出责任相匹配的市级公共财政管理体制，规范非税收入管理。进一步加强政府债务管理，有效控制新增债务比例，提高对政府债务规模的管控能力。加强财政专项资金管理，提高专项资金使用效益。

第四节 深化投融资体制改革

完善政府投资程序和管理制度，建立有效的投资责任追究制度，提高政府投资决策的科学化和民主化水平。加强和改进投资的监督管理，规范和维护投资与建设的市场秩序。建立市场引导投资、企业自主决策、银行独立审贷、融资方式多样、中介服务规范、宏观调控有效的新型投资体制。鼓励社会资本参与市政、医疗、教育等领域，通过政府投资补助、基金注资、财政补贴、贷款贴息等方式，加强社会资本与政府投资的融合。

第九章 推进民主法治 建设和谐青铜峡

坚持发展为了人民、发展依靠人民的宗旨，遵循规律，依法行政，推动“去行政化”与社会自我管理相结合。推进民主法治，建设和谐青铜峡。

第一节 加强依法治市

加快建设职能科学、权责法定、执法严明、公开公正、廉洁高效、守法诚信的法治政府。实行党政机关“谁主管谁普法、谁执法谁普法”的普法责任制。健全依法治市的制度和工作机制，加强统一领导、统一部署、统筹协调、督促落实工作。完善党委依法决策机制，发挥政策和法律的各自优势；加强法治工作队伍建设，提高领导干部运用法治思维和法治方式深化改革、推动发展、化解矛盾、维护稳定能力，把法治建设成效作为衡量各级领导班子和领导干部工作实绩重要内容，纳入政绩考核指标体系。

第二节　加强社会治理

以创新社会管理体制、完善各项制度、加强监督管理为载体，切实提高社会治理水平，健全和完善党委领导、政府负责、社会协同、公众参与的社会管理格局。完善村民自治制度，推进社区居民自治，加强社会组织管理，改进信访工作。切实加强社会治安综合治理，深入开展平安青铜峡创建活动，维护社会稳定。加强安全生产监督管理，提升消防应急能力，加快防灾减灾应急体系建设，提高应对自然灾害、突发事故等公共安全应急能力。依法行政，依法治市，加强社会治安防控体系建设和矛盾纠纷的排解。提高社会治安、综合治理信息化建设水平，到2020年信访案件办结率和社会治安治理达到群众基本满意。

第三节　完善基层组织建设

抓好城乡基层党组织建设，发挥社区联合党委作用，推进村民自治组织和其他基层组织配套建设。建立健全党务公开、接受监督、及时整改、定期反馈制度及村务公开、民主决策、民主管理等各项制度，全面推行“四议两公开”工作法，不断推进民主管理。切实保障党员民主权利，促进党务、村务、财务公开透明。加快村级组织活动场所建设，加强农村基层干部队伍建设，加大党员干部教育培训力度。探索新时期城乡基层自治组织建设和管理的有效模式，提高社区居民和村民自治程度，发挥城乡基层自治组织协调利益、化解矛盾的作用。

第四节　促进民族团结

始终坚持实事求是，一切从实际出发，全面贯彻落实党的民族政策，关心少数民族发展，做好生态移民区生产生活保障和政府服务工作，确保少数民族群众与全国同步小康。牢牢把握“两个共同”（各民族共同团结奋斗、共同繁荣发展）、“三个离不开”（汉族离不开少数民族，少数民族离不开汉族，各民族相互离不开），深入开展宣传教育和民族团结进步创建，加快民族地区经济社会发展，繁荣发展少数民族文化事业，重视培养少数民族干部，促进各民族和睦相处、和衷共济、和谐发展。加强党对民族工作的领导，坚定不移地高举民族团结旗帜，坚决反对民族分裂，维护祖国统一，巩固民族团结、宗教和顺局面，创建全国民族团结示范市。

第五节　推动军民融合共建创新示范市

推进双拥优抚安置体系，努力提升军地融合发展能力。巩固自治区双拥模范市成果，协调军地开展具有时代特色的军民共建活动。深入贯彻落实强军目标，严格落实党管武装制度，努力推动基础建设军民兼容、动员准备平战一体、国防教育普及深化、军地人才共育共享，和谐社会双拥共建的军民融合发展格局，不断推进我市经济建设和国防建设协调发展。全面落实各项优抚政策，巩固重点优抚对象抚恤补助标准自然增长机制，严格执行中央、自治区、吴忠市优抚政策，保持优抚对象和生活补助标准每年按15%比例增长。继续巩固优抚安置政策落实成果，将重点优抚对象优先纳入城镇职工基本医疗制度、农村新型合作医疗制度和城乡社会救助体系。完善扶持退役士兵自主就业优惠政策，进一步提高城乡退役士兵职业技能培训，有效促进就业工作。继续规范光荣院和余家桥烈士陵园管理与服务，力争余家桥烈士陵园进入国家级烈士纪念园保护单位。

第十章
加强规划落实　确保全面建成小康社会

积极组织实施本规划，对实现全面小康社会目标至关重要，要不断完善规划实施机制，加强和改善宏观调控，有效引导社会资源，合理配置公共资源，保障规划有效实施。

第一节　加强组织领导

“十三五”规划纲要是今后五年全市经济社会发展的行动纲领，加强对规划实施的组织领导，明确目标任务的实施主体，落实工作责任制。对本规划纲要提出的约束性目标和预期性目标分解落实到各部门、各镇（街道）、工业园区。各有关部门要抓好专项规划的制定、修订与衔接，细化落实本规划确定的战略目标、重点任务、重大项目和重大政策，明确规划实施的时间表、路线图、责任人。加强年度计划与本规划的衔接，合理设置年度目标，确保规划逐年推进，落到实处。

第二节　狠抓项目落实

高度重视和充分发挥投资对我市经济增长的拉动作用，把加快投资增长和优化投资结构作为实现规划目标的重要抓手。建立“十三五”重点项目库，精心谋划储备一批既利当前又利长远、符合转型升级、增进民生福祉的大项目。建立重大项目库动态更新机制，分年度更新项目库，形成“谋划一批、开工一批、投产一批”滚动发展态势，为“十三五”经济社会发展提供有力的项目支撑。全力保障规划实施项目在用地、用水、用电、用气、环境容量等方面的需求。建立目标责任制和激励机制，将固定资产投资任务分解落实到责任单位和项目实施单位，纳入年度效能目标考核，确保完成“十三五”规划确定的全社会固定资产投资目标。

第三节　推进人才强市

大力实施人才强市战略，充分发挥企业家、技术人员、领导干部三个“关键少数”的作用，紧紧围绕重点产业、重点领域、重点项目，面向国内外柔性引进一批科技领军人才、高级管理人才和团队，提供全方位政策保障；大力用好现有人才，多层次培养技能人才，真感情激发本土人才，着力构建数量充足、结构合理、专兼结合、内外并重的创新人才体系，抓好青年创新人才选拔储备工作，鼓励企业自主培养人才，把青铜峡市建成“人才高地”。

第四节　强化监督检查

建立健全规划实施考核、评价机制，推动“十三五”规划顺利实施。完善规划实施监督机制，经常性督查、督办，公布规划进展情况，公开规划实施中存在的问题，自觉接受人民代表大会及其常务委员会对规划实施情况的监督检查。建立规划实施目标考核体系，制定年度计划目标和任务。建立规划实施中期和后期评估制度，发展改革部门负责对规划实施情况进行总体跟踪分析，相关部门负责对相关领域规划实施情况跟踪分析，特别要加强对经济增长、劳动就业、商品和服务价格等宏观调控目标的监测预警。当宏观环境发生不可预见的重大变化，或因其他原因导致实际经济社会发展严重偏离规划目标时，适时提出规划调整方案，报请市人大常委会审议批准。

青铜峡市2016年国民经济和社会发展统计公报

2016年是全市积极应对困难和挑战、力促经济企稳回升的攻坚之年，在市委、政府的坚强领导下，全市各部门共同努力，全面做好稳增长、促改革、调结构、惠民生等各项工作，认真落实精准包抓企业、项目建设“双百”行动等一系列工作措施，经济社会保持平稳健康发展，实现了“十三五”良好开局。

2016年地区生产总值构成图

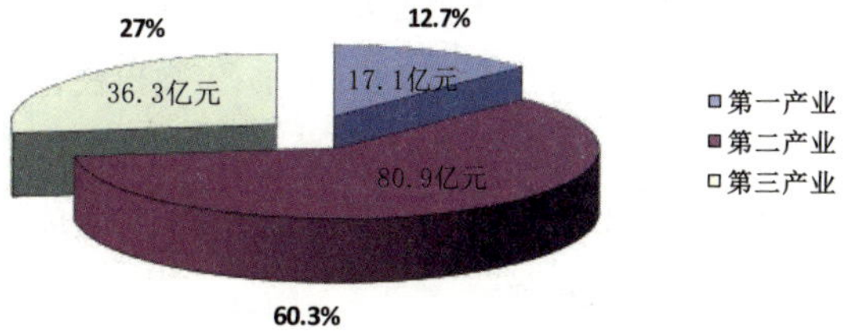

地区生产总值及增速

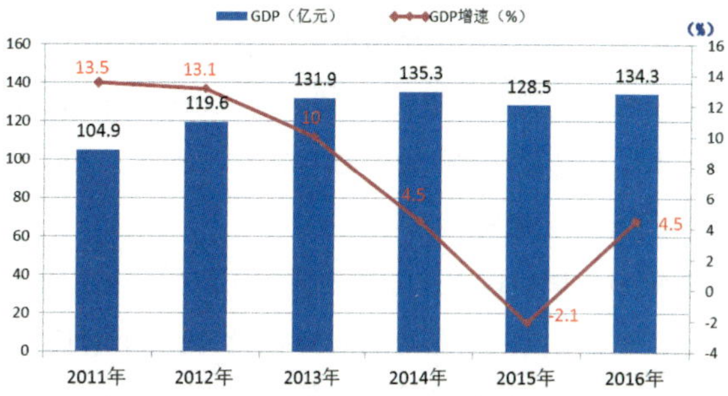

一、综合

初步核算，2016年全市实现地区生产总值134.3亿元，按可比价计算，比上年增长4.5%。分产业看：第一产业实现增加值17.1亿元，增长4.5%；第二产业实现增加值80.9亿元，增长3.8%；第三产业实现增加值36.3亿元，增长6%。三次产业比例为：12.7∶60.3∶27，其中，第一产比重提高0.1个百分点，第二产比重下降1个百分点，第三产比重提高0.9个百分点。人均地区生产总值45839元。

二、农林牧渔业

全年实现农林牧渔业总产值32.2亿元，比上年增长5.1%；完成增加值17.8亿元，同比增长4.6%。其中：农业产值20.2亿元，增长2.4%；林业产值0.3亿元，下降30.3%；牧业产值9.3亿元，增长13.4%；渔业产值1.4亿元，增长9.5%，农林牧渔服务业产值1.1亿元，增长4.6%。

农业总产值及增速

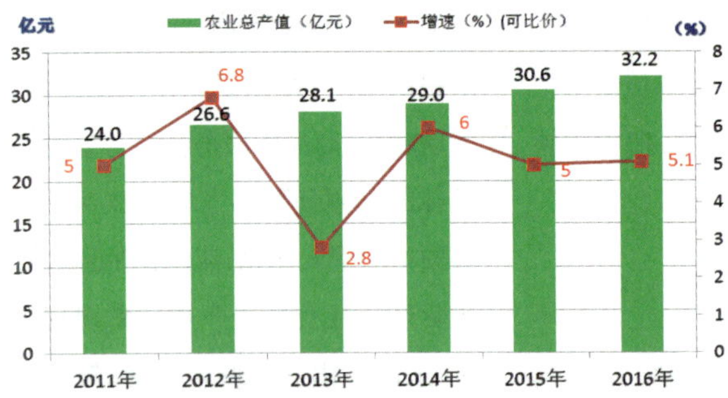

全年落实农作物播种面积89.7万亩，比上年增长11.1%，其中：粮食作物播种面积60.7万亩，增长6.5%；蔬菜种植面积13.8万亩，增长5.3%。粮食总产量28.2万吨，比上年增长5.8%。蔬菜总产量47万吨，比上年增长1.4%。葡萄总面积达到13万亩，其中：酿酒葡萄面积10.5万亩。

年末生猪存栏7.8万头，比上年增长15.5%；生猪出栏11.8万头，比上年增长16.3%。牛存栏5.98万头，比上年增长9.3%；牛出栏1.92万头，比上年增长28%。羊只存栏18.2万只，比上年下降5.7%；羊只出栏22.6万只，比上年下降3.5%。家禽存栏为203.8万只，比上年增长15.1%；家禽出栏72.4万只，比上年增长13.2%。全年肉类总产量1.7万吨，比上年增长13.3%；禽蛋总产量1.76万吨，比上年增长24.9%；奶类总产量1.66万吨，比上年增长6.5%。

全年共完成造林面积1.56万亩，比上年增长11.1%。水果面积20.9万亩，比上年下降1.1%，水果总产量15.3万吨，比上年增长5.4%。全市渔业养殖面积7.2万亩，与上年持平。

全市农用化肥施用量9.4万吨。农田水利有效灌溉面积3.9万公顷。全年农村用电量6845万千瓦时，比上年增长1.5%。

三、工业和建筑业

全年完成规模以上工业总产值219.3亿元，比上年增长6.7%，实现规模以上工业增加值56亿元，比上年增长1.1%。在规模以上工业中，分轻重工业看：轻工业完成工业增加值10.1亿元，比上年增长9.9%。重工业完成工业增加值45.9亿元，比上年下降0.4%。在规模以上工业中，分企业规模看：大中型企业完成工业增加值40.6亿元，占全市规模以上工业增加值的72.5%，比上年下降0.4%；小型企业完成工业增加值15.4亿元，占全市规模以上工业总产值的27.5%，比上年增长6.1%。

全年规模以上工业企业实现销售产值211.4亿元，比上年增长7%，工业产品销售率为96.4%。

规模以上工业增加值及增速

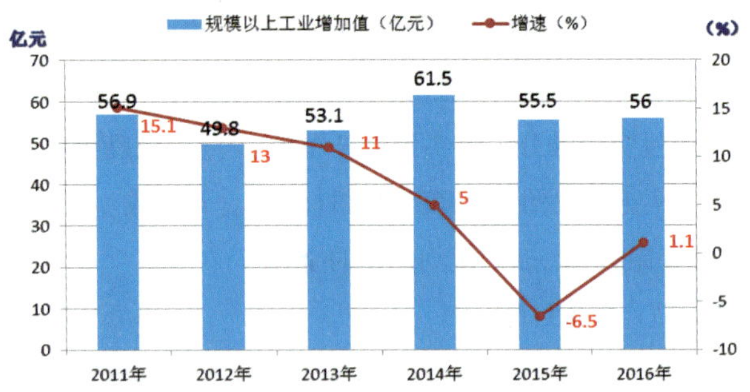

全市规模以上工业实现营业务收入200.3亿元，比上年增长2.2%。实现利税13.8亿元，比上年增长14.7%，其中：实现利润5.2亿元，增长266.5%；实现税金8.6亿元，增长43.1%。

全市规模以上工业综合能源消费量(等价值，下同)390.6万吨标准煤，比上年增长1.0%，增幅同比扩大16.9个百分点。单位工业增加值能耗比上年下降0.1%，降幅同比收窄10个百分点。全市规模以上工业企业累计消耗电力98.2亿千瓦时，比上年下降4.3%，降幅同比收窄7.7个百分点。

2016年规模以上工业企业主要产品产量一览表

产品名称	单位	产量	增速%
发电量	万千瓦时	1860069	-6.4
其中：火力发电量	万千瓦小时	1707717	-6.1
水力发电量	万千瓦小时	92152	-12.2
铝	吨	293849	-7.3
铝材	吨	46351	-13
石墨及炭素制品	吨	45050	2.2
铁合金	吨	59655	7.2
滚动轴承	万套	466	13.9
混合 饲料	吨	37070	24.1
电石	吨	166827	-3.1
烧碱	吨	109420	-1.3
P V C树脂	吨	153571	0.2
水泥	吨	1993618	37.2
硅酸盐水泥熟料	吨	1384776	4
其中：窑外分解窑水泥熟料	吨	1159469	1.3
葡萄酒	千升	10920	0.2

全市具有三级及三级以上资质等级的建筑企业19家，完成建筑业总产值5.77亿元，比上年增长4.2%；实现主营业务收入15.7亿元，比上年增长60.2%；实现利税0.8亿元，比上年增长33%。

四、固定资产投资

全年完成全社会固定资产投资130.2亿元，比上年增长13.3%。其中：完成基本建设投资114.6亿元，增长21%；完成更新技术改造投资5.8亿元，下降63%；完成房地产开发投资9.8亿元，增长117.4%。

固定资产投资及增速

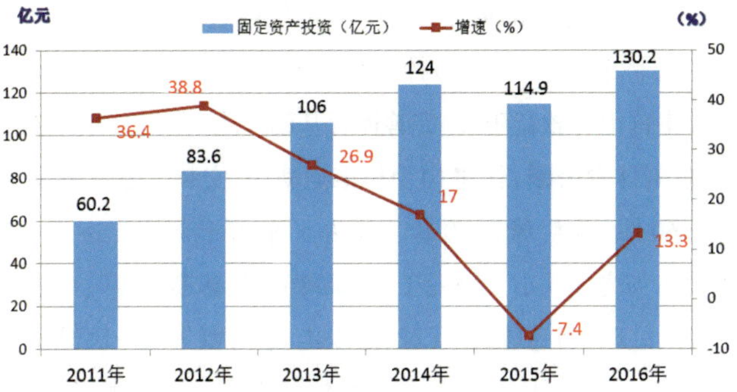

从投资结构看：第一产业完成投资16.3亿元，比上年增长5%，占固定资产投资的12.5%；第二产业完成投资72.5亿元，比上年增长8%，占固定资产投资的55.7%；第三产业完成投资41.4亿元，比上年增长28%，占固定资产投资的31.8%。

全年完成房地产开发投资9.8亿元，比上年增长117.4%。全市房屋施工面积达81万平方米，比上年下降13.3%，其中：住宅施工面积48.9万平方米，下降14.9%；商业营业用房施工面积22.7万平方米，增长1.9%。商品房销售面积25万平方米，比上年增长10.7%；商品房销售额8亿元，比上年增长13%。

五、贸易和旅游

全年实现社会消费品零售总额20.5亿元，比上年增长7.3%。分地区看，城镇市场实现社会消费品零售额16.6亿元，比上年增长6.6%，占社会消费品零售总额的81%；农村市场实现社会消费品零售额3.9亿元，比上年增长10.5%。分行业看，批发和零售业实现消费品零售额14亿元，比上年增长1.4%，占社会消费品零售总额的68.3%；住宿和餐饮业实现消费品零售额6.5亿元，比上年增长22.6%。

社会消费品零售额及增速

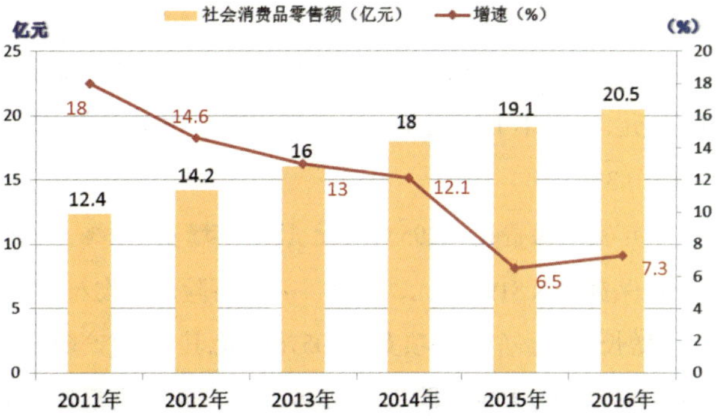

年末全市共有国家AAAA级旅游景区3个（黄河大峡谷、黄河坛、中华黄河楼）。全年接待游客268万人次，实现旅游直接收入0.85亿元。

六、交通和邮政

年末全市公路通车里程1752.13千米，比上年末增加27.45千米，其中高速公路通车里程98.1千米，乡道438.78千米，村道845.95千米。年末营运车辆4402辆，其中：货车车辆3703辆，客车车辆699辆。全市公路货运量882.4万吨，公路货物周转量138976.2万吨千米；公路客运量1059.96万人次，旅客周转量7781.15万人千米。

全年完成邮政业务总量738.4万元，比上年增长34%。全年完成函件业务21.5万件，包裹快递业务5.8万件，征订各类报纸杂志累计304.6万份。

七、财政、金融和保险

全年完成公共财政预算总收入42.6亿元，比上年增长19.9%；地方公共财政预算收入7.5亿元，比上年增长7%，其中：税收收入5.6亿元，增长5.3%，占地方公共财政预算收入比重为75%。地方公共财政预算支出27.5亿元，比上年增长10.9%。

财政收入、支出

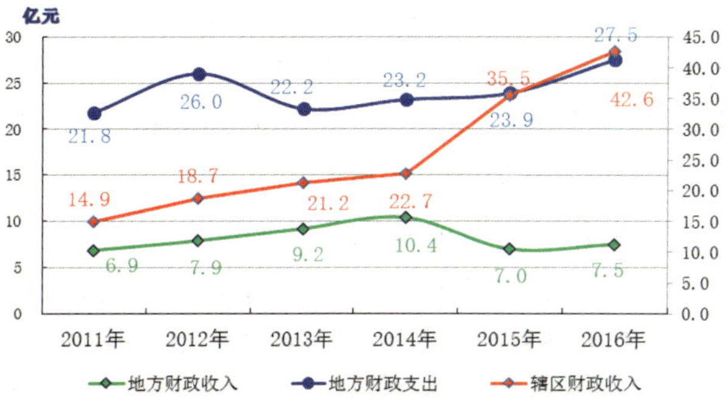

年末，全市金融机构人民币存款余额128亿元，比上年增长11%，从结构看，住户存款余额85.8亿元，比上年增长9.9%；

单位存款余额20.1亿元，比上年下降1.3%；财政性存款余额0.8亿元，比上年增长9.8%。全市金融机构人民币贷款余额133.2亿元，比上年增长1.4%。从期限分布看，短期贷款余额59.1亿元，比上年下降12.9%；中长期贷款余额66亿元，比上年增长9.3%。

全年实现保费收入29554万元，比上年增长19.6%，其中：财产险保费收入8191万元，增长0.5%；人寿险保费收入21363万元，增长29%。全年各项支出10576万元，其中：财产险赔款支出4149万元；人寿保险支出5284万元。人寿险赔款支出391万元，医疗给付金额77万元，死亡给付金额255万元，满期给付金额2302万元。

八、城市建设和安全生产

建城区面积32.41平方千米，建成区绿化覆盖率38.95%，建成区绿地率35.42%，城市人均公园绿地面积17.49平方米。生活垃圾无害化处理率92.5%。城市拥有道路长度233.62千米，道路面积811万平方米，人均城市道路面积64.12平方米。全年供水总量4429万立方米，集中供热面积410万平方米，液化石油供气总量1159吨，天燃气供气总量4954万立方米。

全市共发生生产经营性事故3起，死亡3人（工矿商贸1人、道路交通2人），同比下降50%，占年度控制指标（12人）的25%；亿元地区生产总值（GDP）死亡率0.119，低于年度控制指标0.143的0.024点。

九、科技、教育、文化与卫生

全年共申报和实施各级各类科技项目31项。其中，自治区企业科技创新后补助3项、科技金融专项7项、科技基础条件建设专项2项，科技特派员专项10项、科技型中小企业创新基金8项、科普专项1项。发明专利、外观专利及实用新型专利共申请145件，授权量达到84件。新增科技特派员17人，科技特派员总数达到346人（家）。共组织实施自治区级科技特派员专项10个，其中：重点2个、引导8个，资金48万元，引进示范新品种47个，推广新技术26项。

全市共有各类学校97所，其中：职业中学1所，普通高中2所，普通初中6所，普通小学49所，幼儿园34所。全市教职工3123人，其中：专任教师2747人。在校学生总数45550人，其中：普通高中在校学生5120人，普通初中在校学生9389人，小学在校学生20301人，幼儿园7521人。

全市现有国办文化体育事业（广播影视）单位15个，基中：文化馆1个、图书馆1个、文物所1个、广播电视台1个、农村电影放映中心1个，乡（镇）文化站8个，街道文化站1个，林场文化站1个。村级文化室85个、标准文化大院10个、文化信息资源共享工程基层服务点12个、业余文艺团队42个，青少年体育活动中心1个，标准体育场地1624个（其中城区720个，镇（场）904个），有各类单项体育协会13个，体育俱乐部7个，社会体育指导员534人，专兼职教练员15人。组织开展了“高空王阿迪力青铜峡黄河大峡谷挑战”活动，举办了青铜峡市“稻花香里”、首届青铜峡中华黄河楼大型彩灯嘉年华花灯展及元宵节焰火晚会等系列文化活动。全年完成各类文学及文艺作品创作53件，其中获区级以上11件，吴忠市级12件，青铜峡市级30件。成功申报区级非遗保护项目1个（牛首山佛教音乐）。完善体育基础设施，在我市青秀园新建休闲体育公园，新建10个标准运动场，安装了健身路径10套160件，乒乓球案10套。举办了全市干部职工运动会、“2016年青铜峡市上陵爱丁堡水郡杯乒乓球邀请赛”、全市篮排球、毽球、羽毛球、乒乓球、健步走、越野赛等及全民健身日系列体育比赛活动，组队参加自治区青少年锦标赛，派出93名运动员，参加田径、举重、武术、跆拳道、羽毛球、乒乓球、游泳7个项目的比赛。

全市共有公立医疗卫生机构17个，其中：综合医院2个，卫生院9个，卫生监督机构1个，疾病预防控制机构1个，妇幼保健机构1个，社区卫生服务站2个，厂（场）综合医院1个。实有床位923张，职工1416人，卫生技术人员1219人，其中：执业医师及执业助理医师408人，注册护士535人。

十、人口、人民生活与社会保障

按公安局户籍人口统计：年末全市总户数107770户，总人口283842人，其中：非农业人口91460人，男性144856人。全市汉族人口214535人，占总人口的75.6%；回族人口67681人，占总人口的23.8%。按照人口抽样统计调查，2016年全市常住人口294161人，其中城镇人口148492人，乡村人口145669人，全市人口出生率为11.62‰，死亡率为4.48‰，人口自然增长率为7.14‰，出生政策符合率96.83%。

全年城镇居民人均可支配收入23633元，同比增加1630元，增长7.4%。其中：工资性收入16750元，增长6.3%，占可支配收入的70.9%；经营净收入2547元，增长5.9%；转移净收入3446元，增长12.6%；财产净收入890元，增长13.7%。

城镇居民可支配收入及增速

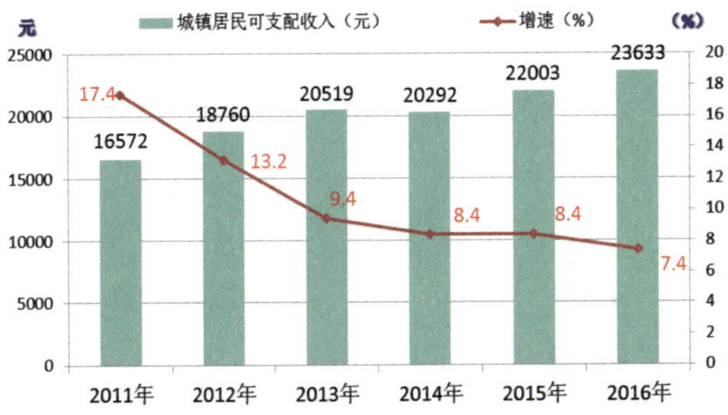

全年农村居民人均可支配收入12040元，比上年增加840元，增长7.5%。其中：工资性收入5766元，增长9.9%，占农民人均纯收入的47.9%；经营净收入5374元，增长4.2%；财产净收入269元，增长15%；转移净收入632元，增长12.2%。

农民人均纯收入及增速

全市城镇新增就业5276人，城镇登记失业率为3.96%。农村劳动力转移就业39715人，实现工资性收入44782万元。开展创业能力培训355人。培育小企业185家，培养小老板375人，创造新岗位1060个，带动就业人数2513人。

年末参加企业职工基本养老保险的人数（含其他人员，即以个体身份参保人员）达到58340人。比上年增加850人，增长2.0%。其中，参保职工43614人，离退休人员14726人，分别比上年增加4298人和850人，增长10.0%和6.13%。企业养老保险负担系数为0.441。企业退休人员月人均基本养老金2251元，比上年人均增加83元，增长3.8%。参加城乡居民养老保险人数96649人。参加失业保险人数37579人。

年末参加城镇职工医疗保险人数40079人，其中：在职职工28864人，占总参保人数的72%；退休职工11215人，占总参保人数的28%。享受待遇人数30369人。参加城乡居民医疗保险人数216982人，其中：成年人162754人，享受待遇人数141951人。参加工伤保险人数32844人，生育保险参保人数30598人。

年末拥有敬老院2所，床位264张，五保供养人数114人。城镇享受最低生活保障人数为3709人，共发放城市最低生活保障金1781万元。农村享受最低生活保障人数为9754人，共发放农村最低生活保障金2671.6万元。

注：1.本公报中统计数据为初步统计数，正式数据以统计年鉴为准。

2.地区生产总值及各产业增加值和行业总产值指标绝对数按现价计算，增长速度按可比价格计算。

3.人均生产总值按常住人口测算。

（市统计局）

QINGTONGXIA
YEARBOOK

大事记

编辑◎王雪霞　乔才山

1月

8日，在龙海会堂召开全市领导干部大会，宣布自治区党委关于青铜峡市人民政府主要领导任免的决定。任命金永灵为青铜峡市委副书记，提名金永灵为青铜峡市政府市长候选人。

是日，市委召开2016年第1次常委会议。

11日，市十四届人民政府召开第五次全体扩大会议。

13日，青铜峡市葡萄酒产业协会正式挂牌成立。吸纳全市各酒庄企业、葡萄种植合作社和葡萄种植大户，发展会员52人。

15日，青铜峡市召开党(工)委(党组)落实党风廉政建设主体责任暨党(工)委(党组)书记述责述廉汇报会。中共吴忠市委常委、青铜峡市委书记石瑞林主持会议并讲话。

是日，市政协召开十届委员会第16次常委会。

16日，中国共产党青铜峡市第十一届委员会第十次全体(扩大)会议在小坝举行。

17日，代市长金永灵深入国家电投宁夏青铜峡能源铝业集团有限公司青铜峡铝业分公司、华能宁夏大坝发电有限责任公司，详细了解企业生产经营情况。

18日，市十四届人大常委会举行第27次会议。

19日，代市长金永灵调研嘉宝轻纺工业园区工业经济发展情况。

21日，中国禁毒网、网络舆情专刊和中国禁毒微信等媒体深入瞿靖镇、市第六中学采访禁毒工作开展情况。

22日，代市长金永灵调研青铜峡新材料基地工业经济发展情况。

23日，市委召开2016年第4次常委会议。

26-28日，政协青铜峡市第十届委员会第五次会议在小坝龙海宾馆召开。

27-29日，青铜峡市第十四届人民代表大会第四次会议在小坝龙海宾馆召开。

28日，自治区党委常委、政法委书记李文章在吴忠市和青铜峡市领导桂福田、石瑞林、金永灵、张铁缨、刘国祥陪同下，看望慰问青铜峡市部分困难老党员、伤残警察、低保户、劳动模范和贫困户代表。

是日，吴忠市委书记赵永清在吴忠市及青铜峡市领导陈海辉、石瑞林、马耀宗、陈克安、金永灵陪同下，走访慰问68262部队、68216部队和68242部队。

是日，政协青铜峡市第十届委员会召开17次常委会议。

是日，全区农村生活污水治理试点示范工作现场会在青铜峡市召开。与会人员到峡口镇赵渠新村，现场观摩农村污水处理示范项目建设运行情况。

2月

1日，在龙海宾馆举办自治区党委十一届七次会议暨自治区“两会”精神辅导报告会，邀请自治区党委讲师团团长朱天奎作专题辅导。

是日，吴忠市政协主席马文娟在吴忠市和青铜峡市领导石瑞林、兰德明、李焕民、杨少清、张慧、李玉梅陪同下，深入陈袁滩镇袁滩村、裕民街道迎春园小区、紫微社区、市敬老院看望慰问老党员肖光荣、低保户龚岩、残疾人邓立英及敬老院部分老人。

是日，自治区督查组深入青铜峡市兴豆缘清真食品有限公司、宁夏法福来清真食品有限公司、小坝商城、国贸生活超市等地，督查青铜峡市节日期间食品安全监管工作。

5日，市纪委十一届六次全体（扩大）会议暨全市党风廉政建设和反腐败工作会议在小坝龙海宾馆召开。

是日，市长金永灵深入青铜峡市部分企业，督查安全生产工作。

14日，青铜峡市举办领导干部培训班。自治区党委巡视工作领导小组成员、办公室主任李捍国就《中国共产党巡视工作条例》作专题辅导报告。

17日，市人民政府召开第六次全体（扩大）会议。

18日，吴忠市委书记赵永清在吴忠市及青铜峡市领导张学慧、石瑞林、马耀宗、杨金海、杨少清、金永灵等陪同下，深入峡口镇谭桥村、青铜峡铝业集团、温家酒堡、杭萧汽车零配件产业园、正鑫源现代农业示范区、叶盛镇五星村等地，调研全市经济社会发展情况及第一季度开局工作。

19-22日，市长金永灵对部分包抓工业企业经济运行情况和农业项目建设工作进行调研。

24日，自治区党委副书记崔波、政府副主席曾一春在吴忠市和青铜峡市领导桂福田、石瑞林、金永灵、程潜等陪同下，深入青铜峡市树新林场，就国有林场改革发展工作进行专题调研。

25日，市长金永灵深入市敬老院扩建项目、嘉宝园区新希望动物反刍项目、宁夏昊灵清真食品加工项目、宁夏恒丰集团青铜峡纺纱项目、青铜峡二手车交易项目等地，详细了解重点项目建设进展情况。

是日，由宁夏蒲阳实业有限公司投资建设的叶盛镇稻香园幸福村庄商业服务中心正式开工建设。

26日，青铜峡市在银河广场举行2016年春风行动春季人力资源招聘洽谈会。

28日，青铜峡市2016年重点项目开工暨中国西部轴承产业基地授牌仪式在嘉宝轻纺工业园区仁和纺织年产15万锭纺纱项目建设工地举行。

是月，全国爱卫会发出《关于2015年国家卫生城市（区）和国家卫生县城（乡镇）复审结果的通报》，青铜峡市通过国家卫生城市复审，重新被确认为“国家卫生城市”。

3月

1日，中共吴忠市委副书记桂福田带领观摩组到青铜峡市观摩春耕生产、农业结构调整、土地流转规模经营情况。

是日，青铜峡市召开健康素养促进项目启动会暨健康教育骨干培训班。

4日，自治区“鲜花朵朵送雷锋”爱心车队到青铜峡市，为“我身边的雷锋式忠诚卫士李卫东”和“我身边的雷锋式优秀义工谭晓冬”分送鲜花和祝福。

4日，青铜峡市在银河广场举行2016年党团员“奉献他人 情暖古峡”志愿服务活动启动仪式。

8日，中共吴忠市委常委、青铜峡市委书记石瑞林对高速路青铜峡出口“印象黄河·彩虹之上”旅游景观标识、库区鸟岛生态旅游开发、中华黄河坛、黄河大峡谷一百零八塔、大禹文化园景区基础设施及周边环境整治项目、青铜古镇启动运营项目、黄河楼水上舞台、薰衣草婚纱摄影基地、黄土地旅游度假村、叶盛镇、陈袁滩镇、小坝镇乡村休闲观光带项目、先锋大青葡萄长廊、“红十月”鲜果休闲长廊等项目进行实地调研。

10日，青铜峡市召开“印象黄河·彩虹之上”旅游文化品牌推介研讨会。

10-11日，自治区副主席曾一春在吴忠市及青铜峡市领导赵永清、桂福田、石瑞林、马玉龙、程潜陪同下，深入叶盛镇五星村、恒源林牧场养殖园、宁夏中航郑飞塞外香清真食品有限公司等地，对青铜峡市农业农村工作进行调研。

11日，自治区残疾人康复中心组织专业人员对青铜峡市0～14岁残疾儿童进行筛查。

18日，自治区党委常委、统战部部长马廷礼在吴忠市和青铜峡市领导赵永清、石瑞林等领导陪同下，深入宁夏中航郑飞塞外香清真食品有限公司，就清真食品管理、认证及进出口等方面工作进行调研。

是日，青铜峡市举行2016年“文化惠民”设备发放仪式暨业余文艺团队展演活动。

21-24日，青铜峡市葡萄酒企业参加2016年全国春季成都糖酒商品交易会。

22日，全国民族团结进步创建活动示范市授牌仪式在吴忠市举行。青铜峡市被国家民委授予“全国民族团结进步创建活动示范单位”荣誉称号。

24日，市人大常委会主任姬文泽深入青铜峡镇同兴村开展脱贫攻坚、精准扶贫、帮扶到户下基层走访活动。

26日，市长金永灵深入立(新)马(长滩)路两侧春季造林绿化点和树新林场春季机关义务植树点，对全市春季造林绿化工作进行调研。

是日，四川乐山市峨边彝族自治县人大考察团到青铜峡市考察学习土地确权颁证、农村产业化发展情况。

26-27日，第31届宁夏青少年科技创新大赛暨第16届中国青少年机器人(宁夏赛区)竞赛在中卫市举行。市第五中学被自治区科协、自治区教育厅评为"科技创新大赛优秀学校"。

28日，市政协主席张慧到青铜峡镇同兴村开展脱贫攻坚摸底调查工作。

是月，宁夏正鑫源现代农业发展集团有限公司被国家农业部评为"全国物联网应用示范单位"，成为全国11家示范单位之一。

是月，在自治区农机购置补贴工作会议上，青铜峡市4家农机作业服务公司通过自治区农牧厅星级评定。其中，青铜峡市嘉禾源农机作业服务公司、青铜峡市众禾农机服务公司被评为3星级农机作业服务公司，青铜峡市隆盛农机作业服务公司、青铜峡市振兴农机作业服务公司被评为2星级农机作业服务公司。

4月

1日，吴忠市市长喜清江在吴忠市和青铜峡市领导石瑞林、杨金海、金永灵、撒贵清陪同下，深入宁夏金昱元化工集团公司、宁夏可可美生物工程有限公司、杭萧汽车零部件产业园，就工业经济运行情况进行调研。

5日，中共吴忠市委常委、青铜峡市委书记石瑞林深入部分工业企业，就工业重点项目和企业经济运行情况进行调研。

6日，中央电视台纪录片《贺兰山》摄制组到青铜峡市进行取景拍摄。

12日，自治区副主席刘可为在吴忠市及青铜峡市领导赵永清、张学慧、石瑞林、杨春燕陪同下，深入黄河文化体育会展中心、黄河楼，就青铜峡市城市建设工作进行调研。

是日，市长金永灵等市领导慰问参与库区湿地自然保护区救火驻青某部官兵。

是日，国家林业局副局长陈凤学对青铜峡市湿地确权试点工作进行调研。

15日，青铜峡市与中科博阳自动化技术无锡有限公司举行合作建设宁夏青铜峡轴承谷项目签约仪式。

是日，自治区主席刘慧在自治区、吴忠市及青铜峡市领导张超超、赵永清、喜清江、石瑞林的陪同下，深入宁夏金昱元化工集团有限公司、华能宁夏大坝发电有限责任公司，对青铜峡市第一季度工业经济运行情况进行调研。

16日，中共吴忠市委常委、青铜峡市委书记石瑞林在大坝镇三棵树村主持召开全市集中整治违法建筑"百日专项行动"现场推进会。

17日，国家禁毒委调研组调研青铜峡市学校毒品预防教育工作情况。

20日上午，青铜峡市启动创建国家全域旅游示范市活动。

22日，召开全市公车改革工作会议。

26日，全区学校毒品预防教育经验交流暨"6·27"工程推进会在青铜峡市召开。

27日，中国书法出版传媒有限公司董事长、总经理李世俊来青采风。

28日，市第十四届人大常委会举行第二十九次会议。

29日，召开全市"两学一做"学习教育工作会议。会议传达学习习近平总书记《关于"两学一做"学习教育重要指示》、全国、全区、吴忠市"两学一做"学习教育工作座谈会及电视电话会议精神。安排部署全市"两学一做"学习教育工作。

5月

1日，宁夏华庭餐饮有限公司成功开出青铜峡市首张生活服务业增值税发票，营改增试点工作在全市正式全面推开。

4日，青铜峡市与无锡金代光电科技有限公司就光电铜业新材料产业基地建设项目举行签约仪式。

7日，甘肃省白银市景泰县党政考察团来青，考察学习适水产业及农业产业化发展情况。

是日，中港总社青铜峡分公司与西安海外旅行社正式开通陕西榆林青铜峡旅游专线。

8日，中华黄河坛景区举办"传承千载黄河文化·感恩慈母养育之情"第六届感恩母亲节庆典活动。

9日，青铜峡市举行"大众创业·万众创新"报告会。

10日，2016年中华环保世纪行—宁夏行动检查组对青铜峡市环境保护工作进行检查。

11日，市四套班子领导对获得全国公安荣誉证章的市公安局民警李正江进行慰问。

13日，2016年引黄灌区夏播生产现场会在青铜峡市召开。自治区副主席曾一春、吴忠市市长喜清江及青铜峡市领导石瑞林、罗彦文、陈雪松参加现场会。

14日，召开市镇领导班子换届工作会议，对换届工作进行动员部署。

15日，中共吴忠市委常委、青铜峡市委书记石瑞林在市委党校，为参加“两学一做”学习教育基层党组织书记及党务骨干专题培训班人员，做“两学一做”学习教育专题辅导。

16日，青铜峡市休闲体育公园落成暨“胜利体育杯”篮（排）球比赛开幕式在青秀园举行。

17日，2016首届“万步有约”职业人群健走激励大奖赛青铜峡赛区在市青秀园启动。

18日，青铜峡市农村土地确权颁证暨土地股份合作制改革试点集中挂牌仪式在大坝镇上滩村举行。

是日，青铜峡市与广东东莞冠宏智能科技有限公司就高端铸造、汽车刹车盘、数控机床、工业机器人、全自动智能装备生产线及控制系统项目进行签约。

是日，国家禁毒办副主任、公安部禁毒情报技术中心副主任闵天石对全市禁毒工作进行专题调研。

是日，自治区金融局与青铜峡市联合举办资本市场专题培训班暨融资对接会。

是日，在黄河楼举办第十届百花奖“相约黄河楼·唱响古峡”系列活动广场舞表演。

19-20日，市长金永灵深入青铜峡新材料基地、嘉宝轻纺工业园区，调研园区项目建设暨领导干部包抓企业经济运行情况。

23日，东北证券总裁何俊岩在吴忠市和青铜峡市领导喜清江、石瑞林等领导陪同下，深入杭萧汽车零部件产业园、宁夏中航郑飞塞外香清真食品公司、青铜峡市明珠园清真食品集团公司，考察了解青铜峡市装备制造业、清真食品等产业发展情况。

28日，由青铜峡市委宣传部、山东省泰安市泰山风景名胜区管委会联合主办、北京盛世经略国际文化有限公司、北京中视邦兴文化传媒有限公司、青铜峡黄河大峡谷旅游有限公司承办的大型年度户外极限挑战活动——“2016阿迪力高空挑战极限之旅”在人民大会堂北京厅举行新闻发布会。

是月，青铜峡市南营武术馆被自治区文化厅授予非物质文化遗产代表性项目南营武术杂技传承保护基地。

6月

1日，自治区党委常委、宣传部部长、政协副主席蔡国英深入黄河文化体育会展中心，对吴忠市、青铜峡市同城化工作进行调研。

是日，市长金永灵调研叶盛镇、邵岗镇幸福村庄建设和同乐村生态移民工作。

2日，市第十四届人大常委会举行第三十次会议。

是日，全区农产品产地初加工补助项目培训班在青铜峡市举办。

3日，塞上e家网创园区举办首届企业家沙龙活动。

5日，石瑞林、金永灵、姬文泽、张慧等市四套班子领导分赴宁夏医科大学总医院和市人民医院，看望慰问“6·2”交通事故受伤教师。

6日，台湾海基会原董事长、现任“三会”会长、台湾经济研究院董事长江丙坤，原中央台办主任、海协会顾问陈云林在吴忠市及青铜峡市领导桂福田、石瑞林陪同下，参观中华黄河楼。

7日，中共吴忠市委常委、青铜峡市委书记石瑞林主持召开市委常委班子“两学一做”学习教育专题研讨会。

是日，自治区环保厅在青铜峡市古峡广场开展环境保护知识巡展活动。

9日，2015年度国家艺术基金传播交流推广资助项目《中国梦·草原情》蒙晋冀陕甘宁六省（区）少数民族题材戏剧及音乐舞蹈优秀剧目在青铜峡市举办展演活动。

13日，全区2016年优秀农村实用人才拓展（高级农产品经纪人）培训班在青铜峡市举办。

是日，青铜峡市扶贫办工作人员到西吉县，就生态移民搬迁工作与西吉县进行对接。按照自治区规划，“十三五”期间，西吉县将有300户1300名生态移民搬迁安置到青铜峡市。

是日，青铜峡市首家善行银行在瞿靖镇时坊村正式开业。

16日，中国硬笔书法协会专家西部支教公益活动座谈会在青铜峡市黄河楼召开。

17日，吴忠市“一村（社区）一警”工作现场会在青铜峡市召开。

22-23日，自治区旅游局局长徐晓平调研青铜峡市创建国家全域旅游示范市工作。

24日，由中国乒乓球协会、自治区乒乓球协会、青铜峡市人民政府主办的“李宁·红双喜杯”2016年中国乒乓球协会会员联赛青铜峡站比赛在龙海宾馆体育馆开幕。来自全国13个省、自治区、直辖市的468名运动员参加比赛。其中，吴忠市和青铜峡市16支代表队110余名运动员与全国各地运动员同台竞技。

25日，市长金永灵调研全市酿酒葡萄产业发展情况。

27日，市人大常委会主任姬文泽调研青铜峡市农牧工作情况。

是日，国务院食安办对青铜峡市食品药品监管体制改革工作进行调研。

29日，参加吴忠市党建"强龙工程"推进会与会人员到青铜峡市观摩党建工作。

30日，青铜峡市召开庆祝中国共产党成立95周年表彰大会。

7月

1日，全国校园禁毒图书角项目现场会在青铜峡市召开。

3日，市长金永灵对全市重点建设项目及旅游工作进行调研。

4日，甘肃省玉门市党政考察团来青，就近年来青铜峡市产业发展、双拥共建、宗教事务、军事设施用地确权登记等工作进行学习考察。

5日，市政协主席张慧对全市养殖园区项目建设及畜牧业生产经营情况进行调研。

是日，青铜峡市召开创建国家现代公共文化服务体系示范区动员会。

9日，贺兰山沿山突发暴雨导致山洪暴发，青铜峡市大坝拦洪库、大沟拦洪库、马圈沟拦洪库等库区发生不同程度灾情。山洪造成大沟拦洪库内400余亩玉米、葡萄等受淹。未造成人员伤亡。

15日，全区地方志工作暨修志现场观摩会在青铜峡市召开。

是日，宁夏卫生计生系统先进典型事迹报告会巡讲活动在青铜峡市举办。

是日，青铜峡市法学会召开第一次会员代表大会。全市法学会正式成立。

是日，青铜峡市旅游公交直通车正式开通。

17-18日晚，青铜峡市文化演艺公司创编的秦腔折子戏《过草地》《打镇台》、眉户小戏《爱有你我他》在北京民族文化宫大剧院进行汇报演出。

18日，中共吴忠市委常委、青铜峡市委书记石瑞林调研全市产业发展暨重点工作推进情况。

19日，市政协主席张慧带领部分政协委员，对全市全民创业工作情况进行调研。

是日，市第十四届人大常委会举行第三十一次会议。

是日，"清凉宁夏·大地之约"全区国土资源文艺巡演活动在青铜峡市瞿靖镇农贸市场举行。

20日，中国乡村医生培训工程启动会暨首期培训会在青铜峡市举行。

21日，吴忠市2016年农村改革现场推进会与会人员到青铜峡市观摩。

22日，中共吴忠市委常委、青铜峡市委书记石瑞林主持召开市委班子第二次"两学一做"学习教育专题研讨会。

是日，国家工商总局商标局副局长林中强调研青铜峡市农产品地理标志工作。

24日，吴忠市委书记赵永清到青铜峡市调研防洪排涝工作。

25日，青铜峡市与宁夏锦绣轻合金循环经济产业有限公司、宁夏航萧实业发展有限公司、宁夏苏能节能科技有限公司、宁夏盛圆机械科技有限公司4家公司举行项目签约仪式。

是日，自治区妇联会同市妇联在裕民街道南苑社区举办家政服务员职业技能培训班。

29日，在全国双拥模范城(县)命名暨双拥模范单位和个人表彰大会上，青铜峡市再次被命名为"全国双拥模范城"。这是青铜峡市第六次被授予"全国双拥模范城"荣誉称号。

30日，市委中心组集体学习习近平总书记到宁视察时的重要讲话精神。

31日，市第十四届人大常委会举行第三十二次会议。

是月，青铜峡市跻身"国家级电子商务进农村综合示范县(市)"行列。

8月

1日，青铜峡市"广电网络杯"2016"唱响宁夏·回乡最强音"电视歌手大赛海选在古峡广场开赛。

2日，吴忠市委书记赵永清、市长喜清江率领吴忠市产业发展和重点工作现场交流会参会代表实地观摩青铜峡市2016年重点项目、重点工作情况。

10日，宁夏军区贺兰山战士军乐队到青铜峡市举办"改革强军"主题巡回文艺演出。

10—11日，江苏苏州张家港市工商联考察团来青考察全市工业经济、农业及旅游业，洽谈项目合作事宜。

11日，石瑞林慰问"火力-2016·青铜峡"演习部队官兵。

12日，召开市纪委十一届七次全体(扩大)会议。

13日，市长金永灵对城市管理及城市重点项目进行调研。

15日，自治区人大副主任王儒贵对青铜峡市葡萄产业情况进行专题调研。

16日，青铜峡市重点产业招商推介暨“高空王”阿迪力黄河大峡谷挑战吉尼斯世界纪录活动新闻发布会在银川举行。

17日，参加全国省级法治报驻地记者工作交流会暨平安宁夏采访周活动人员到青铜峡市采访。

19日，市第十四届人大常委会举行第三十三次会议。

是日，2015年度《中国梦·草原情》六省（区）少数民族题材戏剧及音乐舞蹈三展联动优秀剧目在青铜峡市展演。

22日，自治区副主席马力对青铜峡市安全生产工作进行督查。

是日，青铜峡市“行政审批与公共服务系统”正式上线运行。

23-28日，旅游卫视《最美中国》栏目组深入黄河大峡谷、108塔、中华黄河坛等地，了解挖掘青铜峡市人文历史景观。

24日，市政协主席张慧对全市棚户区改造情况进行调研。

是日，中央电视台大型纪录电影《黄河》剧组到青铜峡市进行取景拍摄。

25日，自治区政协副主席张守志对青铜峡市农村污水处理设施运行及卫生厕所改建情况进行调研。

29日，自治区人大常委会副主任刘慧芳对青铜峡市小城镇建设情况进行调研。

30日，团中央基层组织建设部调研青铜峡市团的基层组织建设工作。

是日，“广电网络杯”2016“唱响宁夏·回乡最强音”电视歌手大赛复赛在古峡广场绚丽开唱。

9月

5日，全国政协原副主席白立忱在自治区政协主席齐同生、副主席李淑芬，吴忠市领导赵永清、喜清江、孙瑛及青铜峡市领导石瑞林、金永灵、王洋陪同下，到宁夏华能大坝发电有限责任公司，对青铜峡市工业企业运行情况进行考察。

9日，青铜峡市在宁夏文化馆举办2016宁夏（青铜峡）“印象黄河·彩虹之上”旅游摄影作品展启动仪式。

17日，吴忠市市长喜清江就青铜峡市至永宁接银川正源街快速通道建设项目整体规划情况进行调研。

21日，国家林业局调研青铜峡市国有林场森林资源监管工作。

是日，青铜峡市举办首届稻花香里文化艺术节暨大米产业发展论坛。

22日，青铜峡市委召开十一届十五次全体（扩大）会议。

26日，自治区党委副书记崔波在吴忠市及青铜峡市领导喜清江、刘军、张铁缨陪同下，深入小坝镇司法所，就青铜峡市信访维稳工作进行调研。

是日，中国共产党青铜峡市第十二次代表大会在小坝龙海宾馆隆重开幕。

是日，国家文物局督查青铜峡市境内明长城保护工作。

27日，中国共产党青铜峡市第十二届纪律检查委员会召开第一次全体会议。

是日，青铜峡市召开阿迪力挑战青铜峡黄河大峡谷极限之旅活动及第五届宁夏黄河金岸（吴忠）国际马拉松赛总结表彰会。

29日，吴忠市2016年秋冬农田水利基本建设现场推进会在青铜峡市召开。

30日，青铜峡市在余家桥革命烈士陵园举行烈士纪念日公祭活动。

10月

1日，由自治区党委宣传部、自治区文明办、自治区旅游发展委员会和宁夏广播电视台主办的“美丽宁夏·文明旅游”系列宣传活动走进青铜峡市中华黄河楼景区。

11日，自治区党委书记李建华、自治区主席咸辉带领全区产业发展和重点工作现场交流会的与会代表，在吴忠市和青铜峡市领导赵永清、喜清江、石瑞林、金永灵陪同下，深入嘉宝轻纺工业园区，对青铜峡市产业发展和重点工作进展情况进行观摩。

18日，青铜峡市2016“鲤鱼跃龙门”黄河排沙节在青铜峡拦河大坝开幕。

19日，市第十四届人大常委会召开第三十五次会议。

是日，中国残疾人福利基金会慰问青铜峡市贫困患者。

20日，“集善扶贫健康行”宁夏项目启动仪式在青铜峡市举行。

是日，“宁夏科普大篷车进校园暨崇尚科学反对邪教宣传月活动”在青铜峡市第六中学启动。

21日，中共吴忠市委常委、青铜峡市委书记石瑞林深入小坝镇、叶盛镇、瞿靖镇、大坝镇、峡口镇等农田水利建设重点片区，对全市农田水利基本建设工作进展情况进行调研。

是日，国家林业局验收组对青铜峡鸟岛国家湿地公园（试点）工作进行验收。

26日，政协青铜峡市第十一届委员

会第一次会议在青铜峡宾馆召开。

27日，青铜峡市第十五届人民代表大会第一次会议在龙海宾馆召开。

31日，自治区人民政府督查青铜峡市2016年自治区政府工作报告主要任务、政策项目资金争取及安全生产等工作落实情况。

11月

1日，青铜峡市热电联产项目小坝城区管网建设全线贯通，完成并网供热，正式投入运行。

是日，自治区党委副书记崔波深入叶盛镇，对青铜峡市秋季农田水利建设工作进行调研。

2-3日，中共吴忠市委常委、青铜峡市委书记石瑞林率领市四套班子领导，深入城市街区、田间地头、工业园区企业，对2017年全市城市建设项目、工业项目、农牧业项目、旅游项目以及社会民生项目进行调研。

4日，自治区人力资源和社会保障厅考核验收青铜峡市“区级创业孵化示范基地”创建工作。

6日，市毽球协会成立暨第一届代表大会在市文化体育广电局举行。

7日，中共吴忠市委常委、青铜峡市委书记石瑞林深入市金贵兔肉养殖专业合作社、青铜峡市金衣梦制衣有限公司和青铜峡镇同进村，专题调研精准扶贫工作。

9日，青铜峡市2016年好家风好家训评选活动颁奖典礼在影剧院举行。

是日，住房城乡建设部对青铜峡市城市建设区违法建设治理工作进行专项督查。

14日，中央电视台驻宁夏站摄制组到中华黄河楼取景拍摄“超级月亮”并在央视进行现场直播。

15日，吴忠市农村精神文明建设亮点工作互观互学互检会议在青铜峡市召开。

17日，自治区文明办对青铜峡市创建区级“文明单位”“文明村镇”进行考核验收。

22日，中共吴忠市委常委、青铜峡市委书记石瑞林主持召开市委班子第四次“两学一做”学习教育专题研讨会。

是日，共青团中央书记处书记、国家禁毒委委员尹冬梅在自治区禁毒总队队长贺占忠及吴忠市、青铜峡市领导王小平、石瑞林、张铁缨、刘国强陪同下，深入银河广场禁毒文化长廊和市第六中学，详细了解青铜峡市禁毒工作开展情况。

24日，青铜峡市举办党的十八届六中全会精神专题辅导学习班。

是日，自治区等级医院评审专家组对青铜峡市人民医院争创全国二级甲等医院进行复审。

26日，清华大学精密仪器系欧阳证主任带领专家团，在市领导石瑞林、金永灵、张铁缨、何元凯、张克文的陪同下，深入嘉宝工业园区宁夏菲斯克汽车轮毂轴承有限公司、宁夏汇高科技集团有限公司、宁夏勤昌滚动轴承制造有限公司，详细了解企业生产运行情况及产品研发进展情况。

是日，青铜峡市在龙海宾馆举办2016年“中国体育彩票杯”羽毛球比赛暨青铜峡市羽毛球协会成立仪式。

30日，青铜峡市召开电子商务工作推进会暨电子商务协会成立大会。

12月

1日，中央文明办对青铜峡市社会主义核心价值观落细落小落实工作情况进行调研。

是日，青铜峡市首家村级交通安全劝导站在小坝镇新林村成立。

2-4日，由农业部、科教司、中国农产品市场协会等单位主办的“首届中国大米品牌大会”在北京召开。宁夏中航郑飞塞外香清真食品有限公司生产的珍珠香米被评为“2016中国十大好吃米饭”，企业同时获得“2016中国十大大米区域公用品牌——宁夏大米核心企业”殊荣。

3日，青铜峡市举办2016年“黄河大峡谷”全区毽球邀请赛。

5-6日，自治区禁毒委对青铜峡市2016年禁毒工作进行考核验收。

6日，青铜峡市新宁百货公司发生特大盗窃案件，商场保险柜内价值240余万元黄金首饰被盗。案发后，公安部、自治区公安厅领导先后对破案工作作出批示。自治区、吴忠市、青铜峡市三级公安机关立即启动合成作战机制，成立专案组开展现场勘查和侦查工作。专案组先后辗转四川、重庆、广州、陕西等5省区9市县，行程4000余千米，历时90余个小时，成功抓获重庆籍犯罪嫌疑人邓某某，被盗金银首饰悉数追回。

7日，宁夏黄河谣农产品综合开发有限公司“水稻加工中的副产品工艺设备的研发与应用”项目通过宁夏科技厅的鉴定。

8日，国务院食安办督查青铜峡市农村食品市场专项整治工作。

15日，中国共产党青铜峡市第十二届委员会召开第二次全体(扩大)会议。

是日，宁夏科协助力循环农业创新发展交流座谈会暨宁夏顺宝现代农业股份有限公司院士专家工作站成立揭牌仪式在青铜峡市举行。

16日，青铜峡市举行2016年农村环境综合整治项目车辆发放仪式，250辆电动垃圾车开进美丽乡村。

20日，宁夏青铜峡市西夏科润建材有限公司“提高水泥混凝土适应性的液体水泥助磨剂及其工艺方法”成果通过宁夏科技厅鉴定。

22日，宁夏博金特立体泊车设备有限公司与中钢冶金资源有限公司战略性合作签字仪式在市嘉宝轻纺工业园管委会举行。

26日，公安部副部长孟庆丰率领公安部慰问组一行，在吴忠市领导刘军、王小平和青铜峡市领导金永灵、张铁缨、刘国强陪同下，到市公安局刑侦大队看望慰问青铜峡市“12·06”特大盗窃黄金首饰案专案组参战民警，并调研基层警务工作。

28日，青铜峡市举行2016年“迎新年·跨黄河”黄河大峡谷越野赛健步走活动。

30日，市十五届人民政府召开第一次全体(扩大)会议。

是月，由宁夏能源铝业青铜峡分公司组装车间技术员张万聪提出的“阳极钢爪涂覆装置”创新项目，经过创新小组成员5个月研发设计，成功应用，并获国家实用新型专利。

是月，中电投青铜峡能源铝业分公司200千安电解系列QC小组课题——《高龄电解槽稳定生产技术探索及应用》被中国质量协会、中华全国总工会、中华全国妇女联合会、中国科学技术协会授予“2016年全国优秀质量管理小组”。

是月，在自治区召开的科技创新大会上，青铜峡市共有4项科技成果获得自治区政府2013年度至2015年度科技进步奖。

QINGTONGXIA
YEARBOOK

市情概览

编辑◎陈瑞龙

地理人文

【地理环境】 青铜峡市位于黄河上游、宁夏平原中部，介于东经105°37′～106°21′，北纬37°16′～38°15′，东隔黄河与吴忠市利通区相望，南以牛首山为界和中卫市中宁县接壤，西至明边墙（明长城）毗邻内蒙古自治区阿拉善左旗，北连银川市永宁县。南北长60余千米，东西宽30余千米，行政区域面积2525平方千米。市府驻地裕民街道，是全市政治、经济、文化中心，东距吴忠市6千米，北距自治区首府银川市54千米。境内地势由西南向东北自高而低呈现阶梯状分布，形成山地、低山丘陵、缓坡丘陵、洪积扇地带、黄河冲积平原和库区6个地貌类型。其中山地面积1.48万公顷，占全市土地面积的8.5%；低山丘陵1.38万公顷，占7.9%；缓坡丘陵1.58万公顷，占9.1%；洪积扇地带7.07万公顷，占40.6%；黄河冲积平原5.36万公顷，占30.8%；库区0.54万公顷，占3.1%。海拔为1150～1170米。黄河由青铜峡镇广武地区入境，由西南流向东北，穿越青铜峡镇、峡口镇、大坝镇、小坝镇、陈袁滩镇，出叶盛镇入永宁县，境内流程58千米。明长城途经境内西边墙，主要有“城西南墙”和“边防西关门墙”，位于黄河以西，沿贺兰山麓修筑，全长90余千米，现广武、甘城子、北岔口等处都留有边墙遗迹。特别是北岔口边墙，除土夯外，还有石砌，保存清晰完整。包兰铁路、109国道、京藏高速公路纵贯全市。青铜峡市地处西北内陆，处于东部季风区与西部干旱区域交汇地带，属中温带大陆性气候。冬无严寒，夏无酷暑，四季分明，气候干燥，日照充足，光能丰富。常年年平均气温9.8℃，最低气温－25.0℃，最高气温37.7℃。年降水量177.8毫米，5至9月的降水量占全年的83%，年平均相对湿度52%，年平均无霜期178天，年日照时数3044.1小时，年平均风速2.4米/秒，最多风向为NW风，年蒸发量1946.1毫米，年平均大风日数12天，最多年份达44天，年最大冻土深度83厘米。主要气象灾害有大风、沙尘暴、高温、低温冷害、寒潮、霜冻、冰雹、暴雨、山洪、连阴雨（雪）、冬季冰冻等灾害。

2016年，全市年平均气温为10.3℃，比历年同期平均值偏高0.5℃，年极端最高气温为35.0℃，出现在7月28日；年极端最低气温为-21.6℃，分别出现在1月24日。年降水量289.46毫米，比历年平均值偏多116.3毫米。降水主要出现在5-11月，累计降水量246.8毫米。最大降水量出现在8月14日，降水量为48.4毫米。全年日照时数3230.1小时，比历年同期平均值偏多222小时。年日照百分率73%。全年大风天气6次，年极大风速20.4米/秒，出现在7月4日。全年出现扬沙天气10次，无沙尘暴；出现大雾天气2次，最小能见度200米，出现在10月23日；出现霾天气20次；10月8日出现第一次霜冻，全年无霜期195天。

【重大气候事件】 4月11日，青铜峡市出现大风天气，平均风力6～7级，阵风达7～8级，是日晚间19点30分，青铜峡镇广武自然保护林区发生火灾，着火部位主要是荒草地及附近芦苇、枯树，火灾过火面积139公顷，未造成人员伤亡和其他经济损失。6月13日，青铜峡市出现年内第二次大风天气，持续6个小时，平均风力6～7级，阵风达7～9级，并伴有沙尘，树新林场134户83公顷苹果、葡萄受灾，成灾面积37公顷，直接经济损失165万元。7月9–10日，青铜峡市出现暴雨山洪，其中7月9日午后14时，贺兰山风电场迎来短时强降水，截至17时，风电场累计降水58.8毫米，沿山局地强降水形成山洪，马莲沟山洪10立方米/秒，大沟山洪20立方米/秒，洪水造成大沟拦洪库内300余亩葡萄、100余亩玉米受淹，水利基础设施遭到不同程度损坏，无人员伤亡；7月10日15时至11日7时，全市再次普降暴雨，其中邵岗镇永涵村降水55.7毫米、大坝镇王老滩村降水52.6毫米，暴雨天气造成邵岗、小坝、叶盛部分行政村1100亩小麦倒伏。8月13日14时至14日6时，青铜峡市出现年内第二次大到暴雨天气，小坝市区降水量为48.0毫米，大坝、邵岗、峡口、青铜峡镇降水量普遍在50毫米以上，其中大坝镇王老滩村110.2毫米、青铜峡镇政府104.7毫米、108塔景区93.3毫米、广武火车站93.3毫米，最大小时雨强45.0毫米，邵岗、大坝、青铜峡镇不同程度发生山洪，山洪量达到大沟60立方米/秒、马圈沟5立方米/秒、磨石沟10立方米/秒、长流水沟15立方米/秒、蚂蚁口子沟5立方米/秒、洪流沟3立方米/秒，大坝镇、青铜峡镇农田水稻倒伏45亩、危房进水70户240间、倒塌废弃房屋2间；青铜峡镇拥军路68242部队加油站围墙被洪水冲垮20米，附近停放3辆轿车不同程度受损；冲毁过水路面3处、沟道护岸工程450米；山洪沟堤防塌岸560米，防洪工程损毁8处。10月3日夜间，青铜峡市出现年内第三次大风天气，普遍风力达9到10级，贺兰山沿山阵风风力达11级，极大风速29.3米/秒，大风持续时间为6小时，大风天气造成瞿靖镇、峡口镇3个村发生火灾，43户175人住房、温棚、牛棚、柴草和20间彩钢板房烧毁，直接经济损失19万元；树新林场340户573.3公顷苹果、红枣和酿酒葡萄受灾，直接经济损失570万元。

【自然资源】①农业。青铜峡市位于九大干渠之首，地处引黄灌区精华地带，沟渠纵横，排灌畅通，土地肥沃，旱涝无虞，“塞外香”优质大米享誉全国，酿酒葡萄质优品佳，农业优势得天独厚。黄河流经市域58千米，年过境量400亿立方米，地下水年补给总量达3.5亿立方米，可利用量达1.2亿立方米。年内，全市耕地面积保有量3.33万公顷，其中基本农田保护面积2.9万公顷。天然草场10.74万公顷，宜渔水面4496万公顷，湿地总面积21416公顷，人均耕地面积1.8亩。是全国优质粮食生产基地、全国优质葡萄生产基地和中国优质果品基地重点县（市）。②矿产。全市现已探明的矿种有煤、铜、铁、石膏、重晶石、石灰岩、水泥灰岩、砂砾、胶泥、建筑石料等13种，主要分布在野猫子山、大坝梁、卡子庙、马长滩（红石墩）、庙山湖、黄河沟、庙梁沟等地。其中，水泥灰岩储量大、品位高，已探明储量达1.3亿吨，水泥用灰岩、铸铁用砂、建筑用砂、建筑用石料、建筑用板岩等已得到规模开发利用，建材工业已成为青铜峡市工业经济支柱产业之一。2016年，全市水泥年产量达1993618吨。能源电力优势明显。境内火电、水电、风电、光伏发电齐聚，现有燃煤发电装机容量327万千瓦，水力发电装机容量31.7万千瓦，风力发电和太阳能光伏发电装机容量54.3万千瓦。2016年，青铜峡市电力装机总容量达到413万千瓦，全年发电量达到1860069万千瓦时。③旅游。青铜峡旅游区地处宁夏旅游资源黄金地带的中枢地段，是宁夏第四大旅游核心区。境内旅游资源丰富，具有塞上江南风光、西部大漠风光和回乡民族风情等塞外胜景。黄河文化、西夏文化、长城文化、宗教文化等独特的旅游资源禀赋，集中了宁夏旅游资源的优势特色。古塔（一百零八塔）、古长城（明长城）、古岩画（广武岩画）、古寺（鸿乐府）、古庙（牛首山寺庙）、古渠首（九大干渠之首）、古寨（董府）等遗存文物极具观赏研究价值。有国家重点文物保护单位一百零八塔、董府，有自治区重点文物保护单位广武岩画，还有风光秀丽的黄河十里长峡，气势恢弘的金沙湾中华黄河坛、大禹文化园，金碧辉煌的黄河楼，景色宜人的库区鸟岛，旅游度假村黄河生态园、庙山湖，爱国主义教育基地青铜峡拦河大坝，依托黄河、牛首山和贺兰山余脉形成沿山沿河旅游经济带，山水相连，风光旖旎，气象万千，自然景观、人文景观和红色旅游交相辉映。青铜峡黄河大峡谷旅游区的整合开发，使黄河金岸成为宁夏中部旅游菁华景段和宁夏常规旅游必经之处。

【历史沿革】青铜峡市原名宁朔县，建制较早，历史悠久。远在1万年前的中石器时代，境内鸽子山就有人类生息繁衍。距今8000至4000年前的新石器时代，境内连湖农场有原始人类活动。先秦时代基本上为戎狄、匈奴等古代少数民族牧猎之地。自秦始皇三十三年（公元前214年），始有行政建制，属北地郡富平县，至今已有2230年的历史。清雍正二年(1724年)设宁朔县,隶属甘肃省宁夏府,县署设在宁夏府城(今银川市兴庆区满春乡),是宁夏古县之一。民国2年(1913年),废宁夏府,置朔方道,宁朔县隶属于朔方道,将县署迁至宁夏府城西门外7.5千米处平湖桥东南新满城(今银川市金凤区)。民国18年(1929年)1月,裁朔方道置宁夏省,宁朔县隶属于宁夏省。民国21年(1932年)年初,县署迁至王宏堡(今永宁县望洪镇)。民国30年(1941年)春,县署迁至瞿靖堡(今青铜峡市瞿靖镇)。民国32年(1943年)春,县署移驻小坝堡。1949年9月24日,宁朔县解放,成立宁朔县人民政府。1954年9月,宁夏省撤销,宁朔县属甘肃省银川专区。1958年10月,成立宁夏回族自治区,辖宁朔县。1960年8月15日,撤销宁朔县,设立青铜峡市,市筹备委员会驻青铜峡镇。1963年6月29日,撤销青铜峡市,设立青铜峡县,县人民政府移址小坝。1984年12月17日,撤销青铜峡县,恢复青铜峡市。1985年2月9日,青铜峡市正式挂牌,市人民政府所在地小坝镇。2003年7月,撤乡并镇,市人民政府所在地更名裕民街道。至2016年底,城市建成区面积达到32.41平方千米,城镇人口达到14.8万人。

【行政区划】青铜峡市是宁夏边塞古镇、水利强镇、农业大镇、军事重镇、民族名镇、旅游旺镇和滨河靓镇。2016年,全市辖峡口镇、青铜峡镇、大坝镇、小坝镇、瞿靖镇、邵岗镇、陈袁滩镇、叶盛镇8个镇,裕民街道办事处,国营连湖农场、树新林场、良种繁殖场3个农(林)场,共21个城镇社区、85个行政村、512个村民小组。截至年底,辖区内有行政机构56个。其中,市委工作部门8个,政府工作部门25个,政府部门管理机构2个,人大机关、政协机关、人民法院、人民检察院,群众团体机关8个;镇8个,街道办事处1个;事业单位243个;城镇社区21个;规模以上工业企业125家。

【人口变化】年末全市户籍在册登记107770户,总人口283842人。其中,非农业91460人;男性144856人;汉族人口214535人,占总人口的75.6%;回族人口67681人,占总人口的23.8%。根据人口抽样调查统计,2016年全市常住总人口294161人。其中,城镇人口148492人,乡村人口1145669人。全市人口出生率、死亡率和自然增长率分别为11.62‰、4.48‰和7.14‰,出生人口政策符合率96.83%。

【民族宗教】青铜峡市为多民族聚居区,境内有汉族、回族、满族、蒙古族、壮族、朝鲜族、藏族、土族、苗族、土家族、维吾尔族、东乡族、白族、保安族、瑶族、鄂温克族、撒拉族、黎族等20余个民族。各民族和谐共处,积极参与青铜峡市政治、经济、文化、社会和生态文明建设,为建设繁荣、富裕、和谐、文明、美丽青铜峡作出重要贡献。全市常住人口中,汉族最多,回族次之。回族人口主要分布于峡口镇、青铜峡镇、陈袁滩镇、裕民街道、小坝镇和大坝镇。全市有伊斯兰教、佛教、道教、基督教、天主教5种宗教,各类宗教活动场所120余座、教职人员近370人,宗教信仰自由政策得到全面贯彻,爱国爱教,成为全市宗教人士共同奉行的准则。伊斯兰教是全市回族、维吾尔族、东乡族、撒拉族、保安族共同信仰的宗教。位于峡口镇的鸿乐府拱北清真寺是中国伊斯兰教哲赫忍耶门宦圣地。

政治建设

【理论武装】健全完善理论教育培训制度,分层推进理论武装工作,坚持用党的最新理论成果武装党员、教育干部,通过中心组学习会、专题讲座、巡回报告、举办学习班等形式,教育引导全体党员干部深入学习领会党的十八大、十八届四中五中六中全会、习近平总书记系列讲话及来宁视察重要讲话、市十二次党代会精神,在政治、思想和行动上同党中央保持高度一致,坚定转型发展信心和决心。年内,编发《2016年青铜峡市干部职工理论学习资料汇编》《习近平总书记十八大以来关于宣传思想文化工作重要讲话选编》,为中心组成员订阅《习近平总书记重要讲话文章选编》《习近平谈治国理政》《全面小康热点面对面》《知之深 爱之切》等学习资料。举办市委中心组集体学习会33场次,邀请中国科协创新驱动发展研究院院长罗辉,自治区讲师团朱天奎等人为全市副科级以上领导干部作专题辅导讲座8场次,全市处级以上领导干部在吴忠市级以上公开刊物发表理论文章10篇,深入各党委(党组)开展专题辅导活动100余场次。抓好党的创新理论覆盖工作，在全市推广“1+X”“机关大讲堂”等学习模式，加强检查督促，严格以考促学.全年征集优秀理论文章和调研报告100余篇。

【“两学一做”学习教育】坚持以上率下，发挥市委示范作用，处级以上党员领导干部带头进支部参学、讲党课领学。市委主要领导为全市领导干部作专题辅导，示范带动全市科级以上党员干部讲党课1500余场次。市四套班子党员领导干部主动对接全市137家重点骨干企业，帮助解决项目审批、产品销售、融资贷款等生产经营困难和问题130余件。区分不同类型党组织和党员特点，编写“个性化”套餐，满足不同党员群体学习需求，通过举办“微党课”，搭建QQ、微信、青铜峡政务通等多媒体平台，定期向全体党员发送会议精神及活动进展，提升参与活动覆盖面，各基层党组织举办机关讲堂500余场次，建立微信群162个、QQ群76个、短信平台159个。围绕破解机关学习教育“灯下黑”问题，组织机关党员开展“三比三问三思”学习讨论活动，解决新常态下青铜峡“怎么看”“怎么办”“怎么干”问题，从心理上强化党员干部责任意识、担当意识，为推动全市创新发展、转型追赶统一思想认识。

【改革开放】推进城乡、财税、投融资、社会保障、医药卫生等18个领域体制改革，成立市金融国资局，叶盛镇五星村“土地变股权、农民变股东、收益有分红”土地股份合作制改革经验在全国扶贫工作座谈会上交流并在全区推广。实施新一轮政府机构改革，全面推行“五证合一、一照一码”，减少行政审批221项，取消和减免行政事业性收费12大项，行政审批时限平均压缩55%，3家企业在国内“新三板”挂牌上市。拓宽对外交流合作领域，与江浙鲁等地区建立交流合作关系，与法国波尔多市弗龙萨克大区缔结友好城市。

【民主政治建设】坚持人民代表大会和政治协商会议制度，召开市第十五届人民代表大会和第十一届政协委员会，完成市、镇两级领导班子换届选举工作。强化政府工作监督，听取和审议“一府两院”专项工作报告，开展执法工作检查。巩固和发展爱国统一战线，加强同各民主党派和无党派人士团结合作，成立知识分子联合会议，鼓励各民主党派和无党派人士参政议政、建言献策。建立群团工作联席会议制度，支持总工会、共青团、妇联等人民团体依法开展工作，完成工商联第九届执委会换届。开展军地共建工作，走军民融合式发展路子，青铜峡市第六次被评为“全国双拥模范市”。

【依法治市】总结“六五”普法经验，启动“七五”普法工作。开展“守法好公民”评选、“法律九进”、法制文艺创作巡演等活动，增强公民法制意识。开展电视问政活动，全面推行权力清单和责任清单，建立权责明晰、运转高效政府权责体系，规范行政许可、行政处罚行为和行政强制措施，打造阳光政务。深化司法行政改革，成立青铜峡市法学会，探索从律师和法学专家中公开选拔立法工作者、法官、检察官，推进司法专业化和职业化，维护社会公平正义。

【创新社会治理】推进“平安青铜峡”建设，处置疑难复杂问题，化解信访积案，维护群众合理合法诉求，依法打击违法上访行为。加强和创新社会治理，提升群众满意度和公众安全感，全市各类刑事案件同比下降19%，破案率提高36%，成功侦破“12·06”特大盗窃案。创新吸毒人员收戒管控和社区警务工作，禁毒预防教育工作走在全区前列，得到国家禁毒委肯定，青铜峡市获全国青少年禁毒知识竞赛决赛二等奖，“一村一警”社区警务工作模式在全区推广。建立信访信息互联互通系统，加强网络舆情信息日常监测，妥善处理涉青舆情。落实安全生产责任，开展重点行业领域突出问题整治，全市安全生产形势持续好转。

【市委常委会自身建设】结合“两学一做”活动开展，加强学习型领导班子建设，落实务虚研究制度，利用中心组学习、专题研讨会等形式，组织班子成员系统学习党的十八大以来最新理论成果，全年就经济社会发展重大问题进行多次集中研讨。贯彻《党委会工作方法》，完善常委会议事规则，科学民主依法决策，增强班子凝聚力战斗力。健全常委会集体领导和常委个人分工负责相结合制度，权责相依，形成推动工作强大合力。落实从严治党要求，带头贯彻《中国共产党党内监督条例》《关于新形势下党内政治生活的若干准则》，加强和规范党内政治生活。

【基层组织建设】实施“强龙工程”，加强星级服务型党组织建设，出台《关于进一步深化“强龙工程”加强农村基层党建工作的实施意见》，全年创建三星级党组织58个、二星级党组织318个，整顿转化后进党组织31个。创新社区"联合党委"工作机制，推行社区"一站式"便民服务、集中办公和网格化管理，提升社区党组织服务群众水平。深化"三建四关心"党内关怀机制，注重把服务由党内向社会拓展，将重点由关爱向激励创业延伸，年内为农村党员和大学生村官发放党员创业双带资金70万元。开展党员组织关系集中排查活动，强化流动党员管理，推动"三会一课"制度落实。"联合党委""三建四关心""两管三评一推优"干部差额选任、干部考核全程纪实等经验在全区推广，"五星级远程教育站点"工作得到中组部肯定。青铜峡市被评为"全区基层组织建设先进市""全区学习型党组织建设示范市"。

【干部队伍建设】深化干部人事制度改革，制定干部选拔任用动议办法，规范干部初始提名工作，坚持以实干论英雄、凭实绩用干部，坚决防止"带病提名"，在镇党委、政府换届中一批优秀事业身份干部进入领导班子。实施"领头雁"工程，加大基层党组织书记选、育、管、用力度，建立362名村级后备人才队伍，壮大基层组织力量，3名优秀村（社区）书记考录为公务员。启动村"两委"换届工作，完成市、镇领导班子换届工作。

【党风廉政建设】履行从严治党主体责任，严格执行"一案双查"制度和《青铜峡市落实党风廉政建设"两个责任"问责暂行办法》，有效遏制"四风"问题，严肃查处违法违纪案件。年内，开展"清风使者行动"，聘请1000名"清风使者"深入村居社区，宣传党纪党规，监督干部作风；深入开展"中央八项规定精神回头看"工作，查处违反中央八项规定精神问题4起，对3名落实责任不到位领导干部进行责任追究，给予党纪政纪处分4人，问责16人。全市90人受到党政纪处分、25人被追究法律责任。

经济建设

【概况】全年实现地区生产总值134.3亿元，按可比价计算，比2015年增长4.5%。其中：第一产业实现增加值17.1亿元，增长4.5%；第二产业实现增加值80.9亿元，增长3.8%；第三产业实现增加值36.3亿元，增长6%。三次产业的构成比例为12.7∶60.3∶27.0。其中，第一产业比重提高0.1个百分点，第二产业比重下降1个百分点，第三产业比重提高0.9个百分点。人均地区生产总值45839元。全市规模以上工业实现增加值56亿元，比2015年增长1.1%。完成固定资产投资130.2亿元，比2015年增长13.3%；地方公共财政预算收入完成7.5亿元，比2015年增长7%；城镇居民人均可支配收入达到23633元，比2015年增长7.4%；农民人均纯收入达到12040元，比2015年增长7.5%；社会消费品零售总额达到20.5亿元，比2015年增长7.3%。

【农业】2016年，实现农林牧渔业总产值32.3亿元，比2015年增长5.1%。其中，农业产值20.2亿元，比2015年增长2.4%；林业产值0.3亿元，比2015年下降30.3%；牧业产值9.3亿元，比2015年增长13.4%；渔业产值1.4亿元，比2015年增长9.5%；农林牧渔服务业产值1.1亿元，比2015年增长8.1%。全年落实农作物播种面积89.7万亩，比2015年增长11.1%。其中，粮食作物播种面积60.7万亩，比2015年增长6.5%；蔬菜种植面积13.8万亩，比2015年增长5.3%。粮食总产量28.2万吨，比2015年增长5.8%。蔬菜总产量47万吨，比2015年增长1.4%。葡萄栽植面积13万亩，其中酿酒葡萄栽植面积10.5万亩。

年末生猪存栏7.8万头，比2015年增长15.5%；出栏11.8万头，比2015年增长16.3%。羊存栏18.2万只，比2015年下降5.7%；出栏22.6万只，比2015年下降3.5%。牛存栏5.98万头，比2015年增长9.3%，牛出栏1.92万头，比2015年增长28%。家禽存栏203.8万只，比2015年增长15.1%；出栏72.4万只，比2015年增长13.2%。全年肉类总产量1.7万吨，比2015年增长13.3%。禽蛋总产量1.76万吨，比2015年增长24.9%。奶类总产量1.66万吨，比2015年增长6.5%。

全年完成造林面积1.56万亩，比2015年增长11.1%。水果面积20.9万亩，比2015年下降1.1%；水果总产量15.3万吨，比2015年增长5.4%。全市渔业养殖面积7.2万亩，与2014年持平。

全市农用化肥施用量9.4万吨，农田水利有效灌溉面积3.9万公顷。全年农村用电量6845万千瓦时，比2015年增长1.5%。

【工业】2016年，全市完成规模以上工业总产值219.3亿元，比2015年增长6.7%。实现规模以上工业增加值56亿元，比2015年增长1.1%。在规模以上工业中，从轻重工业看，轻工业完成增加值10.1亿元，比2015年增长9.2%；重工业完成增加值45.9亿元，比2015年下降0.4%。从企业规模看，大、中型企业完成工业增加值40.6亿元，占全市规模以上工业增加值的72.5%，比2015年下降0.4%；小型企业完成工业增加值15.4亿元，占全市规模以上工业增加值的27.5%，比2015年增长6.1%。

全年规模以上工业企业实现销售产值211.4亿元，比2015年增长7.0%，工业产品销售率为96.4%。

全市规模以上工业实现主营业务收入200.3亿元，比2015年增长2.2%。实现利税13.8亿元，比2015年增长14.7%。其中，利润5.2亿元，比2015年增长266.5%；税金8.6亿元，比2015年增长43.1%。

全市规模以上工业综合能源消费量390.6万吨标准煤，比2015年增长1.0%。单位工业增加值能耗比2015年下降0.1%。全市规模以上工业企业累计消耗电力98.2亿千瓦时，比2015年下降4.3%。

【城市建设】2016年，全市城市建成区面积达到32.41平方千米，建成区绿化覆盖率38.95%，城市人均公园绿地面积17.49平方米，生活垃圾无害化处理率92.5%,。城市拥有道路长度233.62千米，道路面积811万平方米，人均城市道路面积64.12平方米。全年供水总量4429万立方米，集中供热面积410万平方米，液化石油供气总量1159吨，天然气供气总量4954万立方米。全年完成房地产开发投资9.8亿元，比2015年增长117.4%。商品房施工面积81万平方米，比2015年下降13.3%。其中，住宅施工面积48.9万平方米，比2015年下降14.9%；住宅施工面积48.9万平方米，比2015年下降14.9%；商业营业用房施工面积22.7万平方米，比2015年增长1.9%。商品房销售额8亿元，比2015年增长13%。全市具有三级及三级以上资质等级的建筑企业19家，完成建筑业总产值5.77亿元，比2015年增长4.2%；实现工程结算收入15.7亿元，比2015年增长60.2%；实现利税0.8亿元，比2015年增长33%。

【旅游开发】启动创建国家全域旅游示范县市工作，编制青铜峡市全域旅游发展规划，围绕打造黄河岸边、稻花香里、贺兰山下三大旅游板块，抓好智慧旅游等10项工作，实施“印象黄河·彩虹之上”旅游景观标识等10项工程建设，推动旅游业向纵深拓展。开展黄河文化旅游形象宣传推介，举办阿迪力黄河大峡谷挑战极限之旅、百家旅行社来青踏青踩线、黄河楼彩灯嘉年华灯展等活动，黄河楼通过国家AAAA级旅游景区验收，全市新增农家乐16家，1名旅游从业人员被评为全国旅游劳动模范，3名讲解员被自治区评为“十大金牌讲解员”。开通青铜峡旅游直通车，出台促进餐饮住宿业发展措施，制定引客入青奖励办法，激活旅游消费市场，全年接待游客268万人，实现旅游综合收入7.8亿元。

【招商引资】年内，制定招商引资实施方案，协调市领导带队组织外出招商活动48批次，对接企业118家，邀请客商50批次380余人来青考察。引进仁和纺织、苏锡光电铜业、锦绣轻合金、苏能节能压力容器生产、新蓝奥汽车节能环保等13个项目。全年落实招商引资项目85个，申报到位资金66.23亿元。

【固定资产投资】2016年，全年完成全社会固定资产投资130.2亿元，比2015年增长13.3%。其中，完成基本建设投资114.6亿元，比2015年增长21%；更新技术改造投资5.8亿元，比2015年下降63%；房地产开发投资9.8亿元，比2015年增长117.4%。从投资结构看，第一产业完成投资16.3亿元，比2015年增长5%；第二产业完成投资72.5亿元，比2015年增长8%；第三产业完成投资41.4亿元，比2015年增长28%。

【财政税收】2016年，全年完成公共财政预算总收入42.6亿元，比2015年增长19.9%。实现地方公共财政预算收入7.5亿元，比2015年增长7%。地方公共财政预算支出27.5亿元，比2015年增长10.9%。

【金融保险】年末，金融机构各项存款余额128亿元，比2015年同期增长11%。从结构看，城乡居民储蓄存款余额85.8亿元，比2015年同期增长9.9%；单位存款余额20.1亿元，比2015年同期下降1.3%；财政性存款余额0.8亿元，比2015年同期增长9.8%；其他存款余额21.3亿元。全市金融机构人民币贷款余额133.2亿元，比2015年同期增长1.4%。从期限分布看，短期贷款余额

59.1亿元，比2015年同期下降12.9%；中长期贷款余额66亿元，比2015年同期增长9.3%；其他贷款余额8.1亿元。全年实现保费收入29554万元，比2015年增长19.6%。其中，财产险保费收入8191万元，同比增长0.5%；人寿险保费收入21363万元，同比增长29%。全年各项支出10576万元。其中，财产险赔款支出4149万元，人寿险支出5284万元，死亡给付金和满期给付金额1143万元。

【交通邮政】年末，全市公路通车里程1752.13千米，比2015年末增加27.45千米。其中，高速公路通车里程98.1千米，省道342.3千米，乡道438.78千米，村道845.95千米。年末营运车辆4402辆。其中，货运车辆3703辆，客运车辆699辆。公路货运量882.4万吨，公路货运周转量138976.2万吨千米；公路客运量1059.96万人次，旅客周转量7781.15万人千米。全年完成邮政业务总量738.4万元，比2015年增长34%。征订各类报纸杂志累计304.6万份，收寄函件21.5万件，国内快递包裹5.8万件。

【商贸物流】全年实现社会消费品零售额20.5亿元，比2015年增长7.3%。分地区看，城镇市场实现社会消费品零售额16.6亿元，比2015年增长6.6%；农村市场实现消费品零售额3.9亿元，比2015年增长10.5%。分行业看，批发零售贸易业实现零售总额14亿元，比2015年增长1.4%；住宿餐饮业实现零售总额6.5亿元，比2015年增长22.6%。

文化建设

【概况】2016年，全市有国办文化事业（广播影视）单位15个。国有企业1个（市文化演艺公司）。其中，文化馆1个、图书馆1个、文物所1个、广播电视台1个、农村电影放映中心1个、镇文化站8个、街道文化站1个、林场文化站1个。村级文化室85个、标准文化大院10个、文化信息资源共享工程基层服务点12个、业余文艺团队42个。青少年体育活动中心1个，标准体育场地1624个（城区720个、镇场904个）。有各类单项体育协会13个、俱乐部7个，社会体育指导员534人、专兼职教练员15人。年内，组织开展"高空王阿迪力青铜峡黄河大峡谷挑战"活动，举办"稻花香里"、首届青铜峡黄河楼大型彩灯嘉年华花灯展及元宵节焰火晚会等系列文化活动。全年有53件自创文学及文艺作品获奖或公开发表。其中，区级11件、吴忠市级12件、青铜峡市级30件。实施青秀园休闲体育公园建设项目，新建10个标准体育场，安装健身路径10套160件、乒乓球球案10套。举办全市干部职工运动会、爱丁堡水郡杯乒乓球邀请赛、篮排球邀请赛、毽球比赛、健步走及全民健身日等活动，选派93名运动员组队参加自治区青少年锦标赛田径等7个项目。

【文化活动】利用传统节日和重大节庆开展传统文化活动，元旦、春节期间举办歌舞、交响乐、秦腔等专场演出25场，为群众免费送春联1980幅。开展广场文化、社区文化、镇村文化等群众文化活动，全年组织各类文艺演出264场次，演出广场文艺节目43场次，开展文艺节目进景区演出26场次，举办送戏下乡演出活动195场次，观众累计18万人次。1-12月，先后举办社火大赛、电影过年、"喜迎新春·和谐古峡"书法美术作品展、"同筑中国梦·共度书香年"楹联文化展、首届中华黄河楼大型彩灯嘉年华花灯展、2016年全市广场舞大赛、"唱响宁夏·回乡最强音"电视歌手大赛、阿迪力挑战黄河大峡谷、青铜峡首届"稻花香里"文化艺术节等大型群众文化活动。

【图书借阅】全年征订期刊324种、报纸45种，购买新书4054册，修补装订图书2200册，整理地方文献464册，采编存储图书电子数据8000册；新增办证1187个、挂失补证201个、到期延证995个；解答读者咨询226人次，流通书刊22.1万册次，接待读者12.3万人次；接待上网读者0.63万人次；免费下载分赠家禽饲养、农作物栽培资料6000余份、光碟1200张，为嘉宝轻纺工业园区等5家新建基层图书服务点配送图书1279册、村及社区文化书屋赠送书刊5000册，为40户弱势群体读者预约上门送书50次1000册。

【文艺创作】市文化馆以"服务基层·扎根人民"为主题，组织开展文学、书法、美术、摄影作品创作活动，年内有53件自创文学及文艺作品获奖或公开发表。其中，区级11件、吴忠市级12件、青铜峡市级30件。市文化演艺公司组织编排宁夏坐唱、方言小品、音乐快板、眉户小戏、音诗舞等剧（节）目40个，演出各类文艺节目80余场，秦腔小戏《过草地》、眉户小戏《爱有你我他》、秦腔折子戏《打镇台》代表宁夏参加全国基层院团戏曲会演。《古峡文学》全年发表各类文艺作品300余篇（首）。市作家协会会员刘志海30万字报告文学《铁血铸魂》编辑出版，谢黎明《过年》获全国东丽杯孙犁散文评选活动三等奖，孙海翔获《黄河文学》双年奖“新人新作奖”。市戏剧家协会会员高正升创作的大型眉户剧《河湾村的女人》经专家认定搬上舞台。

【文物保护】 开展文物保护单位岁修及日常监管巡查工作，做好第一次全国可移动文物后期资料汇总、普查认定和录入登记工作。争取国家发改委、自治区财政厅等部门专项资金，实施一百零八塔防雷设施安装、鸽子山遗址保护设施建设项目。一百零八塔文物保护项目完成建设施工，鸽子山遗址保护设施建设项目完成7千米保护围栏、6处文物保护碑、95处保护界桩栽立及420平方米看护用房、供水供电设施建设。加强非物质文化遗产保护传承，牛首山佛教音乐项目通过自治区非遗保护项目审核验收。

【文化市场管理】 加强文化市场监管平台信息化建设，落实执法人员持证上岗检查制度，健全完善“双随机、一公开”工作机制，制定《青铜峡市“扫黄打非”行动方案》，开展2016年“清源”“净网”“秋风”“固边”“护苗”五大专项整治行动，全年举办网吧、歌舞娱乐场所经营业主法律法规培训班4期，培训业主400余人次；出动执法人员560人次，检查文化经营场所1620家，责令改正29家、立案查处5家，停业整顿1家，罚款0.8万元。

【图书发行】 年内发行图书实现销售收入795.36万元、利润23.68万元。其中，中小学教材497.2万元、二类教辅资料216.63万元、一般图书81.53万元。

【电影放映】 2016年，全年累计放映公益电影1586场次，观众19.8万人次。其中，农村放映1054场、社区放映238场。

【电视节目播出】 年内，依托青铜峡市电视台，制作播出各类专栏节目210期，采编新闻稿件2001条，采播放精品电视剧224部6849集、电影610部、纪录片121集、各类公益广告56条。

【文艺骨干培训辅导】 年内，结合青铜峡市十百千文艺人才培训工程，举办全市基层文艺团队骨干声乐、书法爱好者培训班30期，辅导学员2000余人。在市老年大学、民间自乐班常年免费开办美术、声乐培训班20期。在各镇、街道、社区和农村举办舞蹈、戏曲、器乐辅导培训班15期，培训学员1000余人。

【阿迪力挑战黄河大峡谷极限之旅活动】 8月26日至28日，青铜峡市在黄河大峡谷举办“高空王”阿迪力走钢丝挑战极限活动。本次挑战现场架设钢丝全长1800米，钢丝横跨黄河及大禹文化园，两端分别固定在黄河右岸贺兰山和左岸牛首山山顶。其中贺兰山顶钢丝距离黄河水面约180米，牛首山顶钢丝距离水面约45米。是阿迪力首次挑战青铜峡黄河大峡谷，也是世界上最长的无防护钢丝绳高空行走。8月26日12时10分，举行挑战活动出征仪式。出征仪式结束后，阿迪力与徒弟沙塔尔手持长8米、重约12.5公斤平衡杆走向各自起点，向1800米钢丝发起挑战。阿迪力从东岸出发，沙塔尔从西岸出发，不采取任何保护措施，两人相向而行在黄河上空相遇，并在直径36毫米钢丝绳上换位后继续前行，直至各自终点。行走历时1小时30分钟。8月27日、28日，阿迪力和徒弟沙塔尔再次成功挑战黄河大峡谷。其间，师徒两人在钢丝上先后完成高空行走、金鸡独立、前后倒走、交叉换位、高空坐椅表演以及新疆舞蹈动作。中央电视台、湖南电视台、凤凰卫视、腾讯网、广东电视台、芒果TV、爱奇艺等200余家新闻媒体现场直播挑战活动盛况。

【首届“稻花香里”文化艺术节】 9月23日至10月12日，青铜峡市在叶盛镇地三村举办市首届“稻花香里”文化艺术节”。文化艺术节以“农耕文化”为主线，以“稻花香里”为主题，依托镇、村组织和农业产业化龙头企业，采取多种形式，集中展示当代农村、农业和农民新风貌。活动期间，先后举办草编展示、农事趣味、农产品展销、肉驴选美比赛、农家乐风情展示、大米发展论坛等活动。

社会建设

【科技教育】2016年，全市申报和实施各级各类科技项目31项。其中，自治区企业科技创新后补助3项、科技金融专项7项、科技基础条件建设专项2项，科技特派员专项10项、科技型中小企业创新基金8项、科普专项1项。新增科技特派员17人，科技特派员总数达到346人(家)。全年引进示范新品种47个，推广新技术26项，申请发明专利、外观专利及实用新型专利145件，其中84件获授权。全市拥有农机总动力64.09万千瓦，农业机械化综合作业水平达93.04%。

2016年，全市有中小学(园)97所。其中，普通高中2所、职业高中1所、初级中学6所、九年一贯制学校5所、小学49所、幼儿园34所(教育部门办12所、民办22所)。农村小学附设学前班46个。有教职工3123人。其中专任教师2747人。有在校学生45550人(不含幼儿园和学前班)。其中，普通高中5120人、职业高中3219人、初级中学9389人、小学生20301人，幼儿园及学前班7521人(公办3255人、农村小学附设学前班897人、民办3369人)。有国家级重点职业中学1所。有自治区级示范高中2所、百标学校3所、示范幼儿园2所、文明学校3所。有吴忠市级各类示范性学校17所学校、毒品预防教育示范学校7所。全市基本形成学前教育、基础教育、高中教育、职业教育、成人教育协调、均衡发展教育体系。年内，全市高考上线人数达到651人，比2015年增加132人；上线率达到33.16%，比2015年提高6.59个百分点。其中，一类本科上线人数达到344人，比2015年增加80人，上线率达17.52%，比2015年提高4个百分点。艺术类考生上线59人。体育类考生上线6人。中考成绩逐年稳步提升，义务教育阶段质量监测位于吴忠市前列。年内，推进重点项目建设，完成12个续建项目年度预定任务，第六小学投入使用，余桥等5所学校教师周转宿舍8月底竣工，新申报并落实校舍建设项目6个；争取自治区职业教育发展资金1572万元，为市职教中心实训中心配备教学和信息技术设备；实施教师专业素养提升培训工程，开展"名师优课"网上晒课和名师"志愿支教、送教下乡"活动，选派教师赴教育发达地区挂职锻炼、考察学习，利用寒假对386名中小学(园))教师进行教学能力提升培训，招聘免费师范生、事业单位工作人员、特岗教师54名；落实党的惠民政策，1400名移民学生开始享受免费午餐。

【医疗卫生】2016年，深化医疗卫生、公立医院改革，整合现有医疗资源，将市第二人民医院编制人员、固定资产合并到市第一人民医院。实施市卫生监督所、兰馨苑社区卫生服务站建设项目，完成青铜峡镇广武卫生分院、邵岗中心卫生院门诊楼及附属设施项目建设，峡口、大坝、小坝、瞿靖卫生院中医馆投入使用。全市有公立医疗卫生机构17个。其中，综合医院2个、乡镇卫生院9个、卫生监督机构1个、疾病预防控制机构1个、妇幼保健机构1个、社区卫生服务站2个、厂(场)综合医院1个。有床位923张、职工1416人。其中，卫生技术人员1219人；执业医师及执业助理医师408人；注册护士535人。

【人民生活】2016年，全市城镇居民人均可支配收入23633元，比2015年增加11630元，增长7.4%。从收入四项构成看：工资性收入16750元，增长6.3%，占家庭人均可支配收入的70.9%；经营净收入2547元，增长5.9%；转移净收入3446元，增长12.6%；财产净收入890元，增长13.7%。全市农村居民人均可支配收入12040元，比2015年增加840元，增长7.5%。从收入四项构成看：工资性收入5766元，增长9.9%，占农民人均纯收入的47.9%；经营净收入5374元，增长4.2%；财产净收入269元，增长15%；转移净收入632元，增长12.2%。

【社会保障】2016年，全市城镇新增就业5276人，城镇登记失业率为3.96%。全年转移农村劳动力就业39715人，实现工资性收入44782万元。开展创业能力培训355人。培育小企业185家，培养小老板375人，创造新岗位1060个，带动就业人数2513人。发放支持创业小额担保贷款6943.8万元。开展就业技能培训605人、电子商务培训205人、创业能力培训355人、城乡劳动力"订单式"职业技能培训963人、生态移民技能培训103人。新培养小老板375个，创造新岗位1060个，带动全民创业就业2513人。年末参加企业职工基本养老保险(含其他人员以个体身份参保)58340人。比2015年增加850

人，增长2.0%。其中，参保职工43614人、离退休人员14726人，分别比2015年增加4298人和850人，各增长10.0%和6.13%。企业养老保险负担系数为0.441。企业退休人员月人均基本养老金2251元，比2015年人均增加83元，增长3.8%。参加城乡居民养老保险96649人、失业保险37579人。年末参加城镇职工医疗保险40079人。其中，在职职工28864人，占总参保人数的72%；退休职工11215人，占总参保人数的28%。享受待遇人数30369人。参加城乡居民医疗保险216982人。其中，成年人162754人、未成年人54288人。享受待遇人数141951人。参加工伤保险32844人、生育保险30598人。年末，拥有敬老院两所，床位264张，"五保"供养人数114人。城镇享受最低生活保障人数3709人，全年发放最低生活保障金1781万元；农村享受最低生活保障人数9754人，全年发放农村最低生活保障金2671.6万元。

【新农村建设】按照"布局合理、特色鲜明、功能完善、产业集聚"要求和"543"建设模式，统筹抓好镇村规划、建设、管理和公共服务，加快推进城乡一体化试点工作和环境综合治理，继续实施拆违治乱、环境卫生、绿化美化、水系整治、创卫提升"五大战役"及村庄道路、给排水、路灯及绿化等工程。年内，实施1个美丽小城镇建设、3个美丽村庄改造、3个小城镇污水处理、899户农村危房改造工程，完成镇村体系规划编修工作。

【棚户区改造】年内，投资31744万元，实施1000户棚户区改造工程，完成协议签订、资金拨付和房屋拆迁工作。

【民生工程建设】年内，投资2亿元，完成欧蓓莎商海城38万平方米商贸房建设。投资6.2亿元，利用宁夏华能大坝发电有限公司余热实施小坝老城区供热基础设施改造项目暖民工程。投资3.2亿元，实施总建筑面积75000平方米古峡商业中心建设项目。投资6989万元，完成南苑小区等22个老旧小区90万平方米综合改造工程。

【精准扶贫】建立扶贫对象电子信息档案，摸清贫困户底数，将1891户7785人纳入登记范围，确保识别对象不错位、不缺位、信息真实有效。做好贫困户脱贫退出和互助资金增资扩面工作，为3个移民村增资150万元，村民互助资金总规模达到963万元，户均发放贷款5300元。实施金融扶贫工程和肉牛托管项目，覆盖农户1577户和3448户，增发扶贫小额贷款5462万元。坚持"一村一策、一户一法"扶贫工作方针，为扶贫对象建档立卡，组织全市71个部门按照"五定"（定对象、定政策、定责任、定措施、定目标）、"五个一"（每季度至少走访贫困户一次、春节等重大节日至少给帮扶家庭送温暖一次、帮助每户确定一个致富项目、为贫困户解决一个就业岗位、帮助贫困户掌握1—2项致富技能）标准和要求，开展结对帮扶工作，帮助建档立卡户发展生产、脱贫致富。年内，筹措资金47.26万元，为全市65周岁以上贫困人口购买"脱贫保"。为每个移民村安排工作经费5万元，协调落实项目资金732万元。移民村第一书记、扶贫工作队实现全覆盖。

【安全生产】加强安全生产责任体系和防控体系建设，开展安全生产专项整治行动，狠抓十二大行业安全整治，查隐治患，打非治违，安全生产四项指标下降，总体形势趋于好转。年内，全市发生各类事故19起，死亡16人。其中，工矿商贸事故1起，死亡1人；道路交通事故18起，死亡15人。生产经营性事故死亡人数（3人）比2015年同期下降50%，占全年控制指标（12人）的25%。全市亿元地区生产总值死亡率0.119，比年度控制指标0.413低0.024。

生态文明建设

【造林绿化】2016年，围绕生态造林绿化、城市园林绿化、经济林产业发展、封山育林和林业生态项目建设5个方面重点，全市完成造林面积18950亩，占计划任务17000亩的111.3%。其中，人工造林5930亩、酿酒葡萄造林3020亩、封山育林造林10000亩。完成未成林造林地补植补造面积12000亩。全市新增城市公共绿地面积44.91平方米。机关干部义务植树60万株。

【库区湿地保护】开展湿地保护宣传工作，利用湿地日、爱鸟周，深入辖区学校和周边群众，张贴森林防火通告300余份、各类宣传材料1万余份。加强保护区日常巡查，在渠口农场、鸟岛公司、三趟墩二队入口成立保护站，雇佣30名巡护人员24小时轮流值班，禁止闲杂人员、车辆随意进入库区，回收被抢种土地。健全完善防火制度，落实库区防火责任，与辖区各相关单位、种养农户、巡查人员签订防火协议，明确防火责任。强化疫源疫病监测，做好鸟类集中迁徙时节监测工作，落实监测日报、月报、快报制度，在疫情高发期电传日报表180份，填写巡查记录200份。加强库区基础设施建设，协助市旅游局实施鸟岛中心湖基础设施建设工程，筹措资金开工建设2.2千米林东路和3.2千米中洪路，完成鸟岛国家湿地公园基础设施建设及宣教中心布展工作，在公园管理服务区及入口设置特色橱窗4个、宣传栏10个、广告灯箱34个、标示警示牌6个、功能区解说牌4个。年内，开展水生植物后续补植和保养管护工作，补植柳树6000余株、沙枣10000余株、红柳10000余株、荷花10000余棵。青铜峡库区鸟岛顺利通过国家湿地公园考核验收。

【环境保护】 加强辖区山川禁牧封育管理，建立城乡卫生保洁长效机制，大力推行垃圾无害化处理，城市垃圾日产日清，农村垃圾定时清理。开展环境保护专项行动，集中排查和清理整顿辖区涉污企业，依法关停环保不达标企业。实施清洁能源工程，强化企业监督管理，加强空气、饮用水、噪声、重金属、化学工业等污染监管防治及环保执法工作宣传，提升全民环保意识。年内，封堵宁夏天峰化工有限公司存在重大环境风险排污口，对未按环评要求建设污染防治设置的宁夏昆宁化工有限公司、宁夏恒润化工有限公司和宁夏久隆化工有限公司责令停产整顿，对危废管理制度不健全的宁夏京成天宝饲料添加剂有限公司进行1个月限期整改。

【环境质量监测】 开展环境质量监测工作，加强大气和水污染监测数据分析，实施市人民府大院空气自动监测站搬迁和升级改造工程，完成前三季度《环境质量分析季度报告》和《2015年环境状况公报》编制发布工作，全市辖区环境空气达到《环境空气质量标准》二级，优良天数达到76%以上；黄河过境段水质保持在三类良好状态；小坝饮用水源地水质达标率达到100%。年内，对青铜峡市城市服务中心8台冬季采暖锅炉开展例行监测，对24家重点废气排放企业72台炉窑进行二次检测，对10家重点工业废水排放企业、6家皮草加工企业、11家农村污水处理设施和2家污水处理厂进行每季度一次常规监测。全年处理环境投诉案件50起，出具环境监测报告130份，获取有效数据900余个。

QINGTONGXIA
YEARBOOK

组织机构

（2016年1月1日～2016年12月31日）

编辑◎王雪霞

中国共产党青铜峡市委员会

书　记　石瑞林

副书记　张国彦（1月离任）　金永灵（1月任）　张铁缨

常　委　石瑞林　张国彦（1月离任）　金永灵（1月任）
　　　　张铁缨　杨春燕（女）　蔺保飞（7月离任）　弋忠朝
　　　　万玉忠（4月离任）　刘国强　闫培华（挂职）
　　　　杨旭年　侯成峰（挂职，11月离任）
　　　　张志翔（挂职，2月离任）　董云峰（2月任，挂职）
　　　　马光锋（回族）　马晓贤（女，回族，4月任）
　　　　王　飞（5月任，挂职）　贺　江（7月任）
　　　　何元凯（8月任）　杨　铎（4月任，8月离任）

青铜峡市人民代表大会常务委员会

主任、党组书记　姬文泽

党组副书记　唐新民（10月离任）　任贵生（10月任）

副主任　罗彦文（10月离任）　李玉梅（女，回族，10月离任）
　　　　任贵生　袁　浩　撒贵清（回族，10月任）
　　　　宋建宁（10月任）

青铜峡市人民政府

市长、党组书记　张国彦（1月离任）　金永灵（1月任）

副市长　杨春燕（女）
侯成峰（挂职，11月离任）
张志翔（挂职，2月离任）　闫培华（挂职）
杨红英（女）　程　潜（4月离任）
崔奇鹏　撒贵清（回族，8月离任）
董云峰（2月任，挂职）　陈雪松（4月任）
王　飞（5月任，挂职）　张克文（8月任）

政协青铜峡市委员会

主　　席　张　慧（10月离任）　王　洋（10月任）

党组书记　张　慧（7月离任）　王　洋（7月任）

副主席　　何志强（10月离任）　李玉梅（女，回族，10月任）
　　　　　史　君　马淑玲（女，回族）

中国共产党青铜峡市纪律检查委员会

书　记　蔺保飞（7月离任）　贺　江（7月任）

副书记　闫　伟（5月离任）　王银英（女，5月离任）
　　　　李长华（5月任）　袁续兵（9月任）

中国人民解放军青铜峡市人民武装部

政　委　弋忠朝

部　长　魏　鑫

副部长　丁建云（2015年2月任，2016年4月离任）

青铜峡市人民法院

院长、党组书记　任少军(9月离任)　罗生明(9月任)
副院长　李兴华　李宗宏　沙学文

青铜峡市人民检察院

检察长、党组书记　莫忠和(8月离任)　任少军(9月任)
副检察长　叶建平(9月离任)　牛　森(回族)　李温荣(女)

青铜峡库区湿地保护建设管理局

局长、党组书记　王　洋(9月离任)　陆兴明(9月任)
副局长　马建明(回族)　李卫东　马志峰

吴忠青铜峡新材料基地管理委员会

党工委书记、主任　王天珍(4月离任)　杨晓明(7月任)
副主任　王殿锁　张克文(8月离任)　马千里(回族)
陆　杰(11月任)

青铜峡市嘉宝轻纺工业园管理委员会

党工委书记、主任　王玉成(回族)
副主任　徐春生　丁建国(回族)

中国共产党青铜峡市委员会工作部门及所属事业单位

市委办公室
主　任　陈雪松(5月离任)　郭志强(5月任)
副主任　盛利勇(5月离任)　张新普(5月任)
叶国威(5月任,12月离任)

市档案局(馆)
局　长　纳文琴(女,回族,5月离任　肖敬元(5月任)
副局长　汤学成

市党史地方志编纂委员会办公室
主　任　郭恒君
副主任　陈瑞龙

市委组织部
部　长　万玉忠(4月离任)　杨　铎(4月任,8月离任)
何元凯(8月任)
副部长　陈树华　王爱萍(女)　王学华(5月离任)
盛利勇(5月任)

市委老干部局
局　长　蒋文俊
副局长　周　雯(女)

市委宣传部
部　长　杨旭年
副部长　周惠玲(女)
何　军(5月任,兼文明办主任,12月离任)
何建兵(回族,6月任)

市委统一战线工作部
部　长　马光锋(回族)
副部长　陈建民　何立国(回族)

市委政法委员会
书　记　张铁缨
副书记　侯成峰(兼任,11月离任)　刘国强(兼任)
崔奇鹏(11月兼任)　周学军　马　亮(回族)
王仙涛

市委政策研究室
主　任　李长华(5月离任)　张立军(回族,5月任)
副主任　李　军(7月任)　赵小顺

市机构编制委员会办公室
主　任　谢　晶(女,5月离任)　包学峰(5月任)
副主任　李　斌　王　军

市委党校
校　长　万玉忠(4月离任)　张铁缨(4月任)
常务副校长　郭正军
副校长　李小军(满族)　席向阳(11月离任)

群众团体

市总工会
主　席　史　君(5月任)

常务副主席　王银英(女,5月任)
副主席　席海燕(女,12月离任)　马尚忠(12月任)

共青团青铜峡市委员会

书　记　姚圣玉(女,10月离任)　丁富春(回族,10月任)
副书记　马小燕(女,回族)　周　鑫(挂职,9月离任)
王　辉(12月任,挂职)

市妇女联合会

主　席　杨建光(女)
副主席　陈　惠(女,5月离任)　董欣楠(女,7月离任)
汤月红(女,5月任)　陆　婧(女,7月任)

市科学技术协会

主　席　卢雪昀
副主席　李光忠(5月离任)　张少华(5月任)

市残疾人联合会

理事长　陈建设
副理事长　曹红梅(女,5月离任)　梁志军(5月任)

市伊斯兰教协会

会　长　杨万宝(回族)
常务副会长兼秘书长　丁少云(回族,驻会)
副会长　马金祥(回族,驻会)

市文学艺术界联合会

主　席　李志琴(女)
副主席　陆　婧(女,7月离任)　苏学文(7月任)

青铜峡市人大常委会工作部门

市人大常委会办公室

主　任　鲍　祥
副主任　姜　军

财政经济工作委员会

主　任　张文哲(5月离任)　刘学文(7月任)

法制工作委员会

主　任　郭晓宏

教科文卫工作委员会

主　任　严金平

农业与环境资源保护工作委员会

主　任　刘　敏(女)

代表联络与选举工作委员会

主　任　舒建华(5月离任)　张全才(5月任)

青铜峡市人民政府工作部门及所属事业单位

市政府办公室

主　任　庞志文(5月任)
副主任　张立军(回族,5月离任)　张福莲(女,5月离任)
丁富春(回族,10月离任)
官振华(5月任,兼信访督办局局长)
马　力(回族,5月任)

市发展和改革局

局　长　撒贵清(回族,5月离任)　杨天寿(5月任)
副局长　余长军(10月离任)　聂少军(5月离任)
丁建民(回族)　杨富威　张宏蓉(女,7月任)

市工业信息化和商务局

党委书记、局长　郝文斌(回族,12月离任)　汤建华(12月任)
副局长　姜国宏　马学兵(回族,12月离任)　李晓刚(7月任)

市市场监督管理局

党委书记、局长　王　东(回族)
副局长　滕建荣　高　瑜　马绍明　马云东(回族)
朱继东

市教育局

党委书记、局长　杨天寿(5月离任)　于建华(5月任)
副局长　马旭芳(回族)　顾晓婷(女)　黄　瑛(女)
马新林

市人民政府教育督导室

主　任　刘舒文(8月任)
副主任　刘维东

市高级中学

校　长　刘舒文(8月离任)　李　彬(8月任)
党支部书记　杨正业(8月离任)

市第一中学

校　长　陈英君
党总支书记　吴建国

市职业教育中心

主　任　雷振清
党支部书记　钱金山

市民族宗教事务局

局　长　马有荣(回族)

副局长　马尚忠(12月离任)　高　勇(回族)

　　　　袁红霞(女,12月任)

市公安局

党委书记、局长　刘国强

党委副书记、政委　杨金和(回族)

副局长　张兴产　刘旭平　陈长宏(回族)

纪委书记　杨金和(回族,兼)

市司法局

党组书记、局长　包学义

副局长　郭永潇　吴　斌

市民政局

局　长　蒋　华(10月离任)　郝文斌(回族,12月任)

副局长　李运齐　王晓岚(女)　周建新(12月任)

市老龄工作委员会办公室

主　任　郭永环(女)

市财政局

局　长　宋建宁(12月离任)　罗志成(12月任)

副局长　刘学文(7月离任)　丁振宇(回族)

　　　　夏建军　李春燕(女,12月任)

市国库支付中心

主　任　张青云

市农业综合开发办公室

主　任　王文涛

副主任　王宏伟　何永平

市人力资源和社会保障局

局　长　赵　波

副局长　包学峰(5月离任)　潘　磊　田吉祥

　　　　李自荣(女,11月任)

市社会保险事业管理局

局　长　刘建平

副局长　葛　卿　宋少宁

市医疗保险事务管理中心

主　任　潘　磊(12月离任)

副主任　朱学礼(12月离任)　王家奎(12月离任)

市就业创业和人才服务局

局　长　包学峰(5月离任)

　　　　纳文琴(女,回族,5月任)

党支部书记　潘玉秀(女)

副局长　叶　才　张　斌

市国土资源局

局　长　马晓军(回族)

副局长　王正平(回族)　梁志军(5月离任)

　　　　姜　科(6月任)　田兴龙　沈建文(12月任)

纪检组长　袁红霞(女,兼党总支副书记,12月离任)

市住房和城乡建设局

党委书记、局长　马玉海(回族)

副局长　吴克全　张少华(5月离任)　梁　才(5月离任)

市房屋产权产籍管理所

所　长　张少华(兼,5月离任)　王　浩(12月任)

党支部书记　曹维华

市市政管理服务中心

主　任　李占保

党支部书记　孙　谦

市交通运输局

局　长　徐怀俊

副局长　周志刚　叶玉芳(女)　作　军

市水务局

局　长　赵文学

副局长　李海文　汤月红(女,5月离任)　黄茹亮(11月任)

市农牧和科学技术局

党委书记、局长　李凤霞(女,回族)

副局长　秦永华(6月离任)　余振民(12月离任)

　　　　李庞林(5月任)　马金荣　郭冬梅(女,12月任)

党委副书记　秦永华(6月离任)

市农村合作经济经营管理站

站　长　李发新

党支部书记　倪柱山

副站长　韩　涛　左都珍

市农业技术推广服务中心

主　任　蒋万兵(12月离任)

党支部书记　王学义(12月离任)

市农业技术和农机化推广服务中心

主　任　蒋万兵(12月任)

党支部书记　王学义

市畜牧技术推广服务中心

主　任　马松山(11月离任)　吴振兵(11月任,12月离任)

市水产畜牧技术推广服务中心

主　任　吴振兵(12月任)

市农业机械安全监理站

站　长　谢　忠

市文化体育广播电视局

党委书记、局长　王葆青(女)

副局长　李文耀(5月离任)　包树军　李自荣(女,11月离任)
　　卢　海(5月离任)　陈　惠(女,5月任)

党委副书记　李文耀(5月离任)

广播电视台

台　长　林　波

市文化馆

馆　长　汪　才

党支部书记　王学军(11月任)

市旅游局

局　长　王　伟

副局长　李　军(7月离任)　张晓明　董欣楠(女,7月任)

市卫生和计划生育局

党委书记、局长　雷学礼

副局长　盛秀清(女)　马　奇(回族)　张志明
　　谭淑华(女,2014年7月任)

市卫生监督所

所　长　李清明

市人民医院

院　长　张永兴(12月离任)　张兴宏(12月任)

党总支书记　张　芳(女,满族)

市监察局

局　长　闫　伟(5月离任)　李长华(5月任)

副局长　马长青(回族)

派出第一监察分局局长　潘文科

派出第二监察分局局长　汤克宏

派出第三监察分局局长　李洪忠(6月离任)
　　马学兵(回族,12月任)

市审计局

局　长　林韶卿(6月离任)　闫　伟(6月任)

副局长　王淑芳(女)　陈英豹　刘自金　刘华(7月任)

市环境保护局

局　长　张全才(5月离任)　田学军(6月任)

副局长　温茂祥(兼)　马　静(回族)　郑兴东

市统计局

局　长　肖敬元(5月离任)　聂少军(5月任)

副局长　胡济红　叶兴文

市林业局

局　长　安兴华(9月离任)　何宝国(回族,12月任)

副局长　张宝生(回族)　杨秀梅(女,5月离任)　任博文

市安全生产监督管理局

局　长　赵建祥(5月离任)　关秀林(女,5月任)

副局长　张庆云　柏晓东(5月离任)

市经济技术合作局

局　长　汤建华(12月离任)　何　军(12月任)

副局长　伏媛媛(女)　苏学文(7月离任)

市机关事务管理中心

主　任　何万林(5月离任)　张福莲(女,5月任)

副主任　卢　海(5月任)　王宝茹(女)

市政务服务中心

主　任　武建斌

副主任　刘辉国(6月离任)　王毅贞(女)　徐新勇(12月任)

市非公有制经济服务中心

主　任　周学明(5月离任)

副主任　朱永霞(女)　李广平(7月任,12月离任)
　　胡开俊(12月任)

市网络和信息化办公室

主　任　杨军侠

副主任　徐平一　平吉炜(女)

镇·街道·农(林)场

峡口镇

党委书记　马瑞英(女,回族,5月离任)　马明松(回族,5月任)

副书记　韩万东(12月离任)　余振民(12月任)　武智杰

人大主席　马瑞英(女,回族,5月离任)　王自迁(回族,6月任)

副主席　孙　超(6月离任)

纪委书记　武智杰(6月离任)　杨泽芳(女,6月任)

镇　长　韩万东(12月离任)　余振民(12月任)

副镇长　王自迁(回族,6月离任)　杨泽芳(女,6月离任)
陈德时(6月任)　贾兴德(6月任)　李　刚(6月任)
武装部部长　张兴荣

青铜峡镇

党委书记　于建华(5月离任)　丁斓进(回族,5月任)
副书记　丁斓进(回族,5月离任)　柏晓东(5月任)
王志远(6月离任)　马国忠(回族,挂职,11月离任)
马新斌(6月任)
人大主席　于建华(5月离任)　王志远(6月任)
副主席　田永锋(6月离任)
纪委书记　王志远(6月离任)　张志军(6月任)
镇　　长　丁斓进(回族,5月离任)　柏晓东(5月任)
副镇长　马新斌(6月离任)　马立忠(回族)
张伏元(6月任)　魏　巍(6月任)
武装部长　张伏元(6月离任)　赵忠宏(6月任)

大坝镇

党委书记　戴良斌(4月离任)　代兴科(4月任)
副书记　王凤鹏(4月离任)　杨秀梅(女,5月任)　肖　波
人大主席　戴良斌(4月离任)　李洪忠(6月任)
副主席　樊国晏(4月离任)
纪委书记　肖　波(4月离任)　张　炜(6月任)
镇　　长　王凤鹏(4月离任)　杨秀梅(女,5月任)
副镇长　何巧娟(女,6月离任)　李金川
胡开俊(挂职,12月离任)　杨冬霞(女,6月任)
武装部部长　李建军

小坝镇

党委书记　田学军(5月离任)　沈云霞(女,5月任)
副书记　郭恒斌(5月离任)　王学华(5月任)
哈新强(6月任)
人大主席　田学军(5月离任)　姚志勇(6月任)
副主席　蒲小蒙(6月离任)
纪委书记　蒲小蒙(6月任)
镇　　长　郭恒斌(5月离任)　王学华(5月任)
副镇长　辛立成　哈新强(6月离任)　云　静(女)
王奇凡(6月任)　李　强(10月任,挂职)
武装部部长　陈德时(6月离任)　李庭鹏(6月任)

陈袁滩镇

党委书记　郭志强(5月离任)　胡兴成(5月任)
副书记　胡兴成(5月离任)　李　华(5月任)
姚志勇(6月离任)　沈　冰(女,6月任)
人大主席　郭志强(5月离任)　葛继平(6月任)
副主席　梁立军(6月离任)
纪委书记　姚志勇(6月离任)　孙　超(6月任)
镇　　长　胡兴成(5月离任)　李　华(5月任)
副镇长　沈　冰(女,6月离任)　何建兵(回族,6月离任)
刘　明(6月任)　苏学信(6月任)
詹小波(10月任,挂职)
武装部部长　刘　明(6月离任)　周文军(6月任)

瞿靖镇

党委书记　李　革
副书记　马　波(回族)　何　军(5月离任)　杨天禄(6月任)
人大主席　李　革(6月离任)　辛　琪(6月任)
副主席　辛　琪(6月离任)
纪委书记　何　军(5月离任)　马维忠(回族,6月任)
镇　　长　马　波(回族)
副镇长　马维忠(回族,6月离任)　周　俊(6月任)
姚鹿君(女,6月任)　何少宁(6月任)
武装部部长　周　俊(6月离任)　贾　平(6月任)

叶盛镇

党委书记　罗志成(12月离任)　韩万东(12月任)
副书记　马文俊(回族)　张进喜(6月离任)　田永锋(6月任)
人大主席　罗志成(6月离任)　张进喜(6月任)
副主席　姜　科(6月离任)
纪委书记　张进喜(6月离任)　马金兰(女,回族,6月任)
镇　　长　马文俊(回族)
副镇长　马金兰(女,回族,6月离任)　申志华(6月任)
孙宏伟(6月任)
武装部部长　申志华(6月离任)　赵壮壮(6月任)

邵岗镇

党委书记　王　成
副书记　代兴科(4月离任)　梁　才(5月任)
李　华(5月离任)　吴　豹(6月任)
人大主席　王　成(6月离任)　秦永华(6月任)
副主席　葛继平(6月离任)
纪委书记　李　华(5月离任)　陈中华(6月任)
镇　　长　代兴科(4月离任)　梁　才(5月任)

副 镇 长　马存福(回族)　　吴　豹(6月离任)
　　　　　沈　涛(6月任)　　王　娟(女,回族,6月任)
武装部部长　张　亮

裕民街道

党工委书记　庞志文(5月离任)　哈存连(5月任)
副书记　哈存连(5月离任)　李洪斌
　　　　杨天禄(6月离任)　何巧娟(女,6月任)
人大联络处主任　杨建华
纪工委书记　杨天禄(6月离任)　何巧娟(女,6月任)
办事处主任　哈存连(5月离任)　郭恒斌(5月任)
副主任　张建军　江建兵　王月霞(女,回族)
武装部部长　窦海军

树新林场

党委书记、场长　何宝国(回族,12月离任)　李　华(12月任)
副场长　王　忠(11月离任)　王君华　白　杨(11月任)

良种繁殖场

场　长　杨文斌(回族)
党总支书记　靳林川
副场长　李永祥　王　浩(12月离任)

政协青铜峡市委员会工作部门

政协办公室

主　任　贾志中
副主任　姜建辉(7月离任)　邢　斌(7月任)

经济委员会

主　任　周学明(5月任)

教科文卫体委员会

主　任　沙　萍(女)

社会和法制委员会

主　任　张欣泽(6月离任)　谢　晶(女,6月任)

提案委员会

主　任　李　响(满族,5月离任)　余振兴(7月任)

文史和学习委员会

主　任　丁宏山(5月离任)　张欣泽(6月任)

民族宗教和港澳台侨联络委员会

主　任　温玉霞(女,5月离任)　李　响(满族,5月任)

民主党派　工商联

中国国民党革命委员会青铜峡市委员会

主任委员　马长青(回族)
副主任委员　王文义(5月离任)　方艺松(5月离任)
　　　　　张　超(5月任)　丁　鹤(5月任)
　　　　　邓胜吉(5月任)　张文军(兼任秘书长)

中国民主同盟青铜峡市委员会

主任委员　关秀林(女)
副主任委员　黄祖毅　陈少林(兼任秘书长)　官振华
　　　　　陈文婷(女)

中国民主促进会青铜峡市委员会

主任委员　刘　敏(女)
副主任委员　汤莹丽(女)　叶广忠　张　萍(女)　马　军

市工商业联合会

主　席　代新明
党组书记　陈建民
副主席　关秀林(女,5月离任)　何万林(5月任)

驻青铜峡市区属部门

市国家税务局

党组书记、局长　郑光明
副局　张宏伟　杨　兵　李　瑾　陈　虎
纪检组长　朱　勇

市地方税务局

党组书记、局长　张岩松
党组副书记　方志利(6月离任)
副局长　李洪义　柴少华
纪检组长　任赵荣

国网青铜峡市供电公司

经　理　孙小湘
党支部书记　梁海涛
副经理　王　波(回族)　马志国(回族)

市气象局

局　长　李睿华(女)
副局长　何淑琦(女)

吴忠市住房公积金管理中心青铜峡分中心

主　任　王桂青(女,2月离任)　陈长军(2月任)

副主任　祁中华(6月离任)　张志平(3月任)　朱玉明(4月任)

宁夏储备粮青铜峡储备库

主　任　高　峰

党支部书记　虎久春

副主任　景永春

市烟草专卖局(吴忠市烟草公司青铜峡分公司)

局　长(经理)　高　明(2015年10月离任)　李学林(3月任)

副局长　金　涛(回族)

副经理　梁立军

自治区盐业管理局青铜峡市分局(自治区盐业公司青铜峡盐业分公司)

局　长(经理)　买希俊(回族,9月离任)　罗丽娟(女,10月任)

副局长(副经理)　罗丽娟(女,10月离任)　叶志宏

副经理　李永琴(女,10月任)

宁夏国营连湖农场(宁夏农垦连湖农场有限公司)

党委书记、场长　常建军

纪委书记　李金太

副总经理　周　学　杨怀亮(回族)

　　　　康建宁(12月离任)　张　国(12月任)

国家统计局青铜峡调查队

队　长　　马自宝(回族)

副队长　　李　斌(回族)

宁夏渠首管理处

党委书记　刘建勇

处　长　哈　斌(回族)

副处长　周　涛(5月离任)　刘永亮　杨　存

纪委书记　尹　婷(女,1月离任)　杨继雄(1月任)

金融保险机构

中国人民银行青铜峡市支行

行　长　马吉忠(回族)

副行长　李毅冬　金会明(回族)

中国农业发展银行青铜峡市支行

行　长　常彦平

副行长　张殿军　王世涛

中国工商银行股份有限公司青铜峡支行

行　长　郑维胜(12月离任)　李　虎(回族,12月任)

副行长　芦连生　折　鹏

纪检书记　胡建保(11月离任)

中国农业银行股份有限公司青铜峡市支行

党委书记、行长　杜银秀

副行长　肖瑞新　张兴华　周　莹(女,5月任)

纪委书记　肖瑞新

中国建设银行股份有限公司青铜峡支行

行　长　黄贵虎(6月离任)

副行长　杨　忠　康利生(12月离任)　寇学儒

　　　　白根峰(4月任)

纪委书记　马君轶(回族)

中国银行股份有限公司青铜峡支行

行　长　李春明(8月离任)　陆学锋(8月任)

副行长　徐利强(10月离任)　胡　静(女,10月任)

　　　　张庆伟(10月任)

宁夏银行青铜峡支行

行　长　李海涛

副行长　马素宁(女,12月任)

青铜峡市农村信用合作联社

理事长　徐占军

主　任　张金鹏

监事长　马淑花(女,回族,9月离任)　李红星(9月任)

副主任　靖　楠　张志强

中国人寿保险股份有限公司青铜峡支公司

经　理　于　鹍

副经理　郭君艳(女,10月离任)　杨晓丽(女,10月任)

中国人民财产保险股份有限公司青铜峡支公司

经　理　郭小平(6月离任)　施俊新(6月任)

副经理　周晓宾　张维刚(12月任)

QINGTONGXIA YEARBOOK

党政

编辑◎陈瑞龙

中国共产党青铜峡市委员会

综　述

【概况】中国共产党青铜峡市委员会有书记1名、副书记2名、常委会委员11名。下设市委办公室、组织部、宣传部、统战部、政法委、政策研究室、党校、机构编制委员会办公室8个综合管理部门。全市有青铜峡市党代表287名，吴忠市党代表72名。2016年，中共青铜峡市委员会面对复杂严峻经济形势和艰巨繁重发展任务，把握稳中求进总基调，实施“9222”工作任务，统筹推进政治、经济、文化、社会和生态文明建设,地区生产总值、固定资产投资、公共财政收入、工业增加值4项指标由负转正，结束一年多来负增长局面。全年实现地区生产总值134.3亿元，比2015年增长4.5%；完成固定资产投资130.2亿元，比2015年增长13.3%；地方一般公共预算收入达到7.5亿元，比2015年增长7%；城镇居民人均可支配收入达到23633元,比2015年增长7.4%；农村居民人均可支配收入达到12040元，比2015年增长7.5%。

【工业经济】编制完成青铜峡新材料基地、嘉宝轻纺工业园区总体规划，开工建设新材料基地污水处理厂排水管网、天然气配气站及嘉宝园区纬四路及排水工程等项目。加快产业结构调整步伐，发展装备制造、新型材料、现代纺织等新兴产业，引进轴承谷、苏锡光电、仁和纺织等亿元项目18个，民营经济比重提高到50.3%，首次超过国有经济。争取各类扶持资金4.5亿元，实施大唐国际大坝发电有限责任公司、宁夏勤昌滚动轴承制造有限公司、宁夏金昱元化工集团有限公司等15家企业技术改造，全市万元GDP综合能耗下降15%。开展项目建设“双百”行动，落实精准包抓企业责任制，实行“一企一策、一包3年、动态调整”推进机制，协调企业解决生产用水、道路运输、产品销售等难题263个，帮助宁夏普华冶金制品有限公司等29家停产半停产企业恢复生产。推行“五证合一(营业执照、组织机构代码证、税务登记证、社会保险登记证、统计登记证)、一照一码(将由三个部门分别核发不同证照，改为由工商部门直接核发加载统一社会信用代码的营业执照登记制度)”工商登记，搭建企业融资担保平台，帮助企业做大做强，宁夏顺宝现代农业股份有限公司、青铜峡市法福来面粉有限公司等3家公司在“新三板”挂牌。年内，工业企业引进应用专利技术250项，自治区级科技型中小企业达31家，青铜峡市被列为国家专利质押融资试点城市。全年实现规模以上工业增加值60亿元，比2015年增长5%。

【现代农业】推进“两优一特”产业发展，抓基地、创品牌、拓市场，年内落实优质水稻种植面积20.3万亩，创建水稻粮油高产万亩示范方6个，举办优质大米产业发展论坛、稻花香里文化艺术节等活动，“青铜峡”大米品牌影响力逐步释放。实施中法葡萄酒庄集群示范区、先锋大青葡萄长廊等项目工程建设，新建续建葡萄酒庄8个，葡萄种植面积突破13.6万亩，御马酒庄被评为自治区五星级列级酒庄。扩大特种养殖规模，实施恒源、恒辉、绿宝、兴盛达4个规模化肉驴养殖场项目建设，肉驴饲养量达到万头。深化农村土地改革，在全市推广叶盛镇五星村土地股份合作模式，土地确权登记颁证工作通过自治区验收，宁夏正鑫源现代农业发展集团、宁夏中航郑飞塞外香清真食品有限公司等农业产业化龙头企业达到35家，农副产品精深加工比重由9%上升到17%。全年完成农业总产值32.5亿元，比2015年增长6%。

【第三产业】以创建国家旅游城市为目标，编制青铜峡市全域旅游发展规划，围绕“黄河岸边”“稻花香里”“贺兰山下”三大旅游板块，抓好智慧旅游等10项工作，实施“印象黄河·彩虹之上”旅游景观标识等10项工程建设，旅游产业向纵深拓展。开展黄河文化旅游形象宣传推介，举办阿迪力黄河大峡谷挑战极限之旅、百家旅行社来青踏青踩线、黄河楼彩灯嘉年华灯展等活动，黄河楼通过国家AAAA级旅游景区验收。发展乡村休闲产业，全市新增农家乐16家，1名旅游从业人员被评为“全国旅游劳动模范”，3名讲解员被自治区评为“十大金牌讲解员”，22名行业从业人员被吴忠市评为“百名旅游服务之星”。开通青铜峡旅游直通车，出台促进餐饮住宿业发展措施，制定引客入青奖励办法，激活旅游消费市场，全年接待游客268万人，实现旅游总收入7.8亿元。加快特色产品展馆、市级电商服务中心和村级电商服务站发展，青铜峡市跨入国家电子商务进农村综合示范市行列。全年实现社会消费品零售总额20.6亿元，比2015年增长8%。

【城乡建设】开展城市控制性详细规划编制工作，合理确定城市主体功能区，优化城市布局。完善土地利用总体规划，高效利用土地资源，青铜峡市被评为“国土资源节约集约模范县市”。结合空间规划（多规合一）试点工作开展，推进地下综合管线规划，加强城市景观设计研究，明确明清汉唐特色城市建筑风格，建设宜居宜业文化名城。出台刺激房地产发展政策，化解房地产库存，消化商品房420套3.8万平方米。加快老城区改造步伐，实施热电联产、景观绿化、集污管网等基础设施建设工程，完成22个老旧小区给排水管网、公共绿地、公共设施等综合改造。落实镇村体系规划，发展农村高速宽带网络，推进特色小城镇和美丽村庄建设，完成邵岗镇沙湖村、峡口镇郝渠村、叶盛镇龙门村3个美丽村庄改造，新建改建农村公路33.9千米。落实水、大气、土壤、固废污染防治行动计划，开展打击盗采滥挖砂石和随意焚烧秸秆专项行动，治理城乡环境污染，淘汰燃煤小锅炉20台，办理中央第八环保督察组转办案件32件。抓好生态造林绿化、城市园林绿化等项目建设，重点实施西线高速匝道、汉延东路北段景观等绿化工程，开展城乡环境综合整治“百日专项”行动，年内新增绿化公共绿地面积44.9万平方米，空气质量优良天数超过286天。青铜峡市顺利通过国家卫生城市复验。

【社会事业】教育文化。加大基础设施投入，改善教育教学条件，完成市第六小学、陈袁滩幼儿园、余桥小学教师周转宿舍等项目建设任务。实施基础教育内涵发展行动计划，高考上线率达到33.2%，同比提高6.6个百分点。加快职业教育信息化建设步伐，组队参加职业技能大赛获全国一等奖1个、自治区级一等奖3个，青铜峡市连续3次被命名为“全国科普示范市”。申办“李宁·红双喜杯”全国乒乓球会员联赛，承办第五届黄河金岸（吴忠）国际马拉松比赛，举办青铜峡市“广电网络杯”唱响青铜峡好声音电视歌手大赛等文体活动，丰富群众文化生活，创作编排秦腔小戏《过草地》、秦腔折子戏《打镇台》代表宁夏进京汇报演出，小品《爱有你我他》获全区群众文艺汇演创作一等奖。杨福珍入选中国好人榜，鲁忠义家庭被评为全国“文明家庭”，姜中云等6人被评为吴忠第三届道德模范。医疗卫生。健全公共卫生服务体系，普及基本公共卫生服务项目，公共卫生服务实现均等化，普惠性体检工作提前完成，“七免一救助”工作实现全覆盖。推进医药卫生体制改革，实施市卫生监督所及妇幼保健所综合楼等项目工程，加快各镇卫生院、村服务室建设，完善公共卫生和医疗服务体系，逐步解决群众看病难、看病贵等问题，改善群众就医环境，市人民医院创建二甲医院通过自治区复审验收，叶盛和峡口卫生院被评为全区第二批“群众满意乡镇卫生院”，小坝镇、瞿靖镇被评为宁夏计生服务“五星级”镇。社会保障。统筹推进养老、医疗、失业等社会保险事业发展，构筑城乡低保、农村“五保”（保吃、保住、保穿、保医、保葬）供养、城乡医疗、城乡居民临时救助、重残救助、孤儿救助、移民救助“七位一体”救助体系，落实各类社会保障惠民政策，开展职工医疗互助活动，全年发放城乡低保资金及各类补贴5221万元、困难残疾人护理补贴301万元，城乡居民养老保险、医疗保险参保人数分别达到9.75万人、21.7万人。打好扶贫攻坚战役，完成1897户7836人精准扶贫建档摸底工作，确定产业、培训、教育、兜底等“四个一批”精准脱贫路径，制定并落实11项脱贫攻坚措施，全年发放扶贫小额贷款4303.34万元，2010人脱贫。开工建设碧水蓝天、学府一号等房地产项目，建设公租房440套，投资3.1亿元实施1000户棚户区改造，有效缓解低收入家庭住房难问题。④就业创业。推进大众创业、万众创新，鼓励以创业带动就业，年内新培养小老板371个、培育小企业185家，发放支持创业小额担保贷款7462.9万元，创造新岗位1060个，带动就业2513人，全市新增城镇就业4975人，转移农村劳动力就业38578人，实现工资性收入4.39亿元。塞上e家和物流汽车创业园被自治区命名为“自治区级创业孵化示范基地”。

【社会管理】民主政治建设。坚持人民代表大会和政治协商会议制度，召开市第十五届人民代表大会和第十一届政协委员会，完成市、镇两级领导班子换届选举工作。强化政府工作监督，听取和审议“一府两院”专项工作报告，开展执法工作检查。巩固和发展爱国统一战线，加强同各民主党派和无党派人士团结合作，成立知识分子联合会议，鼓励各民主党派和无党派人士参政议政、建言献策。建立群团工作联席会议制度，支持总工会、共青团、妇联等人民团体依法开展工作，完成工商联第九届执委会换届。开展军地共建工作，走军民融合式发展路子，青铜峡市第六次被评为“全国双拥模范市”。依法治市工作。总结“六五”普法经验，开展“守法好公民”评选、“法律九进”、法制文艺创作巡演等活动，启动“七五”普法工作，增强公民法制意识。开展电视问政活动，全面推行权力清单和责任清单，建立权责明晰、运转高效政府权责体系，规范行政许可、行政处罚行为和行政强制措施，打造阳光政务。深化司法行政改革，成立青铜峡市法学会，探索从律师和法学专家中公开选拔立法工作者、法官、检察官，推进司法专业化和职业化，维护社会公平正义。社会治理创新。推进“平安青铜峡”建设，处置疑难复杂问题，化解信访积案，维护群众合理合法诉求，依法打击违法上访行为。加强和创新社会治理，提升群众满意度和公众安全感，全市各类刑事案件同比下降19%，破案率提高36%，成功侦破“12·06”特大盗窃案。创新吸毒人员收戒管控和社区警务工作，禁毒预防教育工作走在全区前列，得到国家禁毒委肯定，青铜峡市获全国青少年禁毒知识竞赛决赛二等奖，“一村一警”社区警务工作模式在全区推广。建立信访信息互联互通系统，加强网络舆情信息日常监测，妥善处理涉青舆情。落实安全生产责任，开展重点行业领域突出问题整治，全市安全生产形势持续好转。

【党的建设】市委常委会建设。结合“两学一做”活动开展，加强学习型领导班子建设，落实务虚研究制度，利用中心组学习、专题研讨会等形式，组织班子成员系统学习党的十八大以来最新理论成果，全年就经济社会发展重大问题进行多次集中研讨。贯彻《党委会工作方法》，完善常委会议事规则，科学民主依法决策，增强班子凝聚力战斗力。健全常委会集体领导和常委个人分工负责相结合制度，权责相依，形成推动工作强大合力。落实从严治党要求，带头贯彻《中国共产党党内监督条例》《关于新形势下党内政治生活的若干准则》，加强和规范党内政治生活。②基层组织建设。实施“强龙工程”（强化理论武装铸“龙魂”、建强书记队伍舞“龙头”、激活党员队伍壮“龙骨”、扩大组织覆盖强“龙身”、深化党群共建活“龙尾”），加强星级服务型党组织建设，出台《关于进一步深化“强龙工程”加强农村基层党建工作的实施意见》，年内创建三星级党组织58个、二星级党组织318个，整顿转化后进党组织31个。创新社区“联合党委”工作机制，推行社区“一站式”便民服务、集中办公和网格化管理，提升社区党组织服务群众水平。深化“三建四关心”党内关怀机制，注重把服务由党内向社会拓展，将重点由关爱向激励创业延伸，全年为农村党员和大学生村官发放党员创业双带资金70万元。开展党员组织关系集中排查活动，强化流动党员管理，推动“三会一课”制度落实。坚持“以实干论英雄、凭实绩用干部”选人用人导向，制定干部选拔任用动议办法，规范干部初始提名工作，坚决防止“带病提名”，在镇党委、政府换届中一批优秀事业身份干部进入领导班子。实施“领头雁”工程，加大基层党组织书记选、育、管、用力度，建立362名村级后备人才队伍，壮大基层组织力量，3名优秀村（社区）书记考录为公务员。启动村“两委”换届工作，完成市、镇领导班子换届工作。党风廉政建设。履行从严治党主体责任，严格执行“一案双查”制度和《青铜峡市落实党风廉政建设“两个责任”问责暂行办法》，对3名落实责任不到位领导干部进行责任追究。深入开展“中央八项规定精神回头看”工作，查处违反中央八项规定精神问题4起，给予党纪政纪处分4

人，问责16人。开展“清风使者行动”，聘请1000名“清风使者”，深入村居社区，宣传党纪党规，监督干部作风。

【市十一次党代会期间主要经济指标完成】2012—2016年，地区生产总值年均增长5.3%，城乡居民人均可支配收入年均分别增长7.6%和9.8%，五年累计完成固定资产投资555亿元，是上个五年的2.4倍，年均增长16%；落实上争资金104亿元，招商引资到位资金462亿元。

【产业结构优化】引进杭萧产业园、轴承谷、汇高智能制造、仁和纺织等高新精项目，工业结构调整实现突破，装备制造、现代纺织等新兴产业规模不断壮大，非公有制工业占全市工业的比重由2011年的32%提高到2016年的50%。优质粮食、酿酒葡萄、特色养殖等优势产业发展势头强劲，获全国产粮、生猪、制种大县称号。加快现代服务业发展，加快完善“黄河岸边、稻花香里、贺兰山下”三大旅游板块，旅游、文化、商贸、物流、金融融合发展，黄河大峡谷、黄河坛跻身国家AAAA级旅游景区。全市三次产业结构由2011年的12:65:23调整为12:60:28。

【改革开放】推进城乡、财税、投融资、社会保障、医药卫生等18个领域体制改革，成立金融国资局，叶盛镇五星村“土地变股权、农民变股东、收益有分红”土地股份合作制改革经验在全国扶贫工作座谈会上交流并在全区推广。实施新一轮政府机构改革，全面推行“五证合一、一照一码”，减少行政审批221项，取消和减免行政事业性收费12大项，行政审批时限平均压缩55%，3家企业在国内“新三板”挂牌上市。拓宽对外交流合作领域，与江浙鲁等地区建立交流合作关系，与法国波尔多市弗龙萨克大区缔结友好城市。

【统筹城乡发展】建立规委会和专家委员会制度，统筹抓好城乡规划、建设、管理和公共服务，编制完成15项城乡规划。坚持基础设施先行，实施中华黄河楼、大禹文化园建设及城市水质提升、供热改造等293项重点项目，完成22个120万平方米老旧小区既有建筑节能综合改造，叶盛、瞿靖、邵岗等5个特色小城镇及赵渠、先锋等7个美丽村庄改建。开展主干道路大整治大绿化和拆违治乱专项治理活动，新建改建公路299千米，青铜峡市顺利通过国家卫生城市复验，获“全国国土资源节约集约模范县（市）”“全国首批绿色能源示范县（市）”荣誉称号。

【社会事业发展】拓宽创业就业渠道，保障和改善民生，城镇登记失业率控制在4.1%以内。普及高中阶段教育，发展职业教育，扩大学前教育规模，缩小城乡教育差距，义务教育学校办学条件实现标准化，青铜峡市顺利通过国家义务教育均衡验收，完善社会保障、公共卫生和医疗服务体系体系，健全高龄老人、孤儿最低养育和残疾人津贴制度，推进医药卫生体制改革，青铜峡市进入国家级卫生应急综合示范市行列。扎实开展精准扶贫工作，提前完成自治区下达的“十二五”生态移民任务，全市小康社会实现程度达到82.4%。繁荣发展文化事业，举办黄河文化周暨“百花奖”文艺大赛、阿迪力挑战黄河大峡谷极限之旅等系列活动，《塞上明珠青铜峡》荣获2015年度全国城市宣传片金奖，秦腔小戏《过草地》代表自治区进京会演并获殊荣。加强法治政府建设，推进平安青铜峡建设，依法规范民族宗教事务管理，司法改革试点经验在全区推广，禁毒预防教育走在全国前列，国防动员和双拥共建成果丰硕，青铜峡市荣获“全国民族团结进步创建活动示范单位”“全国双拥模范市”称号。

【党建和党风廉政建设】推进党的群众路线教育实践、“三严三实”“两学一做”学习教育活动，增强党员干部政治意识、大局意识、核心意识和看齐意识。巩固提升基层组织建设，非公企业和社会组织党组织覆盖率分别达到92%和85%，“联合党委”“三建四关心”“两管三评一推优”干部差额选任、干部考核全程纪实等经验在全区推广，“五星级远程教育站点”工作得到中组部肯定。深化干部人事制度改革，明确选贤任能、风清气正干部选拔任用导向。落实中央八项规定精神、“两个责任”，健全惩治和预防腐败体系，有效遏制“四风”问题，严肃查处违法违纪案件，90人受到党政纪处分，25人受到法律制裁。青铜峡市获“全区基层组织建设先进市”“全区学习型党组织建设示范市”荣誉称号。

（市委办公室）

重要会议

【全市领导干部大会】1月8日召开。自治区党委组织部干部二处副处长马天兵，吴忠市委副书记、政府市长喜清江及青铜峡市四套班子全体领导，市直各部门各单位、各镇（街道）农林场主要负责人参加会议。会上，吴忠市委常委、组织部长、宣传部长孙瑛受自治区党委组织部委托，宣读自治区党委关于青铜峡市人民政府主要领导任免决定，任命金永灵从即日起为青铜峡市委副书记，同时提名金永灵为青铜峡市人民政府市长候选人。

【十一届市委十次全体(扩大)会议】 1月16日召开。市委委员、市委候补委员参加会议。非市委委员、候补委员的其他市级领导干部；市纪委委员；人武部部长，公安局政委、库区管理局、新材料基地管委会；嘉宝轻纺工业园管委会；市直各部门、各人民团体、事企业单位负责人；人大、政协各委室主任；各镇、街道、农林场党政主要负责人；驻青区属单位、吴属单位主要负责人；近年退下来担任过市级领导职务的部分老同志；部分党代表、人大代表、政协委员；各民主党派、工商联主要负责人；部分规模以上企业主要负责人列席会议。吴忠市纪委党风政风监督室副主任郝建国、吴忠市委组织部干部二科科长马国钧到会指导工作。会议听取、讨论并审议通过了石瑞林所作的2015年市委常委会工作报告，分组讨论了《青铜峡市国民经济和社会发展第十三个五年规划纲要(草案)》，审议并原则通过了《中共青铜峡市委员会2016年工作要点》《中国共产党青铜峡市第十一届委员会关于免去韩平市委候补委员职务的决定》。会议同时就2016年全市经济工作进行安排部署，进行了市级领导班子和处级领导干部民主测评、市委书记抓基层党建工作民主评议和2015年度干部选拔任用工作评议，开展了市委落实党风廉政建设主体责任、纪委落实监督责任书面测评。会议对全市各级党政组织提出认清形势，找准差距，进一步坚定发展的信心和决心；突出重点，把握关键，奋力开创经济转型发展新局面；强化保障，狠抓落实，力促实现"十三五"开门红三个方面要求。

【市纪委十一届六次全体会议暨全市党风廉政建设和反腐败工作会议】 2月5日召开。会议主要任务是：传达学习了中央、自治区、吴忠市纪委会议精神，全面总结了2015年全市党风廉政建设和反腐败工作，安排部署了2016年工作，表决通过了《中国共产党青铜峡市第十一届纪律检查委员会第六次会议工作报告》和《中国共产党青铜峡市第十一届纪律检查委员会第六次全体会议决议》。中共吴忠市委常委、青铜峡市委书记石瑞林出席会议并作重要讲话。

【全市2015年度工作总结表彰大会】 2月5日召开。市委、人大、政府、政协全体领导；人武部部长，法院院长，检察院检察长，公安局政委；库区管理局局长、副局长，新材料基地管委会主任、副主任，嘉宝轻纺工业园管委会主任、副主任；各镇、街道、农林场领导班子全体成员；市直各部门、人民团体事企业单位副科级以上领导干部、部门所属挂牌单位主要负责人；人大、政协各委室主任；驻青区属、吴属单位负责人；市属规模以上企业主要负责人；受表彰的先进集体和先进个人代表参加会议。会议通报了2015年效能目标管理考核情况；表彰奖励了2015年全市各条战线上涌现出来的先进集体和先进个人，安排部署了2016年工作。

【青铜峡市项目建设"双百"行动暨实行精准包抓企业责任制工作动员会】 2月14日召开。会议主要对全市项目建设"双百"行动暨实行精准包抓企业责任制工作进行安排部署。市四套班子全体领导、市直有关部门负责人、各结对帮扶企业和单位主要负责人参加会议。中共吴忠市委常委、青铜峡市委书记石瑞林主持会议。根据会议要求，从即日起将在全市范围组织开展"狠抓百个项目、力促百亿投资"专项行动，通过实行1名市级领导和1个部门、单位包抓1至3家企业工作机制，对全市137家企业实行精准包抓，帮助企业解决生产经营困难和问题，确保2月底前新开工34个项目，5月底前新开工35个项目，7月底前新开工20个项目，9月底前所有项目全部开工，开工率达到100%。

【全市2016年重大传染病防控工作会议】 2月15日召开。会议传达学习了《国家卫生计生委办公厅关于做好人感染H7N9禽流感疫情防控工作的通知》《国家卫生计生委、教育部办公厅关于建立疫情通报制度进一步加强学校艾滋病防控工作的通知》等相关文件精神，通报了全市相关疫情和防控工作进展情况，安排部署了2016年重大传染病防控工作。

【全市组织、宣传、政法、综治、统战工作会议】 2月29日召开。姬文泽、张慧、张铁缨、杨春燕、蔺保飞、弋忠朝、侯成峰、刘国强、闫培华、杨旭年、马光锋、董云峰等市领导参加会议。市委副书记、政府市长金永灵主持会议。会议主要对2016年全市组织、宣传、政法综治、统战工作进行安排部署。中共吴忠市委常委、青铜峡市委书记石瑞林出席会议并作重要讲话。

【全市卫生和计划生育工作会议】3月7日召开。会议总结了2015年全市卫生计生工作,安排部署了2016年卫生计生工作,与有关部门签订了《2016年卫生计生工作综合目标管理责任书》,并对2015年度卫生和计划生育工作先进集体和先进个人进行了表彰奖励。

【青铜峡市纪念“三八”国际妇女节106周年表彰大会】3月8日召开。会议对全市各行各业涌现出来的9个“巾帼文明岗”、6个“三八红旗集体”、8名“巾帼建功标兵”、10名“巾帼创业带头人”、10名“三八红旗手”、20户“最美家庭进行表彰奖励,4名来自基层一线优秀妇女代表向与会人员介绍了各自先进事迹。

【全市安全生产工作会议(一)】3月25日召开。会议传达学习了自治区、吴忠市2016年安全生产工作会议精神,通报了2015年全市安全生产情况,安排部署了2016年安全生产工作,并与市直有关部门、各镇场和企业签订2016年度安全生产目标责任书。

【全市人民武装工作暨党管武装工作述职会议】4月8日召开。会议总结了2015年全市人民武装和民兵预备役工作,安排部署了2016年工作,表彰奖励了2015年度党管武装工作先进单位和武装工作先进个人,峡口镇、大坝镇、邵岗镇、裕民街道4个单位主要负责人分别作会议述职发言。

【全市集中整治违法建筑“百日专项行动”动员会议】4月11日召开。会议主要对全市开展集中整治违法建筑“百日专项行动”工作进行安排部署。市委、政府主要领导及市四套班子分管领导;法院院长,检察院检察长,库区管理局、新材料基地管委会分管领导,嘉宝轻纺工业园管委会主任;各镇、街道、农林场主要负责人,市直有关部门主要负责人,各村(社区)党支部书记参加会议。

【全市禁毒工作会议】4月11日召开。会议总结了全市2015年禁毒工作,分析研判了当前禁毒工作形势,安排部署了2016年工作,表彰奖励了2015年禁毒工作先进集体和先进个人。市委、政府主要领导及市四套班子分管领导;法院院长,检察院检察长;各镇、街道、农林场党(工)委书记、分管领导、禁毒专干,各村(社区)党支部书记;市禁毒委成员单位主要负责人;市公安局各部门负责人、禁毒办全体工作人员;受表彰的先进集体和先进个人参加会议。

【全市集中整治违法建筑“百日专项行动”现场推进会】4月16日至17日召开。会议实地查看了大坝镇环境综合整治情况,听取了市住房和城乡建设局、国土资源局及其他各镇、农林场、裕民街道等单位相关工作情况汇报。

【全区学校毒品预防教育经验交流暨“6·27”工程推进会】4月26日在青铜峡市召开。自治区相关厅局领导及工作人员、各县市分管领导参加会议。国家禁毒办公室预防教育处处长宋增良到会指导工作。会议实地观摩了市第六中学开展学校毒品预防教育工作,安排部署了全区青少年毒品预防教育工作。市委常委、青铜峡市公安局长刘国强在大会上作禁毒工作交流发言。自治区禁毒委副主任、公安厅党委书记、厅长许尔锋出席会议并作重要讲话。

【全市食品安全工作会议】4月27日召开。会议传达学习了自治区、吴忠市食品安全电视电话会议精神,通报了2015年全市食品安全工作,安排部署了2016年工作。市农牧和科学技术局、峡口镇、市场监督管理局裕民监督所3个单位作会议表态发言。

【全市开展“两学一做”学习教育活动工作会议】4月29日召开。会议传达学习了习近平总书记关于“两学一做”学习教育工作重要指示,全国、全区、吴忠市“两学一做”学习教育工作座谈会及电视电话会议精神,安排部署了青铜峡市“两学一做”学习教育工作。会议决定从即日起,在全市25个基层党(工)委,440个党总支、党支部、13000余名党员中开展“两学一做”学习教育活动。

【全市环境保护工作会议】5月6日召开。会议传达学习了自治区、吴忠市环境保护工作会议精神;通报了2015年全市环境保护工作,安排部署了2016年工作,同时与有关部门、企业签订了2016年度环境保护工作目标责任书。新材料基地管委会、青铜峡镇、宁夏京城天宝饲料添加剂有限公司3个单位作会议表态发言。

【全市“大众创业、万众创新”报告会】5月9日举办。会议邀请中国科协创新发展战略研究院院长罗晖以《大众创业，万众创新—汇聚发展新动能》为题作专题辅导报告。

【全区2016年引黄灌区夏播生产现场会】5月13日在青铜峡市召开。自治区副主席曾一春，吴忠市市长喜清江，青铜峡市领导石瑞林、罗彦文、陈雪松及全区引黄灌区各县市农牧部门负责人、种植大户代表参加会议。会议实地观摩了邵岗镇下桥村冬牧70黑麦收割、复种籽粒玉米及水稻插秧、青贮玉米种植；瞿靖镇蒯桥村万亩高标准优质外销蔬菜基地土地流转经营；宁夏正鑫源现代农业示范园区打造宁夏有机水稻种植核心区和示范区，建立农艺与农机、信息化融合服务体系，种植与加工、“互联网+融合生产销售体系，品牌与文化、休闲融合农耕体验体系等生产经营情况。

【全市人才工作会议】5月14日召开。会议对26名“青铜峡市优秀人才”进行表彰，对新取得商标和专利企业给予奖励。叶盛镇、农牧和科学技术局、宁夏勤昌滚动轴承制造有限公司负责人及优秀人才代表市公安局法医王志琴分别作会议交流发言。

【青铜峡市市镇领导班子换届工作会议】5月14日召开。会议主要对市、镇两级领导班子换届工作进行安排部署。市四套班子全体领导；人武部部长，法院院长，检察院检察长，公安局政委；库区管理局局长、副局长，新材料基地管委会副主任，嘉宝轻纺工业园管委会主任、副主任；各镇、街道、农林场、市直各部门、事企业单位担任实职的副科级以上领导干部及下属单位负责人；各镇组织干事，村党支部书记、村委会主任参加会议。市委副书记、政府市长金永灵主持会议。会议传达学习了自治区市、县、乡领导班子换届工作会议精神，宣读了市委《关于认真做好市镇领导班子换届工作的通知》。中共吴忠市委常委、青铜峡市委书记石瑞林出席会议并作重要讲话。

【全市2016年防汛抗旱和节水型社会建设暨气象灾害防御工作会议】5月23日召开。会议总结了2015年全市防汛抗旱和开展节水型社会创建工作，通报了2016年总体气象形势预测、汛前检查及抗旱保灌工作，安排部署了2016年防汛抗旱、节水型社会创建及气象灾害防御工作。

【全市客运车辆道路运输安全生产工作会议】6月6日召开。会议通报了“6·2”道路交通事故、相关交通事故案例及全市营运客车安全隐患排查情况，安排部署了全市客运车辆道路交通安全专项整治工作。市运输集团公司、顺通运输公司负责人及驾驶员代表分别就做好客运车辆道路交通安全工作作表态发言。

【全市公安消防工作表彰大会】6月15日召开。会议宣读了市委、市人民政府关于给予市公安消防大队记功嘉奖的决定，并对在青铜峡市消防安全工作作出突出贡献的张继东等40人给予表彰。

【青铜峡市上半年经济运行情况工作调度会】6月21日召开。会议通报了2016年全市上半年固定资产投资、第三产业发展存在的问题，并就做好当前经济工作进行安排部署。

【青铜峡市庆祝中国共产党成立95周年表彰大会】6月30日召开。会议全面总结了全市基层党建“强龙工程”工作，并对叶盛镇党委等30个先进基层党组织、郭志强等50名优秀共产党员和马玉海等20名优秀党务工作者进行表彰。

【全国校园禁毒图书角项目现场会】7月1日在青铜峡市召开。来自山西、广西、四川、新疆、宁夏等10个省市区与会人员在市领导金永灵、张铁缨、刘国强、王飞、崔奇鹏陪同下，实地走访市第三小学和第六中学，通过现场观摩、听取汇报，详细了解青铜峡市校园禁毒图书角建设及毒品预防教育工作开展情况。国家禁毒办公室副主任、中国禁毒基金会秘书长李宪辉到会指导工作并对青铜峡市校园毒品预防教育给予好评。

【全市创建国家现代公共文化服务体系示范区动员会】7月5日召开。会议主要对青铜峡市创建国家现代公共文化服务体系示范区工作进行安排部署。会上，市委常委、副市长王飞宣读了《青铜峡市创建国家公共文化服务体系示范区工作实施方案》，并代表市人民政府与创建工作领导小组成员单位签订目标责任书，市文化体育广电局、小坝镇2个单位作会议表态发言。

【全区地方志工作现场观摩会】7月15日在青铜峡市召开。宁夏社科院院长张廉，自治区地方志办主任负有强，吴忠市委常委、青铜峡市委书记石瑞林及全区各县市区从事地方志工作研究人员参加会议。宁夏社科院副院长刘天明主持会议。会议实地观摩了黄河水利博物馆、大禹文化园、中华黄河楼及青铜峡市修志成果展示,通报了全区修志工作进展情况,听取了青铜峡市修志工作经验介绍。

【全市道路交通秩序专项整治工作会议】7月15日召开。会议通报了湖南宜凤高速"6·26"特别重大道路交通事故情况,安排部署了青铜峡市当前和今后一个时期道路交通秩序整治工作。

【全市环保工作专题推进会议】7月23日召开。会议主要对全市突出环境问题整改落实和迎接中央环保督察组检查工作进行研究部署。副市长撒贵清传达了中央第八环境保护督查组督察宁夏工作动员会精神,通报了吴忠市督查青铜峡市环保工作和城乡环境整治有关情况。会议要求,全市上下要充分认识督察工作重要性和必要性,坚持问题导向,对照中央督察组重点督察内容,在前一段时间开展自查自纠工作基础上,深入细致开展环保巡查排查,确保做到全覆盖、无死角。

【全市脱贫攻坚推进会】8月10日召开。市委、政府主要领导,市四套班子分管领导以及各镇、市直有关部门主要负责人、脱贫攻坚工作队全体成员参加会议。市长金永灵主持会议。会议传达学习了习近平总书记在东西部扶贫工作会议上重要讲话精神,通报了全市上半年扶贫工作进展情况,安排部署了下半年脱贫攻坚工作。中共吴忠市委常委、青铜峡市委书记石瑞林出席会议并作重要讲话。

【青铜峡市"高空王"阿迪力挑战黄河大峡谷极限之旅活动动员会】8月23日召开。会议就做好活动相关工作进行再动员、再部署。市四套班子全体领导、市直有关部门负责人及活动筹备领导小组办公室全体工作人员参加会议。市长金永灵主持会议。会上,市委副书记、政法委书记张铁缨,市委常委、政府常务副市长杨春燕分别宣读了阿迪力挑战黄河大峡谷极限之旅活动执行方案和接待服务方案,中共吴忠市委常委、青铜峡市委书记石瑞林作动员讲话。按照活动筹备领导小组安排,"高空王"阿迪力挑战黄河大峡谷极限之旅活动8月26日至28日在青铜峡市黄河大峡谷景区举行,为期三天。湖南电视台、北京电视台等18家电视台将对活动进行全程直播。

【全市"两学一做"学习教育推进会暨市委常委班子第三次专题学习讨论会】8月30日召开。会议传达学习了全国部分地区和部门"两学一做"学习教育工作座谈会及自治区、吴忠市"两学一做"学习教育推进会精神,总结分析了青铜峡市"两学一做"工作,并就下一阶段工作进行安排部署。市委常委、纪委书记贺江,市委常委、组织部部长何元凯围绕"查履职尽责好不好,树担当奉献先锋形象"专题进行深入查摆分析。市公安局党委、叶盛镇党委、裕民街道党(工)委、市市场监督管理局党组分别就学习教育进展情况作交流发言。

【十一届市委十五次全体(扩大)会议】9月22日召开。市委常委会主持会议。市领导石瑞林、金永灵、张铁缨、杨春燕、弋忠朝、侯成峰、刘国强、闫培华、杨旭年、马光锋、董云峰、马晓贤、王飞、贺江、何元凯及市委委员、候补委员出席会议。会议听取并讨论审议了《中国共产党青铜峡市十一届委员会工作报告(送审稿)》《中国共产党青铜峡市十一届纪律检查委员会工作报告(送审稿)》;审议通过了十二届市委委员、候补委员和市纪委委员候选人预备人选建议名单,以及青铜峡市出席吴忠市第五次党代会代表建议名单。

【青铜峡市庆祝第三十二个教师节表彰大会】9月9日召开。会议宣读了市委、市人民政府关于表彰全市教育工作先进集体和先进个人的决定、关于表彰全市普通高考成绩优秀学生的决定,同时对高考、职业教育、中考目标管理先进学校和教学质量监测先进集体、教学管理和学校德育工作先进集体、优秀校长、优秀教师进行表彰。中共吴忠市委常委、青铜峡市委书记石瑞林出席会议并作重要讲话。

【全市安全生产工作会议(二)】9月20日召开。市领导金永灵、杨春燕、崔奇鹏参加会议。副市长张克文主持会议。会议通报了全市1-8月份安全生产工作情况,安排部署了当前和下一阶段工作。市安全生产监督管理局、国土资源局、公安局、住房和城乡建设局4个单位作会议交流发言。

【全市2016年秋季农田水利基本建设启动会】9月21日在瞿靖镇友谊村召开。会议就全市2016年秋季农田水利基本建设工作进行安排部署。市水务局、农业综合开发办公室、邵岗镇、瞿靖镇4个单位作会议表态发言。2016年,全市计划投资2.74亿元，新建和复整高标准农田36.25万亩，新增高效节水面积0.53万亩；砌护渠道638条325.03千米，清淤沟道3774条2113.3千米，渠道5699条3829.2千米；整修农路2677条1575.1千米；建设畦田5.8万亩，水稻机收20万亩、玉米机收16万亩、机深翻35万亩；完成造林面积6000亩。

【中国共产党青铜峡市第十二次代表大会】 9月26日在小坝龙海宾馆召开。第十一届市委常委会主持会议。大会应到代表287名，实到代表284名。吴忠市纪委（监察局）派出第五纪工委书记（监察分局局长）张锋、吴忠市委组织部干部一科科长苏忠到会指导工作。会议听取并审查中共青铜峡市第十一届委员会工作报告；讨论审查中共青铜峡市纪律检查委员会工作报告；选举产生了由石瑞林、姬文泽、金永灵、王洋、张铁缨、杨春燕、弋忠朝、刘国强、杨旭年、马光锋、马晓贤、贺江、何元凯、杨晓明、崔奇鹏、陈雪松、张克文、任少军、罗生明、陆兴明、王玉成、郭志强、马玉海、马明松、王东、王成、王葆青、李长华、李凤峡、杨天寿、沈云霞、罗志成、庞志文、哈存连、徐建平35名委员和丁斓进、王银英、代兴科、汤建华、李革、于建华、张兴宏、胡兴成8名候补委员组成的中国共产党青铜峡市第十二届委员会；选举产生了由贺江、李长华、袁续兵、马国忠、姜建辉、妥建兵、董春、周学军、何军、盛利勇、丁洪秀、王淑芳、刘旭平、李兴华、李志平、杨泽芳、夏建军17名委员组成的中国共产党青铜峡市第十二届纪律检查委员会；选举产生了马立忠等72名出席中国共产党吴忠市第五次代表大会代表；表决通过了中国共产党青铜峡市第十二次代表大会关于中共青铜峡市第十一届委员会工作报告的决议、关于中共青铜峡市纪律检查委员会工作报告的决议。在大会开幕式上，中共吴忠市委常委、青铜峡市委书记石瑞林代表十一届市委作题为《继往开来，砥砺前行，奋力谱写全面建成小康社会新篇章》工作报告。9月27日下午，召开中国共产党青铜峡市第十二届委员会第一次全体会议。会议选举产生中共青铜峡市第十二届委员会常务委员会，石瑞林、金永灵、张铁缨、杨春燕、弋忠朝、刘国强、杨旭年、马光锋、马晓贤、贺江、何元凯11人当选为第十二届市委常委，其中：石瑞林当选为市委书记，金永灵、张铁缨当选为市委副书记；通过中共青铜峡市第十二届纪律检查委员会第一次全体会议选举结果，贺江、李长华、袁续兵、马国忠、姜建辉、妥建兵、董春7人当选为市纪委常委，贺江当选为市纪委书记，李长华、袁续兵当选为市纪委副书记。

【青铜峡市阿迪力挑战青铜峡黄河大峡谷极限之旅活动及第五届宁夏黄河金岸（吴忠）国际马拉松赛总结表彰会】 9月27日召开。会议全面总结了活动筹办的成功经验，表彰奖励了在活动中涌现出的团市委、市国土资源局、交通运输局、市场监督管理局等14个先进集体和闫鸿鹏、马凯等135个先进个人。

【全市2016年冬季大气污染防治工作会议】 11月4日召开。会议通报了2016年1—10月全市环境空气质量状况和大气污染防治重点工作进展情况，安排部署了下一阶段大气污染防治工作。市住房和城乡建设局、国土资源局、农牧和科学技术局、公安局4个单位就做好当前全市大气污染防治工作作交流发言，市环保局就做好中央第八环保督查组转办整改销号及企业化解监管工作作表态发言。

【青铜峡市电子商务工作推进会暨电子商务协会成立大会】 11月30日召开。市委常委、副市长董云峰出席会议。会议宣读了《青铜峡市推动农村电子商务发展的实施意见》，选举产生了青铜峡市电子商务协会第一届理事会理事、会长、副会长和秘书长。

【全市安全生产工作暨市安委会第四次全体（扩大）会议】 12月5日召开。市领导宋建宁、张克文、史君参加会议。

副市长陈雪松主持会议。会议传达学习了国务院、自治区安全生产会议精神，通报了2016年1—10月全市安全生产情况，安排部署了下一阶段工作。

【青铜峡市2017年项目储备及重点项目审定会】12月10日召开。中共吴忠市委常委、青铜峡市委书记石瑞林主持会议。会议主要对2017年拟开工的182项基本建设项目、44项储备项目及年度计划投资情况进行审定。

【十二届市委二次全体(扩大)会议】12月15日召开。市委常委会主持会议。会议听取、审议了石瑞林同志代表市委常委会所作的工作报告、《中共青铜峡市委员会2017年工作要点》，表决通过了中国共产党青铜峡市第十二届委员会第二次全体会议决议、市委常委会议研究提名的相关镇党政正职拟任人选和推荐人选，并对2016年度干部选拔任用工作开展“一报告、两评议”、市委书记抓基层党建工作进行民主评议。

【全市经济形势分析会议】12月16日召开。市长金永灵主持会议。会议通报分析了全市1—11月份经济运行、2015年度小康指标监测及2016年固定资产投资、财政收支、房地产市场运行、国地税收入、城乡居民存贷、农业生产总值完成等情况，安排部署了下一阶段相关工作。

【全市基本公共体育服务体系示范市创建工作会议】12月22日召开。会议主要对全市创建基本公共体育服务体系示范市工作进行安排部署。市文化体育广电局、教育局、大坝镇三个单位作表态发言。

【市委领导班子专题民主生活会征求意见会】12月23日召开。会议就改善民生、推进精准扶贫、建设美丽乡村、推动经济建设和生态环境保护、加大干部培养力度等方面，广泛听取乡镇、街道党“工”委书记，村(社区)党组织，“两代表一委员”及相关部门负责人意见建议。

【十二届市委三次全体(扩大)会议】12月30日召开。市委常委会主持会议。会议听取了出席党的十九大代表候选人基本情况介绍，研究审议了青铜峡市拟出席党的十九大代表推荐人选。

市委常委会议

【2016年第1次常委会议】1月8日召开。中共吴忠市委常委、青铜峡市委书记石瑞林主持会议。会议传达学习自治区维稳工作会议精神，听取青铜峡市相关工作汇报、市人大常委会党组关于市人大代表拟向自治区、吴忠市人代会提交建议意见的汇报、市政协党组关于政协委员拟向自治区政协会议提交提案的汇报；安排部署全市信访维稳、社会治安、安全生产、农民工工资、环境保护、网络舆情监测等工作；研究审议了《市委十一届十次全会工作报告(送审稿)》《市委常委会2016年工作要点(送审稿)》及拟在全市开展“解放思想、加大开放、创新发展”大讨论活动有关事宜；研究了干部事宜。

【2016年第2次常委会议】1月16日召开。中共吴忠市委常委、青铜峡市委书记石瑞林主持会议。会议听取市委十一届十次全体(扩大)会议各组召集人关于《市委常委会2015年工作报告》《市委2016年工作要点》《青铜峡市国民经济和社会发展第十三个五年规划纲要(草案)》讨论情况的汇报。

【2016年第3次常委会议】1月18日召开。中共吴忠市委常委、青铜峡市委书记石瑞林主持会议。会议讨论了《市人民政府工作报告(讨论稿)》《青铜峡市2015年国民经济和社会发展计划执行情况与2016年计划(草案)的报告》《青铜峡市2015年财政预算执行情况和2016年财政预算(草案)的报告》《关于2015年民生计划执行情况和2016年民生计划(草案)的报告》《市人民法院工作报告(讨论稿)》《市人民检察院工作报告(讨论稿)》；研究审议了市委组织部关于上报青铜峡市处级领导干部2015年度考核等次的请示。

【2016年第4次常委会议】1月23日召开。中共吴忠市委常委、青铜峡市委书记石瑞林主持会议。会议传达学习习近平在中央政治局“三严三实”专题民主生活会上讲话，习近平、刘云山在全国党校工作会议上讲话，习近平、李克强、汪洋在中央扶贫开发工作会议上讲话，赵永清同志、喜清江同志参加吴忠市四届人大六次会议青铜峡代表团讨论讲话精神，提出青铜峡市贯彻意见；研究审议市委组织部关于成立青铜峡市第十四届人民代表大会第四次会议临时党组织的请示，市委办公室关于调整市级领导包镇(场)工作制的请示；研究了市委常委工作分工事宜。

【2016年第5次常委会议】2月3日召开。中共吴忠市委常委、青铜峡市委书记石瑞林主持会议。会议传达学习中央、自治区和吴忠市有关会议精神，提出了青铜峡市贯彻落实意见；研究决定了2015年度效能目标管理考核结果及召开全市总结表彰大会有关事宜；研究审议了市人民政府党组关于补发2014—2015年度林地套种粮食补贴的请示、关于贺兰山东麓中法葡萄酒庄集群示范区葡萄种植及酒庄建设项目投资协议的请示、关于选聘宁夏金岸明珠文化旅游产业发展有限公司法定代表人的请示、关于第三轮矿业权设置（修编）方案的请示、关于开展项目建设“双百”行动实施方案的请示、关于在全市企业实行“精准包抓责任制”的请示，市纪委关于有关案件的请示；研究审定了推荐2015年度吴忠市禁毒工作先进集体和先进个人事宜。

【2016年第6次常委会议】2月26日召开。中共吴忠市委常委、青铜峡市委书记石瑞林主持会议。会议传达学习《中共中央、国务院关于印发〈国家创新驱动发展战略纲要〉的通知》（中发〔2016〕4号）文件及全区统战部长会议精神，提出青铜峡市贯彻落实意见；研究了召开相关会议、干部因私出国（境）及挂职干部等事宜。

【2016年第7次常委会议】3月23日召开。中共吴忠市委常委、青铜峡市委书记石瑞林主持会议。会议研究审定关于上报拟提拔副处级干部建议人选相关事宜。会议决定推荐青铜峡市委办公室主任陈雪松，青铜峡市峡口镇党委书记、人大主席马瑞英两人为拟提拔副处级干部建议人选，由市委组织部按照规定程序上报吴忠市委组织部。

【2016年第8次常委会议】3月28日召开。中共吴忠市委常委、青铜峡市委书记石瑞林主持会议。会议研究审定了关于民主推荐副处级领导干部考察的情况。会议决定：根据吴忠市委干部考察组反馈意见和干部一贯表现，将会议推荐和个别谈话推荐得票比较集中的青铜峡市委办公室主任、保密办主任、机要局局长陈雪松和峡口镇党委书记、人大主席马瑞英确定为副处级领导干部考察对象建议人选，由市委组织部按照规定程序上报吴忠市委组织部。

【2016年第9次常委会议】3月31日召开。中共吴忠市委常委、青铜峡市委书记石瑞林主持会议。会议传达学习全区市县乡领导班子换届工作会议、推进整治和查处侵害群众利益不正之风和腐败问题电视电话会议及自治区、吴忠市领导对盐池县受到国务院办公厅督查表扬情况报告批示精神；听取了市禁毒办关于全市禁毒工作情况汇报；研究审议市人民政府党组关于《开展旅游提升年活动实施方案（送审稿）》的请示、关于《集中整治违法建筑“百日专项行动”实施方案（送审稿）》的请示，市纪委关于《青铜峡市开展侵害群众利益不正之风和腐败问题整治行动实施方案（送审稿）》的请示、关于2016年全市党风廉政建设和反腐败主要任务分工的请示、关于《青铜峡市落实党风廉政建设“两个责任”追究办法（试行）》的请示、关于《青铜峡市落实党风廉政建设党委主体责任和纪委监督责任考核办法（试行）》的请示，市委宣传部关于举办“高空王”阿迪力青铜峡黄河大峡谷挑战吉尼斯世界纪录极限之旅活动的请示；研究了召开市委领导班子专题民主生活会等有关事宜。

【2016年第10次常委会议】4月7日召开。中共吴忠市委常委、青铜峡市委书记石瑞林主持会议。会议听取市法院、检察院党组工作情况汇报，市人社局关于2015年度全市机关事业单位年度考核情况工作汇报；研究审议市人民政府党组关于政府投资项目融资有关事宜的请示、关于《青铜峡市深化投融资体制改革实施方案（送审稿）》的请示，市农村工作领导小组关于2016年农业农村工作安排意见的请示，市委组织部关于推荐上报全国优秀共产党员、优秀党务工作者和先进基层党组织建议名单的请示，市司法局关于推荐上报自治区“六五”普法先进集体及先进个人建议名单的请示；研究了召开党管武装工作会议、干部因公出国（境）等有关事宜。

【2016年第12次常委会议】4月18日召开。中共吴忠市委常委、青铜峡市委书记石瑞林主持会议。会议传达学习中央、自治区、吴忠市关于开展“两学一做”活动工作会议，全区文化扶贫攻坚实施会及赵永清参加青铜峡市委常委班子专题民主生活会讲话精神，提出了青铜峡市贯彻落实意见；听取全市第一季度信访维稳、安全生产工作情况汇报，民革市委会、民进市委会换届工作及成立青铜峡市党外知识分子联谊会有关事宜工作情况汇报，安

排部署相关工作；研究审议了市全面深化改革领导小组关于2016年工作要点的请示，市纪委关于对大坝镇环境整治工作有关问题的调查情况暨处理意见的请示，市委组织部关于《青铜峡市干部选拔任用动议办法（试行）》和市委管理干部因私出国（境）有关问题的请示；研究了市委常委领导班子工作分工及干部事宜。

【2015年第13次常委会议】5月13日召开。中共吴忠市委常委、青铜峡市委书记石瑞林主持会议。会议传达学习全国政法队伍建设工作会议和自治区深化农村改革现场推进会议精神，研究提出青铜峡市贯彻落实意见。研究审议市人民政府党组关于实施青铜峡市脱贫攻坚肉牛托管扶贫项目有关事宜的请示，关于对青铜古镇旅游区资产进行处置的请示，关于宁夏轴承谷项目投资协议及补充协议、宁夏光电铜新材料项目投资协议及补充协议的请示；市考核办关于2016年效能目标管理考核办法的请示；市委组织部关于进一步深化“强龙工程”、加强农村基层党建工作的实施意见，关于市镇领导班子换届有关事宜的请示，关于有关信访举报问题的调查报告；市纪委有关案件的请示。研究了干部事宜。

【2016年第14次常委会议】5月25日召开。中共吴忠市委常委、青铜峡市委书记石瑞林主持会议。会议研究审议《青铜峡市关于靠实责任、勇于担当、积极处置疑难复杂问题的意见（送审稿）》《市委班子开展“两学一做”学习教育活动实施方案（送审稿）》，市人民政府党组关于《青铜峡市促进房地产市场平稳健康发展若干意见（送审稿）》的请示、关于《青铜峡市2016年棚户区改造改造实施方案（送审稿）》的请示、关于《青铜峡市2016年棚户区改造货币化安置购买安置房、商品住房实施意见（试行）》的请示、关于给予青铜峡市公安消防大队记功嘉奖暨对张继东等40人予以表彰的请示、关于青铜古镇旅游区资产拍卖保留价的请示，市纪委关于《青铜峡市2016年群众评议机关作风活动实施意见（送审稿）》的请示，市委组织部关于推荐全区先进基层党组织、优秀共产党员、优秀党务工作者及非公企业“双强六好”党组织的请示，市有关部门关于推选第三届“宁夏巾帼创业之星”的请示；研究了成立青铜峡市法学会及干部事宜。

【2016年第15次常委会议】6月16日召开。中共吴忠市委常委、青铜峡市委书记石瑞林主持会议。会议传达学习了中央办公厅《〈关于当前意识形态领域情况的通报〉的通知》、自治区党委书记李建华在全区新闻媒体座谈会上的讲话精神；听取了市公安局关于当前反恐怖工作情况汇报、市种苗场改革有关情况汇报；研究审议了市人民政府党组关于《青铜峡市创建国家全域旅游示范市方案（送审稿）》的请示、关于《加快构建现代公共文化服务体系实施意见（送审稿）》的请示、关于东莞冠宏智能科技有限公司智能装备制造项目投资及补充协议的请示、关于《青铜峡市树新林场改革实施方案（送审稿）》的请示、关于深化供销合作社综合改革意见的请示、关于《坚决打赢脱贫攻坚战提前实现整体脱贫实施意见（送审稿）》的请示，市委宣传部关于《加强领导干部思想理论建设的意见（送审稿）》的请示、关于《加强全市各级党委（党组）中心组学习工作意见（送审稿）》的请示、关于《阿迪力青铜峡黄河大峡谷挑战吉尼斯世界极限之旅活动实施方案（送审稿）》的请示，市司法局关于推荐和保障吴忠、青铜峡市“六五”普法先进集体和先进个人的请示，市委组织部关于推荐和表彰吴忠、青铜峡市先进基层党组织、优秀共产党员、优秀党务工作者、优秀驻村第一书记及召开全市庆祝建党95周年大会的请示、关于召开各镇党代会有关事项的请示，市直有关部门关于赴浙江看望慰问支宁知青联谊会的请示、关于成立、调整、撤销部分工作领导（协调）小组的请示；研究了干部事宜。

【2016年第16次常委会议】7月4日召开。中共吴忠市委常委、青铜峡市委书记石瑞林主持会议。会议传达学习全国宗教工作会议精神，提出了青铜峡市贯彻落实意见；研究审议市人大常委会党组关于市镇两级人民代表大会换届选举有关事宜的请示，市委组织部关于召开中国共产党青铜峡市第十二次代表大会有关事宜的请示，市委统战部关于党员领导干部联系党外代表人士及宗教场所意见的请示；研究了干部因公出国（境）有关事宜。

【2016年第18次常委会议】7月15日召开。中共吴忠市委常委、青铜峡市委书记石瑞林主持会议。会议研究各镇领导班子换届提名人选、中国共产党青铜峡市第十二次代表大会代表选举工作有关事宜；研究审议市人民政府党组关于青铜峡市嘉华化工有限公司“6·07”溴素泄露事件处理意见的请示。

【2016年第19次常委会议】7月22日召开。中共吴忠市委常委、青铜峡市委书记石瑞林主持会议。会议传达学习自治区党委常委、纪委书记许传智在自治区纪委监察厅2016年上半年工作汇报会上的讲话精神；研究审议市人民政府党组关于开展“八一”建军节慰问活动的请示、关于推荐市老龄工作委员会为“全国老龄系统先进集体”的请示；研究了市委2016年议军会议题及各镇出席青铜峡市第十二次党代会代表候选人预备人选 。

【2016年第20次常委会议】7月29日召开。中共吴忠市委常委、青铜峡市委书记石瑞林主持会议。会议专题研究中央第八环境保护督察组交办青铜峡市环境保护案件的整改处理意见。

【2016年第21次常委会议】7月30日召开。中共吴忠市委常委、青铜峡市委书记石瑞林主持会议。会议传达学习全国双拥模范城命名暨双拥模范单位和个人表彰电视电话会议，自治区党委十一届八次全会、城市工作会议、全域旅游发展推进大会等会议精神，提出青铜峡市贯彻落实意见；研究审议市镇两级人大换届选举工作、成立中央环保督查组转办事项专项调查处理工作小组、干部因公出国（境）等有关事宜以及市人民政府党组关于2016年棚户区（城中村）改造项目融资方案的请示、关于申报谭桥中心村等3个村为少数民族特色村寨的请示、关于《青铜峡市土地股份合作制改革实施意见（试行）》的请示、关于《青铜峡市农村集体经济产权制度改革试点工作实施方案（送审稿）》的请示；研究了干部事宜。

【2016年第22次常委会议】8月11日召开。中共吴忠市委常委、青铜峡市委书记石瑞林主持会议。会议传达学习中共中央办公厅、国务院办公厅《关于2016年上半年贯彻执行中央八项规定情况的报告》；研究审议了市人大换届代表候选人有关事宜；、研究了干部事宜。

【2016年第23次常委会议】8月12日召开。中共吴忠市委常委、青铜峡市委书记石瑞林主持会议。会议研究了关于民主推荐青铜峡市领导班子和市纪委领导班子换届拟提拔人选考察对象。

【2016年第24次常委会议】8月24日召开。中共吴忠市委常委、青铜峡市委书记石瑞林主持会议。会议研究青铜峡市党外知识分子联谊会第一届理事会人事安排、政协青铜峡市第十一届委员会换届委员提名工作方案、青铜峡市工商联（民间总商会）第九届执委会换届工作实施方案、部分市级领导干部提名为相关基层党（工）委出席市第十二次党代会代表候选人事宜、中共青铜峡市第十二届市委委员、候补委员和市纪委委员候选人初步人选考察对象事宜、干部因公出国（境）事宜、干部选拔任用事宜；研究审议了市人民政府党组关于苏能节能洁净燃烧装备生产等4个项目投资协议的请示。

【2016年第25次常委会议】8月25日召开。中共吴忠市委常委、青铜峡市委书记石瑞林主持会议。会议研究市领导班子换届人事安排方案，中共青铜峡市第十二届市委委员、候补委员和市纪委委员候选人预备人选事宜。

【2016年第26次常委会议】9月6日召开。中共吴忠市委常委、青铜峡市委书记石瑞林主持会议。会议通报了全市疑难复杂问题处置及信访积案化解稳控任务分工落实情况、当前国家安全形势；研究了推荐第十七批自治区文明单位、文明村镇事宜，各机关党（工）委出席青铜峡市第十二次党代会代表候选人预备人选，调整个别青铜峡市第十二届市委委员、候补委员候选人预备人选及干部事宜。

【2016年第27次常委会议】9月10日召开。中共吴忠市委常委、青铜峡市委

书记石瑞林主持会议。会议传达学习全区园区非公企业党建工作座谈会暨党的组织和工作有效覆盖推进会精神，提出了青铜峡市贯彻落实意见；研究审议青铜峡市出席吴忠市第五次党代会代表候选人推荐人选建议名单；研究了干部事宜。

【2016年第28次常委会议】9月22日召开。中共吴忠市委常委、青铜峡市委书记石瑞林主持会议。会议研究审议了《市第十二次党代会工作报告（送审稿）》《中共青铜峡市纪律检查委员会向市第十二次党代会的工作报告（送审稿）》，召开市委十一届十五次全体（扩大）会议、中国共产党青铜峡市第十二次代表大会、阿迪力挑战黄河大峡谷极限之旅及黄河金岸（吴忠）国际马拉松赛活动总结表彰大会等有关事宜，中国共产党青铜峡市第十二次代表大会代表名单，青铜峡市出席吴忠市第五次党代会代表候选人预备人选名单，中国共产党青铜峡市第十二次代表大会机构职责和成员建议名单及《中国共产党青铜峡市第十二次代表大会选举办法（草案）》《“两个一次全会”选举办法（草案）》；研究了市纪委有关案件请示。

【2016年第29次常委会议】9月24日召开。中共吴忠市委常委、青铜峡市委书记石瑞林主持会议。会议研究审议青铜峡市出席吴忠市第五次党代会代表候选人预备人选、关于阿迪力挑战黄河大峡谷极限之旅暨第五届宁夏黄河金岸（吴忠）国际马拉松赛活动总结表彰先进集体及先进个人等事宜。

【十二届市委2016年第1次常委会议】10月19日召开。中共吴忠市委常委、青铜峡市委书记石瑞林主持会议。会议传达学习李源潮到宁视察讲话、全国社会治安综合治理创新工作会议、全区产业发展和重点工作现场交流会议精神，提出青铜峡市贯彻意见；研究审议市人民政府党组提交的《政府工作报告（送审稿）》《青铜峡市2016年国民经济和社会发展计划执行情况与2017年计划（草案）的报告（送审稿）》《青铜峡市2016年财政预算执行情况和2017年财政预算（草案）的报告（送审稿）》《关于进一步促进餐饮住宿业发展政策措施的请示》，“两院”提交的《市人民法院工作报告（送审稿）》和《市人民检察院工作报告（送审稿）》；研究了召开青铜峡市第十五届人民代表大会和政协第十一届委员会有关事宜，市第十五届人民代表大会第一次会议临时党组织成员建议名单，政协青铜峡市第一届委员会委员人选，市委书记、副书记、常委工作分工及干部事宜。

【十二届市委2016年第2次常委会议】11月4日召开。中共吴忠市委常委、青铜峡市委书记石瑞林主持会议。会议传达学习了全区第一书记和扶贫开发驻村工作队工作会议精神，提出了青铜峡市贯彻意见；研究审议了青铜峡市出席自治区第十二次党代会代表候选人推荐人选建议名单；研究了干部因公出国（境）等事宜。

【十二届市委2016年第3次常委会议】11月21日召开。中共吴忠市委常委、青铜峡市委书记石瑞林主持会议。会议传达学习了中央第八环保督察组反馈意见会，自治区贯彻党的十八届六中全会精神领导干部专题学习班、科技创新大会、“两学一做”教育经验交流座谈会、安全生产工作会议暨2016年安委会第四次全体（扩大）会议精神，提出了青铜峡市整改和贯彻落实意见；听取了全市信访维稳工作、2016年意识形态领域工作、关于赴台湾招商有关工作情况汇报；研究审议了《青铜峡市群团工作联席会议制度（试行）》，市人民政府党组关于《青铜峡市脱贫攻坚建档立卡贫困户脱贫奖励暂行办法》的请示，市委宣传部、文联关于《青铜峡市文艺工作总结表彰大会方案（送审稿）》的请示；研究了工商联（民间总商会）第九届执委会换届事宜、青铜峡市出席政协吴忠市第五届委员会委员建议人选名单及干部事宜。

【十二届市委2016年第4次常委会议】12月2日召开。中共吴忠市委常委、青铜峡市委书记石瑞林主持会议。会议传达学习了全区村“两委”换届选举动员暨培训工作会议精神，研究部署了青铜峡市村“两委”换届选举相关工作。

【十二届市委2016年第5次常委会议】12月10日召开。中共吴忠市委常委、青铜峡市委书记石瑞林主持会议。会议传达学习许传智在全区县乡纪委书记培训班开班式上的讲话精神；研究审议《青铜峡市优秀文学艺术作品奖励办法（修订稿）》《市委十二届二次全委会工作报告（送审稿）》《市委2017年工作要点（送审稿）》，市人民政府党组关于推荐吴忠市双拥模范城（县）创建工作先进单位和先进个人的请示、关于《青铜峡市2017年红红火火过大年活动实施方案（送审稿）》的请示，研究了青铜峡市第二届（2012年–2015年）优秀文艺作品表彰奖励有关事宜，青铜峡市“杰出文艺人才及优秀民间文化传承人”候选人推荐表彰事宜，2016年度全市效能目标管理考核工作有关事宜，关于开好2016年度处级以上党员领导干部民主生活会有关事宜，市公安局、住房和城乡建设局、树新林场党委换届有关事宜，召开市委十二届二次全体（扩大）会议有关事宜，市纪委有关案件及干部事宜。

【十二届市委2016年第7次常委会议】12月21日召开。中共吴忠市委常委、青铜峡市委书记石瑞林主持会议。会议传达学习全区双拥工作命名表彰大会会议精神；研究审议市人民政府党组关于在全市公民中开展第七个五年法治宣传教育深入推进依法治市进程实施意见的请示、关于《青铜峡市至银川正源街快速通道（小坝至永宁段）建设项目实施方案（送审稿）》的请示、关于《2017年棚户区（城中村）改造方案（送审稿）》的请示、关于《2017年棚户区改造货币化安置购买安置房商品住房实施意见（试行）》的请示、关于2017年“两节”期间慰问活动安排的请示；研究了市纪委有关案件及干部事宜。

【十二届市委2016年第8次常委会议】12月30日召开。中共吴忠市委常委、青铜峡市委书记石瑞林主持会议。会议传达学习自治区党委十一届九次全委会议、经济工作会议和宗教工作会议精神，提出青铜峡市贯彻落实意见；研究审议《青铜峡市管国有企业领导人员管理暂行规定（草案）》；研究了《青铜峡市关于全面实施创新社会治理“九大工程”的意见》、推荐出席党的十九大代表候选人初步人选建议名单、抽调干部组成驻村工作队开展新一轮扶贫开发工作有关事宜，市公安局党委、住房和城乡建设局党委、树新林场党委委员和纪委委员候选人预备人选及干部事宜。

（市委办公室）

规委会议

【2016年第2次规委会议】3月18日召开。中共吴忠市委常委、青铜峡市委书记石瑞林主持会议。会议采取实地查看、现场办公方式，研究审议了青铜峡市第三小学教学实验楼建设、第五中学教学楼建设、鑫田城综合楼改造、市残疾人康复中心建设、杭萧汽车零部件产业园三期工程建设、宁夏轴承谷科技发展有限公司轴承谷项目、连湖小学附设幼儿园建设、峡口中心幼儿园建设等15个等项目选址、规划建设方案及《青铜峡市规划评审委员会工作章程（修改稿）》等相关事宜。

【2016年第3次规委会议】5月3日召开。中共吴忠市委常委、青铜峡市委书记石瑞林主持会议。会议采取实地查看、现场办公方式，研究审议了小坝镇先锋村大青葡萄基地建设、山东登海种业青铜峡加工中心年产5400吨农作物种子建设、青铜峡市综合艺术中心建设、青铜峡市“印象黄河·彩虹之上”标志构筑物建设、翼扬低空旅游基础建设工程、青铜峡市“印象黄河”水上舞台建设、峡口固废治理及储渣场建设等项目选址、规划建设方案，调整、变更了星河传说小区、学府壹号小区、碧水蓝天小区、龙海花园小区、黄河外滩小区、金得利大酒店等项目建设规划，决定废止嘉宝轻纺工业园区部分企业建设项目。会议涉及研究审定部分改扩建项目规划设计方案21个、新建项目选址意见和规划设计方案12个、其他事项8个。

【2016年第4次规委会议】6月4日召开。中共吴忠市委常委、青铜峡市委书记石瑞林主持会议。会议采取实地查看、现场办公方式，研究审议了小坝镇小坝村七组棚户区改造、裕民街道南苑社区休闲篮球场建设、吴忠黄河大桥服务区建设、兴业泰和春天商业综合体建设、市职业教育中心新建实训车间、宁夏华盛牧歌饲料有限公司年产12万吨饲料厂项目、宁夏柏图酒庄建设、宁夏鸿亚特钢有限公司年加工20万吨特钢钢管和30万吨铸件、无锡沈能节能锅炉股份公司引资项目等等项目选址、规划建设方案，并对方案提出修改和完善意见。

【2016年第5次规委会议】7月22日—25日召开。中共吴忠市委常委、青铜峡市委书记石瑞林主持会议。会议采取实地查看、现场办公方式，先后对小坝市区两处立体停车场建设、市草原防火站建设、宁夏长鑫防腐工程公司油管修复项目、大坝镇中庄渔村农家乐建设、宁夏金沙田环境科技公司年产3万吨新能源环卫车辆等项目建设进行选址，同时研究审定了董府文物保护基础设施建设项目。

【2016年第6次规委会议】9月9日召开。中共吴忠市委常委、青铜峡市委书记石瑞林主持会议。会议采取实地查看、现场办公方式，研究审议了青铜峡市残疾人康复中心建设、小坝镇张岗蔬菜交易市场改造、青铜峡市公路养护急救服务中心建设、纬四路排水提升泵站

建设、宁夏宁朔香粮油食品公司仓储建设、宁夏苏能节能科技股份公司引资项目等11项目选址、规划建设方案，并对方案提出修改和完善意见。

【2016年第7次规委会议】12月12日召开。中共吴忠市委常委、青铜峡市委书记石瑞林主持会议。会议采取实地查看、现场办公方式，研究审定了宁夏汇高科技集团有限公司智能制造、宁夏凯瑞冷链物流专业合作社无公害蔬菜标准化种植示范基地建设、宁夏天河通夏酒庄建设项目等新建项目选址规划方案，并对吴忠市供电局嘉宝轻纺工业园区110千伏输变电工程建设、宁夏昊天实业有限公司年产10万吨制冷设备、青铜峡市普金骨制品厂年加工13000吨骨制品、青铜峡至银川快速通道（青铜峡段）建设项目进行选址，对宁夏苏锡光电科技有限公司光电铜业新材料产业基地建设、宁夏玉林面粉有限公司扩建办公楼及附属车间等项目规划设计方案提出修改和完善意见。

组织工作

【概况】2016年，全市组织工作以建设勤政为民、清正廉洁服务型党组织为目标，抓好"两学一做"学习教育活动开展、市镇领导班子换届、基层党组织建设、人才管理培养等重点工作，推进班子创优、组织创先、人才创业和工作创新，为推动全市经济社会发展提供坚强的组织保障和人才支持。市委组织部被评为"全区组织系统信息宣传工作先进单位""干部网络教育培训优秀组织单位"。

【"两学一做"学习教育】市委中心组定期开展学习，处级以上党员领导干部带头进支部参学、讲党课领学。结合学习贯彻习近平总书记"七一"重要讲话和到宁视察讲话精神，市委主要领导为全市领导干部作专题辅导，示范带动全市科级以上党员干部讲党课1500余场次。市四套班子党员领导干部主动对接全市137家重点骨干企业，帮助解决项目审批、产品销售、融资贷款等生产经营困难和问题130余件。区分不同类型党组织和党员特点，将学习教育任务具体化、精准化、特色化，编写"个性化"套餐，满足不同党员群体学习需求，通过举办"微党课"，搭建QQ、微信、青铜峡政务通等多媒体平台，定期向全体党员发送会议精神及活动进展。各基层党组织举办机关讲堂500余场次，建立微信群162个、QQ群76个、短信平台159个。围绕破解机关学习教育"灯下黑"问题，组织机关党员开展"三比三问三思"（对比五大发展理念，问一问青铜峡怎么干，反思干事创业的责任担当在哪里；对比《准则》和《条例》要求，问一问党规党纪知多少，反思廉洁从政的行动自觉在哪里；对比合格党员标准，问一问宗旨意识牢不牢，反思发挥党员先锋模范作用的差距不足在哪里）学习讨论活动，解决新常态下青铜峡"怎么看""怎么办""怎么干"问题，从心理上强化党员干部责任意识、担当意识，为推动全市创新发展、转型追赶统一思想认识。

【干部队伍管理】做好干部选拔任用工作，研究制定《青铜峡市干部选拔任用动议办法（试行）》，细化动议时机、主体、程序和纪律等刚性举措，规范干部初始提名工作。贯彻《关于加强干部选拔任用纪实工作若干意见》，如实记录干部选任各个环节主要工作。坚持"四个凡提"标准，把好干部选任关，做到干部档案"凡提必审"、廉政情况"凡提必听"、信访举报"凡提必查"、个人有关事项"凡提必核"，防止"带病提名"。健全完善领导干部"负面清单"、领导干部个人有关事项报告、干部监督联席会议、干部监督员等制度，落实从严监督干部要求，拓宽监督渠道，延伸监督触角。开展公职人员投资办企业、领导干部违规在社会团体（企业）兼职整治工作，全市44名投资办企业公职人员受到清理。加大信访举报问题查核力度，会同市纪委，调查核实4名存在问题领导干部。开展干部"为官不为""不作为、慢作为"等慵、懒、散、软问题专项整治，免除在环境整治"百日专项行动"中工作不力的原大坝镇党委书记、镇长和人大副主席3人职务，并在全市范围通报批评。做好干部档案集中审核工作，为推进干部档案管理规范化、提升干部工作公信力奠定基础。

【干部教育培训】选派110余名领导干部参加区外培训，组织全市1100余名公务员参加全区干部网络教育培训。将各镇、街道、市直部门、群众团体主要负责人纳入市委、政府中心组学习范围，400余名部门"一把手"列席市级领导集体学习。开展领导干部上讲台活动，市级领导为基层干部授课50余场次，示范带动全市科级以上领导干部讲党课430余场次。年内，依托市委党校干部教育培训主阵地，举办"党务工作者""精准扶贫""创新发展"等重点培训班10余期，培训党政干部2000余人次及各部门业务骨干、专业技术人员1700余人次。

【人才工作】围绕建设"人才强市"目标，落实"四管"（管宏观、管政策、管协调、管服务）人才工作要求，通过完善培养机制，探索引进措施，创新激励方法，发挥组织部门牵头抓总职能，统筹推进各类人才队伍建设。①人才项目建设。印发《2016年全市人才工作要点》，将四个方面重点工作、24项主要工作任务分解到各单位。年内，组织实施装备制造高技能人才培训基地建设、黄河文化旅游产业人才培养等5个自治区、吴忠市人才项目，清真粮油食品加工技能人才实训基地建设、酿酒葡萄产业急需紧缺人才培养等7个青铜峡市重点人才项目。②人才队伍建设。按照高端引领、重点培养思路，以引进、培养重点领域急需紧缺人才为重点，围绕葡萄、农业、旅游、装备制造、医疗、教育等重点产业、重点领域，鼓励支持相关行业和企业招聘引进或采取与高校科研院所技术合作形式，引进所需人才。聘请市旅游产业决策咨询顾问，建设宁夏优质水稻产业专家服务基地，引进宁夏大学继续教育学院和宁夏广播电视大学设立工作站，建立宁夏顺宝现代农业有限公司院士专家工作站、宁夏中航郑飞塞外香清真食品有限公司江南大学博士后流动站等引才平台，制定优惠政策吸引澳大利亚葡萄酒酿造专家、白俄罗斯轴承专家、北京301医院医学专家等高层次人才长驻青铜峡服务。实施中青年干部培养、专业技术人才知识更新、技能人才素质提升、优秀企业家培养、新型职业农民培训、社会工作人才倍增等培养工程，在不同领域培养高层次人才和实用型、技术型本土人才。年内，全市引进高层次人才18名，培训企业经营管理人才120余人次、旅游从业人员250余人次、葡萄专业技术人员50人次、其他各类技能人才1290人次。③重才氛围营造。5月，召开全市人才工作会议，安排部署人才工作，表彰26名第二批“青铜峡市优秀人才”，对获得中国驰名商标、宁夏著名商标奖企业分别奖励20万元、5万元，对获奖专利企业每件奖励5万元，4个人才工作先进单位和2名优秀人才在大会作交流发言。深化人才工作示范点创建工作，命名12个人才工作示范点，每个给予2～3万元资金扶持。完善优秀人才选拔管理办法，对第二批“青铜峡市优秀人才”每人每月发放500元津贴。④示范作用发挥。开展优秀人才引领活动，通过技术服务、科研攻关、结对帮带形式，在技术和业务方面发挥各类优秀人才示范作用。贯彻落实《青铜峡市支持企业引才用智暂行规定》，搭建人才创新创业创优新平台，拨付30万元专项资金支持引才用智工作突出企业。

【市、镇领导班子换届】按照自治区党委和吴忠市委关于换届工作部署和要求，突出组织领导、安排部署、宣传教育“三个重点环节”，规范代表推荐、报告起草、干部任用“三个关键程序”，严把报告、代表、程序“三个主要关口”，建立电话、信访、网络“三位一体”举报平台，做到工作有标准、运行有规范、操作有依据，确保换届纪律宣传教育全覆盖、换届环境风清气正，顺利完成市、镇两级党委、人大、政府和市政协换届工作。

【基层组织建设】①狠抓任务落实。开展党员组织关系集中排查，组织各基层党组织对全市13007名党员进行摸底，健全完善党员档案和信息库。强化流动党员管理，将全市296名失联党员、75名口袋党员纳入党组织有效管理。开展违纪违法未处理党员排查清理工作，通过自上而下、自下而上相结合，查清违纪党员隶属关系，提请市委常委会研究终止7名党员党代表资格、4名党员人大代表资格，对受到刑事责任追究的21名党员、受到行政处罚的7名党员依照有关程序进行组织处理。做好基层党组织按期换届工作，组织各基层党（工）委对所属基层党组织进行全面摸排，了解掌握机关事业单位、非公企业和社会组织、离退休党支部届满换届情况，对任期届满、一年内没有换届且未经上级党组织批准的72个党总支、支部，延期超过一年以上没有换届的40个党支部进行换届提醒。截至年底，全市7个总支、285个支部按规定程序完成换届选举上报工作。开展党费收缴专项清理活动，组织各基层党(工)委、党组织开展自查自纠，依照党员花名册、党费核定标准逐人核算，174个基层党支部完成自查工作，补交党费8.18万元。抓好脱贫攻坚工作，在每个移民村安排1名科级干部担任第一书记。组织市级党员领导干部、71个帮扶部门、1800余名干部进村入户，按照“一户一策”办法制定脱贫计划，全市落实帮扶资金20.5万元，协调落实项目资金732万元。②夯实组织基础。出台《关于进一步深化“强龙工程”、加强农村基层党建工作的实施意见》，针对不同领域、不同类型、不同层次党组织实际，设置9大类型364项考核指标和54项降级或摘星指标体系，将星级服务型党组织创建工作纳入全市“三大建设”综合考核内容，作为领导班子和领导干部绩效评价、选拔任用重要依据。创新村党组织星级评定，评定等次与村干部任职补贴挂钩，全市创建三星党组织58个、二星党组织318个、整顿转化后进党组织31个。组织机关干部参加吴忠市“弘扬时代主旋律·引领机关新风尚·建设文明新吴忠”主题文化周活动，多项参赛作品获奖。健全完善社区“联合党委”工作机制，在16个城镇社区建立“联合党委”，组织2300余名在职党员到社区报到，做到组织联建、资源联享、党员联管、服务联做、活动联搞，提升社区共建、服务和管理水平。深化“三建四关心”党内关怀机制，建立完善相关制度，将服务由党内向社会拓展、重点由关爱向激励创业延伸，全年向农村党员和大学生村官发放党员创业双带资金70万元，向42名基层党员发放市级党内帮扶资金58万元，向生活困难党员群众发放各类慰问金116.9万元。③注重骨干培育。实施“领头雁”工程，加大基层党组织书记选、育、管、用力度，建立362人村级后备人才队伍，在大坝镇、瞿靖镇开展公开选拔村党支部书记试点工作，探索解决村级党组织书记“人难选”问题，3名优秀村(社区)书记考录为公务员。成立青铜峡市大学生村官“创客联盟”农业专业合作社，鼓励和支持大学生村干部干事创业。将“互联网+”引入党员教育管理，健全“远教课堂”“机关讲堂”“道德讲堂”“班前党课”等党员教育阵地。深化“八个一”(一证一册一库一档一卡一网一站一栏目)党员教育管理服务工作，依托党员远程教育站点和实用技术培训基地加强党员教育。贯彻《发展党员细则》，健全“一建双育三评四先五制”(为入党积极分子、发展对象、预备党员全部建立个人档案；党性教育和技能教育；群众测评、党员评议、领导点评；工人优先、农民优先中发展党员、优秀青年知识分子优先、妇女和少数民族干部优先；记实制、票决制、公示制、预审制和责任追究制)发展党员机制，全年培养入党积极分子200名，新发展党员160名。④提增集体收入。推广叶盛镇五星村土地承包经营权入股合作制经验，按照入社自愿、退社自由和利益共享、风险共担原则，引导农民以土地承包经营权作价入股，实现“土地变股权、农民当股东、收益有分红”，增强村级党组织“造血”功能，增加村集体经济收入，带动农户稳定增收。至年底，全市73个村级党组织有稳定的收入来源，占村党组织总数的86%。

【非公有制经济组织党建工作】①组织组建。发挥各镇、园区党委和行业部门职能作用，凡有3名以上党员的非公企业全部成立党组织，将联合党组织中具备条件的企业及时分离出来单独建立党组织；党员不足3名的，采取片区联建、同业共建、挂靠组建、派驻帮建、龙头带建等方式，建立联合党组织；没有党员的企业，通过选派党建工作指导员联系服务、组建群团组织开展工作等方式，实现党的工作覆盖。全年单独组建非公企业党组织30个，比2015年提高5个百分点。②服务企业。立足构建条块结合、上下联动、齐抓共管非公企业党建工作格局，在全市推行“7+2”党建工作模式，开展归口党建工作。围绕打造“四区一基地”目标，抓好轴承和装备制造、农副产品加工、商贸流通、葡萄酒产业、交通运输、新材料产业等7个行业非公企业党建工作，以加强组织建设、开展组织活动、培育企业文化、助推人才队伍建设、帮助职工解决问题、引导企业履行社会责任、组织开展志愿服务活动为重点，推行党群活动一体化。开展“党员先锋岗”“党员责任区”“党员攻关组”等创建活动，通过“劳模创新工作室”“名师带徒”“我为企业献一计”金点子征集、“员工心声快递”等形式，开展技能培训、技术比武、岗位练兵等活动，引导教育党员关爱企业，发挥生产经营主力军作用。全市建成党群服务中心两个，创建自治区级“双强六好”党组织6个，非公企业和社会组织党组织覆盖率分别达到91.93%、87%。③行业党建。建立市级领导包抓非公企业党建工作责任制，帮助非公企业解决生产经营实际问题。抓好行业党组织创先争优活动，指导交通运输、市场监管、工业商务系统党组织分类制定出租车、公交车“挂牌评星”实施办法，在新宁百货、国贸百货、正科商场等窗口服务行业开展"星级信用商户"评选活动。在全区道路运输行业"挂牌评星"活动命名表彰中,1个企业被评为先进集体,3名驾驶员被评为从业人员先进个人,2辆出租车被评为共产党员先锋车。年内,全市4个非公有制企业党组织得到区、市表彰奖励。④教育培训。各非公企业利用班前会,宣传栏、公开栏、板报、企业小报、电子屏、微信群、小广播、企业调度会等形式,全方位宣传党的十八届四中、五中和六中全会精神,宣传党的路线方针政策,宣传法律法规、安全生产知识,宣传区市鼓励扶持非公企业发展优惠政策,宣传做好企业党建工作的重要意义,引导党员员工坚定理想信念,增强党性意识和企业主人翁意识。选派两名党员参加全区企业微党课比赛。青铜峡市非公企业"班前党课""十分钟党建"经验做法在《宁夏日报》头条刊发。⑤协调指导。加强党建工作指导员教育管理,落实月例会、季评比、半年督促检查、年终全面考核制度,全年组织党建工作指导员例会10次,举办党建业务知识培训3次。⑥骨干培养。实施"双培工程",抓好党员与生产经营骨干双向培养,做好在生产一线职工、专业技术骨干和经营管理人员中发展党员工作。年内培养入党积极分子57名,发展党员33名,转正44名。⑦保障支持。加强非公企业党组织活动场所规范化建设,通过向企业党组织赠送党组织标牌、制度挂图、党旗党徽国旗、电教设备、党报党刊,向企业党组织划拨党建工作专项经费、全额返还企业党费等方式,引导企业党组织加强基础建设。年内,对新成立党组织企业全部给予工作经费和阵地建设经费支持。⑧存在问题。非公企业中大企业少,中小微企业多,党员数量少,党组织单独组建率较低,酿酒葡萄、旅游等重点行业党组织数量偏少;部分党组织不能正常开展活动、作用发挥不充分、队伍不稳定、党务工作人才缺乏;企业党建工作发展不平衡,有的基层党工委、业务主管部门对非公企业党建工作不够重视,没有同经济工作同步谋划、同步开展,工作相对滞后。

（市委组织部）

宣传工作

【概况】2016年,全市宣传思想文化工作以学习宣传贯彻党的十八大,十八届四中、五中、六中全会,习近平总书记系列讲话和市十二次党代会精神为主线,围绕中心,服务大局,坚持党管意识形态、党管宣传、党管媒体"三个原则",树立宣传出生产力、宣传出战斗力、宣传出凝聚力、宣传出品牌力"四个理念",实施理论武装深化推进、舆论工作能力提升、精神文明建设创新、文化繁荣兴盛、人才队伍群体锻造"五大工程",唱响主旋律,打好主动仗,凝聚正能量,为建设实力、活力、魅力、和谐、幸福青铜峡提供强大的思想保证、精神动力和文化支持。年内,市委宣传部获全区宣传思想文化工作创新案例优秀组织奖,被评为全区党报发行工作先进单位、新华社新闻信息中心供稿发行工作先进单位、客户端工作优秀单位。

【理论学习】以学习宣传贯彻党的十八大、十八届四中五中六中全会、习近平总书记系列讲话及来宁视察讲话、市十二次党代会精神作为重点,健全完善理论学习制度,分层推进理论武装工作。市委中心组以上率下,带动各级党委(党组)中心组和广大干部学理论用理论。制发《加强领导干部思想理论建设的意见》《加强全市各级党委(党组)中心组学习工作的意见》《2016年党委(党组)中心组学习安排》,为中心组成员订阅《习近平总书记重要讲话文章选编》《习近平谈治国理政》《全面小康热点面对面》《知之深 爱之切》等学习资料。年内,举办市委中心组集体学习会33场次,邀请中国科协创新驱动发展研究院院长罗辉,自治区讲师团、教授朱天奎等人为全市副科级以上领导干部作专题辅导讲座8场次,全市处级以上领导干部在吴忠市级以上公开刊物发表理论文章10篇。印发《关于做好2016年

全市干部理论学习工作的意见》,编发《2016年青铜峡市干部职工理论学习资料汇编》《习近平总书记十八大以来关于宣传思想文化工作重要讲话选编》等学习资料,在全市推广"1+X""机关大讲堂"等学习模式,加强检查督促,严格以考促学,全年征集优秀理论文章和调研报告100余篇。

【理论宣讲】组建以市委主要领导为团长,各常委、副市长和党组织一把手为成员的市政策宣讲团,围绕"两学一做"学习教育、十八届六中全会、习近平总书记来宁视察重要讲话等内容,深入各党委(党组)开展专题辅导活动100余场次。发挥政策宣传"农村直通车"工程优势,更新全市105个政策超市学习资料,强化镇村宣讲团成员培训,提高全市基层干部政策理论水平和做好农业农村工作能力。

【新闻宣传】邀请中央、自治区和吴忠市主流媒体,围绕全市工业转型升级、全域旅游示范市创建、现代农业质效双增、生态湿地保护、党风廉政建设等亮点工作进行重点采访报道,宣传展示青铜峡市经济社会发展最新成就。年内,组织策划2016年重大项目集中开工仪式、创建全域旅游示范市启动仪式、阿迪力考察黄河大峡谷挑战现场、阿迪力北京新闻发布会、全市重点产业招商推介暨阿迪力挑战黄河大峡谷极限之旅新闻发布会等9次集中采访活动。其中,中央电视台中文国际频道(CCTV4)播出《远方的家—长城内外》第91集《寻找八十年后的你》,集中展现青铜峡北岔口长城风光;阿迪力挑战黄河大峡谷在中央电视台新闻频道、湖南都市频道、北京新闻频道、上海新闻频道等20家电视媒体直播或转播。邀请自治区网信办"百家网络媒体宁夏行"来青采风,全方位推介青铜峡市工业经济、现代农业、文化旅游方面独特资源;协调新华社、《人民日报》《经济日报》等中央媒体聚焦库区鸟岛,宣传青铜峡市湿地保护和生态文明建设成效。协调中央电视台到中华黄河楼取景拍摄,将青铜峡"黄河升明月·天涯共此时"壮丽画卷呈现在全国亿万观众面前,68年来最大"超级月亮"报道引发国内外媒体关注。全年在《人民日报》、新华社、中央电视台、《经济日报》《农民日报》《工人日报》等中央媒体发稿90余篇;在《宁夏日报》发稿144篇(1版稿件32篇);在宁夏电视台《宁夏新闻联播》《今晚播报》《都市阳光》等名牌新闻栏目发稿127条;在《吴忠日报》发稿844篇(1版稿件55篇);在吴忠电视台《吴忠新闻联播》栏目发稿111条。

【舆论引导】做好网上网下舆论引导工作,利用广播、电视、报刊和网络等传播平台,构建"四位一体"全媒体传播矩阵,正确应对意识形态领域发展变化,提升舆论引导水平和质量。年内,实施广播惠农(二期)工程,安装农村入户低音音箱26000个、室外低频音柱100台,发放定频收音机10000台,率先在全区实现广播惠农全覆盖。上线运营"魅力青铜峡"党政客户端,开通青铜峡旅游、黄河大峡谷景区、青铜峡文物所、青铜峡微生活等本土微信平台,覆盖用户4万余人。加强网络信息发布管理,做好信息发布审核把关工作,妥善处置某市民借利通区清真寺着火辱骂少数民族群众、青铜峡新材料基地嘉华化工有限公司液溴泄露两起网络舆情。

【对外宣传】举办阿迪力挑战黄河大峡谷极限之旅、黄河排沙节、"稻花香里"文化艺术节等大型活动,借助媒体平台展示"黄河岸边、稻花香里、贺兰山下"旅游资源,全力打响"印象黄河·彩虹之上"旅游品牌。依托本市独特黄河文化旅游资源,抓好擎天柱画面、交通干道道旗更换,旅游宣传广告制作和城区公交站台名牌名品图贴更新等阵地宣传,提升城市对外形象。年内,围绕"社会主义核心价值观"创建国家全域旅游示范市、"塞上天府·金岸明珠"等主题,更换重点路段15处擎天柱画面,在汉坝街、古峡街、滨河大道、宁朔大道等10余条交通干道以及青铜峡镇街道、黄河大峡谷和中华黄河楼等客流密集区域悬挂全域旅游标示彩旗,设计制作青铜峡城市形象logo,印制创建国家全域旅游示范市等主题海报10000张,协调市交通运输局、民政局利用20%公交站牌、路铭牌用于创建国家全域旅游示范市宣传。青铜峡市荣膺"2015最美中国'特色魅力·休闲度假'旅游目的地城市"称号。

【道德模范选树】开展"我评议、我推荐身边好人"活动,鲁忠义家庭被评为首届"全国文明家庭",张丽惠家庭被评为"全国最美家庭",杨福珍荣登"中国好人榜",韩占奎、陆玉芳、姜中云等5人被评为吴忠市第三届道德模范。开展青铜峡市"最美人物"推荐评选活动,评选出青铜峡"最美人物"20名,从中推荐6人参评第二届"最美吴忠人"。在全社会倡导做好事、当好人、有好报时代新风，启动春节走访慰问道德模范活动，为李举峰等14名道德模范送上党和政府以及社会各界温暖。

【文明创建】 开展“美丽乡村”文明创建和“城乡文明共建”活动，60个文明单位与14个行政村结成共建对子，通过资源共享和结对帮扶等形式，深化拓展创建内容和范围。市农牧和科技局在叶盛镇五星村举办实用技术培训班23场次、培训农民3000余人；华能宁夏大坝发电有限公司指导五星村建立村级“道德讲堂”，为村上“儿童乐园”捐赠3万元文体用品；市司法局为南庄村投资建设法治广场1处，市场监督管理局为韦桥村捐赠图书2000册；市地税局投资4万元帮助青铜峡镇余桥村完善基础设施和广场绿化。大坝镇韦桥村、峡口镇郝渠村、叶盛镇龙门村、邵岗镇沙湖村4个村被命名为吴忠市级“美丽乡村建设示范点”，市国税局等8个文明单位被评为吴忠市“城乡文明共建先进单位”；华能大坝发电有限责任公司道德讲堂被评为全区“50佳道德讲堂”。深化“好家风好家训”征集评选活动，编印《家风故事集锦》《古峡家风好故事》2000册，举办青铜峡市“好家风好家训”示范家庭、优秀家庭颁奖典礼。吴忠市农村精神文明建设亮点工作互观互学互检会议在青铜峡市召开，与会人员集体观摩唐滩村巾帼志愿服务、五星村城乡文明共建、时坊村善行银行和韦桥村美丽乡村建设工作。全市设置道德和孝德文化宣传牌140个，建立道德模范风采长廊4个、善行义举榜86个。

【志愿服务】 贯彻落实中央文明委《关于推进志愿服务制度化的意见》，开展“红红火火过大年”、雷锋饺子计划万家新春走访慰问、2016年党团员奉献他人·情暖古峡志愿服务活动，集中发放关爱物资，3万余名困难群众受益。按照培树典型、以点带面、整体推进思路，抓好“身边的雷锋”先进事迹宣传报道工作，在电视台开辟“鲜花朵朵送雷锋”专栏，在各镇分别建立1～2个农村志愿服务示范村。全市组建志愿服务总队1支、志愿服务分队55支，招募、注册、登记各类志愿者27842名，开展志愿服务300余场次。陈袁滩镇唐滩村被确定为全区农村志愿服务重点示范村。瞿靖镇时坊村“善行银行”工作经验先后被新华网、中国文明网、《精神文明报》《宁夏日报》《吴忠日报》宣传报道。

【未成年人思想道德建设】 开展“我的中国梦”主题教育活动，组织清明祭英烈、童心向党、“日行一善”及主题团队日等活动。实施未成年人道德养成行动计划，推动社会主义核心价值观进教材、进课堂、进学生头脑，引领未成年人学礼仪、知礼仪、行礼仪。以“做一个有道德的人”为主题，在全市中小学开展“争做美德少年”“经典诵读·书香校园”、网上签名寄语等主题实践活动。开展“中国梦·宁夏美·吴忠美·青铜峡美”优秀童谣征集评选活动，征集优秀童谣352首。中央文明办来青调研汉坝小学“日行一善”活动。汉坝小学“践行日行一善 创建最美校园”主题活动被评为全国中小学社会主义核心价值观教育优秀案例。青铜峡黄河大峡谷·中华黄河坛景区荣登国家旅游局十一假日旅游“红黑榜”之“红榜”。

【群众文化活动】 利用元旦、春节和元宵节等重大节日，开展各种群众文化活动。年内，筹办全市社火大赛、广场舞大赛、“电影过年”“同筑中国梦·共度书香年”楹联文化展、“书香古峡暨4·23世界读书日”、首届青铜峡中华黄河楼大型彩灯嘉年华花灯展及元宵节焰火晚会、2016“唱响宁夏·回乡最强音”电视歌手大赛、“稻花香里”文化艺术节等活动，演出各类文艺节目264场次。其中，组织广场文艺43场次、景区演出26场次、送戏下乡88场次、文化惠民演出7场、业余文艺团队演出100场次，观众累计18万人次。

【文艺创作】 结合宣传党的十八届五中全会精神，排演《十八大精神指航程》《和谐花开》等新剧目40个。为活跃节日文化氛围，排练大型秦腔历史剧《火焰驹》《慈母泪》《五典坡》等剧目在春节期间为广大市民演出。为纪念长征胜利80周年，创排秦腔小戏《过草地》。年内，拍摄《回家过年》《都是田埂惹的祸》《路边的美女你不要载》《坏人，假装熟人 假有爱》4部微电影，刘志海报告文学集《铁血铸魂》、董永红长篇小说《产房》、李翔才长篇小说《使命光荣》先后出版，53件文学作品获区市奖励。眉户戏《爱有你我他》被自治区文化厅推荐角逐国家文化部第十七届群星奖。文艺节目《打镇台》《过草地》《爱有你我他》三个代表剧目代表宁夏参加全国基层文艺院团戏曲汇演。

【文化惠民活动】争取自治区专项资金80万元，为9个镇文化站配置笔记本电脑、打印机及音响等设备，为53个社区、村配置便携式多功能组合音响系统。筹措资金，采取政府购买、补贴演出费用等形式，购买市演艺公司举办公益演出100场，组织星级业余文艺团队下乡演出100场。开展文化共享助农活动，组织市图书馆工作人员集中下载家禽饲养、农作物栽培和法律知识等相关信息1万余条、编印各类书面信息资料6000份、制作光碟600张，利用"三下乡"、农村集市等免费向全市各种养殖大户和农民群众发放。年内，在各镇、村组织送文化下乡视频讲座4场次，7000余名群众受益。举办基层文艺团队骨干声乐、书法培训班各30期，培训学员2000人。

【文物保护和文化执法】加强古长城、甘城子古城址和广武岩画等文物保护。配合中科院古脊椎动物与古人类研究所，开展鸽子山遗址考古发掘工作。完成第一次全国可移动文物普查认定和文物登录工作，牛首山佛教音乐成功申报区级非遗保护项目。严格执行文化市场行政审批各项管理制度，开展全市"扫黄打非"专项整治行动，全年办理行政审批23件，审核文化市场经营场所148家，举办文化市场经营业主法律法规知识培训班4期，培训业主400余人次。

【"善行银行"】2016年，瞿靖镇时坊村创办"善行银行"。"善行银行"以"日行一善、善行一生"为理念，采用积分管理运营模式，通过开办储蓄业务，引导全社会人人居善心、存善念、吐善言、行善举、做善事、积善业，推动社会主义核心价值观"落地"。"善行银行"开办原则是：不存钱，只储存善行，入行储户每位手持一张编码不同"善行储蓄卡"，将自己善行折算为积分，以道德资产形式存入银行"存折，可在帮助别人的同时传递文明、体会快乐。"善行银行"收储三种善行义举。一是善行时间储蓄。即把镇村干部、党员、群众和社会爱心人士日常生活、工作、社会活动、家庭生活中所做的支教义诊、政策宣传、综治巡逻、义务劳动、志愿服务等行为以积分的形式记录下来，纳入储卡。二是善举实物储蓄。即将镇村干部、党员、群众和社会爱心人士捐赠的图书、衣物、生活用品、手工艺品等实物折算成一定积分进行储存。三是善款捐赠储蓄。即将镇村干部、党员、群众和社会爱心人士所捐的现款存入银行，累计核算积分。年内，"善行银行"先后开展"衣旧情深""邻居来敲门""小小志愿者"等志愿者活动，推出了"愿望漂流"爱心帮扶"金融产品"（由储户说出自己的一个愿望，让其他有兴趣或有能力的储户帮助其实现，将善心转化为善行，形成"善心—善念—善言—善行"长效回路，让爱心在回路中漂流），发展储户197名，帮助12位名储户实现愿望。

（市委宣传部）

统一战线工作

【概况】2016年，市委统战部门贯彻落实自治区、吴忠市统战工作会议精神，以"服务经济建设·共促和谐发展"为目标，以责任制、限时制为抓手，统筹推进统一战线各项工作，在维护社会稳定、增强民族团结、促进经济繁荣和社会事业进步等方面作出贡献。市委统战部被评为全区统战系统信息报送先进单位。

【党的政策宣传贯彻】召开市委常委会议及全市统战工作会议，传达学习自治区统战部长、吴忠统战工作会议精神，安排部署青铜峡市2016年统战工作。坚持多党合作和政治协商制度，落实统战系统联席会议制度，利用党外各界人士座谈会、伊斯兰教界学习会等相关会议，向各民主党派、宗教界人士和无党派人士等系统传达中央和自治区关于统战工作重大决策部署，要求统战系统全体干部、统战各界人士根据中央、自治区党委统战工作会议和《中国共产党统一战线工作条例（试行）》要求，加强学习互动，统一思想认识。8月11日，召开青铜峡市委统一战线工作领导小组第1次会议，研究统战领域需要解决问题，审议并通过《青铜峡市委统一战线工作领导小组工作规则》《关于开展非公有制经济代表人士综合评价工作的实施意见》。

【民主党派工作】印发《民主党派青铜峡市委会年度目标任务考核办法》，将党派工作开展情况纳入效能目标管理考核范围。做好党外知识分子联谊会前期筹办工作，协调指导民盟、民进和民革市委会按照相关程序和选人用人标准，完成届满换届选举工作。提请市委出台《青铜峡市党代表、人大代表、政协委员、民主党派负责人列席市委常委会议暂行办法》，根据会议内容安排各民主党派主委列席市委常委会议。召开统战系统各部门、民主党派和工商季度联系会议，交流重点工作完成情况，安排下一阶段工作，通报全市经济社会发展暨党风廉政建设情况，要求各民主党派围绕市委、政府重大决策部署深入基层开展调研、建言献策。做好特约人员聘任工作，向有关部门推荐民主党派成员及党外人士担任特约监督员、行风评议员，参与所在部门活动和工作。组织各党派开展农业科技、卫生、法律义务宣传咨询、“扶贫帮困”献爱心、义诊等活动。3月，民盟青铜峡市委会成立“家庭教育咨询服务中心”，开通城乡居民家庭教育咨询服务平台，免费为学生家长提供教育咨询服务，同时争取《温州都市报》爱心人士支持，向邵岗中学捐助价值3.1万元课桌200套。

【民族团结进步创建】成立市委主要领导任组长的民族团结进步创建领导小组，下发《关于党员领导干部联系党外代表人士及宗教场所工作的通知》，建立市级领导联系点，健全市、镇、村(社区)三级民族宗教网络，为8个镇配备民族宗教专职干部。开展国旗进宗教场所活动，做好项目申报、立项、招投标及资金预算等工作，实现全市国旗进宗教场所全覆盖。开展“民族团结进步创建示范单位”争先进位活动，按照“585模式”(开展民族法制、民族认知、民族平等、民族互信、民族互助5项特色教育，实施民族团结宣传教育、民族地区经济振兴、社会事业全面提升、民族地区文化繁荣、少数民族人才培养、民族政策法规落实、宗教事务依法管理、宗教人士教育引导8大工程，健全完善组织协调、系统推进、监督检查、考核评价、条件保障5项机制)，巩固深化全国民族团结进步示范市创建成果，将创建活动“细胞工程”未命名民族团结进步创建示范单位和宗教场所延伸，做到标准不降、要求不松、措施不减和氛围不淡。年内确定62个民族团结进步创建示范点、16个精品示范点。8月2日，召开全市民族团结进步创建工作交流推进会，组织各镇、相关基层党(工)委参观学习利通区民族团结进步创建活动经验，选树峡口镇鸿乐府拱北、裕民街道怡园社区、陈袁滩镇袁滩村等试点。开展民族宗教理论政策教育，在乡村突出民族团结一家亲宣传教育，在城市社区突出邻里一家亲宣传教育，在机关突出民族事务依法治理宣传教育，在学校突出中华民族认知认同教育，在企业突出互助互惠宣传教育，在军营突出民族团结互学共建宣传教育，在宗教场所突出展爱国守法教育，民族团结成为各族群众自觉行为。开展“珍爱生命·远离毒品”主题“卧尔兹”演讲活动，丰富民族团结进步创建活动内容，激发全市伊斯兰教界人士、穆斯林群众参与禁毒戒毒工作宣传热情，全年举办巡回系列演讲活动3场。开展军寺共建活动，7月29日，协调22座清真寺伊斯兰教界人士对3支驻青部队、武警青铜峡支队和青铜峡消防支队进行慰问。加强餐饮场所管理，针对部分清真餐饮业转让清真准营证等存在问题，开展清真食品经营场所拉网式排查活动，重点检查《宁夏回族自治区清真食品管理条例》贯彻落实、“清真”标识使用、人员聘用、卫生设施及食品采购情况，规范《清真食品准营证》办理工作，解决假冒清真食品、“清真”概念泛化及恶意炒作等问题。

【宗教事务管理】制定应急服务管理工作预案和《防范和处置周泽群势力应急方案》，加强大型宗教活动、跨省区宗教活动管理，做好治安和交通安全管理，确保农历“正月十三”“三月二十七”“四月初八”3个忌日和牛首山农历三月十五传统庙会等大型宗教活动正常进行、平稳有序。针对境内牛首山三月十五庙会人数和群众组织外出跨省区宗教活动逐年增多情况，落实自治区《关于进一步加强跨省区宗教活动管理的意见》文件精神，建立跨省区宗教活动申报审批制度，协调统战、宗教、公安、交通运输部门相互配合，落实交通管制措施，加强沟通指导，严格申报审批程序；依照《宗教事务条例》，引导信教群众按照“小型、就地、分散”原则，开展忌日纪念等宗教活动，减少外出活动规模和人(次)数，防止踩踏、食物中毒现象发生，维护现有宗教格局稳定。全市43名外出参加朝觐穆斯林群众平安归来。强化宗教活动场所安全管理，不定期开展宗教活动场所建筑设施、防火防盗措施拉网式排查活动，检查宗教活动场215处，消除大坝镇蒋东清真寺、陈袁滩镇唐滩3队清真寺、大坝镇蒋南护国寺、小坝镇红星净土寺、牛首山保安寺天桥5处重大安全隐患。加强社会舆情监管，妥善处理裕民街道古峡基督教堂、峡口镇西滩清真寺内部矛盾纠纷，制止同兴大寺私设经文班、藏传佛教在邵岗镇圆明寺举办宗教活动等行为。

【服务经济发展】加强非公经济领域骨干培训，举办全市非公有制经济代表人士学习十八届五中全会精神、“企业互联网+双创领袖”、非公企业经营管理人才等培训班。会同其他部门，筹办2016年政银企合作座谈会，组织各商协会学习“助保贷”业务、到吴忠市相关餐饮企业学习参观。开展理想信念教育活动，组织民营企业家参加“弘扬企业精神，践行社会主义核心价值观”“三守”（守法诚信宣誓、守法诚信倡议、守法诚信经营）签名活动，采取自行办班、联合办班、请进来，走出去等形式，强化非公有制经济人士政策理论、法律法规、经济形势、企业管理、创业创新等培训，引领非公经济人士参与公益慈善活动，履行社会责任。年内，建立工商联会员学雷锋志愿服务队，开展扶贫济困、关爱留守儿童、“梦想助学”等志愿服务活动。发挥各民主党派人才荟萃、智力密集优势，实施“企业帮扶”“教育支持”“医疗救助”“特色村寨建设”等专项行动，助推精准脱贫。3月25日，在同兴村举办统一战线助力脱贫攻坚行动启动仪式，动员社会各界捐款12.9万元、轮椅20把。会同市伊协、总工会在同兴村、同进村举办3期手工制作暨刺绣培训班，150名移民妇女群众参加培训。实施青年企业家培育计划，建立非公有制代表人士后备信息库。开展非公企业“大走访、大调研、大服务”活动，出台《行业商会管理意见》和《行业商会考核办法》，指导商会建立各项工作制度、规范行业商会管理。完成市食品商会换届工作。全市组建11个行业商（协）会。

（市委统战部）

政策研究

【概况】2016年，全市政策研究工作坚持以文辅政，履行农办、考核办、改革办职能，协调推进政策研究、决策服务、深化改革、效能考核等相关工作，为促进全市经济社会持续发展做出贡献。市委政研室获2016年度全市效能目标综合考核一等奖。

【政策研究】确定调研课题，加强涉及全市经济社会发展重大问题综合分析研究，全面真实反映社情民意，撰写一批精品调研文章。做好外地经验学习借鉴工作，牵头组织相关部门组成考察团，赴外考察学习创新金融服务、承接产业转移、招商引资、工业园区建设等先进工作经验，结合本市实际，提交学习考察报告，为全市加快发展、创新社会管理提供参考。年内，参与市第十二次党代会工作报告等会议讲话材料撰写工作，部分文字材料在《宁夏工作研究》发表。

【考核办工作】总结分析2015年度效能目标管理考核工作，完善、改进考核体系和考核方法，按照情况相近、工作性质相似原则，对考核分组进行压缩，由2015年的9个组压缩为2016年的5个组，设置“两大任务”完成情况加分上限，确保考核分组公平公正。取消驻青区属单位按任务完成情况打分考核方式，改为年终组织综合测评打分，对排名靠前的给予荣誉、排名靠后的通报其上级部门，调动驻青区属单位支持青铜峡地方经济社会发展的积极性。简化考核程序，强化平时督查考核，提高考核效率，对平时督查可以认定完成的工作（项目）年底不再重复考核。针对各单位职能工作无法考核问题，增加以负面清单和分管领导评价为主要内容的职能工作考核，改变干与不干一个样、干多干少一个样、干好干坏一个样局面。做好自治区、吴忠市对青铜峡效能目标考核迎查准备工作，将各项指标、项目等工作任务层层分解、落实到各单位，下发《关于做好迎接自治区、吴忠市2016年度效能目标考核工作的通知》，梳理汇总工作亮点，强化检查督办和协调对接，完成迎查准备工作。

【改革办工作】加强与上级部门沟通对接，做好上下传达工作，按时完成文件备案、信息报送、调研等工作，确保改革任务交接清楚、青铜峡市全面深化改革领导组织工作与区市同步。4月，印发《青铜峡市全面深化改革领导小组2016年工作要点》梳理、确定44项重点工作任务，从经济体制改革、农村改革、加快新型城镇化进程、社会事业建设体制改革、行政管理体制改革、民主法治领域改革、党的建设制度创新七个方面，对2016年深化改革工作进行安排部署。其中，经济体制改革9项、农村改革5项、加快城镇化进程4项、社会事业建设体制改革5项、行政管理体制改革5项、民主法治领域改革10项、党的建设制度创新6项，为年度改革任务贯彻落实打下基础。同时，加强调查研究，起草并提请市委、政府印发《青铜峡市群团工作改革方案》《青铜峡市深化投融资体制改革实施方案》，在推动全市国有资产管理、运营体制机制创新方面作出有益尝试。

【农办工作】强化统筹协调、决策服务等职能，加强农业农村改革发展思路和方法谋划，协调农口部门落实全市农业农村方面决策部署。年内，根据市农村工作领导小组安排，制定《青铜峡市2016年农业农村工作安排意见》，印发《青铜峡市财政支农扶持办法》《加快发展农业特色优势产业贷款担保基金管理办法（试行）》《加快发展农业特色优势产业贷款风险补偿基金管理办法（试行）》《加快发展农业特色优势产业贷款贴息资金管理办法（试行）》评；创新财政支农方式，发挥财政资金杠杆作用，按照“目标明确、责任到人、时间倒逼、限时办结”要求，加强农业农村重点工作督促检查，牵头组织市纪检委、财政局、审计局、农牧和科学技术局、林业局等部门依据验收程序和标准，分批次对大米产业、肉驴特色养殖、大青葡萄种植、农业产业化经营水平提升、农村改革等支农政策落实、工作任务完成情况核查，核发财政补贴资金，引导农业经济持续健康发展。做好农村综合改革工作，起草《关于深化供销合作社综合改革的意见》《青铜峡市推行农村土地股份合作制改革实施意见（试行）》和《青铜峡市农村集体经济制度改革试点实施方案》，总结叶盛镇五星村土地股份合社经验，制定《青铜峡市土地股份合作制改革实施意见（试行）》，在全市选择7个村先行推广“五星村土地股份合作制模式”，扩大土地股份合作制改革试点范围，8家合作社入社农户927户，土地入股面积3492亩。规范村集体资产管理，开办陈袁滩镇补号村集体产权股份改革试点，完成全市农村集体“三资”清理、核实、登记、处置和公示工作。

（市委政研室）

机构编制

【概况】2016年，全市机构编制工作以深化行政体制改革为主线，推进事业单位改革，加强机构编制动态管理，优化编制资源配置，有效解决影响全市经济社会发展体制机制问题。

【权责清单制度建立】下发《青铜峡市建立政府部门权力清单制度实施方案》，编印《建立政府部门权力清单制度工作指南》，指导政府各部门参照市县行政职权指导目录和职权事项法律依据，统一政策口径，规范工作流程，做好政府部门权力清单制度建立工作。开展政府24个工作部门、6个直属事业单位和8个镇现有行政审批、处罚、强制、征收、给付、裁决、确认、奖励、监督和其他行政职权事项梳理审定工作，将3648项行政权力调整为2520项，压缩行政职权事项1128项，承接国务院、自治区下放职权事项72项，各部门、镇政府权力清单目录于5月底在政府门户网站予以公布，建立政府部门权力清单制度工作如期完成。

【行政审批制度改革】严格执行自治区《行政审批目录管理办法》，印发《关于清理非行政审批事项的通知》和《关于进一步规范行政审批事项目录的通知》，开展市委、政府审定保留的180项行政审批事项抽查工作，全市无擅自设立审批事项现象发生。加强自治区下放的72项职权事项对接、接管工作，明确承接行政审批事项审批条件、办理程序、申报材料、承诺时限及相关注意事项，确保承接事项“接得住、管得好”。创新传统审批方式和工作模式，采取五级（区、市、县、镇（街）、村）联网、在线审批、上门服务、限期办结等方式，进驻政务大厅的207项服务事项实现网上审批，审批时限由原来3887个工作日减少到现在1730个工作日，压缩率达55%以上。7月，完成市级网上办事大厅建设。8月22日，各部门办事窗口实现上线运行。开展行政审批制度改革和部门权力清单执行情况“回头看”活动，通过自查，没有发现承接下放事项落实不到位；以事前备案、核准性备案、备案登记等为名，进行行政审批；人为设置准入门槛、不备案就不允许从事特定生产经营等活动；自行设立行政审批事项等情况。

【重点工作领域改革】根据自治区关于推进全区县级纪检监察机关内设机构改革指导意见，会同市纪委（监察局）共同研究制定《中共青铜峡市纪律检查委员会机关（监察局）主要职责 内设机构和人员编制规定》，重新核定纪委（监察局）职能职责、内设机构、派出机构、领导职数和人员编制规定，完成市纪检监察机关内设机构改革任务。配合市卫生和计划生育局开展公立医院改革，将市第二人民医院整体并入市人民医院；整合市妇幼保健和计划生育技术服务机构，对市人民医院、妇幼保健和计划生育技术服务中心的职能职责、人员编制提出具体划转意见，实现人员平稳过渡。开展金融工作部门、不动产登记部门职能职责调研和征求意见工作，拟定《青铜峡市不动产登记事务管理中心的机构编制方案》，完成不动产登记事务管理中心人员编制和职能职责划转交接工作，市金融工作局挂牌运行。根据自治区有关会议、文件精神，配合市人力资源和社会保障局，提出市医疗保险事务管理中心与市社会保险事业管理局整合意见，拟定整合后的市社会保险事业管理局机构编制方案；配合市住房和城乡建设局，拟定市房屋交易管理服务中心机构编制方案；配合市发展和改革局，拟定《青铜峡市服务业发展促进中心机构编制方案》；配合市旅游局和林业局，提出旅游产业发展服务中心、葡萄产业服务中心设置方案。开展水利、林业、城市管理等综合执法部门履职情况调查摸底，对相关执法部门整合归并执法队伍、优化资源配置提出意见建议。会同相关部门，做好供销体制改革、公车改革、乡镇队伍建设编制调整相关工作，抓好13家公益性检验检测机构、3家承担行政职能事业单位、16家执法类事业单位、3家具有培训职能事业单位机构设置、人员编制、职责履行情况摸底调查，为顶层部门改革设计提供参考依据。

【编制前置审批管理】年内，配合市人力资源和社会保障局对各部门（单位）上报的招考计划从编制入手严格审核，全市拟招考公务员35名（含乡镇选调生6名）、事业人员34名，免费示范生30名，特岗教师40名，办理领导任职、新增人员控编手续402人次。

【工资核发联审】坚持每月工资由财政、人社、编制三部门联审制度，变纸质审核为电子审核，提高审核工作效率和透明度。根据每月人员变动等情况及相关依据，更新编制实名制库人员编制信息，全年调整人员编制信息2400余人次。

【机构编制动态管理】拟定《关于建立机构编制动态管理机制，进一步加强和完善全市机构编制管理工作的意见》，采取有减有增、增减结合、整合优化办法，核减职责弱化及整合单位编制，调增经济社会发展重点领域和工作薄弱环节机构编制，根据职能任务变化，将在政府机构改革中收回的34名行政编制，重新核增给职能加强的部门。强化自治区核查通知书所列23个超编制数单位管理，采取人员只出不进、随时更新编制实名制库信息、核减其他事业单位空编及将超编人员数划拨给增编单位等方式，有效化解实有人员超编制数问题，破除编制部门化现象，盘活编制存量，提高机构编制资源使用效益。

【事业单位登记管理】抓好党政群机关社会信用代码赋码发证管理工作，完成事业单位登记和法人事业单位年度报告公开工作。年内，为49家党群部门办理社会信用代码赋码，变更登记事业单位法人24家，网上公开法人事业单位年度报告126家。

（李斌）

市直机关党的工作

【概况】2016年，青铜峡市设立市直机关党（工）委8个，各党委下设总支11个、支部196个，机关党员4269名，占全市党员的32.8%。其中，女党员1242名，占机关党员的29.0%；少数民族党员361名，占机关党员的8.5%；大专以上学历党员3039名，占机关党员的71.2%。市直机关工委下设党总支9个、党支部45个，有党员1432名。年内，市直机关工委以“两学一做”学习教育为牵引，以贯彻“全面从严治党”为主线，围绕全市工作大局，抓好责任落实、强基固本、作风转变、载体创新、勤廉为民5项重点，协调推进机关党的建设。

【“两学一做”学习教育】把开展“两学一做”学习教育活动作为提高党员党性修养、强化工作作风、落实全面从严治党要求有力抓手，编写“个性化”学习套餐，通过举办“领导干部讲党课”“读书荐书讲心得”“党章知识测试”等活动，搭建QQ、微信、青铜峡政务通等多媒体信息平台，开展“三比三问三思”学习讨论活动，从思想上强化机关党员干部责任意识，为推动经济社会转型发展统一思想认识、凝聚奋进力量。

【党员思想作风建设】加强党的纪律和规矩教育，引导党员干部在思想上、政治上、行动上同中央、区、市党委保持一致。开展先进典型学习活动，结合“两学一做”学习教育开展“六查六看六树”专题讨论，组织机关党员查找理想信念、纪律规矩、道德品行、履职尽责、工作作风、廉洁意识六个方面存在问题，树立政治坚定、遵规守纪、公道正派、担当作为、求真务实、廉洁自律良好形象，通过开展重温入党誓词活动，到革命烈士陵园缅怀先烈，教育引导机关党员干部自觉做到讲党性、讲信念、讲传统，比学习、比工作、比奉献。

【“机关讲堂”学习模式推广】开展“书香四季”主题读书活动，按照每个基层党组织每月1～2次标准，采取领导带头、自主选题、自行备课、人人登台讲课方式，定期组织党员干部职工轮流登上讲台，交流分享个人学习、工作和生活经验，提升机关党员干部履职能力，营造读书好、好读书、读好书氛围。

【党建主体责任落实】落实“一岗双责”（“一岗”就是一个领导干部的职务所对应的岗位；“双责”就是一个领导干部既要对所在岗位应当承担的具体业务工作负责，又要对所在岗位应当承担的党风廉政建设责任制负责），履行管党治党主体责任，建立工委委员联点包抓责任制，每名工委委员联系6～7个党支部，每月到联系点调研、指导党建工作不少于1次。健全完善党组织书记抓党建工作“四个清单”（成绩清单、问题清单、任务清单、责任清单）和党建工作逐月调度、巡回督查、约谈推进等机制，开展基层党组织主要负责人“双向述职”活动，形成“书记抓、抓书记”三级党建联述联评联考体系。

【党建工作督查考评】推行党建工作责任制、限时制管理，把机关党建工作成效纳入市委效能目标考核和领导班子年度考核范畴，同经济建设相结合，通过与各总支、支部层层签订《党建目标责任书》，建立各总支、支部党建工作台账，开展定期不定期检查抽查活动，采取量化办法加强各支部考评考核，做到党建工作年初有安排、年中有检查、工作有落实。

【党内组织生活】健全完善“三会一课”、民主评议党员、组织生活会、党组织书记定期与党员进行点评及谈心谈话、党费收缴管理等制度，严肃党内政治生活，规范党员组织管理，提升基层党组织凝聚力和战斗力。

【党组织班子建设】开展换届选举工作，指导37个基层党组织按照“公推直选”方式进行届满换届选举，选好配强党支部班子。督促3个新成立直属行政事业单位及时成立党组织，确保机关部门、单位党组织百分百全覆盖、无盲点。针对机关基层党组织换届后新手多、业务不熟等问题，加大机关党组织书记和党务骨干教育培训力度，举办机关党组织书记培训班，开展互观互学互鉴活动，增强党组织书记主业意识、党性意识和服务意识。

【党员队伍建设】贯彻执行《中国共产党发展党员工作细则》，健全“一建双育三评四先五制”发展党员机制，注重在青年人才、优秀知识分子和一线工作岗位发展党员，全年发展党员14名。结合“两学一做”学习教育活动开展，引导党员干部做“四讲四有”（讲政治、有信念，讲规矩、有纪律，讲道德、有品行，讲奉献、有作为）合格党员，在理论学习和工作实践中增强党性修养、改进工作作风。开展党员组织关系集中排查活动，健全党员档案和信息库，强化流动党员管理。开展党代表和党员违纪违法未给予相应处理排查清理工作，对违纪违法未处理党员依照有关规定和程序进行组织处理。开展党费收缴专项清理工作，组织机关各总支、支部自查自纠，对照党员花名册、党费核定表逐人核算，规范党费收缴管理。

【星级服务型党组织创建】依据中央、区、市关于创建星级基层服务型党组织活动要求，量化争创标准，搭建争创平台，组织市直各部门开展星级基层服务型党组织创建活动和“评星定格”活动。各总支、支部按照星级评定标准及自查自评、申报星级程序，报请工委审定争创星级等次，制定创建方案，明确目标任务，细化工作措施，区分先进、一般、后进3个层级、5个星级，对应开展创建活动。其中，五星级、四星级基层党组织重在巩固提高、高位求进，打造示范品牌；三星级、二星级基层党组织重在查漏补缺、比学赶超，推动全面提升；一星级基层党组织重在补足短板、改进工作，实现晋位升级；后进党组织按照“一支一策”方案，挂牌督办，台账管理，倒逼销号，整顿转化，形成统筹推进基层服务型党组织建设工作良好局面。年内，培树市国税局、人民法院、地税局等服务型党组织建设示范点。

【机关干部下基层】完善机关党员联系和服务群众工作体系，组织机关党员干部开展“下基层”服务，通过进百村（社）、走千家、联万户等形式服务民生，全市1432名机关事业单位党员与基层党员群众结对帮扶，为群众办实事1268件，制定并实施帮扶发展项目2735个，落实帮扶资金930.79万元。

【“五型”机关创建】开展学习型、服务型、创新型、效能型、廉洁型机关建设活动，组织引导党员干部抓学习、强服务、提效能、保廉洁，焕发党员干部工作热情。抓好窗口服务部门、执法单位党员星级服务活动，推进机关党建示范点、文明单位等品牌创建，扩大机关党建覆盖面和实效性，树立党建示范点4个，建成各级各类文明单位33个。

（张军）

党校（行政学院）工作

【概况】2016年，青铜峡市委党校（行政学院）围绕全市党员干部教育培训和理论宣传研究两大目标，以提高教育教学质量和加强内部管理为重点，强化干部作风建设，加强教员师资培训，较好完成全年工作任务。

【主体班次培训】以学习党章党规、习近平总书记系列讲话精神和党的创新理论为主题，以提高干部能力和强化作风建设为目标，探索分层别培训模式，依照年度干部培训计划，开办“全市‘两学一做’学习教育基层党组织书记及党务骨干专题培训班”“全市入党积极分子培训班”“全市宗教人士培训班”“全市基层妇女干部培训班”等主体班次培训9期，1320人次参与培训。

【分类培训】根据工作需求设置课程，会同市住建局、财政局、卫计局、人社局等部门，开展联合培训13场次，累计培训部门业务骨干、专业技术人员1940人次。

【干部网络培训】按照自治区党委组织部《关于开展2016年干部网络培训工作的通知》文件精神，指定业务骨干协助市委组织部、人力资源与社会保障局抓好此项工作，对64个参训单位1176人（县处级领导干部32名、科级干部469人、一般公务员675人）培训学习情况进行跟踪督查，掌握各部门学习培训进度，协助解决培训过程出现问题。

【理论下基层】根据各部门学习培训需要，安排专职教师深入市人大、政协、国税局、峡口镇、青铜峡镇、陈袁滩镇、嘉宝轻纺工业园区和建设银行青铜峡支行，就‘十三五’规划、《党员干部廉洁自律准则》《中国共产党党内监督条例》《关于新形势下党内政治生活的若干准则》等内容，开展专题辅导35场次，累计培训2500余人次。

【课题研究】结合“两学一做”学习教育活动开展，确定6个研究课题，鼓励青年教师、领导干部深入基层开展调研活动，撰写《青铜峡市广武同心村生态移民发展模式探析》《青铜峡市反腐倡廉建设工作思考》《小坝城区房地产业发展现状及存在问题》等调研报告及《党的十八届五中全会精神解读》《学习新党章 践行新党章》《遵守准则 落实条例 把党的规矩立起来——深入学习和理解〈中国共产党廉洁自律准则〉和〈中国共产党纪律处分条例〉》《怎样做一名合格党员》《论长征精神的内涵及其当代价值》等理论文章。

【教员培训】年内，选派1名校领导参加广西干部学院培训、3名专职教师参加自治区党校师资培训，通过聆听专家教授精彩讲授，参与现场教学、访谈式教学和体验式教学，拓宽教师理论视野，提升教师宣讲能力。

【阵地建设】利用财政资金对4楼多功能培训中心进行提升改造，新增视频会议远程教育网络教学、PPT演示等功能设施，率先在全区各市县建成集网络化、多功能化、视频会议于一体的培训中心。

（余超）

老干部工作

【概况】2016年，全市老干部工作以贯彻落实“三个文件”（中办发〔2016〕3号、宁党办〔2016〕75号、宁党办〔2014〕36号）精神为重点，以营造勤政廉政、服务优良、文明和谐老干部工作环境为核心，以开展“两学一做”学习教育为载体，加强离退休干部“两项建设”（思想建设、组织建设），落实老干部“两项待遇”（政治待遇、生活待遇），全力做好转型期离退休干部工作。市老干部局被评为全区老干部工作先进集体、离退休干部宣传信息调研工作先进集体。

【思想政治建设】健全完善学习教育制度，组织老干部参与每月集中学习，安排专人为身体不便老干部上门送学，采取集中讲解、座谈讨论、分期办班、印发学习资料等形式，向老干部传达“三个文件”及全国、全区离退休干部“双先”表彰大会及区、市各类重要会议精神。开放阅文室，方便老干部阅读各级党委、政府有关文件。抓好老干部“两学一做”学习教育，按照自治区党委组织部、离退休干部党工委和青铜峡市委统一部署，印发《关于在全市离退休干部党员中开展“两学一做”学习教育的工作方案》，将“两学一做”学习教育与加强离退休干部党员教育管理结合起来，组织老干部集中开展“八个一”活动（开办一期离退休干部党支部书记培训班、开展一次先进典型宣传学习活动、进行一次“做红色传人”革命传统教育、参加一次颂歌献给党歌咏比赛、举办一次“两学一做”暨“党在我心中”知识竞赛、召开一场“传承好家风”座谈会、开展一次“我为青铜峡发展献一计”金点子征集活动、参加一次“一颗红心永向党”正能量传递活动）。年内，为离退休干部和部分党支部订阅《宁夏日报》《新华每日电讯》《金秋》《党史天地》等报刊；组织全市离退休干部参加全区离退休干部纪念中国共产党成立95周年“两学一做”网上知识竞赛活和全区纪念中国共产党成立95周年暨中国工农红军长征胜利80周年征文活动，300余名离退休干部参与答题，20余人获奖；举办全市离退休干部“两学一做”专题学习班及老干部网宣培训班3期，向老干部发送《党章》（合订本）《习近平总书记系列重要讲话读本》1200余本，编印各类学习资料3期1000余本；开展“展示阳光心态·体验美好生活·畅谈发展变化”主题教育活动，召开老干部座谈会，组织处级退休干部和离退休干部党支部书记参观六盘山红军长征纪念馆，观摩区、市重点产业发展情况，通报经济社会发展情况，征求对市委、政府工作报告意见建议，发挥老干部建言献策作用。

【“关工委”工作】围绕庆祝中国共产党成立95周年和纪念中国工农红军长征胜利80周年，会同市教育局，在全市中（小）学组织开展“党史国史”“三爱”（爱学习、爱劳动、爱祖国）主题教育及“关爱明天·普法先行”青少年普法教育活动，1000余名中小学生参与书面知识竞赛。发挥“五老”优势，组织“五老”人员进入社区和校园，探索开展“老少共筑中国梦”主题教育活动以及“零犯罪社区”“零犯罪学校”创建活动，为青少年健康成长营造良好环境。

【离退休干部党组织建设】开展党员组织关系集中排查工作，核查全市离退休干部党员身份信息，理顺党员组织关系。会同市委组织部加强全市离退休干部党建工作检查，督促各有关单位落实好离退休干部党建工作主体责任。加强离退休干部党支部班子建设，配齐配强支部班子，定期举办离退休干部党支部书记（委员）学习班，选派人员参加自治区和吴忠市离退休干部党支部书记培训班。建立离退休干部党支部书记、委员工作补贴制度，按照每月200～260元标准，做好补贴发放工作。开展“五好”离退休干部党支部创建活动，按照创建标准和申报验收程序，做好全区“五好”离退休干部党支部和全市先进基层党组织推荐、评选工作。

【老干部精神文化生活】加强市老年大学、老干部活动中心等阵地建设管理，改善学习活动环境，增加健身活动设施，围绕“学、乐、为”办学宗旨，坚持小型活动经常化、大型活动主体化，在抓好日常教学活动的同时，依托重大节庆日，开展文体健身比赛、广场文艺演出、才艺展示、书画展、联欢会等活动，丰富老干部精神文化生活。4月，举办全市离退休干部“庆五一·展风采”文体趣味活动，100余名离休干部、处级退休干部和离退休干部党支部书记参加乒乓球、飞镖、投球等项目比赛。6月，举办全市离退休干部庆祝中国共产党成立95周年“颂歌献给党·共筑中国梦”广场文艺晚会，130余名老干部排演大合唱、歌舞、器乐合奏、武术表演等节目。

【待遇落实】落实离休干部政策待遇规定，确保离休干部离休费、医疗费等按时足额发放。按照有关政策规定，提高生活不能自理和85岁以上离休干部护理费标准。坚持走访老干部制度，针对老干部进入“双高期”、个性化问题突出实际，建立健全“三建四关心五必访”(建立老干部信息档案、建立老干部服务制度、建立困难老干部关爱基金,关心老干部政治思想、关心困难老干部生活、关心老干部身体健康、关心老干部精神生活,重大节日必访、生活困难必访、生病住院必访、家中有大事必访、老干部去世必访)工作机制,每月1号、15号看望生病住院、生活困难、生活不能自理老干部,每月给异地安置老干部及遗孀打电话一次,了解他们身体状况和生活情况,为他们汇寄医药费、门诊费和生活补助费。春节、端午、中秋等重大节日期间,组织工作人员登门走访慰问离退休干部及其遗孀,发放慰问金和慰问品。健全完善健康档案,开展离休干部健康体检工作。做好去世老干部善后工作,赠送花圈,参加遗体告别仪式,看望老干部家属,帮助解决善后事宜。做好老干部信访接待工作,做到老干部信访问题件件有回音、事事有落实,确保老干部队伍和谐稳定。年内,走访慰问离退休干部及其遗孀260人次,发放慰问金(品)20余万元。

(张培林)

党史地方志编纂工作

【概况】2016年,市党史地方志编纂委员会办公室以建设一流机关、打造一流队伍、培育一流作风、创建一流业绩为目标,以年鉴编纂、党史编写、方志督修为重点,改进工作作风,狠抓责任落实,提高办事效率,全面完成年度各项重点工作任务。年内,《古峡月志》创刊发行,浙江舟山知识青年支青五十周年纪念图册《不能忘却的记忆》、青铜峡市十二次党代会图册《历史的瞬间》及《青铜峡史话》编印出版。《青铜峡年鉴》(2013)

获得全国地方志优秀成果(年鉴类)三等奖,《古峡月志》期刊编纂工作得到中指组和自治区地方志办公室肯定。全区地方志工作现场观摩会在青铜峡召开。市史志办被评为全区地方志工作先进集体,获全市效能目标管理考核一等奖。

【《青铜峡年鉴(2016)》编辑出版】学习、借鉴全国优秀地方综合年鉴框架设计经验,对拟编年鉴编纂大纲进行大幅调整,增设特载、党派团体、军事、大众传媒4个篇目,调整大事纪要、市情概览、党政、法治、基础设施、生态环境6个篇目。编纂工作坚持三审定稿制度,5月底完成70万字初稿撰写。经内部交叉审核、自治区地方志办公室通审和宁夏人民出版社终审,12月公开出版发行。已编修出版的《青铜峡年鉴(2016)》,采用分类编辑法,以类目、条目组成框架主题,少数分目中增设子分目。表述形式有专载、大事记、图片、条纹等。其中条目为主要信息载体和基本表现形式。各条目标题统一加黑用方框表示,详实记载青铜峡市2015年度政治、经济、文化及社会各项事业的发展状况。《青铜峡年鉴(2016)》文字编辑严格实行国家出版物汉字使用管理规定,各计量单位、数字写法、标点符号力求书写规范。编审正文内容时,对各分目、条目之间交叉重叠部分,在分清主次和互补的基础上,采取平衡删留、详略互见、区别视角等不同记述方法。所辑录文字和图片资料全部由辖区内各镇、街道、农林场、行政机关、事业单位提供。其中,经济社会发展主要数据以《青铜峡市2015年国民经济和社会统计公报》为主。除了公益彩页(32页),正文内容含要闻大事、市情概览、组织机构、党政、军事、法治、党派团体、公共管理、农业与农村经济、工业、商贸服务、基础建设、生态环境、教育·科技、文化·旅游、大众传媒、卫生·体育、社会事业、银行·保险、镇·街道·农(林)场、荣誉榜、附录和索引23个类目、215个分目(含子分目)、1682个辞条,规格为精装880×1230开本,正文内容约60万字。

【《中国共产党青铜峡史》编修】年内,按照编修工作计划和自治区党史研究室专家意见,调整部分篇章结构,启动80万字初稿审改工作,完成文稿初审及资料补充。

【镇(场)志、部门志督修】年内,对15个单位镇场志、部门志编修工作进行上门指导,完成《青铜峡统计志》《青铜峡人事劳动志》文稿审读工作,《青铜峡卫生志》(2000—2010)出版发行。

【《古峡月志》编发】秉承“记录地情、反映发展、服务社会、资世重鉴”原则,创办《古峡月志》,坚持每月出版一期,面向全市各部门、单位发行。《古峡月志》期刊正文内容设置专记、本月聚焦、本月纪实、历史回眸、上情下达、基层动态、古峡风采七大板块,主要记述、宣传和展示青铜峡市经济社会发展最新动态。年内完成12期编发工作。9月26日至29日,《古峡月志》办刊经验在吉林省长春市召开的全国地方史志期刊工作会议暨中国地方志学会史志期刊研究会成立大会上交流。

【“5·18”地方志工作宣传日活动】按照区志办统一安排,提前制定宣传活动实施方案。5月18日,以“依法修志谱新篇 服务古峡促发展”为主题,在银河东街设立宣传台,集中开展宣传咨询活动。活动现场悬挂宣传横(条)幅3条,制作摆放宣传展板3块,向过往群众发放地情书籍200余本及宣传彩页、折册400余份,现场解答群众问询40余次,370余人参与现场互动。

【全区地方志编纂工作现场观摩会筹办】7月15日,全区地方志编纂工作现场观摩会在青铜峡市召开。会前,市史志办加强与区志办沟通联系,按照会议规模和日程安排,制定会议筹办方案,从会务接待、会议材料、观摩选点、成果展示等方面细化分工,进行详细安排,确保现场会圆满成功。

【地方志工作五年规划编制】根据《全国地方志事业发展规划纲要(2015－2020)》(国办发〔2015〕64号),结合青铜峡市地方志事业发展现状和中长期发展目标,指派专人加强工作调研,按期完成《青铜峡市地方志工作规划(2016—2020)》编制工作。

【《青铜峡史话》出版发行】《青铜峡史话》是宁夏地方史话丛书之一。该书编修工作2011年启动,2013年完成初稿撰写,2014至2015年聘请专家吴怀章对文稿进行重新修编和补充资料,2016年8月经宁夏人民出版社终审公开出版发行。《青铜峡史话》主要内容上限追溯至一万年前的远古时期,下限截止到2015年,主编郭恒君,总纂吴怀章。全书设56章40万字。各章即独立成章又相互联系,按照从前到后历史发展脉络,以择特择要择大形式和简明扼要的语言,重点记述了青铜峡千百年来厚重的历史文化、发生的大事要事、美丽的自然风光、丰富的地理物产、动人的古老传说和快速的社会发展。

【其他工作】年内,配合全市“两学一做”学习教育活动开展,编印《党史参阅》学习教材3期。根据市委临时工作安排,编印浙江舟山知识青年支青五十周年纪念画册《不能忘却的记忆》、青铜峡市十二次党代会纪念画册《历史的瞬间》及《中共青铜峡市十二次代表大会资料汇编》。

(乔才山)

档案管理

【概况】2015年,全市档案工作树立亲民、为民、便民工作理念,强化服务意识,拓展服务范围,改进服务方式,创新档案管理手段,为全市经济社会发展建设提供查询服务。

【档案法制宣传】利用“3·15”、6月9日“国际档案日”,开展档案法制宣传活动,通过进机关、进农村、进社区、进家庭,扩大档案工作社会影响力。年内,散发档案法制宣传单350余份,向《中国档案报》《吴忠日报》等新闻媒介投稿29篇,采用9篇。

【档案执法监督检查】8月1日至5日,依法对市扶贫办、农综办、裕民街道办事处等25个单位档案管理工作进行执法检查,听取各单位工作落实情况汇报,实地查看档案馆(室)防火防蛀、日常管理及案卷整理、档案检索工具建立情况,通报检查结果,并就档案工作存在问题提出整改建议。

【基层档案管理】年内,完成市发改局、农综办、信访局等12个立档单位档案整理、归档工作。转发《城市社区档案管理办法》。5月,开展裕民街道、青铜峡镇两个城镇社区档案管理普查工作,指导各社区依据文件材料分类归档和保管期限划分标准,规范社区档案管理。按照《自治区农牧厅、档案局〈关于加强农村土地承包经营权确权登记档案管理工作的通知〉》(宁农(经)发〔2014〕3号)要求,配合市直相关部门做好全市79个行政村、5.5万农户农村土地承包经营权确权登记档案建档管理工作,设立专门档案室用于全市土地确权档案、规委会档案、民生档案保管存放、利用和管理，防止因年代久远、档案资料丢失引发各类矛盾和纠纷发生。依照全国、全区农村精准扶贫工作会议精神要求，率先在全区各市县开展精准扶贫建档工作，会同市扶贫办统一建档分类、目录和归档要求，核查建档立卡信息，完善精准扶贫台账，确保档案真实、有效、完整，为后续精准扶贫验收工作提供帮助。

【查档服务】 创新查档服务方式，拓宽查档服务途径，变传统来人查阅为电话查阅、来函查阅、预约查档和节假日查阅。全年为388名来馆查档人员提供办理社保养老金、住房补贴、土地纠纷、职称评定、干部任职等档案查询服务，调阅档案1263卷（册），复印档案3562页。

【档案资料抢救保护】 年内，对馆藏311卷民国档案进行抢救保护，做好目录输入、内容扫描和纸张装订工作，修补、裱糊老旧档案8202页。

【声像和实物档案管理】 提请市委、政府印发《青铜峡市加强声像和实物档案管理的通知》，对全市各党政机关、人民团体、企事业单位及其他组织或个人在公务活动中形成的具有保存价值的声像和实物档案管理、收存工作提出明确要求。年内，接收市水利局、残联等单位声像和实物档案。

【文字档案立卷归档和收集管理】 制定档案接收计划，增加馆藏档案数量，接收市委办公室、政府办公室2015年度文档151盒、1087件。加强市档案局（馆）网站维护更新工作，推进档案信息化工作，做好2003年以来市委、政府文件电子文件录入工作。

【档案安全、保密工作】 健全档案安全、保密制度，建立档案馆（室）应急预案工作机制，定期开展档案安全保密自查，安装档案防火报警、安全监控设备，更换消防管道设施，强化与市消防中队平时演练，提高档案安全管理水平。

（赵阳）

中国共产党青铜峡市纪律检查委员会

【概况】 2016年，全市纪委监察工作聚焦中心任务，加强纪律建设，落实"两个责任"，持之以恒纠正"四风"，为全市经济社会快速发展提供了坚强的纪律保障。市纪委监察局获2016年度全市效能目标管理考核一等奖和争先进位奖。

【"两个责任"落实】 印发《2016年党风廉政建设和反腐败工作任务分工》，制定《青铜峡市落实党风廉政建设"两个责任"报告制等五项制度的实施办法》和《青铜峡市党风廉政建设"两个责任"落实清单》，细化责任主体，开列责任清单，层层传导压力，逐级落实责任。建立党风廉政建设工作巡察制度，推行领导干部"述责述廉"和专题报告制度。年内，下发《青铜峡市委巡察工作办法》，成立巡察工作组，先后4次对全市基层党（工）委（党组）和党风廉政建设工作任务牵头单位进行专项巡察，6次向市委常委会报告党风廉政建设和纪律审查工作，两次召开会议听取各基层党委、纪委党风廉政建设责任落实情况汇报，制发巡察整改建议书74份，整改问题227个，并依照《青铜峡市落实党风廉政建设"两个责任"问责暂行办法》对3名落实责任不到位领导干部进行责任追究。强化"再监督"职能，把好"纪律审查关"，在市、镇两级换届工作中，对

43名市委委员和候补委员、17名纪委委员和72名出席吴忠市第五次党代会代表及部分人大代表、政协委员进行资格审查。加大领导干部特别是一把手行使权力工作监管，开展一把手五不直接分管、干部“三制两考一提名”机制等制度落实情况监督检查，审查18名科级干部婚丧嫁娶事宜，抽查领导干部个人有关事项填报表，对1名不如实报告个人重大事项领导干部给予党内严重警告处分。

【作风建设】加大监督检查力度，抓住元旦、春节、国庆节等重要节点，节前下发纪律要求，节中开展明查暗访、突击检查，节后点名通报曝光。开展遵守中央八项规定精神“回头看”工作，4次抽查各部门（单位）工作，下发巡察通报两期，查处违反中央八项规定精神问题4起，给予党纪政纪处分4人，问责16人。围绕服务全市改革发展大局，强化监督检查，对在信访维稳、环境保护等工作中“不善为、不能为、不作为”11名领导干部进行问责。拓展监督渠道，加强舆论监督，抓好“电视问政”节目筹办，公开曝光环境治理不彻底、私挖乱采矿产资源等存在问题。年内，举办“电视问政”节目1期。开展“清风使者”专项行动，从基层聘用1000名“清风使者”进村入社，宣传党纪党规，监督干部作风。开展侵害群众利益不正之风和腐败问题综合整治，建立市委、纪委领导包抓工作机制和重点问题线索“1+3”包案挂牌工作机制，全年受理问题线索50件，给予10名党员干部党政纪处分。

【惩治腐败】保持惩治腐败高压态势，查处违反“六大纪律”（政治纪律、组织纪律、廉洁纪律、群众纪律、工作纪律、生活纪律）行为。全年受理问题线索125件，初步核实105件，立案33件，给予党政纪处分30人，收缴违规资金387万元。印发《关于实践监督执纪“四种形态”指导意见》，细化29种“四种形态”适用情形，推行“一单一表”制度和全程留痕监督执纪模式，有效运用“四种形态”。年内召开市纪委例会两次，开展日常提醒310人次、警示约谈58人次、重点谈话30人次，65名存在问题党员干部被当面约谈提醒、诫勉谈话。其中，对116件次受理问题线索，谈话函询11件次，给予组织处理13人、党纪处分15人次。整合办案资源，增强审查力量，建立容错纠错机制，制发《关于建立派出机构、镇（街道）纪委审查工作协作区实施方案》，在全市建立4个审查办案协作区。加强党员干部违纪问题线索管理处置工作，为13名党员领导干部澄清事实，保护干部干事创业积极性。

【宣传教育】以“两学一做”学习教育活动开展为契机，加强党规党纪教育。年内，举办两期全市党员领导干部党内法规知识专题培训班，组织全市20个党（工）委开展“学党章、知党规、守党纪、强党性”知识竞赛和知识测试，以考促学。抓好《习近平关于严明党的纪律和规矩论述摘编》《中国共产党廉洁自律准则》《中国共产党问责条例》等党纪条规学习贯彻。加大新提拔干部教育力度，强化换届纪律宣传工作。全年对120名新提拔及调整任用领导干部进行廉政谈话，赠阅党纪法规读本；向全市各级党员干部印发2000余份《换届纪律提醒卡》；向287名党代表发出《致全体代表的一封信》。创新廉政宣传教育载体，开通“古峡清风”微信公众号，建立市纪委监察局和群众“点对点”廉政工作宣传平台，综合运用文字、图片、微视频等形式，宣传党和国家反腐倡廉方针政策，发布全市纪检监察工作动态，全年发送各类宣传信息41条。会同市妇联等部门开展“家风建设在行动·家庭助廉共参与”主题活动及优秀家训家规家风故事征集、“最美家庭”评选活动，举办“尚德兴家、廉洁齐家”教育培训班，对95名新任领导干部家属进行廉政教育，签订家庭助廉承诺书，向全市领导干部赠送《家风故事集锦》及《防腐锦囊36计》1000余本，评出22个优秀家训家规家风故事及116户“最美家庭”。

【队伍建设】落实中央和区市关于纪律检查体制改革要求，加强纪检监察机关自身建设，制定《中共青铜峡市纪律检查委员会内设机构和人员编制改革方案》，重新核定市纪委（监察局）及其内设机构职能、领导职数和人员编制，调整设置职能科室6个、派出纪（工）委4个，新增人员编制2名。加强派驻机构和各镇（街道）纪（工）委纪律审查工作管理和指导，印发《青铜峡市纪委监察局加强对派驻机构管理工作的实施意见》，在8个镇纪委按“八有”（有机构牌

匾、有专属办公用房、有专项办公办案经费、有信访接待场所、有办公办案装备、有群众举报电话、有健全完善制度、有畅通的宽带网络)标准设立"纪检工作室",规范基层纪检监察组织工作。7月,完成全市8镇纪委换届工作,选举产生新一届镇纪委班子,选出纪委委员40名。9月,召开青铜峡市十二届纪委一次全体会议,选举产生新一届市纪委书记、副书记和常委。

【存在问题】个别党委落实党风廉政建设主体责任不到位,存在被动应付现象;工程建设、土地出让、涉农惠农等领域腐败行为和不正之风还未完全遏制,"四风"问题禁而不绝,个别党员干部借婚丧、乔迁等事宜顶风违纪时有发生;腐败问题在一些重点领域仍然易发多发,"为官不为"现象、损害群众利益问题还屡有发生。

(纪委办公室)

青铜峡市人民代表大会常务委员会

综述

【概况】2016年,青铜峡市人民代表大会常务委员会围绕中心,服务大局,依法履职,强化监督,全年召开人大常委会会议10次,组织开展各类视察、检查、调研和督查活动13次,听取和审议"一府两院"专项工作报告,对3部法律法规贯彻实施情况进行执法检查,对市人民检察院和市人民政府两个组成部门工作进行评议,依法作出决议、决定和评议意见,有效发挥地方国家权力机关职能作用。全市有市级人大代表179名、镇人大代表483名。市级人大代表中,非党代表有55名,占总数的30.7%;妇女代表有59名,占总数的33.0%;少数民族代表有42名,占总数的23.4%。

【重要活动】①3月25日,市人大常委会组成调查组,深入市司法局及部分城镇、农村社区,对全市社区矫正工作进行调查。针对社区矫正工作社会认知和重视程度不够、部门协调联动机制有待完善、帮扶救助措施单一、人员力量比较薄弱和矫正工作需进一步规范等存在问题,提出进一步加大宣传力度,提高社会认同度;进一步健全完善机制,形成工作合力;进一步加强管理,拓宽矫正对象就业渠道;进一步加强队伍建设,不断适应形势发展需要4条意见建议。②4月7日至8日,市人大常委会组成调查组,深入市教育局及部分城乡学校,对全市义务教育工作情况进行调查。针对部分学校布局不合理,优质教育资源供求不平衡;"一线"年轻教师紧缺,教师队伍结构性矛盾突出;农村学校和寄宿制学校办学经费不足,影响正常教育教学工作;一些学校周边监管缺位,校园安全管理存在薄弱环节等问题,提出持续优化教育资源配置、加强师资队伍建设、加大农村和寄宿制学校经费投入力度、强化校园安全管理4条意见建议。③6月6日,市人大常委会组成调查组,深入市农牧和科学技术局、叶盛镇、瞿靖镇及部分大米加工企业,对全市优质大米产业发展情况进行调查。针对品牌创建和市场开发没有形成整体合力、政府补贴力度不断缩减、优质水稻不优价、影响农民种植水稻积极性等存在问题,提出打好"青铜峡大米"品牌,增强市场竞争力;加大政策扶持力度,做"优"大米产业;发展现代观光农业,提升优质大米知名度3条意见建议。④6月7日,市人大常委会组成执法检查组,深入市民政局、人社局、市人民医院及部分城乡社区,就青铜峡市贯彻实施《社会救助暂行办法》情况进行执法检查。针对《社会救助暂行办法》宣传力度不够,群众知晓率低;部分社会救助工作人员不能适应岗位需要,能力和水平有待进一步提高;各部门协作配合不够紧密,"一门受理、协同办理"机制仍需完善;个别镇村阳光低保评议流于形式,社会救助监督检查落实不到位;救助主体单一,社会参与程度不高等存在问题,提出广泛开展政策宣传,提高群众对《办法》的知晓率;加强从业人员技能培训,不断提升工作能力和水平;强化部门协调配合和政策落实,提升社会救助工作整体合力;加大社会救助监管力度,确保《办法》执行到位;动员社会力量参与救助,形成全社会齐抓共管格局5条意见建议。⑤6月17日,市人大常委会组成督办检查组,深入全市部分承办单位,就市人大代表议案、建议意见办理情况进行检查。针对个别承办部门主要负责人重视程度不够，办理工作安排不够及时，前期准备不充分、措施不实，协调配合不到位、交转脱节进展缓慢，建议办结率低、质量不高等存在问题，提出要强化领导，进一步压实责任；增补办理措施，明确完成时限；采取有效形式，做好议案建议答复工作3条指导意见。⑥6月21日，市人大常委会组成执法检查组，深入市市场监督管理局、卫生和计划生育局及部分商场、超市、集贸市场，就青铜峡市贯彻实施《中华人民共和国食品安全法》情况进行执法监督检查。针对新《食品安全法》宣传深度和广度不够、监管技术力量亟待加强、部分食品生产企业负责人安全意识淡薄、食品安全监管工作机制不够完善、监管队伍建设有待加强等存在问题，提出加强法律法规宣传、强化食品生产流通环节日常监管、加大食品安全工作经费投入、组织开展“食品经营示范街、示范餐饮店”等创建活动、加强市场监管工作人员学习培训、齐抓共管构建食品安全监管网络等意见建议。⑦8月4日，市人大常委会组成审查组，深入市发改局及部分重点项目建设工地，对全市2016年国民经济和社会发展计划上半年执行情况进行监督审查。针对审查中发现的问题，提出进一步优化产业结构，促进工业经济稳中向好；突出特色产业发展，助推现代农业提质增效；统筹城乡协调发展，加快推进城镇化建设；做大做强旅游经济，提升三产发展水平；重视项目库建设，做好项目申报前期准备工作等意见建议。⑧8月5日，市人大常委会组成审查组，深入市财政局等部门，就青铜峡市2015年度财政决算和2016年上半年

财政预算执行情况进行审查。针对审查发现的问题，提出加强预决算编制管理，提高预决算编制水平；深化财税体制改革，依法加强收入征管；强化预算执行管理，提升财政保障能力；加强政府债务监管，健全风险防范机制4条意见建议。是日，市人大常委会组成审查组，深入市财政局和审计局，就全市2015年度本级财政预算执行和其他财政收支审计情况进行审查。针对财政预算执行不够严格和规范、部分行政事业单位会计核算和财务管理不规范、挤占挪用专项资金、工程决算不及时等存在问题，提出高度重视审计工作，充分发挥审计职能作用；加强财政资金审计，突出审计监督实效；充分运用审计结果，切实加强整改落实；强化预算执行管理，提高资金使用绩效；加大结余资金清理力度，盘活财政存量资金5条意见建议。⑨8月8日至9日，市人大常委会组成评议调查组，深入市农牧和科学技术局、部分镇村及种养大户，采取发布评议调查公告、进行前期问卷调查、召开评查动员会议、听取相关工作情况汇报和组织开展民主测评方式，对市农牧和科学技术局工作进行评议。针对涉农法律法规知识和农业生产新技术宣传普及深度不够，覆盖面不广；各农产品生产企业单打独斗，品牌创建和市场开发没有形成合力；园区建设用地紧张，土地流转矛盾突出；农业生产组织化程度不高，便农服务措施亟待改进等存在问题，提出加大涉农法律宣传和农技知识普及力度，增强依法管理农业能力；实施农产品品牌创建战略，积极开拓市场；健全完善土地承包经营权流转机制，不断增加农民收入；加强干部队伍教育培训，提升农业科技服务水平等意见建议。⑩8月10日至11日，市人大常委会组成评议调查组，深入市卫生和计划生育局及部分医疗机构，对市卫生和计划生育局工作进行评议。针对市属医疗机构人员结构性矛盾突出，缺乏高精尖人才；乡镇卫生院分级诊疗作用发挥不够，基层医疗保障水平需要进一步提高；计划生育新政策宣传乏力，优质服务工作力度有所减弱等存在问题，提出深化公立医院综合改革，走联合办院之路；建立市镇卫生医联体，着力提高基层医疗保障水平；开展计划生育优质服务工作，落实计划生育各项惠民政策；加强医疗队伍自身建设，不断提升依法行政水平等意见建议。(11)8月10日至11日，市人大常委会组成评议调查组，深入市人民检察院、人民法院、公安局以及部分城镇社区，对市人

民检察院工作进行评议。针对预防职务犯罪宣传教育不够广泛，查办案件工作需要进一步加强；法律监督职能发挥不够充分，存在重配合指控轻监督纠正倾向；公诉、侦察力量比较薄弱，检察队伍整体素质有待提高等具体问题，提出加大宣传查办工作力度，抓好预防职务犯罪工作；改进法律监督工作，维护社会公平正义；注重司法能力建设，提升队伍整体素质等意见建议。

【依法监督】2012—2016年，市十四届人大常委会从全市经济社会发展大局出发，选择事关全市改革发展稳定的重大事项和社会普遍关注的热点问题，通过综合运用多种监督方式，抓好审议意见跟踪督办及视察、检查和调查报告所提建议意见有效落实，开展相关部门工作评议，增强监督实效。①经济运行情况监督。按年度听取和审议全市国民经济和社会发展计划执行情况报告，分析经济运行存在问题；开展财政预算执行情况审查监督，规范政府收支行为、专项资金和重点项目资金使用管理。②重点领域监督。组织开展中小工业企业科技创新、工业园区建设与管理、“两园两带”规划建设、招商引资政策落实等情况调查，听取和审议全市标准化养殖园区建设、酿酒葡萄和优质大米产业发展等情况报告，督促市人民政府增补措施、整改问题和改进工作，确保市委重大决策部署贯彻落实，助推经济社会向好发展。③法律法规实施情况监督。组成执法检查组，深入市环保、安监、国土、旅游、水务、住建、市场监督管理等部门及部分工业企业、采矿现场、旅游景点、灌溉渠道、居民住宅小区、食品生产经营场所，就《环境保护法》《安全生产法》《土地管理法》《旅游法》《水法》《物业管理条例》《食品安全法》等11部法律法规贯彻实施情况开展执法检查，保障法律法规有效实施。开展法院执行工作、检察院民事行政检察和反贪污贿赂等工作调研，促进法检两院公正司法，受理群众来信来访140件（次）。④民生事业监督。紧盯每年十件民生实事办理，就城市综合管理、居民小区物业管理、义务教育均衡发展、城区饮用水水质提升、农村危旧桥涵改造、渠道疏浚砌护、保障性住房建设、失地农民拆迁补偿安置等重大民生问题组织开展视察检查，提出意见建议，进行跟踪督办。市人民政府加大经费投入，加快老城区基础设施改造步伐，实施老旧小区节能改造、棚户区货币化改造、创建国家义务教育均衡发展示范市、小坝城区饮用水水质提升及邵岗镇东方红万亩农业综合开发区项目建设等工程，一批涉及群众生产生活民生实事得到有效落实。

【行使权力】围绕全市经济社会发展重大事项，在深入调研、认真审议基础上，审查批准市本级财政决算、动用本级预算超收收入、调整公共财政预算、使用地方债券资金、政府投资项目融资、沿黄文化带基础设施建设项目融资、棚户区改造项目融资等议案，依法作出决议决定18项。坚持党管干部与人大依法任免有机统一，依法行使人事任免权，确保市委推荐人选通过法定程序成为国家机关工作人员。落实任前调查、法律考试等任免程序，坚持被任命人员向宪法宣誓，要求新任命人员在供职报告中突出个人及家庭有关事项、任职前工作成效及存在不足等情况，保障人大常委会组成人员审议知情权。开展部门工作评议，听取服务对象、群众代表和相关部门意见，拓展干部任后监督深度。

【代表工作】落实人大常委会组成人员联系代表制度，健全完善“代表之家”和“代表工作室”，搭建代表活动平台。组织市人大代表开展“三联、四实、五带头”（人大常委会领导联系委员、委员联系代表、代表联系选民；抓实代表培训、抓实代表活动、抓实代表述职评议、抓实代表议案建议督办；带头学习遵守法律法规和贯彻执行党的方针、政策，带头贯彻执行人大作出的决议、决定，带头发展经济、示范引领群众致富，带头倾听和收集群众诉求、及时解决所提意见建议，带头参加各级党政组织和人大常委会组织开展的有关活动）活动，提升代表履职能力。2012—2016年，累计培训四级人大代表2320余人次，收集各类意见建议240余条。

【建议督办】建立会议集中交办、“一府两院”领办、相关部门承办、人大工作委员会督办落实机制，定期了解办理情况，发现问题，提出建议，督促市人民政府及各承办单位强化措施，加快办理进度，提高办理质量。2012—2016年，代表所提203件建议，办结174件，办结率达85.7%。

【常委会自身建设】2012—2016年，市十四届人大常委会着眼打造善于监督、敢于监督干部队伍，结合党的群众路线、“三严三实”“两学一做”等教育实践活动开展，采取多种有效形式，推进人大常委会及机关思想建设、制度建设和作风建设，修订完善《青铜峡市人大常委会议事规则》《青铜峡市人大常委会对“一府两院”工作报告实行满意度测评的暂行办法》等6项工作制度，制定《青铜峡市人大常委会组成人员守则》《青铜峡市人大常委会关于对视察检查调查报告建议意见落实情况集中汇报的暂行办法》，确保从制度机制层面依法依规开展工作。

【市、镇人大换届】2016年，按照上级党委、市委统一安排部署及选举法等有关法律规定，组织实施市、镇两级人大换届选举工作，通过召开市人大常委会主任会、选委会会议和工作例会，细化各阶段、环节工作部署，加强换届工作全程检查指导，协调解决换届选举相关问题，确保换届工作顺利进行。年内，完成市、镇两级人大换届选举工作，选举产生市人大代表176名、镇人大代表483名。

（张敏轩）

重要会议

【青铜峡市第十四届人大常委会第二十七次会议】1月18日召开。姬文泽主任主持会议。会议听取和审议市人民政府《关于〈青铜峡市“十三五”规划纲要〉（草案）的说明》《青铜峡市人大常委会2016年工作要点》、市人大常委会代表资格审查委员会《关于青铜峡市第十四届人民代表大会第三次会议以来代表变动情况及补选代表的代表资格审查报告（草案）》；审议通过了《青铜峡市人大常委会2015年工作报告》、市第十四届人民代表大会第四次会议有关事宜、关于召开青铜峡市第十四届人民代表大会第四次会议的决定（草案）；通过人事任免事项。

【青铜峡市第十四届人大常委会第二十八次会议】2月29日召开。姬文泽主任主持会议。会议审议通过关于罢免张国彦吴忠市第四届人民代表大会代表职务的议案；通过人事任免事项。

【青铜峡市第十四届人大常委会第二十九次会议】4月28日召开。姬文泽主任主持会议。会议听取和审议市人民政府关于全市义务教育工作情况的报告、关于全市社区矫正工作情况的报告，并对以上两个报告进行了满意度测评；审议通过市人民政府关于调整2015年公共财政预算支出的议案、关于政府投资项目融资的议案；通过人事任免议案。

【青铜峡市第十四届人大常委会第三十次会议】6月2日召开。姬文泽主任主持会议。会议审议通过市人民政府关于沿黄文化带基础设施建设项目融资的议案；通过人事任免事项。

【青铜峡市第十四届人大常委会第三十一次会议】7月19日召开。姬文泽主任主持会议。会议听取和审议市人民政府关于贯彻实施《中华人民共和国食品安全法》《社会救助暂行办法》情况的报告，关于青铜峡市优质大米产业发展、代表议案建议和意见办理情况的报告，并对以上报告进行满意度测评；研究审议市、镇人大换届选举工作有关事宜；通过人事任免事项。

【青铜峡市第十四届人大常委会第三十二次会议】7月31日召开。姬文泽主任主持会议。会议表决通过《市人大常委会关于对市人民政府贯彻实施〈中华人民共和国食品安全法〉〈社会救助暂行办法〉情况执法检查报告的审议意见（草案）》审议通过了市、镇人大换届选举工作有关事宜。

【青铜峡市第十四届人大常委会第三十三次会议】8月19日召开。姬文泽主任主持会议。会议审议通过关于市、镇人大换届选举工作有关事宜及人事任免事项；通过关于许可对韩建刚采取强制措施的决定。

【青铜峡市第十四届人大常委会第三十四次会议】9月30日召开。姬文泽主任主持会议。会议听取和审议市人民政府关于2016年国民经济和社会发展计划上半年执行情况的报告、关于2015年度财政决算和2016年上半年财政预算执行情况的报告、关于2015年度本级财政预算执行和其他财政收支审计情况的报告，市人民检察院工作报告，市人大常委会代表资格审查委员会关于市第十五届人民代表大会代表资格审查情况报告；听取市农牧和科学技术局、卫生和计划生育局工作汇报，并组织开展了满意度测评；通过人事任免事项。

【青铜峡市第十四届人大常委会第三十五次会议】10月19日召开。姬文泽主任主持会议。会议审议青铜峡市人大常委会工作报告；通过青铜峡市第十五届人民代表大会第一次会议有关事宜和《关于召开青铜峡市第十五届人民代表大会第一次会议时间的决定(草案)》。

【青铜峡市第十五届人民代表大会第一次会议】10月26至29日在龙海宾馆召开。市人大常委会主任、大会主席团常务主席、大会执行主席姬文泽主持会议。176名市人大代表出席会议。非人大代表和政协委员的在职处级领导；市政协全体委员；各镇、街道、农林场、市直各部门、驻青区属单位、企业和市属企业有关负责人以及公民代表、历届人大领导列席会议。会议听取和审议了主任姬文泽代表市人大常委会所作的《青铜峡市人大常委会工作报告》、市长金永灵代表市人民政府所作的《市人民政府工作报告》，市人民法院代院长罗生明所作的《法院工作报告》、市人民检察院代检察长任少军所作的《检察院工作报告》；书面印发了青铜峡市关于2016年国民经济和社会发展计划执行情况与2017年计划(草案)的报告、关于2016年财政预算执行情况和2017年财政预算(草案)的报告、关于2016年民生工作报告；分组讨论并审议批准了上述7个工作报告，形成了相关决议。会议决定，将“关于解决青铜峡镇河西艾山街区域工业企业污水排放问题”“关于维修改造陈袁滩镇滨河新村下水管网”两个议案作为本次大会代表议案；“关于尽快出台政策解决卫生系统人才缺失问题”等8件建议确定为市人大常委会重点督办代表建议，其它32件作为建议意见。会议选举姬文泽为青铜峡市第十五届人大常委会主任，任贵生、袁浩、撒贵清、宋建宁4人为市人大常委会副主任，丁澜进、王丹、王自迁、王志远、王忠、王建华、代兴科、代良云、刘学文、刘敏、严金平、李洪忠、杨文斌、杨建光、杨建华、时文平、辛琪、张全才、张兴宏、张进喜、陈树华、姚志勇、秦永华、钱丽娟、郭晓宏、葛继平、蒯文虎、鲍祥28人为市人大常委会委员；金永灵为青铜峡市人民政府市长，杨春燕、杨红英、崔奇鹏、陈雪松、张克文5人为市人民政府副市长；罗生明为市人民法院院长，任少军为市人民检察院检察长；石瑞林、姬文泽、金永灵、张铁缨、杨春燕、刘国强、马光锋、杨晓明、贺江、何元凯、任贵生、袁浩、罗生明、任少军、陆兴明、王玉成、丁鹤、于建华、马兰、马杰、马玉海、马明忠、马振斌、马彩霞、王建华、田咏海、白永德、关秀林、李玉萍、李海涛、杨天寿、杨晓颖、何永平、汪月玲、张贤、张学艳、罗志成、哈存连、施海霞、姜海鸥、黄涛、寇岳42人为青铜峡市出席吴忠市第五届人民代表大会代表。中共吴忠市委常委、青铜峡市委书记石瑞林出席会议并在会议闭幕式上作重要讲话。

(张敏轩)

青铜峡市人民政府

综　述

【概况】2016年，市人民政府下设办公室、发展和改革局、工业信息化和商务局、安全生产监督管理局、教育局、监察局、民族宗教事务局、公安局、司法局、民政局、财政局、市场监督管理局、人力资源和社会保障局、国土资源局、住房和城乡建设局、交通运输局、水务局、农牧和科学技术局、卫生和计划生育局、审计局、环境保护局、统计局、林业局、文化体育广播电视局、经济技术合作局、旅游局26个职能部门及政务服务中心、机关事务管理中心、网络和信息化办公室、非公有制经济服务中心4个政府直属正科级事业单位。年内，市人民政府团结和带领全市人民，围绕打造沿黄新型工业集聚区、现代农业示范区、

金岸城市精品区、黄河文化展示区、内陆开放先行区、社会管理创新区目标，坚持用发展、改革的办法解决困难和问题，加快推进工业新型化、农业现代化、旅游精品化、城乡一体化进程，全市经济综合实力实现速度和质量同步提升。2016年，全市实现地区生产总值134.3亿元，同比增长4.5%；社会消费品零售总额20.5亿元，同比增长7.3%；城镇和农村常住居民人均可支配收入分别达23633元、12040元，同比增长7.4%、7.5%；全年完成固定资产投资130.2亿元，同比增长13.3%。辖区小康实现程度达到83%。

【产业结构调整】2012—2016年，围绕工业转型升级、农业提质增效和服务业提升推进，力促三次产业协调发展，引进实施杭萧汽车零部件产业园等项目，集聚产业，夯实转型发展基础，青铜峡市被授予“中国西部青铜峡轴承产业基地”，民营经济比重从2012年的33%提高到2016年50.3%，首次超过国有经济比重。发展以优质粮食、酿酒葡萄、特色养殖等优势产业为主导的现代农业，农作物种植面积稳定在56万亩，年均发展优质水稻20.3万亩，粮食产量实现“十三连丰”；葡萄种植面积突破13万亩，产量累计达到14.3万吨，占全区四分之一以上；建成标准化肉驴养殖场4个，年饲养量达万头，农业总产值年均增长5.5%。快速发展现代服务业，“黄河岸边、稻花香里、贺兰山下”三大旅游板块基本形成，黄河大峡谷、黄河坛被评为国家AAAA级旅游景区，累计接待游客762.7万人次，实现旅游综合收入23.9亿元，年均分别增长30.4%、31.2%。全市三次产业结构由2012年的12∶66∶22调整为12∶60∶28，青铜峡市获“中国经济转型发展示范市”荣誉称号。

【统筹城乡发展】遵循宁夏空间发展战略规划，编制完善15项城乡规划。2012～2016年，全市累计投资224亿元，实施中华黄河楼、热电联产等重点项目293项，新开发住宅小区32个，完成棚户区改造3500户，安置商品房2150套，城镇人口由8.6万人增加到11.7万人，城镇化率由50.8%提高到57.8%。实施古青高速等重点工程，新增通车里程299千米，形成“八纵六横”（八纵即沿山公路、闽青公路、沙韦公路、青黄公路、小李公路、109国道、唐青公路、滨河大道；六横即叶玉公路、叶甘公路、万树公路、小大公路、中大公路、吴青公路）交通网络。改善市容村貌，开展主干道路大整治、大绿化和拆违治乱专项治理行动，新建、改造特色小城镇5个、美丽村庄16个、少数民族特色村寨4个、农村危房977户，新增城市公共绿地面积7500亩，城乡供水、环卫实现一体化。青铜峡市顺利通过国家卫生、园林城市复验，获“全国特色魅力城市”荣誉称号和“中国人居环境范例奖”。

【生态环境建设】严守生态、耕地、水资源保护红线，实施生态保护工程，推进生态文明建设2012—2016年，启动国家生态文明建设示范县（市）创建工作，全市累计完成造林面积19.8万亩，森林覆盖率达到15.5%，成功创建自治区级生态示范县（市），峡口镇、赵渠村被评为国家级生态镇、生态村。发展循环经济，实施工业企业节能减排改造项目26个，淘汰水泥、电解铝、造纸等落后产能81万吨。开展环境保护专项整治行动，关停整顿环保不达标企业23家，空气质量优良天数年均超过286天，集中式饮用水水质达标率100%。实施国土整治、增减挂钩、占补平衡项目5个，完成城市周边永久性基本农田划定工作。青铜峡市获全国循环经济示范县（市）、全国国土资源节约集约模范县（市）等荣誉称号。

【保障改善民生】2012—2016年，市人民政府把保障和改善民生作为首要任务，累计投入财政资金78亿元，组织实施教育基础设施项目59个，城乡医疗、养老、低保、救助和城市老旧小区改造等社会保障建设项目，宽带乡村及智慧城市基础网络建设项目以及黄河铁桥、108塔、鸽子山遗址等文物保护工程，举办黄河文化高峰论坛、阿迪力黄河大峡谷挑战极限之旅等活动，民生支出占到了财政支出的80%以上。全市累计发放创业小额担保贷款3.1亿元，新增城镇就业2.1万人，城镇登记失业率控制在4.1%以内。青铜峡市率先在全区实现惠农广播"村村响""户户通，提前一年完成"十二五"生态移民搬迁安置任务，义务教育均衡发展通过国家验收，进入国家级卫生应急综合示范市行列，先后获全国民族团结进步示范单位、双拥模范城及自治区公共文化服务体系示范县（市）荣誉称号。《塞上明珠青铜峡》荣获2015年度全国城市宣传片金奖。

【行政管理体制改革】推行权力清单和责任清单制度，构建权责清晰、运转高效政府职责体系，实施新一轮政府机构改革、行政审批制度改革，公立医院、不动产登记、供销社、国有林场、户籍制度等改革有序推进，"五证合一、一照一码"（企业登记时依次申请，分别由工商行政管理部门（市场监管）核发工商营业执照、质量技术监督部门核发组织机构代码证、税务部门核发税务登记证、统计部门核发统计证、社保部门核发社保证，改为一次申请、由工商行政管理部门（市场监管）核发一个营业执照的登记制度）制度改革取得阶段性成果，司法改革试点经验在全区推广。成立金融工作局，组建产业基金管理、国有资本投资运营、古峡担保3家投融资公司，引进石嘴山银行、贺兰山村镇银行，财税、金融体制改革初见成效。开展湿地确权改革，推进水权、林权改革，五星村土地股份合作制经验在国务院减贫与发展高层论坛上交流并在全区推广。

【对外交流合作】拓宽交流合作领域，与法国弗龙萨克大区建立友好城市关系，与台湾巨皇公司签订合作协议，成功举办纪念浙江知青50周年联谊活动。

（政府办公室）

重要会议

【市十四届人民政府第68次常务会议】1月14日召开。市长金永灵主持会议。会议对市人民政府近期工作进行安排部署；讨论审议《2016年市人民政府工作报告（征求意见稿）》《青铜峡市2015年国民经济和社会发展计划执行情况与2016年计划（草案）》《青铜峡市2015年财政预算执行情况和2016年财政预算（草案）》《青铜峡市2015年民生计划执行情况和2016年民生计划（草案）》。副市长杨春燕、侯成峰、杨红英、程潜、崔奇鹏、撒贵清参加会议。

【市十四届人民政府第69次常务会议】1月23日召开。市长金永灵主持会议。会议审议市发展和改革局关于市敬老院等7个项目建设内容及投资的请示，市旅游局关于选聘宁夏金岸明珠文化旅游产业发展有限公司法定代表人的请示，市就业创业和人才服务局关于建设新生代网络创业孵化园的请示，市物价局关于2014年开建农民安置楼销售价格的请示，市物价局关于调整城镇居民阶梯水价的请示，市住房和城乡建设局关于春节期间安置烟花爆竹、春联及小食品等销售摊点的请示，市国土资源局关于土地审查报批等有关事项的请示，市文化体育广播电视局关于审定《"宽带乡村"及智慧城市基础网络完善工程建设战略合作框架协议（送审稿）》的请示，市林业局关于审定《青铜峡市贺兰山东麓中法葡萄酒庄集群示范区葡萄种植及酒庄建设项目投资合作协议（送审稿）》的请示。

【市十四届人民政府第70次常务会议】1月29日召开。市长金永灵主持会议。会议专题研究市政府领导班子成员工作分工事宜。

【市十四届人民政府第71次常务会议】2月24日召开。市长金永灵主持会议。会议传达学习中央、自治区有关会议精神；讨论审议市农业综合开发办公室关于上报青铜峡市2016年农业综合开发土地治理项目的请示，市发展和改革局关于老城区供热等基础设施改造等4个项目建设内容及投资的请示，市国土资源局关于土地审查报批有关事项的请示，市水务局关于解决甘城子扬水泵站供电工程立项的请示，市财政局关于青铜峡市2015年公共财政预算支出调整的请示。

【市十四届人民政府第72次常务会议】3月6日召开。市长金永灵主持会议。会议审议市民政局关于建立青铜峡市经济困难失能失智老年人护理补贴制度的请示，市旅游局关于《青铜峡市旅游提升年活动实施方案（送审稿）》的请示，市文化体育广播电视局关于审定《"高空王"阿迪力青铜峡黄河大峡谷挑战吉尼斯世界纪录极限之旅活动实施方案（送审稿）》的请示，市发展和改革局关于青铜峡镇同兴生态移民村民族特色村寨改造二期工程等5个项目立项的请示，市国土资源局关于土地审查报批有关事项的请示，市林业局关于注销青铜峡镇昌胜林牧场林权证的请示、关于2016年全市春季造林绿化苗木采购的请示，市财政局关于审定《青铜峡市清真产业（农业）发展资金实施方案（送审稿）》的请示、关于审定《青铜峡市国有资本收益收取暂行管理办法（送审稿）》的请示、关于审定《青铜峡市财政资金收支管理办法（送审稿）》的请示，市综治办关于授予马立"见义勇为先进个人"荣誉称号的请示，市住房和城乡建设局关于对保障性住房小区配建商业服务设施用房进行处置的请示。

【市十四届人民政府第73次常务会议】4月5日召开。市长金永灵主持会议。会议审议市编办关于审定政府组成部门权力清单调整意见的请示，市扶贫办关于《关于坚决打赢脱贫攻坚战确保提前两年实现整体脱贫的实施意见（送审稿）》的请示，市安全生产监督管理局关于《青铜峡市重特大生产安全事故应急救援预案（送审稿）》的请示，市民族宗教局关于《牛首山农历三月十五传统庙会安全应急工作方案（送审稿）》的请示，市发展和改革局关于2016年老城区老旧小区民生综合改造项目等10个项目立项的请示、关于《青铜峡市粮食安全市长责任制考核办法（送审稿）》的请示、关于政府投资项目融资的请示、关于2016年全市上争资金目标任务分解的请示、关于规范专项建设基金使用管理的请示，市经济技术合作局关于2016年全市招商引资目标任务分解安排的请示，市国土资源局关于土地审查报批有关事项的请示，市教育局关于落实普通高中生均公用经费保障奖补机制和生态移民义务教育学生免费午餐所需资金的请示、关于拆除峡口镇中心幼儿园等学校危旧房屋的请示，市财政局关于申请拆除原市人大、政协综合办公楼的请示，新材料基地管委会关于审定污水处理厂政府和社会资本合作（PPP）项目特许经营协议的请示，市水务局关于解决西夏渠鸽子山扬水泵站运行经费的请示，市改革办关于《青铜峡市国资金融改革方案（送审稿）》的请示。

【市十四届人民政府第74次常务会议】5月12日召开。市长金永灵主持会议。会议审议市发展和改革局关于农村环境综合整治峡口镇赵渠村试点等10个项目立项的请示，市财政局关于青铜古镇对外运营有关事宜的请示，市旅游局关于《青铜峡市创建国家全域旅游示范市方案（送审稿）》的请示，市农牧和科学技术局关于《青铜峡市2016年农机购置补贴实施方案（送审稿）》的请示，市国土资源局关于土地审查报批等有关事宜的请示，市人力资源和社会保障局关于全市失业保险支持企业稳定就业岗位的请示，市住房和城乡建设局关于《青铜峡市人民政府关于促进房地产市场平稳健康发展的若干意见（送审稿）》的请示，市林业局《关于对青铜峡市树新林场改革实施方案（送审稿）》的请示，市供销社关于《深化供销合作社综合改革意见（送审稿）》的请示，市经济技术合作局关于中科博阳宁夏轴承谷和无锡金代光电铜新材料产业基地两个项目投资合作协议的请示。

【市十四届人民政府第75次常务会议】5月24日召开。市长金永灵主持会议。会议听取市环境保护局关于全市1—4月份环境保护工作情况的汇报，市安全生产监督管理局关于全市一季度安全生产情况的汇报；审议市发展和改革局关于青秀园南大门改造项目立项的请示，市国土资源局关于土地审查报批等有关事项的请示、关于《进一步加强和规范国土资源管理实施意见》的请示，市文化体育广播电视局关于《青铜峡市加快构建现代公共文化服务体系实施意见（送审稿）》的请示，市教育局关于《青铜峡市2014—2020年学校布局规划调整方案（送审稿）》的请示、关于补充普通高中"三限生"政策取消后教学经费缺额的请示、关于《青铜峡市乡村教师支持计划（2015—2020年）实施细则（送审稿）》的请示，市住房和城乡建设局关于《青铜峡市2016年棚户区改造实施方案（送审稿）》的请示、关于《青铜峡市2016年棚户区改造货币化安置购买安置房商品住房实施意见（送审稿）》的请示，市公安局关于交管大队置换办公场所的请示、关于交管大队特巡队置换办公场所的请示、关于增加协勤人员和提高协勤工资的请示，市农综办关于农业综合开发以色列政府贷款宁夏农田水利建设项目(青铜峡市项目区)调整建设区域的请示,嘉宝轻纺工业园管委会关于东莞冠宏智能科技公司智能装备项目投资协议的请示,市财政局关于青铜古镇公开拍卖方案的请示,市交通运输局关于青铜峡煤炭加工储配中心至S201线道路工程建设有关情况的请示。

【市十四届人民政府第76次常务会议】
7月20日至21日召开。市长金永灵主持会议。会议听取市监察局关于上半年市政府部门党风廉政建设情况的汇报,市扶贫办关于农垦集团连湖农场生态移民安置区接收工作情况的汇报,市双拥工作领导小组办公室关于开展“八一”建军节慰问活动和召开议军会议准备情况的汇报;审议了市发展和改革局关于市人民政府机关餐厅改造等14个项目立项的请示、关于组建青铜峡市古峡担保有限责任公司有关事项的请示、关于《青铜峡市小微企业“助保贷”业务管理暂行办法(送审稿)》的请示,市国土资源局关于土地审查报批等有关事项的请示、关于开展青铜峡市不动产统一登记数据库整合工作的请示,市住房和城乡建设局关于2016年棚户区(城中村)改造项目融资的请示、关于提请审定2016年农村危房改造有关问题的请示,市农村工作领导小组办公室关于《青铜峡市土地股份合作制改革实施意见(试行)(送审稿)》的请示、关于审定《青铜峡市农村集体经济产权制度改革试点工作实施方案(送审稿)》的请示、关于审定《青铜峡市财政支农实施办法(送审稿)》的请示,市市场监督管理局关于《青铜峡市食品安全委员会工作规则(送审稿)》和《青铜峡市食品安全委员会成员单位工作职责(送审稿)》的请示,市卫生和计划生育局关于《青铜峡市计划生育星级(镇/街道)创建活动实施方案(送审稿)》的请示、关于市人民医院申请贷款3000万元的请示,市林业局关于《青铜峡市湿地确权工作实施方案(送审稿)》的请示、关于《青铜峡市种苗场改革实施方案(送审稿)》的请示,市综治办关于授予潘益民见义勇为先进个人荣誉称号的请示,市公安局关于实施电子围栏项目的请示,市人力资源和社会保障局关于全市乡镇机关事业单位工作人员实行乡镇补贴有关情况的请示,市工业信息化和商务局关于审定《推动农村电子商务发展的实施意见(送审稿)》的请示,市民政局关于《青铜峡市关于加快发展养老服务业实施意见(送审稿)》的请示、关于推荐市老龄工作委员会为全国老龄系统先进集体有关事宜的请示,市民族宗教局关于对谭桥中心村等3个少数民族特色村寨进行命名挂牌的请示。

【市十四届人民政府第77次常务会议】
7月29日召开。市长金永灵主持会议。会议传达学习全区城市工作会议和全域旅游发展推进会议精神,全国双拥模范城市命名表彰电视电话会议精神;审议了市发展和改革局关于青铜峡镇基层政权建设等8个项目立项的请示、关于《青铜峡市2016年国民经济和社会发展计划上半年执行情况报告》的请示,市财政局关于《青铜峡市2015年财政决算暨2016年上半年财政预算执行情况报告》的请示,市审计局关于《2015年度市本级财政预算执行及其他财政收支审计情况报告》的请示,市国土资源局关于土地报批有关事宜的请示,市经济技术合作局关于宁夏苏能节能洁净燃烧装备生产等4个项目投资及补充协议的请示,市市场监督管理局关于有偿划拨叶盛计生服务站办公用房有关事宜的请示。

【市十四届人民政府第78次常务会议】
8月11月召开。市长金永灵主持会议。会议审议市环境保护局关于对青铜峡市普金骨制品加工厂实施关停的请示。

【市十四届人民政府第79次常务会议】
9月5日召开。市长金永灵主持会议。会议听取市国有资产管理公司关于设立青铜峡市产业基金有关情况的汇报;审议了市发展和改革局关于瞿靖镇供排水和天然气供热一期建设工程等4个项目立项的请示、关于调整甘城子扬水管理站供水价格的请示,市国土资源局关于土地报批等有关事宜的请示,市林业局关于贺兰芳华酒庄等单位及个人林权证登记事宜的请示,市农牧和科学技术局关于动物防疫人员感染布鲁氏菌病事件善后处理意见的请示,市水务局关于《青铜峡市农田水利基本建设实施方案(送审稿)》的请示、关于《青铜峡市水权交易试点方案(送审稿)》的请示、关于甘城子扬水泵站35KV高压专用输电线路移交电力部门运维改造的请示,市教育局关于庆祝第32个教师节表彰奖励等有关事宜的请示,市农综办关于青铜峡市2017年度农业综合开发土地治理和产业化项目的请示,市残联关于青铜峡市残疾人康复中心建设项目增加建筑面积的请示,市财政局关于《青铜峡市财政项目库实施管理办法(送审稿)》的请示、关于审定青铜峡市投融资体制改革有关事宜的请示。

【市十四届人民政府第80次常务会议】

9月27日、10月8日召开。市长金永灵主持会议。会议听取市效能目标考核办公室关于2016年度自治区、吴忠市效能目标管理考核工作有关情况的汇报，市发展和改革局关于2017年储备项目情况的汇报；审议了市发展和改革局关于青铜峡镇河东区污水处理厂提标改造等8个项目立项的请示、关于《国有粮库资产处置实施方案（送审稿）》，市国土资源局关于土地审查报批等有关事项的请示，市工业信息化和商务局关于《进一步促进餐饮服务业繁荣发展实施意见（送审稿）》的请示，市林业局关于《推进青铜峡市现代葡萄产业发展合作协议（送审稿）》的请示，市金融工作局、市财政局关于成立宁夏金岸明珠国有资本投资运营有限公司的请示，市扶贫办关于实施移民村肉牛托管扶贫项目贷款贴息有关事宜的请示，市卫生和计划生育局关于发放离岗村医生活补助资金有关事宜的请示、关于在市人民医院北苑分院建立美年大健康康复医院的请示，市旅游局关于《青铜峡市引客入青奖励办法（试行）》的请示；研究了市国土资源局关于两宗采矿权挂牌出让有关事宜。

【市十四届人民政府第81次常务会议】

10月19日召开。市长金永灵主持会议。会议审议《2017年市人民政府工作报告（送审稿）》《青铜峡市2016年国民经济和社会发展计划执行情况和2016年计划（草案）报告（送审稿）》《2016年财政预算执行和2017年财政预算（草案）报告（送审稿）》《2016年民生计划执行情况和2017年民生计划（草案）报告（送审稿）》。

【市十五届人民政府第1次常务会议】

11月20日召开。市长金永灵主持会议。会议传达学习全区学习贯彻党的十八届六中全会精神领导干部专题学习班会议精神，中央第八环保督察组反馈意见会议精神，全区安全生产工作会暨2016年安委会第四次全体（扩大）会议精神，全区科技创新大会精神；听取了全市环保工作汇报、安全生产工作情况汇报、2017年经济社会发展主要目标任务分解落实有关情况工作汇报及1—10月统计数据情况通报；审议了市气象局关于《青铜峡市“十三五”气象事业发展规划（送审稿）》的请示，市国土资源局关于土地报批等有关事项的请示，市扶贫办关于《青铜峡市脱贫攻坚建档立卡贫困户脱贫奖励暂行办法（送审稿）》的请示，市发展和改革局关于审定《宁夏同乐现代农业有限公司扶贫产业园区项目建设实施方案（送审稿）》的请示、关于宁夏苏能节能科技有限公司节能洁净燃烧装备生产项目场地平整土方工程等3个项目立项的请示、关于取消宁夏黄土地养老建设项目农发重点建设基金资金支持的请示，市经济技术合作局关于审定《青铜峡市关于开展精准招商活动实施方案（送审稿）》的请示，嘉宝轻纺工业园管委会关于汇高科技、苏锡光电铜业、轴承谷项目土方工程的请示。

【市十五届人民政府第2次常务会议】

12月18日—19日召开。市长金永灵主持会议。会议传达学习了李克强总理参加全国深化“放管服”改革激发市场活力座谈会讲话精神；听取了市发展和改革局关于青铜峡市公务用车改革有关情况的汇报、关于青铜峡市2016年上争资金任务落实情况的汇报，宁夏金岸明珠国有资本投资运营有限公司关于2017年发行10亿元企业债券与中介服务机构拟签订合作协议有关情况的汇报；审议了市司法局关于《在全市公民中开展第七个五年法制宣传教育、深入推进依法治市进程的实施意见（送审稿）》的请示，市人民政府办公室关于聘请政府法律顾问有关事宜的请示，市发展和改革局关于《青铜峡市“十三五”易地扶贫搬迁方案（送审稿）》的请示、关于鸽子山耕地占补平衡等两个项目立项的请示，市交通运输局关于《青铜峡市至银川正源街快速通道（小坝至永宁段）建设项目实施方案（送审稿）》的请示，市文化体育广播电视局关于《青铜峡市全民健身实施计划2016—2020年（送审稿）》的请示、关于《青铜峡市创建基本公共体育服务体系示范市实施方案（送审稿）》的请示，市住房和城乡建设局关于《青铜峡市2017年棚户区改造方案（送审稿）》的请示、关于《青铜峡市2017年棚户区改造货币化安置购买安置房商品住房实施意见（试行）（送审稿）》的请示，市国土资源局关于土地审查报批有关事宜，市农牧和科学技术局关于《青铜峡市畜禽养殖禁养区划定工作方案（送审稿）》的请示，市民政局关于《青铜峡市2017年“两节”慰问活动实施方案（送审稿）》的请示，宁夏金岸明珠国有资本投资运营有限公司关于设立宁夏黄河文化旅游有限公司，调整市水利建筑工程公司等6家国有企业和2家事业单位股权及资产所有权划转等事宜的请示。（政府办公室）

信访工作

【概况】2016年,全市信访工作以深化信访工作制度改革为主线,以规范信访业务工作、推进信访信息系统应用为主要内容,强化违法信访和非访行为处置工作,畅通群众正当利益诉求渠道,依法维护正常信访秩序。年内,青铜峡市被评为全区信访工作责任目标管理考核先进县(区)。1—10月,全市接待群众来访297批1986人次,批次、人次与2015年同比下降10.3%、2.50%。其中,集体上访95批1540人次,同比批次、人次分别下降23.4%和9.7%;受理群众来信46件,同比上升15.2%;发生进京非访17人次,同比下降15.0%。全年无50人以上赴银、100人以上到吴集体上访,实现元旦春节、全国"两会"、十八届六中全会召开等重要时间节点及重大活动期间"零上访"目标,总体信访形势平稳、有序、可控、向好。年内群众来访问题主要集中在:拖欠民工工资、工程款;土地征用、房屋拆迁补偿;土地权属、土地承包纠纷;失地农民养老保险;意外事故赔偿;涉法涉诉及各类矛盾纠纷等方面。

【矛盾纠纷排查化解】开展矛盾纠纷集中排查化解和疑难复杂问题处置专项行动,采取自下而上及点(辖区内)、线(行业)、面(全市)结合方式,加强矛盾问题"拉网式"排查梳理、分析研判,依照"属地管理"原则,建立"四建五包"(建立任务清单、建立问题清单、建立责任清单、建立销号清单,包责任领导、包责任单位、包工作人员、包矛盾化解、包人员稳控)责任制,对排查出来的信访案件,交由责任单位包保化解。各包案领导及责任人依托人民调解、司法调解、行政调解方式和诉讼、仲裁、行政复议等途径,依法分类解决群众利益诉求,控制信访增量,减少信访存量,确保将各类矛盾问题化解在基层、消灭在萌芽状态。

【信访积案攻坚化解】制定集中攻坚化解信访积案实施方案,结合矛盾问题集中排查化解和疑难复杂问题处置工作,对排查梳理出来的疑难复杂问题,实行领导包案化解稳控责任制,集中时间和人力,加以化解稳控;对自治区交办的信访积案,采取有效措施全力化解,年内办结包清、胡克勤信访积案,按程序完成系统录入工作;对非青铜峡层面所能解决的原自治区国土厅登记库区湿地回收补偿信访积案,加强与市国土局对接,将办理情况录入系统予以销号;对国家信访局交办的候振莲"三跨三分离"信访积案,强化沟通协调,与事发地内蒙以及候振莲达成化解意见,等待资金拨付到位后即行化解。

【信访维稳】开展党政领导定期接访、下访工作,每天安排1名市级领导到信访大厅接访。凡有集体上访情况,及时通知市委、政府分管领导到达现场,第一时间安排调度,第一时间接待处理,第一时间化解矛盾。年内,市级领导到信访接待大厅现场接访、约访88批1127人次。制定稳控方案,建立进京"两访"人员工作台账,凡进京"两访"人员实行市级领导包案化解责任制,依法拘留进京非访人员,打击违法信访行为。加强敏感、节点及重大活动期间重点信访人员监督管理,抽调相关单位工作人员组成信访维稳工作组,明确稳控目标,落实稳控责任,实行信访信息"零报告",全力做好跟踪稳控和教育疏导工作,确保敏感、节点及重大活动期间无进京非访、无赴银到吴集体访"零上访"目标。

【信访工作规范化建设】落实信访事项"首办责任制",抓好信访接待工作责任落实,凡群众来访和上级部门转交信访件,做到来访必登、应录尽录,及时转交相关责任单位办理。建立信访事项周统计、月分析、季通报机制,及时分析研判信访形势。加强信访工作督办检查,采取平时督查和重点督查相结合方式,随时检查各镇每月接访情况、部门信访件单位办理,督促责任单位按期办结。开展初信初访案件化解、信访信息系统应用、网上信访办理、信访积案化解专项督查行动,规范办理群众信访事宜,确保信访案件接待受理、交办转送、复查复核、督查督办、考核评估等各环节紧密衔接、运转顺畅、程序严谨、工作合规,信访事项100%登记录入、100%一次性办结。年内,投资4万元,完成信访监控系统建设,实现信访工作全程录音录像;加强与市信息中心、电信公司协调配合,抓好各镇(街道)、农林场及市直各部门31个责任单位信访信息系统互联互通,推进信访信息系统深度应用,实现重点部门单位信访事项网上登记、网上转办、网上受理、网上查阅、网上评价,全年受理网上投诉32件46人次,受理率99.65%、按期办结率98.95%、群众参评率83.91%,社会满意率为99.39%,印发信访周报32期、信访月分析10期、季度通报3期。

【通报问题整改落实】7月，自治区印发全区信访工作督查通报，就青铜峡市出现进京非访；久敬庄等8类人员台账建立不完整，个别人员有疏漏；信访事项整改补录不规范、系统登记录入不规范；信访事项规范化办理集中攻坚活动没有按照预定方案要求做到逐项排查、工作不够深入等问题提出批评。据此，市信访工作领导小组制定稳控工作方案，分级落实进京上访人员领导包案化解责任制，按照上级部门要求对2012年至2016年5月所办信访事项逐年逐案倒查，建立自查清单和台账，重新规范办理。同时，加强已连接信访信息系统部门工作人员业务培训，加大信访事项网上受理及办理程序宣传力度，畅通网上信访受理渠道，通过及时提醒、电话回访、实地督办等方式，引导信访群众参与满意度评价，强化群众来信来访、网上投诉案件跟踪督办，经过4个月整改，信访案件及时受理率由22.46%提高到62.84%。年内，投资1万元，开通青铜峡市信访督办局网上信访投诉平台，补充完善信访案件档案82件，举办信访工作业务培训班两期，印发各类宣传资料5000余份，办理自治区信访局转办信件25件35人次。

（杨振宇）

政务服务中心

【概况】2016年，市政务服务大厅进驻窗口部门21个，涵盖单位34个，设置办事窗口86个，进驻工作人员98名。其中，设立窗口开展集中审批业务部门（单位）16个、开展综合代办业务部门（单位）6个，在分厅开展行政审批服务部门（单位）3个。首席代表有审批决定权占65%。年内，全市政务服务工作按照市委、政府深化行政审批制度改革、转变政府职能工作要求，以实施“政务云”项目为抓手，精简行政审批事项，优化审批流程，压缩审批时限，推进政务服务体系化、标准化、信息化建设。全年受理办结各类行政审批及服务事项236620件，按时办结率达100%；各镇、街道、农林场民生服务中心受理办理各类服务事项32800件，无群众投诉、延期办结现象。

【政务服务事项确认、核报】以“互联网+”政务服务为引领，开展市县政务服务事项确认核报工作，梳理各部门进驻市政务服务大厅行政职权事项，举办全市确认核报政务服务事项培训班，结合政府“权力清单”公布实施，制定标准，规范政务服务事项要素内容、设定依据、申报材料、特殊环节和办理流程，确保政务服务事项名称、编码、职权类型等23项关键要素内容和受理、审查、决定、送达等权力运行关键环节全部达标。年内，审核、确认进驻政务大厅政务服务事项207项。其中，行政许可141项、行政征收8项、行政确认19项、其他类20项；服务事项19项。5月上旬，经自治区政务服务中心审定后录入政务云平台。8月22日，市政府办公室印发《关于做好“行政审批与公共服务系统”上线运行的通知》（青政办发〔2016〕82号），全市行政审批和公共服务事项正式上线运行。

【行政审批改革】抓住政府“权力清单”公布实施有利时机，跟进落实“两个清单”（行政权力清单、职责任务清单），通过规范大厅政务服务事项，制定标准化办理流程，精简申报材料，采取并联审批等方式压缩“内循环”，提高审批效率，进驻大厅207项政务服务事项审批时限由原来的3887个工作日减少到1730个工作日，累计压缩2157个工作日，压缩率达55%以上。开展“阳光晒权”活动，深化项目审批和商事制度改革，建立《政务服务事项目录》、“立等可取”事项目录以及《镇（街道）服务事项目录》，所有目录通过宁夏政务服务网网上办事大厅、青铜峡政府门户网站等载体向社会公开“晒权”。开辟招商引资企业和重点项目建设审批“绿色通道”，设置建设项目并联审批服务区，推行建设项目“多规合一”并联审批，配合市发改局做好区、市网上报批工作，协调市场监管部门于10月组织实施“五证合一、一照一码”登记业务。第四季度，全市登记注册市场主体656户，比2015年同期增加182户，同比增长39%。

【“政务云”推广应用】根据全区基层政务服务事项统一目录、青铜峡市“两个清单”及相关法律法规，开发应用系统，制定标准化模块，明确各办事环节责任人、联系方式、事项办理主体、办理流程及完成时限，依托全区“政务云”平台，将27项政务服务事项统一录入“政务云”行政审批平台办理，实现服务事项网上受理、查询、反馈、办理、监督和全程短信告知。年内，印发《青铜峡市“云惠宁夏·服务城乡”暨政务云推广应用工作实施方案》，按照基层政务服务“五个一”（一张信息网络、一套应用系统、一个便民窗口、一支服务队伍、一套保障制度）工作要求，投入242万元，铺设完成全市287个单位10条100兆光纤、部门及下属单位43条50兆光纤和129条10兆光纤、各行政村84条10兆光纤、

17个社区10兆光纤和设备安装调试联网工作，建成上联自治区、吴忠市，下联各镇、村（社区），互联互通、统一出口五级信息网络，实现全市各部门资源共享、网络提速及市、镇（街道）、村（社区）三级政务服务网络全覆盖。采取学习辅导、专家讲座、实例讲解、现场操作等方式，加强各镇（街道）、农林场、市直各部门分管领导、窗口首席代表、工作人员、后台审批人员和镇民生服务中心工作人员等培训，举办文明礼仪、政务服务事项录入、“政务云”平台操作及高拍仪安装、系统上线运行等培训班12场次，培训人员600余人。组织各镇（街道）、各部门分管领导及部分村（社区）主任赴银，实地观摩永宁县政务服务中心、望洪镇民生服务中心及新华中心村为民办事全程代办点政务服务工作。出台相关管理制度和考核办法，统一设计工作人员胸前吊牌及桌面事项信息牌、岗位信息牌、办理事项流程牌、办理事项目录牌、“互联网+”政务服务海报等标示标牌，打造小坝镇民生服务中心和南庄村为民办事全程代办标准化示范点，以点带面，规范各镇（街道）民生服务中心和村（社区）为民办事全程代办点工作。10月21日，全市“政务云”推广应用暨政务服务标准化现场会在小坝镇民生服务中心召开。青铜峡市率先在全区完成“政务云”推广应工作。

【服务窗口硬件建设】依托各镇（街道）民生服务中心、村（社区）为民办事全程代办点现有办公场地，统一标示，明确职能，筹措资金统一采购硬件设备。年内，在市政务服务大厅各窗口、8镇2场1街道及106个村（社区）配备安装高拍仪129台、打印机86台、制证机9台、电视机12台，刻制并发放电子印章117枚。

【服务窗口管理】制定窗口服务标准，健全完善《政务服务大厅片区管理办法》《窗口单位和窗口工作人员绩效考核奖励办法》统一制作大厅窗口工作人员胸牌、桌牌，从德、能、勤、绩、廉等方面考核奖励窗口人员，将文明礼仪、服务规范、监督考核落实到窗口日常管理之中。开展季度“优秀窗口”及“服务之星”评选，以“五服务五兑现”（微笑服务，兑现热情诺言；代办服务，兑现高效诺言；限时服务，兑现诚信诺言；上门服务，兑现爱心诺言；预约服务，兑现急办诺言）主题实践活动为载体，健全服务机制，推行代办服务、上门服务、延时服务、预约服务。针对老年人、身障人等弱势人群，安排专人提供帮办、代办和领办服务；企业、学生和困难户等特殊群体，开通绿色服务通道；残疾人、军烈属及其困难群众，无偿复印相关材料、表册及证件；企业和其他人员在大厅复印、打印、刻章的，以低于市场价30%～50%收费。市场监管局窗口为招商引资企业开通重点项目“绿色通道”，特事特办，将承诺件变为即办件，从企业名称预先登记到公司设立登记材料准备，安排业务骨干全程介入指导；市社保、医保、房管等窗口实行弹性作息时间，在群众办事高峰期推出延时服务；市公安局创新为民服务方式，依托平安青铜峡微信平台创建二维码，办事群众只要扫描二维码，通过微信平台就能及时获取所办身份证及出入境证件取证时间。

年内，投资19万元，对市服务大厅实施扩容改造，打通大厅一楼工会门庭，将不动产登记厅与政务大厅融为一体，新增加服务窗口12个，解决大厅承载保障能力不足问题。

（席元春）

机关事务管理

【概况】2016年，市机关事务管理中心围绕市委、政府中心工作，贯彻落实《机关事务管理条例》，以保障公务、厉行节约、务实高效、公开透明为原则，全面履行管理、保障、服务职能，为保障政府机关高效有序运转、建设节约型机关做出贡献。

【管理制度建设】结合保洁、保安、值班

和餐厅等实际服务工作，修订完善《市人民政府餐厅管理绩效考核办法》《政府办公大楼消防管理规定》《政府机关大院出入管理规定》等各项规章制度，明确机关安全保卫、卫生保洁和水电维修等岗位职责，抓好机关后勤餐厅、保洁、保安人员聘用等工作，为中心规范运行提供保证。

【公务接待】按照中央和区、市厉行节约及严格控制公务接待经费要求，规范公务接待工作，坚持一切从实际出发，不摆阔气，不讲排场，严格按照要求办事，配备专职会计，做好财务记账、支付等相关工作。年内完成自治区刘慧主席来青调研工业企业工作等重要接待。

【公共机构节能】开展公共机构节能宣传周活动，做好全市公共机构节能"十二五"数据报表汇总总结工作，参加全区机关事务节能培训工作，突出抓好节约用电、用水和政府节能采购，推广和应用节能降耗新产品，减少公务费用支出，降低行政运行成本。年内，完成176个公共机构年度能耗数据统计复核工作，82家单位申报创建节水型单位。

【机关餐厅改造、管理】年内，提请市人民政府投入资金，完成机关餐厅改造建设任务，改造后餐厅总建筑面积1310平方米，能够容纳320人同时就餐。加强机关餐厅管理，改革机关食堂运行机制，推行周菜谱管理和厨师长负责制，改善干部职工用餐质量，提高服务质量。严格餐厅食品安全卫生管理，规范食材采购进出库管理，推行菜谱预审制度，倡导文明就餐和节约节俭饮食理念，抵制"舌尖上的浪费"。

【政府综合办公大楼管理】落实门卫24小时值班制度，抓好机关大院日常安保工作，做到来访人员入门有询问、有登记、有检查和有情况反馈。加强昼夜巡查、设备管理维护和节假日值班工作，制定消防安全工作方案，更新办公大楼消防器材，组织干部职工进行消防演练，提醒各单位注意做好防火、防盗、防事故工作，确保办公区域供电、供水、供暖、电梯、消防等设备设施运行和人员生命安全。抓好办公大院绿化美化和室内外卫生清扫保洁工作，明确各相关人员工作职责，建立办公大楼安全卫生联合检查制度，每周五组织开展检查评比，查找存在问题，督促及时整改。全年劝解、疏导上访群众4600余人次，登记、查询外来办事人员1700多人次、车辆6200余辆次，化解门口上访案件15起；安装疏通更换各类水暖配件150个，更换老旧灯管、照明设备260余件、电线电缆220米、大院绿化软管310米，组织草坪绿化喷洒农药6次，修剪花卉树木4次，清理草坪杂草及灌水16次；制作更换卫生宣传栏5个。

【会务服务】加强服务人员教育管理和业务培训，改善会务环境，提高办会质量。全年提供会议服务210余场次，实现场场零失误。

（机关事务管理服务中心）

政协青铜峡市委员会

综述

【概况】2016年，青铜峡市人民政协有市级政协委员119名、吴忠市级政协委员28名、自治区级政协委员3名。2012—2016年，市政协十届常委会围绕团结、民主两大主题，履行政治协商、民主监督、参政议政三大职能，汇聚力量，建言献策，服务大局，为促进全市经济转型升级、社会和谐稳定、民族团结进

步作出贡献。先后紧扣工业转型升级、特色优势产业发展、保障和改善民生、创建全域旅游示范县市等重大议题开展协商议政活动，提出意见建议356条、提案594件；审查立案提案346件；报送社情民意151条；形成调研报告28篇、专题报告近30份。

【政治协商】全委会议期间，组织政协委员围绕产业结构调整、城乡统筹发展、民生民计改善、社会管理创新和加强教师队伍建设、提高公共服务能力等议题，开展协商议政活动，提出意见建议356条。常委会主动融入全市改革发展稳定大局，就重点项目推进、招商引资政策落实、生态移民工程建设等工作开展专题协商，向市委、政府建言献策。主席会着眼于民生问题改善进行重点协商，组织委员开展专题调研视察，推选25名政协委员分别列席参加市委常委会、政府常务会，通过多种形式协商议政活动，促进协商成果转化，确保政协工作与全市发展大局和阶段性重点工作同步。

【民主监督】以提案办理为抓手，创新民主监督形式。健全完善市委、政府和政协领导领衔督办重点提案制度，通过提案协商督办、调研督办、视察督办和面商督办等办理形式，促进提案办理工作，346件委员所提议案采纳解决315件。以民主评议为切入点，拓展民主监督内容。选派53名委员担任部门、单位政风行风监督员，通过调研、座谈等形式，开展综合执法部门和窗口单位工作评议，丰富委员履职实践。以专项视察为载体，提升监督实效。邀请市人民政府、纪委监察局通报全市经济运行、提案办理、政风行风和党风廉政建设等工作情况，组织全市重点项目实施、民生工程建设、重点提案办理、法院民事审判、戒毒人员就业培训安置、民族团结进步创建等工作专项视察，开展民主评议，履行监督职能，形成调研报告28篇、专题报告近30份。

【参政议政】组织政协委员和政协各参加单位，围绕全市经济发展、社会进步、民族团结及群众关注的热点、难点问题开展调查研究，运用提案形式建言献策。市政协十届一次会议以来，收到各类提案594件，经提案审查委员会审查立案346件，转为社情民意80件，转作来信来访80件。从提案来源看，各民主党派、工商联、政协各专委会提案85件，委员提案261件。从所提内容分类情况看，涉及经济结构调整与转型发展方面的提案126件，占立案总数的36.4%；涉及城乡一体化与社会管理方面的提案99件，占立案总数的28.6%；涉及民生改善与社会事业方面的提案121件，占立案总数的35.0%。从办理情况看，采纳解决315件，占立案总数的91.0%；列入工作计划逐步解决17件，占立案总数的4.9%；受各种条件限制暂时不能解决、已经向委员说明情况14件，占立案总数的4.1%。绝大多数提案通过督查督办，转变为推动全市经济社会发展的有效举措。

【提案工作】十届一次会议以来，市政协常委会坚持把提案办理作为民主协商重要形式、履行职能重要抓手和发挥委员主体作用重要途径，加强提案工作研究，创新办案工作方式，力促提案办理工作制度化、规范化、程序化。统筹协调，汇聚共识，增强提案工作合力。市委、政府坚持把提案办理协商放到全市工作大局中谋划，主要领导及分管领导主动参与提案办理督查、督办，每年向市政协常委会通报提案办理情况，协调解决提案办理过程存在问题。市政协主席会议专题研究部署提案工作，常委会定期调研、视察、督查提案办理情况。市委政府督查室将提案办理工作纳入年度效能目标考核；各承办单位把共同协商、开门办案贯穿提案办理全过程，全市形成市委高度重视、政府统揽推进、政协主动作为、承办单位认真办理工作局面。坚持标准，夯实基础，提升提案质量。市政协常委会牢固树立精品意识，坚持面向社会征题、相关部门出题、委员自主选题、领导定向点题相结合，通过广泛征求意见、组织委员培训、开展调研视察等形式，引导委员把提案着眼点放在全市中心工作和干部群众关注的热点、难点问题上。同时，注重在精、深、实上做文章，改进和完善提案立案审查程序，通过文本初审、大会复审和提案审查委员会终审，严格筛选把关，确保提案有内涵、有分析、有具体建议，提得准、立得住、能办理。十届政协集体提案由一次会议9件上升至五次会议31件，30件重点提案中集体提案达13件，占43.3%。突出重点，强化措施，增强提案办理实效。市政协常委会加强提案办理协商机制建设，全面抓好办前、办中、办复各环节协商，推动提案办理由答复型向落实型转变。一是创新市级领导领衔督办重点提案工作机制，围绕重点提案抓落实。十届一次会议以来确定的30件重点提案，分别由市委、政府、政协主要领导和分管领导领衔督办。截至2016年9月办结29件，正在办理1件。二是健全提案工作联席会议制度，围绕重点工作抓落实。定期召开提案工作联系会议，统一协调提案线索征集、选题调研、审查立案、督办落实等工作，发挥整体优势，提高提案工作时效性。三是完善三方联合督查督办机制，围绕重点单位抓落实。健全“三办”（市委办公室、政府办公室、政协办公室）共同交办、共同督查、共同考核工作机制，采取专项督办与联合督办、跟踪督办与重点视察相结合方式，加强与重点承办单位沟通协商，形成提案联动联办工作合力。四是完善提案办理“四方”协商机制，围绕关键环节抓落实。健全牵头单位、承办单位、政协提案委、提案者四方协商新机制，让提案者全程参与提案调研视察、座谈讨论、答复意见征询会等，全方位介入提案办理过程。4年间政协委员、政协各参加单位先后参加协商会62场（次），提案办理“面商率”88.3%，提案办复率100%，委员满意率94.5%。青铜峡市政协提案工作经验在全区政协提案工作会议上作交流发言。

【促进和谐】坚持定期走访各民主党派、工商联和无党派人士，通报情况，交换意见，为上述人员参政议政创造条件。邀请各民主党派、工商联和无党派人士、各界别委员参加政协调研视察、专题协商、提案督办和民主监督活动。各民主党派、工商联和无党派人士提交提案66件，其中部分提案被列为重点提案。民革市委会“关于进一步做好青铜峡市民族团结创建工作的建议”、民盟市委会“于促进城乡义务教育均衡发展的建议”、民进市委会“关于加快推进美丽乡村建设等建议”得到较好办理落实。紧扣各民族“共同团结奋斗·共同繁荣发展”主题，加强与民族宗教界人士联系，围绕宗教活动场所依法管理、少数民族特色村寨建设推进、民族团结进步创建工作等议题，开展“健康青铜峡”进宗教场所和民族宗教政策“八进”（进镇场、进机关、进村组、进社区、进企业、进学校、进寺院、进军（警）营）活动，组织宗教、卫生界委员，向信教群众讲解医疗保健知识，宣传党的民族宗教政策，教育引导信教群众爱国爱教，参与和谐寺观创建。开展民族团结进步创建工作专项视察，坚持重大节日走访慰问宗教界人士。四年来，依托11个基层联系点，组织文化艺术、医疗卫生、农业科技界专家委员开展文化下乡、科技咨询、义诊服务、爱心捐助、圆梦微心愿等活动，举办农业技术培训36场次，开展义诊服务1050人次，免费发放药品2万余元。开展贫困儿童大病救助和“兴华成才助学金”捐助行动，帮助21名家庭困难大病儿童免费进行手术治疗，资助134名贫困学生完成学业，向地震灾区、残疾人、困难家庭捐款捐物220余万元。争取中国光华基金会大型公益项目，为1518名大学毕业生、复转军人、残疾人、妇女等就业困难人群赠送价值102万元就业技能培训爱心学习卡。

【宣传交流】参与自治区、吴忠市政协部门作风建设、职业教育发展、农村公厕改造等21个课题调研视察，接待多批外省区政协考察团到青铜峡市考察学习。搜集整理各类文史资料156卷，编辑出版《青铜峡文史资料》第七辑、《青铜峡市文史资料精选》《政协青铜峡市十届委员会工作实录》。

【自身建设】加强工作制度建设，按照“继而有创、抓而有度、行而有章、活而有序”思路，修订完善全委会、常委会、主席会工作规则，政协领导领衔督办重点提案制度，提案工作条例，加强同委员联系意见等制度，形成规范有序工作运行机制。强化委员队伍建设，落实市政协主席、副主席联系常委、常委联系委员、委员联系群众“三联系”工作制度，加强与委员联系，通过安排委员列席市政协常委会、专题协商会和调研视察等活动，为委员参政议政搭建平台、创造条件。强化委员学习培训，完善委员履职档案，坚持委员参加政协会议和活动考勤通报制度，开展委员“五个一”（搞一次调查、献一个良策、写一份提案、反映一件社情民意、办一件实事）活动和优秀委员、优秀提案评选表彰，调动委员履行职责积极性和主动性。

重要会议

【政协青铜峡市十届十六次常委会议】 1月15日召开。张慧主席主持会议。会议讨论审定十届五次会议议程、日程及会务材料；讨论修改常委会工作报告；研究审定2016年协商工作计划，拟表彰的优秀提案、优秀政协委员、先进提案承办单位和提案工作先进个人。

【政协青铜峡市十届十七次常委会议】 1月28日召开。张慧主席主持会议。会议听取市政协十届三次会议各小组讨论情况汇报，审议市政协十届三次会议决议和常委会工作报告决议。

【政协青铜峡市十届十八次常委会议】 8月2日召开。张慧主席主持会议。会议听取市人民政府关于全市上半年经济运行情况的通报、市工业信息化和商务局关于上半年市级领导精准包抓企业责任制落实情况的汇报、市旅游局关于创建国家全域旅游示范市工作情况的汇报，通过干部人事任免事宜。

【政协青铜峡市十届十九次常委会议】 9月19日召开。张慧主席主持会议。会议听取了市委常委、市人民政府副市长杨春燕关于市政协十届五次会议以来提案办理情况的通报。

【政协青铜峡市十届二十次常委会议】 10月21日召开。张慧主席主持会议。会议讨论审定十一届一次会议议程、日程及会务材料，讨论修改了常委会工作报告及政协提案工作报告，协商通过市政协十一届委员会委员名单。

【青铜峡市第十一届政治协商会议第一次会议】 2016年10月25日—28日在小坝召开。110名政协委员参加会议。会议听取并审议市政协主席张慧所作的《政协青铜峡市第十届委员会常务委员会工作报告》、副主席马淑玲所作的《政协青铜峡市第十届委员会常务委员会提案工作情况报告》。会议期间，与会委员列席青铜峡市第十五届人民代表大会第一次会议，听取并讨论《市人民政府工作报告》《市人民法院工作报告》《市人民检察院工作报告》以及青铜峡市关于2016年国民经济和社会发展计划执行情况与2017年计划（草案）、关于2016年财政预算执行情况和2017年财政预算（草案）等六个工作报告，通报市第十一届委员会第一次会议提案审查情况，审议通过了《青铜峡市政协2017年协商工作计划》《政协青铜峡市第十一届委员会第一次会议决议》，并围绕全市经济结构调整、提高经济运行质量、保障和改善民生、维护社会和谐稳定、建设法治青铜峡、创建全国全域旅游示范县市等重要问题，开展全面协商讨论。会议选举王洋为政协青铜峡市第十一届委员会主席，李玉梅、史君、马淑玲3人为副主席，贾志中为秘书长，马军、马长青、方明俊、邓胜吉、代新明、刘长明、关秀玲、李建宁、杨万宝、余克武、张永兴、陈建明、管振华、侯新、姜海鸥、袁斌、铁彬、鲁维云、潘华、徐新林人20人为常务委员。

（陈腾霄　刘杰）

QINGTONGXIA
YEARBOOK

军 事

编辑◎杜文君　丁　丽

68262部队

【概况】2016年，驻青68262部队注重加强民族政策、法规及群众纪律学习教育。在新兵入营之际，印制驻地民族习俗宣传手册，组织新兵学习回族群众风俗习惯知识，宣扬回汉人民建设宁夏先进典型和军民亲如一家感人事迹；确立“十个100工程”援建目标，在全团范围抽调5名驻地干部，组建“双拥工作”宣传组，介绍驻地情况。与当地政府部门联系，在全团开展“营有共建单位、连有共建点”活动，指导营连单位建立8个共建点。

【国防教育】联系驻地清真寺阿訇，依托政工干部队伍组建理论宣讲队，组织开展政策宣传进寺院、感情交流进寺院、排忧解难进寺院活动，深入各清真寺集中宣讲《国防法》《国防教育法》《宁夏回族自治区国防教育条例》。利用国防宣传日，在利民社区、峡石社区建立理论宣讲点，采用板报、橱窗形式广泛宣播国家好政策。结合清明节、“五一”、端午节等重大节日，邀请青铜峡市人民政府、青铜峡镇及大坝电厂280余名干部职工来团过军事日，参观团史馆，弘扬军队优良传统。配合辖区各中小学校搞好中小学生“热爱党、热爱祖国、热爱军队”教育，邀请1000余名学生来团接受国防教育，参观数字化车场、团使馆，观摩部队军事科目训练，让学生体验官兵生活，自觉强化拥军爱军观念。

【“学雷锋、树新风”活动】组建22个雷锋小组，利用“雷锋日”“劳动节”等时间，组织官兵开展经常性学雷锋活动，为利民、峡石社区居民义务服务。全年出动学雷锋活动小组10余次，义务为群众理发、看病113余次，修理摩托车、自行车100余辆。

【参与地方经济建设及公益事业】根据地方所需、群众所盼、部队所能，出动兵力200余人次、车辆10余台次援建重点工程，植树1万余株，清除淤泥150余立方米。同时，在扁担沟中心小学、甜水河小学设立“黄河铁骑奖学金”，援建地方教育事业，帮助品学兼优、家庭生活困难学生完成学业。

【结对共建】坚持“授人以渔”帮教理念，向地方单位传授管理经验、方式方法，与峡口镇赵渠村党支部结成帮扶对子，通过帮书记、扶班子、带队伍方法，将部队帮建工作向驻地党委(支部)建设延伸。

【军民协作】组织专人对驻地周边官兵赊欠账问题进行清理整治。每季度服务社招标期间，将青铜峡镇个体营业户纳入招标范围，全年有12人/次在团服务社实现就业。3次邀请驻地居民参加“友谊杯”篮球赛。

【信息共享】定期不定期走访驻地政府部门、企事业单位及居民社区，与驻地大坝电厂、利民社区、峡石社区等建立联系，交流通报有关情况，实现驻地周边信息共享“3·14”“6·4”“7·5”等敏感时期，加强与驻地国安局、公安局等部门沟通，关注社会动态，确保一旦发生问题，军地双方迅速掌握情况，协力进行处置。

【处突维稳】组织开展应急处突、应急维稳、反恐防暴、抢险救灾等应急演练，确保周边一有问题，能迅速出动处置。4月11日，青铜峡库区鸟岛发生重大火灾，地方政府求援，部队立即启动应急预案，出动200人和当地群众共同完成灭火救援任务，赢得地方党委、政府、人民群众赞誉，并被中央电视台新闻频道（CCTV-13新闻）采访报道。

68216部队

【概况】2016年，驻青68216部队着眼服从服务“四个全面”战略布局，结合年度工作任务和驻地实际，在抓好部队军事训练的同时，积极支援地方经济建设，扎实开展民族团结教育和双拥共建工作。被自治区党委、政府、宁夏军区表彰为“拥政爱民模范单位”。

【形势政策教育】开展改革强军主题教育和“两学一做”学习教育，着眼打好“铸魂”与“蛀魂”、“固根”与“拔根”意识形态领域斗争主动仗，紧盯南海仲裁闹剧、韩国部署萨德等敏感事件，邀请吴忠市国安局等领导到部队作隐蔽斗争形势讲座。开展纪念中国共产党成立95周年、中国工农红军长征胜利80周年书法、征文、绘画活动，组织参观革命烈士陵园。

【国防和革命传统教育】依托军史馆开展国防军史教育，接受驻地中、小学、企事业单位人员参观军史馆、过军事日。利用军寺共建契机，组织数十名官兵向穆斯林群众讲解国防知识。清明节，组织121名官兵赴余家桥烈士陵园敬献花圈，面向烈士纪念碑重温入伍誓词，瞻仰烈士事迹，开展祭扫烈士墓地等活动。

【普法进军营】组织国家安全法规进军营活动，邀请吴忠市国家安全局支队长徐经春、青铜峡河东派出所副所长常永宏、青铜峡市公安局禁毒办副主任马骏通过摆事例、讲后果，以事明理、以案断法，用通俗易懂的语言对官兵进行教育辅导，提高官兵保密意识和防范意识。邀请吴忠市回族艺术团开展“七五”普法进军营法制文艺会演，以文艺表演方式让官兵们知法懂法，促进法制军营建设。

【扶贫帮困】与红寺堡区红寺堡镇弘德村开展结对帮建，向9名贫困学生每人捐赠3000元慰问金，向7户困难家庭每户捐赠1000元现金和米面油等生活物资，安排部队卫生队免费在弘德村开展体检、送医送药活动，和贫困学生、困难家庭签订长期帮扶协议。在“3·15”学雷锋日，组织官兵代表到吴忠民族敬老院，为回、汉老人送去牛奶、水果等慰问品，帮助老人检查身体，打扫室内卫生，以实际行动践行雷锋精神。

【军寺共建】会同驻地王嘴子清真寺，开展“五项教育进寺院”“五爱”、军事日、军民共话“中国梦”、“强军梦”“小康梦”等共建活动，丰富活动内容，共建工作得到各级领导赞扬和广大群众认可。王嘴子清真南大寺作为吴忠市“军寺共建”示范点接受国家民族团结进步创建活动示范市试点单位考核验收，被自治区双拥办确定为“军警寺共建示范单位”，被自治区党委、政府、宁夏军区表彰为“拥政爱民模范单位”。

68242部队

【概况】 2016年，驻青68242部队紧紧扭住“政治建军红线、深化改革主线、真打实备轴线、安全稳定底线”，突出紧跟步伐铸军魂、主战主导强能力、依法依规严管理、狠抓经常打基础、从严从紧正作风，坚持不懈抓基层打基础、抓安全保稳定，完成嘉峪关驻训、嘉峪关实兵检验性演习。部队被评为“基层建设先进单位”“军事训练一级单位”“安全管理先进单位”，被宁夏回族自治区党委、政府表彰为“双拥工作先进单位”。

【思想政治教育】 2016年，深化改革强军主题教育，在团以上党委机关开展“新体制、新职能、新使命”大讨论和在政治机关政治干部中开展“政治工作发挥生命线”作用大讨论，机关“四铁”建设目标进一步明确。两次邀请驻地吴忠市、嘉峪关市安全部门开展“四反”教育，提高官兵拒腐防变能力。

【信息宣传】 开展政治工作信息化建设，开通“钢铁战神”微信公众号，及时发布改革强军、两学一做、传统文化等文章，搭建官兵学习平台。开展宣传报道工作，增强舆论影响力，全年在《解放军报》《人民陆军》《光明日报》刊稿20余篇，在《解放军报》客户端、军报等新媒体刊稿近百篇，在新华网、人民网、中国军网以及各级政工网投稿近3000余篇。

【战备训练】 按照“工程化筹划、路线图管理、清单式落实”方法，细化4大类92项具体工作，采取挂账销号方式抓实全年大项演习活动。落实4级训练管理机制，对全团所有专业进行责任制管理，组织10余支集训队近千人进行强化训练，夯实单个人员训练阶段理论基础。改造升级团、营、连三级值班系统，投资近80余万元新建测绘导航室，拓展引接融合情报搜集及智能地理信息查询、数据库链接等功能，提升战场环境、地理信息系统对作战因素的促进作用。10月下旬，随师部参加战区陆军实兵检验性演习。演习设置贴近实战背景，团首长机关率领各营及直属分队参演，行军途中全程机动。官兵在6昼夜高强度、实战化的环境中接受锻炼和考验。

【整风整改肃纪】 召开“三严三实”民主生活会，团班子成员主动向组织“交明白账”，带头向积弊开刀，注重发现问题、解决问题。学习贯彻落实集团军、师肃清工作会议精神，组织专题教育，开展讨论辨析，严肃对照检查，深化思

想作风清理，坚决查清整改郭徐影响形成的潜规陋习，用中央决策部署统一思想行动。坚持标准更高、要求更严，持续抓好“八项整治”回头看，成立“八个专项整治”领导小组，研究制定《“八个专项”整治推进措施》，对照内容清单逐点、逐项检查，对汇总梳理出的32个问题，挂账销号，定实责任，明确时限，进行整改。开展纠治“微腐败”工作，组织干部骨干进行杜绝“微腐败”承诺，人人签订承诺书，纯正团队风气。

【部队正规化建设】 加强“四个零散”人员管理，落实每天“八遍”查人制度，完善干部周点名和理论培训制度，常态开展小示范、小观摩、小讲评活动，

用问题整改落实牵引部队正规化水平的提高。狠抓条令条例贯彻落实，坚持周一晚法规学习和周六条令考核，营造官兵“尊法、学法、用法、守法”浓厚氛围。研究制定经常性工作落实“四联表”(工作内容清单表、工作责任区分表、工作落实统计表和安全预警信息清单表)，细化一周工作，正规部队各项秩序。制定“样板连”评定细则，落实每月建制营连基础性工作评比和“十佳士官”表彰制度，下发《关于进一步落实预防犯罪工作制度的意见》，明确车辆动用审批程序，确保全年各项工作安全顺利。

【军地共建】利用春节，走访慰问利民社区、峡光社区10户贫困户，帮助解决现实困难。开展军警寺平安共建活动，与青铜峡镇团结清真大寺组成共建单位，送去2000元慰问金，帮助其解决燃眉之急。开展困难群众结对帮扶工作，与身患残疾回民群众丁晓娟结成精准帮扶对子，定期走访慰问，赠送致富书籍，资助开设网店启动资金，同时吸收其父到部队担任草坪维护员(月工资2000元)，丁晓娟家庭在2016年实现脱贫。利用现有设备，帮助青铜峡市第三中学航拍校园视频，受到师生好评。分批组织青铜峡市第三中学、铝厂中学、广武小学等300余名学生来团过军事日。利用学雷锋日，对驻地附近孤寡老人打扫卫生、义务巡诊，为群众维修农机具。

【军地联谊】5月，协调中国移动对部队进行慰问，并与官兵进行篮球友谊对抗赛。6月，邀请宁夏文联来团为官兵送文化大餐；6月中旬，邀请吴忠市国家安全局两名技术人员对部队营区无线电磁信号进行检测，保证军事通信及网络安全。八一节前夕，移动、联通等电信公司、东风汽车修理厂等及吴忠市、青铜峡市、青铜峡镇等各级人民政府来团慰问。8月中旬，嘉峪关市委、市政府、嘉峪关军分区慰问野外驻训官兵。9月，宁夏夏进乳业有限公司来团慰问官兵。年内，与银川市、青铜峡市邮政局、青铜峡火车站等单位积极协调，共同做好复员老兵购票、换乘及物资托运安检工作。

人武部

【概况】2016年，青铜峡市人民武部贯彻落实两级军区党委扩大会议精神，围绕实现党在新形势下的强军目标，以习主席系列重要讲话精神为指导，坚持抓中心谋打赢、抓班子建队伍、抓作风促落实、抓融合谋发展，圆满完成各项任务。

【党委建设】针对班子成员调整，采取集中学习、以会代训等方法，组织党委成员认真学习民主集中制和“十六字”原则，强化“一班人”民主集中制意识和参与集体领导观念；修订《党委议事规则》，严格议事决策方法、程序。注重加强班子团结，成员之间经常开展谈心交心活动，工作上互相沟通、通气，和谐共事氛围浓厚。加强党风廉政建设，重点学习《中国共产党廉洁自律准则》《中国共产党纪律处分条例》《中国共产党问责条例》等法规制度，参加党风廉政教育，观看警示教育录像片，彻底肃清郭徐流毒影响，强化廉洁从政意识，增强自律观念。

【干部队伍管理】加大专武干部队伍教育培养力度，结合各镇党委、政府班子换届，调整任职5名基层武装部长和3名武装专干。4月18日至29日，依托军区独立团，组织全市专武干部和民兵应急分队骨干进行政策法规、军事理论及业务常识、单个军人队列动作、“四会”教学、手榴弹使用及轻武器操作等内容封闭式训练，提高专武干部及民兵骨干业务素质和组训能力。10月11日至13日，集中3天时间，采取“听、查、看、测、考”方式，围绕“德、能、勤、绩、体”五个方面对全市15名基层武装干部进行全面考核。

【基层正规化建设】贯彻落实军区《军分区人武部正规化建设标准和考评细则》，采取专题辅导、集中学习、讨论交流等方法，强化民兵职责使命意识。针对基层武装工作质量层次不齐、个别乡镇武装部建设水平较低等问题，落实挂钩帮建制度，加强基层武装部面对面指导，组织专武干部进行为期一周集中培训和每月一次专干例会培训。按照三年一个轮回，主抓瞿靖、大坝、峡口3镇基层武装部正规化建设。11月，采取现场观摩、参观见学、面对面指导等方法，对基层武装部年度工作进行全面考核。

【首长机关战备训练】按照战备要求，落实首长值班和作战值班等战备制度，坚持做到值班人员24小时在岗在位，确保指挥通信畅通。结合年度民兵整组工作，调整补充情报信息领导小组和情报信息员队伍，健全完善民兵信息网。落实党委议训制度，根据年度训练计划，采取集中辅导、个人自学等方法，抓好首长机关军事理论、识图用图、航空判读、装备管理知识和体能等学习训练。参加军区装备管理知识网上答题竞赛，取得人均97分好成绩。

【民兵分队训练】5月下旬，组织抗洪防凌分队水上救援分队进行为期5天冲锋舟操作和水上救援训练。6月8日，合同与市旅游局游艇所，组织开展落水人员搜救、被困群众解救、伤员紧急救护等课目演练，提高水上救援分队处置突发情况能力。10月19日至28日，依托吴忠市民兵训练基地，组织市民兵应急维稳连、抗洪防凌分队基干民兵进行为期10天封闭式强化训练，整体合格率达到78.43%，民兵分队应急应战能力明显提高。

【民兵整组工作】区分“应急队伍、支援队伍、储备队伍”三种类型，在深入调查摸底、反复研究论证基础上，完成基干民兵整组工作任务。4月11日，市湿地自然保护区发生火灾后，利用两个半小

时时间集结民兵120人、各型车辆13台，携带装备300余件（套），第一时间赶赴火灾现场，执行扑灭明火、开辟隔离带、清理余火、监控火场等任务，受到军地领导肯定和地方群众一致好评。

【国防动员】年内，为每名成员单位订购《中国民兵》《中国国防报》等报刊杂志，方便成员单位日常学习。利用民兵军事训练和夏秋季农田水利基本建设之机，开展兵役法规宣传，完成年度兵役登记任务。落实党管武装制度，筹组召开市人民武装工作会议和各镇（街道）党管武装述职会，举办国防动员形势报告会，指导市交战办完成7支跨区演习部队和西部战役演习部队保交护线任务。采取召开专题动员部署会、集中观摩培训、规范软硬件资料、军地联合工作组巡回督导检查等多种方式，完成吴忠市国防动员效能目标管理年度考核工作。

【征兵工作】发挥青铜峡市农村政策宣传“直通车”作用，利用有线电视、广场大屏幕、手机短信等现代传媒手段，开展“征兵宣传月”和“五进”活动，加强面对面、点对点宣传，调动应征青年报名参军热情，确保上站体检比例。坚持以《兵役法》《征兵工作条例》为依据，以国防动员部下发的《关于进一步加强廉洁征兵工作的通知》为准则，严把体检、政审标准，严格组织程序，坚持“五公开、五公示”，全年完成86名新兵征集任务。其中，大学生征集比例由2015年的24%提高到2016年的33%，提升9个百分点，实现“三个确保”（即确保新兵质量整体提升、确保廉洁征兵有效落实、确保征兵任务圆满完成）目标。

【安全管理】年内，结合“学、训、整”活动开展，组织全体人员认真学习条令条例、《安全工作条例》和《预防犯罪工作条例》等内容，增强干部职工条令法规意识。先后3次组织队列会操和军容风纪检查。结合传达学习上级管理工作指示、事故案件通报，开展“五查无看”活动，结合春节、“五一”“十一”等重大节日，组织开展战备教育和收心教育。开展“百日安全活动”，研究制定安全隐

患排查方案，按照个人自查、各科自查、部党委全面检查步骤存在问题展开自查工作，5次召开安全形势分析会，认真排查隐患，分析原因，逐项制定整改措施。

【双拥共建】3月，组织全体干部职工和民兵预备役人员1000余人次，参加庙山湖植树造林活动，清挖树坑1.5万余个，栽植树木2万余株。10月，组织民兵预备役人员在瞿靖镇参加秋季农田水利大会战，清挖沟渠2.5千米。开展精准扶贫工作，先后4次深入扶贫挂钩帮建村，摸清实际情况，采取思想引导、技能培训、介绍务工等方式，帮助5户实现脱贫。利用"元旦""春节"等节日，开展走访慰问活动，按照每户200元标准为10户扶贫对象送去慰问金。年内，筹措资金6000元，为邵岗镇邵南村三个贫困家庭购买猪仔；干部个人出资3000元，为邵岗镇邵南村两名贫困生和青铜峡镇同兴村一名贫困生各资助1000元助学金。

【后勤综合保障】修订完善后勤战备方案和协调保障计划，补充后勤战备给养器材，结合应急分队紧急拉动演练，组织后勤人员就野外条件下生活保障进行演练。学习贯彻两级军区《贯彻落实〈厉行节约、严格经费管理〉实施细则》，落实党委理财、联审会签、大宗物资集中采购制度，确保经费使用严格正规。加强营房设施维修改造，投资近4万元对电梯顶部漏雨部分、办公楼体外部亮化设施和党委会议室进行维修，将一楼卫生间改造为洗澡间方便值班人员洗澡。筹措资金1万余元，组织干部职工免费体检，给3名机关干部购置双人床，方便家属来队探亲。

人民防空

【概况】2016年，完成2000平方米人防工程验收工作，新增电声警报两台；收缴人防易地建设费约110万元，其中上解自治区60万元；建立社区人防宣传工作站2处、应急避难场所4处；开展疏散演练25场次，其中组织学校演练24场次、社区1次。

【人防法规宣传】在防灾减灾日、全民国防教育宣传日和法制宣传日活动期间，走进社区、学校、重要经济目标单位，开展人防法规知识宣教活动。全年组织国防知识和防空防灾宣传活动3次，增制国防知识宣传展板3块，展出宣传展板15块次，印制人防宣传资料1万余份，购置人防宣传品1000余件，发放宣传资料18000余份、宣传品2000件。

【警报鸣放和防灾应急疏散演练】组织技术管理人员对警报器进行全面检查、保养和测试，对小坝镇及其他地点老化线路进行升级改造，新安装电声警报器2台，实现统控、鸣响率100%，固定、移动和手动警报器各种施放手段联动。组织开展应急疏散演练，"5·12""9·23"利用警报试鸣日，会同地震、裕民街道、教育局等单位，举办防空防灾知识培训班，组织城区13所中小学、6个社区及部分机关单位近2万余人，开展防灾应急疏散演练，确保全市城区中小学生、城市居民遇有突发事件能够安全有序疏散。指导9家单位制定防空防灾应急预案，组织市档案局、供电局开展突发事件处置保障演练，协助制订训练计划，同时制定全市训练计划。

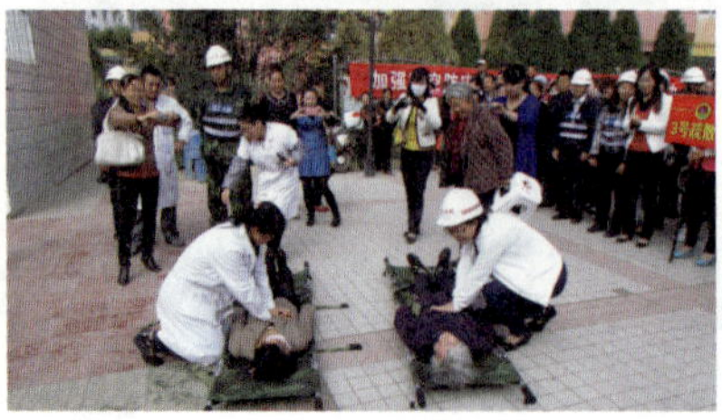

【电台管理】严格电台值班管理制度，做到责任到人，专人管理，按规程操作、确保电台与区人防办通信畅通，落实电台值班正常情况每天两次连接、特殊情况24小时值班制度，真实、准确、完整记录值班情况。

【人防进校园、社区活动】选择市第五中学、第三小学，开展人防进校园工作，协调指导上述两个学校成立人防工作站及各类组织机构，制定规章制度、工作职责。年内，在13个小区制作应急避难标示牌和疏散示意图26块，完善人防进社区工作。

【人防执法】按照"以建为主、以收促建"原则，抓实人防地下室建设工作。对"结建"工程，依法严格审批，认真审查建设规划，实行办证前签定结建工程协议书制度，在施工过程中实行跟踪服务、督促检查，确属不能建的做好“结建”费收缴工作。严格执法工作，依法清收部分建设单位欠费，下发“关于限期办理结合民用建筑新建防空地下室手续通知”10份，“关于限期缴纳人防工程易地建设费通知”13份，送达“违法行为通知书”13份，电话催缴催办12次70人次，组织人防行政执法检查12次，追缴往年欠费40余万元。

【早期人防工程管理】结合本地实际，加强早期人防工程安全隐患排查，针对个别存在安全隐患工程，制定解决问题处置方案，及时进行技术处理，确保早期、在建、已使用人防工程安全。全年组织对早期人防工程、新建人防工程、开发利用人防工程、人防应急疏散基地行政执法检查4次，工程完好率达到90%以上。

武警青铜峡市中队

【主题教育】在支队授课基础上，开展“看红色影片、读红色书籍、唱红色歌曲”活动，组织官兵观看《邓小平百万裁军决策内幕》、支队第二季度“魔鬼周”极限训练记录片，并撰写心得体会。同时，由中队干部破题授课，按照“一两句话谈感想、三五句话说落实”要求，组织开展改革强军讨论、改革强军辩论赛。

【军事科目训练】根据上级关于执勤刺刀佩带使用、哨兵供弹程序有关文件要求，组织开展快速上刺刀、装退子弹等训练，提高官兵快速反应、有效处置能力。针对五千米武装越野、教学方法和战术科目训练半年考核成绩不佳等存在的问题，坚持加强官兵每天体能训练，狠抓组训者备课试讲试教，将分队科目训练与执勤情况处置训练相结合，研究开展三员一兵一组一班协同演练及方案演练，提高官兵完成中心任务能力。

【勤务工作】加强官兵执勤教育，狠抓执勤常见病治理，通过开展勤务专项教育整顿、勤务作风纪律教育整顿等活动，组织官兵系统学习《执勤规定》和《正规化执勤等级评定实施细则》、总部转发典型案例剖析等，强化官兵执勤意识。抓好重大节日及敏感期勤务工作，适时召开“三共”会议，将有关执勤要求及典型案例通报目标单位，会诊查改问题，协调指导目标单位加装监区西大门外隔离栏，更换维修备勤室门锁和监墙门锁，安装队所联动报警装置，消除执勤隐患。结合新兵补入，组织开展勤务演练，发挥勤务值班员、领班员、网络查勤员、执勤哨兵互管互控作用，确保执勤目标安全。

【安全防范】开展“安全日”“百日安全竞赛”、安全大检查等活动，加强安全常识教育和安全形势预测分析、风险评估。分层落实安全责任，与班长勤务骨干、休假等在外人员签订安全责任书，严格责任追究。坚持每日安全倒计时，呼喊安全口号，开展群众性创安活动，表扬发现隐患、排除隐患战士。做好敏感时期官兵思想教育，及时组织开展思想分析，治理软隐患，严防硬隐患。

【手机泄密专项整治】执行手机使用管理有关规定，严格手机使用操作程序，纠正官兵违规使用手机行为，严防手机泄密。

【后勤管理】按照“伙食管理精细年”关于“1126、6211”指示精神，狠抓伙食制度落实，不定期检查食物留验、卫生标准和出入库登记，提高伙食精细化管理水平。严格装备管理制度，坚持每日早检查，清查出入库数质量；每周擦拭保养，提高官兵管装爱装能力。6月，协调市人民政府对营区原栅栏式围墙进行实体围墙改造，并修建养殖区。7月，对中队营房、水房、厕所及楼道墙壁进行装修和粉刷，解决水房、厕所渗水、地砖破损、设施破旧问题。同时，发动官兵自己动手对原模拟勤务训练场进行拆除，打造擒敌术训练场和战术训练场，修整营区绿化。坚持一日生活制度，从严、从细、从实抓经常打基础，从日常养成到营区卫生管理，坚持反复抓、抓反复，整改查出问题，提高工作标准。

公安消防

【消防工作】全年召开各类消防会议11次，检查社会单位2079家，发现火灾隐患或违规行为1533处，督促整改火灾隐患或违法行为1275处，下发责令改正通知书981份，行政处罚社会单位74家，临时查封单位7家，办理"三停"案件9起，罚款28.9万元。夏季消防检查期间，对全市高层地下等救援难度大的单位开展城市火灾高风险点评估，建成微型消防站60家、"四个能力"达标数单位73家；与9家消防重点单位签订维保协议，协调指导32家重点单位定期开展"六加一"活动，微信注册人数增至2737人；安装独立式感烟探测器163个、简易喷淋50个；开展进机关、企业及学校等宣传活动100场次，为群众免费发放宣传资料4万余份。

【业务训练】以正规化建设为标准，狠抓官兵体能素质，中队官兵体能合格率达到95%以上，优秀率达到60%以上；开展重点单位建筑消防设施测试、车辆装备器材效能测试、远距离供水测试、高层供水测试及石油化工储罐实战操法训练。年内，完成灭火演练近百余次。其中，出水演练45次、夜间演练42次，编制灭火救援预案82份，灭火救援预案编制率、审核率、系统录入率为100%。成功处置4·11鸟岛国家湿地自然保护区火灾及10.3瞿靖镇民房连营火灾，大队荣立集体三等功1次。

【思想政治教育】坚持每月开展一次集中学习，以"改革强警"主题教育和"两学一做"专题教育活动为抓手，举办专题讨论会4次。以"五微"党建工作法及五星级党员管理法为依托，规范组织生活流程，创建特色党建文化园，做到文本台账健全，设施完善，任务、职权、组织、工作制度、议事程序规范"五落实"。年内，大队被自治区评为"先进基层党组织"，被吴忠市团委授予"红旗团支部"荣誉称号。

【后勤保障】坚持重大开支和建设项目集体讨论研究，严格执行经费开支审批权限。年内，争取地方业务经费和专项经费487.5万元(190万元消防业务经费、120万元政府专职消防员及文员经费、177.5万元举高平台消防车尾款)，投入5万元对大队电子阅览室进行改造，新购置台式计算机10台，并更换官兵电脑桌，为战士节假日上网娱乐创造良好环境。落实《固定资产管理办法》，建立健全资产机制。做到部队资产底数真实、完整、准确。统一部队伙食台账，落实伙食管理"五项制度"，确保伙食管理规范。

QINGTONGXIA
YEARBOOK

法治

编辑◎杜文君　丁　丽

社会治安综合治理

【社会治安管理】围绕重大节会和敏感节点，严密防范和依法打击邪教、非法宗教组织捣乱破坏活动，对百余名申领护照干部进行国家安全知识告知。4月，市防邪办与内蒙古阿拉善左旗防邪办签订《反邪教防控协作机制框架协议》。年内，全市排查新疆维族人员15人次，核查涉恐嫌疑人员51人次；各类刑事案件立案649起，破获420起，比2015年同期立案下降21.43%，破案率提高28.15%；立八类主要刑事案件14起，占刑事案件立案总数2.16%；打掉盗抢骗侵财犯罪团伙16个，破获盗抢骗等系列侵财案件19串涉案179起、电信诈骗案27起、涉众型经济犯罪（非法集资犯罪）案件5起（含旧存2起），涉案金额5300万元。

【司法体制改革】①人员分类管理改革。严格遴选程序和标准，通过内部遴选市人民法院、检察院分别确定首批入额法官、检察官33名、17名。②办案体制改革。市人民法院探索建立独任庭、合议庭、专业法官会议、审委会、院庭长审判管理、办案责任追究、法律文书签发权限等各类司法责任制配套制度，完善案件质量评查机制，建立法官业绩档案。市人民检察院按照检察长（检委会）、分管检察长（专职检委委员）、独任（主任）检察官三个层次细划内部司法办案权限，同时将283项职权进行分类授权，在公诉、侦查监督等业务部门和自侦部门分别实行“独任检察官+检察辅助人员（书记员）”和“主任检察官+检察官+检察辅助人员+书记员”办案模式，建立规范办案流程、加强监督制约、错案责任追究、完善执法考评等配套制度及检察官执法档案，全面记录检察官办案数量、办案质量、办案效率以及违法违纪等情形，规范办案执法行为。③推进人财物统管改革。按照自治区党委政法委、高级人民法院、检察院及相关职能部门要求，法、检两院于年初完成人财物统一上划工作。

【平安建设】抓好矛盾纠纷排查化解、命案防控、预防和打击“两抢一盗”等7项重点工作，做好农村基层组织建设、社区管理体制改革、居民住宅小区综合治理等13项基础性工作。命案发生、进京非正常上访人次、50人以上规模群体性事件发生数、较大及以上安全事故发生数总体可控，禁毒预防教育工作走在全国前列。全国禁毒图书角项目、全区校园毒品预防教育、吴忠市公安“一村一警”警务改革工作现场会在青铜峡市召开。

【社会矛盾化解】加强矛盾纠纷和疑难复杂问题排查，建立律师参与化解和代理涉法信访案件制度，推进镇村、城市社区、企事业单位、专业行业性人民调解“四张网”建设，靠实市级领导和镇场、街道、部门“一把手”责任，定期会商疑难复杂问题。年内，排查各类矛盾纠纷442件，化解325件，化解率73.5%。到自治区初信初访、越级上访人数比2015年有所下降。

【吸毒人员收戒管控】全年破获毒品刑事案件22起，抓获犯罪嫌疑人23人，查获吸毒人员342人，强制隔离戒毒127人，强戒出所未满3年吸毒人员管控率达到57%以上。

【服务型窗口建设】投入120万元，对司法服务窗口硬件进行提升改造，创建2个五星级、5个四星级司法所。邵岗镇司法所被评为“全国先进司法所”，市公安局信访接待大厅被评为“全国公安信访窗口示范单位”。

【三项整治】①集体土地、国有土地房屋征收突出问题专项整治。巡查5000余亩集体土地，查出违法用地73项，整改69项。②工程建设领域突出问题专项整治。成立联合检查组，对2012年~2015年政府投资372个项目开展专项检查，立案25件，结案16件，罚没款总额25.5万元，行政处罚企业15家，通报金德利大酒店等4个项目建设单位违规行为。③拖欠职工(农民工)工资突出问题专项整治。印发《青铜峡市建设领域农民工工资支付监管实施方案》，受理拖欠企业职工(农民工)工资举报投诉案件121件，办结116件，清收拖欠职工(农民工)工资1302.6万元。

【公共安全】①增加经费投入。提请市财政投入政法综治经费200万元，建立31个社区警务室和10个社区戒毒康复中心。推行“一村(社区)一警”警务模式，探索建立“1名民警+协勤+禁毒专干+社区综治专干”的“1+X”警务运行模式，变“单兵作战”为“合成作战”。②落实从优待警政策。一次性解决60名公安干警职务职级待遇，补充招录100名协警。③星级和谐社区创建。精简社区工作事项、规范网格化服务管理，整合社区各类资源，组织开展“问需于民”大调研活动，征集群众意见建议16类862条，解决群众合理诉求。④加强公共安全风险防范。实施“明厨亮灶”工程，狠抓食品安全；协调指导物流寄递企业严格落实100%实名制和100%先验视后封箱制度；开展危险化学品、公共交通、工业企业、非煤矿山、民办教育机构等安全隐患排查整治，制止重特大安全事故发生，确保牛首山庙会、鸿乐府宗教活动和阿迪力挑战黄河大峡谷等重大活动期间安全有序。⑤加强住宅小区管理。落实住宅小区物业公司治安责任追究制度，建立物业公司信用档案，对发生治安案件物业公司重新进行资质审查时实行“一票否决”制。

【队伍建设】开展“加强纪律作风、规范执法行为年”专项行动，通过自查、走访、案件评查、监督回访等方法，深入查找执法不规范问题，督促政法机关切实改进；加大明察暗访、信访举报、执纪问责、通报曝光力度，以群众安全感和满意度“双提升”为目标，加强纪律作风建设，推进执法规范化建设。强化政法干警业务培训，提升政法干警素质能力，会同市委组织部在浙江大学分两期对132名政法综治骨干进行素质能力提升培训；成立青铜峡市法学会，吸纳业务精湛政法干警加入法学会，发挥政法干警在全面依法治市征程中的重要作用。强化责任追究，层层落实主体责任和监督责任，抓好班子、带好队伍。

【铁路护路工作】推行“一人承包、全家联动”家庭护路承包责任制，深化铁路护路联防“五位一体”工作机制，形成点、线、面相结合，打、防、控为一体大巡防格局，实现上下联动、覆盖全市护路巡防网络。

公安

【防邪反邪】组织开展邪教人员调查摸底工作，梳理排查“法轮功”“门徒会”“全能神”等邪教人员200人，补充录入邪教组织人员信息管理系统35人，并实行分级管控，每季度对21名各类邪教重点人员开展一次谈话教育，核查12名参与诬告滥诉活动“法轮功”人员。全年查破法轮功邪教案件3起，其中刑事案1起、治安案件2起，刑事拘留1人，治安拘留2人。打掉制作“法轮功”宣传品窝点1个，收缴制作非法宣传品电脑2台、打印机4台、切纸机1台、装订机2个、纸张16余包、查获“法轮功”宣传传单700余张、光盘107张、书刊76本。

【矛盾纠纷排查调处】全年接待群众来信来访及上级相关部门转办事项106起，其中上级转办和12389转办事项27起，受案办理信访案件29起，办结率100%，未发生重访、闹访和群体性上访情况；处置“6·25”网上发表针对穆斯林不当舆情，王XX、张XX非法吸收公众存款案，“3·15”滨河大道交通事故等疑难复杂事件25起；化解一般性矛盾纠纷2406起；排查拖欠农民工工资矛盾纠纷3起，化解3起，涉及金额15万余元，为30名农民工追回工资256984元；处置采取极端行为讨要工资事件3起、治安拘留3人，封门堵路事件1起、治安拘留5人；落实重点人员分类分级管控责任，将涉疆、肇事肇祸精神病人、重点信访人员纳入视线，协助各镇、相关部门劝返进京赴银上访人员20余人次。

【反恐维稳】年内，加强“两警联勤”武装巡逻及大巡防工作，提高队伍快速反应、应急处置能力。组织开展反恐实战演练3次。

【网络舆情管控】建立24小时网上巡查制度，加强“网上公安局及“平安青铜峡”微信、微博建设管理，建立信息发布审批制度，处置网上煽动进京维权、恶意攻击污蔑国家政治等谣言舆情20余起。

【安全警卫】完成“两节”“两会”、牛首山庙会、鸿乐府宗教活动秩序维护及习近平总书记来宁视察、阿迪力黄河大峡谷挑战极限之旅、第五届宁夏黄河金岸马拉松赛等安保任务30余次，实现万无一失、绝对安全目标。被市委、政府评为阿迪力黄河大峡谷挑战极限之旅活动和黄河金岸马拉松赛组织工作“先进集体”。

【打击刑事犯罪】组织开展“大收戒”“攻命案”“除黑恶”“破小案”“反诈骗”“打击涉众型经济犯罪”六大战役、“打击黄赌毒”等专项行动，保持对严重暴力犯罪及多发性侵财犯罪高压态势。年内，立各类刑事案件720起，同比下降19%；破现行案件472起，同比上升36%，年度任务完成率98.9%，8类主要刑事案件立17起，同比下降21.11%；破13起，破案率76.47%，命案发1起破1起；抓获犯罪嫌疑人335人，同比上升29.84%，抓获网上逃犯37名。

【打击侵财犯罪】将刑侦力量重新整合为大要案、打侵财、情报、技术四个中队，配齐领导班子，理顺工作机制，强化科技战、信息战、证据战、合成战“四战同步”理念，合理利用“大情报”、刑专系统等警务技术平台。年内，立侵财刑事案件553起，同比下降21.11%；破案318起，同比上升84.88%。

【打击电信诈骗犯罪】年内，破获电信诈骗案件30起，完成全年目标任务的230.7%。

【禁毒工作】年内，查获吸毒人员383人，完成全年目标任务87.16%；强制隔离戒毒118人，完成全年目标任务81.16%；破毒品案件27起，抓获犯罪嫌疑人29名，完成全年目标任务64.44%；破3人以上团伙案件1起。①开展社区戒毒康复示范单位(点)创建工作，按照区级示范单位达到20%以上、吴忠市级示范单位达到50%以上验收标准，加大社区戒毒康复专干培训力度，加强社区戒毒工作检查和督导，结合开展毒品重点整治，以瞿靖镇社区戒毒康复中心建设为标准，加大社区戒毒康复中心和工作站建设。年内，10个镇场戒毒中心全部完成标准化建设，全市各村(社区)全部建立戒毒康复工作站。②落实“四个一”宣传措施，即：在各镇、社区、清真寺设置一个宣传橱窗；在中小学建立一个禁毒宣传长廊；向辖区手机用户每月发布一条宣传短信；组建一支禁毒宣传志愿队，选择部分社区、清真寺、学校作为宣传试点，逐步向全市推开。团市委、市妇联等单位深入学校、农村(社区)和特殊场所，采取开办禁毒专题讲座、组织戒毒学员现身说法、举办毒品知识现场问答等形式，开展青少年毒品预防违法犯罪宣讲活动。各镇、街道采取多种形式，组织开展“毒品案件庭审进社区”“禁毒电影进农村”“禁毒文艺演出”“七进九讲”“流动课堂”等活动，组织禁毒宣传230余次，发放宣传资料7万份，布设宣传展板45场次，设立固定宣传橱窗86个、公益灯箱广告牌15个，播放禁毒电影11场次，举办禁毒专场演出10场次，开展禁毒知识讲座45场次，受教育群众达20万人次。市第六中学被国家禁毒办、教育部授予“全国学校毒品预防教育工作先进单位”，被自治区命名为“毒品预防教育示范学校”；市第三小学等7所学校被吴忠市命名为“毒品预防教育示范学校”。③开展吸毒人员大排查活动，摸清全市吸毒人员底数，知晓率和见面率达到100%。强戒出所未满三年吸毒人员管

控率达到85.6%以上，参加社区戒毒康复人员执行率达到98%。年内，举办各类培训班10期，培训收戒毒人员448人，46人取得专业技能资格证书，与10家爱心企业签订就业安置协议，就业安置率达85%以上。18名涉毒人员纳入城市低保救助，368人参加养老保险，797人参加医疗保险，17人申请廉租房，3名申请公租房。

【打击经济犯罪】建立打击涉众经济犯罪联动机制和举报核查机制，落实排查、预警、宣传等措施。全年破获案件4起，涉案资金5000万元。

【社会治安管控】加强公共娱乐场所、特种行业管理，深入开展治爆辑枪专项整治行动，加大特种行业、娱乐场所、出租房屋监管力度，采取日常检查与专项整治相结合方式，严厉打击涉黄涉赌违法犯罪活动。全年清查特种行业、场所50次，排查整治安全隐患80余处，36家加油站全部完成汽油销售实名登记治安管理信息系统，21个物业小区完成技防改造工作。

【交通安全管理】年内，开展道路交通安全专项治理活动，排查治理道路交通安全隐患点段22处，治理率达100%；查处各类交通违法行为35634起、酒后驾驶39起、醉酒驾驶28起，行政拘留310人；处置各类道路交通事故案件980余起，查处摩托车无证驾驶310起，全市交通秩序平稳。

【消防监督管理】开展消防安全隐患排查整治活动，检查企事业单位1943家，排查整改火灾隐患1221处；处罚存有隐患单位64家，罚款27.6万余元。全年未发生致人伤亡火灾事故。

【窗口单位建设】制定《2016年服务型窗口单位建设方案》，组织开展户籍业务、社区民警、消防业务等培训，提高窗口民警政治素质和业务能力。开展窗口单位警醒谈话、短信温馨提示等事前警示工作，组织民警学习《准则》《条例》等规定及上级部门反面案件通报，严格落实窗口建设各项规定。市政务服务中心公安窗口被评为全区政法系统“服务型窗口建设先进单位”，被市总工会推荐为2016年自治区工人先锋号；市公安局信访接待大厅被评为“全国公安信访窗口示范单位”。

【基础信息化建设】制定《青铜峡市公安局社区民警业务工作量化考核办法》《青铜峡市公安局2016年信息采集工作方案》及《青铜峡市公安局信息采集工作考核办法》，狠抓基础信息采集质量，强化民警对采集信息资源库、信息应用系统操作。加强智能图控和智能交通建设，按照国家C类机房标准，改造信息化机房。在立马路十字路口等三处主要路口建设电警和智能交通信号灯，完成40处治安监控点80路图像建设任务，全局视频在线率90%以上，利用视频破案贡献率30%以上。

【警务实战化建设】强化情报工作领导，大情报综合应用工作吴忠市排名第一；落实指挥长24小时值班制度并严格执行“三签到制度”，组织开展反恐专题实战演练，治安、消防、交警及各派出所联合辖区企业、景区等单位开展各类演习活动3次。全年通过刑事技术和信息研判破案280起，抓获刑事作案成员195名。推进社区警务改革工作，全面推行1名民警+协勤+禁毒专干+社区综治干部的“1+X”警务运行模式，“一村一警”社区警务模式引起《宁夏法治报》《吴忠日报》“平安宁夏”微信等主流媒体关注，《人民公安报》对“一村一警”模式进行深度报道，宁夏电视台新闻话题栏目播出反映青铜峡市公安局社区警务工作专题片《小警务撑起大平安》，“一村一警”模式在全区推广。建立等级巡逻防控勤务机制工作，在特巡队组建专门应急处突队伍，集中进行盾牌、警棍、防暴钢叉、抓捕器、枪支等警械、武器及队列等科目训练。

【执法规范化建设】深化执法主体培训，开设“法制动态”“以案说法”栏目等局域网学习阵地，采取专家讲授、送教上门、专题讲座等形式进行培训，指导民警办理各类案件，全年组织各类培训70场次。落实出庭应诉制度，公安机关行政首长出庭应诉率达100%。投资100余万，建成案管中心、执法视频监督中心、涉案财物管理中心、数字化培训中心。实施“两统一”工作，批捕率同期上升12%。修订完善月度考核细则，将执法质量考核成绩做为单位评先评优、民警晋职晋级及表彰奖励主要依据，制定《法制员工作制度》《法制员奖惩制度》等制度，建立执法问题通报机制、案件回访机制和“日审、周评、月考”评查模式，发现问题及时整改。1至10月，评查案件2048起。其中，行政案件793起（治安调解25起），现场治安调解1255起。评查刑事案件797起。其中，起诉案件135起，网上录入已破刑事案件159起，未破、合并案件503起。评选优质案卷120起，劣质案卷38起，优秀法制员31人，未发生执法过错案件。

【队伍正规化建设】制定党风廉政建设“两个责任”清单，明确局党委领导班子8类29项、局党委书记4类13项、局党委委员4类11项、局属单位负责人4类11项主体责任，局纪委7类30项、局纪委书记4类10项监督责任。开展“两学一做”学习教育，采取专家辅导、分组自学、交流讨论、观看教育影片、重温入党誓词等形式，增强民警纪律意识、规矩意识，组织民警参加“宁夏公安大讲堂”和各类教育训练活动。组织154名民警参加新警培训、警衔晋升培训、外出跟班学习，全年举办各类培训16期，培训1908人次，开展网上督察巡查工作，累计巡查视频点2万余次，下发巡查问题整改任务单25期、专项通报8次，通报并整改窗口服务、执法办案、值班备勤等各类问题1300余次，对130余名民警开展廉政警醒谈话，履行报备承诺70人。研究制定协警考核办法，新招录协警60名，落实派出所机构级别和民警职级待遇，提拔调整60余名科级干部。按照区人社厅、财政厅《关于调整人民警察警衔津贴标准的通知》要求，协调落实新调整人民警察警衔津贴，年内慰问民警74人。落实警检联席会议制度，开展办理民警维权案件沟通和协调工作，李正江荣获全国公安国保荣誉证章，王志琴被提名为全国“公安楷模“候选人。

检 察

【刑事犯罪受理】2016年，受理提请逮捕各类刑事案件113件143人，批准逮捕89件109人；受理移送审查起诉各类刑事案件212件260人，提起公诉195件250人。突出打击严重暴力犯罪、多发性侵财犯罪，保持对严重刑事犯罪高压态势，对3起重特大案件提前介入。结合办案，与市公安局、法院召开联系会议1次。深入陈袁滩镇举办非法拘禁、非法吸收公众存款、拒不支付劳动报酬等高发案件专项犯罪预防讲座1次。

【职务犯罪查办】全年受理各类职务犯罪案件线索17件，立案查处贪污贿赂案件9件9人。其中大要案5件5人，案件侦结率为100%。查办北方民族大学原党委副书记李某涉嫌受贿61万元、后勤基建科科长王某涉嫌受贿27万元大案。

【职务犯罪预防】加强扶贫领域专项预防工作，开展扶贫开发领域警示教育，对全市近五年扶贫资金进行底数摸排，实施动态监管。全年开展职务犯罪预防警示教育10次、预防咨询6次、行贿档案查询1116次，结合办案发检察建议4份。联合市扶贫部门研析本市2起扶贫领域职务犯罪案件，提出预防措施。编写领导干部预防职务犯罪读本《警示与警醒》印发全市领导干部。制定预防职务犯罪考核细则，使预防职务犯罪工作成为各单位年终考核“硬指标”。

【化解社会矛盾】运用刑事和解、检调对接、以案释法等工作机制，引导和帮助当事人化解积怨，做到“案结事了”。全年接待来访群众130余人次，办理来信来访50件次、举报线索初核6件、刑事申诉案件8件、司法救助案件4件。落实检察长接待制、首办责任制，做好答复疏导及以案释法说理工作。深入开展“法律六进”、举报宣传周、精准扶贫、包抓企业等活动，引导群众增强遵纪守法意识，化解矛盾纠纷。参与全区检察机关文明接待室评比，获“文明接待室”荣誉称号。

【诉讼监督工作】加强刑事立案和侦查活动监督，全年监督公安机关立案4件4人，撤案9件10人，纠正漏捕5人、漏诉5件6人、遗漏罪行2起。加强刑事审判活动监督，抗诉成功2件5人。加强民事行政诉讼监督，对审判活动和执行活动提出检察建议58件，法院采纳58件；对生效裁判提出再审检察建议2件，法院采纳2件。做好民事督促起诉工作，向行政执法单位提出履行职责检察建议16件，收回国有资产5218万余元。

【行政执法与检察监督】按照自治区检察院“两法衔接”信息平台迁移至电子政务网工作要求，与市国税局、市场监督管理局、交通局等行政执法机关进行对接，5月下旬完成各行政执法机关“两法衔接”信息平台迁移工作。全年受理市国税局、交通局等行政执法机关备案审查案件28件。加强与市环保局、烟草局等执法部门联系，开展执法案件、信息平台联系沟通和协商协调，建立制度和配置设备，对各执法单位15件已录入案件进行评查。

【刑罚执行监督】做好每月新入矫人员和解矫人员监督工作，通过司法e通平台对社区矫正工作进行日常监督，防止漏管和到期未解矫情况发生。年内，对市人民法院作出暂予监外执行决定而未将两名罪犯交付社区矫正部门执行，导致罪犯脱管，依法向市法院发出纠正违法通知书进行纠正；对8个乡镇和裕民街道司法所监管199名社区服刑人员档案及监管情况进行逐一检查，发现问题及时提出纠正意见。

【司法体制改革】出台《青铜峡市人民检察院检察官权力清单（试行）》和《青铜峡市人民检察院检察官办案责任制暂行规定（试行）》，根据检察业务分类，分别制定办案权力清单，将检察权大幅度下放至员额制检察官。根据高检院《关于基层人民检察院内设机构设置的指导意见》，按照精简、效能、统一原则，探索大部制改革，将全院14个内设科室整合为7个部（8个业务科室合并为6个业务部，6个综合科室合并为1个综合保障部），完成38名检察官等级套改、司法警察警衔津贴上报审批工作。

【档案规范化管理】开展档案管理规范化创建工作，2016年6月，通过自治区人民检察院、档案局档案工作规范化管理评估组考核验收，成为青铜峡市首家实现自治区机关档案工作规范化管理标准单位。

【检察队伍建设】以开展“两学一做”学习教育为载体，通过举办主题演讲、座谈交流、专题讨论、检察官集体宣誓等形式，弘扬“忠诚、公正、清廉、文明”检察职业道德，教育和引导全体干警保持执法者应有理性，以平和的态度对待群众，做到语言文明、行为规范、作风朴实。全年组织干警开展集中学习40余次、中心组学习12次。根据检察人员岗位需求和业务需求，针对不同人员，突出新理念、新方法、新规范、新技能培训，采取以案施教、庭审观摩、业务竞赛等多种形式开展岗位练兵活动，选派干警参加上级检察院各类培训和讲座，开展网上培训、干警读书月活动，成立羽毛球、乒乓球、篮球等5个兴趣小组，在局域网开设干警学习交流园地，将干警心得体会、成长感悟等挂于内网，供全体干警学习交流。组织参加宁夏检察机关纪念建党95周年歌咏比赛、吴忠市检察机关第九届检察文化节，分获三等奖和集体项目比赛五个第一。

（赵清萍　马少军　司建茹）

法院

【概况】2016年，市人民法院围绕“三新”目标，以提升司法公信为主线，以开展“创新突破年”活动为抓手，以五个发展理念为统领，推进执法办案、司法改革、司法为民、队伍建设等工作。年内，受理各类案件6521件，其中，刑事案件229件、民事案件3156件、行政及非诉审查案件19件、执行案件3117件。审结案件6070件。其中，刑事案件223件、民事案件3309件、行政及非诉审查案件19件、执行案件2519件。进行诉前调解1125件，有928件未结。法定审限内结案率97.09%，结案均衡度0.79。

【刑事审判】贯彻宽严相济刑事政策，坚持惩罚犯罪与保障人权并重，落实以审判为中心诉讼制度，科学规范量刑，加强与公安、检察机关协作，统一证据认定标准，规范财产刑执行，依法打击盗窃、诈骗、危险驾驶、故意伤害等多发性犯罪，保护人身权、财产权不受侵犯；依法惩治贪污贿赂、渎职失职犯罪，打击贩卖、持有、运输毒品犯罪；依法审理滥伐盗伐林木犯罪，保护生态环境。

【民事审判】改革家事审判方式，妥善审理离婚、赡养、抚养、析产等案件，促进家庭和睦，维护公序良俗。稳妥处理企业重组、强制清算、股权转让等案件，依法审理民间借贷、金融借款案件，保障金融安全，防范金融风险。妥善化解土地流转、承包经营、劳动争议案件，促进农村稳定和农民增收，推进新农村建设。依法审理建设工程、拆迁补偿、房产开发、买卖租赁等案件，保护各类市场主体合法权益，推动城乡协调发展。

【行政审判】清理限制行政相对人诉权“土政策”，妥善化解行政争议，促进依法行政。灵活运用诉前沟通、诉中协调、诉外疏导模式，依法审结涉及土地资源、治安管理、农牧林业、工业商务、计划生育、劳动和社会保障等案件。落实行政首长出庭应诉制度，确保行政机关负责人出庭、“告官能见官”。行政首长出庭应诉率达到94.2%，加强与市法制办、国土资源局、公安局等7部门协调联系，建立行政执法联席会议制度，交流执法经验，共商执法策略，实现信息共享，规范行政行为。

【案件执行】出台20项措施，解决执行难问题。开展“五个一、三反一打、百日攻坚、积案清理、案款清理”等专项行动，采取假日出击、夜间蹲点、凌晨堵被窝等方式，推行执行110、5+2、白加黑、分片包干工作制度，提升执行成效。优化执行指挥中心功能，建成“点对点、总对总”执行网络查控系统，实现与34家金融机构和两个行政机关信息共享。完善司法、公安、工商、国土、房产、车管和金融机构联动执行机制，落实失信被执行人“黑名单”电视曝光制度，增强执行威慑效果。

【立案登记改革】对依法应当受理案件，做到有案必立、有诉必理，当场登记立案率达98%。出台《登记立案实施细则、工作流程、释明规则》，杜绝有案不立、拖延立案、年底不立案、干扰依法立案等现象，依法制裁违法滥诉、虚假诉讼，维护正常诉讼秩序。

【审判机制改革】坚持“让审理者裁判、由裁判者负责”原则，以构建权责明晰、权责统一、监督有序、配套齐全的审判权力运行体系为重点，制定《独任庭、合议庭、专业法官会议、审判委员会工作规则》《法律文书签发权限、办案责任追究暂行规定》《院长、庭长监督管理规定》等配套制度。坚持放权与监督相结合，建立讨论事项先行过滤机制，合理定位审判委员会职能，明确办案责任认定标准和范围，科学界定合议庭成员、主审法官职责，实行案件质量终身负责制，院长、庭长不再签发未参加审理案件裁判文书。

【人员分类管理改革】把法院工作人员分成法官、审判辅助人员、司法行政人员三大类，按照首批纳入员额制管理法官不超过中央政法专项编制30%的要求，将38名审判员、18名助理审判员纳入遴选范围，采取考试加考核相结合方式，经过资格审查、考试考核、综合测评、组织考察等9个环节，最终提交自治区法官遴选委员会差额审议确定33名首批入额法官，调入审判一线办案，优化审判资源配置。

【司法公开】按照“公开为原则、不公开为例外”要求，以信息化为支撑，打造阳光司法，让暗箱操作没有空间。建成“数字法庭”9个，实行庭审同步录音录像，把审判执行过程纳入信息化管理。推进审判流程公开、执行信息公开和裁判文书公开三大平台建设，实现各项工作、人员岗位全覆盖，满足当事人知情权，倒逼法官提质增效。法定公开开庭率始终保持100%，裁判文书上网率达99%。

【多元解纷】打造庭、站、点、员“四位一体”便民矛盾纠纷化解网络，把立案庭、基层法庭作为多元解纷工作主要平台，通过委派调解和司法确认，调控纠纷走向，优化解纷格局，实现繁简分流。建立专职特邀调解员队伍，组建诉调对接团队，完善立案阶段先行调解、司法协作确认机制，实现诉前调解、登记立案、案件分流、法官指导、诉中调解、审判执行无缝对接，畅通解纷流程。落实与镇、村、社区、信访、妇联、行政机关、仲裁机构等部门联动调解，在法律框架内最大限度平衡矛盾双方诉求和利益。

【信访化解】注重做好信访工作源头治理，在办案过程同步开展质效评查、案件回访、信访风险评估，采取院领导、庭长接访与包案化解相结合方式，畅通信访渠道。开通远程视频接访系统，方便信访人向上级人民法院表达诉求，实现网上申诉、网上投诉。开展矛盾纠纷“大排查、大防控、大调解”活动，集中清理涉诉信访积案，实行诉访分离，防止风险复发，遏制信访“马拉松”。

【便民服务】推进诉讼服务大厅、诉讼服务网、12368热线“三位一体”诉讼服务中心建设，方便当事人集中办理除庭审之外的所有事务，让人民群众享受立案、保全、费用交退、诉调对接、材料收转、法官会见、查阅卷宗、信访接待等一站式、综合性、低成本服务，体验自助查询案件流程信息、免费上网查法律法规等便利。基层法庭利用巡回审判车走村串巷，实施司法救助，向24名特困当事人发放司法救助金782400元。

【司法能力建设】组织开展庭审评查、文书评查、技能大比武“两评一比”“百日办案竞赛”等活动，安排干警参加中央政法委、最高人民法院、自治区高级法院举办各类培训班211人次，邀请专家、学者来院举办专题讲座13场，培训人民陪审员两期80人次。院内干警在主流媒体发表文章45篇3万余字。

【内外监督建设】完善人大代表政协委员联络机制，坚持重大决策部署、重要工作事项、重大影响案件及时向市人大常委会报告，每季度向人大法工委、政协法制委、镇人大主席团汇报工作，广泛听取人大代表、政协委员、民主党派、专家学者、新闻媒体及基层群众意见，配合做好调查评议、视察工作，认真办理议案提案，回应民声，改进工作。落实人民检察院检察长列席审判委员会制度，全年配合检察机关评查案卷402件。

【基层基础建设】成立安全防范暨反恐怖、突发事件工作领导小组，从组织领导、人员保障、安全检查、执法执勤、巡庭巡院等重点环节入手，及时、妥善处置突发性事件，维护井然有序工作环境。按标准配备头盔、腰叉、防刺背心、盾牌、网枪、执法记录仪等，对羁押室进行软包装修，防止庭审、待审人员出现意外。更新院机关、基层法庭监控系统，更换消防器材，购买X射线安检仪、储物柜，安装一键式报警装置，逢进必检，确保当事人、法官和法院安全。

【信息技术】以打造法院信息化3.0版为依托，打造审判流程、执行查控、执行指挥、内网信息四个平台，推进廉政举报、高清科技法庭、远程视频接访提审、数字化审委会、公务用车北斗卫星定位五个系统列信息化建设，基本实现审判流程网络化、庭审活动数字化、案件数据集中化、卷宗管理规范化、司法信息公开化、政务办公无纸化、法院管理科学化。

【后勤保障】投入资金200余万元，改造审判办公大楼供暖、网线、电路、监控系统，改善办公条件，提高审判执行、政务管理水平。

司法行政

【普法工作】制定2016年全市普法依法治理工作要点，对全市“七五”普法启动和“法律八进”活动进行安排。组织开展“守法好公民”推荐、“守法好公民”事迹报告、法治文艺创作和巡演三项活动，按标准做好自治区、吴忠市各类先进集体和个人申报推荐工作，推荐上报自治区级“六五”普法先进集体6个、先进个人6名，吴忠市级先进集体10个、先进个人8名、先进工作者1名，提请市委、政府评选表彰市级普法先进先进集体40个、先进个人60名。

【法治文化建设】利用新媒体、广播、电视、电子屏、手机短信、法治文化墙、法治文化电影、法治文化公园等手段，加强法治文化建设。持续办好电视《与法同行》栏目，建立一信通普法平台，印制法律宣传品和便民法律服务联系卡，利用网络等新兴媒体开展法治宣传，力促法治宣传教育工作深入开展。

【法治宣传月活动】把《国家安全法》纳入普法宣传工作重点，集中开展《国家安全法》宣传教育活动。会同市政法委，在古峡广场开展公共安全防范宣传日宣传。在全市开展“依法维护权益、合法表达诉求”法治宣传教育主题实践活动。

【“法律八进”】贯彻落实《关于完善国家工作人员学法用法制度的意见》，搭建国家工作人员学法平台，推进领导干部尊法学法守法用法，强化法治宣传教育工作考核、督查力度，把法治宣传教育纳入精神文明创建、平安建设考核内容，落实“法律八进”建设标准，培育“法律八进”示范点。年内，举办各类法治讲座和报告会35场次，开展集中宣传活动8场次、法治文艺演出20场次，发放宣传资料2万余份。

【矛盾纠纷化解】开展“矛盾纠纷大排查大调解”活动，制定《开展矛盾纠纷问题排查化解专项行动实施方案》。从2016年3月1日起至12月31日，在全市范围内深入开展矛盾问题排查化解专项行动。年内，调解案件912件，调解成功896件，成功率98%；化解疑难复杂案件248件，完成目标任务的124%。

【人民调解】①完善农村人民调解组织网络。结合镇、村“两委”换届工作，调整充实镇、村人民调解委员会，建全组织，配齐人员，建章立制，将村级人民调解委员会向村民小组延伸，在全市501个村民小组中建立完善501个人民调解小组，选配调解员1723名。同时，依托各镇司法所、派出所、法庭和村居警务室，建立“两所一庭一室”联调联动工作机制，实现镇、村调委会、调解小组、调解信息员“四级”调解网络无缝衔接。②完善城市人民调解组织网络。将街道、社区人民调解组织向楼院延伸。在各城镇社区成立16个人民调解组织，在各小区依托社区网格员、业主委员、物业管理人员成立115个人民调解小组，选配调解员620名。③完善机关、企事业单位人民调解网络。在全市各党政机关、人民团体、事业单位建立人民调解组织185个，在97个规模以上企业依托党支部或工会组织建立调解组织55个。④按照“谁主管、谁组建、谁保障”原则，完善现有5个专业调解委员会，在医疗卫生、安全生产、道路交通、劳动争议、物业管理、环境保护、集贸市场、大型商场等矛盾纠纷易发多发领域建立行业性人民调解组织。年内，成立专业性行业性调委会22个，调解员139人，专业性行业性调解案件192件。

【星级司法所创建】按照《宁夏星级司法所标准及考评办法》《宁夏司法所标识设计及规范》要求，从组织机构、队伍建设、业务工作、基础设施、所务管理等方面抓起。投资10万元，改善司法所办公条件。截至年底，9个司法所达标。

【调解员队伍管理】完善人民调解员考核管理办法，落实人民调解员管理、考核、培训及生活补助发放等工作，及时调整补充交调委、信访大厅调解员，全年举办调解业务知识培训班4次。

【法律援助】①落实中办国办、自治区两办《关于进一步完善法律援助制度的实施意见》，制定完善“青铜峡市法律援助制度实施意见”“法律援助惠民行动实施方案”。②开展全市22个法律援助工作站及109名村社区法律援助联络员登记摸排工作，加强与市人武部、武警、消防及3个驻地部队联系，设立4个军人军属法律援助站，在民革青铜峡市委会设立民主党派法援工作站，建立阵地台账，设置无障碍通道，打造“半小时法律援助服务圈”。③建立规范化法援便民服务窗口大厅，制定律师值班制度，安排3家律师所律师定期值班，帮助上门群众解疑释惑。年内，律师参与值班160余人次，解答群众咨询900余人次。④加强法援工作宣传，利用重大节日、集日及精准扶贫等活动开展，进村入户进行法援工作宣传，扩大法援宣传覆盖面。开展“法律援助进军营”活动，印制法律援助便民服务卡，提升法援工作社会知晓率。⑤规范法援案件受理、审批、归档等环节工作，加强资金管理，开展案前、案中、案后监督和办结归档案件质量评估工作。年内，免费受理各类法律援助案件456件，完成下达目标任务400件的115%，解答群众咨询8000余人次，为群众避免和挽回经济损失860万元。市法援中心连续三次被司法部确定为联系点单位，并被评为“全国法援工作先进单位和“1+1”中国法律援助志愿者服务工作先进单位”“全区维护妇女儿童权益先进单位”。

【社区矫正执法】年内，采取有效措施，严格调查评估，严把调查评估关。接受各级人民法院、监狱、人民检察院委托评估25人次；构筑电子围墙，严把执行关，对重点人员进行手机定位监控28人。举办社区矫正人员政策法规教育4期、创业意识培训1期，开展警示教育活动两次。全年累计接受社区矫正人员499人，解除矫正318人，现在矫181人。

【安置帮教】做好信息核查，指导各镇司法所发挥镇、村、社区教育阵地作用，做好安置帮教工作，做到“底数清，情况明”。年内，接收刑满释放人员100人，五年内帮教人数达到672人，无脱管漏管现象。

【法律服务】开展“法律服务进村居”活动，年内举办“法律服务进村居”主题宣传活动18余场次，58名参与法律服务村居行律师、公证员及其他法律服务人员活动。提供法律咨询服务3600人次，举办法律讲座35场次，发放宣传资料8000余份，代写文书300余份，参与调解纠纷36余件，提供法律援助73余件。

【法律顾问制度落实】4月，对全市各镇、裕民街道办事处、农林场及24个市直各部门聘请法律顾问情况进行调查摸底，35个单位中有30个聘请法律顾问，其余单位正在协商聘任手续。

【法律服务行业监督管理】开展律师、公证、法律服务等服务质量监督考核工作，3月，对公证处、3个律师事务所、小坝法律服务所进行检查验收及年检注册。年内，律师办理各类案件508件。公证处办理各类公证1000余件。

QINGTONGXIA YEARBOOK

党派团体

编辑◎陈瑞龙

民主党派

中国国民党革命委员会青铜峡市委员会

【课题调研】围绕加快青铜峡市农村电子商务和现代物流发展两个课题，组织党员深入开展调查研究，撰写调研报告《加快农村电子商务发展，推动农业经济转型升级》和《青铜峡市现代物流发展》，并依据前者提出"关于加快农村电子商务发展，推动农业经济转型升级"建议，被民革吴忠市委会作为集体提案在吴忠"两会"上进行书面交流发言。

【提案工作】年内，在吴忠市政协四届四次会议和吴忠市政协五届一次会议上提交提案18件，立案13件。在青铜峡政协十届一次会议上提交提案18件，立案13件。

【学习培训】按照区委会统一安排，制定学习实践活动方案，组织党员系统学习全国"两会"，中共十八届四中、五中全会，民革十二大，中央统一战线工作会议及区、市相关重要文件精神，引领全体党员深化社会主义、爱国主义和国情、区情、市情认识，增强中国特色社会主义道路自信、理论自信和制度自信。年内，选送张彤俊参加吴忠市党外人士培训班、23人次参加吴忠统战条例知识培训班，选派狄淑鹏到瞿靖镇担任镇长助理进行挂职锻炼。参加吴忠市统战系统第六届"读书月"活动及青铜峡市委统战系统"三好"（品德好、人缘好、形象好）演讲比赛，组织党员多读书、好读书和读好书。丁鹤《美丽统战情 铸就中国梦》获演讲比赛第二名。马长青《试论民主党派参政议政能力建设》获自治区统战理论征文比赛三等奖。组织党员参加纪念孙中山诞辰150周年系列活动，丁鹤、邓胜吉分获主题演讲比赛第一名、第五名。组队参加宁夏"锦绣杯"书画摄影大赛，征集书法作品14幅、绘画作品1幅、摄影作品18幅，1幅绘画作品、8幅摄影作品入选并在宁夏博物馆展出。

【组织建设】5月，依照党章有关规定，举办民革青铜峡市委会换届选举，完成班子新老交替。

【联谊活动】年内，加强与吴忠市委会协调联系，共同举办吴忠市民革系统"学摄影·展风采"活动，组织党员到青铜峡市黄河楼、一百零八塔和大禹文化园参观学习。与民革利通区社会法制支部开展互动交流活动，举办烹饪培训班，帮助党员提高厨艺制作水平，增强基层支部活力和凝聚力。

【社会服务】以党派一善、委员一善、支部一善"三个一"活动为抓手，探索扶贫帮困、捐资助学方式方法，开展志愿服务献爱心活动。6月21日，组织党员在古峡广场举行免费法律咨询宣传活动，现场解答群众所提法律问题。12月11日，会同市司法局在古峡广场开展普法宣传暨送医送药义诊活动，免费为市民测量血压100余人，发放计生宣传及法律宣传资料500余份、价值约2000余元药品及保健品300余份。7月16日至18日，会同民革吴忠市委会，在红寺堡区柳泉乡沙泉中心小学协调开展“星火牙医健康自由行”大型公益义诊活动，为526名学生免费进行牙齿健康检查和治疗，联系爱心企业捐赠价值5万余元口腔护理保健用品及书包、音响、体育用品。年内，协调吴忠市委会“助力脱贫医疗专家服务队”在沙泉村开展免费义诊援助服务活动，现场为300余村民诊断病情，发放价值4000余元药品；联系民革企业为孤儿范莎莎姊妹捐资助学8000元。

【民革青铜峡市法律咨询服务中心】2015年8月6日成立。成立以来，免费提供法律咨询168余次，代书法律文书98份，提供法律援助36次。

（马长春）

中国民主同盟青铜峡市委员会

【学习培训】开展坚持和发展中国特色社会主义、理想信念教育学习实践活动，组织盟员系统学习中共十八届六中全会，习近平总书记来宁视察重要讲话，中央统战工作会议，吴忠市第五次党代会，青铜峡市第十二次党代会精神及民盟章程，增进盟员中国特色社会主义政治认同和思想认同，引导盟员发扬立盟为公、参政为民优良传统，关注青铜峡市经济社会发展现状，深入调研，建议献策，为“五个青铜峡”建设献计出力。根据吴忠市委统战部“统战系统读书月”活动安排，组织盟员认真学习中国特色社会主义和统一战线理论。年内，选送2名盟员参加全区骨干盟员及新盟员培训班、1名盟员赴外参加全国党外干部培训班、3名盟参加吴忠党外干部培训班。盟员白武星获全国“农业突出贡献奖”，田永海被评为“全国科技进步先进个人”，刘俊琴被评为2016年3月青铜峡市“优秀人才”，秦宁霞教学论文《舞动美的心弦——舞蹈教学中美的渗透》获全国优秀教育教学论文评选大赛一等奖，曹文德摄影作品《收获》获“塞上明珠”全国摄影艺术大赛三等奖、《稻田故事》获宁夏第9届全区摄影艺术展二等奖。

【自身建设】①党派制度建设。修订完善《民盟青铜峡市委会成员工作职责》《民盟青铜峡市委会学习制度》《民盟青铜峡市委会盟员管理制度》《民盟青铜峡市委会会员联系基层组织深入调研制度》《民盟青铜峡市委会盟务公开制度》《盟员公务用车补贴与盟员参加活动差旅费补助办法》和《盟员参政议政奖励办法》，规范盟务管理。②盟员登记联系。开展盟员登记工作，准确掌握盟员基本情况，注册建立民盟青铜峡市委会会公共邮箱、微信群，促进各类信息共享，40余名参与网上提交社情民意等交流活动。③盟员发展工作。依照优化结构、着重质量标准，通过盟员推荐、征求意见、会议研究等程序步骤，做好新盟员发展吸收工作，年内发展新盟员3人。其中，司法界人士2人、非公有制经济人士1人。全市盟员总数达到80名。④骨干人才培养。加强盟员队伍后备干部培养。年内，抓住各级人大、政府、政协换届有利时机，主动与市委统战部联系协商，推荐优秀盟员担任市政协委员、人大代表。9名盟员被推选为市十一届政协委员，2名盟员被推选为吴忠市第五届人大代表，4名盟员被推选为吴忠市政协委员。

【盟务活动】协调、指导小坝、市第一中学和青铜峡镇支部，定期举办体育健身、联谊交流活动。组织盟员，参加明长城保护、牛首山徒步健走、春节联谊等活动。

【参政议政】按要求参加市政协、市委统战部组织的视察、调研等活动，参与市委、政府及有关单位召开的情况通报会、征求意见会、民主评议会等，拓宽民盟知情渠道。根据市政协调研提纲，组织盟员开展针对性调查研究，在市政协十一届一次会议上提交提案34件、立案22件。盟员刘俊琴、白武星提案《关于促进餐饮业转型升级的建议》被列为市政协重点提案；曹文德《关于积极推进国家级公共文化示范市创建工作的建议》在吴忠政协五届一次会议作大会交流发言，同时被吴忠市委会作为提案提交自治区政协十一届五次会议；白武星所撰经济论文《互联网＋农业》在民盟全区经济论坛上进行交流。

【社会服务】3月25日，组织教育、科技、环保、医保、社保等领域盟员参加全市统一战线助推精准脱贫启动仪式，现场为同心村移民解答有关农业科学技术、医疗保险、社会保障及环境保护等方面咨询。发挥教育系统盟员众多优势，成立“民盟青铜峡市家庭教育咨询服务中心”，制作宣传彩页，面向全市家长提供家庭教育咨询服务。6月13日，应市伊协及回族学生家长之邀，到部分移民村举办家庭教育知识讲座。年内，争取区委会和《温州都时报》支持，为邵岗中学捐赠价值3万余元课桌200套。

（关秀林）

中国民主促进会青铜峡市委员会

【学习培训】坚持两月一次集中学习制度，组织会员深入学习中共十八大，十八届四中、五中、六中全会，习近平总书记来宁视察重要讲话及市十二次党代会精神、统一战线基本理论，筑牢会员思想政治基础，增强广大会员对中国特色社会主义道路自信、理论自信、制度自信和文化自信。着眼推进学习型参政党建设，开展读书月活动，制定《民进市委会开展第七届"读书月"活动实施方案》，组织全体会员开展讲、办、学、写、提"五个一"活动，提升会员文化素养、理论水平和服务经济社会科学发展能力。年内，分别举办"加强参政议政能力建设""做好新时期民进信息工作"学习培训班，邀请原市政协副主席董克勤就如何撰写提案和社情民意，主委刘敏如何收集整理工作信息等相关内容作专题辅导，40余名会员参加培训。

【组织建设】围绕实现组织建设规范化、程序化、制度化目标，修订完善《组织活动制度》《学习制度》《基层组织活动考核制度》《参政议政制度》及《会费缴纳制度》，坚持以制度管人促事。4月，完成民进青铜峡市委会届满换届选举工作。年内，考察发展新会员3名。

【主要活动】开展"争先创优·双岗建功"活动，引导广大会员立足本职，奉献岗位，争创一流。开展会员定期走访活动，结合庆祝民进区委会成立35周年，举办"我身边的先进"集中宣讲、趣味运动会、学习交流座谈会、主题征文等活动，弘扬优良传统，丰富会员生活，提升支部活力。

【参政议政】发挥提案主渠道作用。全市"两会"期间，提交建议、提案18件。其中，2件提案、1件建议被市政协列为督办重点。7名会员被市直有关部门聘请为行风评议员。

（刘敏）

社会团体

青铜峡市总工会

【概况】2016年，全市有基层工会组织595家、会员56442人，涵盖单位981个。市总工会机关办公场地在市职工文化活动中心。市职工文化活动中心占地面积6500平方米，其中建筑面积3900平方米。中心室内设职工服务中心、职工书屋、健身房、棋牌室、乒乓球室、台球室、羽毛球室、多功能培训厅、职工文化展厅，室外设篮球、羽毛球、排球场等。年内，全市各级工会组织树立改革、创新、维护、服务、强基10字工作理念，以维护社会稳定、服务职工群众为宗旨，聚焦主责主业，积极主动作为，深入实施劳动竞赛、维权维稳、帮扶解困、信息化建设、服务能力提升"五大工程"。社区"3456"工作法贴心服务职工群众、创新劳模管理开展"一创两联三建四关心"活动被认定为全区工会亮点工作。2015年工会经费收支预算执行、专项资金和固定资产管理使用情况审计工作被评为全国工会优秀审计项目。市总工会被评为自治区级"工会经审工作规范化建设A级单位",获20116年宁夏职工"劳动者之歌"合唱大赛优秀组织奖;吴忠市劳动争议调解员技能大赛二等奖、"中国梦·劳动美·迎新春"2017年职工乒乓球比赛优秀组织奖、男子组团体赛第一名。

【建功立业】聚焦全市重点项目建设,以"当好主力军·建功青铜峡·和谐奔小康"主题竞赛活动为抓手,开展技术培训、技能比武和岗位创新等活动。年内,指导青铜峡水泥股份有限公司工会举办电工、电焊工职业劳动竞赛,在宁夏盛隆达物流有限公司开展主体工程示范性劳动竞赛,推广职工技术革新项目31项,总结推广先进操作法10项,获专利5项。举办全市餐饮服务、文教卫生技能大赛。组队参加吴忠市气象、医护技能大赛。推进"六型"(学习型、创新型、效益型、环保型、和谐型、安康型)班组建设,新增班组建设示范点2个、职工书屋示范点10家。宁夏新大众机械制造有限公司研发部被评为"自治区工人先锋号"。宁夏顺宝现代农业有限公司胡登吉获"自治区五一劳动奖章"。全年举办各类技能培训56场次,培训职工2600人次。

【劳模服务管理】开展劳模"一创两联三建四关心"(创建劳模创新工作室,市总工会联系劳模、所在基层工会联系劳模,建立劳动模范档案、建立劳模健康档案、建立劳模激励关怀帮扶机制,关心劳模生产、关心劳模生活、关心劳模工作、关心劳模学习)活动,建立完善劳模信息库。年内,新建胡登吉劳模工作室,对30名生活困难劳模和10名生病职工进行走访慰问,为35名省部级劳模发放生活补贴12.5万元,组织20名劳模免费体检,邀请吴忠劳模"聚服务"法律援助分团到裕民街道和陈袁滩镇举办法援讲座,宁夏中航郑飞塞外香清真食品有限公司胡学文劳模工作室被评为"自治区级劳模创新工作室"。

【劳动关系三方协调和工资集体协商】提请市人民政府印发《关于进一步加强全市协调劳动关系三方工作机制建设的实施意见》,将职绩工资体系建设列入三方会议进行研究部署,并在市电视台进行宣传报道。开展工资集体协商体质增效年活动,深入非公有制企业进行维权行动专项调查,举办集体协商、民主管理培训班,修订集体协商指导员考核管理办法,制定工资集体协商指导员奖励办法,启动"春季要约"行动,通过建立台账、QQ群、微信群,签订目标责任书,推广"一函两书"(提示函,工会劳动法律监督整改意见书、工会劳动法律监督处理建议书),健全完善指导员分片包干、网格化管理、月例会等制度,召开行业集体协商推进会,组建集体协商指导服务团,规范劳动关系三方协调和工资集体协商工作。年内,组织272家企业、行业、区域开展集体协商评价活动,接待宁夏金融系统工会来青观摩学习,建立集体协商示范点13家、职绩工资体系示范点12家。全市签订工资集体协商合同272份,覆盖企业567家、职工21637人,集体协商动态建制率、知晓率和满意度分别达到93%、87%、76%。

【民主管理】开展"公开解难题、民主促发展、创建劳动关系和谐企业"活动,全市规模以上企事业单位厂务公开、职代会动态建制率达到88%。开展厂务公开民主管理互检活动,会同市委组织部门在全市80%以上企业推行"4333"党建工作法,命名厂务公开示范单位10家、劳动关系和谐企业10家,指导企事业单位评选优秀提案363件,青铜峡市代表吴忠市接受第九次全国企业民主管理工作抽检。

【职工权益维护】注重源头预防,发挥劳动关系协调机制和法律援助工作作用,在88%规模以上企业建立劳动争议调解组织,全年办理、参与劳动争议案件14件次,挽回经济损失4.1万元。推进信访维稳工作，建立信访首问责任制度、领导信访接待日和包案化解制度、群体性事件上报工作制度，按季度开展信访形势分析。全年接待职工群众来电来访26件36人次，帮助职工、农民工追讨欠薪13万元。开展非公企业“审家规”工作，对12家企业规章制度合法性进行审查。筹措资金8万元，建立4家户外劳动者服务站，1—12月接待、服务职工、农民工172万人次，发放各类宣传彩页20000余份，悬挂宣传标语50余条。开展拖欠职工工资专项调查活动，协调人社部门依法对3家拖欠职工工资僵尸企业进行处罚。年内组队参加吴忠市工会组织调解员技能大赛，获二等奖。

【劳动保护】成立职工劳动保护调研组，深入14家企业开展劳指导检查活动。组织全市255家事企业单位、1263个班组、21146名职工参加“安康杯”安全知识书面竞赛，组队参加吴忠市“安康杯”现场知识竞赛活动，4家企业、班组被评为全国优胜单位和班组。

【扶贫帮困】规范困难职工档案管理，通过入户核查、清理销户、新增建档，推行一户一档、一户一策精准化管理。年内，筹措资金139.05万元，对全市1908名困难职工、农民工进行“两节”慰问，对24名职工进行大病救助，深入18家企业施工现场开展夏送清凉、12个重点项目建设工地开展中秋慰问活动，帮助95名困难职工子女圆大学梦。实施职工医疗互助工程，完成活动一期任务，为25名符合条件职工发放医疗互助补助13.88万元；启动二期医疗互助活动，5892名职工报名参加活动，收缴互助资金29.42万元，先行为9名职工发放补助3.81万元。

【就业创业服务】会同市人社部门，举办“2016年春风行动启动仪式暨春季人力资源招聘会”，筹措资金20万元，在嘉宝轻纺工业园区、市网络创业园及青铜峡镇同心、同进村举办创业和劳动技能培训班4期，培训学员237人；帮助、指导全市40余家企业举办各类培训83场次，2173人参加培训。发挥工会网站、QQ群、微信等网络优势，搜集和发布企业用工信息40期，推介就业岗位3500个，103人实现直接就业。

【自身建设】①拓展建会范围。贯彻落实《吴忠市总工会基层组织建设工作规划（2015—2018）》，结合“3·15”法制宣传日开展建会宣传工作。年内组建工会组织47家，发展会员3799人，全市基层工会组织组建率达到99%、规范化率达到77%。推行工会会员实名制动态管理，完成526个单位30823名会员实名制录入工作。规范工会任期管理工作，指导7家基层工会组织依法开展换届选举工作。②坚持依法管会。开展“基层工会落实年”活动，指导基层按照“六有”（有依法选举的工会主席，有独立健全的组织机构，有服务职工的活动载体，有健全完善的制度机制，有自主管理的工会经费，有会员满意的工作绩效）标准，加强工会组织内部建设，在21个城镇社区组建规范化工会组织，在各镇、街道和部分规上企业开办“会站家”一体化建设试点，指导青铜峡镇成立总工会，全市各基层工会开展“四亮一诺”（亮牌子、亮职责、亮工作、亮身份，许承诺）和“四方评会”（工会会员、上级工会组织代表、企业行政管理人员、群众代表评议工会工作）活动比例达到86%。深化职工之家建设活动，给予基层“建家”和“示范点”建设经费支持，年内新建基层职工文化活动中心13家。③强化会费管理。举办全市经审财务干部培训班，推行经审工作台账化管理，抓好经费收缴，在镇、街道和园区推行“上带下”会计核算模式，依法履行审查审计职责，收好管好用好工会经费。年内完成29家基层工会组织经审工作，依法对35%的基层工会组织帮扶、助学和劳模“三金”使用管理情况进行抽查。工会经费收支预算执行、专项资金和固定资产管理使用情况审计被评为全国工会组织优秀审计项目。市总工会被评为全区工会经审工作规范化建设A级单位。

【女工工作】举办全市女工会主席、主任业务培训班，开展女职工关爱行动。年内，实施女职工团体安康保险项目，为178名生活困难、单亲女职工进行免费“两癌”筛查，为60名身患大病女职工发放慰问金9.6万元，建立“妈咪小屋”示范点1个。

【文化活动】依托市职工文化活动中心、基层文化活动室及各类职工文艺协会，举办全市职工（农民工）卡拉OK大赛、羽毛球比赛、女职工趣味运动会。组队参加全区、吴忠市职工“劳动者之歌”合唱比赛获优秀组织奖。承接全区五市职工书画作品展布展工作。筹建黄河楼职工书画室，展出各类书画作品100余幅。结合“四送”（春送文化、夏送清凉、秋送助学”、冬送温暖）活动举办，开展文艺节目进社区、进企业、进工地活动6场次，全年举办职工书画交流活动16场次。

【品牌创建】健全“三个三”（三个建立：建立困难女职工帮扶档案、建立志愿者帮扶队伍、建立困难女职工关爱基金；三个着力：着力改善生活条件、着力帮助脱贫致富、着力解决实际问题；三个机制：健全动态管理机制、健全公示监督机制、健全责任追究机制）帮扶工作机制，帮助生活困难女职工解决实际问题。坚持工会工作“五步法”（质量建会、严谨管会、文化兴会、特色办会、服务立会），通过规范各项工作运作，打造实用文化阵地，选树亮点，推动工会工作提质增效。青铜峡市“社区工会‘3456’工作法贴心服务职工群众”“创新劳模服务管理，开展‘一创两联三建四关心’活动”两项工作被自治区总工会评定为年度创新亮点工作。

（周玲）

共青团青铜峡市委员会

【概况】2016年，全市有基层团委23个、团总支42个、团支部270个。团支部中，有村和社区团支部104个、学校团支部166个。团员12000人。团员人数占全市14至35岁青少年31862人的37.7%。年内，全市共青团工作以提高团的吸引力、凝聚力和扩大团的工作有效覆盖面为重点，以推进团的组织和工作创新为牵引，以开展“作风建设年”活动为契机，坚持凝聚青年、服务大局、当好桥梁、从严治团四维格局，开展学校战线强基固本、特需青少年结对帮扶、青年创业指导引领、做强擦亮品牌工作、青春助力脱贫攻坚、志愿服务常态化、建好用活团属新媒体七项行动，团结带领广大团员青年为建成小康社会贡献青春力量。组队参加全国青少年禁毒知识竞赛，获二等奖。“向阳花善行储蓄志愿服务项目”获第三届宁夏志愿服务项目大赛二等奖。“共青团邀你做公益”希望工程暨志愿服务项目成果展获全区2016年“五四”系列主题活动最具影响力奖。

【思想引领】依托微博、微信和青年之声等团属新媒体，探索线上线下深度融合模式，推出“小伙伴对话共青团”栏目，打造形势政策教育平台，紧扣时代主题，邀请青年共话改革，谈理解，话心声，提建议，敢发声，汲取基层青少年智慧，汇聚青年群体正能量，为改革发展大局助力和服务。抓好党的十八届五中、六中全会，习近平系列重要讲话和市十一次党代会精神学习宣传。利用纪念建党95周年、长征胜利80周年等契机及“3·5”、“五四”等重大节日，开展“我们是共产主义接班人”“我的中国梦”“使命与担当”“践行社会主义核心价值观，争做向上向善好少年”等主题实践活动，引导青少年青少年理性参与政治活动，将个人奋斗融入实现中国梦征程，自觉用党的最新理论武装头脑、指导实践。年内，选树先进典型20人。

【服务青年】围绕青少年急需和共青团能为的领域，抓好青少年合法权益维护，坚持把注意力放在困难青年群体身上，通过实施希望工程、抓好圆梦行动和开办共青团班等，拓宽希望工程等公益服务中心筹资渠道，为困难青少年群体办实事、解难事。完善机关开放日活动制度，深化“面对面”活动，把开放日、“面对面”作为密切联系青年的重要渠道、倾听青年呼声的有效载体，借助机关开放日、“面对面”活动开展，倾听青年心声，把握青年脉搏，有序反映青少年普遍利益诉求。

【青年创新创业创优】加强青年创业孵化平台建设，会同市创业就业和人才服务局建成塞上e家网创园，配合市委组织部组建“大学生村官创客联盟”。实施青年返乡创业行动、农村电商培育工程，开展农村电商人才培训工作，培训电商领域农村致富带头人、返乡创业青年和大学生村官800名。以各领域“最美”为标准，深化青年文明号、青年安全生产示范岗等品牌建设工作，在黄河楼、黄河大峡谷等旅游行业开展“青年文明号”等创建命名活动，动员和支持青年参与各类经济建设活动，通过立足岗位青春建功，在脱贫攻坚和全市经济社会发展中献智出力。年内，全市创建自治区级青年文明号1家，吴忠市级青年文明号6家、青年岗位能手1名，54家企业入驻塞上e家网创园，98名青年投身电商创业项目。

【禁毒宣传服务】组织青少年参与禁毒宣传工作，会同市禁毒办开展禁毒宣传进校园、进社区、进厂矿和进万家等活动，通过举办全市禁毒知识电视大赛和安全自护知识讲座，健全禁毒志愿服务工作机制，规范服务活动管理，引领青少年为推进依法治市做贡献。

【基层组织建设】关注青年“8小时之外”业余时间和生活空间，推进“两新”领域团建工作，扩大团的基层组织覆盖面。年内，新建树新林场林苑社区青年活动中心和瞿靖镇“道德超市”，组建塞上e家网创园、V动力健身、三支一扶、网创园和大学生村官网上团支部。

【团队建设管理】开展团员意识教育，推行佩戴团徽、唱团歌、过团日和“三会两制一课”（支部大会、支部委员会、团小组会，团员教育评议制度、团员年度团籍注册制度和团课）制度，增强团员政治意识、组织意识和模范意识。严格团员标准和入团程序，优化团员存量，控制团员增量，提高团员发展质量。

【少先队工作】开展“向上向善好少年”评选活动，抓好少先队辅导员待遇落实工作。3月21—25日，会同市教育局团委，对全市32所中、小学校开展少先队工作调研，提请市财政按照人均1元钱标准划拨少先队活动经费。

【中学团的工作】紧盯中学中职，注重团队衔接，抓好基础团务、基本活动和基层组织建设“三基”工作，夯实团的基础。年内，全区团员意识教育启动仪式在市职业教育中心举办。

【特需青少年结对帮扶】开展全市留守儿童和特需青少年排摸工作，确定10名青少年为结对帮扶对象，由团市委全体工作人员和部分基层团委书记进行“一对一”结对帮扶，帮助特需青少年解决思想、生活、工作和求学等方面问题。

【希望工程】筹措资金，助力大学生圆梦行动，设立“青少年大病救助基金”。年内，启动青少年大病救助计划，资助100名家庭经济困难学生完成学业。

【青年志愿服务】搭建青铜峡市志愿服务网络平台，开展志愿者网上注册活动。“3·5”学雷锋纪念日期间，新成立党团员志愿服务队26支。4月，开展志愿服务项目成果展“赶早市”推广活动，新增志愿服务队40支。开展关爱留守儿童、农民工子女、帮助残疾人“阳光行动”，做好大型赛会志愿服务、2016年西部计划志愿者招募等工作，抓好共青团员争当文明志愿者活动。年内，会同市旅游局招募200名志愿者，为创建全域旅游示范县市和阿迪力挑战黄河大峡谷等活动提供会务接待、秩序维护等服务，争取兰州大学志愿服务团体暑期到青铜峡市3所移民小学开展自护教育。截至年底，文明志愿者注册比例占到团员总数的70%。全年选树表彰最美志愿者、最佳志愿服务项目、最佳志愿服务社区、最佳志愿服务组织各10名。

【新媒体作用发挥】加强共青团微博、微信、青年之声等团属新媒体平台建设，通过开展扫码、集赞送礼等新媒体推广活动，新增关注人数3000余人，发布活动信息32条，开展微话题讨论21次。

（团市委）

青铜峡市妇女联合会

【概况】2016年，全市妇联工作以加强妇女组织建设为基础，以促进妇女创业发展为重点，以创新妇女工作机制为手段，以联系妇女、服务妇女、教育妇女、维护妇女儿童合法权益为根本任务，找准党政所求、妇女所需、妇联所能3个方面工作定位，创新实施项目化运作机制，推进各项工作任务落实，较好地完成年度各项工作任务。

【重大活动】3月8日，举办“三八”国际妇女节106周年纪念表彰大会，表彰一批三八红旗集体（手）、巾帼文明岗、巾帼建功标兵、巾帼创业带头人和最美家庭，部分受表彰的全国最美家庭、全国岗位建功先进个人、自治区三八红旗手作经验交流，参加妇女400名。在5月8日“母亲节”到来之际，开展“关注老人·关爱母亲”主题活动，会同市卫生、民政等部门组织开展相关法律法规、卫生保健知识宣传，对20户生活困难母亲进行慰问。“六一”儿童节，会同市教育局举办庆“六一”文艺晚会，深入各校开展“六一”送温暖慰问活动，慰问贫困儿童30名，发放慰问品和慰问金5000余元；协调市公安局、司法局等单位在古峡广场摆摊设点，开展“关爱儿童·打击拐卖”专项宣传活动，发放宣传资料10000余份，制作展板16块，解答群众提问20余人次。

【妇女就业创业】以农村妇女创业小额担保贷款工作载体，帮助妇女发家致富。全年发放农村妇女创业小额担保贷款3045万元，扶持农村创业妇女695户，完成计划任务的112%。特别是针对农村妇女创业小额担保贷款已满两年、不能再享受现有小额贷款优惠政策、但仍需扶持实际，开展“扶上马、送一程”活动，协调各商业银行继续给予优惠政策支持，发放商业贷款2027万元，帮助农村妇女干事创业，1356人从

中受益。以开展精准扶贫活动为抓手，组织实施失业失地、残疾及移民村妇女"巾帼脱贫"七项行动。5月，举办"巾帼巧手脱贫"培训班15期，培训学员1500余人。年内，成立编织协会4个，会同市人社等部门举办手工艺编织、家政服务、中式烹饪、餐饮大赛、创业意愿和电子商务等各类培训班，培训贫困妇女学员3000余人次。以开展"春风送岗位"行动为契机，引领妇女走出家门自主择业。3月，会同市劳动就业部门举办2016年"春风行动"妇女专场招聘洽谈会，设立宣传咨询台，免费发放就业服务联系卡及各类优惠政策宣传材料10000余份，103家用人单位提供岗位7500个，6000余人进场求职，1767人达成就业意向，517人现场签约。④以项目为依托，支持妇女做大做强创业基地。年内，争取自治区30万元母亲小额循环项目1个，帮助瞿靖镇蒯桥村30名妇女创业就业，培育自治区级巾帼创业之星5个。

【"和谐家庭"创建】 印发《青铜峡市和谐家庭创建工作实施方案》及实施考核细则，按照"五定"（定活动内容、定目标任务、定工作要求、定完成时限、定责任领导）标准，细化分解目标任务，明确各方职责要求，通过加强工作督查，落实月度汇报、季度联系会议制度，强化绩效考核，及时掌握创建工作动态。针对不和谐因素相对集中家庭，会同市民政局、禁毒办、司法局、就业创业和人才服务局、团市委，在全市城镇社区开展"和谐家庭"创建工作，实施"阳光救助""危险因素清零""青春护航""康乃馨"关爱、"蒲公英"社区自我成长等行动，力求通过"五大行动"，减少家庭不和谐因素，以家庭和谐促进社区和谐、社会和谐。

【"示范家长学校"创建】 创新家庭教育模式，开展"示范家长学校"创建活动，通过在市第五中学、第一中学等七所城市学校开办试点，以点带面，整体推进。年内，举办家庭教育专题讲座6场次。

【寻找"最美家庭"活动开展】 强化宣传氛围营造。通过会议、标语、横幅、宣传栏、倡议书、文化下乡及手机微信网络等方式，宣传开展活动重要意义、评选标准及主要程序，提高全社会对"最美家庭"认知，确保寻找活动宣传到位。8月，举办"演家庭才艺·讲和谐故事·展文明风采"最美家庭集中宣传展示活动。注重丰富创建内容。依托各镇村"妇女儿童之家"，组织开展"五个一"（推一个家庭主心骨、讲一个家庭故事、写一封好的家书、创一条家训家规、秀一个家庭幸福照）活动，聚焦各类先进，选树夫妻恩爱、孝老爱亲、教子有方、邻里友善、勤俭持家、乐善好施、干事创业、情系国防、笃行勤学10类"最美家庭"典型。活动中，注重做到"四个结合"，即组织开展寻找活动与培育和践行社会主义核心价值观相结合、与各类特色家庭创建工作相结合、与好家风好家训系列活动相结合、与各类主题教育实践活动相结合。同时，利用各镇、街道"道德讲堂"和文化广场，组织身边人讲身边事，通过"晒家庭幸福、议家风家训、讲和谐故事、展文明风采、秀未来梦想"及"诵一段经典、讲一个故事、看一部短戏、作一番点评"，教育引领干部群众，增强活动吸引力。坚持突出群众参与。在各类"妇女之家"设立群众自荐和他荐报名点，在社区举办由居民代表组成评审团推选"最美家庭"评议会，在社区广场设立"最美家庭"公示栏、点赞台、好家风好家训征集处，方便群众就近、随时随地参加活动，调动群众参与热情。年内，推举市级"最美家庭"116户，表彰命名60户。推荐吴忠市和自治区级"最美家庭"候选对象60户、全国"最美家庭"1户、全国"五好文明家庭"1户。

【巾帼志愿服务行动】 以"传递爱心·巾帼志愿者在行动"为主题，开展巾帼志愿者服务空巢老人活动，在各镇村建立以妇代会为主体、农村基层妇女为成员的"敬老爱老助老"志愿者服务站。年内,选树陈袁滩镇唐滩村巾帼志愿者服务队典型,以点带面,组建陈袁滩镇袁滩巾帼志愿者服务队、小坝镇小坝村"爱之声"巾帼志愿者服务队、峡口镇赵渠村"孝老爱亲"志愿者服务队和瞿靖镇时坊村"向阳花"志愿者服务队。瞿靖镇时坊村"向阳花"志愿者服务队将"日行一善·善行一生"作为活动理念,创新志愿服务活动载体,拓展志愿活动服务范围,创办全市首个"慈善银行"。

【妇女儿童合法权益维护】发挥各级妇联组织作用,参与社会管理创新工作,建立健全村(居)妇代会、乡镇(街道)妇联、市妇联三级信访维权网络。以"妇女学法律·家庭促和谐"为主题,开展"三八"维权周活动,组织卫计、司法等部门送法下乡,利用农村集市和其他公共场所开展法律咨询、义诊等服务活动。协调有关部门组建义务宣讲团,深入学校、社区和企业系统宣传《马克思主义妇女观》、新《婚姻法》,增强广大妇女依法自主维权意识。依托"12338"维权热线,开展妇女心理疏导,耐心解答涉及家庭暴力和财产权益、离婚后子女抚养等方面来电咨询,解决受访者法律和心理困扰。结合《反家庭暴力法》颁布实施,筹建市家庭暴力损伤鉴定中心。结合"建设法治宁夏巾帼在行动—百家联动送法到家"活动开展,会同市司法、公安、广电和人民法院等部门开展"依法维护权益·合法表达诉求"法制宣传教育主题实践活动,在市妇联成立婚姻家庭人民调解委员会。年内,开展法律宣传咨询活动6场,发放各类法律法规宣传资料15000余份,举办法律知识培训班11期,培训妇女2200人次;受理群众来信来访37件、法律援助请求12件。

【关爱"三留守"工作】依托各镇、村"妇女之家",开展妇女手工技能培训、姐妹互帮互助、女性素质提升、关爱帮扶、文化共享等5项行动。年内,争取自治区妇联公益项目支持,投资14万元,建成"韵馨苑儿童快乐家园"。韵馨苑儿童快乐家园坚持开门办学,每周拿出一个开放日,每月举办一次大课堂,每季度组织一次家长培训,每年至少组织一次亲子活动,家校结合,帮助留守儿童快乐成长。截至年底,全市建成留守儿童幸福家园5个。

【贫困母亲"两癌"救助】实施贫困母亲"两癌"救助项目,年内为79名"两癌"母亲建立个人档案,为8名两癌母亲发放救助金8万元,为180名农村贫困妇女无偿购买贫困母亲"两癌"预防治疗保险。

【"春风送温暖"节日慰问】组织开展"春风送温暖"节日慰问活动,筹资15000元,对全市已卸任村(居)妇代会主任、自治区级"三八红旗手"、单亲妈妈、残疾妇女、贫困儿童、"两癌"患者及部分贫困家庭进行慰问,送去党和政府温暖。

【"消除婴幼儿贫血行动"】加强协调配合,上争项目资金,组织实施中国儿童少年基金会"消除婴幼儿贫血行动"项目。7月,为全市满6—18个月龄的3000名婴幼儿发放爱心营养礼包。

【"两规划"实施】群策群力,抓好"两规划"实施工作,促进妇女儿童事业健康发展。年内,青铜峡市"两规划"实施工作通过自治区中期评估验收。从验收情况看,青铜峡市"两规划"进程综合实现程度为94.69%,位于吴忠市各县市区第一,全区第五。"两规划"170项考核指标,167项提前达标。全市女性从业人员达到6.7万,占全社会从业人员总数的49.2%。其中,公益性岗位安置妇女就业1.1万人。深入实施"七免一救助"政策,扩大农村孕产妇住院分娩补助和"两癌"筛查覆盖范围,"两癌"筛查人数比2015年增加1倍,育龄妇女婚检率达到97.09%;免费新生儿"四病"筛查2206人,筛查率达97.35%;7岁以下儿童保健管理率达到96.94%。改善妇女儿童生活环境,实施特色小城镇、美丽村庄建设及高效节水灌溉、农村安全饮水等项目,实现城乡环境卫生、饮用水管理一体化。

【"妇女之家"创建】依照"哪里有妇女,哪里就有妇女组织"原则,加强"妇女之家"建设,在工业园区党群服务中心、非公经济组织和个体商协会成立妇女组织,延伸妇女组织触角。全市75个商协会组织中,女性会员比例达到60%以上商协会组织有52个。其中17个商协会组织建立"妇女之家"。截至年底,全市打造自治区级示范"妇女之家"10个,建立妇代会创收基地1个。

【干部队伍建设】加强妇联组织队伍建设,壮大基层工作力量。结合镇村换届选举,实施"女性素质工程"培训,开办母亲素质讲堂,完成全市8个镇、1个街道基层妇联组织增编扩员工作,选举产生副主席43人、常委97人、执委155人,村和社区选举产生副主任514人、委员

541人。年内，举办女领导干部和基层女干部培训班两期，培训学员320人。

（市妇联）

青铜峡市科学技术协会

【概况】 2016年，市科学技术协会以推动《全民科学素质纲要》实施为主线，提高科普能力和水平、促进科技支撑力提升为重点，创新科技服务，强化科普宣传，履行“四服务一加强”职能，完成全年工作任务。先后被评为全区科普工作先进集体、宁夏实施《全民科学素质行动计划纲要》“十二五”工作先进集体和第31届宁夏青少年科技创新大赛先进集体。

【引领作用发挥】 开展“会员日”活动，召开科技工作者座谈会，表彰慰问38名一线科技工作人员。加强与新闻媒体联系，及时宣传报道科技工作者先进事迹，营造“尊重劳动、尊重知识、尊重人才、尊重创造”浓厚社会氛围。

【未成年人科学素质行动】 开展青少年科技创新大赛、科技实践、科普进校园和“大手拉小手”等科普活动，组织各中小学利用校园网、校园广播、文化角和宣传橱窗等宣传交通安全、卫生与健康、环境保护、节约粮食等方面科学知识。组队参加第三十一届宁夏青少年科技创新大赛暨第十六届机器人大赛，获自治区级奖项32项、吴忠市级奖项67项。选派市第一中学、第五中学、第六中学和第三小学参加吴忠市第二届青少年机器人比赛，获各类奖项19项。市科协获自治区优秀组织奖，市第五中学被评为自治区科技教育创新优秀学校。协调参加自治区科普剧展演，市第四中学选送节目《新赤壁之战后》获三等奖，市第五中学、第二小学获选送节目优秀奖。年内，组织大手拉小手、流动科技馆进校园等活动7场次，推荐市第一中学参评自治区科普示范学校。【农民科学素质行动】 围绕推进农业农村工作发展，以实施“新型农民培训工程”“科普基层行动计划”“科普惠农兴村计划”为抓手，强化服务“三农”思想，多渠道为群众提供技术、销售和致富信息服务。年内，举办优质粮食生产技术培训521场次，5.23万农民受益；举办酿酒葡萄等经果林技术培训40场次，培训科技示范户、果农等7640人次；举办高产优质、无公害水产养殖技术等培训36场次，受训农民4300人次；举办高效养殖配套生产技术等培训24场次，受训3100人次。结合百名专家宁夏行活动，邀请区内外专家举办苹果、葡萄等田间管理及病虫害防治报告会6场次。

【城镇劳动者科学素质行动】 实施再就业工程，提高劳动者创业能力，协调团市委、市人社局、就业创业和人才服务局等部门，利用各镇集市、《创业就业》专题栏目、创业就业网、和人力资源网，开展职业道德、安全生产、从业技能等多方面知识培训及送文化、送知识、送健康等志愿服务活动，举办科技讲座，引导、鼓励城乡劳动者自谋职业、自主创业，带动更多的人实现创业就业。

【领导干部和公务员科学素质行动】 建立健全机关工作人员教育培训工作制度，将领导干部和公务员科学素质培训内容纳入全市干部教育培训年度工作计划，通过举办报告会，开展干部轮训，实施公务员网络培训等，普及现代科技知识，传播科学思想、科学方法和科学精神，提高领导干部和公务员科学素质。年内，邀请中国科协创新战略研究院院长罗辉来青举办“青铜峡市大众创业万众创新—汇聚发展新动能”专题报告会，市四套班子领导及全市400余名副科级以上领导干部聆听报告。

【社区居民科学素质行动】 发挥街道科协、社区科普小组、科普宣传员和科普志愿者队伍作用，依托社区科普活动室、青少年科学工作室、科普图书室及科普画廊等活动阵地，面向老年人、妇女、少年儿童长期开展科学、安全、健康生活等科普知识宣传教育。会同相关部门，深入社区开展科技、文化、卫生、法律、环保和消费维权等宣传咨询，普及节能减排、生态保护、应急避险、卫生健康等知识。年内，举办各类宣传咨询、知识讲座及文艺演出等活动80场次，制作、悬挂科普喷绘挂图200余幅，发放科普知识宣传资料3000册（份）、科普宣传画200余张。

【科普宣传】 将科技下乡活动与“农村直通车”和下基层“三送三促”等活动紧密结合，作为一项日常工作，常抓不懈。5月12日，会同市地震局在古峡广场举办纪念四川汶川地震8周年宣传活动，活动展示防震减灾活动展板10块，发放地震科普资料及宣传品2000

余份。5月14—21日，围绕“创新引领、共享发展”主题，会同市委宣传部、农牧科技局等部门，组织开展2016年科技周大型宣传活动，协调市工业商务、环保局、国土局等22个单位、8家中小企业在古峡广场展出各类科普展板32块，悬挂大型宣传条幅5条，3400余名群众参与互动；活动发放实用技术光盘200张、科技图书400册、计生药品500份、科普宣传挂图及各类资料32000余份。

【健康养生进社区、进机关活动】5月，邀请市健康教育所工作人员深入全市各社区、机关和镇场举办健康知识系列讲座，通过详细讲解“健康生活66条”，向参会人员发放春、夏、秋、冬四季养生健康保健手册，普及疾病预防和食疗保养等健康知识

【科技服务】发挥科技指导员、科技专家服务团资源优势，安排三名农业技术专家和两名科技特派员深入邵岗、瞿靖等镇蔬菜种植基地、设施大棚和农户科技示范户，进行一对一技术指导服务，全年举办酿酒葡萄栽培管理、病虫害防治等技术培训班6期，培训人数达600余人，发放培训资料1200余份。组织科技专家和特派员深入青铜峡镇同兴村、邵刚镇同富村开展农村实用技术培训活动，开展庭院经济示范指导，先后举办培训班4期，培训移民群众640余名，发放《生态移民农业科技实用技术指南》800册，筛选、扶持庭院经济科技示范户10户。开通智农通微信平台，通过平台传播最新农业科技知识。邀请宁夏防沙治沙学院教授智红宁在小坝镇先锋村举办大青葡萄栽培管理技术讲座，50余名种植大户聆听辅导。抓好科普阵地建设，在青铜峡市电视台开设科普宣传专栏，依托青铜峡政务通每天发送1条科普信息，接收量达到每天5000人次。

【科普“七进”活动】实施“科普大篷车行动计划”，促进科普“七进”活动常态化。年内，建设科普画廊1处，组织开展大手拉小手、流动科技馆进校园、反邪教宣传月等“七进”活动25次，受益群众16800余人。

【“科普基层行动计划”项目实施】开展新一轮“科普基层行动计划”项目申报立项工作，促进农村专业技术协会、科普示范基地建设，培养科技带头人。年内，推荐吴忠市和自治区先进农技协1个、科普示范基地1个、科普示范社区1个、科普示范学校1所、科普带头人1名，推荐全国先进农技协1个。截至年底，全市有8个农村专业技术协会、1个社区受到全国表彰奖励。

【企业科技创新】安排专人，做好企业与科研院所、科技工作者牵线搭桥工作，协调48家市属工业企业免费使用“专利数据”，帮助企业提高自主创新和技术攻关能力。

【为农服务】加强与金融部门联系合作，协调市邮政储蓄银行向54家农村专业技术协会、专业合作社发放专项贷款47笔1491万元；开展技术服务和咨询活动，为7家协会提供项目咨询服务，协助协会做好项目前期工作，支持各类经济实体发展。（姜仲华）

青铜峡市伊斯兰教协会

【概况】2016年，青铜峡市伊斯兰教协会坚持“团结、教育、引导、服务”工作方针，依法做好各项会务工作，引导伊斯兰教与社会主义社会相适应，促进全市民族和睦、宗教和顺、社会和谐。年内被评为全区伊协工作先进单位、解经工作先进单位。

【教职人员学习培训】制定《2016年全市伊斯兰教界人士“三定”学习安排》，下发全市各清真寺、开学阿訇，从学习内容、时间等方面做出部署。全年分别在小坝清真寺和青铜峡镇团结清真寺召开伊斯兰教界人士“三定”学习会议8场次。市伊斯兰教协会各副会长、委员和清真寺开学阿訇700余人参加会议。同时，精选学习内容，利用“三定”学习开展爱国主义教育，引导伊斯兰教人士发扬爱国爱教优良传统，坚持“四个维护”原则，在重大问题上是非分明，立场坚定，旗帜鲜明的与党和政府保持高度一致，自觉维护各民族之间、教派之间和教派内部团结。

【自治区民委来青调研伊斯兰教工作接待准备】事前，做好线路踩踏、协调联系等调研接待准备工作。4月20日，自治区民委副主任、宗教局副局长丁克家，自治区伊斯兰教协会副会长兼秘书长田玉福带领调研组，深入青铜峡镇同兴村清真大寺、王嘴子清真南寺和鸿乐府拱北寺和鸿乐府伊校，对青铜峡市伊斯兰教工作进行调研。

【助力扶贫攻坚“卧尔兹”巡回演讲】3月25日、4月8日，利用两天时间，分别在青铜峡镇同兴村、同进村清真大寺和邵岗镇同富村南区东寺，举办3场助力扶贫攻坚“卧尔兹”巡回演讲，全市各清真寺寺管会主任和400余名穆斯林群众

聆听演讲。3月25日上午，同步在同兴村举办青铜峡市统一战线助力脱贫攻坚行动启动仪式。全市74座清真寺和伊斯兰教界人士向市统一战线助力脱贫攻坚基金捐款48985元。

【维护伊斯兰教领域团结稳定】定期不定期深入各清真寺，了解伊斯兰教方面情况，排查非法宣教活动，及时处理发现问题，维护现有宗教格局。做好伊斯兰教哲派重大忌日活动各项工作，在农历“正月十三”“三月二十七”“四月初八”“五月初十”“五月二十七”等大型宗教活动期间，配合市统战、宗教部门开展法律法规宣传，引导信教群众依法进行宗教活动，自觉维护社会稳定和民族团结，防止发生踩踏等意外安全事故。

【为伊斯兰教界人士办实事】4月，协调31人参加全区阿訇资格考试，解决青铜峡市部分教职人员无证开学问题。

【贺节慰问】“开斋”节前夕，配合相关部门赴峡口镇鸿乐府拱北寺、铝厂清真寺、小坝清真寺等39座清真寺，向教界人士和穆斯林群众祝贺节日。

【解经工作】在“6·26”国际禁毒日到来之际，举办“珍爱生命·远离毒品”主题“卧尔兹”演讲比赛活动。9月，遴选获奖选手，举办3场“珍爱生命、远离毒品”主题“卧尔兹”巡回宣讲活动。同时，召全市伊斯兰教界人士利用每月清真寺主麻日，开展1次“珍爱生命·远离毒品”主题“卧尔兹”宣讲，教育引导穆斯林群众特别是年轻一代树立“防毒拒毒从我做起”主人翁意识，远离低俗娱乐场所，参加健康向上文娱活动，养成健康文明生活习惯，争当禁毒楷模。年内，在全市伊斯兰教界人士举办禁毒戒毒“卧尔兹”征文活动，精选18篇讲稿，与市禁毒委办公室、市民宗局编辑出版《青铜峡新编卧尔兹演讲集》。

【军寺共建】加强驻青部队与穆斯林群众协调联系，做好新形势下双拥工作。3月5日，协调驻青某部官兵深入峡口镇鸿乐府拱北，开展“学雷锋·做贡献”军寺共建活动，通过举办国防教育知识讲座，免费为群众测量血压、理发，让清真寺阿訇给官兵讲解党的民族宗教政策、回族宗教信仰和风俗习惯等，丰富共建内容，密切军民关系。7月29日“八一”建军节到来之际，组织全市22座清真寺的伊斯兰教界人士带上羊肉、油香、馓子、西瓜等慰问品，对3支驻青部队、武警青铜峡支队和青铜峡消防支队官兵进行走访慰问。

【《青铜峡市伊斯兰教史料精萃》编辑出版】加强地方史研究。年内，从已出版的四辑《青铜峡伊斯兰教史料》中，精选部分文章，编纂出版27万余字《青铜峡伊斯兰教史料精萃》。

【精准扶贫】4月6日，会同市委统战部和市总工会，邀请专家在青铜峡镇同兴村举办3期助力脱贫攻坚家政服务培训班。培训移民穆斯林妇女150余人。

（马耀宗）

青铜峡市残疾人联合会

【概况】2016年，全市有各类残疾人19260人，占全市总人口的6.8%。其中，7581名残疾人办理二代残疾人证。办证人员中，视力残疾人681人、听力残疾人有586人、言语残疾人有131人、肢体残疾人有4462人、智力残疾人有710人、精神残疾人有711人、多重复合型残疾人有300人。年内，青铜峡市残疾人联合会履行“代表、服务、管理”职能，实施残疾人民生计划，扩大残疾人基本生活保障和服务覆盖面，解决残疾人康复、教育、就业、扶贫、社会保障、组织建设、法律维权、文化体育等问题。组队参加吴忠市第26次“全国助残日”文艺演出，获三等奖。嘉宝工业园区威格瑞斯康复站、市中西结合医院康复站、峡口镇林盛皮毛有限责任公司康复站、青铜峡镇同进村康复站被自治区残联命名为星级残疾人康复站。市假肢服务站被评为全国“最美长江一角”假肢基层服务站。市残联分获2016年度吴忠市残疾人工作考核一等奖、自治区残疾人工作二等奖。

【残疾人康复】实施“国家彩票公益金项目”“宁夏残疾儿童抢救性康复项目”、中国残联“七彩梦”行动计划、“长江新里程计划”“澳洲魏基成助听器捐助”等项目，免费对50名0~6岁残疾儿童进行抢救性康复训练，为68名听障残疾人配发助听器，为240名精神类残疾人无偿发放价值23万元精神类治疗药品，对30名贫困精神病患者实施住院救助，对200名残疾人进行康复指导和训练，对50名社区康复人员进行业务培训，对50名盲人实施定向行走培训，为220名低视力患者验配助视器455件，向生活贫困肢体残疾人捐赠轮椅136辆，建成威格瑞斯、中西医结合医院、林盛皮草、同心村等5个残疾人社区康复站及“最美长江一角”青铜峡假肢基层服务站，其中4个康复站被自治区评为区级规范化社区康复站。年内，配合市人民医院做好中国残疾人福利基金会“集善扶贫健康行”宁夏启动仪式，选送1名职工代表宁夏参加全国辅具器具知识和技能大赛，推荐市康复中心2名职工代表吴忠市残联参加全区辅具器具知识和技能大赛获团体二等奖。争取并实施国家预算内康复中心建设项目。青铜峡假肢基层服务站参与全国“最美长江一角”假肢装配基层服务站投票评选活动，得票位居第四名。

【残疾人就业】抓好按比例安排残疾人就业工作，会同市财政、地税、人社等部门印发《关于做好2016年青铜峡市按比例安排残疾人就业年审暨残疾人就业保障金征收工作的通知》，按程序对企事业单位进行年审，征收残疾人就业保障金93万元。做好残疾人就业培训工作，采取市残联主办和各镇(场)协办方式，举办残疾人实用技术培训班4期，培训农村残疾人346人；选送96名残疾人参加区、市盲人按摩和云客服等培训。以“就业帮扶·真情相助”为主题，开展残疾人就业援助服务月活动，对残疾人按比例就业、集中就业、灵活就业、自主创业等就业情况进行调查登记，组织有就业意愿残疾人参加“青铜峡市2016年春季人力资源招聘洽谈会”、吴忠市“残疾人专场招聘会”和自治区“常春藤助梦计划”残疾人就业大型招聘会，为残疾人搭建就业平台，260名残疾人实现就业。做好残疾人就业和培训状况实名制录入更新工作，针对以往信息登记工作存在问题，采取地毯式搜寻方法，逐一查找、核对每个残疾人信息，截至年底，实地录入就业状况人数4295人，其中已培训人数1064人，就业状况数据完整性达到91.42%。做好新增残疾人自主创业筛查、求职登记及职业介绍工作，为符合条件31名残疾人申请扶持资金、29人残疾人办理求职登记手续，帮助46人次介绍职业。开展视力残疾就业情况摸底调查工作，了解全市各医疗、保健机构盲人按摩从业人员情况，为新增盲人保健按摩机构申请补贴资金。市残疾人就业服务中心代表宁夏参加全国残疾人基层就业服务市县考核验收。

【扶残助学】实施自治区民生计划扶残助学项目，按规定名额核实上报10名学前教育阶段幼儿和1名考入大中专院校贫困残疾学生。配合宁夏特殊教育学校，做好残疾学员招生工作，开展全市范围9~12岁视力、16~18岁听力残疾儿童少年摸底调查，推荐上报符合招生条件残疾儿童、少年外出求学。全市残疾儿童少年入学率达到90%以上。

【社会保障】加强各类残疾人动态管理，全年换发残疾人证7515本，为符合条件残疾人发放康复扶贫贷款贴息13.74万元，为2861名重度困难残疾人发放生活补贴343万元，为3133户重度残疾人发放护理补贴300万元，为26名残疾人个体工商户办理养老保险补贴，为1000名符合条件肢体残疾人发放燃油补贴26万元，为32人次残疾人提供无偿法律援助和司法救助，对94户生活贫困残疾人家庭实施总价15万元无障碍改造。落实残疾人免费乘坐市内公交车待遇，在新建城市主要街道人行便道铺设盲道。春节期间走访慰问残疾人878户。年内，全市有6212名残疾人参加医疗保险、4836名残疾人参加城乡居民养老保险。

【助残宣传】围绕“关注孤独症儿童·让爱洒满人间”助残日主题，开展第二十六次“全国助残日”宣传，协调市残疾人康复中心开展2015年度在训45名0~6岁抢救性康复项目残疾儿童走访活动，送去牛奶、零食等慰问品。选送节目，参加吴忠市“全国助残日”文艺演出，获三等奖。

【残疾人基本服务状况和需求专项调查】按照中残联统一要求，7—8月，对全市计划范围7531名残疾人开展入户调查。其中，入户调查6741人、电话查询250人。调查结果显示，受查对象中，查无此人68人，搬迁到外居住63人，空挂户38人，外出65人，死亡306人。入户调查率达到96.4%。

【残疾人康复中心项目建设】做好市残疾人康复中心图纸设计、规划编制和项目建设前期准备工作，完成土地、规划环评及工程施工、监理招投标工作。拟规划建设的青铜峡市残疾人康复中心，计划投资1900万元，建筑面积为6100平方米，2017年3月开工建设。

（市残联）

青铜峡市工商业联合会

【概况】2016年，青铜峡市工商联辖11个基层商(协)会，有会员781人。执行委员会中，有主席1人、副主席21人、执委51人。年内，市工商联围绕“两个健康”（非公有制经济健康发展、非公有制经济人士健康成长）目标任务，坚持“团结、服务、引导、教育”工作方针，以开展非公有制经济人士理想信念教育实践活动为载体，创新履职工作机制，深化干部作风建设，各项工作取得新成效。

【形势政策教育】 邀请吴忠市党校副教授杨红就党的十八届五中全会精神作专题辅导。按照区、市党委统战部、工商联统一部署，围绕“民营企业与中国梦”主题，开展理想信念教育实践活动，组织会员深入学习宣传习近平总书记治国理政新理念新思想，特别是习近平总书记3月4日出席全国政协十二届四次会议在民建、工商联界别组会上讲话精神，通过定期召开副主席联席会议，举办会员培训班，持续开展“四信”（对中国特色社会主义的信念、对党和政府的信任、对企业发展的信心、对社会的信誉）教育，引导非公有制经济人士自觉践行社会主义核心价值观，牢固树立法治意识和法治思维，把“企业梦”“我的梦”与“中国梦”结合起来，自觉投身“四个全面”战略布局伟大实践。

【履行社会责任】 根据全国工商联“万企帮万村”和自治区工商联“百企帮百村”精准扶贫总体要求，组织全市非公有制企业开展“百企进村、精准扶贫”活动，于4月8日在青铜峡镇同兴村举行扶贫帮困启动仪式，现场捐款66100元。在3·5学雷锋日纪念日、九九重阳节等重要节日，组织市工商联学雷锋志愿服务队成员单位—亮点造型工作室、发轩名店到各社区、敬老院义务为群众理发。

【服务会员】 3月，协调组织80余家非公有制经济组织，参加青铜峡市2016年春季人力资源招聘洽谈会，帮助企业解决用工问题。同时，设立政策宣传咨询台，向参与招聘工作企业发放《国务院关于促进中小企业发展的若干意见》《国务院“给力”中小企业，推出新的一揽子金融财税政策措施》《国家免征小微企业22项行政收费》和《宁夏回族自治区暂免或取消的15项小微企业行政性收费》等资料1000份，指导会员单位亚亨小额贷款有限公司现场发放宣传手册，宣传小额贷款有关业务规定。3月22日，召开市工商联中小微企业政银企座谈会，协调工商银行青铜峡市支行、农业银行青铜峡市支行等金融部门向与会中小企业介绍“助保贷”“快捷贷”等放贷产品、华斯达克国际俱乐部有限公司宁夏分公司总经理祝永成做公司上市辅导讲座，10家银行负责人与宁夏润昌实业有限公司、市室内装饰协会等15家非公企业签订银企合作协议，全市各金融部门和小额贷款公司负责人，宁夏品牌研究会秘书长，市工商联企业家副主席，各基层商（协）会会长、副会长、会员企业负责人共86人参加会议。年内，组织11名企业及商会负责人到银川市小微企业商会考察学习“助保贷”业务，现场听取银川市小微企业商会林进裕会长工作介绍。

【非公有制经济人士学习培训】 2月3日，组织部分会员企业、行业商会会员20余人参加吴忠市“互联网+创客经济”培训班，聆听资深实战营销专家、三九药业市场总监杨济远关于“互联网+”对实体经济影响，大智梦集团创始人、资本总裁周禹岐关于青铜峡市禹皇酒业运用“互联网+潇客”模式进行生产、销售等方面知识讲座。3月2日，结合全市餐饮服务质量提升年活动开展，协调22名餐饮商会组织全市餐饮企业经营管理人员到吴忠参观学习，帮助企业寻找自身差距，解决经营管理存在问题。5月11日至12日，组织部分会员企业负责人参加吴忠市非公企业经营管理人才培训班，聆听自治区经信委经济运行监测调控处处长李怀马关于供给侧结构改革、上海培训师联合会常务副会长毛永奇关于工业经济政策、著名税务专家宋洪祥关于营改增后企业如何进行税收监管与风险防控等方面知识讲座。4月19

日，举办“互联网+双向领袖”培训班，邀请互联网思维创业导师、上海云意网络科技有限公司副总裁成康讲述马云、马化腾等知名人士互联网创业故事，帮助全市非公经济人士提升运用互联网技术能力，80余人参加培训。

5月11日至12日，组织部分会员企业负责人参加吴忠市非公企业经营管理人才培训班，聆听自治区经信委经济运行监测调控处处长李怀马关于供给侧改革、上海培训师联合会常务副会长毛永奇关于工业政策知识、著名税务专家、宋洪祥教授关于营改增后企业如何进行税收监管与风险等方面知识讲座。6月13日至14日，举办计算机使用技术培训班，邀请市职教中心专业教师，面向会员系统讲授计算机基本知识、微机操作技术、office办公实用技巧、网上资料查寻及应用等方面知识，等60余名会员参加培训。举办餐饮酒店服务礼仪培训班，邀请吴忠市餐饮服务技能培训讲师孙月霞围绕餐饮酒店职业道德、仪容仪表、礼貌礼仪、服务技巧、接待用语等方面内容开展专题辅导，130余名餐饮酒店服务人员聆听讲座。8月22日，会同市工业商务局、餐饮协(商)会，举办全市酒店餐饮服务礼仪技能大赛，组织选手从理论知识、礼仪展示、宴会摆台、客房铺床、情景服务5个方面进行比赛，16支参赛队、71名选手报名参加比赛。40余家餐饮酒店管理人员、服务人员现场观摩比赛。9月27日，举办企业经营管理培训班，邀请沣行天下文化发展有限公司董事长王晨沣围绕老板如何自我修炼、身心解放；员工如何自动自发；业绩如何倍增；企业如何基业长青等内容作系统阐述，230余名会员企业负责人参加培训。年内，组织64家餐饮企参加高空王阿迪力挑战黄河大峡谷、黄河楼灯光秀美食节活动，集体接受消费者评判，促进全市旅游产业健康发展。

【市工商联第九次会员代表大会】 12月6日在青铜峡宾馆召开。大会审议并通过了市工商联第八届执委会工作报告、第九次会员代表大会决议，选举产生了九届执委会领导班子。经过会员投票选举，会议选举代新明为市工商联第九届执委会主席，陈建民为第一副主席，何万林、王宏、包立新、胡学文、代良云等27人为副主席，何万林为秘书长。代新明同时担任民间总商会会长，王宏、高金山、徐新林等6人担任民间总商会副会长。

【市工商联八届六次执委(扩大)会议】 1月18日召开。市委统战部常务副部长、工商联党组书记陈建民主持会议。会议传达学习了全国工商联十一届四次执委会、自治区工商联九届五次执委会议和吴忠市三届八次执委会议精神，回顾总结了市工商联2015年工作，安排部署了2016年工作，表彰奖励了15个先进集体和95个优秀个人。市委常委、统战部部长马光锋，市政协副主席史君出席会议。市工商联第八届执委、各行业商(协)会会长、秘书长、会员代表及市人力资源和社会保障局、工信局、发改局、非公经济服务中心等部门负责人80余人参加会议。工商联主席代新明作工作报告。

【食品商会换届】 5月24日，市食品商会召开第二届会员代表大会。来自全市食品行业60名代表参加会议。会议听取了徐新林代表市食品商会第一届理事会所做的工作报告，选举产生了市食品商会第二届理事会理事、会长和副会长。经投票选举，徐新林、陈生贵、余洋、李兴飞、张利君、袁玉玲、李学东、郭生海、李兴业、王生成、雷宝、苏亚平、刘会娟、史建云、茂国军、徐兴林、付淑燕、余军、叶学萍19人当选为市食品商会第二届理事会理事；徐新林当选为市食品商会第二届理事会理事长，陈生贵、余洋、李兴飞、张利君4人当选为副会长；袁玉玲当选为秘书长。

【参政议政】 组织会员围绕全市经济社会发展重大和热点、难点问题，开展调查研究、建言献策。在市政协十届五次会议上，所提提案立案15件，《关于进一步加强我市旅游业发展的建议》被市政协确立为重点提案。

(马翠霞)

QINGTONGXIA
YEARBOOK

公共管理

编辑◎杜文君 丁 丽

宏观经济管理

【计划编制】编制印发《青铜峡市国民经济和社会发展第十三个五年规划纲要》《青铜峡市2016年国民经济与社会发展计划执行情况与2017年计划(草案)》。

【经济运行监测分析】及时把握经济运行趋势,针对经济运行出现问题适时提出应对措,施完成9次经济形势预测分析报告,并上报自治区和吴忠市发改委。全年实现地区生产总值134.3亿元,按可比价格计算增长4.5%。其中,第一产业增加值17.1亿元,增长4.5%;第二产业增加值80.9亿元,增长3.8 %;第三产业增加值36.3亿元,增长6%。完成地方公共财政预算收入7.5亿元,增长7%。城乡居民人均可支配收入分别达到23633元、12040元,增长7.4%、7.5%。

【项目审批】根据自治区《关于实行投资项目在线审批的通知》,对所有非涉密投资项目实行在线审批。年内,审批各类政府投资项目120项、企业核准项目12项、备案项目109项,总投资493亿元。

【项目建设】开展项目建设"双百"行动,落实26名市级领导和34个责任部门包抓项目责任制,建立完善周调度、月通报、督查督办等工作机制,协调推进项目建设。全年召开项目调度会8次,下发通报6次,开展现场督查10次。100个项目全部开工。其中,大坝电厂四期扩建、杭萧汽车零部件产业园二期等27个吴忠市重点项目按序进行。全年完成固定资产投资130.2亿元,同比增长13.3%。

【上争资金】在吴忠市下达23亿元目标任务基础上,按照25亿元标准,将目标任务分解下达到47个部门、单位。协调指导各部门、单位做好项目前期准备及申报工作,督促做好进京赴银增跑工作,提高项目争取成功率。采取以通报促进度、以考核推任务等方式,有序推进目标任务。全年上争资金25.27亿元,完成年度目标任务的110%

【项目储备】抓住国家、自治区支持落实产业结构调整、统筹城乡发展、能源资源节约和环境保护、区域协调发展、民生改善等重大发展机遇,谋划储备

2017年项目。年内，筛选储备项目227个，总投资506亿元。其中，2017年基本建设项目164个，总投资377亿元，年度计划投资150.5亿元；梳理筛选全市PPP项目11个，计划投资30.63亿元。

【政府投资项目监管】修改完善《青铜峡市人民政府投资项目管理办法》，规范基本建设程序，落实项目建设法人责任制、招投标制、工程监理制、合同制和项目建设工程质量责任制，依法履行行政监督职能，从项目申报、方案设计等方面严格把关，全程监管项目建设，严格按照项目进度拨付建设资金，确保专款专用，保证政府投资项目顺利实施。

【价格管理监管】落实“农村居民服务”“农业生产资料”“原粮及成品粮”“畜禽产品和饲料”等价格监测和农副产品成本调查报送等制度，全年执行价格巡查21次，调整发布各平价商店（市场）执行价格53次；办理《服务价格登记备案证》5个、民办幼儿园收费价格备案13件；查处价格违法案件1件，实施经济制裁0.1万元。发挥“12358”价格举报平台作用，年内受理价格举报咨询案件34件，结案率100%。

【粮油供应】制定《青铜峡市粮食安全责任制考核办法》，加强全市57家粮食经营者经营活动监管。严格粮食收购资质，新办《粮食收购许可证》2家，55家粮食收购企业通过资格年审，注销2家企业收购资格。建立完善粮油市场价格监测预警制度，加强价格监测，开展春节、国庆等重大节日粮油供应市场专项检查，准确掌握市场动态。确定宁夏中航郑飞塞外香清真食品有限公司等4家粮油加工企业为应急粮油加工点，协调市军供站等3家企业承储570吨应急储备成品粮油。

【金融服务保障】支持企业在主板、中小板、创业板、新三板、区域股权交易市场等资本市场进行融资。协调自治区金融工作局在青举办资本市场知识培训班及投融资对接沙龙活动，组织银行、证券、基金、股权托管交易中心、新三板服务中心等机构现场与企业对接和交流融资项目。年内，与市农发行就沿黄文化带基础设施建设项目达成贷款意向，拟申请贷款1亿元；成立金融工作局，组建产业基金管理、金岸明珠国有资本投资运营、古峡担保3家国资公司；制定小微企业“助保贷”业务管理办法，设立政府和社会资本合作（PPP）项目财政投资基金；开展打击非法集资活动，拟写《关于进一步做好防范和处置非法集资工作的实施方案》和青铜峡市应对非法集资专项应急预案，提交市人民政府常务会议审议。

【小康社会建设】制定2016年小康社会工作推进计划，印发《关于分解落实全面建成小康社会统计监测指标任务的通知》，明确有关部门和各镇重点工作及指标监测任务，适时开展督查指导，小坝镇先锋村，陈袁滩镇沙坝湾村，瞿靖镇新民村、朝阳村等19个村达到小康示范村建设标准，通过考核验收。

【公车改革】设立市公车改革办公室，按照自治区和吴忠市要求，对全市参与改革人员和公车情况进行调查、核实，起草《青铜峡市市公车改革工作实施方案》，多次召开会议，广泛征求各方意见，最终形成送审稿报吴忠市通过。年内，完成所有参改车辆封存工作。

国土资源管理

【概况】2016年，市国土资源局严格执法，强化监管，规范管理，狠抓重点项目、重点工作推进，确保基本农田面积47万亩不减少，为地方经济发展和社会进步提供全面国土资源保障。年内，青铜峡市被国土资源部授予“国土资源节约集约模范县（市）”称号。上争资金1亿元、完成招商引资2000万元任务。

【项目建设用地保障】①加强与吴忠市国土资源局协调联系，对市人民政府急需建设项目进行规划局部调整，开展新一轮土地利用总体规划修订完善工作，城市周边永久基本农田划定工作经自治区国土资源厅审核通过。②加快项目用地报批进度，依法报批建设项目23个批次、4个单独选址项目，报批面积1106.53亩。③协调做好用地征地补偿工作，按照“两公告、一登记”有关规定，补偿费以一卡通方式兑付给农户，确保农户利益不受损害和重点项目及时落地开工。年内，根据自治区对京藏高速公路改扩建和全市项目建设需要，实际征地2332.62亩，兑付征地补偿等各类费用5600万元。④做好项目用地供应工作。年内，挂牌出让建设用地28宗1458.35亩，办理设施农用地17宗，面积1655亩；办理临时用地14宗，面积858.48亩；收缴国有土地用途变更、设施农用地等租赁费用659.2717万元、土地开垦费911.2592万元。

【地籍管理】年内，开展不动产登记工作，成立不动产登记局和不动产登记事务中心，办理不动产登记手续1013件，颁发证书251本，提供书面证明762份；办理土地抵押登记1287宗，抵押面积1210亩，帮助融资贷款61.82亿元。

【地质灾害防治】加强矿山安全生产监管和地质灾害防治工作，坚持24小时值班制度，建立健全地质灾害防治群防群测网络，杜绝地质灾害事故发生。年内，投资11万元，分3次对夜猫子山等存有安全隐患12座矿井予以封堵；争取自治区投资1696万元，实施牛首山东麓雷布梁矿山地质环境恢复治理项目，治理面积4500亩。

【执法监察】①坚持事前巡查、事中监督、事后查处。年内，开展土地和矿山动态巡查220次，制止土地和矿产违法违规行为97起，立案查处63起，收缴罚款240余万元。②联合市公安、交通等部门，开展集中整治违法建筑"百日专项行动"、非煤矿山专项治理活动和"雷霆行动"，打击乱采滥挖非法堆砂、洗砂等16家。③开展2015年度土地矿产卫星图片核查工作计划拆除73个违法用地图斑，实拆除70个847亩。其中，35宗违法新增建设用地6宗为非立案图斑，立案25宗。

【国土项目整治】组织开展对2013年度、2014年度高标准基本农田项目工程量复核、生态移民项目和河西土地开发项目复验工作。做好全市"十三五"土地整治规划编制及招投标工作。投资4594.13万元，实施3.1万亩广武村生态移民和三趟墩村高标准基本农田建设项目，已完成工程量80%以上；组织实施土地平整项目，投资445.3万元平整480亩铝型材产业园土地，鸽子山占补平衡项目设计方案获市人民政府批准。

【各类专项工作】①开展土地管理领域突出问题专项整治工作。提请市人民政府研究制定专项整治工作方案，明确各机关部门职责及整治工作要求，对规划执行等8个方面工作开展自查整改。②开展土地例行督察问题整改工作。国土资源部西安土地例行督察组对本市2011～2015年土地管理工作进行例行督察，发现四大类37个问题。针对存在问题制定工作方案，明确完成时限。年内，整改到位36个，延期整改1个，整改率达到97.3%。③配合市环保局做好全市矿山企业扬尘污染整改工作停业整顿，年内涉事企业环保达标。

【青铜峡不动产登记事务中心】为国土资源局下属市财政全额拨款事业单位，主要承担全市不动产统一登记工作。核定人员编制27名。内设综合科、权籍调查科、受理科、审核科、档案信息5个科室。按照自治区不动产登记中心工作部署，青铜峡市不动产登记事务中心于2016年9月28日正式挂牌成立。年内，中心组织开展不动产数据整合工作（国有建设用地使用权）。完成宗地落宗1073宗，占计划进度的22%，权籍测量及调查完成9.35平方千米，占计划进度的28%；房产信息录入32062户，占计划进度的27%。颁发各类登记1057件。其中，不动产权证书259本、不动产登记证明798份，办理抵押登记1287宗，抵押金额61.8亿元。

【永久基本农田划定】根据自治区人民政府办公厅《关于做好永久基本农田划定工作的通知》精神，收集城市规划、工业园区规划、水源地规划、项目立项等资料，对照2015年变更影像、耕地质量类别，全面核实全域范围内永久基本农田数量、质量和分布情况，全面清理不符合划定要求的耕地及建设用地、未利用土地和其他农用地，在充分论证的基础上，编制完成全市永久基本农田划定方案和图件。2016年10月通过自治区国土资源厅和农牧厅组织审查，11月29日下达青铜峡市永久基本农田划定方案批复。

市场监督管理

【概况】2016年，青铜峡市市场监督管理局以服务地方经济发展为目标，以加强行政执法、化解消费纠纷、深化商事登记改革和事中事后监管等工作为抓手，营造宽松平等准入环境、公平竞争市场环境、安全放心消费环境、和谐干事工作环境，为全市经济社会持续健康发展做出贡献。

【登记注册改革】贯彻落实《青铜峡市三证合一、一照一码登记制度改革实施方案》《青铜峡市一照通实施方案》《青铜峡市五证合一实施方案》。在市政务服务中心和各市场监管所设立绿色办事窗口，整合优化申请、受理、审查、核准、公示、发照等程序，做到在一个窗口统一受理，申请材料和审核信息在各相关职能部门共享，数据交换，档案互认。年内，青铜峡市有市场主体15537户。其中，企业3832户、个体11705户。新设立市场主体2747户，比2015年同期市场主体总数增加586户，增长27.1%。其中，企业登记注册805户，同比增加209户，增长35.1%；个体注册1942户，同比增加377户，增长24.1%；办理五证合一执照352户、三证合一1619户、证照合一522户。吴忠日报、宁夏法制报等媒体对青铜峡市五证合一登记注册改革工作进行宣传报道。

【产品质量监管】强化产品质量监管，通过巡查、年审、回访、建档，加强对获证企业日常监管，开展10类产品质量提升、日用消费品质量安全等系列专项整治行动，巡查检查获证企业50与家次，全市10家企业19种产品进入2016年宁夏工业名优产品第一批推荐目录。加强计量定量包装监管，完善计量基础档案，市场固定计量器具受检率达到92%，加油机、汽车衡、医疗卫生单位在用计量器具、眼镜店在用光学计量器具受检率达到95%，定量包装商品抽检合格率达到85%。

【诚信体系建设】按照“谁审批、谁监管，谁主管、谁监管”要求，全面推行“双随机、一公开”“一单、两库、一细则”工作机制，依托市场主体信用信息公示系统，完善事中事后监管制度，坚持“公开为常态、不公开为例外”原则，及时、准确地将履行职责过程中产生的能够用于判断企业信用与守法状况各类信息，包括企业登记注册、股权出质登记、动产抵押登记、行政许可、行政处罚等信息进行公示。年内，综合年报率为90%，列入经营异常名录216户次，补报移出103户。

【食品安全监管】利用电视、报纸、宣传栏等渠道及“3·15”、食品安全宣传月

等，开展食品安全宣传活动。全年发放各类宣传资料25000余份，制作展板12块；进行“五进”宣传8场次，开展行业例会培训15场次，接受咨询400余人次，培训从业人员1800余人次。按照“网定格、格定责、责定人”要求，将全市食品生产、流通和餐饮服务企业全部纳入网格化监管。开展各类食品安全监督检查，查处食品违法案件60余起，完成国抽、民生计划等产品抽检110余批次，食用农产品快检或餐饮快检170余批次。

【药品安全监管】开展GSP认证跟踪检查、中药饮片等专项检查20余次，抽检药品、医疗器械200批次，上报药械不良事件病例报告765份，查办药械违法案件20起，监督检查涉药单位1200余家次，做到监督检查100%覆盖。加强药品经营企业GSP认证管理，编印操作手册，组织人员对企业进行一对一现场指导，完善药械质量管理制度和记录台账管理，全市103家企业全部通过认证，3家二级医疗机构通过自治区药械使用规范化管理验收，90%卫生院、民营医院、个体诊所按照标准完成对药房、药库改造。与市邮政局、卫计局、医保中心建立寄递药品核查、信息共享机制，年内向市邮政局发出邮寄药品核查函103份，截获假药6种次。开展保健食品非法添加药品快检17批次，抽检防晒类化妆品6批次；责令下架不合格保健食品、成人用品26种，查处保化品案件15起。

【特种设备监管】建立科、所、队联动特种设备安全监管机制，健全完善全市在用设备锅炉、压力容器、电梯、起重机械等特种设备安全管理网络，彻查28家特种设备使用单位，采集报送16家气瓶充装站、加气站企业基本情况和安全自查报告。开展电梯使用单位、维保公司检查，检查电梯使用单位和维保公司42家，针对电梯隐患向使用及维保单位下发安全监察指令书5份。集中开展春节至“两会”期间特种设备安全监察。立案查处三家未及时进行电梯维保公司和两家无证操作特种设备企业。召开黄河生态园游乐设施业主会议，对8年以上游乐设施进行安全状况分析，并对与会人员进行游乐设施安全使用培训。

【消费维权】整合12315、12365、12331消费维权热线平台，健全消费者投诉举报受理网络，完善消费纠纷集中受理。结合“3·15”国际消费者权益保护日开展宣传咨询活动，在青铜峡电视台“道德与法制”栏目开设消费维权专题，对《消法》进行解读，通过公布典型案例并发布消费提示，增强消费者维权意识。开展全市公共服务行业、汽车维修行业侵害消费者权益综合治理工作。年内，解答消费咨询376件，受理消费投诉566件、举报9件，查处侵害消费者权益案件10件，发布消费警示5条，为消费者挽回经济损失6.77万元。

【名牌商标战略实施】依托全市优势特色产业和战略性主导产业，重点对酿酒葡萄、鲜食葡萄和优质大米生产等区域性主导产品地理标志证明，开展品牌指导帮扶工作。截至2016年底，全市注册商标累计达到648件。其中，中国驰名商标7件、宁夏著名商标33件。“青铜峡大米”地理标志证明商标于2016年10月20日通过国家工商总局商标局初审。

安全生产监督管理

【概况】2016年，全市安全生产工作以开展安全生产责任落实年活动为主线，以开展安全生产百日专项整治行动为抓手，以隐患排查治理为重点，落实安全生产责任，强化“党委政府领导责任、部门监管责任、企业主体责任”。1~9月份，全市发生各类事故19起。其中，道路交通事故18起、工矿商贸事故1起。死亡16人。其中，道路交通事故死亡15人、工矿商贸事故死亡1人。发生生产安全事故3起。其中，工矿商贸事故1起、道路交通事故2起。生产安全事故死亡3人。其中，工矿商贸事故死亡1人、道路交通事故死亡2人，占吴忠市下达年度控制指标12人的25%。亿元地区生产总值死亡率0.168，高于全年控制指标0.143的25个千分点。

【安全生产责任体系建设】组织市安委会各成员单位、重点企业负责人参加全国、自治区安全生产电视电话会议，逐级传达落实上级部门会议精神。调整市安委会组成人员，明确政府市长为市安委会主任，市委副书记、政法委书记、市委各常委、政府副市长为安委会副主任。协调镇、行业部门也及时对安委会进行调整。召开2016年全市安全生产工作会议和市安委会一、二、三次全体扩大会议，总结2015年安全生产工作，安排部署2016年全市安全生产工作及元旦、春节等重要节日期间安全生产工作，细化目标任务，明确责任分工，签订安全生产管理责任书216份。加强各镇、重点行业部门、企业春节及“两会”期间安全生产和应急值守工作情况督导检查，督促整改各类安全隐患7条。召开全市“深化安全生产责任落实年活动”动员暨专题培训会，邀请自治区安监局领导为市安委会成员单位及110家重点企业负责人、安全员进行安全生产知识辅导培训。建立健全市、镇（街道）、行政村“三级五覆盖”安全生产责任体系。5月24日至26日，组织各镇安监人员参加吴忠市乡镇执法人员培训班。年内，全市11个乡镇（街道农林场）全部设置安全监管站，配备工作人员。

【安全生产风险预防控体系建设】制定《企业风险预防控制体系建设实施方案》，全年举办风险防控知识培训班6期，200余人参加培训，受训率98%。召

开青铜峡市安全生产责任保险动员及培训会，邀请自治区安监局领导、保险公司专家对市安委会各成员单位分管负责人、部分重点企业负责人进行培训。全市隐患排查治理系统上线企业114家，覆盖率100%，风险点总数7155条；系统报停企业21家，上报一般隐患17条，整改17条，整改率100%。

【企业“六化”目标对标检查】组织全市隐患排查治理系统上线企业开展“六化”目标创建工作，按照自治区安监局“六化”目标工作要求，及时将对标检查表下发各企业，要求企业开展自查、市安监局开展达标验收。年内，验收企业56家，占上线企业总数的49.6 %。

【宣传教育培训】加强《安全生产法》《宁夏安全生产条例》等法律法规宣传，开展公共安全教育和应急避险教育，组织安全监管专家和32家单位联合开展“安全生产月”宣传咨询日活动，制作宣传展板46块，发放宣传资料4.2万余份。

【专项整治】印发《青铜峡市安全生产十大专项整治活动方案》《青铜峡市安全生产百日专项整治方案》，明确排查整治目的、时间、范围、方法及步骤，加大督查力度。年内，排查安全隐患410条，其中立即整改396条、限期整改14条，至年底全部整改完毕。印发《青铜峡市消防安全专项整治工作方案》，开展重点时段专项检查和治理，出动检查人员240余人次，检查生产经营单位308余家，排查安全隐患320条，其中立即整改304条、限期整改16条，建立隐患排查台账，实行隐患挂牌销号制度，确保隐患整改到位。印发《青铜峡市2016年道路交通专项整治方案》，加强车站、码头和水上游乐设施检查，查处各类违法行为554起，拘留83人，整改安全隐患49处(其中酒驾14起、醉驾9起)。强化烟花爆竹监管，开展辖区106家烟花爆竹经营(零售)许可证查验清理工作，协调公安消防、市场监管进行联合执法，查收销毁各类非法经营烟花炮竹500余箱，确保节日期间烟花爆竹安全。聘请专家，开展非煤矿山企业复工安全生产大检查，对17家证件合法有效、作业现场符合安全生产条件企业下达复工通知书，对7家不符合开工条件企业下达限期整改指令书，对1家存在安全隐患企业，协助制定整改方案。开展全市34家加油站主体责任落实、档案管理、作业现场进行安全生产大检查，消除安全隐患，确保油站和车辆人员安全。

统计

【概况】2016年，市统计局强化基础建设，提高统计服务经济社会能力；强化理论学习，提高干部职工专业技能；强

化责任意识，提高统计数据和分析报表质量。全年举办统计执法、国民经济核算、工业统计、劳动工资、商贸、农业工作统计等各类培训班6次，培训人员1000余人次。

【基层统计】针对审核发现工业、商贸、能源等专业月报错报率问题，深入企业查找问题产生原因，研究制定“五必访”(新入库企业必访、新换统计员企业必访、统计工作不扎实企业必访、重点调查任务企业必访、数据异常波动企业必访)制度，及时弥补工作中不足。

【统计服务】依托青铜峡市政务网和统计信息网，提升统计宣传服务水平，通过网络服务、现场服务、电话服务等方式，让社会各界更加快捷便利地分享统计数据和信息。年内，完成三经普资料开发、2013～2014年《统计年鉴》资料整理，发布2015年国民经济和社会发展统计公报，撰写统计分析30篇，统计专报3篇，统计信息100余篇。其中自治区统计信息网采用10篇。

【统计管理】①做好数据采集、分析、提供等工作,变死数字为活信息。坚持每月对主要专业经济运行情况进行分析、预测,形成综合分析报告并及时分送各单位和市委、政府领导。做好季度经济运行情况全面分析,协调各专业人员做好行业数据分析预测,汇编成册供各部门、领导参阅。对经济指标出现异常波动的,提请市委主要领导或政府分管领导牵头,及时召开会议,研判形势制定应对措施。②对全市近300户规模以下工业企业进行摸底调查,筛选出12户准规上工业企业,采取座谈交流、政策鼓励、排忧解困等举措引导动员其尽早入库。③加强统计人员业务培训,全面提高数据质量,每年对企事业单位统计人员进行一次轮训,同时采取“一对一、点对点”方式,随时帮助企事业单位解决数据填报存在问题和困难。

【规范化建设】①狠抓报表直报率,做好各项定期报表和年报工作,按时完成工业、农业、投资、建筑业、商贸、能源、劳动工资、科技、文化产业、基本单位名录等专业报表定期上报工作,网上直报率达到100%。②利用商务领航工作平台,建立统计人员定期报表短信提醒预警制度,把常规报表质量、时效纳入每个专业人员工作考核目标之内,提高报表质量和时效。③完善规模以上工业企业、限额以上商贸企业和资质内建筑业、房地产企业统计制度,对规模以上工业企业、重点耗能企业和固定资产投资进行重点监测,及时反映重点企业、重点行业节能降耗和固定资产投资报表报送情况,提高“四上”企业数据准确率。④组织开展统计执法检查工作,在前期自查基础上重点检查20家企业单位。

【统计调查】年内,组织开展生态移民、小康监测、成本费用、能源消费、妇儿“两纲”监测、人口劳动力调查、“四上企业”(一套表联网直报企业)入库申报等工作,做好第三次农业普查前期准备工作,按照国务院、自治区和吴忠市统一部署,做到组织领导、人员抽调、工作职责、经费保障、工作开展“五到位”,确保农业普查各项工作有序开展。

【统计改革】①建立统计部门各专业之间、政府统计和部门统计之间协作联动机制,落实各自工作职责,全市“四上”企业“一套表”调查单位联网直报率达到100%。明确名录库系统建设、维护、使用与管理,定期做好基本单位名录库核实工作。加强与民政、工商、税务、商务、工信等部门合作,建立行政部门与统计专业沟通联系,确保名录库数据质量。年内,全市进入名录库单位2350家,确定企业“一套表”调查单位210家,②完善第三产业统计调查方法和指标体系,建立金融、税务、交通、财政、商贸等部门第三产业数据共享平台。③建立“五查五深入”工作机制,开展工业统计、固定资产投资、生态移民监测等重大调查,对数据异常、进度较快、与实际工作有出入的,深入企业、项目实施工地、样本户中进行实地核查,详细了解企业生产经营情况、项目实施进度、生态移民增收举措,及时获取第一手资料,实时监控数据质量。④组织开展服务业统计改革,改进部门服务业统计工作、组织方式,规范规模以上服务业统计月度调查。强化部门统计基础建设,建立健全统计台账,加强部门统计管理和指导,统一部门统计调查项目、内容、标准,科学制定方案,规范实施调查。推进工业、能源、贸易、劳动工资、人口就业等统计改革,更新基本单位名录库,规范“非四上”单位调查库管理。抓好固定资产投资统计方法改革,做好5000万元以上投资项目联网直报,加强国民经济核算基础工作。

【统计法制建设】强化守法意识,依法开展统计业务。利用开展成本费用、基本单位名录等调查,重点检查规模以上工业企业、房地产企业、商贸企业情况,及时通报少数存在问题调查对象,并限期整改。②抓住“七五”普法启动有利时机,开展普法工作。结合各专业年报会,采取上街宣传、张贴宣传标语、悬挂横幅、现场咨询等方式,加强《统计法》宣传,年内,上街宣传2次,征订“六五”普法材料6套,印制宣传材料3000余份。

【“两证”办理工作】年内,办理统计登记证10个,报名参加统计从业资格证考试人员110人。

(任新军)

审计

【审计项目】年内，完成38项常规财务收支审计，占年度计划19项的200%。其中，实施领导干部经济责任审计项目26项、市本级财政预算执行及部分单位预算执行审计项目3项、部分单位财务收支审计项目5项、跟踪审计1项。完成市委、政府临时安排审计项目3项、政府投资建设项目工程施工招标控制价预算审计项目107项、工程竣工结（决）算审计项目264项。

【专项审计】配合吴忠市审计局，完成对本市和盐池县、同心县2015年度城镇保障性安居工程跟踪审计，完成对本市和盐池县、同心县2015年度生态移民工程专项审计调查，实施盐池县1个单位领导干部经济责任审计和涉及本市有关处级领导干部经济责任审计。

【财政预算执行审计】完成市本级2015年度财政预算执行及其他财政收支情况审计、市就业创业和人才服务局等2个单位2015年度部门预算执行情况审计，《审计工作报告》经市人大常委会审议通过。

【经济责任审计】年内，坚持将经济责任审计与财政财务收支审计、预算执行审计相结合，离任审计与任中审计相结合，对已经实施完成审计项目，及时向市委、政府主要领导做专题汇报，向市委组织部和市纪检委提交有关经济责任审计相关报告、调研文章、信息报表等资料，督促被审计单位落实审计报告和审计决定，并对查出问题及时整改，为市委、政府任用干部提供可靠参考依据。组织实施对市水务局原局长、邵岗镇原党委书记等26项部门（单位）领导干部经济责任审计。重点关注被审计领导干部贯彻执行党和国家有关经济工作方针政策和决策部署情况，遵守有关经济法律法规情况，制定和执行重大经济决策、履行与经济责任有关管理、决策以及遵守有关廉洁从政规定等情况。

【部门（单位）财务收支审计】组织实施对市文物管理所、市图书馆等5个单位2015年度财务收支情况审计，完成全市2016年度基本养老服务体系建设项目跟踪审计1项。

【部门资金使用情况审计】完成市农村合作经济经营管理站管理使用农村土地承包经营权确权登记资金收支情况审计，市经济技术合作局2015年至2016年4月财务收支情况审计，市农综办2015年农综开发土地治理和产业化经营财政补助等项目资金投入及管理使用情况审计。

【政府投资项目招标控制价预算和竣工结（决）算审计】委托社会中介机构，参与政府投资项目审计，解决审计工作任务重与现有审计力量严重不足矛盾。年内，开展工程项目招标控制价预算审计，将审计监督由事后扩展到事前，将审计监督与服务贯穿于工程项目建设全过程，加强制约和监督；开展已完工工程竣工结（决）算审计，督促项目单位严格执行基本建设程序、专项资金使用和管理规定；全市建设、水利、交通、林业、农业等建设单位各类政府投资建设项目审计。全年完成工程施工招标控制价预算审计107项、工程竣工决（结）算审计264项。

【整改落实】按照市各级审计部门查出问题整改落实专项工作领导小组办公室职责，协调配合市人民政府办公室做好相关部门（单位）对审计查出问题整改落实工作。

财政

【概况】2016年，全市财政工作积极适应经济发展新常态，坚持稳中求进工作总基调。面对经济下行压力持续加大，财政收支矛盾突出等不利形势，坚持保民生、保稳定、保重点、促发展”，贯彻落实新预算法，深化财税体制改革，创新财政管理体系，优化财政支出结构，提升依法行政、依法理财能力，为全市经济发展提供坚实财力保障。全年辖区内公共财政预算收入预计完成164900万元，比2015年增长7.0%。其中，中央级收入65400万元，增长7.0%；自治区级收入24500万元，增长6.0%；市本级收入75000万元，增长7.0%，市本级公共财政预算收入占辖区内公共财政预算收入比重为45.5%，全市税收收入完成56000万元，增加2743万元，增长5.3%;全市非税收入完成18000万元，增加1313万元，增长7.9%。

【税收管理】加强财政、税务部门联系，完善月度收入预测分析，紧盯目标任务督促落实，每月向市委、政府、人大、政协报送任务完成情况信息。从严监管重点税源行业和重点税源企业，强化重点税源、一般税源和零散税源分类管理措施，做好税收清欠工作，清缴欠税，确保依法征收、应收尽收。加强非税收入监管，开展水资源费、排污费等非税收入专项清理检查，挖掘非税增收潜力。

【资产处置】增加资产收益，处置闲置国有资产，确保国有资产保值增值。清理和盘活财政存量资金，从各部门单位收回沉淀存量资金3312万元，统筹使用提升预算执行时效。

【扶持培植优质企业】落实扶持工业企业和小微企业加快发展各项优惠政策，财政支出向工业倾斜。全年安排扶持企业发展各类资金7500万元，支持企业摆脱困境、加快发展；兑现各类招商引资优惠政策补助资金2520万元，确保招商引资政策落到实处。

【旅游项目投资】以创建国家全域旅游示范市为目标，围绕“黄河岸边、稻花香里、贺兰山下”三条主线，投资22000万元，加快实施一百零八塔观景平台、贺兰山东麓自驾游营地建设等“十项工程”。完善旅游基础设施、增强服务功能，培育生态观光、乡村休闲等旅游新业态，提升酒店、餐饮服务质量，开发旅游新产品，旅游辐射带动作用凸显。全年接待游客300万人次，实现旅游综合收入78000万元。

【“三农”投入】年内，全市“三农”支出57300万元，重点支持优质粮食、酿酒葡萄和特色养殖向规模化、标准化发展。其中，投入资金21000万元，支持马场滩、鸽子山扬水工程、小型农田水利设施、土地整理、玉米制种基地、千亿斤粮食生产能力等项目建设，实施高效节水灌溉、葡萄产业长廊项目建设和中低产田、高标准农田改造工程，改善农业基础条件；规范村级公益事业建设“一事一议”财政奖补工作，投入资金3282万元，实施村级公益事业建设项目64个，带动农民筹资筹劳和社会投入3000万元，发展农村公益事业;投入资金7800万元，扶持大型沼气、优质粮食、工厂化育秧、稻田养蟹、酿酒葡萄、奶牛生猪规模养殖，支持现代农业示范基地建设。

【惠农政策兑现】年内，筹措资金，为4.2万户农民发放粮食综合直补资金、良种补贴4002万元；发放农机具购置补贴款1006万元，提升全市农业农机化作业水平；兑现市委、政府农业产业化补贴资金1256万元，推动农业产业化加快发展；拨付政策性农业保险补贴资金360万元。

【脱贫工程】筹集资金1500万元，设立青铜峡市扶贫基金，增强精准扶贫、精准脱贫工作后劲和造血功能。

【民生事业投入】加强民生工程支出力度，全年用于公共安全、教育、医疗卫生、社会保障和就业、文化体育、节能环保、农林水事务、交通运输、住房保障、城乡社区事务等10项财政民生支出23.34亿元，占一般公共财政预算支出的87%。

【教育资金投入】投入资金10490万元，用于农村义务教育薄弱学校配套设施，改善办学条件及扶困助学，更新教学设备、加强基础设施建设、校车免费运营保障，兑现高中教师、骨干教师津贴和农村教师补贴，提升现代职业教育质量。

【医疗卫生保障】安排资金24900万元，新建市卫生监督所和妇幼保健所，改善医疗卫生条件，完善统筹城乡居民医疗保险制度，加快推进公立医院综合改革，提升医疗卫生服务水平。

【社会保障】拨付资金4800万元，完善城乡居民社会养老保险制度，提高低收入人群保障水平。投入资金1800万元，建设老年人日间照料中心9个，解决老龄群体生活需求；安排配套资金800万元，建设市残疾人康复中心。发放困难残疾人生活补贴、重度残疾人护理津贴630万元，提高家庭困难残疾人生活待遇；安排资金5330万元，落实被征地农民养老保险政策，保障被征地农民老有所养。

【支持文化事业发展】安排资金3700万元，落实市图书馆、文化馆和各镇文化室、农家书屋等公共文化场所免费开放政策，支持广播惠农和美丽村庄有线网络电视入户工程，建设农村文化广场、公共运动场所，完善地方公共文化服务体系。采取政府购买服务方式，开展送戏下乡和广场文化演出活动265场，丰富城乡群众文体生活。

【支持就业创业】拨付资金3000万元，发展劳务产业，加大创业就业培训力度，推动全民创业。扩大小额担保贷款基金规模，落实贷款贴息政策，发放中小企业创业担保贷款和妇女创业贷款3500万元，解决创业融资困难问题。

【信息公开和公务卡推广】推进财政预决算信息公开和公务卡推广应用工作，扩大预决算公开覆盖面，增强部门预决算执行透明度。市财政预决算和120个预算单位预决算及“三公”经费在青铜峡市政府门户网站和部门单位门户网站全部公开。截至10月，预算单位公用经费通过公务卡结算1126万元，比2015年同期增长12%。

【财政改革】①实行小额零星采购备案制，提高采购效率，节约采购成本。全年实施政府采购项目245次，采购总额9245万元，节约财政资金1006万元，节约率达10.9%。②组建金融工作局，开展筹融资工作；注资1亿元人民币，成立青铜峡市古峡担保责任有限公司，构建多层次资本市场。年内，为16个建设项目担保融资8560万元，解决中小企业融资难问题；注资5000万元人民币，成立青铜峡市产业基金管理有限公司，拟招募浦发银行投入基金2亿元人民币，支持产业基金及经济发展；成立青铜峡市葡萄产业投资发展有限公司，为全市葡萄产业发展提供融资保障；推进PPP项目融资模式，与深圳金砖公用资产管理有限公司合作，募集PPP项目资金23700万元，办理资金授信手续，支持城市基础设施和旅游产业发展建设。

【财政资金监管】根据《自治区财政厅监督监察局2016年工作要点》和市委《2016年党风廉政建设和反腐败工作主要任务分工》要求，完善财政监督检查制度，建立健全事前、事中和事后监督相结合的财政监督机制，构建财政大监督格局，制定《2016年财政监督检查工作计划》，推动财政科学化、精细化管理。

【专项检查】贯彻中央八项规定精神，规范和落实津贴补贴政策及《政府采购法》执行，会同市监察局分3个组自3月7日起，对全市20个单位，开展为期1个月津补贴、三公经费、政府采购执行情况专项检查，确保财政预算执行、资金合理使用。

国家税务

【概况】2016年，组织税收收入89677.2万元，比2015年增长18.39%，增收13934.3万元，完成全年计划任务85000万元的105.5%。其中，县级收入完成24014.8万元，比2015年增长63.24%，增收9303.9万元。

【依法治税】利用“税法宣传月”和“12·4”普法日开展专项法治宣传，提高纳税人纳税遵从度。推行受理单制度，贯彻落实审查工作细则，实现行政审批事项网上办理。开展7个指标34条数据疑点核查工作，重点核查8条数据开展。

【征管改革】打好营改增前四场战役，全市确认营改增试点3394户。截至12月底，营改增纳税人入库增值税7312万元。做好税收风险管理和纳税评估工作。年内，抓好20批326户次风险应对工作，发现有问题纳税人63户，入库税款843.98万元，完成年度评估计划任务780万元的108.2%。加强与市地税局协调合作，互派干部挂职交流，国税河东税务分局整体搬迁到地税河东税务所办公，地税河西税务所纳税服务人员进驻国税河西税务分局办税服务室办公，实现纳税人“进一家门，办两家事”。探索推行24小时自助办税终端。开展邮政“双代”业务，在乡镇设置7个代办网点，代开发票10147份，代征税款813.91万元。会同市市场监管部门在市政务大厅办理“三证合一”注册登记487户。

【出口退税管理】年内，办理出口退税业务570笔，涉及出口货物销售额5536.39万元、退税额427.06万元，免抵调库147.84万元。

【内部管理】坚持把绩效管理作为促进工作抓手，推进工作落实。年内市局绩效管理综合考评成绩位列吴忠市6个县级局第3名。根据《吴忠市国家税务局关于青铜峡市国税局维修办公楼的批复》按照区局基建管理有关规定，做好施工图纸设计（审定）、公开招标、办理施工许可等准备工作。4月15日开工，8月30日通过市住建局业务部门验收并交付使用。

【“便民办税春风行动”】推进以网上办税为主、自助办税为辅、实体办税服务厅兜底办税模式，实现“线上线下”服务互补互促。依托信息化、社会化办税手段，拓宽便民办税渠道，加快网上申报、网上文书推行工作，探索24小时自助办税终端，增加优化自助办税功能和范围。配合区、市局推行发票领用“线上申请、线下配送”、发票代开“线上办理、线下开具”服务，推广电子发票，优化发票服务。执行《纳税服务规范》3.0升级版，拓展免填单、同城通办、预约办税范围，解决纳税难点焦点问题。开展涉税资料报送清理简化工作，改进报送方式，推进外出经营活动税收管理证明电子化，加强“银税互动”合作，确保纳税人享受更加便捷纳税服务。

【国地税合作】加强与地税部门联络沟通，推行国地税合作工作规范4.0版，健全完善常态化合作机制。推广“一窗一人”统办国地税业务，把纳税人深层次需求作为纳税服务重点，方便纳税人缴税。畅通领导接访、网上申诉、电话投诉权等维权渠道，执行纳税人权益维护登记、受理、调查和处理制度，做到有诉必接、有诉必查、有诉必究、有诉必访，维护纳税人合法权益。坚持办税服务厅领导值班制度和导税员制度，严肃追责随意脱岗、流于形式等违规行为。强化征管合作，通过联合实施欠税管理、联合开展核定征收和协同实施风险应对等，提高执法工作效率。加强涉税信息共享工作，通过共同开展税收分析、采集使用第三方涉税信息、局与局和局与所、所与所之间互联互通、互鉴税收管理经验，推进信息高度聚合。

【队伍建设】强化干部队伍建设。全年组织各类培训21期，脱产培训125人次；组织开展各类考试7场次，310人次参加测试，选送33人次参加全区业务大比武，3人进入全区前183名。其中曾晨晨进入全区国税系统前100名，被评定为全区“岗位能手”。加强党风廉政和政风行风建设。年内，市局获群众评议机关活动市场监管部门组第1名。局机关支部被区局评为“先进基层党组织”，被吴忠市局评为“先进党支部”。局党总支被市委评为“两学一做”“先进基层党组织”，并被市直机关工委推荐申报为“四星级服

务型基层党组织”。河西分局2月被吴忠市团委授予“青年文明号”荣誉称号。市局被吴忠市委、政府评为“六五普法先进集体”。

地方税务

【概况】2016年，累计完成各项税费收入100907万元，比2015年减少5.22%，减收5561万元。其中，完成税收47408万元，完成年度计划任务47400万元的100.02%，比2015年减少17.85%，减收10298万元。分级次看，中央级完成6632万元，完成年计划任务8100万元的81.88%，比2015年减少14.27%，减收1104万元；区级收入8952万元，完成年度计划任务9000万元的99.47%，比2015年减少21.64%，减收2472万元；市县级收入31824万元，完成年计划任务30300万元的105.03%，比2015年下降17.44%，减收6722万元。完成社保费收入44295万元，比2015年增长11.46%，增收4554万元，完成年度计划55863万元的79.29%；教育费附加收入2824万元，比2015年增长10.83%，增收276万元。其中地方教育附加收入1910万元，比2015年增长19.00%；水利基金收入1976万元，比2015年下降15.37%；工会经费收入2318万元，比2015下降3.86%，减收93万元；残疾人就业保障金收入95万元，比2015年下降13.64%。

【税源户籍管理】建立户籍登记动态监控机制，提高税源基础信息准确性。年内，登记纳税人13028户。其中，单位纳税人2823户。占登记纳税人总数的22%；个体工商户10205户，占登记纳税人总数的78%。依托金税三期工程决策二包系统，建立按季通报制度，健全完善局所两级重点税源监控体系，抓好“三证合一”“一照一码”工作落实，严格信息采集、变更、清税操作规程执行和登记制度改革后续管理。

【定额核定管理】会同国、地税部门，联合开展临界点户和达点率动态监控，全年个体工商户定额核定达点户69户，达点率0.68%。

【税收征管档案管理】加强税收征管档案信息化建设工作。8月，在全局范围上线运行“征管档案电子信息系统”。

【欠税申报管理】摸清欠税数额和欠税原因，采取张贴、发布欠税公告等措施，推进欠税征管工作。截至12月31日，期末欠税余额3287万元，年内清理欠税1170万元。

【重点税源监控管理】实行重点税源跟踪管理和月报分析制度，加强年纳税额在30万元以上93户纳税人监控管理，定期比对分析，提高管理时效。

【发票管控】年内，收审清理118户纳税人18750份发票，清缴税款114759.99元，采集代开发票信息4358条，筛选应征税款信息4358条，补征税款1709693.19元。

【征管考核】按季考核通报征管质量，全年围绕征管改革，推进税源专业化管理发布征管状况分析通报4期次。

【科技强税】围绕科技强税和信息管税，提升征管信息水平。年内，举办网上办税服务厅业务培训班，已签约2687户，网报签约率达到95%。对562户开展风险管理，发现问题285户，查补税款1116.99万元。实际入库285户，入库税费1116.99万元。

【依法治税】加强三代单位认定，重新认定委托代征单位两户，代扣代收代缴税款4967.37万元，比2015年4867.25万元增加10.12万元，增加2.06%。加强综合治税工作，从市发改委等部门涉税信息3600条，建立监控台账，掌握建设单位款项支付情况。制定《青铜峡市国地税合作实施方案》，与市国税局在联合办税、税法宣传等方面进行合作，查询分析税务登记类别、数据，力促纳税评估和税源监管准确到位。

【信息化建设】全年更换计算机60台、打印机40台，重新为100台计算机安装操作系统。加强计算机操作知识业务培训，举办计算机知识培训班，完成地税、国税共建办税服务厅网络环境搭建工作。

【所得税管理】开展2016年企业所得税征收方式、税额认定工作。2015年，应参加汇算清缴企业414户。实际参加414户，其中，查账征收300户、核定应税所得率114户，汇算面100%，补缴所得税额1891.06万元。开展企业所得税重点税源户、零申报等企业分阶段实施后续核查工作，核查企业126户，查补税（费）12.68万元。开展年所得12万元纳税人自行申报工作和个人所得税全员全额明细申报工作，2015年有1221人进行自行纳税申报，比2014年度增加342人，申报年所得额29944.29万元，申报税款3044.22万元，入库税款3044.22万元；截至11月30日应申报单位纳税人2395户，实际申报2394户，明细申报率99.99%，超过区局95%的考核指标。

【财产行为税风险管理】2016年，全市有房地产企业33户。其中24户有开发项目，开发项目37个。应清算项目11个，可清算项目6个，已自行清算11个。结合二手住房营业税政策执行和金税三期系统，对办理新旧住房等交易台账重新审核整理。

【车船税代扣代缴】加强与代征代扣单位配合，辅导代征代扣单位执行政策。

【以地控税】开展“以地控税”工作，全市有“以地控税”纳税人300户，比2015年申报多17户；应税土地面积2687.15万平方米，应纳税额13261.95万元。执行小微企业“三免三减半”政策，截至12月底，49户享受该政策企业，免征土地税539.57万元，60户享受审批困难性企业减免企业。减免土地税3260.90万元。入库土地税8072万元，比2015年增收1952万元。

【资源税·印花税管理】年内，组织入库资源税840万元，比2015年减收250万元；入库印花税1432万元，比2015年减收240万元。

【减免税管理】年内，办理备案类减免事项172户次，减免金额9193.03万元。受理审批类减免62户，其中上报区局10户、吴忠市局23户、本局27户。申请减免土地使用税3260.90万元，批准58户，减免土地使用税3129.1万元。

【营业税税收政策】进行“营改增”企业培训，开展前期信息核对工作和后期纳税评估等工作。

【税费代征】及时召开联席会议，加强工会经费、水利基金、残疾人就业保障金、教育费附加、地方教育附加等各费征收管理。加强与市总工会、残联联系配合，实行税费“同征同管”。截至11月底，工会经费及残保金分别入库2318万元、95万元，比2015年同期分别减收93万元、15万元。

【社保费征管】开展社保费费源普查工作，做好费源登记和欠税台账建账工作，加强重点费源监控分析，配合经办机构加强稽核，联合清欠挖潜。落实社保费“六同”管理，做好社保费欠费清缴管理和社保征收管理人员业务培训，提高社保费管理质效和服务水平。

【纳税服务】强化预约服务，落实“二维码”一次性告知制度。年内，为141户提供预约服务，为122户提供延时服务，为580户通过自助办税终端完成税费申报，为232户提供自助办税终端政策查询服务。

【整合办税资源】6月，设立国地税联合办税服务厅，10月河东、河西国税分局、地税所实现合署办公，大坝税务所与国税大坝分局建立征管合作机制。

【税法宣传】年内，开展纳税人法政策知识集中辅导8次。落实国地税联席会议制度，共同确定宣传重点，每季度在“纳税人学堂”为新办企业提供政策业务培训。推广网上申报纳税，利用税企QQ群、地税门户网站等延长与纳税人线上互动交流，实现纳税人居家办税。加强税政法规业务学习，开展税收科研课题研究，撰写上报17篇科研论文。

【首问责任制】落实公开纳税咨询和监督电话，按月汇总纳税人热点问题和纳税服务动态，全年受理并落实首问责任等各类涉税事项645户次。

【信用评估】与国税局联合开展纳税信价工作，将2146户纳税评价范围。实施“税银互动”，协调宁夏银行青铜峡支行和建设银行青铜峡支行为A级纳税人提供贷款1500万元。

【税收执法督察】开展税收执法督察疑点信息核查工作，疑点信息核查23大项578条，发现疑点信息88条，完成2016内部控制基础性评价工作。

宁夏金岸明珠国有资本投资运营有限公司

【概况】2016年，市国资公司坚持以政府为主导、企业为主体、市场为导向、资本为纽带，以整合盘活政府“四资”为重点，借壳宁夏金岸明珠文化旅游公司改组成立宁夏金岸明珠国有资本投资运营有限公司（以下简称“国投公司”）。年内，完成法人、经营范围、公司章程修正及工商注册变更登记手续、刻制公章等工作，并确定国投公司作为本市发行企业债券主体，同时提请市委、政府对国投公司设立董事会、监事会程序和人员组成进行审批。国投公司拟将变更名称后的宁夏黄河金岸文化旅游有限公司、国资公司、水利工程公司和拟组建的市保障房运营管理公司（暂定名）以参股或控股的形式设定为子公司。

【资产排查统计】对全市已登记和未登记国有土地资产、房屋资产、林业资产、旅游资产、水域滩涂、闲置校舍及粮库等国有资产进行全面清查，摸清国有资产底数。活动涉及行政事业单位14个、乡镇3个、国有性质企业19家。国有资产存量预估总价值44.16亿元，净资产29.4亿元。

【投资运营】借鉴银川市、石嘴山市、中卫市和吴忠市经验，开展资产整合及发行企业债券工作。市国投公司分别于2016年8月8日、10月10日在吴忠公共资源交易中心组织召开证券公司、会计事务所和律师事务所公开招标工作，确定武汉长江证券、北京济和律师事务所、北京兴华会计师事务所为发行企业债券中标单位。11月，组织召开参与发行企业债券工作相关单位推进会及资产整合行政事企业单位负责人协调会议，明确发行债券工作进度，武汉长江证券集团公司总裁邓晖来青参观考察，并与市人民政府签订全面战略合作协议。

【债券发行】成立债券小组，重点对资产收益较好并基本符合发债条件5家国有企业和2家事业单位近三年（2014年、2015年、2016年）资产和财务状况进行核算和盘点，做好债券发行前期准备工作。

招商引资

【概况】市经济技术合作局由原市招商局根据市委、人民政府《关于青铜峡市人民政府职能转变和机构改革方案的实施意见》（青党发〔2014〕45号）文件精神更名而成，是市人民政府直属的参照公务员管理事业单位，核定全额预算事业编制15人，实有工作人员14人。内设综合事务管理办公室、综合业务管理部、经济技术合作部、项目

信息管理部、外商投资服务部。2016年，市经济技术合作局对外加大经济技术协作及招商力度，对内发挥招商项目综合管理部门作用，协调、支持责任单位做好项目跟进及落地服务工作。

【重大项目签约】2016年，全市落地重大签约项目25个，协议投资105亿元。按照全市重点产业发展规划要求，先后与宁夏仁和纺织科技有限公司、宁夏苏能节能科技有限公司、宁夏汇高科技集团有限公司等涉及装备制造、生态纺织、新材料、旅游服务等13家企业签订投资协议。青铜峡市被中国轴承协会授予“中国西部青铜峡轴承产业基地”。

【精准招商】抢抓全国工商联十一届十次常委会2017年6月在银川举办等机遇，进行精准招商活动，由市四套班子主要领导亲自挂帅，分区域、分产业开展招商活动。11月7日，参加宁夏·江苏经济技术合作交流座谈会，签订意向性合作协议4个，协议金额99.8亿元。11月9日，参加宁夏·浙江经济合作交流座谈会，与3家企业签订总额为50.4亿元投资协议。12月14日，参加广州举办的宁夏·广东经济技术合作交流座谈会，分别与东莞市冠宏智能科技有限公司、台湾巨皇实业有限公司签订意向性合作协议2个，协议总金额46亿元，占全区签约总额的57%。12月16日，在宁夏·重庆经济技术合作交流座谈会上，分别与新希望六和股份有限公司签订年加工20万吨清真反刍饲料、四川生旌物流公司签订固废物资回收综合利用项目意向性合作协议，协议总金额4亿元。

【招商宣传】制作《印象黄河·彩虹之上—青铜峡》城市形象宣传片，编印《投资指南》。改版青铜峡招商网，加大委托招商、网上招商力度。利用确定为举办阿迪力挑战黄河大峡谷极限之旅活动等平台，开展有针对性“请进来”推介活动，通过浙江支宁人员牵线搭桥，开展纪念浙江知青50周年联谊活动，加强两地间沟通交流，拓宽对外交流合作领域。

【招商活动】2016年，制定《外出招商和项目对接方案》，提请市领导带队外出开展招商活动52批次，赴江苏、山东、浙江、湖北等10余个省市地区对接洽谈项目，参加“渝洽会”“厦洽会”“西洽会”“亚欧博览会”等大型节会活动。邀请仁和纺织、苏能节能、苏锡光电、台湾巨皇集团等企业客商48批380余人次来青考察。

【招商服务】按照市委、政府“洽谈一个、引进一个、成功一个”要求，对已投产项目，协调解决相关问题；对在建、新开工项目进行跟踪管理，建立台账，随时掌握项目进度及质量状况，加强与各职能部门协调，保证施工顺畅；对即将开工项目协助督促加快相关证件办理速度，做好项目前期准备工作，促其早日开工。开设招商服务绿色通道，帮助企业解决项目建设前期及建设过程存在问题；对本部门不能解决的问题，汇总上报市委、政府相关领导协调解决；对企业自身存在的问题，督促企业尽快整改落实，搭建企业和政府部门、金融部门沟通桥梁。年内，提请市人民政府兑现企业扶持资金5761万元。

（段鹏阳　胡晓伟）

城建监察

【城乡规划执法监督】全年查处违反城乡规划建设管理违法违章行为17起。其中,立案3起,实施行政处罚2起,罚款金额3.6万元,涉及违章建筑面积4713平方米。结合全市开展违法建筑“百日专项整治”活动,查处近年违反城市规划建设管理违法建设行为13起。其中,补办手续2起,责令整改4起,集中拆除7起,拆除面积980平方米。

【占道经营治理】①取缔古峡街、利民街、步行街、裕民街、永丰路、文化街等主要街道店外延伸占道经营、乱摆摊设点累计1800余处、店外延伸摊点800余处。②查处永庆街,汉坝街,建民街,西、北环路等路段违章占道从事电焊加工制作、修理、堆放建材、修车、洗车等违章行为410余处,发放限期整改通知256份,清理沿街门店破旧条幅以及零星广告1500余处、门店铺设破旧地毯及私自设置宣传喷绘布34处,治理城市卫生死角120余处;取缔城市东区黄河路、纬三路、嘉宝路、亲水路等重要路段农民占用道路晾晒粮食等行为17起;落实“门前三包”责任制,与沿街各门店签订“门前三包”责任书2517份。③加强城区各街道非机动车停放管理,规范自行车摩托车乱停乱放2000余人次。年内,联合市场监管、卫生、环保、公安等部门,在城区规划夜市烧烤啤酒摊7处,规范沿街占道露天餐饮排档经营8家,清理夜间违章占道烧烤140余处,暂扣经营工具(物品)89件。

【户外广告牌匾管理】按照一街一景、一特色、一亮点要求,规范各街道门头广告牌匾。对城区各个街道门头牌匾逐一进行排查,拆除不符合城市容貌标准超高、超大、陈旧、破损广告牌418块,督促沿街商户自行更换牌匾87块,审批新装修门头牌匾19块。对城区楼顶设置21块大型户外广告牌匾进行安全隐患排查,雇佣吊车拆除存在安全隐患牌匾4块,对7处大型广告牌匾责令相关单位进行拆除并按标准重新设置,达到美化亮化效果。

【城市“牛皮癣”治理】实行城市“牛皮癣”清理工作市场化运行机制,制定符合城区管理工作监管措施和考核办法,加强保洁公司履行职责情况监管考核,要求清洁公司定期清理城区广告张贴栏。年内,清理沿街门店张贴对联、宣传小广告及建筑物乱贴乱画、乱涂乱写广告2万余处。

【建筑垃圾运输监管】加强与运管所和交管大队联系,推行部门联动工作机制,加强施工工地拉运砂石料、施工渣土车辆管理,采取与施工工地签订渣土运输及店面装修协议,配备统一防护围栏,缴纳渣土拉运、装修施工保证金等措施,确保工地施工及门店装修施工管理规范。年内,签订施工协议7份,收取施工押金1.6万元,向施工方下发责令限期整改通知4份,责令施工单位清理施工现场、清扫污染路面1800余平方米。

【市政设施监管】加大挖掘城市道路行为监督、检查力度,从现场勘测、签订协议、检查验收等环节严格把关,实行谁负责的区域谁管理、谁监督,谁失职、追究谁目标管理责任制,强化责任意识。年内,签订挖掘协议8份,监督挖掘道路面积36000余平方米。严查处偷窃、损坏市政公用设施行为,通过强化监管,全市没有发生一起市政设施丢失现象。同时,加强市政公用设施检查维修工作,对在巡查中发现损坏的8处下水井盖、12处道路下陷、4处人为损坏景观灯及3处损坏公交站牌,及时协调相关单位进行维修和更换,维护城市市政公用设施完好。

【张倒垃圾管控】加强四环路管理,堵绝垃圾随意张倒行为,采取跟踪巡查、蹲点守候、严管重罚等工作措施,确保环城路垃圾随意张倒有效管控。年内,查处张倒建筑垃圾违法违章行为14人次,雇佣机械清理红旗沟白色垃圾、清运沟边、环城路建筑垃圾1570余吨。

【城市管理执法宣传】全年发放法律法规宣传材料2万余份,利用车载扩音设备流动宣传360余车次,打印发放环境整治宣传通知6000余份,录制宣传广播宣传音5篇次,上报各类信息14篇,编写上报城管执法信息17期,举办法规培训班2场次,下发环境整治、安全隐患排查等通知2万余份。

工程质量监督

【概况】2016年，贯彻落实《工程质量治理两年行动》和《全区工程建设领域突出问题专项整治活动》，推进建设工程《安全质量八项治理行动》，以质量安全监管为抓手，严格落实五方责任主体、项目负责人终生责任。年内，对在建工程开展工程质量安全大检查3次、春季复工大检查1次、工程质量安全专项巡查6次。下发质量安全整改通知书400余份。监督施工工程219项、建筑面积55万平方米。其中，上年结转工程90项，建筑面积25万平方米；新开工程129项，建筑面积30万平方米；竣工验收工程90项，建筑面积36万平方米；竣工备案工程172项，建筑面积73万平方米。工程质量监督覆盖率达100%，竣工验收工程备案率90%，备案工程合格率100%。

【保障性住房和重点工程质量安全监督】把保障性住房和市重点工程质量安全监督作为工作重点，加大监督检查频次，明确民生工程质量监督标准，细化分解目标任务确保工程施工质量。

【老旧小区基础设施改造和城区供热项目监管】针对老旧小区基础设施改造和城区供热项目工程量大、进度快、参建单位多等特点，加强对参建各方质量安全行为监管，加大检查频次，在实体工程质量安全检查中重点对进场原材料、安装质量和现场施工安全进行监督检查。

【工程质量检查和专项巡查】落实《工程质量治理两年行动》，对辖区在建工程进行3次工程质量安全大检查和6次专项检查，从市场行为、工程质量、建筑节能、起重机械、标化工地等方面进行全面检查。针对施工现场存在质量安全问题，下发质量安全整改通知书200余份，下达停工通知书30份，曝光建设工程质量行为不规范、质量安全意识不强、保证体系不健全、责任落实不到位等不良行为，增强参建各方责任感和质量安全意识。

【建设工程标准化创建】在开复工前，制发创建标准和实施细则，明确要求所有在建工程必须创建标准化工地、重点工程施工环境必须达到区级标准化工地。年内，组织参建各方技术人员赴银川、吴忠等地观摩学习。全市有3项工程被评为自治区标化工地、8项工程被评为吴忠市标化工地，有4项工程接受全区标准化工地创建工作推进会与会人员观摩。

【房屋质量监督及投诉受理】执行《宁夏建设工程通病防治导则》，加强工程质量通病防治工作，重点监督处理现浇板裂缝、墙体裂缝、屋面和卫生间渗漏等问题，结合自治区质量通病防治实施方案制定本市质量通病防治实施方案。认真接待房屋质量投诉，按照谁监督谁处理投诉原则，将职责落实到人，接到房屋质量投诉后组织技术人员协调有关各方做好房屋质量处理工作并要求限时办结，质量问题处理满意率达到90%以上。年内，受理投诉24起，处理23起。

【住宅工程质量“分户验收”】加强分户验收宣贯工作，对参建各方责任主体，尤其是监理单位、施工单位人员进行知识培训，充实建设从业人员业务知识，提高参建各方质量责任意识。凡竣工验收工程监督人员必须对分户验收进行实地抽测。

【商品混凝土专项检查】依据《宁夏回族自治区预拌混凝土质量管理暂行规定》及《关于开展全区预拌混凝土质量专项检查的通知》等要求，开展预拌混凝土企业质量管理和市场行为督查，全年对本辖区内商品混凝土进行两次专项检查。

【施工安全监管】明确监督重点内容，将超过一定规模危险性较大分部分项工程纳入重点监管范围，严格推行危险性较大分部分项工程专家论证制度，遏制群死群伤恶性事故发生。年内，对8项工程实施专家组技术论证，严格按方案要求进行落实，有效预防因管理环节失控引发安全生产事故。

【起重设备专项检查】年内，对在建工程起重设备进行专项检查两次，检查塔吊23台、物料提升机8台。重点检查产权企业安全技术资料建档情况，起重设备安装告知、使用及定期维护保养情况，起重设备运行情况，对个别存在问题施工项目做出限期整改和停工处理。

QINGTONGXIA
YEARBOOK

农业农村经济

编辑◎杜文君　丁　丽

设施农业

【特色产业】①粮食生产。落实粮食作物播种面积64万亩，其中，水稻20.3万亩、玉米21.7万亩、小麦12.5万亩、小杂粮9.5万亩。依托宁夏正鑫源现代化农业发展有限公司、宁夏中航郑飞塞外香清真食品有限公司、宁夏青铜峡市法福来面粉有限公司等龙头企业，做大做强优质米产业，建成水稻绿色高产高效整县推进万亩示范方6个，生态农业展示区、稻田综合种养示范区、新品种新技术展示区、有机水稻示范区各1个，育秧大棚1338栋。完成水稻插秧面积10万亩。在正鑫源万亩水稻基地举办青铜峡市首届"稻花香里"艺术节。②畜牧业生产。新建肉驴养殖场4处。12月底全市生猪饲养量达到28万头，羊饲养量达到36万只，家禽饲养量达到420万只、肉驴饲养量达到10000头。③适水产业。渔业养殖面积达到7.2万亩。其中，成鱼养殖面积7万亩、鱼种养殖面积0.2万亩。改造旧池塘3000亩。开展稻鱼种养示范推广，建设高标准稻渔工程示范园区5800亩。推广名优水产品养殖，建设南美白对虾设施温室养殖基地2处，鳜鱼暂养基地1处，高产高效低碳环保循环水养殖基地1处，甲鱼与草鱼混养基地1处。

【设施瓜菜产业】年内，落实瓜菜生产面积12.08万亩，其中，设施温棚0.69万亩、拱棚瓜菜2.32万亩、优质外销蔬菜2.17万亩、露地菜5.24万亩、露地和压砂瓜1.66万亩。新建永久性蔬菜生产基地3个，总数达到7个。建成瓜菜连片1000亩示范方3个，500亩示范方5个，新建日光温室和大中拱棚1398亩。

【硒产业】确立宁夏中航郑飞塞外香清真食品有限公司、宁夏青铜峡市法福来面粉有限公司、宁夏正鑫源现代化农业发展有限公司、宁夏顺宝现代农业有限公司等7家硒产品加工、开发企业，建立富硒产品企业标准，宁夏中航郑飞塞外香清真食品有限公司、宁夏青铜峡市法福来面粉有限公司、宁夏正鑫源现代化农业发展有限公司、宁夏顺宝现代农业有限公司产品经权威部门检测，部分产品获得富硒产品检测报告。做好硒产品推介宣传工作，建设宁夏中航郑飞塞外香清真食品有限公司、宁夏青铜峡市法福来面粉有限公司、宁夏正鑫源现代化农业发展有限公司、宁夏顺宝现代农业有限公司、宁夏家道回乡农业开发有限公司、青铜峡市宁朔香粮油食品公司6家企业硒产品宣传展厅，面积达到1500平方米。加大富硒产品基地建设，建成水稻富硒核心区种植基地9个15800亩、小麦基地3个4660亩，辐射区种植富硒水稻、小麦及其他作物51616亩。

种植业

【粮食及经济作物生产】全年落实农作物播种面积64万亩。其中，小麦12.5万亩、水稻20.3万亩、玉米21.7万亩、小杂粮9.5万亩。落实瓜菜生产面积9.9万亩。其中，设施温棚0.69万亩、拱棚瓜菜2.32万亩、优质外销蔬菜（原供港蔬菜）2.17万亩、露地春夏菜3.13万亩、露地和压砂瓜1.66万亩。

【粮食创高产】开展水稻绿色高产高效创建活动，推广应用新品种新技术，促进大面积平衡增产。兑现水稻生产示范区配方肥和病虫害防止补贴，调动粮农、企业生产积极性。水稻种植核心示范区实现工厂化育秧大棚全覆盖，做到品种统一规划布局、统一育秧管理、统一测土配方施肥、统一机插机收和统一病虫害防治“五统一”和万亩示范区良种覆盖率达到100%、水稻病虫害专业化统防统治100%、测土配方施肥技术应用率达到100%。开展绿色高产高效整县（市）推进工作，节本增效、丰产增收，全市因新品种普及推广增产约5%，水稻比2015年亩均增产4千克。完成水稻、玉米绿色增产模式化攻关栽培示范。建设小坝镇林皋村和叶盛镇蒋滩村。两个模式攻关点。

【冬牧70黑麦复种】全年种植冬牧70黑麦草4450亩。其中，邵岗镇3150亩、大坝镇700亩、陈袁滩镇300亩、瞿靖镇300亩。5月13日，召开全区灌区夏播生产现场会，对复种模式进行全方位展示。年内，全市种植冬牧70黑麦草1.05万亩。

【蔬菜生产基地建设】全年在陈袁滩镇、小坝镇、瞿靖、大坝、叶盛等镇新建日光温室和大中型拱棚1398亩，其中，日光温室32亩、大跨度全钢架结构拱棚6亩、大中型拱棚1360亩。新建拱棚于4月全部建设完成并投入生产，其中30%装备滴灌设备，煤棚为种植户增加经济效益500元/棚左右。落实永久性蔬菜生产基地3个。其中，设施温棚2个、露地1个。

【病虫害绿色防控技术推广】在全市建立水稻专业化统防统治与绿色防控融合示范区两个。其中，叶盛镇地三村示范区面积0.52万亩；蒋滩村面积0.51万亩。建立小麦病虫害统防统治及绿色防控示范区两个，示范面积2万亩。其中，瞿靖镇毛桥、时坊等村面积1.15万亩；邵岗镇邵南、邵岗等村面积0.85万亩。

【新品种、新技术试验示范推广】承担测土配方施肥各类田间试验示范11项，其中，小麦硒肥田间示范1个、玉米硒肥田间试验2个、水稻硒肥田间试验3个、水稻硒肥品种田间试验1个、水稻硒肥田间示范4个。组织粮食绿色增产攻关模式示范基地品种展示46个，其中，水稻20个、玉米26个。开展种衣剂、控释肥、除草剂、病害防治、栽种密度等试验18项。试验品种主要是水稻和玉米。其中，水稻试验面积260亩，采用3种栽培模式单种插秧稻33亩、保墒旱直播水稻120亩、播后上水（旱直播）水稻107亩；玉米试验面积144.7亩。

【农技推广运作】市农业技术推广服务中心与宁夏益禾植保专业合作社联合，在小坝镇林皋村3组创建青铜峡市粮食绿色增产攻关模式示范基地。示范种植水稻、玉米等农作物面积404.7亩，辐射面积1000亩。

【测土配方施肥】依托全市示范专业合作社、家庭农场及种植大户等新型经营主体，利用全区测土配方施肥手机服务平台（APP），提供测土配方施肥智能手机信息查询技术服务，年内举办手机查询使用技术培训班41场次，参加培训人员3500人次。通过培训，全市104家种植业家庭农场、农业专业合作社安装测土配方施肥手机综合信息服务平台软件，安装率达100%，全年推广测土配方施肥面积64万亩。其中，小麦12.5万亩、玉米21.7万亩、水稻20.3万亩。筛选4家专业合作社申报创建自治区首批农业综合服务站建设。

【万亩示范区和核心示范区建设】引导农民专业合作组织参与万亩示范区和核心示范区建设，参与水稻绿色高产高效创建农民专业合作组织达到22家。其中，青铜峡市文润来农作物专业合作社承建叶盛蒋滩万亩水稻示范区，隆鑫农机专业合作社创建袁滩万亩水稻示范园区，建国农作物种植专业合作社创建小坝镇红星核心示范区，形成市、镇、村、社四级联创机制，创建面积达到8.02万亩。同时，市农技部门指派5名技术人员采取定人、定片、定点、定责、定效和“包面积、包技术、包产量、包效益、包病虫防治“五定五包”方式。进驻林皋村3组，开展不同栽培模式品种与产量品质关系试验、播后上水水稻氮磷钾肥料运用与产量品质关系试验、播后上水水稻不同缓控失（释）肥与产量品质关系试验、机插秧和保墒旱直播不同收获期与产量品质关系试验等8项试验及保墒旱直播不同缓控失（释）肥与产量品质关系示范等两项示范，驻点为核心区粮农，企业提供现场技术指导。

【绿色防控订单服务】与铭泽植保专业合作社、益禾植保专业合作社签订防治服务合同，对植保机械、药剂、防治现场会等费用予以补助。上述两家植保专业合作社投入10架无人机，对3.1万亩水稻核心示范区和2万亩示范方重点防治区域稻瘟病进行“统防统治”，将园区建成科技人员、家庭农场、种田大户及专业合作社病虫害防治田间学校。示范区主要病虫害防治处置率达到95%以上，防治效果达到85%以上，总体损失率控制在5%以内。

畜牧养殖

【畜牧业生产】按照全市确定畜牧业发展目标，将畜牧生产任务指标及养殖园区建设任务分解到各镇（场），逐镇督促指导，做好生产任务落实工作，定期开展畜禽补栏情况督查，要求各镇每月上报畜牧生产进度。年内全市猪饲养量达到28.6万头，奶牛存栏5.6万头，羊饲养量36.6万只，家禽饲养量440万只。

【特色养殖】以推进农业现代化、促农增收为目标，大力发展特色产业。全市肉驴饲养量达到3000头，新建肉驴规模养殖场4个，分别是：恒源肉驴规模养殖场，规划养殖肉驴6000头；绿宝园林肉驴养殖场，规划养殖肉驴5000头；恒辉牧业肉驴养殖场，规划养殖肉驴3000头；兴盛达肉驴养殖场，规划养殖肉驴1500头。全市各类规模养殖大户发展到2653户，奶牛入园率达到90%以上，生猪规模养殖率达到85%以上。

【良种繁育体系建设】建立健全市、乡、村三级良种繁育体系，结合生猪、奶牛良种补贴项目实施，争取项目资金，推动畜禽品种改良，加大畜禽新品种引进、推广，完善已建成的生猪集中供精站及16处牛冷配改良点和50处猪改良点。全年冷配改良牛1.6万头，供应优质奶牛冻精3.2万枚、优质生猪冻精6.8万份，改良生猪1.8万头。

【秸秆调制利用】推广农作物秸秆加工调制全复合饲草料技术，全年制作青黄贮26.6万吨，青贮池累计达到38万立方米，秸秆利用率达到50%以上。引导饲草料加工企业、农民合作组织进行秸秆加工调制、储运、配送，确保饲草料均衡供应，降低饲养成本，提高养殖效益，实现农牧业生产良性循环。

【畜牧科技培训】采取送出去培训、请进来专题讲座、现场操作指导、发放技术资料等多种形式，开展科技培训活动，重点推广全混合日粮、生鲜乳标准化生产、奶牛性控冻精推广应用、奶牛DHI性能测定、生物养猪、猪舍环境调控、猪人工授精、肉牛快速育肥、农作物秸秆加工调制、肉羊舍饲育肥和繁育、畜禽无公害养殖等技术，提高养殖户科学饲养水平，为农民增收奠定基础。全年举办各类培训班46场次，培训4934人次。

【畜牧项目申报和实施】加强与区、市业务部门联系，争取国家、自治区项目支持，增加畜牧业投入。年内，争取畜牧项目8个。建设完成义和奶牛养殖场、永青奶牛养殖场、天徕奶牛养殖场3个奶牛标准化规模化养殖场建设项目；绿宝、晓乐、枫睿、蕤昶、伊璞园、永安6个肉羊规模化标准化养殖场建设项目。

渔业

【水产养殖】年内，全市渔业养殖面积达到72045亩。其中，成鱼养殖面积69879亩、鱼种养殖面积2166亩。水产品总产量达到1.68万吨，渔业总产值达到2.17亿元，全市渔民人均可支配收入达到9450元。

【稻田养蟹项目示范推广】全市建设高标准稻田养蟹示范园区面积6250亩，其中，商品蟹养殖5250亩、扣蟹养殖面积1000亩。外调扣蟹1.82万千克，蟹种规格170只/千克。

【质量安全管理】以生态渔业示范基地和无公害水产品养殖基地建设为重点，全面推行渔业标准化养殖，引导广大从渔农民按照标准组织生产。加强养殖水体环境监测和水产品质量安全检测工作，推广微生态制剂科学使用，控制养殖容量。年内国家农业部抽检水产品样品15个，自治区水产站抽检水产品11个、苗种1个，全部100%合格，达到安全食用标准。检测饲料1批次。

【固定资产投资】投入资金改造旧池塘5500亩，建设集培训、水质检测、鱼病防治、安全监控、“物联网+渔业”于一体多功能综合中心1处，购置增氧机、投饵机、涌浪机等渔业机械120台，新增微孔增氧设备、水产智能化养殖系统22套。建设围栏养鳖基地460亩，设计改造投饵台20处。新增固定资产1500万元。

【高产高效养殖试验示范】引进推广池塘高产高效养殖技术、池塘底排污节水养鱼技术、微生态制剂调水调藻技术、水产养殖智能监控技术和鱼病综合防治技术等5项新技术。开展池塘高产高效养殖试验示范面积210亩，设计单产指标1500千克、1250千克、1000千克3种养殖模式。经科学管理、合理饲养，平均亩产达到2076千克、1483千克和1166千克，其中主养鱼亩产分别达到1811千克、1262千克和1013千克。亩均纯收益1500元。

【渔业科技推广】①重大技术推广。实施水产健康养殖技术大面积推广项目，推广面积7.2万亩。②实施渔业科技入户工程。年内，确立渔业科技入户对象200户，培育科技示范点22个，发放并填写水产健康养殖记录册300份，建立池塘养殖记录档案258份，签订水产品安全生产管理责任书200份。③高效水产品健康养殖。全年推广落实黄河鲶、鱼鳖混养为主导品种养殖面积1840亩。

【科技培训】举办培训班68场次，培训农民和技工2080人次。

【病害防治】开展水产养殖病害预防预报与防治工作，以点带面、全面监控。年内，建立渔业病害预测点9个，测报面积4010亩，辐射面积7.2万亩，病害防治面积达到100%。全年因病害造成损失100万元。

【休闲渔业发展】全年申报国家级休闲渔业示范基地1处，建设高标准休闲渔业基地3处，全市休闲鱼业基地达20家。

【水生生物资源养护】落实国务院《中国水生生物资源养护行动纲要》，发放宣传资料300余份，开展沿黄湖泊湿地渔业生态养护。年内，在黄河青铜峡段水域放流各类经济鱼类1150万尾。

【渔业管理】①养殖投入品监管。依法查处生产基地未建立生产档案、养殖过程使用违禁药品和有毒有害化学物质、使用限量但未遵守休药期制度、售卖不合格水产品等行为。全年开展执法检查活动6次，检查生产场点140余家，建立生产档案200份。②渔药使用管理。贯彻实施《农产品质量安全法》《兽药管理条例》《水产养殖管理规定》等法律法规，加强渔业生产过程渔药使用监管，推广安全用药技术和方法，定期对渔业养殖经营者开展渔药存放地点、用药量检查，举办培训班1场，培训人员350人次，③苗种生产经营管理。组织渔政人员深入苗种培育塘，逐批对销售苗种进行检疫检测。全年集中检疫3批次，开具检疫合格单10份，检疫苗种7500万尾。

【渔政管理】开展黄河宁夏青铜峡段水域休渔和资源保护执法检查工作，张贴“禁渔通告”220余份，开展渔业执法活动45次，处理电鱼事件3起，收缴非法渔药物120千克。

农村能源

【沼气建设】3月，开工建设日产1.2万立方米规模化大型沼气建设项目，年底投入运行。

【沼气安全】与各镇农业服务中心签订安全生产管理责任书，深入项目工地做好安全生产检查和隐患排查，发现隐患及时排除提醒、指导沼气生产。企业在醒目及危险部位喷制和悬挂安全警示标志，确保无安全事故发生。

【农村“阳光沐浴”工程】深入各镇调查摸底，结合实际制定青铜峡市2016年农村“阳光沐浴”工程实施方案报农牧厅批准。年内，全市阳光沐浴工程下达任务7200户。5月，完成工程招标工作，6月3日，开始组织施工。10月，完成7200台太阳能热水器发放安装任务。

农业机械化

【农机化装备和作业水平】截止12月底，全市拥有农机总动力达64.09万千瓦，农业机械化综合作业水平达93.04%。

【示范园区建设】在叶盛镇张庄村、联丰村建设水稻高产创建农机农艺融合示范园区1个，面积1650亩，辐射面积8500亩；在瞿靖镇瞿靖村建设玉米机械化生产农机农艺融合示园区1个，面积2000亩，辐射面积10500亩，两个园区主推15项机械化生产技术，综合机械化水平均达到100%。全市8个镇建成市级连片500~3000亩玉米机械化生产示范点8个，面积12490亩；建设市级连片500~1500亩水稻机械化示范点6个，面积4800亩；完成水稻机械化种植18.7万亩。其中机插秧6.1万亩、旱条播（穴播）10.5万亩、播后上水2.1万亩。

【试验与示范推广项目】开展农资质量抽检和督查暗访活动，建成水稻、玉米全程机械化生产农机农艺融合示范园区各1个，开展农资质量抽检和督查暗访活动，建总面积4650亩，辐射面积1.9万亩，园区综合机械化水平达到100%。新建叶盛镇五星农机作业公司，建设机具库棚1350平方米，引进各类新机具25台（套）。全市5家农机合作组织、7个农机大户有13台120马力大型拖拉机，完成农机深松整地作业3万亩；依托粮食烘干设备试验示范及补助项目，引进地龙式粮食通风降温设备10套，新安装3套日处理100吨以上粮食烘干设备。

【技术人员培训】全年选送24名技术推广人员参加区内外各项农机推广业务培训7场次，举办市级农机化实用技术培训班18场次，培训各类农机人员1738人次，发放宣传培训资料4316份。

【对外宣传】筹办全区夏播生产现场会及全市机育秧、机械深松、玉米机收等现场会，接待区内外领导、专家及经营主体检查、观摩指导8次，在网络媒体和市电视台上报信息40余篇。

【监督检查】全年上门检查农机经销企业4家、农机零配件销售网点10家、农机维修点20余家。同时，组织技术人员对14个厂家54台农机产品进行作业质量跟踪调查，发放《农业机械质量投诉宣传手册》1000余份，受理处理农民投诉2起。

动物疫病防控

【畜禽疫病免疫】加强畜禽疫病监测，控制畜禽疫病发生。全年累计免疫畜禽1177.6万头只。其中，O型口蹄疫免疫猪39.8万头次、A型口蹄疫免疫猪39.8万头次、三价口蹄疫免疫牛16.6万头次、免疫羊50.6万只；免疫猪高致病性蓝耳病28.4万头次；免疫猪瘟39.8万头次；小反刍免疫羊只50.6万只次；高致病性禽流感免疫家禽405.7万只（羽）；鸡新城疫免疫405.1万只（羽）；羊四防免疫30.9万只；羊痘免疫33.9万只次；羊布病免疫34.8万只次；牛免疫1.1万头次，犬狂犬病免疫1.1万条。年内，开展4次拉网式消毒，消毒面积3840万平方米。监测血样16240份，其中猪血样4138份、牛血样6211份、羊血样2945份、鸡血样2946份。监测猪O型口蹄疫免疫抗体合格率为80.2%、猪瘟免疫抗体合格率90.7%，牛O型、A型、亚1型口蹄疫免疫抗体合格率分别为97.6%、97.1%、97.8%，羊O型、A型、亚1型口蹄疫免疫抗体合格率分别为95.0%、86.1%、93.6%，高致病性禽流感免疫抗体合格率为98.9%，鸡新城疫免疫抗体合格率为89.2%。开展高致病性禽流感H7N9、H5N6、羊布鲁氏菌病、包虫病、病毒性腹泻等流行病学调查和病原学监测，调查养殖场（户）3267户次，监测575份。向自治区动物疾控中心送检血清500份，棉拭子500份、开展狂犬病摸底排查，登记养犬户18576户犬只21344条。开展猪A型口蹄疫流行病学调查和病原学监测，调查养猪场（户）486户次，病原学监测374份。监测奶牛布病2962份,阳性率16.6%；监测羊布病1064份，阳性率2.5%；结核病检测奶牛1347份，全部阴性。

【养殖场（户）监管】制定《青铜峡市规模养殖场监管工作实施方案》和《规模养殖场动物防疫规范化建设实施方案》，与全市辖区内93个规模养殖场（户）签订《重大动物疫病防疫工作目标责任书》和《动物饲养监管协议》，对规模养殖场（户）实行全程监管，建立电子信息档案，市动物疫病防控中心对规模养殖场（户）每季度督导检查不少于2次，各镇畜牧兽医站每月不少于2次，确保畜禽安全。

【防疫物资采购】加强重大动物疫病防控工作，及时购置所需疫（菌）苗、耳标、消毒药品等防疫物资，加强入出库登记管理，做到物账相符。

【实验室管理】建立健全实验室各项管理制度，加强实验室管理及人员培训，全年累计监测样品17608份，出诊68次，诊断病料32份。

【养殖业政策性保险】开展养殖业保险工作，全年投保能繁母猪16231头、奶牛27310头、基础母羊33996只。

【督导检查】在春秋集中免疫、疫情防控和平进补针工作期间，组织技术人员深入各镇场开展技术指导，解决防疫工作存在问题。督查各镇、场动物防疫安排、人员到岗、免疫操作、防疫进度、责任制落实等情况。

【技能培训】加强各镇站专业技术人员和村级防疫员培训。春、秋防疫前，对全市基层兽医人员和村级防疫员进行集中培训。全年累计培训13场次，培训人员1700人次。

【疫情测报】①建立健全市、镇、村三级动物疫情测报观察队伍，实行定人、定村、定责任管理办法，定期开展疫情调查，按时上报疫情动态。②加强疫情月报表、免疫月报表等动物防疫信息收集上报工作，全年采集上报信息28篇，被宁夏兽医网采用25篇。③做好动物疫情网络传输工作，确保报表内容及时、真实、准确。④加强档案资料管理，对各类报表、文件、病料诊断书等资料保管做到专人、专柜，确保各类资料完整、有据可查。

农村合作经营管理

【概况】2016年，市农经站围绕培育新型农业经营主体发展，开展农村土地股份专业合作社改革试点工作，引导农村土地承包经营权流转，促进农村土地集约化经营；深化农村土地制度改革，稳定完善农村土地承包关系；加强农村“三资”管理，维护集体及农民群众合法权益；加大农民负担监督管理，防止农民负担出现反弹，转变工作思路，增强服务意识，各项工作取得较好效果。

【农村土地承包经营权确权登记】按照全区部署和要求，制定工作方案，开展农村土地承包经营权确权登记颁证工作。年内，全市确权登记农户总数52166户、地块445059块、面积514548.78亩，签订合同50386户，占总户数的96.58%，打印经营权证29213本。其中，6个试点村确权登记农户总数4535户、地块24288块、面积46333亩，签订合同4376户，占总户数的96.5%。5月19日，青铜峡市土地确权登记颁证工作通过自治区验收。

【农民专业合作社创建】制定专业合作社规范化建设实施方案，开展示范农民专业合作社创建检查、指导工作，帮助完善各项管理制度和措施，促进合作社健康发展。年内，新增备案登记农民专业合作社12家，全市总数达到266家。

【农村家庭农场发展】免费提供备案登记表、审核表等规范表格。开展表格填写指导工作，帮助不会填写表格制定章程农户办理填写手续、修改完善章程。年内，新备案登记家庭农场11家，全市总数达到128家。

【农民土地股份合作社扩面】在全市推广五星村创建土地股份合作社模式，筹措扶持资金，5月18日在全市统一挂牌，新组建7个土地股份合作社。

【来信来访接待】年内，根据开展农村土地承包经营权确权登记工作所产生的农民群众进行政策咨询、反映农村土地纠纷问题相对集中等实际，安排专人给予政策解释和答复，全年接待来访群众62人次。做好农村土地承包问题上访情况逐级报告工作，全年上报各类信息5期。

【土地承包档案管理】规范合同借阅程序，落实农村土地承包档案借阅制度，设置借阅登记册，由专人负责档案借阅和登记备案。对前来办理借阅手续人员，先确认身份，再由主管领导签字，方可办理借阅手续。为保证档案资料安全完整，对借阅方提出复印要求的，在本站人员陪同带出办理。全年接待司法办案人员、律师、农民等21人次，查阅合同书25份。

【土地流转服务】规范土地流转程序，流转土地使用全区统一农村土地承包经营权流转合同文本。加强工作指导，定期不定期深入各镇土地流转服务机构开展督促检查，帮助解决土地流转存在问题。年内，1.4万农户参与农村土地承包经营权流转，涉及流转面积13.66万亩。

【“三资”管理】根据上级业务部门要求，在全市村以村为单位单独设置银行账户，使用“三资”管理软件记账，手工记账同电子记账同步进行，3月底全部完成村级财务“结旧账、建新账”工作。

【村干部换届责任审计】按照市委组织部《关于做好农村“两委”换届前村干部经济责任审计工作的通知》要求，抽调人员组成审计小组，指导各镇村干部离任审计工作。

【农村集体产权改革试点】年内，在陈袁滩镇补号村开展农村集体产权股份改革试点工作，成立机构，落实人员，明确职责，开展财务清查、人口摸底调查工作，帮助草拟《补号村集体经济组织成员身份认定办法》《失地农民养老金方案》，积极探索集体产权改革路子。随后，拟定《青铜峡市农村集体经济产权制度改革试点工作实施方案》提请市人民政府下发。

【专项资金立项】根据吴政办发〔2015〕28号《关于做好2014年村集体经济有效实现形式项目及2015年项目申报工作的通知》精神，组成工作小组，对符合申报条件村摸底调查，确定上滩村等6个村进行上报。涉及项目资金180万元。

【财务公开】规范镇村财务公开工作，在农村财务公开日，组织人员采取抽查形式对各镇村级财务公开情况进行检查，指导全市各村组通过公开栏、明白墙形式，对村级财务收支、村干部及家属出工、公益事业筹资方案和涉农收费、村级经营项目发包、机动地承包情况以及惠农补贴进行及时公布，公开率达到95%以上。

【农民负担监督管理】根据农村集体生产公益事业筹资筹劳限额，严格审核各镇上报的农村集体生产公益事业筹资筹劳方案。对随意提高标准、超限额行为坚决予以纠正。年内，全市农村集体筹资61.7万元，比2015年79.3万元减少17.6万元；"一事一议"酬劳预算79.1万个，比2015年85.9万个减少6.8万个；劳均6.76个，比2015年6.98减少0.22个。

【经济运行态势监测】按照抽样调查统计分组方法，分别在小坝镇曹湾村、邵岗镇同福村、大坝镇蒋东村抽取90户作为农户家庭经营状况固定监测户，抽取10户作为优质粮食监测户。定期不定期安排专人深入农户家中，对农户生产经营状况、家庭收支、农民人均收入、农产品销售情况、家庭经营项目等进行记账、汇总、整理，确保监测和调查数据真实、准确，为各级领导及有关部门决策提供依据。

农业综合执法

【概况】2016年，出动执法人员860人次、执法车辆180余次，检查农资经营企业、农产品生产基地、生鲜乳收购站等管理对象312家；受理农民投诉案件40起，调解40起，调解率100%；出动普法宣传人员76人次，发放宣传资料11000份，培训农资经营人员1680人次。全市主要农产品生产基地、农业投入品100%纳入监管范围。受理行政许可事项35件，办结35件，办结率100%。

【农资监管】加强市场监管，推行农资商品"一账通"、生鲜乳"两证一单四记录"和农资经营备案登记管理制度，实行市场月巡查记录制度。强化经营管理，推行经营企业年度信用等级评定和经营人员持证上岗管理制度，落实执法责任制，签订服务承诺书，遏制假冒伪劣农业投入品。

【农资市场经营整治】开展经营主体专项整治行动，依法对辖区农资经营网点进行全面检查，清理、整顿违法行为企业。围绕重点产品、重点市场、地区和环节，推行六个结合，即季节性检查与建立长效监管机制相结合、源头治理与严把质量关相结合、专项执法检查与日常监管相结合、市场准入与跟踪服务相结合、行政处罚与教育相结合，规范市场经营行为。

【农资下乡服务】依托"放心农资下乡进村宣传周"活动，采取举办大型咨询活动、开办培训班、组织优质农资下乡推介等形式，向农民集中宣传农业和农资管理法律法规，介绍识别真假农资常识，提高农民维权意识。

【投诉举报受理】开通12316农业投诉电话，设置投诉举报箱，安排专人做好农民来信来访接待工作，按照及时、公正、公平原则和"快""准""实"要求，抓好投诉案件受理，维护经营者、消费者合法权益。

【行政执法】开展农资质量抽检和督查暗访活动，从案件立案、调查取证、处理、结案到案卷归档，把好办案质量关，定期组织开展案件文档评查活动，规范行政执法行为。对不履行处罚当事人先行做好思想说服工作，对屡教不改的则按法律程序严格进行处罚。

扶贫开发

【移民增收】建立土地集中流转机制，发展酿酒葡萄种植产业，将移民村土地集中流转给企业种植酿酒葡萄。全年种植酿酒葡萄8000亩、牧草3000亩。建立奶牛托管经营机制，在3个移民安置区建设总规模5500头奶牛养殖园区3个，购进奶牛3277头，委托企业托管经营，移民每户每年可获2800元奶牛托管收入。建立移民务工管理服务机制，举办就业技能、农业实用技术及“雨露计划”等培训班，培训移民1280人，提升移民就业创业能力，在3个移民村成立5家劳务派遣公司，采取双向选择自主就业、经纪人组织就业和企业吸纳就业等方式，引导移民务工就业6580人，户均2人。拓宽移民就业渠道，在同富、同兴、同进移民村建成3个农贸市场，鼓励移民发展第三产业，吸纳630余名妇女和老年移民就业。发展肉牛托管养殖，采取“政府+公司+银行+农户”模式，利用“双到”扶贫资金贴息、农户贷款、企业担保托管方式，扶持3448户移民和贫困户发展肉牛养殖，每年户均增加收入1200元。投资4400万元，实施同进村光伏扶贫发电项目，覆盖移民1576户，户均年增收300元。

【精准扶贫】摸清贫困户底数，建立扶贫对象动态电子信息档案，将1891户7785人纳入登记范围，做好精准扶贫云信息采集工作，通过制定实施方案、开展技术培训、深入各贫困村逐户进行数据采录和核查、定期对贫困户进行回访、更新补录信息，确保识别对象不错位、不缺位，信息真实有效。做好2014年、2015年、2016年贫困户脱贫退出工作，从高到低确定减贫脱贫户，提出减贫脱贫人员初始名单，经村民代表评议、镇政府核查、市人民政府审定，最终确定退出对象，并对脱贫退出建档立卡贫困户，采取后续致富措施进行帮扶。做好互助资金增资扩面工作，完成3个移民村互助资金增资150万元，资金规模达到963万元，覆盖移民村农户2000户，户均发放贷款5100元。实施金融扶贫工程，新增扶贫小额贷款5462.6万元，覆盖农户1577户。设立扶贫小额贷款风险补偿金1550万元，采取“政府+企业+银行+农户”运行模式，实施肉牛托管扶贫项目，覆盖移民3448户。开展移民群众评级授信工作，完成建档立卡贫困户评级授信1698户，占建档立卡户总数的90%。实施移民群众“脱贫保”工程，筹措资金47.26万元，为全市65周岁以下建档立卡贫困人口1897户6799人购买“脱贫保”，实现贫困户全覆盖，占建档立卡贫困人口总数的86.8%。坚持“一村一策、一户一法”扶贫方针，制定帮扶措施，协调动员市级领导联系包抓贫困村。部门帮扶贫困户，采取结对帮扶到户模式，组织全市71个部门落实“五个一”（每季度至少走访一次、春节等重大节日至少给帮扶家庭送温暖一次、为每户确定一个致富项目，帮助贫困户解决一个就业岗位，帮助贫困户掌握1~2项致富技能技术），帮扶措施，帮助1891户建档立卡贫困户发展生产、脱贫致富。年内，成立3个扶贫工作队，驻村开展精准扶贫工作，实现移民村第一书记、扶贫工作队全覆盖。工作队员派出单位落实帮扶资金20.5万元（包括帮扶到户资金），协调落实项目资金732万元。加强扶贫工作队管理。工作队员保证每月驻村时间不少于20个工作日。市委、政府定期不定期开展工作督导。坚持填写工作日志和民情日记，参加各级培训12期36人次，市财政整合资金，为每个村安排工作经费5万元，确保正常工作开展。

【社会治理】加强组织建设，建立健全移民村群众自治组织，为每个村安排1名科级干部担任党支部第一书记，选优配齐村“两委”班子，派驻扶贫工作队。强化社会管理，健全完善移民低保、社保、医保、社会救助等社会保障体系，落实惠民政策，推行网格化管理。依法加强宗教事务管理，按程序批准建设宗教活动场所，协调帮助移民村建成5座清真寺，保障移民群众宗教信仰自由。加强中央和自治区党委、政府政策宣传，结合“两学一做”、“三先开路”和干部“下基层”等活动，推进民风建设；结合文明生态移民村创建和新农村建设工作，落实村庄绿化管护责任和措施，抓好绿化、净化、美化、亮化工作，对移民自建和扩建住房，统一风格，严格管理，杜绝乱搭、乱建、乱堆、乱放现象。建立环境卫生管理和监督长效机制，做好移民村卫生保洁和垃圾清运工作，加强移民良好卫生习惯养成教育，美化移民人居环境。

【扶贫资金监管】依据《国家扶贫资金管理办法》《财政扶贫资金管理办法》《“三西”农业建设专项补助资金使用管理办法》等规定，对2015年全市扶贫专项资金使用情况开展自查自纠和重点检查。年内，全市实施财政扶贫资金项目6项，其中自治区下达项目资金604.3万元。项目建设严格按照施工方案实施，无擅自改变建设地点、规模、内容和资金行为，项目建设符合基本建设程序及国家有关规定，并及时进行公示公告。做到资金到项目、管理到项目、核算到项目、检查到项目。

【“三先开路”专题教育活动】制定《青铜峡市委、人民政府关于坚决打赢扶贫攻坚战确保提前两年整体脱贫的实施意见》，明确目标任务，层层分解任务、级级传导压力，明确时限、责任。完善扶贫联系会议机制，加大项目捆绑和资源整合力度，形成“党政齐抓、部门配合、社会参与”大扶贫工作格局。制定《青铜峡市精准脱贫抽查暗访制度》，就脱贫工作任务落实情况组织抽查、暗访或督查。市委、人大、政府、政协班子成员组成督查小组，深入基层联系点和各帮扶村、贫困户，开展精准扶贫工作调研督导，就扶贫工作进度、精准扶贫建档立卡相关工作完成情况、帮扶产业发展状况以及精准扶贫工作存在问题和困难等进行详细了解；就精准扶贫政策培训，基层干部学习、掌握和运用精准扶贫政策，以及贫困户知晓扶贫政策等进行督查。年内，调研小组深入基层开展调研15次。71个帮扶部门组织1800余名干部深入贫困户走访，填写入户调查表1891份，签订帮扶责任书1891份，制定贫困户脱贫计划1891份，拍摄贫困户照片8000余张。

林 业

【概况】2015年，全市林业工作以生态造林绿化、城市园林绿化、经济林产业发展、封山育林和林业生态项目建设为重点，抓好春、秋两季义务植树和经果林建设，健全林业生态体系，林业各项重点工作进展顺利，资源保护得到加强，林业产业进一步发展。年内，完成新造林面积18950亩，占下达任务的111.3%。其中，人工造林面积5930亩，占下达任务的148.3%；酿酒葡萄造林面积3020亩，占下达任务的100%；封山育林面积10000亩，占下达任务的100%；完成未成林造林地补植补造面积12000亩，占下达任务的100.8%。全市新增城市公共绿地面积44.91万平方米，义务植树60万株。

【生态林业建设】在鸽子山葡萄基地环公墓主干道路两侧，营造防护林557亩。在庙山湖区域实施世行项目，营造防护林1100亩。在沿山公路东侧义务植树基地，营造防护林380亩。各镇围绕沟道护坡造林，面积达到230亩。农综项目配套，造林面积达到800亩。同乐村及其他造林，绿化面积863亩。在峡口滚泉封育区，完成封山育林1万亩。在8镇2场，完成防护林4147亩。对农沟、农渠两侧栽植单行树木，确保因农综等项目实施、沟渠拓宽林木采伐后林地不流失，达到采一补一要求。

【城市园林绿化】实施4项城市绿化工程，新增城市公共绿地面积44.91万平方米。其中，实施西线高速匝道绿化工程，绿化面积5.99万平方米；实施七彩园景观绿化工程，绿化面积38.22万平方米；实施汉延东路塞上江南小区北段景观绿化工程，绿化面积0.7万平方米；实施青秀园市民休闲森林公园二期建设项目，项目总投资100万元，新建值班室76.2平方米、文化石贴面题名墙1处，改扩建水池201平方米，完成入口广场铺装1697平方米，亮化北湖拱桥260米。

【林果产业发展】扩大酿酒葡萄基地建设规模，实施贺兰山东麓中法葡萄酒庄集群示范区葡萄种植和田间路网一期建设项目，种植酿酒葡萄3020亩，修筑田间路网33千米，签定基地和酒庄建设协议企业9家，葡萄基地总面积达到5092亩。以黄河沿线、树新林场、甘城子、广武等苹果产业带基地建设为主，新发展苹果和桃、李、杏等小杂果面积2000亩。在小坝镇和叶盛镇109国道沿线两侧，实施大青葡萄长廊项目，栽植大青葡萄420亩，完成酿酒葡萄长廊200米，修建主入口门头2个。全年新建续建酒庄8个。

【"两大任务"】全年上报三北防护林五期、天然林保护工程、中央财政林木补贴试点项目等林业建设项目13个，项目资金4500万元，完成1亿元上争项目资金任务。引进宁夏密登堡酒庄、宁夏怡园酒庄、禹皇酒庄二期、沙泉酒庄、金沙湾酒庄、三趟墩酒庄等建设项目8个，到位资金1.6亿元，占下达任务1亿元的106.7%。

【林果基地建设】年内，建成以邵岗甘城子、树新林场、广武生态移民区3个酿酒葡萄基地，酿酒葡萄种植面积达到13万亩；建成树新林场、广武村2个千亩苹果示范园区和瞿靖1个千亩设施园艺区；建成树新林场、大坝镇育苗基地2个，新增育苗面积1000亩、出圃优质壮苗320万株。

【林木管护】创新领导责任机制，建立森林资源保护责任制、森林防火责任追究制等制度，把年度森林资源保护目标任务落实到人、具体地段和田间地头。创新生态恢复保护机制，根据不同功能和地域特点，在全市设立114个生态恢复保护责任区，每个责任区择优选聘一名护林员负责管护，责、权、利结合。创新抚育管护机制，结合春秋两季农田水利建设，组织群众投工投劳，对林带采取铲除杂草、涂红刷白、修枝等抚育措施，加强管护，完成林木涂红刷白47万株、林带铲草7300亩2450条、修枝抚育393.5万株。创新行政执法机制，严格林木采伐和征占用林地管理，加强重点林区森林防火工作，严厉打击违法犯罪行为，全年办理林木采伐许可证109件、征占用林地审批6宗、林权抵押贷款签证6件、植物检疫证286件、产地检疫111件，查处毁林案件19起、损毁城市园林绿化违法违章行为32起，办理各类占用城市绿地审批手续30件。

【植树造林】①开展全民义务植树活动。集中两天时间，动员吴忠市和青铜峡市组织全市机关单位干部职工7000余人，在沿山公路东侧义务植树基地，栽植新疆杨、刺槐苗木2.4万株。②加大投入力度。从人力、物力、财力等各方面，给予支持，年内，用于造林绿化资金达到8000万元。③强化目标管理。市、镇、各部门层层签定目标责任书，对各项重点生态建设项目，实行领导干部包镇、包村、包队、包地段，把工作任务、工作业绩与职务晋级、职称评定、年终奖励办法相挂钩，重奖重罚。

【为民服务】转变服务方式，在全市八镇两场举办以大型生态工程造林技术、葡萄栽植、苹果修剪、葡萄夏季修剪、天牛病虫害防治等林果实用技术培训班54场次，培训农民达8300人次。

【信息宣传】加大造林绿化宣传力度。年内，印发林业科技宣传资料10000余份，报送各类林业信息116篇。其中，被《宁夏日报》采用刊登2篇、《吴忠日报》采用刊登11篇、《青铜峡电视台》采用22条、《青铜峡政务信息》采用25条。

【葡萄确权颁证试点】加强调查摸底，开展葡萄确权颁证试点工作，通过对葡萄林地所有权、使用权及葡萄所有权、使用权确权颁证，为葡萄林地或林木资产评估、作价入股、抵押、流转提供有效物权凭证，葡萄经营者可以此为凭发挥葡萄林地或林木经营权、处置权、收益权物权效益。年内，办理林权抵押贷款46宗，抵押林地面积294060亩次，贷款金额54558万元，其中酿酒葡萄公司或个人抵押贷款28宗，贷款金额36859万元。

（王俭）

水 务

【“两大任务”】 年内，争取项目资金1.75亿元，完成计划任务的100%。落实招商引资项目3项，引资7700万元，超额完成年底任务。

【小型水利工程管理体制改革】 根据《青铜峡市深化水利工程管理体制改革实施方案》，出台《青铜峡市小型农田水利工程管护办法》，制定小型水库、小型农田水利工程、高效节水工程、黄河过境段控导工程等4项工程维修养护标准（讨论稿），对产权明晰的4座水库、41.5千米黄河堤防、71.72千米中小河流、13农村集中式供水工程，颁发产权证书，落实工程管护主体，与水库管理所、黄河管理所、市城市公用事业服务中心签订小型水利工程管护责任书。开展8镇2场7888条渠道和3108条沟道及其配套建筑物基础数据调查工作，组织镇场进行维修养护经费测算，对属性清楚、调查数据准确的建筑物产权和管护责任主体进行。

【水资源使用权确权登记】 出台《青铜峡市水权交易试点方案》，指导全市推进水资源使用权确权登记和水权交易工作，成立专业数据调查技术小组，对全市8镇2场365条干渠直开口、甘城子扬水灌区及8座沿黄小高抽2009～2013年计划用水量、实际用水量、灌溉面积、种植结构、渠道里程、高程、坐标等进行基本信息采集，同时加强与渠道管理部门对接，实现干渠直开口水量信息互通。年内，核定落实365条干渠直开口、甘城子扬水灌区及8座沿黄小高抽水权，核定农业及生态用水水权5.18亿立方米，预留新增高效灌溉用水0.15亿立方米，同进、同兴、同富、同乐生态移民村用水0.05亿立方米，其他用水0.10亿立方米。核定落实工矿企业引黄用水水权0.26亿立方米。并按照确权范围和对象，建立市、镇、村（协会）三级水资源确权登记数据库。

【节水型社会建设】 创建公共节水机构73家，覆盖率达40%。全市新建建筑物全部采用节水器具，采用率达到100%，申报城市供水管网建设改造项目，减少供水管道滴、泡、冒、漏等供水损失。加大非常规水的综合利用，青铜峡铝业集团有限公司投资12000万元、建成污水处理厂，向青铝自备电厂供水，污水全部处理使用。加强水资源开发利用过程监管，督促辖区各用水单位加强用水配水管理，加大检查力度，杜绝超计划用水，减少各类违规取用水行为。

【防汛工作】 及时调整市、镇、村三级山洪灾害防御系统人员，调试和维护监测预警广播及短信平台，确保预警系统通讯畅通。6月1日，召开防汛抗旱工作会议，对全市防汛抗旱工作进行安排部

署，市人民政府分管领导与各镇及有关部门签订目标责任书。编制防汛工作手册。开展防汛检查，报送检查情况报告，3月底完成汛前检查。对存在防汛隐患和问题及时提出意见建议，责令有关单位或个人采取措施整改解决。制定黄河水毁工程、应急度汛工程岁修工程计划，配合吴忠市水务局做好黄河二期整治工程征地协调工作，严格防汛防凌值班，规范防汛值班记录，按时完成雨情、汛情、凌情、灾情收集和上报工作。对汛情、雨情及时预警。争取上级部门支持，蚂蚁口子山洪沟治理项目。

【抗旱保灌】 利用发放宣传单、镇场、村民小组会议等形式，将水情形势、农作物结构调整政策宣传到户，做好抗旱保灌准备工作。精准编制用水预案，实行总量控制。合理调整作物种植结构，严控高耗水作物种植面积。按照“以供定需、一需定植、量水而行”原则，压减、控制水稻和稻田养蟹面积。

禁止高口高地、渠稍地段种植水稻。年内，争取自治区财政“一事一议”项目资金604万元，在全市高口高地建设抗旱泵站和水利设施；争取区水利厅小型水利工程维修资金255万元，对全市补水泵站和水利工程进行维修，增强抗旱保灌能力。全年用水量为4.083亿立方米，比2015年减少1386万立方米，节水率3.1%。

农业综合开发

【土地治理项目】2016年，实施高标准土地治理项目6个。其中，续建项目3个、新建项目3个，计划治理土地面积7.83万亩，总投资11154万元。年内，在续建项目方面，修建排灌站6座，疏浚沟渠139.83千米，衬砌沟渠353.79千米，维修渠系建筑物28748座，改良土壤1.67亩，平田整地13700亩，营造防护林700亩，实施科技培训4000人次，示范推广2.2万亩，硬化田间道路72.9千米。在新建项目方面，修建排灌站5座，疏浚沟渠126.24千米，衬砌沟渠164.76千米，维修渠系建筑物13802座，改良土壤3000亩，营造防护林300亩，实施技术培训1500人次，硬化农田支路22千米，占计划任务的61%。

【产业化经营项目】①利用财政补助资金，投资673万元，组织实施3000吨葡萄酒加工扩建。项目，其中，财政补助投资322万元，完成计划任务的100%。②投资259.40万元，实施2014年度宁夏青铜峡市林业生态示范项目，其中财政补助资金168万元，完成计划任务的100%。③投资335万元，实施2014年宁夏吴忠青铜峡市蟹田稻种植基地新建项目。实施财政补助资金98万元，完成计划任务的100%。④投资1562.7万元，实施2014年中型灌区节水改造项目。其中财政补助资金1400万元，完成计划任务的100%。⑤投资573.9万元，实施2015年宁夏青铜峡市永康秸秆养畜示范场建设项目。其中财政补助资金280万元，完成计划任务的100%。年内，区农发办批复青铜峡市产业化经营财政补助项目5个，项目总投资1688万元；一般财政补助龙头企业项目4个，项目总投资1400万元；一般财政补足合作社项目1个，项目总投资144万元。

【亚行项目】 2016年，项目计划治理面积1.509万亩，涉及5个行政村、23个村民小组、2454户、7568人，工程概算总投资1484.64万元。项目建设内容包括水利措施、农业措施、林业措施、现代农业示范、农民能力建设与项目管理6个方面。截至年底，项目完成招投标、开工建设工作。

【甘城子以色列滴灌项目一期】建设面积0.94万亩，亩均投资2700元，总投资2538万元。年内，完成项目前期大户对接、招标工作，进入管道安装阶段。

渠首管理

【概况】宁夏引黄灌区3月31日开闸放水，11月25日停灌，全年安全灌溉202天。引黄灌区13条干渠实引水量50.239亿立方米，比2015年少引12.5%。其中，大清渠、泰民渠灌域实引水量1.838亿立方米，比2015年少引9.5%，商品率85.3%；总干渠各直开口实用水量0.719亿立方米，比2015年少用11.5%。渠首灌区全年引水量少于水资源管理局下达计划指标2.562亿立方米。全年完成水费收缴任务894万元，超计划完成4%，实现利润243万元。

【灌溉管理】建立“四级”抗旱保灌联动机制，完善抗旱保灌宣传、应急预案、水量调配等8项措施，探索推行分组轮灌、集中续灌、分区补灌“三灌合一”错峰灌溉模式，保障灌区均衡受益。坚持以供定需、以水定植原则，引导灌区调整种植结构。落实水务“镇、村协会+农户”三公开，做到准确计量、合理收费。定期开展“灌溉回访”，全年灌域无上访，灌区用水户满意度测评达99.8%。加强与水资源局、水电厂、沙坡头水利枢纽管理部门协调联系，确保各干渠高效运行。及时发布气象、水情等动态信息，提高水量调度预见性和精准性。严格水资源管理红线，通过水量调度、灌溉管理、全自动缆道测流，实现灌溉管理与信息化技术高效融合。

【工程建设管理】围绕余桥分水闸和惠农渠反帝沟涵洞完成，实施秦渠、惠农渠渠道工程设施改造，建设标准化渠堤71.6千米，完成渠堤植树2.98万棵。年内，加强工程质量安全监管，投入资金391万元，实施河西总干渠水源地清洁型流域治理和潜坝水土保持综合治理项目，治理水土流失面积11.45公顷，拆除项目区废旧泵站4座；对古秦渠管理所及4个管理段进行重建，配套完成通水、通网等基础设施建设。强化涉外工程质量管理，严把工程立项、设计、建设审批关，全年先后组织实施青铜峡市供热管道穿越大清渠、跨东干渠景观桥、泰宁渠泵站和红星泵站合并改址等5项涉外工程，签收渠道工程补偿费39万元、工程费440万元。

【防汛抗旱】成立防汛抢险领导工作小组，制订《2016年渠首管理处防汛抢险预案》，加强汛前及汛期安全检查，及时排除跨惠农渠输气管道冲损险情。开展全处联动渠道防汛抢险模拟演练，整改处置工作隐患。年内，投入资金3.5万元，配备铅丝、编织袋等防汛物资。

【安全生产】落实安全主体责任，推行“三级责任”清单管理，签订安全生产责任书145份。开展渠道安全隐患“2313”四级检查，全年组织实施检查活动13次，处置隐患12处，落实整改资金30余万元。组队参加水利系统安全知识网络竞赛活动，3名职工参赛成绩名列全区前三，8名职工参赛成绩名列前20。修定完善安全生产各项制度，编发《安全生产标准化建设实施方案》，细化36项水闸操作规程和制度。开展水工程安全标准化管理，实现安全生产二级自评达标。开展防汛抢险演练，完善防汛物资库，配备应急物资，做到预案、组织等“六落实”。

【水管体制改革】规范经费“收支两条线”管理，实行水票制、银行代收水费和集中核算制，实现水票制、银行代收水费和水费集中核算管理目标。

【信息化建设】借助“互联网+智慧水利”建设，开展唐正闸三维数字空间管理系统项目试点，实现“可观、可测、可控”3大功能。提升水量调控能力，加密总干渠水位监控点7处，修复水情遥测站13处。开展全自动水文缆道测流系统与水文整编程序升级应用研究，加强水资源调度监测设备运行维护工作。2015年度黄河流域水文年鉴入编资料数据做到“零差错”。

【水政管理】严格水政监察执法，开展渠道采砂和排污口专项治理。全年立案查处水事违法案件6起，依法取缔排污口4处。加强依法行政能力建设，举办普法培训班两期，解决承包纠纷两起。完善综合治理、信访、反恐维稳及保密工作机制，设立信访维稳台账，全年零上访。被吴忠市授予“六五”普法先进集体荣誉称号。

【综合经营】整合农田、房屋、鱼池等资源，通过“公开招租、对外竞拍”形式，提高综合经营收益。全年参与工程中标7项。鼓励职工发展“小养殖”“小种植”，养殖畜禽800余只，种植蔬菜10.5亩。全年实现综合经营收入243万元。筹措15.4万元，为基层所段更新办公设施，为基层所段“小食堂”补助伙食费7.35万元。

【财务管理】加强日常财务核算工作，从源头上杜绝违规开支和超标准开支。严格会计核算，落实财务“收支两条线”管理。推行水费收缴水票制、银行代收水费和水费集中核算管理，全额完成水利厅下达水费收缴任务894万元。开展固定资产产权取证工作，做到资产管理台账“一本清”。

（黄旭阳）

农村经济调查

【常规统计调查】2016年，完成居民收支、农产量、畜禽监测、农民工监测、规下工业、规下服务业等13项调查工作。开展城乡住户、畜禽监测样本轮换工作。抽样调查显示，年内，全市居民人均可支配收入15799.04元，增速5.2%。其中，城镇常住居民人居可支配收入23633.2元，增速7.4%；农村常住居民人均可支配收入12040.1元，增速7.5%。全年粮食总播种面积588320亩，总产量270058吨，其中，小麦种植面积114750亩，产量42458吨；玉米258750亩，产量131963吨；水稻152950亩，产量93162吨。生猪存栏7.8万头，同比增长8.0%；出栏11.8万头，同比增长14.1%。牛存栏6.0万头，同比增长2.0%；出栏1.9万头，同比增长25.4%。2016年羊只存栏18.2万只，同比下降6.6%；出栏22.6万只，同比下降4.0%。家禽存栏为203.8万只，同比增长15.1%；出栏72.4万只，同比增长13.2%。

【新增业务】①劳动力调查。加强包片负责人与调查员联系，采取“一对一”宣讲方式，做好调查员业务培训工作，详细讲解各项指标和特殊问题处理办法，确保上报数据真实准确；强化报表复核管理，采用PDA审核，人工复核相结合方式审核报表，电话核实有疑问选项；采取张贴调查公告、发放致调查户一封信、走访调查户等形式，强化劳动力调查工作宣传，消除被调查对象疑虑。②农民工市民化调查。第一时间与社区联系，实地勘察地形地貌，摸清楼栋内流动人员居住地址、家庭成员情况，会同社区工作人员一起开展入户调查，并对调查过程发现的问题及时予以纠正；加强数据审核工作，实时掌握错报数据，重新复核存在的疑点，确保调查数据真实可靠。

【电子记账】加强记账户运用电子软件基本技能调查，对抽中记账户进行“手把手”技术指导，利用微信、电话等通信工具搭建动态交流平台，发现问题及时处理；做好记账情况实时监控，及时修正异常记录，采用纸质与电子双轨运行、异地服务器上传和本地备份同步方式，确保调查资料不丢失，记账工作不中断。

【信息宣传】建立青铜峡调查队信息发布平台，每季度及时采编发布将各专业信息，确保地方政府领导和部门主要负责人第一时间了解调查数据。年内，完成调查分析信息61期、重大信息上报19期，编写工作动态45期。《前三季度青铜峡市城镇居民收入稳步增长 持续增收仍需发力》等2期调查分析被市领导批示，8期工作动态被国家统计局内网、《中国信息报》及《统计与经济》采用。

【保密工作】与职工签订《国家统计局青铜峡调查队保密承诺书》，对单位计算机终端安全管理系统及病毒查杀情况、开机密码设置等方面进行排查，消除计算机网络安全隐患。

（潘磊）

QINGTONGXIA
YEARBOOK

工业

编辑◎陈瑞龙

综述

【概况】2016年，全市有规模以上工业企业125家。规模以上工业企业中，国有企业19家、非公有制企业106家。面对全市工业产能过剩、企业亏损、工业效益持续下滑等困难和挑战，市委、政府以工业转型为突破口，抓项目，挖潜能，工业经济逆势前行，由负转正，呈现出“缓中趋稳，稳中向好，稳中有忧”局面。全年规模以上工业企业完成产值219.3亿元，同比增长6.7%；完成工业增加值56亿元，同比增长1.1%。规模以上工业实现主营业务收入200.3亿元，比2015年增长22.25。实现利税13.8亿元，比2015年增长14.7%。其中，利润5.2亿元，增长266.5%；税金8.6亿元，增长43.1%。完成工业固定资产投资41.2亿元，同比增长30.5%。全市规模以上工业综合能源消费量390.6万吨标准煤，比2015年增长1.0%。单位工业增加值能耗比2015年下降0.1%。规上工业累计消耗电力98.2千瓦时。

规模以上工业企业总产值、工业增加值及增速

单位：亿元

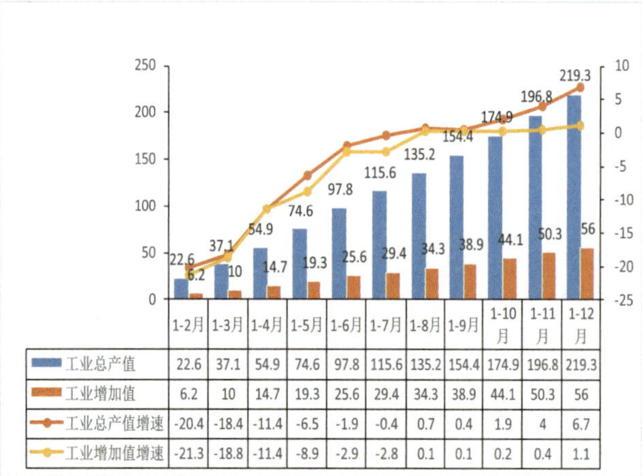

	1-2月	1-3月	1-4月	1-5月	1-6月	1-7月	1-8月	1-9月	1-10月	1-11月	1-12月
工业总产值	22.6	37.1	54.9	74.6	97.8	115.6	135.2	154.4	174.9	196.8	219.3
工业增加值	6.2	10	14.7	19.3	25.6	29.4	34.3	38.9	44.1	50.3	56
工业总产值增速	-20.4	-18.4	-11.4	-6.5	-1.9	-0.4	0.7	0.4	1.9	4	6.7
工业增加值增速	-21.3	-18.8	-11.4	-8.9	-2.9	-2.8	0.1	0.1	0.2	0.4	1.1

2016年规模以上工业企业产值增速图

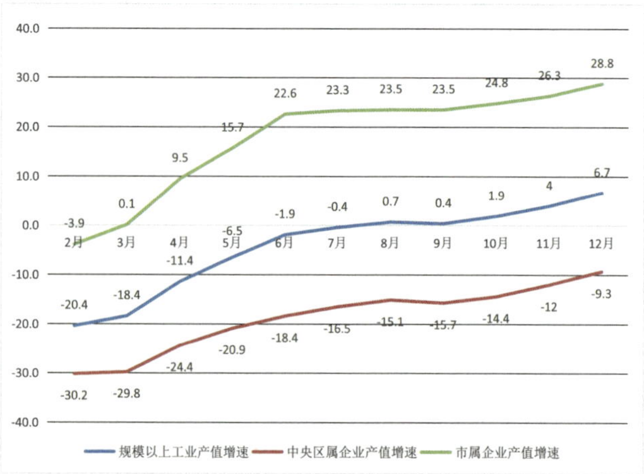

2016年主要工业产品价格统计表

表1-1 单位:元/吨

主要产品	2月	3月	4月	5月	6月	7月	8月	9月	10月	11月	12月
电解铝	10600	11200	12700	12400	12700	12500	12800	13000	12500	13500	12700
烧　碱	1600	1960	1900	1900	1930	2340	2340	2340	2900	2900	2800
PVC树脂	4680	5400	5400	5600	5800	5800	6000	6000	6800	7400	6200
电　石	2250	2900	2900	3000	3200	2680	2680	2680	2650	2580	2450
铁合金	4200	4400	4500	4200	3900	4100	4400	4600	4700	4800	4800
味　精	7300	7200	7000	7000	7000	7000	7000	7000	6800	6800	6800
水　泥	210	210	210	210	230	230	230	230	230	230	230
哨基胍	11000	11000	11000	11000	11000	11000	11000	13000	13500	13500	13500
咪唑烷	23000	22500	24000	24000	24000	24000	24000	23000	24000	26000	26000
碳化硅	4900	4900	4900	4900	4900	4900	4800	4800	4800	4800	4800

【变化趋势】全市工业经济增速自2月低位开局以来，逐步止跌回升，由年初的-20.4%逐月升至年末的6.7%。

【轻、重工业】年内，全市规模以上重工业完成工业总产值158.5亿元，同比增长0.9%，拉动规模以上工业增长0.7个百分点，完成工业增加值45.9亿元，同比下降0.4%。轻工业完成工业总产值60.8亿元，占全部工业总产值的比重为27.7%，同比增长25.5%，拉动规模以上工业增长6个百分点；完成工业增加值10.1亿元，同比增长9.9%。

【小型工业企业】年内，小型工业企业发展较快，规模以上小型工业企业完成工业总产值79.3亿元，占全部规上工业总产值的比重为36.2%，同比增长20.5%，拉动规上工业增长6.6个百分点；完成增加值15.4亿元，占全部规上工业增加值的比重为27.5%，同比增长6.1%。

【地方工业经济】年内，地方工业经济奋起抗跌，全市106家地方规模以上工业企业完成工业总产值111.1亿元，占全部规模以上工业产值的比重为50.7 %，同比增长28.8 %；完成工业增加值21.6亿元，占全部规模以上工业增加值的比重为38.6 %，同比增长9.9%，比全市规模以上工业企业增速高8.8个百分点，成为拉动全市工业经济增长的中坚力量。

【非公有制工业】年内，非公有制工业支撑作用明显，累计实现工业总值121.8亿元，占全部规模以上工业总产值的比重为55.5 %，同比增长25.9%，拉动规上工业增长12.2个百分点；累计实现增加值21.3亿元，占全部规上工业增加值的比重为38 %，同比增长9.9 %，增幅比全市规模以上工业企业增速高8.8个百分点。

【五大支柱产业】年内，5大支柱产业呈现“三增二降”态势，累计完成工业总产值192.3亿元，占全部规模以上工业总产值87.7%，同比上升3.3%。其中，农副产品加工业、化工工业和建材工业分别增长20.4%、20.1%和7.3%，冶金工业和电力工业呈现下降态势，分别下降4.9%和13.4%。装备制造产业飞速增长，成为新的支柱产业，完成工业总产值16.9亿元，同比增长68.3%，占规模以上工业总产值的7.7%。

2016年五大产业工业产值结构图

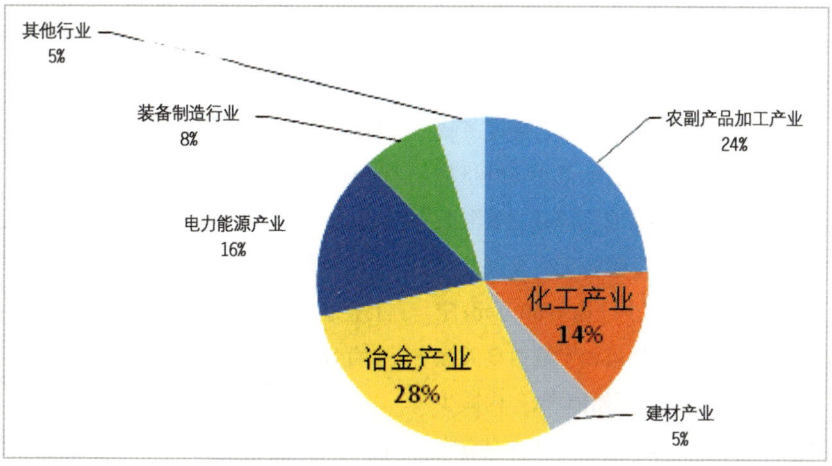

【园区工业】年内，嘉宝轻纺工业园区、青铜峡新材料基地有规模以上工业企业54家，占全市规模工业企业总数的42.9%。园区企业完成工业产值73.1亿元，同比增长18.3%，占全市规模工业产值比重的33.3%，同比提高2.8个百分点。

【主要工业产品】年内，全市主要工业产品产量呈现“三增七减”态势。十种主要工业产品产量水泥、面粉、PVC树脂分别增长27.9%、7.2%、0.8%，化肥、铁合金、大米、铝锭、发电量、电石和烧碱分别下降52.4%、12%、8%、7.3%、6.4%、4.5%和0.6%。

表1-2

2016年十种主要工业产品产量一览表

产品名称	计量单位	2016年	2015年	增幅(%)
水泥	吨	2469217.55	1930369.91	27.9
面粉	吨	219051.00	204261.00	7.2
PVC树脂	吨	206913.00	205324.00	0.8
化肥	吨	8163.3	17134.90	-52.4
铁合金	吨	87491.56	99412.67	-12.0
大米	吨	250918.94	272748.31	-8.0
铝锭	吨	394535.00	425766.00	-7.3
发电量	亿千瓦时	186	198.7	-6.4
电石	吨	211355.00	221328.00	-4.5
烧碱	吨	147181.00	148114.00	-0.6

【存在问题】①中央区属企业下拉全市工业低位运行。2016年，19家中央区属企业完成工业总产值108.2亿元，占全市工业经济比重为49.3%，同比下降9.3%；完成工业增加值34.4亿元，占全部规上工业增加值比重为61.4 %，同比下降2.8 %，降幅比全市规模以上工业企业低3.9个百分点。②工业稳增长基础不够牢固。全市规模以上工业增加值增速虽然企稳回升，但电解铝、PVC树脂和铁合金等主要工业产品价格不稳，人力、物流和管理成本居高不下，造成全市规模以上工业企业主营业务成本同比上升，企业盈利水平较低低、经营困难，生产动能不足。③工业经济缺乏有力支撑。存量方面，受市场价格和资金影响，青铜峡市富安隆建材有限公司和青铜峡市华泰塑料工业有限公司全年一直停产，减少产值4969万元；宁夏天峰化工有限公司和宁夏西夏天杰水泥有限公司6月开始停产，年内减少产值1.01亿元。增量方面，年内只有宁夏仁和纺织科技有限公司、宁夏鑫电铝合金线缆有限公司、宁夏苏锡铜业科技有限公司3家企业建设投产。④企业融资困难。由于市场行情不景气，银行对企贷款审批严格，对部分传统行业授信更加谨慎，加之受企业抵押物不足、融资渠道不宽、中小企业金融产品不多等因素影响，导致工业贷款余额较快下降。⑤效益、水平有待提高。全市规模以上工业企业中，具有效益比较优势行业占比不高，不利于行业可持续发展。如黑色金属冶炼及压延加工业，主要以冶炼硅铁等初级原材料产品为主，做终端消费型材加工企业较少，产业链拉得不长，增值能力受限。⑥新增企业规模偏小，拉动经济增长能力较弱。1—12月，全市新增规模以上企业4家，完成工业总产值3.1亿元，仅占全部规模以上工业总产值的1.4%、拉动产值增长1.4个百分点。

【政策扶持】开展企业精准帮扶活动，印发《关于实行精准包抓企业责任制的通知》，按照1名市级领导、1个责任部门“一包三年、动态调整”推进机制，37名市级领导、16个市直部门与137家工业企业结成对子，实行结对帮扶服务。各责任单位与市领导深入企业，帮助企业梳理政策兑现、企业负担过重、融资和相关手续办理困难等4个方面存在问题202件，全年落实工业专项基金及扶持资金2.8亿元，协调解决企业生产经营困难和问题150余件，安排支持工业经济发展专项资金5500余万元，帮助40家中小企业融资近9亿元。

【项目建设】以开展“双百”行动为抓手，按照“投产项目抓效益，在建项目抓工期，未动工项目抓开工”工作思路，市委、政府主要领导带队招商，并对招商落地企业实行“保姆式”服务，帮助企业做好融资、铁路专线、生产用地、政策扶持等服务，宁夏仁和纺织科技有限公司、宁夏鑫电铝合金线缆有限公司、宁

夏苏锡铜业科技有限公司实现当年招商、当年建设和当年投产入规，3户企业新增产值2.6亿元。年内，宁夏锦绣轻合金循环经济产业有限公司轻合金生产、宁夏鸿亚特种钢管有限公司20万吨钢管、宁夏可可美生物工程有限公司技术改造等26个项目开工建设，实际完成投资41.2亿元，全年新增规模以上企业5家。

【产业结构调整】加大落后设备、工艺淘汰力度，年内淘汰落后产能34万吨。在调结构上，抓好宁夏菲斯克汽车轮毂制造有限公司和宁夏鸿亚特种钢管有限公司等绿色制造产业项目，推进装备制造向高端提升，嘉宝轻纺工业园区被授予“中国西部青铜峡轴承产业基地”。全市规模以上轻工业完成产值60.8亿元，同比增长25.5 %，拉动规上工业增长6个百分点；重工业完成产值158.5亿元，同比增长0.9%，拉动规上工业增长0.7个百分点。在去库存上，帮助宁夏金昱元化工集团有限公司等企业清仓腾库，协调青铜峡铝业集团有限公司盘活120电解槽闲置厂房，租赁给宁夏鑫电铝合金线缆有限公司使用，宁夏鑫电铝合金线缆有限公司实现当年建设、当年投产，新增产值1.4亿元。在补短板上，加快引进铝材深加工、装备制造等产业，改造提升传统产业，培育壮大新兴产业。全市规模以上工业综合能源消费量390.6万吨标准煤，同比增长1%；规模以上工业万元产值能耗为1.78吨标准煤，同比下降6.8%。

【协调服务】推行“一个项目、一套方案、一名领导、一个工作班子、一抓到底”“五个一”包保责任制，协调解决宁夏可可美生物工程有限公司技术改造可可美综合改造等项目建设用水、用电事宜。督促项目实施企业倒排工期，按期完成年度建设任务。加大项目督查考核力度，采取一月一督查、一月一调度、一季度一观摩、一季度一通报办法，定期进行项目督查考核，促使项目早日投产达效。全年实施重点工业项目28个，宁夏黄河谣农产品开发有限公司、宁夏鑫电铝合金线缆有限公司、宁夏仁和纺织科技有限公司等项目建成投产。组织相关企业，依托吴忠市在京特色产品展示窗口拓展销售市场，年内销售电解铝39.5万吨、PVC树脂20.7万吨、水泥246.9万吨、优质大米25.1万吨、葡萄酒1.6万吨。在降成本上，做好辖区发电厂家与用户企业直供电交易协调工作，宁夏嘉祺隆冶金化工集团有限公司、宁夏和兴冶金耐火材料有限公司等6户企业低价购买电量8亿千瓦时，每度电为企业降低成本约0.05元，6户企业共计节约成本4000万元。协调18家重点工业企业享受运输车辆公路通行费减少优惠政策，发放减费单2300张。针对企业融资难问题，会同嘉宝轻纺工业园区、市非公经济服务中心和工商联，召开不同层次银政企对接及政策解读会，搭建政银企合作平台，缓解企业融资难。全市30家企业进入建行“助保贷”中小企业池，14家成为“政银保”试点企业，为6家企业落实中小企业贷款2810万元；加强与自治区经信委、宁夏担保集团和西部担保集团对接，年内申报自治区新型工业化发展基金项目35个，落实贷款1.38亿元。

（叶玉洁）

能源电力工业

【概况】2016年，受国际金融危机冲击、工业企业开工不足影响，全市电力产品需求继续放缓。截至年底，全市发电装机容量达到380万千瓦。其中，水电装机44万千瓦、火电306万千瓦、风电和光电30万千瓦。年内，全市有规模以上发电企业11家。分别是：青铜峡铝业发电有限公司、宁夏华能大坝发电有限责任公司、宁夏大唐国际大坝发电有限责任公司、黄河上游水电开发有限公司宁电分公司、国电宁夏风电开发有限公司青铜峡分公司、青铜峡宁电风光能源有限公司、宁夏天净风力发电股份有限公司、宁夏大唐国际青铜峡光伏发电发电有限责任公司、宁夏大唐国际青铜峡风电有限责任公司、中广核太阳能（青铜峡）开发有限公司、华能青铜峡新能源发电有限公司。年发电量1860069万千瓦时，比2015年下降6.4%。实现工业总产值35.5亿元，比2015年41.09亿元下降15.6%。宁夏华能大坝发电有限公司四期2×60万千瓦发电项目继续加紧建设。

（陈玉花）

电力行业企业产值完成情况一览表

表2-1

企业名称	注册或投资资金（万元）	所在位置	2016年	
			产值（万元）	同比增长
宁夏华能大坝发电有限责任公司	49400	大坝镇	124182	-12.2%
宁夏大唐国际大坝发电有限责任公司	48969	大坝镇	117343	-12.4%
青铜峡铝业发电有限责任公司	280000	新材料基地	60414	-21.1%
黄河上游水电开发有限责任公司宁电分公司		青铜峡镇	18380	-12.4%
国电宁夏风电开发有限公司青铜峡分公司	144000	牛首山	10214	-2.5%
青铜峡宁电风光能源有限公司	15200	青铜峡	6992	-6.7%
宁夏天净风力发电股份有限公司	4500	青铜峡	4663	-10.8%
宁夏大唐国际青铜峡光伏发电有限责任公司	9856	新材料基地	4506	0.3%
宁夏大唐国际青铜峡风电有限责任公司	48000	新材料基地	3254	-16.3%
中广核太阳能（青铜峡）开发有限公司	9788	青铜峡	3292	-6.0%
华能青铜峡新能源发电有限公司	3200	青铜峡	3477	-12.1%

冶金和装备制造工业

【概况】冶金和装备制造工业是青铜峡市工业经济支柱产业。产品主要集中在有色金属冶炼、石墨和轴承制造、铝型材加工等。2016年，全市冶金和装备制造工业有规模以上生产经销企业28家，分别是：青铜峡铝业股份有限公司、宁夏普华冶金制品有限公司、中电投宁夏能源铝业青鑫炭素有限公司、宁夏勤昌滚动轴承制造有限公司、宁夏金环轴承制造有限公司、宁夏嘉祺隆冶金化工集团有限公司、宁夏源冶盛工贸有限公司、青铜峡市燕赵有色金属冶炼有限公司、青铜峡市青宝冶炼有限公司、宁夏和兴冶金耐火材料有限公司、青铜峡市燕赵有色金属冶炼有限公司、青铜峡通润铝材有限公司、宁夏天马滚动体制造有限公司、宁夏菲斯克汽车轮毂轴承有限公司、宁夏鸿亚特种钢管制造有限公司、宁夏青鹏铝材节能产品工贸有限公司、宁夏众虎机械制造有限公司、青铜峡市新大众农机制造有限公司、青铜峡

市民乐农业机械有限公司、青铜峡市中源铝材有限公司、宁夏银河钢塑滴灌设备有限公司、宁夏蓝伯炭素有限公司、青铜峡市金龙炭素化工有限公司、宁夏仁和纺织科技有限公司、宁夏苏锡光电铜业科技有限公司、宁夏鑫电铝合金线缆有限公司、宁夏威格瑞斯电力有限公司和宁夏利农工贸有限公司。2016年，受国际金融危机冲击、国家宏观调控、转变发展方式、淘汰过剩产能等政策影响，全市冶金行业除少数企业正增长，部分企业仍处于停产减产，利润呈现负增长。全市年产电解铝293849吨，比2015年下降7.3%；铝型材46351吨，比2015年下降7.3%；石墨及碳素制品45050吨，比2015年增长2.2%；铁合金59655吨，比2015年增长7.2%；滚动轴承466万套，比2015年增长13.9%。电解铝及铝型材完成工业总产值573634万元，比2014年614740万元下降6.69%；实现销售收入560732万元，比2014年632636万元下降23.91%。黑色金属冶炼和压延业完成工业总产值69467万元。其中铁合金冶炼完成工业总产值40582万元，比2015年元下降18%。常用有色金属冶炼完成工业总产值454273万元，比2015年元下降8.8%。金属制品业完成工业总产值2622万元，其中结构性金属制品制造完成工业产值2198万元，比2015年元下降130.3%。通用设备制造业完成工业总产值117059万元，比2015年增长53.99%。其中轴承、齿轮和传动部件制造完成工业产值104438万元。专业设备业制造完成工业总产值19389万元，主要是农、林、牧渔专用机械制造。电气机械和器材制造业完成工业总产值26268万元，其中输配电及控制设备制造完成工业产值3741万元，电线、缆、光缆及电工器材制造完成工业产值14336万元，非电力家用器具制造完成工业产值8191万元。其他制造业完成工业总产值5753万元。电力、热力生产供应业完成工业总产值365176万元，比2015年415098下降13.67%。年内，装备制造业发展很快。全市新增宁夏鑫电铝合金线缆有限公司公司、青铜峡仁和纺织科技有限公司、宁夏苏锡铜业科技有限公司、宁夏利农工贸有限公司4家规模以上工业企业。

冶金和装备制造行业企业产值完成情况一览表

表3-1

企业名称	注册或投资资金（万元）	所在位置	2016年	
			产值（万元）	同比增长
青铜峡铝业股份有限公司	139680	青铜峡火车站	452262	-7.3%
青铜峡通润铝材有限公司	39000	大坝镇	52603	-38.7%
宁夏勤昌滚动轴承制造有限公司	3000	嘉宝园区	42487	2.9%
宁夏普华冶金制品有限公司	17850	新材料基地	30502	8.4%
中电投宁夏能源铝业青鑫炭素有限公司		青铜峡火车站	20096	-18.9%
宁夏金环轴承有限公司	12000	嘉宝园区	24121	15.7%
宁夏嘉棋隆冶金化工集团有限公司	2000	新材料基地	10080	-49%
宁夏和兴冶金耐火材料有限公司	4000	新材料基地	33143	120.7%
宁夏银河钢塑滴灌设备有限公司		嘉宝园区	9914	-8.4%
宁夏天马滚动体制造有限公司	2000	嘉宝园区	7416	34.8%
青铜峡市新大众农机制造有限公司	500	嘉宝园区	3543	-21.4%
宁夏众虎机械制造有限公司	301	嘉宝园区	5239	10.3%
宁夏蓝伯炭素有限公司	500	新材料基地	5734	36.8%
青铜峡市燕赵有色金属冶炼有限公司	1000	新材料基地	611	-83.3%
宁夏菲斯克汽车轮毂轴承有限公司	5000	嘉宝园区	30414	738.3%
宁夏银熠物质循环利用股份有限公司	3385	新材料基地	2128	-30.5%
宁夏威格瑞斯电力有限公司	1200	嘉宝园区	3741	51.8%
青铜峡市盛通再生资源有限公司	600	新材料基地	6258	
宁夏源冶盛工贸有限公司	300	青铜峡火车站	3495	-5.0%
宁夏青鹏铝材节能产品工贸有限公司	1000	嘉宝园区	197	-92.0%
青铜峡市民乐农机有限公司	100	嘉宝园区	3821	33.0%

冶金和装备制造行业企业产值完成情况一览表

续表3-1

企业名称	注册或投资资金（万元）	所在位置	2016年	
			产值(万元)	同比增长
青铜峡市中源铝材有限公司	6000	新材料基地	3164	43.2%
宁夏鸿亚特种钢管有限公司	5000	嘉宝园区	28885	1241.0%
青铜峡市金龙炭素化工有限公司		新材料基地	1918	-8.8%
宁夏鑫电铝合金线缆有限公司	3000	青铜峡火车站	14336	新建
青铜峡仁和纺织科技有限公司	4000	嘉宝园区	6106	新建
宁夏苏锡光电铜业科技有限公司	10000	嘉宝园区	5283	新建
宁夏利农工贸有限公司	100	大坝镇	3714	38.9%

【宁夏鑫电铝合金线缆有限公司】位于青铜峡铝厂院内。公司成立于2016年6月。注册资金3000万元。有员工100人。主要从事电线电缆、铝盘条生产销售。2016年，公司完成工业总产值14336万元。实现工业销售产值13883万元。

【青铜峡仁和纺织科技有限公司】位于嘉宝轻纺工业园区。公司规划占地149亩，总建筑面积6.94万平方米。计划投资5亿元，建设年产15万支纱锭纺沙项目。公司于2016年3月开工建设。年内，一期年产7.5万支纱锭纺沙项目建成投产。公司完成工业总产值6106万元，实现工业销售产值6106万元。

【宁夏苏锡光电铜业科技有限公司】公司位于嘉宝轻纺工业园区。公司成立于2012年7月。注册资金1亿元。主要从事铜铝材质漆包线生产加工销售和光电一体化设备技术开发。2016年，公司完成工业总产值5283万元。实现工业销售产值5259万元。

【宁夏利农工贸有限公司】公司位于１０９国道大坝镇十字路口北侧５０米处。注册资金100万元。法人代表郭金莲。公司主要从事播种机、犁、圆盘耙等农业机械，小型搅拌机、打夯机等建筑机械制造销售；农机配件铸造、加工、销售；五金建材、农资零售等。2016年，公司完成工业总产值3174万元，比2015年2285万元增长38.9%。实现工业销售产值3174万元，比2015年2285万元增长38.9%。

（陈玉花）

建材工业

【概况】建材工业是青铜峡市工业经济支柱产业之一。产品主要集中在水泥、商品混凝土、新型建材、给水管网、建筑装修保温包装材料、水泥混凝土生产辅助用品等方面。2016年，全市建材行业有规模以上生产企业24家。其中，水泥生产销售企业3家，分别是：宁夏青铜峡水泥股份公司、宁夏西夏天杰水泥有限公司、青铜峡市西夏水泥有限责任公司。预拌商品混凝土生产销售企业3家，分别是：宁夏青铜峡赛马混凝土有限公司、宁夏西夏水泥砼业有限公司和青铜峡市恒源建设有限公司砼业分公司。粉煤灰制砖、板材等新型建材生产销售企业4家，分别是：青铜峡市睿伸新型建材公司、青铜峡市富安隆建材有限公司、宁夏锦泰新材料有限公司和青铜峡市东孚环保科技有限公司。给水管网生产销售企业4家，分别是：宁夏青龙管业股份有限公司、青铜峡市青龙新型管材有限公司、宁夏青龙塑料管材有限公司青铜峡分公司、青铜峡市银河钢塑管材有限责任公司。建筑装修保温、集热、包装材料生产销售企业7家，分别是：宁夏润昌实业有限公司、宁夏塞上阳光太阳能有限公司、宁夏盛远新型建材有限公司、宁夏科进防腐保温材料有限公司、青铜峡宏泰石业有限责任公司、青铜峡市德诚门窗制作有限公司、宁夏福宁木业有限公司。生产水泥混凝土辅助用品企业3家，分别是：宁夏青铜峡市西夏科润建材有限公司、青铜峡市丰运建材有限公司、宁夏沅江工贸有限责任公司。生产水泥杆企业1家：宁夏青峡实业有限公司。年内，受本市房地产建筑市场萎缩影响，青铜峡市恒源建设有限公司砼业分公司因混凝土制品保产自用，生产规模有较大增长，其他两家预办商品混凝土企业生产规模有不同程度下降。加气砌块生产企业青铜峡市富安隆建材有限公司全年停产。纸箱生产企业宁夏润昌实业有限公司，水泥及其制品生产企业宁夏青铜峡水泥股份公司和宁夏青龙管业股份有限公司，石灰石粉生产企业青铜峡市丰运建材有限公司，机制砂生产企业宁夏盛远新型建材有限公司，粉煤灰废旧利用企业宁夏锦泰新材料有限公司和青铜峡市东孚环保科技有限公司，太阳能热水器生产企业青铜峡市塞上阳光太阳能有限公司面对严峻形势，积极开拓市场，企业取得较好经济效益。全市年产水泥1993618吨，比2015年增长37.2%。其中生产硅酸盐水泥熟料1384766吨，比2015年增长4.0%。非金属矿物制品业完成工业总产值180860万元。其中水泥、石灰和石膏制造完成工业产值73856万元，石膏、水泥制品及类似制品完成工业产值33165万元，砖瓦、石材等建筑材料制造完成工业产值12948万元，石墨及其他非金属矿物制品制造完成工业产值60891万元。木材加工和木、竹、藤、棕、草制品业完成工业总产值2863万元。其中人造板制造完成工业产值2863万元。非金属矿采选业完成工业总产值5261万元。其中土砂石开采完成工业产值1512万元，石棉及其他非金属采选完成工业产值3750万元。新增宁夏福宁木业有限公司1家规模以上企业。

建材行业企业产值完成情况一览表

表4-1

企业名称	注册或投资资金（万元）	所在位置	2016年	
			产值（万元）	同比增长
宁夏青铜峡水泥股份有限公司	33475	卡子庙	38155	26.9%
宁夏青龙塑料管材有限公司青铜峡分公司		峡西社区	5038	-66.2%
宁夏青铜峡赛马混凝土有限公司	1500	立新转盘	4965	-4.0%
宁夏西夏天杰水泥有限公司	2000	青镇河西	6081	-30.9%
宁夏青龙管业股份有限公司	33450	立新转盘	11083	29.7%
宁夏润昌实业有限公司	508	嘉宝园区	10989	29.8%
青铜峡市西夏水泥有限责任公司	100	草台子	4621	-0.9%
青铜峡市恒源建设有限公司砼业分公司		嘉宝园区	6746	49.6%
青铜峡市睿伸新型建材公司	110	青铜峡镇	3276	-24.3%
青铜峡市银河钢塑管材有限责任公司	1050	嘉宝园区	3700	-8.3%
宁夏盛远新型建材有限公司	3000	新材料基地	3543	22.4%
宁夏沅江工贸有限责任公司	600	嘉宝园区	4285	7.9%
宁夏青峡实业有限公司	1200	青镇河西	3288	-14.8%
青铜峡市青龙新型管材有限公司	3000	新材料基地	2592	-21.7%
青铜峡市富安隆建材有限公司	1905	新材料基地	0	
宁夏锦泰新材料有限公司	9300	大坝电厂西侧	4052	40.8%
青铜峡市东孚环保科技有限公司	5000	大坝电厂西侧	3652	35.3%
青铜峡市德诚门窗制作有限公司	200	嘉宝园区	2001	23.1%
青铜峡市宏泰石业有限责任公司	500	青镇河西	2119	-11.7%

建材行业企业产值完成情况一览表

续表4-1

企业名称	注册或投资资金（万元）	所在位置	2016年	
			产值(万元)	同比增长
宁夏青铜峡市西夏科润建材有限公司	200	青镇河西	2706	21.8%
青铜峡市塞上阳光太阳能有限公司	1068	嘉宝园区	3821	33.0%
宁夏西夏水泥砼业有限公司	1200	青镇河西	1567	-11.9%
青铜峡市丰运建材有限公司	50	青镇河西	1999	72.5%
宁夏福宁木业有限公司	600	青铜峡镇	2889	-3.1%

【宁夏福宁木业有限公司】位于青铜峡镇原市玻璃纤维厂院内。公司成立于2010年10月，注册资金600万元。法人李昕。公司主要从事胶合板、细木工板生产销售和木材收购加工。2016年，公司完成工业总产值2863万元，比2015年2170万元增长31.9%。实现工业销售产值2866万元，比2015年2121万元增长35.1%。 （陈玉花）

化工工业

【概况】化工工业是青铜峡市工业经济支柱产业。产品主要有电石、烧碱、PVC树脂、化肥、塑料、农药、颜料、农用地膜、造纸、彩色印刷及工业生产添加剂等。2016年，全市化工行业有规模以上工业企业27家，分别是：宁夏金昱元化工集团有限公司、宁夏圣花米来生物工程有限公司、宁夏圣花米来淀粉有限公司、宁夏东吴农化有限公司 、宁夏沃野肥业有限公司、宁夏天峰化工有限公司、青铜峡市佳美纸业有限责任公司、宁夏骏马化工有限公司、宁夏华泰塑料管业有限公司、青铜峡市华龙塑料工业有限责任公司、青铜峡市新丰石化有限责任公司、青铜峡市强力塑料包装制品有限公司、青铜峡市华锋塑胶有限公司、宁夏可可美生物工程有限公司、宁夏玉蜜淀粉有限公司、宁夏青铜峡绿源塑胶有限公司、青铜峡市瑞通支撑剂有限公司、青铜峡市利源工贸有限公司、青铜峡市华强工贸有限公司、青铜峡市凯旋商贸有限公司、青铜峡市华泰塑料工业有限责任公司、中盐宁夏金科达印务有限公司、青铜峡市环宇化工有限公司、宁夏骏马化工有限公司、青铜峡市升华化工有限公司、宁夏森源印务有限公司、青铜峡市嘉华化工有限公司。2016年，全市电石产量达到166827吨，比2015年下降3.1%。烧碱产量达到109420吨，比2015年下降1.3%。PVC树脂产量达到153571吨，比2015年增长0.2%。造纸和纸制品业完成工业总产值12751万元，比2015年12726万元增长0.2%。其中造纸完成工业产值12751万元，比2015年12726万元增长0.2%。印刷及记录媒介复制业完成工业总产值15743万元，比2015年13339万元增长18.02%。其中印刷完成工业产值15743万元，比2015年13339万元增长18.02%。化学原料和化学制品制造业完成工业总产值275473万元，比2015年220646万元增长24.8%。其中基础化学原料制造完成工业产值109945万元，比2015年83722万元增长31.3%；肥料制造完成工业产值15994万元，比2015年18535万元下降15.89%；农药制造完成工业产值19306万元，比2015年14182万元增长36.13%；涂料、油墨、颜料及类似产品制造完成工业产值16884万元，比2015年9340万元增长80.8%；合成材料制造完成工业产值110638万元，比2015年92647万元增长19.42%；专用化学品制造完成工业产值2707万元，比2015年2220万元增长21.9%。橡胶和塑料制品业完成工业总产值28999.6万元，比2015年41098万元下降41.72%。其中塑料制品业完成工业产值28999.6万元，比2015年41098万元下降41.72%。年内，受市场疲软影响，青铜峡市华泰塑料工业有限责任公司全年停产 。宁夏圣花米来生物工程有限公司、宁夏圣花米来淀粉有限公司和宁夏圣花米来肥业有限公司进行资产重组，分别成立宁夏可可美生物工程有限公司、宁夏玉蜜淀粉有限公司、宁夏沃野肥业有限公司，更换法人代表。新增宁夏骏马化工有限公司、青铜峡市嘉华化工有限公司2家规模以上工业企业。

化工行业企业产值完成情况一览表

表5-1

企业名称	注册或投资资金（万元）	所在位置	2016年	
			产值(万元)	同比增长
宁夏金昱元化工集团有限公司	9476	青铜峡镇	204397	20.8%
宁夏可可美生物工程有限公司	10000	大坝糖厂旧址	85710	892.8%
宁夏玉蜜淀粉有限公司	6500	大坝糖厂旧址	42642	722.3%
中盐宁夏金科达印务有限公司	1200	嘉宝园区	2001	-11.4%
宁夏天峰化工有限公司	3000	青镇河西	8070	-48.7%
宁夏东吴农化有限公司	3200	新材料基地	19306	36.1%
青铜峡市佳美纸业有限责任公司	2060	草台子	12751	0.2%
宁夏骏马化工有限公司	1000	新材料基地	16884	80.8%
青铜峡市华龙塑料工业有限责任公司	2000	嘉宝园区	5625	-30.6%
青铜峡市强力塑料包装制品有限公司	270	青镇河西	6693	0.0%
青铜峡市利源工贸有限公司	1500	新材料基地	15423	160.1%
宁夏青铜峡绿源塑胶有限公司	600	嘉宝园区	7689	32.5%
青铜峡市华峰塑胶有限公司	50	青铜峡镇	3995	-8.8%
青铜峡市新丰石化有限责任公司	300	新材料基地	1421	-50.2%
宁夏沃野肥业有限公司	5000	大坝糖厂旧址	7924	181.1%
宁夏森源印务有限公司	369	南庄村	2754	5.2%
青铜峡市华强工贸有限公司	2000	大坝电厂西侧	2649	2.8%
青铜峡市环宇化工有限公司	300	青铜峡镇	2256	-9.3%
青铜峡市瑞通支撑剂有限公司	210	立马路	3750	51.8%
青铜峡市凯旋商贸有限公司	500	北苑社区	2591	12.6%
宁夏华泰塑料管业有限公司	500	嘉宝园区	2330	7.9%
青铜峡市升华化工有限公司	150	新材料基地	2000	-0.2%
青铜峡市华泰塑料工业有限责任公司	160	古峡西街	0	
青铜峡市嘉华化工有限公司	500	新材料基地	7956	239.1%
宁夏圣花米来淀粉有限公司	6500	大坝糖厂旧址	0	
宁夏圣花米来生物工程有限公司	15000	大坝糖厂旧址	0	

【宁夏沃野肥业有限公司】 位于大坝糖厂旧址。由宁夏圣花米来肥业有限公司改组重整而来。公司成立于2015年3月，注册资金5000万元。法人代表余杰。公司主要从事有机、无机复混肥和土壤调理剂生产销售。2016年，公司完成工业总产值7924万元，比2015年2819万元增长181.1%。实现工业销售产值7924万元，比2015年2819万元增长181.1%。

【宁夏骏马化工有限公司】 位于吴忠青铜峡新材料基地。公司成立于2008年1月，注册资金1000万元。现有在职职工101人。主要从事中铬黄、柠檬铬黄、钼铬黄等系列颜料生产销售。2016年，公司完成工业总产值16884万元，比2015年9340万元增长80.8%。实现工业销售产值16435万元，比2015年8964万元增长83.3%。

【青铜峡市嘉华化工有限公司】 又名中涛新材料有限公司。位于吴忠青铜峡新材料基地。公司成立于2014年6月，占地面积100亩，其中建筑面积18000平方米。公司是国内生产金刚烷和苯乙胺系列产品最大厂家。金刚烷系列产品有金刚烷、溴代金刚烷(1-溴金刚烷)、金刚乙胺、金刚烷胺和盐酸金刚烷胺等；苯乙胺系列有混旋苯乙胺、左旋苯乙胺和右旋苯乙胺等。公司产品取得ISO9001质量管理体系认证，主要销往远销欧洲、日本、美国、南美、印度等国际和国内市场。2016年，公司完成工业总产值7956万元，比2015年2346万元增长239.1%。实现工业销售产值7956万元，比2015年2346万元增长239.1%。

（陈玉花）

农副产品加工业

【概况】 农副产品加工业是青铜峡市工业经济支柱产业。主要产品有米面油加工销售、糕点制作、红白酒类、苹果榨汁、脱脂奶粉、动物饲料、玉米淀粉及调味品等。2016年,全市农副产品加工业有规模以上企业30家。其中,粮油加工生产销售企业15家,分别是:宁夏中航郑飞塞外香清真食品有限公司、宁夏青铜峡市法福来面粉有限公司、宁夏青铜峡市西夏贡米有限公司、宁夏家道回乡农业开发有限公司、宁夏宁朔香粮油食品有限公司、宁夏鑫德粮油工贸有限公司、宁夏伊瓶香粮油食品有限公司、宁夏国平油脂有限公司、宁夏绍平粮油有限公司、宁夏青铜峡市叶盛地三米业有限公司、宁夏青铜峡市叶盛米业有限公司、宁夏青铜峡市地三广源米业有限公

司、宁夏天和顺米业有限公司、宁夏津品粮油食品有限公司、青铜峡市智龙米业有限公司。糕点制造生产销售企业3家,分别是:青铜峡市清真食品有限公司、青铜峡市明珠圆清真食品乳业有限责任公司、宁夏青铜峡市绿源清真食品有限公司。葡萄酒类生产企业3家,分别是:御马国际葡萄酒业(宁夏)有限公司、宁夏青铜峡市禹皇酒庄有限公司、宁夏甘城子葡萄酒业有限公司。苹果榨汁生产销售企业1家:宁夏宁圆果汁有限责任公司。鸡蛋、脱脂奶粉和动物饲料生产销售企业3家,分别是:青铜峡市众乐乳业有限公司、青铜峡国雄饲料有限公司、宁夏京城天宝饲料添加剂有限公司。肉食品加工销售企业1家:宁夏锦玉清真肉食品有限公司。其他辅助类食品生产企业3家,分别是:宁夏其乐清真食品有限公司、宁夏兴豆缘清真豆制

品有限公司、宁夏赛佰果食品有限公司。制种类企业1家:宁夏冠锐种业科技股份有限公司。2016年,全市农副产品加工业完成工业总产值320219万元,比2015年298049万元增长7.44%。其中谷物磨制完成工业产值238519万元,比2015年241992万元下降1.46%;饲料加工完成工业产值15406万元,比2015年15484万元下降0.51%;植物油加工完成工业产值14940万元,比2015年12804万元增长16.68%;屠宰及肉类加工完成工业产值3700万元,比2015年3919万元下降5.90%;其他农副产品加工完成工业产值47654万元,比2015年23851万元增长99.80%。食品制造业完成工业总产值132320万元,比2015年65786万元增长101.13%。其中焙烤食品制造完成工业产值18707万元,比2015年18932万元下降1.18%;乳制品制造完成工业产值7897.5万元,比2015年8386万元下降6.19%;调味品、发酵制品制造完成工业产值85710万元,比2015年33565万元增长155.40%;其他食品制造完成工业产值20005万元,比2015年4904万元增长307.90%。酒、饮料制造业完成工业总产值48512万元,比2015年41008万元增长18.30%。其中酒类制造业完成工业产值35476万元,比2015年29689万元增长19.50%;饮料制造完成工业产值8900万元,比2015年7700万元增长15.60%;精制茶加工完成工业产值4135万元,比2015年3618万元增长14.30%。年内,葡萄酒产量达到10920千升,比2015年增长0.20%。规模以上工业企业数量由28家增加到30家,青铜峡市明珠园清真食品有限公司、宁夏华昊葡萄酒业有限公司、宁夏顺宝现代农业有限公司、宁夏回乡缘粮油工贸公司、宁夏连湖酒业有限公司、青铜峡市宁青食品有限公司6家企业退出统计年报范围,由规上企业变为规下企业。全市新增宁夏冠锐种业科技股份有限公司、宁夏京城天宝饲料添加剂有限公司、宁夏其乐清真食品有限公司、宁夏甘城子葡萄酒有限公司、宁夏津品粮油食品有限公司、宁夏兴豆缘清真豆制品有限公司、宁夏赛佰果食品有限公司、宁夏智龙米业有限公司8家规模以上企业。

农副产品加工业企业产值完成情况一览表

表6-1

企业名称	注册或投资资金（万元）	所在位置	2016年 产值(万元)	同比增长
宁夏中航郑飞塞外香清真食品有限公司	8196	嘉宝园区	12441	7.2%
宁夏青铜峡市法福来面粉有限公司	7310	永丰北街	6770	-4.9%
御马国际葡萄酒业(宁夏)有限公司	1200	甘城子	2030	7.7%
宁夏家道回乡农业开发有限公司	5825	嘉宝园区	2100	24.6%
宁夏京城天宝饲料添加剂有限公司	6000	新材料基地	20005	307.9%
青铜峡国雄饲料有限公司	750	陈俊新村	1540	-0.5%
宁夏青铜峡市禹皇酒庄有限公司	700	甘城子	1186	56.9%
青铜峡市清真食品有限公司	1200	嘉宝园区	826	-10.2%
宁夏宁园果汁有限公司	2200	嘉宝园区	890	15.6%
青铜峡市众乐乳业有限公司	80	瞿靖镇	789.8	-5.8%
青铜峡市明珠圆清真食品乳业有限责任公司	1020	嘉宝园区	755	7.2%
宁夏伊瓶香粮油食品有限公司	668	巴闸村	696	23.8%
宁夏冠锐种业科技股份有限公司	25000	嘉宝园区	575	新建
宁夏宁朔香粮油食品有限公司	4000	邵岗镇	4291	15.9%
宁夏国平油脂有限公司	600	峡口镇	4251	-4.4%
宁夏绍平粮油有限公司	600	任桥村	3730	36.4%
宁夏其乐清真食品有限公司	520	嘉宝园区	4135	14.3%
宁夏锦玉清真肉食品有限公司	100	瞿靖镇	3700	-8.3%
宁夏鑫德粮油工贸有限公司	3200	蒋滩村	3693	-5.3%
宁夏青铜峡市叶盛米业有限公司	520	叶盛镇	3671	24.9%
青铜峡市叶盛地三米业有限公司	50	地三村	3585	-5.9%
宁夏甘城子葡萄酒有限公司	2000	甘城子	3314	1.2%
宁夏青铜峡市绿源清真食品有限公司	100	嘉宝园区	2897	7.8%
宁夏津品粮油食品有限公司	100	永涵村	2889	-3.1%
宁夏天和顺米业有限公司	100	地三村	2600	7.4 %
宁夏兴豆缘清真豆制品有限公司	500	嘉宝园区	2597	28.9%
宁夏青铜峡市地三广源米业有限公司	500	地三村	2538	19.7%
宁夏赛佰果食品有限公司	1200	嘉宝园区	2415	11.0%
宁夏智龙米业有限公司	100	永涵村	2131	40.3%
宁夏青铜峡市西夏贡米有限公司	1080	永丰北路	0	

【宁夏冠锐种业科技股份有限公司】 位于嘉宝轻纺工业园区。公司成立于2015年5月29日，是在原山东冠丰种业科技有限公司青铜峡分公司的基础上，为寻求更大的发展空间，由山东冠丰种业科技有限公司与青岛特锐德电气股份有限公司共同投资组建的合资公司。公司主要从事各类粮菜种子研究、生产销售及技术咨询服务。截止到2016年年底，公司建成240平方米60吨液压地坑、1200平方米捡穗车间、2层2690平方米烘干车间、270平方米脱粒车间、11986平方米精选车间和库房、215平方米高低压配电室、230平方米控制室，33个200吨钢板仓，完成道路硬化面积14000平方米。2016年，完成工业总产值5753万元。实现工业销售产值3097万元。

【宁夏京城天宝饲料添加剂有限公司】 位于青铜峡新材料基地。公司成立于2014年4月，注册资本6000万元人民币。主要从事各类饲料添加剂生产和销售。2016年，完成工业总产值20005万元，比2015年49.4万元增长307.9%。实现工业销售产值20156万元，比2015年18557万元增长8.6%。

【宁夏其乐清真食品有限公司】 位于嘉宝轻纺工业园区。公司成立于2013年5

月，注册资本520万元人民币。主要从事中高端穆斯林传统饮品——八宝茶和各类高端茶叶礼品、茶类饮品研发、生产和销售。2016年，完成工业总产值4135万元，比2015年3618万元增长14.3%。实现工业销售产值3932万元，比2015年3322万元增长18.4%。

【宁夏甘城子葡萄酒有限公司】位于邵岗镇甘城子。公司成立于2014年8月，注册资本2000万元人民币。主要从事酿酒葡萄种植及葡萄酒生产、加工和销售。2016年，完成工业总产值3314万元，比2015年3274万元增长1.2%。实现工业销售产值3314万元，比2015年3274万元增长1.2%。

【宁夏津品粮油食品有限公司】位于邵岗镇永涵村。公司成立于2013年8月，注册资本100万元人民币。主要从事大米加工及粮油销售。2016年，完成工业总产值2889万元，比2015年2982万元下降2.1%。实现工业销售产值2727万元，比2015年2705万元增长0.8%。

【宁夏兴豆缘清真豆制品有限公司】位于嘉宝轻纺工业园区。公司成立于2013年5月，注册资本500万元人民币。主要从事非发酵类豆制品生产、加工及销售。2016年，完成工业总产值2597万元，比2015年2015万元增长28.9%。实现工业销售产值2597万元，比2015年2015万元增长28.9%。

【宁夏赛佰果食品有限公司】位于嘉宝轻纺工业园区。公司成立于2013年6月，注册资本1200万元人民币。主要从事枸杞、枸杞茶、红枣、八宝茶等农产品种植、加工生产与销售。2016年，完成工业总产值2415万元，比2015年22175万元增长11.0%。实现工业销售产值2168万元，比2015年2073万元增长4.6%。

【宁夏智龙米业有限公司】位于叶盛镇三岔路口。公司成立于2015年5月，注册资本50万元人民币。主要从事大米生产、加工与销售。2016年，完成工业总产值2131万元，比2015年1519万元增长40.3%。实现工业销售产值2038万元，比2015年1445万元增长441.0%。（陈玉花）

皮草产业

【概况】皮草产业是青铜峡市支柱产业，也是回族特色产业。主要集中在峡口镇。峡口镇辖区皮草企业众多，皮毛加工、生产和销售活跃，部分产品出口海外。2016年，全市年产值在2000万元以上皮草生产企业主要有：青铜峡市祥云皮草有限公司、青铜峡市林盛皮毛有限公司、青铜峡市金顺皮草有限公司、青铜峡市兴泰皮草有限公司、青铜峡市忠盛工贸有限公司、青铜峡市盛祥裘革制品有限公司、青铜峡市奥丰皮草制品有限公司。2016年，全市皮革、毛皮、羽毛及其制品、制鞋业行业总产值24885万元，比2015年22807万元增长9.11%。其中，毛皮鞣制及制品加工产值24885万元，比2015年20455万元增长21.66%。年内，宁夏雄鹰皮草集团有限公司、青铜峡市金衣梦制衣有限公司两家企业退出统计年报范围，由规模以上企业变为规模以下企业。同时新增青铜峡市兴泰皮草有限公司、青铜峡市奥丰皮草制品有限公司两家规模以上企业。

皮草企业产值完成情况一览表

表7-1

企业名称	注册或投资资金（万元）	所在位置	2016年	
			产值（万元）	同比增长
青铜峡市祥云皮草有限公司	289	峡口镇	7457	14.6%
青铜峡市忠盛工贸有限公司	50	峡口镇	3663	53.2%
青铜峡市兴泰皮草有限责任公司	2850	峡口镇	3334	-7.7%
青铜峡市金顺皮草有限公司	50	峡口镇	2962	-10.5%
青铜峡市林盛工贸有限公司	101	峡口镇	2696	11.3%
青铜峡市盛祥裘革制品有限公司		峡口镇	2495	6.1%
青铜峡市奥丰皮草制品有限公司	125	巴闸村	2278	2.8%

【青铜峡市兴泰皮草有限责任公司】公司位于峡口镇巴闸村，注册资金2850万元人民币。主要从事各类毛皮收购、加工和销售。2016年，完成工业总产值3334万元，比2015年3611万元下降7.7%。实现工业销售产值3231万元，比2015年3486万元下降7.3%。

【青铜峡市奥丰皮草制品有限公司】位于峡口镇巴闸村3组。公司成立于2006年11月24日，注册资金125万元人民币。主要从事各类毛皮收购、加工和销售。2016年，完成工业总产值2256万元，比2015年2217万元增长2.8%。实现工业销售产值2213万元，比2015年2180万元增长1.5%。

（陈玉花）

吴忠青铜峡新材料基地

【概况】2016年，吴忠青铜峡新材料基地有入园企业43家。其中，年内新入园企业9家，分别是：宁夏鼎辉工贸有限公司、宁夏长鑫防腐工程有限公司、新材料基地污水处理厂、宁夏嘉惠道路资源再生利用有限公司、宁夏苏能节能科技有限公司、宁夏新蓝奥汽车节能科技有限公司、宁夏盛园机械制造有限公司、宁夏锦绣轻合金循环经济产业有限公司、宁夏金昱元化工集团有限公司多元醇分公司。入园企业中，有规模以上企业18家、规模以下企业16家、正在建设企业9家。

【经济指标完成】2016年，基地管委会适应经济发展新常态，推行领导干部精准包抓企业责任制，协调解决企业生产难题。园区全年完成工业总产值23.48亿元，同比增长16.1%；实现工业增加值6.4亿元，同比增长8.2%；实现税收0.82亿元；累计完成固定资产投资17.5亿元，同比增长166%。年内，新增宁夏鼎辉工贸有限公司、宁夏苏能节能科技有限公司两家规模以上企业。

【招商引资】基地管委会主动联系，积极对接，优化服务，通过多种方式开展招商工作，全年引进工业项目12个，规划总投资123.86亿元，实际完成招商引资18.6亿元，占年度目标任务的103.3%。完成上争资金任务2100万元，占计划任务的105%。

【项目建设】认真梳理项目，制定项目建设进度计划表，明确责任人和完成时限，加速推进项目建设。其中，宁夏银熠物质循环利用有限公司电解锌、宁夏利源工贸有限公司年产25万吨硫酸、宁夏和兴冶金化工集团有限公司碳化硅废弃物综合利用、宁夏东吴农化有限公司苯并呋喃酮、宁夏长鑫防腐工程有限公司油管防腐5个项目建成投入试生产；宁夏盛圆机械制造科技有限公司特种钢管、宁夏苏能节能科技有限公司装备制造、宁夏新蓝奥汽车节能科技有限公司节能减排系统等6个项目正在按计划实施。

【基础设施建设】修编完善园区扩规调位总体规划、产业布局规划及土地集约利用评价报告，提升园区承载力。年内，投资1.237亿元，组织实施基础设施建设项目5个，完成污水处理厂及排水管网、加油站、天然气配气站等项目建设年度计划任务。

【安全生产】落实“党政同责，一岗双责”工作要求，以开展“深化安全生产责任落实年”活动和“安全生产百日专项整治”行动为抓手，突出现场管理和隐患查治，推进企业安全生产主体责任落实。吸取宁夏嘉华化工有限公司溴素泄露事故教训，编制完成《园区整体安全发展规划报告》和《园区安全风险评估报告》，严格管控企业危险源及核定园区安全风险容量，把好项目入园关，通过加强安全生产培训教育，强化安全监管能力建设，完善园区安全生产现场管理技术支撑体系，推行安全生产专家管理，组织开展生产安全隐患排查治理，督促企业开展自查自纠和整改落实，确保园区安全生产形势总体稳定。年内，实现无重伤以上事故安全生产目标。

【环境保护工作】针对中央第八环境保护督察组反馈意见，在加快园区污水处理厂项目建设同时，督促部分涉水排污企业加大环保资金投入，确保治污设施正常运转。

【存在问题】受市场行情等多方面因素影响，园区部分企业不能满负荷生产、新建成企业未能完全投产达效；因国家产业政策调整、优惠政策取消、园区基础设施不够完善等不利因素影响，园区招商洽谈项目多，入园企业少，部分有投资意向企业基本持观望态度，信心不够坚定；入园企业内部管理不够精细，安全生产管理人员配备不到位，经验主义思想较重，管理模式粗放；园区工业固废集中处置场所建设迟缓，部分化工、金属冶炼企业治污工艺有待改进；企业党建工作基础薄弱，企业法人重视不够，党员流动性较大。

（石国祥　马晓）

吴忠青铜峡新材料基地入园企业基本情况一览表

表8-1

序号	企业名称	法人	产业	企业规模	生产状况	入园时间	主要产品	2015年产值(万元)	2016年产值(万元)
1	宁夏普华冶金制品有限公司	刘成平	冶金	规上	正常生产	2012	铁合金	28133	30502
2	宁夏嘉祺隆冶金化工集团有限公司	孙建设		规上	正常生产	2012	铁合金	19755	10080
3	宁夏和兴冶金耐火材料有限公司	顾　旭		规上	正常生产	2012	碳化硅氮化硅	15020	33143
4	宁夏银熠物质循环利用有限公司	周洪银		规上	正常生产	2010	次氧化锌	3062	2128
5	青铜峡市中源铝材有限公司	王　镭		规上	正常生产	2009	铝合金	2210	3164
6	青铜峡铝业发电有限责任公司	刘志刚	电力	规上	正常生产	2010	电力	76563	60414
7	宁夏大唐国际光伏发电有限公司	李日龙		规上	正常生产	2011	电力	4491	4506
8	中国大唐新能源青铜峡有限公司	邓少辉		规下	正常生产	2011	电力	1461	1464
9	青铜峡市青龙新型管材有限公司	方吉良	建材	规上	正常生产	2011	混凝土钢筒管夹砂管	3309	2592
10	青铜峡市宏达砼业有限公司	王伏国		规下	正常生产	2011	混凝土	468	925
11	宁夏盛远新型建材有限公司	马学军		规上	正常生产	2013	干粉砂浆	3998	4893
12	宁夏凯旋商贸有限公司	哈彦华		规上	正常生产	2013	脱硫石灰粉	2301	2591
13	青铜峡三力公司	马学军		规下	正常生产	2012	钢渣综合利用生产商混料	0	0
14	宁夏天达环保股份有限公司	刘劲锋		规下	正常生产	2012	加气砌块	1088	1824
15	宁夏东吴农化有限公司	吴根龙	化工	规上	正常生产	2012	咪唑烷硝基胍硝酸胍	14182	19306
16	青铜峡市利源工贸有限公司	张春平		规上	正常生产	2004	硫酸、次氧化锌、冰铜	9590	16034
17	青铜峡市瑞德隆天然气有限公司	雷　顺		规下	正常生产	2012	液化天然气	985	368
18	青铜峡市蓝伯碳素有限公司	项军红		规上	正常生产	2010	电极糊	4190	5734
19	北京京城天宝饲料有限公司	季　群		规上	正常生产	2014	一水硫酸锌、活性氧化锌	10601	20005
20	宁夏安泰恒荣化工有限公司	贾岳湘		规下	正常生产	2011	储存盐酸、液碱、硫酸	570	941
21	青铜峡市嘉华化工有限公司	邴亚菲		规上	正常生产	2014	右旋苯乙胺、盐酸金刚烷胺	3458	7956
22	宁夏兴汇废旧资源再生科贸有限公司	张志翰		规下	停　产	2011	燃料油	0	0
23	宁夏恒润化工有限公司	刘洪星		规下	停　产	2013	甲流基乙醛肟甲硫醇钠	0	0
24	宁夏昆宁化工有限公司	高志军		规下	停　产	2012	氢氧化钡	0	0
25	青铜峡市德胜气体有限公司	荣文春		规下	停　产	2013	工业气体	0	0
26	宁夏易星能源科技开发有限公司	李　政		规下	建　设	2015	工业清洗油及燃料油	0	0
27	青铜峡市久隆化工有限公司	孟　敏		规下	停　产	2014	甲流基乙醛肟、甲硫醇钠	0	0
28	青铜峡市富安隆建材有限公司	代良鑫		规上	停　产	2012	加气混凝土	3064	0
29	青铜峡市盛通再生资源有限公司	杨社教	建材	规上	停　产	2008	金属铅	0	6258
30	青铜峡蒙曼实业公司(原汇丰冶炼公司)	李宝军	冶炼	规下	停　产	2004	铁合金	0	0
31	青铜峡市燕赵有色金属冶炼有限公司	王　春		规上	停　产		贵金属冶炼		
32	青铜峡市金顺冶炼有限公司	郭玉忠		规下	停　产	2004	铁合金	0	0
33	青铜峡市恒源冶炼有限责任公司	王文跃		规下	停　产	2004	电石	0	0
34	青铜峡市连通冶炼有限公司	张新芳		规下	停　产	2004	铁合金	0	0

嘉宝轻纺工业园区

【经济指标完成】全年新增规上企业5家。1—9月，园区完成固定资产投资23.5亿元，同比增长81%；完成工业总产值33.7亿元，同比增长24%；完成工业增加值9亿元，同比增长23.1%；实现销售收入30.2亿元，同比增长15.6%。

【项目建设】成立项目包保推进工作组，落实精准包抓项目责任制，全力推进9个“双百”工业项目开工建设。年内，宁夏汇高科技公司智能制造项目完成430亩土地平整和土方铺垫，开始基础施工，部分生产设备到货；宁夏新希望公司反刍饲料加工及动物营养研究所项目办公楼进行2层楼面混凝土浇筑，完成车间地基夯筑工作，正在安装钢结构；宁夏鸿亚特种钢管有限公司1#、3#车间投入生产，2#车间完成生产设备安装工作；宁夏威玛汽车零部件制造有限公司1#和2#生产车间、宁夏华冠数控设备制造有限公司2#生产车间完成设备安装；宁夏同圆轴承制造有限公司1#车间正在安装生产设备；宁夏中欣热处理设备有限公司项目完成土方铺垫工程；宁夏德迈数控机床制造有限公司项目浇筑完成两栋车间基础横梁，即将安装钢结构；青铜峡市明珠园清真食品乳业有限公司完成年产6000吨果汁加工项目果槽清洗、设备安装及污水处理系统调试工作，投入试生产；宁夏黄河谣公司农副产品产业链延伸加工项目完成稻壳粉、稻壳、油糠3条生产线安装工作并投入试生产，碎米生产线加工设备正在调试之中，即将投入生产；宁夏轴承谷有限公司完成项目一期1.3万平方米车产车间建设，安装80台生产设备，正在进行试生产；宁夏苏锡光电科技有限公司铜业新材料项目一期完成1栋车间彩钢板安装、3栋车间立柱浇筑和3栋车间基础工程开挖。园区代表青铜峡市接受吴忠市、自治区产业发展现场观摩。

【招商引资】采取领导带队招商、以企招商、产业链招商等形式，年内组织开展组团外出招商活动6次，接待外来客商8批次，黄河谣农产品和宁夏新希望饲料加工、仁和纺织及轴承谷、苏锡光电、汇高科技制造等项目落户园区。全年园区新落户项目6个，计划总投资91.1亿元，其中固定资产投资67亿元。截至2016年9月底，实际完成投资23.5亿元，比2015年同比增长81%。

【基础设施建设】针对落地建设的仁和纺织、新希望反刍饲料、轴承谷、苏锡光电铜业、汇高智能制造等项目，加大基础设施建设力度，投入财政资金6061万元，开工建设纬四路道路及排水工程，新入园项目供电、天然气改线和网络接入工程，罗家河改线工程及杭萧路桥梁建设工程，园区基础设施投资比2015年增长83.7%。

【安全生产管理】落实安全生产“三个责任”，健全完善安全生产各项规章制度，层层签订安全生产目标管理责任书、承诺书，协调公安消防、安监、住建等部门采取召开会议、印发材料、示范创建等形式，强化安全生产宣传教育培训。开展安全生产企业主体责任年和安全生产专项检查活动，以查促干，营造企业安全发展环境。上半年开展专项检查6次，排查安全意识淡薄、防护设备短缺、安全措施落实不到位等企业安全隐患26起，督促整改22起。开展夏季消防安全检查和2016年“安全月”活动，加强企业安全生产监管工作，园区前三季度继续保持良好安全生产态势。

【协调服务】落实市委、政府推进工业经济发展政策举措，协调市发改、住建、国土、环保等职能部门靠前服务，指派专人协助企业办理工商注册、项目立项、土地挂牌、环境评价、建设报批等手续。建立园区干部包扶企业工作制度，梳理出80家企业和项目建设存在问题42个，协调解决征地拆迁等问题22个，完成征地面积3600亩。

【存在问题】项目建设进度相对滞后。受企业资金短缺、市场疲软、拆迁进度滞后等因素影响，一些新建重点项目不能按照序时进度推进。因市场低迷，部分入园企业开工不足，个别企业处于停产半停产状态。

（园区管委会办公室）

青铜峡市嘉宝轻纺工业园区入园企业名录

表9-1

序号	企业名称	入园时间	负责人
1	宁夏中航郑飞塞外香清真食品有限公司	2004.5	胡学文
2	宁夏市法福来清真食品股份有限公司	2008.9	朱军林
3	青铜峡市清真食品有限公司	1994.9	李　勇
4	青铜峡市明珠圆清真食有限公司	2003.5	李建斌
5	宁夏宁圆果汁有限公司	2006.9	李建斌
6	青铜峡市国雄饲料有限公司	2009.6	蒲　彬
7	青铜峡市古峡门业有限公司	2004.6	徐顺萍
8	青铜峡市荣达机械制造有限公司	2004.6	任　华
9	山东登海种业青铜峡分公司	2004.8	史润国
10	宁夏勤昌滚动轴承制造有限公司	2005.3	陈玲芳 刘长明
11	宁夏润昌实业有限公司	2007.9	顾永辉
12	中盐宁夏金科达印务有限公司	2005.9	苗得雨
13	宁夏松瑞林产品有限公司	2006.9	杨占成
14	青铜峡市鑫荣工贸公司	2005.3	周茂荣
15	宁夏华泰塑料管业有限公司	2009.11	周　立
16	宁夏华泰塑料工业有限公司	2005.1	周广宁
17	青铜峡市大德门窗制造有限公司	2015.5	张　东
18	吴忠市三和塑料瓶厂	2009.11	魏继宝
19	宁夏顺源工贸有限公司	2009.11	吕亚莲
20	青铜峡市新大众机械有限公司	2010.3	郭生海
21	宁夏塞上阳光太阳能有限公司	2010.3	罗　予
22	宁夏众虎机械制造有限公司	2010.3	张耀军
23	青铜峡市恒源砼业有限公司	2010.1	刘惠银
24	青铜峡华山彩钢门窗工程有限公司	2010.3	冯学军
25	青铜峡佳锐电器有限公司		钱学宁
26	青铜峡市绿源清真食品有限公司	2012.4	王建兵
27	青铜峡市广进彩印包装有限公司	2013.5	陈国玉
28	青铜峡市紫鑫缘纸业有限公司	2014.11	刘广智
29	青铜峡市宁青清真食品公司	2010.10	杨继旭
30	宁夏银河钢塑滴灌设备有限公司	2011.5	秦立华
31	宁夏银河钢塑管材设备有限公司	2011.5	刘会娟
32	宁夏特鑫焊接热喷涂有限公司	2010.10	童喜民
33	宁夏联祥塑胶有限公司	2010.10	王新立
34	宁夏庆洋粮油工贸有限公司	2011.9	鲁维云
37	青铜峡市浙航塑编有限公司	2008.5	李德会
38	青铜峡市银苏食品酿造公司	2012.3	郭玉宝
39	吴忠市玉林面粉厂	2012.3	王　峰
40	青铜峡市振东食品有限公司	2012.3	周　鹏
41	宁夏永丰医药有限公司	2012	杨立新

青铜峡市嘉宝轻纺工业园区入园企业名录

续表9-1

序号	企业名称	入园时间	负责人
42	宁夏森源印务有限公司	2012	史建云
43	青铜峡市德诚门窗制作有限公司	2012	贾学武
44	青铜峡市宁鹏印刷厂	2012	何廷鹏
45	青铜峡市全年福制绳有限公司	2012	魏广福
46	青铜峡市民乐机械制造有限公司	2012	茂国军
47	宁夏家道回乡农业开发有限公司	2012.4	何兰兰
48	宁夏盛龙橡塑制品有限公司	2012.5	刘柏海
49	宁夏金环轴承制造有限公司	2011.3	曹文敏
50	宁夏塞佰果食品有限公司	2013	蔺满洋
51	宁夏兴豆缘清真豆制品有限公司	2013	张桂红
52	宁夏青铜峡绿源塑胶有限公司	2013	陈继安
53	宁夏强力塑料包装有限公司	2013	李学东
54	宁夏圣源春清真食品有限公司	2014	雷　宝
55	宁夏威格瑞斯电力有限公司	2013	杨宗文
56	宁夏紫达建材有限公司	2014	朱荣林
57	宁夏禹鼎建设有限公司	2014	廉　清
58	宁夏菲斯克汽车轮毂轴承有限公司	2014.1	方明俊
59	宁夏鸿亚特种钢管制造有限公司	2014.7	沈国海
60	宁夏同圆轴承制造有限公司	2014	肖　峰
61	宁夏威玛汽车零部件制造有限公司	2014	肖　峰
62	宁夏华冠数控设备制造有限公司	2014	肖　峰
63	宁夏凯达机械制造有限公司	2014	付智银
64	宁夏其乐清真食品有限公司	2014	马金花
65	宁夏佰瑞通交通工程有限公司	2014	王跃辉
66	宁夏天马滚动体制造有限公司	2014.2	王伟成
67	青铜峡市康洁清真食品有限公司	2014	杨万宝
68	宁夏黄河谣农产品开发有限公司	2015	王建成
69	宁夏福润香农业发展有限公司	2015.3	刘万国
70	青铜峡市瑞恒商贸有限公司	2014.4	王建荣
71	青铜峡市江南红包装制品有限公司	2015.7	张　云
73	宁夏新希望反刍动物营养食品有限公司	2016.3	蒲　彬
74	宁夏德迈数控机床有限公司	2016.2	沈国海
75	宁夏中欣热处理有限公司	2016.2	沈国海
76	青铜峡市仁和纺织科技有限公司	2016.2	宋洪臣
77	宁夏喜力食品有限公司	2016.2	珠海迪
78	宁夏轴承谷有限公司	2016.5	林　益
79	宁夏苏锡光电铜业科技有限公司	2016.5	许　强
80	宁夏汇高科技智能制造有限公司	2016.5	李儒强

中小企业服务

【概况】2016年，市非公有制经济服务中心围绕全市工业经济发展，探索服务非公有制企业途径和方式，强化国家和区市优惠政策宣传，立足本职开展各类服务活动，力促辖区中小企业健康发展。

【政策宣传】发挥中小企业综合服务窗口功能，安排专人搜集相关资料，编印《中小企业扶持政策汇编》《小微企业"助保贷"业务宣传手册》《小微企业贷款保证保险业务宣传手册》和《中小企业公共服务平台用户手册》，深入各中小微企业进行宣传。召开全市银企对接暨政策解读会，邀请中国人保财险宁夏分公司、建行青铜峡支行、邮储银行青铜峡支行的业务人员，分别就小微企业"助保贷"和贷款保证保险业务以及"专精特新"中小企业申报认定办法等政策规定进行详细解读，帮助中小微企业了解区、市促进企业发展相关政策措施。开展大众创业万众创新"下园区、进企业、送服务"青铜峡专场活动，协调自治区非公经济服务局、宁夏中小企业服务中心、部分中介服务机构就中小企业公共服务平台暨小微企业服务补贴券、"助保贷""贷款保证保险""小微企业贷款风险补偿""小微企业信用评级"及贯彻落实自治区加快发展非公有制经济若干意见、科技型中小企业认定管理办法等政策进行解读，协调宁夏联合信用管理有限公司、宁夏产权交易所等专业服务机构就融资服务、信用评级、清真食品检验检测等八大类服务事项面向企业释疑解惑。

【"专精特新"中小企业培育】开展中小企业调查摸底和申报自治区"专精特新"中小企业工作，年内向自治区非公经济服务局申报"专精特新"示范企业8家、一般企业12家。宁夏顺宝现代农业股份有限公司等4家企业经专家评审被认定为全区"专精特新"示范企业，每家企业获得20万元奖励资金；宁夏青龙管业股份有限公司等11家企业被认定为全区"专精特新"中小企业，同意挂牌。

【创业孵化示范基地培育】依照《自治区小型微型企业创业孵化示范基地认定管理办法》及标准，开展创业孵化基地摸底调查，对拟培育的青铜峡市成泰农机市场创业孵化园进行技术指导，帮助企业健全管理制度，完善创业服务流程和质量保证措施，经专家评审、实地考察，青铜峡市成泰农机（市场）有限公司被认定为自治区级小微企业创业孵化示范基地，得到50万元业务补助资金。

【非公企业人才培训】年内，组织15名中小企业经营管理人员参加全区非公经济转型升级暨出资人培训班，聆听自治区发改委、经信委、金融工作局、党校有关专家及吴忠仪表、浙江众泰集团等企业高层辅导讲座。推荐3名企业高管赴青岛中国石油大学参加全国智能制造技术培训班。实施机械制造行业紧缺专业技术人才培养培训项目，依托青铜峡市新大众农机制造有限公司和青铜峡市民乐农业机械制造有限公司等企业，邀请区内知名机械制造专家、高校教授来青讲授最新农业机械制造专业技术。

【中小企业公共服务平台建设】加快青铜峡市中小企业公共服务体系建设，强化协调联系，将青铜峡市中小企业公共综合服务窗口接入全区"168"中小企业公共服务信息平台。4月7日，召开全市中小企业公共服务平台工作推进会，邀请宁夏中小在线资信服务公司技术人员就中小企业公共综合服务窗口平台建设管理及电子商务平台用户注册等方面知识，作专题辅导讲座，帮助各金融服务机构和中小微企业全面了解公共服务平台主要作用、服务流程，构建中小企业服务网络，并依托平台为全市中小微企业提供政策宣传、信息技术、法律咨询、创业创新、人才培训、项目申报、信访投诉和投融资等各类服务。年内，平台注册各类小微企业40家、服务机构9家。

【帮助企业解决问题】按照全市精准包抓企业责任制工作要求，梳理汇总137

家重点企业4个方面202个存在问题，建立任务分解台账，提请市委、政府印发《关于进一步落实精准包抓企业责任制的通知》，明确各市级责任领导和相关部门职责任务、完成时限，确保问题解决，帮助企业摆脱困境、加快发展。截至年底，全市为企业解决问题150余件。上述202个存在问题，主要涉及政策兑现、企业负担过重、融资难和相关手续办理繁琐等。其中，需要提请市委、政府研究解决16件；需要各职能部门协调解决的162件；需要企业自身创造条件解决的24件。

【融资服务】印发自治区《中小企业和非公有制经济实用问答》及小微企业“助保贷”业务宣传手册，通过走访企业，征集企业融资需求，建立非公企业融资需求库。举办银企对接暨政策解读会，宣传自治区小微企业“助保贷”“贷款保证保险”等业务，协助中小微企业办理“助保贷”、邮储银行“政银保”等担保业务，年内有37家企业进入建设银行青铜峡支行“助保贷”中小企业池、14家企业进入邮政储蓄银行青铜峡支行“政银保”平台，中小企业“池助保贷”业务贷款余额达到2800余万元。按照《自治区“财保贷”风险补偿资金管理办法》有关规定，加强与市财政局协调沟通，向上级有关部门提交《关于解决青铜峡市“财保贷”风险补偿资金的请示》。

（朱永霞）

重点项目建设

【概况】2016年，青铜峡市强化重点项目推进机制，全面落实重点项目建设领导包扶责任制度，对重大项目实施“四个一”（一个项目、一套方案、一套班子、一抓到底）方法，加强项目协调服务工作，帮助新建项目建设过程遇到问题，力促开工项目早日投产达效。全年组织实施外出招商活动48批次，引进宁夏仁和纺织科技有限公司年产15万锭纺纱项目等重点建设项目13项；落实招商引资项目85项，实际到位资金66.23亿元。

【宁夏鸿亚特种钢管有限公司年产9万吨精密轴承钢管及3亿件精密车件项目】宁夏鸿亚特种钢管有限公司是宁夏杭萧实业发展有限公司下属子公司。项目位于嘉宝轻纺工业园区，计划投资5.47亿元，规划占地面积8.8万平方米，建筑面积5.6万平方米，主要建设内容包括钢管、车件生产车间及附属用房。项目于2014年7月开工建设，2015年8月建成生产车间、精密车件生产线投入生产。是年11月企业进入青铜峡市规模以上企业名录。2016年初，开始安装7万吨精密轴承钢管生产线，年内投入试生产。截至年底，企业实现工业总产值2.9亿元。

【宁夏仁和纺织科技有限公司年产15万锭纺纱项目】项目由山东恒丰纺织集团有限公司投资建设。地址位于嘉宝轻纺工业园区，规划占地149亩。其中建筑面积6.6万平方米。主要建设纺纱生产车间、物料仓库、综合办公楼、职工餐厅及其他附属用房等。计划购置安装梳棉机、精梳机、并条机等纺纱生产设备及检测检验仪器938台（套）。工程概算总投资为5亿元，其中固定资产投资3.7亿元。项目于2016年3月开工建设。2016年投资3亿元，完成5万平方米生产车间、生产管理用房、配电室、围墙、职工食堂及其他附属用房建设，安装5万锭纱线生产线设备，实现当年建设当年投产。年内，完成工业总产值6100万元。2018年4月工程全部建设完成后，可年生产15万锭1.6万吨纺织纱锭，实现年销售收入12亿元，利润1.2亿元，税金4216万元，解决1500人就业。

【宁夏华冠数控装备有限公司年产300台专用数控机床和500台工业机器人项目】位于嘉宝轻纺工业园区。项目建筑面积1.3万平方米规划总投资1.5亿元，主要建设两栋标准化生产厂房及道路绿化等附属设施，安装数控机床及工业机器人生产专用设备112台（套）。2016年，完成两栋标准化生产厂房建设，9月底投入试生产。项目投产后，可年产专用数控机床300台、工业机器人500台，实现销售收入3.5亿元，利税3800万元，解决就业岗位300个。

【宁夏汇高科技有限公司智能制造项目】位于嘉宝轻纺工业园区。项目占地面积1172亩，规划总投资35亿元，其中固定资产投资26亿元。主要建设49万平方米铸造、数控机床、机器人、汽车刹车盘生产车间及配套生活设施，安装各类生产设备4000台(套)，其中包括全自动先进铸造生产线10条、汽车刹车盘生产线及工业机器人生产线100条。项目于2016年7月开工建设，计划三十个月内完成。2016年，完成430亩土方铺垫。项目全部建成后，可年产100万吨高端铸造、3000万套汽车刹车盘、1.5万台数控机床和工业机器人，可实现年销售收入50亿元、利润5亿元、税收1.5亿元，解决2000余人就业。

【宁夏菲斯克汽车轮毂轴承制造项目】项目位于嘉宝轻纺工业园区，占地66548平方米，其中建筑面积70140平方米。项目工程概算总投资33000万元，主要建设4栋生产车间、办公检测大楼及其他附属用房。计划购置安装配套生产设备400台套。其中，全自动数控磨床150台、数控车床200台。工程于2014年3月开工建设。2016年，完成全部生产车间、办公检测大楼其他附属用房及基础设施建设，配套安装生产设备300台套，其中包括100台全自动数控磨床和150台数控车床，是年完成工业总产值3亿元。项目全部建成后，可年产15000万套深沟球轴承车、5000万套圆锥滚子轴承车件。70%产品定向出口美国、南美、意大利、英国、法国、捷克、及西亚和中东等20余个国家和地区。可实现年销售收入35000万元、利税3500万元。

【宁夏苏锡光电铜业科技有限公司铜铝材质漆包线生产加工项目】位于嘉宝轻纺工业园区。项目建设总占地面积585亩。其中建筑面积18.5万平方米。计划投资25亿元，建设8个高精特独立工厂区。工程分两期建设完成。2017年，公司计划投资10亿元，新建4栋8万平方米生产车间、2万平方米办公综合楼及生产附属设施，安装拉丝机、漆包线生产线14条。截至8月底，一期项目四栋厂房建成并投入使用。

（经济技术合作局）

青铜峡市2016年规模以上工业企业名录

表10-1

序号	企业名称	企业负责人	
		姓　名	职　务
1	青铜峡铝业股份有限公司	刘　丰	董事长
2	宁夏大坝发电有限责任公司	黄　涛	总经理
3	宁夏大唐国际大坝发电有限责任公司	李日龙	董事长
4	宁夏中航郑飞塞外香清真食品有限公司	胡学文	总经理
5	青铜峡通润铝材有限责任公司	王爱东	总经理
6	青铜峡铝业发电有限责任公司	楼小明	总经理
7	宁夏青铜峡水泥股份公司	王常军	总经理
8	宁夏普华冶金制品有限公司	刘成平	董事长
9	中电投宁夏能源铝业青鑫碳素有限公司	吴卫国	总经理
10	黄河上游水电开发有限责任公司宁电分公司	席明强	总经理
11	国电电力宁夏风电开发有限公司青铜峡分公司	杨志旗	总经理
12	宁夏青铜峡宁电风光能源有限公司	吴子英	经　理
13	宁夏天净风力发电股份有限公司	何　深	董事长
14	宁夏青铜峡赛马混凝土有限公司	马海军	总经理
15	宁夏大唐国际青铜峡光伏发电有限责任公司	李日龙	董事长
16	华能青铜峡新能源发电有限公司	姬学海	总经理
17	宁夏大唐国际青铜峡风电有限责任公司	任　宦	经　理

青铜峡市2016年规模以上工业企业名录

续表10-1

序号	企业名称	企业负责人	
		姓　名	职　务
18	中广核太阳能(青铜峡)开发有限公司	李国庆	总经理
19	中盐宁夏金科达印务有限公司	苗德雨	董事长
20	宁夏金昱元化工集团有限公司	代良云	董事长
21	宁夏可可美生物工程有限公司	许争鸣	总经理
22	宁夏玉蜜淀粉有限公司	周树文	总经理
23	宁夏法福来清真食品股份有限公司	朱军林	董事长
24	宁夏青铜峡市西夏贡米有限公司		
25	宁夏家道回乡农业开发有限公司	何兰兰	总经理
26	宁夏宁朔香粮油食品有限公司	王复兴	总经理
27	青铜峡市叶盛地三米业有限责任公司	荀振林	经　理
28	宁夏鑫德粮油工贸有限公司	白　成	经　理
29	宁夏青铜峡市叶盛米业有限公司	包立新	经　理
30	青铜峡市清真食品有限责任公司	李建斌	董事长
31	青铜峡市明珠园清真食品乳业有限公司	李建斌	总经理
32	宁夏宁园果汁有限公司	李建斌	总经理
33	御马国际葡萄酒业(宁夏)有限公司	尹向彬	总经理
34	宁夏青铜峡市禹皇酒庄有限公司	李文军	经　理
35	青铜峡市林盛皮毛有限责任公司	马兴林	总经理
36	青铜峡市兴泰皮草有限责任公司	马兴刚	总经理
37	青铜峡市祥云皮草有限责任公司	马兴祥	总经理
38	青铜峡市金顺皮草有限责任公司	马金林	总经理
39	宁夏国平油脂有限公司	马建国	经　理
40	青铜峡市绍平粮油有限公司	何少军	总经理
41	青铜峡国雄饲料有限公司	浦　彬	总经理
42	青铜峡市佳美纸业有限责任公司	马祖国	总经理
43	青铜峡市众乐乳业有限公司	满跃刚	总经理
44	青铜峡市忠盛工贸有限公司	马兴忠	总经理
45	宁夏青铜峡市绿源清真食品有限公司	王建兵	总经理
46	青铜峡市奥丰皮草制品有限公司	马志忠	总经理
47	宁夏伊瓶香粮油食品有限公司	马金柱	总经理
48	宁夏天和顺米业有限公司	蒋永林	总经理
49	青铜峡市盛祥裘革制品有限公司	马兴忠	总经理
50	宁夏锦玉清真肉食品有限公司	杨　军	总经理
51	青铜峡市华峰塑胶有限公司	王瑞红	总经理
52	青铜峡市升华化工有限公司	吴运高	总经理
53	青铜峡市环宇化工有限公司	郑晓峰	总经理
54	宁夏天峰化工有限公司	纳学山	董事长
55	宁夏骏马化工有限公司	查志庆	总经理

青铜峡市2016年规模以上工业企业名录

续表10-1

序号	企业名称	企业负责人	
		姓　名	职　务
56	宁夏沃野肥业有限公司	周树文	总经理
57	宁夏东吴农化有限公司	吴根龙	董事长
58	宁夏青龙塑料管材有限公司青铜峡分公司	陈家兴	董事长
59	青铜峡市华龙塑料工业有限责任公司	董文华	总经理
60	青铜峡市华泰塑料工业有限责任公司	周光宁	董事长
61	宁夏华泰塑料管业有限公司	周　立	总经理
62	宁夏青龙管业股份有限公司	陈家兴	董事长
63	青铜峡市青龙新型管材有限公司	陈家兴	董事长
64	宁夏西夏天杰水泥有限公司	李维齐	总经理
65	宁夏西夏水泥砼业有限公司	李维齐	董事长
66	青铜峡市西夏水泥有限公司	王治庆	总经理
67	青铜峡市恒源建设有限公司砼业分公司	刘惠银	总经理
68	青铜峡市富安隆建材有限公司	代良鑫	总经理
69	青铜峡市睿伸新型建材有限公司	代良鑫	总经理
70	宁夏青峡实业有限公司	徐志强	总经理
71	宁夏丰运建材有限公司	李自学	经　理
72	宁夏青铜峡市西夏科润建材有限公司	郭广田	经　理
73	宁夏锦泰新材料有限公司	袁　斌	总经理
74	青铜峡市东孚环保科技有限公司	袁　斌	董事长
75	青铜峡市中源铝材有限公司	王　雷	总经理
76	宁夏青鹏铝材节能产品工贸有限公司	张生明	经　理
77	宁夏盛远新型建材有限责任公司	王　鹏	总经理
78	宁夏沅江工贸有限责任公司	郭　辉	总经理
79	青铜峡市宏泰石业有限责任公司	丁冬梅	总经理
80	青铜峡市凯旋商贸有限公司	哈颜波	总经理
81	青铜峡市华强工贸有限公司	高　华	总经理
82	青铜峡市盛通再生资源有限公司	皇甫海贵	总经理
83	宁夏嘉祺隆冶金化工集团有限公司	孙建设	总经理
84	宁夏源冶盛工贸有限公司	王学斌	经理
85	宁夏银熠物质循环利用股份有限公司	周洪银	总经理
86	青铜峡市利源工贸有限公司	张春平	总经理
87	青铜峡市燕赵有色金属冶炼有限公司	张春平	总经理
88	宁夏和兴冶金耐火材料有限公司	顾　平	董事长
89	宁夏勤昌滚动轴承制造有限公司	陈玲芳	总经理
90	宁夏金环轴承制造有限公司	曹文敏	总经理
91	宁夏天马滚动体制造有限公司	王伟成	总经理
92	宁夏菲斯克汽车轮毂轴承有限公司	沈国海	总经理
93	宁夏鸿亚特种钢管有限公司	沈国海	总经理

青铜峡市2016年规模以上工业企业名录

续表10-1

序号	企业名称	企业负责人	
		姓　名	职　务
94	宁夏众虎机械制造有限公司	张耀团	总经理
95	宁夏新大众机械有限公司	郭生海	经　理
96	青铜峡市民乐农业机械有限公司	茂国军	总经理
97	宁夏银河钢塑滴灌设备有限公司	秦立华	经　理
98	青铜峡市银河钢塑管材有限责任公司	秦立华	经　理
99	宁夏塞上阳光太阳能有限公司	罗　予	董事长
100	宁夏润昌实业有限公司	顾永辉	总经理
101	青铜峡市强力塑料包装制品有限公司	李学东	总经理
102	宁夏青铜峡绿源塑胶有限公司	陈继安	总经理
103	青铜峡市城市公用事业服务中心	铁　彬	主　任
104	青铜峡市金龙碳素化工公司	邵新潮	经　理
105	青铜峡市新丰石化有限责任公司	蔡青峰	总经理
106	宁夏蓝伯碳素有限公司	项军红	总经理
107	宁夏森源印务有限公司	史建云	总经理
108	宁夏威格瑞斯电力有限公司	杨宗文	总经理
109	青铜峡市瑞通支撑剂有限公司	吴泽民	总经理
110	青铜峡市德诚门窗制作有限公司	贾学武	总经理
111	宁夏兴豆缘清真豆制品有限公司	张桂琴	总经理
112	宁夏塞佰果食品有限公司	蔺满洋	总经理
113	青铜峡市甘城子葡萄酒业公司	吴海军	总经理
114	宁夏津品粮油食品有限公司	陈新华	总经理
115	宁夏其乐清真食品有限公司	丁　涛	总经理
116	宁夏青铜峡市地三广源米业有限公司	崔志有	总经理
117	青铜峡市叶升智龙米业有限公司	叶学智	总经理
118	宁夏利农农机制造有限公司	白志林	总经理
119	宁夏福宁木业有限公司	李　昕	总经理
120	宁夏嘉华化工有限公司	邴亚菲	总经理
121	宁夏京成天宝饲料添加剂有限公司	季　群	总经理
122	宁夏冠锐种业科技股份有限公司	方忠臣	总经理
123	宁夏仁和纺织科技有限公司	宋洪臣	总经理
124	宁夏鑫电铝合金线缆有限公司	陈　辰	总经理
125	宁夏苏锡光电铜业科技有限公司	许　强	

QINGTONGXIA YEARBOOK

商贸服务

编辑◎杜文君　丁　丽

供销

【概况】2016年，青铜峡市供销合作社同时加挂“青铜峡市农村合作经济组织联合会”，“青铜峡市农民经纪人协会”牌子。市供销合作社三牌合一。现有社属企业4个、基层供销社7个。职工48人。7月，市委、政府印发《关于深化供销合作社综合改革的意见》，市供销合作社按照事业单位法人注册登记相关规定，完成机关法人登记注册。年内，全市供销工作坚持做好农业生产资料储备和供应工作，引领、指导农村合作经济组织发展，组织开展农产品经纪人培训，申报供销总社项目资金，扶持基层合作组织加强基础设施建设，加强农资配送中心和基层经营服务网点建设，与宁夏捷智通联合成立电子商务公司，网上销售特色农产品。全年完成销售总额3700万元，完成目标任务103%，实现利润11万元。全市种植、养殖、加工、农产品流通、劳务输出、农机服务等多家合作服务行业销售农产品18万吨，购销额8.2亿元，助农增收3500余万元。青铜峡市盛合农作物合作社被中华全国供销合作总社评为“农民合作社示范社”。宁夏中航郑飞塞外香清真食品有限公司“塞外香”品牌被中国农产品流通协会评为“2016年度中国百强农产品好品牌”。丰叶供销有限责任公司被自治区农牧厅、工商局评为全区“农资经营示范店”。市供销社统计员金萍被评为“2015年度全国供销合作社系统统计同工种竞赛先进个人”。

【农资储备库和基层供销社建设】年内，市农业生产资料有限公司，完善配送中心4个化肥储备库服务功能，改造提升8个镇级农资中心店和30家村级农家店。市丰叶供销有限责任公司加强叶盛镇农资配送中心及村级连锁经营网络建设。叶盛、峡口等基层社开展送肥下乡，为种植大户及困难户提供赊销农资商品，代储种子、化肥，免费包衣拌种、拆袋称斤零售等便民服务；设立综合服务社，开展农机具租赁、电信代办、农业技术咨询及信息服务、幼教、餐饮等综合服务。

【生产资料储备和供应】以市农资公司配送中心4个大型农资储备库为龙头，完善批发、配送功能，以基层供销社40个化肥连锁零售店为前沿，建立农资流通配送网络，淡储旺供，稳定市场，保证农业生产供应，平抑化肥价格，保护农民利益，为全市农业生产用肥提供充足货源和保障。

【日用消费品经营配送】协同指导市工业品有限责任公司改造提升市级日用消费品配送中心和100家农家店，完善连锁配送经营服务，让农民群众和社区居民在家门口享受安全、优质商品和良好消费环境。

【烟花爆竹经营管理】监督、指导市工业品公司做好烟花爆竹连锁配送和安全经营管理工作，举办全市烟花爆竹安全经营管理培训班，邀请自治区鞭炮公司、市安监局专业人员开展从业人员安全培训，提高烟花爆竹市场经营管理水平，保障节日期间全市烟花爆竹安全供应。

【农合组织服务】参加全国农产品网上交易会，帮助广武学锋林果、大坝燕军、甘城子山果、叶盛华标等基层流通型农民专业合作社在新农村商网和宁夏合作网上发布销售信息，拓展青海、新疆及尼泊尔等国家和地区销售渠道，带动农民增收。协调指导众禾农机服务合作社、汇丰源农机服务合作社、华标设施园艺合作社开展土地流转托管、统防统治等服务，帮助"红十月"葡萄等合作社在银川、吴忠等地批发市场设立销售展位，展示和销售蟹田有机大米、苹果、葡萄、皇冠梨等优质特色农产品，提高特色农产品知名度。完善供销合作总社项目库，组织全市10余家龙头公司、农民专业合作社，申报规模化种养基地、特色农产品深加工、农资现代流通服务设施、农产品经营网络设施、再生资源回收利用网络设施、电子商务平台体系建设等20个重点项目。

【经纪人队伍建设】年内，举办12期农产品经纪人培训班。聘请区、市专家系统讲授《农民专业合作社法》《农产品经纪人基础知识与实用技能》及优质瓜菜、苹果、葡萄管理技术，病虫害防治，水果套袋、果树改型技术，农产品流通、测土配方施肥知识，90余人参加培训。协助自治区供销社，办好第九期全区高级农产品经纪人培训班。120余人农产品经纪人参加。培训期间，参训人员实地观摩叶盛镇五星村土地股份合作社、鑫茂源物流合作社、青铜峡淘宝服务中心，提高合作经济组织整体管理水平和综合营销素质。参训学院经考试合格全部取得人力资源和社会保障部、中华全国供销合作总社联合颁发的《合作经济高级管理师证》《农产品经纪人职业资格证》证书。（梁建宫）

盐业

【概况】2016年，宁夏盐业公司青铜峡分公司积极应对盐业体制改革，以保证市场供应为根本点，以加强市场管理为基础，围绕年度目标任务，调结构、促销售、增效益。全年实现主营业务收入587.28万元，完成年计划630万元91.79%，同比增长14.74万元；多种经营销售收入54.53万元，比2015年同期下降30.37万元，主要是白糖销售量下降，完成年计划80万元68.16%。毛利额160.36万元，同比增长9.37万元；毛利率27.85%，增长0.86个百分点。费用总额181.65万元，同比增加10.92万元；费用率31.55%，同比上升1.04个百分点，比区公司下达计划26.83%上升4.72个百分点。实现利润总额-24.55万元，比2015年同期-8.9万元增亏15.65万元。全年购进盐产品3014.5吨，销售各类盐2902.6吨，比2015年同期减销237.2吨。其中，食用盐销售1010.6吨，同比减少39.6吨，完成全年计划1060吨95.34%；畜牧用盐销售663吨，同比减少10.9吨，完成全年计划680吨97.5%；工业盐销售1229吨，同比减少186.7吨。

【盐品结构调整】加强食盐市场服务，制定合理有奖销售办法，激励客户由天然湖盐转向深井岩盐销售。年内，签约销售合同18份，销售320克规格深井岩盐285.9吨。11月，进行零售终端访查铺货，取消40家食盐代批点资格。

【网点建设】至年底，公司在册登记网点776家。其中，食盐零售网点495家、餐饮业239家、大中小食堂及职工灶20家、食品酱制品加工业22户。

【畜牧盐销售】实施畜牧盐、食用盐和工业盐同考核同奖励，按月下达任务兑现绩效工资，调动畜牧用盐销售积极性。开展逐户走访活动及时掌握市场动态和客户需求。根据峡口皮草加工企业和宁夏顺宝现代农业有限公司用盐销售下降实际，公司加强与青铜峡国雄饲料公司沟通联系，全年青铜峡国雄饲料公司销售畜牧用盐392吨，比2015年336吨增销56吨。

【工业盐销售】抓好工业用盐大户，稳定销量，年初与直供盐企业青铜峡铝业集团签订供货协议。准确把握工业盐供应价格相关规定，开展小工业用盐户全面普查工作，建档立册登记28家，根据各个企业实际情况采取一厂一策一价格营销措施，稳定客户。针对工业盐价格放开、个别用盐企业使用私盐实际，采取措施积极开拓市场，全年增销工业用盐96吨。

【非盐产业】明确经营定位，确立白糖、

苏打销售为主攻市场，结合青铜峡多家月饼、糕点厂制作食品需求，全年销售白糖51吨、苏打55吨，苏打销量同比增长42吨。根据企业实际情况和市场行情及发展趋势，及时调整产品销售结构，采取以销售盐产品促进非盐多销方式清理库存，加速资金周转，缩短商品运转周期，减少经营风险。年初，压库降存13万元。

【货款回笼】全年各类盐品购进402.82万元，回笼盐款405.08万元，回款率100.56%，同比增加22.02万元。应收账款期初余额40.2万元，通过清收宁夏普华冶金制品有限公司历史欠款25万元、宁夏东吴农化有限公司历年欠款10万元，年末应收账款余额26.69万元。

【市场监管】强化盐政日常监管，开展食盐市场集中检查。每季度不定期按照“严、细、深、实”要求，对辖区内进行拉网式检查治理。全年查获违法案件16起，没收违法盐产品38374.6千克，罚款946元。

烟 草

【概况】2016年，销售卷烟8859.8箱，比2015年10014.4箱下降11.5%。实现毛利5151.3万元，比2015年5626.2万元下降8.4%；条均价94元，同比96元下降2元。客户平均毛利率达到14.57%，客户月均毛利额2313元，累计建成现代功能终端156户，占比达到13%。

【客户管理】深挖消费信息，把握消费趋势，针对不同市场需求，分类实施投放，重点挖掘外训部队、供港蔬菜基地销售潜力。年内，制定一次性客户投放办法243次，为外训部队供货客户加访24次187箱。比对分析不同价格类卷烟市场，加强低档卷烟货源投放力度，满足低端客户群体需求。加强市场调控，规范经营行为。了解临近县市供货情况，做好辖区周边客户供应，在货源动态调整和客户加访前与营销中心、内管部门沟通做好相关备案。

【终端建设】加强零售终端建设，坚持以“争优创先”激发终端。组织终端客户参加宁夏客户服务平台开展卷烟陈列、有奖知识问答等活动，提高客户对现代终端认同感；以“互动交流”推进终端，组织区域内零售客户实地走访典型客户，相互学习，共同分享优秀客户经营理念、经营手段、经营技巧；以“以点带面”发展终端，选树培育终端典型，将现代终端由城区、城镇向乡村发展，带动周边部分客户主动改善店堂环境，参与现代终端建设；以“现代工具”提升终端。将进销存系统作为客户经营工具，发挥系统“扫码销售”诚信作用和“经营提醒”激励作用、“报表分析”指导作用、“消费跟踪”提醒回访作用，提高服务消费者意识，扩大固定消费群。

【客户服务】加强绩效考核管理，将终端建设工作纳入月度重点，月底抽取一定比例客户，从“库存相符率、店堂环境改善、基础服务达标率及异常问题处理及时性”四个维度展开滚动检查考核，杜绝“重销量、轻终端建设”现象，提醒客户经理对照本区域先进人员，分析工作中存在不足，学习借鉴好的工作经验，提高自身工作水平。同时，改进终端建设，通过对区域市场督导，查找终端建设存在不足和问题，认真梳理分析，及时召开会议，确保现代终端建设工作有序推进。

【内部监管】推行标准化监管工作模式，紧盯内部源头防范和市场终端监控两个关键环节，落实同级监管职责。加强高价位卷烟、宣传促销、动态调整、客户经理行为等重点环节监管，抓好内管系统预警处理，采取对比销售数据、核实客户基础信息、实地走访调查及启用内管员、市场管理员实地核查方式，提高监管效率。全年处理内管信息系统各类预警3531起，启动调查核实程序141起，实地核查率达到4%。开展卷烟营销方案和货源投放策略执行情况监督检查，加强非法流出数量较大品牌真烟、重点敏感品牌、四五类顺销品牌等货源投放情况监督检查和跟踪验证，把好货源投放关。年内，向营销部门下发规范经营建议通知书11份、建议25条、工作咨询函1份、工作信息反馈单73份，建议和反馈信息均得到整改落实。

【专项整治】突出重点区域、重点客户，开展“维权使命2016-Ⅰ号”“卷烟市场保卫战2016-Ⅰ号”专项行动，紧盯货源投放、客户重点品牌订购情况，关注卷烟销售动向，严防卷烟外流。会同市场监督管理部门，查处无证经营行为，定期互通市场信息，做到及时发现及时清理。采取“弹性错时工作制”，对销售异常重点对象、重点部位、重点环节、重点地区实施重点监管，依法查处违法违规经营行为，堵住非法卷烟流入口子。准确分析信息数据，履行内部监管职责，从控源头入手，加强重点品牌监控，强化对货源投放环节检查，将监管工作重心放在卷烟市场，通过社会库存调查、专项调研等方式，排查核实不规范经营线索问题，确保卷烟经营秩序规范稳定。协调交通、交警、铁路部门，开展辖区内各交通要道、铁路客运联合检查，防止非法卷烟利用公路、铁路等运输渠道进行运输中转和分销。

【市场监管】运用“分析、计划、检查、处理(“APCD”)”提高市场监管效率，通过“分析、计划、检查、处理”四个环节，带着“问题”下市场，发挥市场监管员市场监管职责，提高监管市场规范化、标准化工作水平。全年查处案件104起，简易案件53起，一般案件51起。涉案金额52.74万元，查获卷烟41.54万只，上缴罚没款3.42万元。在网络案件追溯过程中，引入提前介入机制，协调检察机关提出侦查取证建议和意见，及时引导公安机关收集、固定和甄别证据，重点监控淘宝、微信、QQ、陌陌等互联网售假渠道发布假烟信息广告，打击利用微信、互联网等销售假冒卷烟的违法行为。

邮政快递

【概况】2015年，青铜峡市邮政分公司坚持改革创新，加快转型发展，企业发展平稳。全年实现业务收入1012.8万元，同比增长29.7%，收入增长位居全区23个县市分公司第二。代理金融余额达到2.04亿元，年净增5523万元，辖区市场占有率从年初1.9%提高到2.45%，新增市场占有率12.2%；新增保费规模1906万元，全年理财保有量新增3814.41万元。各项成本支出、欠费率控制在区市分公司管控范围内；企业人均劳动生产率13.3万元。

【经营发展】搭建综合服务平台，优化窗口平台服务功能，实现金融、邮政、代收付等多项业务综合服务功能。以客户为中心，开展走访外拓宣传厅堂活动，促代理金融业务快速发展，实现客户量质提升。整合开发包裹业务市场，提高收发时效，包裹市场份额达到22.7%。

【集邮业务】开展集邮文化季活动，抓好生肖贺岁邮品销售、门店营销+库存盘活营销、热销邮品线上预订三项工作，全年实现销售收入110万元。

【报刊发行】做好收订渠道建设和校园报刊发展，配合市人民政府搞好“全民阅读书香青铜峡”活动，全年实现业务收入84.15万元。

【函件传媒】以儿童剧商演、状元大讲堂、产品销售为重点，全年开发社保账单等项目16个，实现收入42万元。

【电商分销业务】根据全区统一营销项目，做好线上代订和线下寄送工作，全年实现销售额41.7万元。依托国税“双代”业务发展，全年累计代征税款8734笔、代征金额1216万元，实现收入23.3万元。

【精细化管理】开展减员增效工作。抓好员工绩效管理，通过定岗定编、规范部门设置实现综合管理、营销能力提升。严格财务管理，强化安全管理，全年重点考核指标达到考核要求，未发生较大资金、车辆、人身安全事故，各网点运行正常。

房地产

2016年青铜峡房地产项目投资情况

单位：万元

项目名称	归属法人单位详细名称	计划总投资	自开始建设累计完成投资	剩余投资	本年完成投资	本月完成投资额
青铜峡学府壹号二期	银川三建房地产开发有限公司	3100	2610	490	2610	
黄河外滩国际大酒店	宁夏上陵房地产开发有限公司	35000	33249	1751	1600	
黄河外滩一期住宅	宁夏上陵房地产开发有限公司	66506	66550	-44	5000	
金岸一品一期	银川开发区宏建房地产开发有限公司			0		
金岸一品二期	银川开发区宏建房地产开发有限公司	15000	15169	-169		
云天华府住宅小区	宁夏云天房地产开发集团有限公司	25000	32622	-7622	1500	
星河尚城	宁夏新家源集团房地产开发有限公司	8395	9685	-1290	10	
金昱元水岸住宅小区	宁夏吴忠康定达开发有限公司	42000	29058	12942	7200	
英伦庄园	吴忠市永昌房地产开发有限公司	24896	24840	56		
青城印象	宁夏长和房地产开发有限公司	27600	17714	9886	7000	
兴业泰盛源综合楼	青铜峡市兴业房地产开发有限责任公司			0		
东港华庭住宅小区	青铜峡市兴业房地产开发有限责任公司	15000	9694	5306		
兴业尚景园住宅小区	青铜峡市兴业房地产开发有限责任公司			0		
金域水岸	青铜峡市鸿翔置业有限公司	28000	28000	0		
塞纳庄园住宅小区	宁夏思润房地产开发有限公司	25000	25311	-311	5500	
大成·欧景名邸	宁夏双合房地产开发有限公司	20000	22943	-2943	55	5
大成·欧景花园	宁夏双合房地产开发有限公司	23000	24343	-1343	183	5
大成·蓝色港湾	宁夏双合房地产开发有限公司	59800	49978	9822	9088	5
青铜峡市小坝南市场综合改造项目	青铜峡市葡中实业投资有限公司			0		
永庆家园小区工程	青铜峡市城建综合开发公司			0		
金岸城市花园	青铜峡市城建综合开发公司	45000	30417	14583	2050	
和府住宅二期建设工程	宁夏名达房地产开发有限公司	1650	1650	0	1650	
阳光·香溪苑住宅小区	宁夏阳光置业有限公司	20000	20994	-994		
青铜峡市汇众商务写字楼公寓住宅	宁夏青铜峡市汇众房地产开发有限公司			0		
华福盛世小区一期	宁夏华福房地产开发有限公司	7000	7215	-215		
华福盛世小区二期	宁夏华福房地产开发有限公司	8800	8800	0	4150	
龙海花园小区	青铜峡市恒源房地产开发有限公司	68710	67357	1353	13000	
龙海天景美邸	青铜峡市恒源房地产开发有限公司	30000	32377	-2377		
龙海碧水蓝天	青铜峡市恒源房地产开发有限公司	18000	16700	1300	12500	
龙海塞上江南	青铜峡市恒源房地产开发有限公司	78000	70955	7045	10000	
欧蓓莎商海城一期	宁夏欧蓓莎置业有限公司	47000	46987	13	7	0
欧蓓莎商海城二期	宁夏欧蓓莎置业有限公司	25000	1469	23531	249	0
名峡人家住宅小区	青铜峡市圣华伟业房地产开发有限公司	36000	33331	2669		
圣华购物中心建设工程	青铜峡市圣华伟业房地产开发有限公司	32000	14780	17220	14780	
		835457	744798	90659	98132	15

QINGTONGXIA
YEARBOOK

城乡基础设施

编辑◎杜文君　丁　丽

城市建设

【概况】2016年，住房和城乡建设局按照市委、政府《关于开展项目建设“双百”行动责任制限时制的通知》要求，抢抓“两区”建设机遇，推动住房城乡建设转型升级，实施规划引领、美丽乡村、保障性住房、城乡基础设施、老旧小区综合改造、东区房地产存量盘活等城乡建设“十大工程”，年初确定的21个城乡建设项目全面完成，完成总投资32.5亿元，新建续建各类建筑面积70.6万平方米，城市化率达到57.8%。

【城乡规划管理】开展城市控制性详细规划(城市设计)规划编制工作，制定《开展宁夏空间发展战略规划体系规划编制工作实施方案》，配套编制城市中心区、河东河西控制性详细规划70.9平方千米、小城镇控制性详细规划7.25平方千米，测绘城市及小城镇地形图78.15平方千米。

【空间规划试点改革】印发《青铜峡市推进吴忠市空间规划(多规合一)改革试点工作实施方案》，成立领导小组。召开工作推进会议。年内，协调22个各成员单位按照广州规划设计院提供资料要求收集基础资料，提供1:1000数据地形图。

【城乡规划审核审批】开展中心市区城市地下管线普查工作，普查各类地下管线约894.62千米；完成图根平面测绘550点、四等水准测量21千米；管线点测量54260点。收集地下管线综合规划基础资料，按照项目报建要求，召开建设项目规划评审委员会6次、审定项目93个，办理选址意见书45件、规划设计条件书52件、用地规划许可证33件、建设工程规划许可证72件、施工许可证119件、乡村规划许可证17件。

【建筑市场管理】整顿规范建筑市场秩序，全年办理施工许可证119项，总投资6.7亿元，房屋建筑面积33.4万平方米，收缴农民工工资保证金1529.44万元，收缴率96%。进行项目工程招投标151个(含其它行业)，中标价3.93亿元，开展在建项目3次综合执法检查、5次质量安全检查及建筑施工工地消防、防尘、农民工工资、食品卫生、起重设备专项检查。对未办理施工许可证、擅自开工建设22家建设单位、房地产开发企业实施行政罚款，罚金47.5万元。年内，检查涉及建设单位34家、监理公司14家、施工企业15家。下发停工通知书20份，当场处罚决定书15份。对3名总监理工程师、10名建造师发出不良行为扣分告知书。按照《宁夏建筑工程安全生产标准化实施指南》有关规定，要求建筑面积达到2000平方米以上建筑施工现场必须达到自治区或吴忠市标准化工地。年内8个开工项目施工环境达到吴忠市标准化工地、3个开工项目施工环境达到自治区标准化工地。

【城市综合执法管理】全年查处违反城乡规划建设管理的违法违章行为17起，罚款金额3.6万元，涉及违章建筑面积4713平方米；结合全市违法建筑“百日专项整治”活动开展，查处近年违反城市规划建设管理违法建设行为13起，组织人员集中拆除7起，拆除面积980平方米；整治乱摆摊设点累计1800余处、店外延伸摊点800余处。会同市场监管、卫生、环保、公安等部门在城区规划夜市烧烤啤酒摊7处，引导规劝沿街占道开设经营露天餐饮排档8家；清理夜间违章占道烧烤140余处，暂扣经营工具(物品)89件；查处永庆街、汉坝街、建民街、西、北环路等路段违章占道从事电焊加工制作、修理、堆放建材、修车、洗车等违章行为410余处，发放限期整改通知256份；清理沿街门店破旧条幅以及零星广告1500余处、门店铺设破旧地毯及私自设置的宣传喷绘布34处，治理城市卫生死角120余处，拆除不符合城市容貌标准超高、超大、陈旧、破损广告牌418块，督促沿街商户自行更换牌匾87块，审批新装修门头牌匾19块，清理沿街门店张贴对联、宣传小广告及建筑物乱贴乱画、乱涂乱写广告2万余处。

【市政环卫】在小坝中心市区采用“机扫、普扫、保洁、果皮箱清理、流动垃圾收集、管理人员巡回检查”街道清保作业“六合一”管理模式，推行规范作业、垃圾处理无害化。城乡生活垃圾处理率达到92.5%以上；开展城市亮化节能降耗工作，狠抓亮灯率、完好率、启闭准时率三项指标，对全市9033基120807盏路灯通过路灯远程控制系统实现路灯智能化管理；加强路灯巡检维修，全市路灯亮灯率达到98%以上；全年疏通雨水篦子46处，维修下水井、雨水篦子85个，疏通化粪池22座，维修果皮箱165个、公共垃圾站点24处。

【建筑工程质量安全监管】年内，监督工程219项，建筑面积55万平方米。其中上年结转工程90项，建筑面积25万平方米；新开工程129项，建筑面积30万平方米；竣工验收工程90项，建筑面积36万平方米；竣工备案工程172项，建筑面积73万平方米。工程质量监督覆盖率达100%；竣工验收工程备案率90%，备案工程合格率100%。下发质量安全整改通知书400余份，全年未发生建筑安全生产事故。

【建筑节能及墙改工作】推广散装水泥应用工作。按照《节约能源法》《民用建筑节能条例》《民用建筑节能信息公示办法》要求，从工程设计、施工、监理、到竣工验收全部进行备案，凡不符合建筑节能标准设计图纸，不予通过设计审查；未通过设计审查建设工程，不予办理施工许可证。在施工过程中，组织质监机构加强检查监督，凡不按图施工建筑节能的，责令改正；凡未实施建筑节能建设工程，不能通过竣工验收，不给予办理竣工验收备案手续。年内，办理建筑节能设计审查备案登记160宗；加强新型墙体材料监管，全市生产新型墙体材料达2.7亿标砖，占全年墙体材料总量的93%，建设工程应用比例92.6%；建成节能建筑394万平方米，全年收缴墙改专项基金90.04万元，基金收缴率达92%。

【房地产开发销售】全年新开工房地产项目6个，开工面积21.17万平方米。实施棚户区改造入户调查登记、丈量1000户，完成投资31744万元；签订拆迁补偿安置协议869户，占总任务86.9%；拆除房屋户数726户，占总任务72.6%；棚改户购买商品住房380套。其中，大坝镇片区入户调查登记、丈量314户，签订拆迁补偿安置协议274户，购买商品住房201套；小坝镇片区入户调查登记、丈量293户，签订拆迁补偿安置协议267户，购买商品住房87套；陈袁滩镇入户调查登记、丈量200户，签订拆迁补偿安置协议161户，购买商品住房52套；老城区片区入户调查登记、丈量193户，签订拆迁补偿安置协议167户，购买商品住房40套。1~9月，全市商品房销售面积19.31万平方米，同比增长12.41%；销售额达到51188.53万元，同比增长19.94%；累计签约1776套，签约面积19.31万平方米，比2015年同期增加196套20188万平方米，签约总金额56526.4万元，比2015年同期增加5253.01万元。全年完成房地产投资72127万元，销售商品住房2150套221450平方米。其中，棚户区改造货币化安置消化360套商品住房39600平方米，比2015年底减少商品房可售面积19.6万平方米。至2016年8月，商品房消化周期为27个月。

【招投标监管】全年监管进场工程招投

标项目151个，中标价3.93亿元。其中，政府投资项目147个，中标价38779万元，节约资金4119万元。

【公租房建设】年内，投资3850万元，完成公租房屋面保温、屋顶挂瓦、SBS防水层、砌体和构造柱施工工作，同时抓好上陵黄河外滩配建440套公租房项目建设管理监督工作，督促开发企业加快公租房建设进度。

【民生工程建设】年内，投资2亿元，实施欧蓓莎商海城38万平方米商贸建设项目；投资6.2亿元，利用宁夏华能大坝发电有限公司余热实施老城区供热基础设施改造项目暖民工程；投资32000万元，实施总建筑面积75000平方米古峡商业中心建设项目；投资6989万元，完成2016年老城区南苑、怡园、汉延、北苑等22个老旧小区90万平方米综合改造民生项目，集中进行供排水、供热管网、安防监控、绿化、道路、照明、出入口、停车场地、充电桩、环境卫生等基础设施和公共服务设施综合整治改造。

【基础设施建设】投资1000万元，实施4.33千米城区道路建设项目；投资4967.66万元，实施青铜峡镇河东区污水处理厂及集污管网工程；投资1280万元，实施惠农渠排水泵站改扩建工程，工程完成年度投资800万元，铺设排水管道3千米，完成泵站土建工作。

【村镇建设】年内，完成镇村体系规划修编、1个美丽小城镇建设、3个小城镇污水处理设施建设、3个美丽村庄及农村环境综合整治污水处理设施建设、899户C、D级危房改造任务。

城市公用事业服务

【概况】2016年，城市公用事业服务公司以重点促全局、以改进促发展、以机制促落实，推动各项工作，供暖实现转型升级，供水优质平稳。截至2016年10月底，全市集中供热面积达523.9万平方米，比2015年同期增长0.7%；实现暖费收入5302万元，同比增长27%。累计售水871万立方米，实现水费收入1655万元，同比增长26%；供水综合漏失率为19%，比2015年下降4个百分点。实现工程收入157万元，比2015年同期增长19%。

【热电联产项目】5月1日工程开工，年内，新建3座隔压站，总面积3028平方米；铺设一二级管网24.6千米；安装三组隔压换热设备及工艺管道，改造电气设备及厂区管网；安装温控阀25841户、流量

控制阀796组、砌筑栋楼采暖入口阀门井111座；改造康乐一区、粮贸、关家园等小区栋楼供暖立管及部分室外供暖系统，更换紫薇、安居工程、怡园、越秀湾、玫瑰苑等小区锁闭阀。10月25日工程完成施工，11月1日正式并网供暖。

【供水基础设施改造】扩建大坝水厂、加压泵站、新材料基地泵站以及农村供水设施，更新兰馨苑、团结巷等11个小区51千米的DN40-DN200供热管道。最大供热负荷达到750万平方米，日供水能力达到6万立方米。

【水质安全监管】利用自治区水利厅农村饮水安全项目资金，做好城乡自来水供水水质安全监管工作，成立水质检测中心，每天坚持对小坝、大坝、青镇3个水厂及农饮水样进行抽样化验，监测22项水质指标。选送水质检测技术人员赴银川、固原等地培训学习。加大水源地建设、维修和保护，按照操作规程做好滤池、软化设备及二级泵操控，确保水质合格、水压达标。强化生产调度，加强管网巡线和抢修维护，增置抢

修设备，供水突发事故处置及时率达到100%。年内，解决自来水爆管漏水事故600余起，未发生大面积停水停暖事故。

【供暖质量】利用修暖时间，做好4个供热站、76个换热站供暖设备维修保养，成功启动热电系统。11月1日、6日和11日，4个隔压站相继并网运行。加强收费员、维修工温控阀、流量阀调控技能培训，合理调整用户系统供热温度。加强与宁夏华能大坝发电有限责任公司联系，及时做好生产调控问题沟通工作，确保热点供热系统稳定运行。选取2000户居民作为试点，建立热计量收费平台。居民室内温度比2015年提高2-3℃。

【客户服务】①整合业务，提升效率。将4个供热站收费业务分离出来，合并成立暖费收费所，实行供热包片责任制。将供热站维修工充实到暖费所，制定管理措施，实现收费和维修统一，解决推诿扯皮和维修质量不高问题。②创新升级，方便群众。建立中心网络化服务信息管理平台，准确掌握维修及时率、用户满意率等各项数据指标；创新水费收费模式，增加第三方支付渠道，推出银企通、支付宝、微信支付等几种网络缴费方法，方便使用户交纳水费；安排值班人员24小时接听用户报修电话，组织维修人员随时解决用户突发用暖事故；建立健全监督制约机制，跟踪核实用户服务质量，对违反服务规范责任人进行通报处理；开展用户"大回访"活动，全年回访用户3万户，解决群众用水用暖热点难点问题180余个。③重视信访，化解矛盾。年内，答复上级部门转办件16个，接待来访用户200余人。

【供水承包经营】以供水部门为试点，实行供水经营指标内部承包责任制，把供水量、售水量、抄表率、漏失率、回访率、办结率、满意率等作为考核指标，明确"包""保"责任，当月兑现奖罚。

【暖费促收活动】总结往年暖费促收经验，在东街建设新的收费大厅，启用微信交费系统。截止10月底，一次性交清暖费居民25606户，约占全部用户的53%。

【职工培训】加大生产一线职工培训，利用5月份检修与建设间隙期，先后从银川、吴忠及青铜峡市司法局聘请老师、专家举办7期机关讲堂和专业知识培训班。

【宣传工作】年内通过电视台宣传供热供水工作7次，在青铜峡政务网报道热电联产项目4次，中心微信公众平台发布项目实施情况11期，设计宣传围栏标语260块。开展"风采展示"活动。有16名职工和3个科室先进事迹以"职工风采"和"部门风采"形式在微信平台上播出。

【安监工作】构建"3+2"网络化监管体系，组织协调安监员做好经常性自查，中心做好绩效管理、职能科室做好经常性监管、值周小组强化每日督查、包站小组加强巡查。坚持每月安全大检查和夜间查岗制，消除各种安全隐患。在热电联产项目中，安排专人对各个生产场所、施工工地和重要环节进行盯防，从运输、吊装、高空作业、用电、安全围栏设置、占道施工、交通安全等方面，随时到现场巡查，发现并杜绝各种安全问题。

【存在问题】①新建楼房平均入住率不到50%，小坝城市东区房地产开发企业拖欠供暖增容费情况普遍，供暖供水市场拓展缓慢，经济效益受到较大影响。②小坝城区各老旧小区供热二次网平均使用年限超过15年，锈蚀破损严重，小区物业公司和业主不履行维修责任，中心负担较重。③热电联产已投入运行，供热生产方式发生根本变化，企业管理职能面临较大调整。④保障性住房拖欠暖费情况严重。⑤专业技术人员严重匮乏，精细化管理和服务还不到位。

城乡供电

【概况】2016年，国网青铜峡市供电公司以“严管强基，转风树形”为主线，加强企业文化建设，深化安全生产管理，优化企业供电服务。积极打造“‘源’动古峡”品牌，获宁夏供电公司卓越企业文化建设成果“最佳发布奖”。全年投资6059.59万元，组织城农网工程项目施工47项；销售电量60.47亿千瓦时（含青铜峡铝厂）；完成春节、“两会”、中高考及“阿迪力挑战黄河大峡谷极限之旅”等32项重要保电任务。累计实现长周期安全运行6062天。在年度县公司同业对标中，位列全区18个县公司第一，获管理对标和业绩优秀两个标杆。连续6年实现同业行风评议第一名，被评为“青铜峡支持地方经济发展先进单位”。

【安全生产】全年执行检修计划199项，完成55条10千伏配电线路综合检修工作。组织开展春（秋）季安全大检查、配网深度隐患排查治理及“三查三强化”等工作，整治各类缺陷隐患1083处，10千伏线路故障率同比下降16.2%。进行各类反事故演习和防震防灾演练7次，通过县供电企业安全评价验收，获宁夏电力公司“2016年度安全生产先进集体”。

【电网建设】成立分管副市长任组长、各相关职能部门协调配合电网改造建设领导小组，推进重点工程建设，新建及改造电缆通道10.8千米、10千伏线路9条、架空线路33.32千米、电缆线路10.6千米，配网用户供电可靠率达到99.925%。组织进行电网规划编制工作，储备小康电示范县电网新建及改造项目85项，配网规划评审工作获宁夏电力公司第二名。城网配电自动化电网初具规模，自动化通讯敷设地埋光缆30.8千米、架空光缆34.45千米，完成46台设备自动化终端接入吴忠调度系统。

【营销服务】核查整改变台、计量和系统数据，台区线损合理率提升21.15百分点，营配调贯通对应率达到99.86%。强化业扩报装协同管理，提高办电效率，全年受理业扩报装业务3796户，新增容量163085.02千伏安。配合吴忠供电公司开展宁夏金昱元化工集团有限公司自备电厂关停替代工作，全年实现替代电量3.6亿千瓦时，超额完成吴忠供电公司下达任务指标。与青铜峡水暖公司签订合作框架协议，完成康乐、越秀湾等小区4004户四表合一采集建设。全年未发生属实供电服务质量投诉现象。

【农电管理】开展星级供电所建设工作，大坝、城郊供电所被评为四星级供电所，叶盛、连湖供电所对标综合排名进入A段。依托春灌冬灌、农村小学供暖保电、农业大棚安全用电、开斋节和古尔邦节进寺院送安全等活动，全力做好服务“三农”工作。

【科技创新】引领职工开展科技创新与管理创新，全年有10项科技成果被授予专利证书。组织参与第十四届“海洋王”杯QC成果发表赛，两项成果分获“优胜奖”和一等奖，一项成果获国网公司职工技术创新三等奖，并代表宁夏电力公司在国网公司“两会”进行展示。参与宁夏电力行业协会年度QC成果发布会，一项成果获二等奖，“381”工作法获宁夏公司2016年度管理创新二等奖。宁夏电力公司“青创赛”，获两个金奖、两个银奖和一个优秀奖。

道路交通

【农村公路建设】年内，投资4935万元，实施2016年交通基础设施建设项目，新建、改造沿山路至庙山湖道路、中法葡萄示范区中央大道等道路6条，总长33.9千米；投资57万元，危涵改造17道。全部项目于2016年10月底前完工投入使用。

【交通建设项目】配合搞好叶盛黄河公路大桥建设，青铜峡市境内全长5.1千米。其中，大桥主桥长840米、连接线长4.26千米、工程总投资4亿元，工期3年。年内，投资2.9亿元，完成大桥空心板预制、主桥、引桥及连接线中小桥桩基础水泥混凝土施工。其中河西段完成大桥桥梁承台及墩身水泥砼施工、现浇箱梁临时支架搭设与堆载预压、大桥支架安装、现浇箱梁施工，正在进行连接线收费站下涵洞工程和路基土石方工程施工。同时，投资2000万元，完成京藏高速公路(蒙宁界)石嘴山至中宁段改扩建项目(青铜峡段)沿线征地及附着物登记核实工作。

【“两大任务”】年内，完成上争资金28854万元(叶盛黄河桥20000万元、农村公路建设资金699万元、公路养护资金155万元、西线高速8000万元)，落实招商引资项目资金2800万元，分别占年度目标任务的193%和140%。

【客运市场管理】截至到2016年年底，全市拥有客运企业4家、一二类维修企业11家、驾校2家、检测站2家、危货运输企业6家、二级汽车站1个；拥有各类客运车辆703辆(班线公交及客车366辆、出租车337辆)、货运车辆4067辆。春运期间，投入运力3315辆，日均发班454次，累计输送旅客33万人次。牛首山庙会期间，抽调两家客运企业80辆客车，运送旅客1.2万人。8至9月，投入运力254辆，完成“黄河大峡谷阿迪力挑战赛”及“吴忠国际马拉松”运输保障任务。安排运力30车次，输送来宁务工人员900余人。组织雷锋车队、爱心送考车队，为考生、残疾人、孤寡老人提供免费运送服务。开展“乘坐黑车危害多”进社区、车站、学校等法制宣传活动，采取多部门协同执法、跨区域联合执法、现场巡查、假日暗查、夜晚稽查等多种形式，加大运输市场整治和打击非法经营工作，维护运输市场稳定。全年，查扣非法营运车辆97辆，处理违章案件125起，受理转办回复投诉案件173件。

【营运服务】优化城市公交线路，完善站点基础设施建设。深入社区、工业园区、运输企业开展公交服务能力调研，对城区公交进行合理调整，重新规划、移建部分城区公交站点，满足居民出行需求。开展运输行业服务质量信誉考核和“挂牌评星”工作，3家客运公司获评AAA级运输企业、1家出租公司获评AA级运输企业，另有3家危货运输企业、9家一二类维修企业和216家三类维修企业(业户)通过年度考核。

【公路养管】坚持“政府统一领导、交通运输部门、镇(场)分级负责”原则，对辖区市、镇主干道路实行养护分离、分级养管，市道、滨河大道及各镇主要道路进行承包管护，其余村组道路由各镇(场)道路站自行管护。405.744千米市、镇主干道路按地理位置细划为6个养护片区，在公路段内部实施现场招标承包养护，全年农村公路养管模式初步形成。年内，清扫路面12.7万平方千米，整修路肩边坡1040.32平方千米，疏通桥涵407道，维修急流槽11个、拦水带194米、交通标志515块，修剪行道树45436棵；投资21万元，对省道S303线、立马路8.6千米100924平方米，路面裂缝进行灌缝修补；投资69.5万元，维修其他地方路面破损7187平方米；投资18.83万元，在滨河大道两侧补植树木640棵。

【路政管理】加强法律法规宣传，年内，出动路政宣传车27次，发放宣传材料6100余份，清除堆积物226起8960平方米、摆摊设点136起350平方米；办理路政许可4起，处理路政案件13起，依法收取公路路产损失赔（补）偿费35.8万元，路政案件查处率、结案率、收费率达到100%。加强滨河大道10吨以上、农村公路20吨以上超限超载货运车辆治理工作，查处滴、撒、溅、漏污染路面车辆7615辆。

【安全监管】开展客运、危货运输、二类维修等。运输企业安全生产隐患排查工作，排查车辆灭火器失效、轮胎和消声器老化、车灯不亮等问题20起，停运营运车辆1辆。加强客运汽车站源头管理，杜绝危险物品进站、上车组织运管执法人员深入辖区车站、医院、商城等客流量较集中区域，采取不定点不定时巡查、电话录音、跟踪拍摄违法事实等方式集中查处非法营运车辆。加强包车管理，规范包车牌办理程序，利用GPS对包车实施动态跟踪。规范驾驶员培训学校培训工作，协调指导各维修企业严格执行二维工作流程，杜绝违规维修操作行为。开展危货运输车辆专项整治行动，以危险货物罐车为重点，检查危货车辆紧急切断阀配备及使用、车辆安全设施、人员资质、GPS监控等情况。年内，出动执法人员162人次，累计检查交通运输及维修企业192次。

【水上运输管理】落实县、乡两级安全管理责任制和第一安全责任人制度，与沿河4个乡镇、5家有船单位签定水上交通安全管理目标责任书、4家水运企业公司明确双方责任，做到任务清晰、职责明确。对全市4家水上运输企业37艘游船、26艘舶船开展安全隐患排查工作。年内，进行安全检查76次，现场纠正违章25次，发现安全隐患限期整改19项。开展“公共安全警示教育宣传月”活动，组织4家水上运输企业68名船员及部分员工进行《安全生产法》《消防安全常识二十条》《内河水上交通安全管理条例》等知识培训。活动期间，开展水上应急救援演练3场，参演人数累计500余人。

【路面隐患治理】年内，处置路面缝隙坑凹3千米、路面积水253立方米、山里滑坡泥石流90立方米、路肩边坡坍塌120立方米、改建镇村道路危涵17道，拆除村道与109国交叉路口隐患建筑200平方米，增建急流导引槽11个、拦水带194米，维修桥梁伸缩缝83米，设置桥梁限宽墩6个，清理路面打场晒粮142起3600平方米。拨付道路工程安全费用6.3万元，开展道路维修、拆除龙门架及滨河大道路灯电缆安全隐患检修排查工作，确保农村公路建设安全施工。

【创先争优】开展客运行业“挂牌评星”工作，对企业安全运营、内部管理、服务质量、设施条件及履行社会职责等方面进行综合考核。全年评定五星级驾驶员38名、四星级驾驶员85名、三星级驾驶员347名，五星级线路1条、四星级线路3条。青铜峡市运输集团公司被区党委组织部、交通运输厅党委评为“全区挂牌评星活动先进集体”。

QINGTONGXIA
YEARBOOK

生态环境与监测

编辑◎杜文君　丁　丽

环境保护

【执法监督】2016年，出动环境监察520余人次，对辖区200余家企业进行现场检查和清理整顿，封睹天峰化工公司存在重大环境风险排污口，对未按环评要求建设污染防治设施的宁夏昆宁化工公司、宁夏恒润化工公司、宁夏久隆化工公司，责令停产整治，对危废管理制度不完善的宁夏京成天宝饲料添加剂有限公司限期一个月内完成整改任务，对未按环评要求建设污水综合处理设施、稀酸回收处理设施未正常运行的宁夏东吴农化有限公司限期两个月整治。联合公安等部门查封3个擅自通电生产环境违法行为。加强贺兰山东麓葡萄产业带环境整治，12项整治任务完成11项，1家企业正在申请环保验收。

【排污申报和费用征收】按照“排污费征收使用管理条例”要求，做好排污申报登记与核定工作，全年受理排污申报企业45家，审核发放“排污许可证”27家，征收排污费600余万元。

【信访案件办理】全年办理人大代表、政协委员提案议案3件，受理群众来信来访及污染纠纷168起，处理率100%。

【环境保护监察组转办事项】收到自治区党委、政府督查室转办中央第八环保督察组交办群众举报环境违法案件32件，其中涉及水污染环境案5件、大气污染环境案16件、噪声污染环境案6件、其他5件。下达《环境违法行为整改通知书》42份，责令停产整顿24家（矿山企业18家、工业企业6家），关停1家，限期整改16家，实施行政罚款877915元。截止8月20日，32件违法案件全部办理并完成整改销号。

【环境影响评价】全年受理建设项目188个，审批169个（报告书6个、报告表51份、登记表112份），正在报批16个，否决因选址不合理建设项目3个。严格执行建设项目环境管理制度。对建设项目进展情况进行专项执法检查，针对部门衔接不到位、部分项目环评手续未能前置、一些招商项目以限时上马投产为由、未批先建或未执行“三同时”、造成新污染产生等问题，加强与工商等部门对接，将办理工商营业执照与建设项目环评审批手续相挂钩，对于涉及污染又无环评手续企业，公司相关部门对其进行行政处罚并责令办理手续。

【环评服务】减少审批环节，压缩办理时限。凡吴忠下放的环境影响评价审批项目，只要资料齐全，坚持5个工作日内完成审批。城市交通设施等10类26项污染物排放量少、污染小、不涉及敏感区域建设项目，降低一个环评等级，下放环评审批权。

【污染减排监管】①目标责任落实。制发《青铜峡市2016年大气污染防治实施方案》和《2016年水污染防治实施方案》，将目标任务分解到相关部门及企业，召开全市环境保护工作大会，与市直部门和重点企业签订2016年度环境保护目标责任书。②大气污染防治。完成大

坝电厂余热供暖改造工程，青铜峡水泥股份有限公司2#生产线脱硝改造工程，大唐宁夏大坝发电有限公司5#机组超低排放值改造工程，宁夏可可美米来生物工程有限公司2×65蒸汽锅炉除尘、脱硫设施改造及宁夏金昱元化工集团有限公司1#~3#机组脱硝改造等工程。淘汰小坝城区燃煤小锅炉20台。③水污染防治。新材料基地污水处理厂（一期）工程年底完成土建工程，新建市第三污水处理厂，完成市第一污水处理厂提标改造工程，并投入运行；取缔宁夏金昱元化工集团有限公司、宁夏科进峡光纸业有限公司两家入黄排污口。

【农村环保项目建设】 利用国家环境整治项目专项资金，建设完成峡口镇新田村2万方垃圾填埋场项目、邵岗镇日处理150方污水处理配套项目和10立方米垃圾填埋场项目工程；投资334万元，委托青铜峡镇实施5立方米垃圾填埋场项目，完成85%工程量；投资1300万元，委托市住建局按计划进度实施大坝镇、叶盛镇、峡口镇、邵岗镇农村生活污水处理工程项目；投资450万元，委托市水务局实施南干沟重金属污染治理项目。编制2010年至2012年结余400万元环保项目资金使用实施方案，经区环保厅、财政厅批准后，招标采购385万元垃圾清运设备，补充配备到各镇。

【农村治污设施监管】 加强农村治污设施监管，定期对已建成各类农村环保设施运行管理情况进行监督检查，发现问题及时整改，做到一月一监测、一季一通报，确保农村污染治理设施有效使用。

【环境质量监测】 加强空气自动站维护和监测数据统计分析，完成原市人民政府空气自动站搬迁选址和升级改造。开展小坝城区环境噪声和环境空气质量监测，完成一、二、三、四季度《环境质量分析季度报告》和2015年《环境状况公报》编制发布。2016年市辖区内环境空气质量状况达到《环境空气质量标准》（GB3095-1996）二级标准，其中优良天数达到76%以上；黄河过境段面水质达到《地表水环境质量标准》GB3838-2002中的Ⅲ级标准，达标率100%；小坝饮用水源地水质达标率达到100%。开展市城市服务中心8台冬季采暖锅炉监督监测，对24家重点废气排放企业72台炉窑每年进行二次监测；10家重点工业废水排放企业、6家皮草工业废水排放企业、11家农村城镇污水处理站和2家市污水处理厂进行每季度一次监测；配合监察大队开展50起（废水20起、噪声投诉30起）环境投拆案件监测。全年出具监测报告130份，获取有效监测数据900余个。

【环保宣传】 加大新修订《环境保护法》《大气污染防治法》和《宁夏回族自治区环境保护行动计划》等法律法规宣传力度，以“6·5”世界环境日为宣传契机，开展系列环保宣传活动，金永灵市长“6·5”环境日在市电视台发表纪念讲话；发布2015年度全市环境质量状况公报，在银河广场组织筹办纪念“6·5”环境日“推动绿色发展”大型广场文艺晚会，配合自治区环保厅在古峡广场开展“坚持绿色发展理念·推动美丽宁夏建设”主题巡展，利用信息平台发送手机短信，宣传环保小常识；在古峡广场开展环保咨询集中宣传活动，印发5000余份环境保护宣传资料，现场解答环保疑问20余例。

污水处理

【安全生产】加强安全生产教育，健全完善安全生产制度，落实安全生产操作规程，抓好作业环节安全防范，消除各种事故隐患，杜绝安全事故发生，确保污水处理厂和中水厂水质稳定达标。年内，处理污水560万吨，实现COD减排1670吨、氨氮减排170吨；中水厂向大唐国际大坝发电厂供应中水180万吨，实现COD减排37吨、氨氮减排2.2吨。

【重点项目建设】抓好河东区污水处理厂及集污管网工程、惠农渠排水泵站改扩建工程、小坝老城区供热基础设施改造排水工程等建设任务。市污水处理中心成立项目管理办公室，建立健全工程管理制度，严格履行工程管理程序，完善安全保障体系，确保工程质量和工程进度。其中，河东区污水处理厂及集污管网工程计划完成6.15千米集污管

道敷设、设备采购、安装和调试，年内该厂累计完成投资4500万元，完成厂区土建、管道敷设设备安装调试，11月投入试运行；惠农渠排水泵站改扩建工程投资800万元，完成3千米管道建设和泵站土建完工。老城区供热基础设施改造工程；小坝投资409.96万元，完成2.5千米管道建设。

【城市东区排水管网和泵站管护】加强城市东区（东环路以东）区域排水管网和提升泵站管理、维护，每月开展两次定期巡检，在重大节日及下雨等特殊时节主要领导带队进行专门巡查。全年更换破损井圈、井盖更换30次，疏通管道20次。

【公共排污设施维修】组织人员学习中华人民共和国《城镇排水管道维护安全技术规程》。全年检查排污设施16次，对老旧小区、主要街道进行有毒有害气体检测8次，处理、维修排污设施16处。

青铜峡库区湿地保护建设

【宣传教育】利用“湿地日”“爱鸟周”，深入辖区学校和周边群众进行宣传。开展“森林防火宣传月”活动，出动宣传车10台（次），张贴《青铜峡市人民政府森林防火通告和防火戒严令》300余份，全年发放防火宣传资料1万余份。

【保护区巡查】在渠口农场、鸟岛公司入口、三趟墩二队入口成立保护站，雇佣30名巡护人员24小时轮流值班，开展入库车辆人员安全检查和防火知识宣传教育，防止闲杂人员随意进入库区。

【专项整治】会同库区派出所、林业派出所等执法部门，根据不同季节、不同地域组织开展专项行动，确保库区生态植被安全。全年组织开展专项整治5次，处理违法行为当事人10人，清理牛羊1000余只（头）。

【防火目标责任落实】健全完善防火制度，明确防火责任，修订完善《青铜峡库区森林草原防火工作预案》《重特大安全生产事故处置预案》，严格填报《防火值班交接班记录》《出入库区车辆人员登记录》《防火队员巡查日志记录》《森林防火隐患排查整改记录》《督

导检查工作记录》及《日常督查巡护记录》，加强督导检查，发现问题及时予以解决。邀请上级消防部门举办森林防火知识和扑火机具操作使用培训班，组织防火队员开展森林防火演练，提高库区防火队伍整体素质。年内，与辖区11家防火责任单位、24户渔业养殖户、30名防火巡查队员、多家牛羊养殖户主、22名智障人员监护人签订防火目标责任书。

【疫源疫病监测】加强鸟类集中迁徙时节监测，落实监测日报、月报、快报制度，在疫情高发期电传日报表180余份，填写巡查记录表近200份。

【基础设施建设】协助市旅游局实施库区鸟岛中心湖基础设施建设工程。加强巡护道路工程建设，开工建设2.2千米林东路、3.2千米中洪路。做好鸟岛服务区绿化、办公楼、西河清淤等项目审计决算，完成鸟岛国家湿地公园基础设施建设任务，在湿地公园管理服务区及入口设置湿地特色橱窗4个、宣传栏10个、灯箱34个、标示牌警示牌6个、功能区解说牌4个；在宣教展示区增设湿地知识宣传牌8个、宣传栏4个；在青铜峡黄河水利枢纽空中走廊布设湿地知识介绍、鸟类知识挂图30副。鸟岛国家湿地公园宣教中心完成布展并对外开放，增设动植物标本15个、展架7副，安装多媒体设备一套。水生植物种植后续补植和养护工作，补植柳树6000余株、沙枣树10000余株、红柳10000余株，补种荷花10000余株。青铜峡鸟岛国家湿地公园（试点）验收工作，建设观鸟屋、休息座椅、垃圾桶、标识牌、公园门牌、界桩建设安装及宣教中心布展、创建资料整理装订归档、专题片制作等工作。10月21日，国家林业局专家组对湿地公园进行复验。

【湿地确权】配合自治区林业厅相关技术人员，采取实地踏查、GPS测量、卫星航拍、航拍湿地斑块对照、无人机实地航拍、电脑数据信息汇总处理等手段，开展库区自然保护区湿地数据核查工作，完成库区湿地确权各项工作。

【青铜峡鸟岛成为国家湿地公园】年内，国家林业局公布2016年试点国家湿地公园验收结果，青铜峡鸟岛国家湿地公园顺利通过验收，正式获批成为“国家湿地公园”。2010年8月，青铜峡鸟岛国家湿地公园总体规划通过国家林业局专家评审，2011年3月，国家湿地公园试点以来，青铜峡鸟岛坚持“全面保护、科学修复、合理利用、持续发展”原则，按照总体规划做好公园建设、管理和保护等各项工作，完成宣教中心、保护管理站、监控室等基础设施建设，有序推进退耕还湿、疏浚清淤、森林抚育等项目。公园正式通过验收，对保护黄河流域湿地生态系统、增加湿地生物多样性、促进湿地恢复、改善周边人居环境、提升鸟岛形象与知名度意义重大。

气象测报

【农业气象服务】根据各镇、行政村所处地理位置、农业种植布局特点和特色农业分布等情况，修订完善小麦、水稻、玉米、酿酒葡萄等气象服务指标。8月，到全市15家酿酒葡萄种植基地，了解酿酒葡萄全生育期生长特点、病虫害等，掌握气象服务需求，提高气象为农服务针对性，编写贺兰山东麓御马葡萄基地酿酒葡萄气象服务指标和服务管理措施，制作发布专题酿酒葡萄专题服务材料7份。

【用户服务】更新种植园区、专业大户、家庭农场和农民合作社等新型农业经营主体等信息，将联系方式加入国家突发公共事件预警信息发布系统平台和企信通手机短信平台，通过电子邮件等方式，及时发布预报预警、中长期天气预报、生产建议和防灾减灾科普等气象信息。

【气象服务】年内，启动运行青铜峡气象局官方微博、微信，通过制作二维码扫描宣传册，加强微信微博推广宣传，制作以图文并茂、生动幽默推送内容，延伸气象服务覆盖面。年内，微信用户净增长315人次，阅读量2万余次，转发量3000余次；微博粉丝净增长365人次，阅读量5万余次。

【防灾减灾】加强气象防灾减灾组织建设，及时调整市气象灾害防御领导小组成员，修订重大气象灾害和重大气象服务应急预案。5月23日，召开全市气象灾害防御工作会议，将气象防灾减灾工作纳各乡镇年度效能目标考核。7月23～24日，根据气象局发布暴雨预警，提请市委、政府召开防汛应急专题会议，印发《关于切实做好当前防汛工作的紧急通知》，动员全市力量做好防汛应急工作，避免气象灾害造成损失。10月22日，会同各镇对全市气象设施运行状况进行督导检查。

【灾害性天气气象服务】1～11月，启动重大气象灾害应急响应13次，发布预警信号120条、手机短信30000余条，制发气象服务材料219份。完成“阿迪力挑战青铜峡黄河大峡谷气象保障服务·稻花香里文化艺术节”等重大社会活动保障工作。

【为农气象服务】通过气象电子显示屏和预警大喇叭，每天发布常规天气预报3次，每周制作农用天气预报2次。全年发布农用天气预报95期、农业气象信息专报1期，开展农情调查4次、气象为农服务需求调查4次。11月3日，会同区局开展水稻、玉米、小麦等作物气象服务调研。8月中旬，针对较长时间阴雨和短时强降水天气对酿酒葡萄生长不利影响，开展为期一周专项调查。

【气象宣传】年内，结合“3·23”“5·12”“科技活动周”等科普宣传活动平台，开展气象防灾减灾宣传活动8次。组织新闻发布会、信息通报会或媒体联合采访活动7次。其中，CMA网采稿12篇、《中国气象报》采稿4篇、今日关注采稿13篇、宁夏气象局门户网站采稿27篇。

【人工影响天气】与各乡镇签订《人工影响天气安全生产责任书》。年内实施人影标准化作业牛首山增雨烟炉园建设项目，组织开展人影作业岗位培训，完成4部火箭架年度检定保养工作。举行火箭增雨作业4点次，发射火箭弹30枚。

【气象现代化建设】开展区域自动站气象技术装备动态管理信息系统录入工作，完成中国气象信息员平台、国家突发公共事件预警信息发布系统平台和企信通手机短信平台人员信息更新工作。

【气象管理体制改革】对照“两个清单”，归类梳理行政审批事项。5月，将行政审批事项纳入地方政府“政务云”平台，实现审批窗口管理优化，审批层次环节精简。10月，完成全市各乡镇气象责任清单上报工作，并通过青铜峡市政府网站对社会进行公示。

【防雷安全责任监管】成立事中事后监管领导小组，制定随机抽查实施方案、细则和事项清单，建立防雷领域、施放气球领域和气象信息服务领域监管对象名录库和气象行政执法人员名录库。确定随机抽查比例和频次，随机抽查方式和随机抽查主体及职责。加强易燃易爆建设工程及公共活动场所防雷装置设计审核和竣工验收许可工作，落实防雷防静电主体责任。年内，开展易燃易爆场所专项安全检查3次，检查企事业单位63家。

【科技创新、人才培养】加大科技创新工作力度，开展青铜峡酿酒葡萄气象服务技术研究项目验收工作。获批中国气象局旱区特色农业气象重点实验室开放研究基金项目1项。注重教育培训，选送多人参加全国技能培训。职工高睿娜被选拔至宁夏气候中心工作。

QINGTONGXIA
YEARBOOK

教育·科技

编辑◎ 陈瑞龙

教育

综　述

2016年，全市有中小学(园)97所。其中，普通高中2所、职业高中1所、初级中学6所、九年一贯制学校5所、小学49所、幼儿园34所(教育部门办12所、民办22所)，农村小学附设学前班46个。有教职工3123人。其中专任教师2747人。在校学生45550人(不含幼儿园和学前班)。其中，普通高中5120人、职业高中3219人、初级中学9389人、小学生20301人，幼儿园及学前班7521人(公办3255人、农村小学附设学前班897人、民办3369人)。有国家级重点职业中学1所。有自治区级示范高中2所、百标学校3所、示范幼儿园2所、文明学校3所。有吴忠市级各类示范性学校17所学校、毒品预防教育示范学校7所。全市基本形成学前教育、基础教育、高中教育、职业教育、成人教育协调、均衡发展教育体系。加快推进教育系统重点项目建设，完成12个续建项目年度预定任务，第六小学投入使用，余桥等5所学校教师周转宿舍8月底全部竣工，新申报并落实校舍建设项目6个，争取自治区职业教育发展资金1572万元，为市职教中心实训中心配备教学和信息技术设备；实施教师专业素养提升培训工程，开展“名师优课”网上晒课和名师“志愿支教、送教下乡”活动，选派318名校长、教师赴教育发达地区挂职锻炼、考察学习，利用寒假对386名中小学(园))教师进行教学能力提升培训，考核认定区、市级骨干教师139名，完成585名教师资格证工作，招聘免费师范生、事业单位工作人员、特岗教师54名；加强校园安全管理，建立学校安全工作管理长效机制，对全市92所中小学(园)进行3轮安全大检查；全面落实惠民政策，资助中小学学生和幼儿7159名，金额达到575.43万元，1400名移民学生开始享受免费午餐。

(席艳)

教育行政管理

【概况】2016年，全市教育工作以提高教育教学质量为中心，优化教育结构，合理配置资源，加强师德师风建设，激发教师队伍活力，提高学校管理水平，维护师生人身安全，各项工作稳步推进。年内，全国校园禁毒图书角项目现场会在市第六中学召开。青铜峡市被确定为首批自治区级特殊教育改革实验区。市第六中学被评为全国青少年毒品预防教育“6·27”工程“先进学校”。市第五中学被评为第三十一届全国青少年科技创新大赛“科技教育创新优秀学校”。市教育局先后获2016全国青少年禁毒知识竞赛“二等奖”；全区教育系统先进基层党组织、“六五”普法先进单位、2015年度铁路护路联防工作先进集体，2014—2015年度“一师一优课一课一名师”活动、第五届中小学安全知识网络竞赛活动、第九届优秀自制教具评选活动、第六届学生合唱艺术节、“远离毒品危害·成就美好未来”中小学毒品预防教育才艺大赛、少儿“希望杯”舞蹈大赛暨第九届“小荷风采”全国少儿舞蹈展演选拔赛、第31届宁夏青少年科技创新大赛7个“优秀组织奖”；吴忠市《全民科学素质行动计划纲要》“十二五”实施工作先进集体、“六五”普法工作先进机构；青铜峡市效能目标考核综合考核先进单位、优秀基层党组织、宣传思想文化工作先进单位和纪检监察工作先进单位。

【项目建设】编制上报2016—2020年中小学布局调整、2016年农村义务教育薄弱学校改造和2016～2020年公共事业项目规划。年内，细化项目建设责任分工，12个续建项目全部完成预定工程进度，其中市第六小学完成建设任务并投入使用，余桥等5所农村小学教师周转宿舍建设项目8月底竣工投用，市第七中学学生浴室、厕所建设项目和第四中学回民食堂基本完工；新申报并落实校舍建设项目6个，计划总投资3775万元、建筑面积18890平方米，10月底主体工程全部封顶。争取资金140万元对大坝、红星等两所中心小学运动场进行改造；争取资金110万元，为市第四小学装备信息技术教育设备；争取普通高中改善办学条件补助资金150万元，对高级中学校园进行场地硬化维修改造；争取自治区义务教育薄弱学校改造补助资金301万元，对部分差缺教学仪器设备学校进行配备完善；争取自治区职业教育发展资金1572万元，为市职教中心实训中心配备教学和信息技术设备、图书，维修改造校舍。

【教学质量管理】实施基础教育学校综合管理质量工程，完善“一校一案”教学质量目标分类管理考核体系，开展薄弱学校“跟踪督导”和教学质量“生源地追踪”活动，抓好高、中考校际联考、监测和质量调研工作落实，组织开展片区学校联研联训活动，深化农村小学英语、音体美、综合实践等师资紧缺学科教师“走教”模式，通过筹备召开高效课堂推介会、诊断会，组织骨干教师下校巡回送课，加强高效课堂教学研究，引导教师聚焦课堂，提高课堂实效。年内，全市高考上线人数达到651人，比2015年增加132人；上线率达到33.16%，比2015年提高6.59个百分点。其中，一类本科上线人数达到344人，比2015年增加80人，上线率达17.52%，比2015年提高4个百分点。艺术类考生上线59人。体育类考生上线6人。中考成绩逐年稳步提升，义务教育阶段质量监测位于吴忠市前列。

【教育教学督导】加强中小学责任督学管理，修改完善《中小学责任督学挂牌督导工作制度》和考核办法、细则，规范督导评估工作体系。开展中小学（园）三年发展规划2015—2016学年度规划目标实施情况督导评估、11所初中和18所小学常识学科教师培训任课情况调查、义务教育阶段“体育、艺术2+1项目”工作指导督查，促进学校教育教学质量和管理水平提升。

【学前教育】贯彻二期学前教育三年行动计划和《3～6岁儿童学习与发展指南》，遵循幼教规律，加强幼儿园常规教学监控管理，规范学前教育办园行为，防止幼儿园办学“小学化”倾向。完善公办与民办幼儿园对口帮扶长效工作机制，建立学前幼儿学籍信息管理平台，开展民办幼儿园年检和随机督导工作，推进乡镇中心幼儿园、薄弱幼儿园建设，确保学前教育质量。

【职业教育】召开中等职业教育招生工作会议，与相关学校签定目标责任书，规范东西部联合招生合作办学工作。整合职业教育资源，抓好职业教育专业设置与产业需求、课程内容与职业标准、教学过程与生产过程“三对接”工作，优化人才培养模式。加强职业教育师资队伍和特色、品牌专业建设，推进职业教育信息化建设，争取自治区职业教育发展资金1572万元，为实训中心配备教学和信息技术设备、图书，维修改造校舍，改善职业教育办学条件。采取以赛促教形式，提升学生动手操作能力，组队参加全国、全区中学生职业技能大赛，获全国二等奖1个、三等奖1个，自治区一等奖3个、二等奖20个、三等奖20个，市职教中心荣获全区中职技能大赛优秀组织奖。

【高考、中考组织】开展高中、初中毕业年级教师联研联训活动，召开中考、高考研讨会，解读命题说明。开展高三、初三年级联考、模拟考试工作，以“一切为了考生”为宗旨，以“三杜绝一减少”（杜绝安全事故，杜绝泄密、失密，杜绝工作差错，将违章违纪的人和事减少到最低限度）为目标，加强考试教育，对监考教师和工作人员按照考试程序集中进行培训，逐级签定安全保密、考风考纪责任书，加强考试全程监督，规范标准化考场建设，强化试卷保密安全工作，完成高考、中考组织工作。

【财务管理】严格执行财务管理有关规定，组织基层会计单位完成2015年度部门决算、教育经费统计报表填报和2016年预算编制，开展各学校固定资产电脑系统录入工作，检查清理往来账款。落实财务管理、学校经费预算编制及公示、报告制度，健全完善学校大额经费支出报批报审、公示和内部审计制度，按月进行交叉互审，完成红星中心小学、第五中学、第七中学3所学校财务收支情况内审工作，按月公示学校支出情况，保证学校经费使用安全、高效。

【养成教育】落实《青铜峡市中小学生良好行为习惯养成教育三年行动计划》，加强中小学生养成教育和师生心理健康教育，强化学生文明礼仪和法制教育，开展"爱学习、爱劳动、爱祖国"和"节水、节电、节粮"教育活动，将学生文明礼仪和良好行为习惯养成纳入学校考核内容，在加强学生校内行为习惯管理教育同时，组织开展中小学生校外遵守规则、语言行为、文明礼仪督查活动，教育和引导学生养成文明礼貌、遵纪守法良好习惯。

【特色建设】落实《关于进一步深化学校特色工作创建活动的安排意见》，制定《学校特色工作评估考核细则》，组织各校校长、机关科室主任、责任督学开展义务教育阶段中小学特色学校建设观摩活动，将特色学校创建工作纳入学校年度教育教学质量督导评估范围。各学校结合自身实际，开展"语言文字示范校""汉字书写特色校""书香校园"等创建活动。组队参加全区青少年科技创新大赛和艺术展演活动。全市形成以德育、体育、艺术教育及高效课堂教学活动为主要内容的校园特色建设体系。

【德育教育】打造"日行一善""一校一品""书香校园"等品牌，创新学校思想政治教育和德育工作载体，弘扬爱国、孝敬、讲文明、重礼仪等中华优秀传统文化。加强"三爱""三节"和中国梦主题教育，开展"3·5"学雷锋志愿服务活动。清明节，组织1600余名党团员、少先队员代表祭扫余桥烈士陵园。"六一"儿童节期间，举办少儿广场文艺演出。关爱家庭生活困难学生，组织社会各界及在校师生捐资捐物近2万余元帮助困难学生实现微心愿。会同团市委，组织学校团队活动阵地示范学校创建工作观摩考核。推进家校合作教育工作，组织全市500余名校(园)长、班主任代表、家长代表参加"家校合作共育"专题讲座，探索建立家校合作共育工作机制，实现学校教育、家庭教育和社会教育有效衔接。

【体艺教育】贯彻落实《国务院办公厅转发教育部等部委关于进一步加强学校体育工作若干意见的通知》和《全国学校艺术教育发展规划》，实施体育艺术"2+1"工程，开齐开足体育艺术课程，抓好音体美学科建设，提高学生身体健

康、审美情趣和人文素养水平。举办第十二届全市中学生田径运动会、教职工"凝心聚力杯"运动会和中小学生合唱艺术节，开展闽、宁、台三地"闽南童谣、宁夏花儿进校园"教育教学交流活动，组队参加"周庄杯"全国陶艺大赛，34件作品获奖。开展阳光体育活动，落实学校体育工作年度报告和学校体育工作评价制度，强化体育课和课外锻炼，保证学生每天锻炼1小时，完成初中毕业生综合素质体育测试。

【师德教育】巩固"守纪律、讲规矩、转作风、抓落实"主题教育和"三严三实"专题教育活动成果，加强师德师风建设，建立师德季报告制度，通过撰写心得体会、警示教育、主题讨论、召开生活会等形式，引导教师真查实改。开展师德师风专项整治活动，与教师签订承诺书，发放告家长书，明察暗访治理有偿补课。开展严禁教师收受学生及家长礼品礼金治理活动，落实节日期间禁止公款购买印制寄送贺年卡、购买年货节礼、相互请吃和公务用车封存等相关规定，规范教职工执教行为。全年开展专项自查4次，发送廉政警示短信400余条，申报审批婚丧事宜48人次，先后对违反规定办理婚丧事宜当事人所在单位两名主要领导和三名相关责任人进行违规处理，对涉及有偿补课问题两名教师进行组织约谈。

【教师培训】以教师继续教育和课标培训为重点，实施教师专业素养提高培训工程，选派31名中小学校长、教师赴福建名校挂职锻炼、考察学习，组织76名高中班主任赴成都瀚海博雅学院进行心理健康教育培训，利用寒假对全市

386名中小学(园))教师进行教学能力提升培训,选派200名教师分两期赴吉林教育学院参加乡村教师访名校活动,抽调11名教师参加全区教师心理健康教育、美术书法培训,推荐8人分别参加自治区青年拔尖人才培养、第十二批“基层之光”研修学员培训。同时,加大骨干教师培训培养力度,落实骨干教师津贴动态考核发放制度,强化骨干教师考核管理,发挥骨干教师引领、示范、辐射作用,提升教师队伍整体水平。年内考核认定自治区、吴忠市、青铜峡市级骨干教师139名。

【教师结构优化】年内,执行教师资格认定及定期注册相关规定,为符合过渡期申请初级中学及以下教师资格认定条件的45人颁发教师资格证书,对238名教师资格证进行更名,对347名教师资格证书予以换证,完成140名教育事业单位专业技术人员工资晋级工作,申报招聘免费师范生2名、事业单位工作人员32名、特岗教师20名。开展2015年度农村教师补贴发放工作,提高农村教师待遇。

【校园安全管理】落实“党政同责、一岗双责”要求,加强安全生产体制机制、保障能力、监管队伍“三项建设”,建立学校安全工作管理长效机制,通过层层签订安全管理目标责任书,修订完善13项安全工作应急预案,定期召开学校安全工作例会,开展定期不定期安全工作督查,强化校园安全工作宣传,开展交通、法制、食品、防溺水、防毒品、防邪教等安全教育,消除校园安全隐患。全年举办法制专题讲座12场次、禁毒图片展150余次,发放宣传资料5万余份,近5万名中小学生接受教育。开展安全隐患专项排查整治活动,建立安全排查台账,针对存在问题下发整改通知书,明确整改时限进行限期整改。年内,会同市消防大队,开展全市中小学(园)消防安全专项检查。会同市卫计局,开展中小学校、幼儿园传染病防治、饮用水安全及健康教育工作督查。会同市市场监管局,对全市44所学校学生食堂食品卫生进行全面检查,及时通报检查情况,举办“学校食堂食品安全培训班”两期。会同市交管大队、运管所,对全市31辆专用校车运营情况进行专项检查,安排专人全天候对校车运营情况进行实时监控,定期组织学生进行校车安全事故应急处理演练。渠道行水季节,印发《教育部致全国中小学生家长一封信》和《青铜峡市关于切实做好预防中小学生溺水工作的通知》,协调联系渠道沿线、湖泊周围村(居)委会、产权单位设置明显警示标牌,抽调人员开展重点水域巡查,及时发现并消除隐患,增强安全防范实效性,严防溺水事故发生。全年未发生校园伤害死亡事件。

【困难学生帮扶】年内,多方筹资407.63万元,资助5481名中小学学生和幼儿完成学业。为879名普通高中家庭经济困难学生免除学费47.59万元。协签生源地助学贷款合同1557份,贷款金额1011.8万元。帮助203名大学生享受教育资助项目,资助金额179.4万元。为1400名移民学生提供免费午餐。

【舆情信息监控】建立网上舆情监控、快速处置制度和专题信息报告制度,做好学校管理、绩效工资、收费、师德师风建设、廉洁从教等热点、难点问题监控、上报和引导工作。年内,向教育厅网站报送新闻稿件93篇,采稿74篇;编发青铜峡教育信息71期;在《宁夏日报》刊发新闻稿件8篇、《吴忠日报》刊发新闻稿件51篇、宁夏教育电视台上稿28条。市教育局被自治区教育厅评为新闻宣传先进单位。（席艳）

学前教育

【概况】2016年,全市有幼儿园34所、教学班256个。其中,教育部门办12所、民办22所;自治区示范幼儿园3所;一类幼儿园4所、二类幼儿园13所;聋儿语训中心1所(附设在市第一幼儿园);农村小学附设学前班46个。12所教育部门办幼儿园中,小坝城区有4所、青镇等集镇区有3所、农村有5所。22所民办幼儿园中,小坝城区有13所、青镇等集镇区有8所、农村有1所。教职工613人。其中,公办201人、民办412人;专任教师375人。在园幼儿7521人。其中,公办在园幼儿3255人、农村小学附设学前班897人、民办在园幼儿3369人。各幼儿园开设课程有:语言、数学、社会与健康、美工、品德、自然。

2016年,全市学前教育围绕落实第二轮

学前教育三年行动计划和《3～6岁儿童学习与发展指南》，实施提优扶弱共同发展工程，强化督导检查，规范幼儿园管理办学行为，选派骨干教师到农村附设幼儿园（学前班）支教，落实民办幼儿园考核、年检及考核年检结果向社会公示制度，提高城乡幼儿园办园办学水平。年内，争取自治区学前教育发展补助资金36万元，为峡口、连湖等两所幼儿园购置玩教具；投入财政资金950万元，完成陈袁滩、瞿靖、邵岗等3所中心幼儿园新建任务；争取专项资金607万元，实施峡口、连湖两所幼儿园建设项目；争取自治区民办普惠性幼儿园补助资金100万元，以政府公开购买服务方式，对圣花、英伦、小博士、蓝天、龙海5所民办幼儿园进行资金补助；采取公开招标形式，完成七彩、叶盛两所幼儿园公建民营办学招租工作。适龄幼儿学前一年、二年、三年入园率分别达到99.20%、87.60%、76.73%。市第二幼儿园获第五届全国全民健身操大赛暨宁夏健美操锦标赛"特等奖"、第十二届全区少儿"希望杯"舞蹈大赛暨第九届"小荷风采"全国少儿舞蹈展演选拔赛"三等奖"。市第三幼儿园获第十二届全区少儿"希望杯"舞蹈大赛暨第九届"小荷风采"全国少儿舞蹈展演选拔赛"一等奖"。

（席艳）

全市2016年学前教育办学机构基本情况一览表

表1-1

序号	学校名称	所在位置	负责人	所属性质	教学班数（个）					在园（班）人数			教职工人数
					合计	托班	小班	中班	大班	合计	其中女	其中男	
1	龙海幼儿园	小坝龙海花园小区	吴珊珊	民办	9	0	3	3	3	324	155	169	30
2	亲亲幼儿园	大坝电厂明珠街003号	贾冬月	民办	3	0	1	1	1	70	36	34	9
3	小叮当幼儿园	叶盛镇兴盛街39号	贾冬月	民办	5	0	1	2	2	125	51	74	16
4	光辉中心幼儿园	瞿靖镇光辉村	康　洁	县办	4	0	1	2	1	116	55	61	5
5	金太阳幼儿园	青镇大道22号	马彦海	民办	4	0	1	2	1	112	46	66	13
6	连心幼儿园	连湖农场场部	梁　燕	民办	4	0	1	1	2	98	47	51	11
7	世家幼儿园	市修造厂院内	丁少莉	民办	8	0	2	3	3	311	141	170	36
8	英伦幼儿园	小坝英伦庄园小区北门	高　玫	民办	4	0	1	1	2	127	52	75	15
9	圣花幼儿园	小坝康乐街46号	高占林	民办	12	0	4	4	4	328	155	75	36
10	叶盛中心幼儿园	叶盛镇镇政府	温美玲	民办	4	0	1	1	2	143	74	69	22
11	蓝天幼儿园	小坝塞上江南小区西门口	张彦红	民办	9	0	3	3	3	325	137	188	35
12	邵岗蓝天幼儿园	邵岗镇镇政府	王凤琴	民办	5	0	1	2	2	139	57	82	14
13	陈袁滩中心幼儿园	陈袁滩镇袁滩村	李培虎	县办	3	0	0	1	2	94	42	52	3
14	同兴幼儿园	青镇同心村	王自荣	县办	5	0	1	2	2	164	80	84	6
15	广武幼儿园	青镇广武村	王自荣	县办	2	0	0	1	1	65	31	34	4
16	七彩幼儿园	市第七中学东侧	李瑞宁	民办	3	0	1	1	1	108	50	58	28
17	甘城子中心幼儿园	邵岗镇甘城子村	徐堂银	县办	3	0	1	1	1	91	38	53	2
18	同进幼儿园	青镇同进村	王自荣	县办	5	0	0	2	3	167	108	59	5
19	市第二幼儿园	小坝利民西街45号	刘　晖	县办	18	0	6	6	6	674	322	352	40
20	市第一幼儿园	小坝文化南街	孟学忠	县办	16	0	6	6	4	574	279	295	91
21	青铝幼儿园	青镇铝厂街居委会	王　忠	县办	7	0	2	3	2	228	114	114	3
22	陈袁滩镇滨河幼儿园	滨河新村411号	张爱真	民办	4	0	1	1	2	108	50	58	12

全市2016年学前教育办学机构基本情况一览表

续表1-1

序号	学校名称	所在位置	负责人	所属性质	教学班数(个)					在园(班)人数			教职工人数
					合计	托班	小班	中班	大班	合计	其中女	其中男	
23	康乐幼儿园	小坝康乐一区院内	汤雪琴	民办	3	0	1	1	1	79	39	40	12
24	阳光幼儿园	小坝永丰南路312号	张艳霞	民办	3	0	1	1	1	70	36	34	12
25	峡口镇中心幼儿园	峡口镇团结新村院内	花永红	县办	9	0	2	3	4	277	130	147	5
26	培红幼儿园	青镇解放路118号	孙建银	县办	8	0	1	3	4	284	450	134	5
27	峡光幼儿园	青镇解放路32号	杨　玲	民办	5	0	1	2	2	110	43	67	12
28	启星幼儿园	艾山街192号铝厂清真寺旁	周文波	民办	5	0	1	1	3	155	71	84	17
29	乐乐幼儿园	青镇长滩路49号	王晓莲	民办	3	0	1	1	1	98	48	50	10
30	市第三幼儿园	小坝北苑小区院内	赵菁华	县办	15	0	5	5	5	521	266	255	32
31	小太阳幼儿园	裕民街道办事处东侧	苏亚平	民办	8	0	2	3	3	175	70	105	22
32	小博士幼儿园	小坝天香园小区门口	赵　慧	民办	7	0	1	3	3	218	126	92	25
33	好孩子幼儿园	小坝建民北路269号	李　红	民办	3	0	1	1	1	46	24	22	7
34	育才幼儿园	小坝忆江南小区院内	马　丁	民办	4	0	11	12	13	100	64	36	16

小学教育

【概况】2016—2017学年，全市有九年一贯制学校5所、小学49所教学班527个。5所九年一贯制学校中，集镇区有2所、乡村有3所。49所小学中，城区有8所、集镇区有11所、乡村有30所。527个教学班中，小学有471个(城区198个、集镇区83个、乡村190)、九年一贯制学校有56个(集镇区36、乡村20个)。全部为教育部门开办学校。在校学生20301名、教职工1645人(含九年一贯制学校503人)。其中专任教师1445名(含九年一贯制学校330人)。开设课程有:语文、数学、英语、音乐、体育、美术、信息技术、品德与生活。小学适龄儿童入学率达到100%，升学率达到100%，巩固率达到100%。健全完善义务教育质量监测制度，开足开齐课程，落实大课间活动和课外体育活动制度，开展教育质量提升年和大课间特色活动，确保学生每天锻炼一小时，小学生体质健康及格率达到90.12%。优化教育资源配置，提升规模办学能力，落实划片招生政策，缓解城区学校"大班额"问题。全市中心小学以上学校全部配置电教室、计算机室、教师电子备课室等教学仪器设备，网络覆盖率100%。市第六小学建成并开始招生，余桥等5所农村小学教师周转宿舍建设项目竣工，投入资金140万元对大坝、红星等两所中心小学运动场进行改造，争取资金110万元为市第四小学装备信息技术教育设备。市汉坝小学、第四小学、陈袁滩中心小学被命名为"全国学校体育工作示范学校"。市第三小学、同兴小学、西滩小学、新桥小学、朝阳小学获全国青少年学生法治知识网络大赛小学高年级组"优秀组织奖"。市第二小学获全区第十二届少儿"希望杯"舞蹈大赛暨第九届"小荷风采"全国少儿舞蹈展演选拔赛"三等奖"。沈闸中心小学获全区第六届学生合唱艺术节小学组"二等奖"。市汉坝小学党支部、沈闸中心小学党支部被评为全区教育系统先进基层党组织。汉坝小学被命名为吴忠市"三八红旗集体"。市第三小学被评为吴忠市"六五"普法先进单位。市第三小学、第四小学被命名为"吴忠市毒品预防教育示范学校"。随着学校布局调整、棚户区改造和农村人员向城市倾斜，叶盛第三小学、地三小学，邵岗五道渠小学，小坝镇先锋小学、林皋小学，瞿靖镇蒋顶小学，大坝镇蒋东小学、中滩中心小学、上滩小学、新桥小学，峡口镇谭桥小学、跃进小学，青铜峡镇河西中心小学等13所小学办学规模降到百人以下。叶盛第二小学，邵岗镇大沟小学、玉西小学，小坝镇新林小学，瞿靖镇毛桥小学，大坝镇大坝中心小学，青铜峡镇余桥中心小学、广武中心小学、三趟墩小学、河西口小学，陈袁滩镇杨滩小学、唐滩小学等两所小学办学规模降到百人以上200人以下。

(席艳)

2016年全市各小学基本情况一览表

表2-1

学校名称	所在位置	办学类型	校址分类	负责人姓名	教学班个数							教职工人数			面积（平方米）		
					合计	一年级	二年级	三年级	四年级	五年级	六年级	合计	其中女	专任教师	绿化用地面积	运动场地面积	校舍面积
同兴小学	青铜峡镇同心村	小学	村庄	王自荣	10	2	2	1	2	2	1	27	18	26	4600	10758	5552
市第五小学	小坝利民街、嘉宝路交叉口	小学	城区	王瑞琳	38	6	6	7	6	7	6	71	55	71	8604	15509	9917
同富小学	邵岗镇同福村	小学	村庄	陈文举	7	1	2	1	1	1	1	16	10	15	800	4747	2388
同进小学	青铜峡镇同进村	小学	村庄	王自荣	11	2	2	2	2	2	1	24	14	24	2880	11300	5204
同乐小学	邵岗镇同乐村	小学	村庄	王春山	8	2	2	1	1	1	1	14	11	14	4751	9348	3103
市第六小学	小坝文昌路福景街175号	小学	城区	俞 成	14	3	3	2	2	2	2	29	26	28	1000	12534	9872
市第三小学	小坝建民北街	小学	城区	何垠荣	30	5	5	6	6	4	4	76	64	72	1869	10662	8217
市第二小学	小坝利民街42号	小学	城区	党占兵	33	6	6	4	5	6	6	82	71	80	153	5331	7154
市第四小学	小坝天二街	小学	城区	马金环	38	6	6	6	6	6	8	100	88	99	6465	15272	10910
大坝中心小学	大坝镇大坝村	小学	集镇	杨建保	6	1	1	1	1	1	1	19	11	17	2680	6524	4498
蒋东小学	大坝镇蒋东村	小学	村庄	杨建宝	6	1	1	1	1	1	1	12	7	12	2670	2660	1229
河西小学	青铜峡镇艾山街	小学	集镇	哈 文	7	1	1	1	2	1	1	17	16	17	4320	9750	2339
河西口小学	青铜峡镇峡西街	小学	集镇	哈 文	6	1	1	1	1	1	1	14	13	14	2034	5796	2352
河西中心小学	青铜峡镇峡西街	小学	集镇	哈 文	5	0	1	1	1	1	1	15	14	14	7834	2592	5664
汉坝小学	小坝步行街	小学	城区	吴静娴	31	5	5	5	5	5	6	90	68	89	1000	7701	6714
叶盛中心小学	叶盛镇镇政府	小学	集镇	刘自立	12	2	2	2	2	2	2	30	19	28	3600	9600	3675
叶盛第二小学	叶盛镇正闸村	小学	村庄	刘自立	6	1	1	1	1	1	1	13	6	13	2914	4320	2962
叶盛第三小学	叶盛镇联丰村	小学	村庄	刘自立	4	0	0	1	1	1	1	9	3	9	2897	2700	1818
地三小学	叶盛镇地三村	小学	村庄	王 琦	4	0	0	1	1	1	1	9	7	9	1977	1872	1062
邵岗中心小学	邵岗镇镇政府	小学	集镇	王 硕	10	1	1	2	2	2	2	29	15	29	370	5678	3225
五道渠小学	邵岗镇五道渠村	小学	村庄	吴自东	6	1	1	1	1	1	1	14	10	14	1680	4360	2435
大沟小学	邵岗镇大沟村	小学	村庄	刘利宁	6	1	1	1	1	1	1	11	8	11	2093	4350	1281
玉西小学	邵岗镇玉西村	小学	村庄	冯建虎	6	1	1	1	1	1	1	15	8	15	1194	2928	1410
连湖小学	连湖农场场部	小学	农场	徐万年	13	3	2	2	2	2	2	29	16	29	1322	8300	2874
瞿靖中心小学	瞿靖镇镇政府	小学	集镇	董立宏	7	1	1	1	1	1	2	28	18	27	3240	7314	2723
毛桥小学	瞿靖镇毛桥村	小学	村庄	刘晓文	6	1	1	1	1	1	1	19	10	19	1680	7442	2640
光辉中心小学	瞿靖镇光辉村	小学	村庄	秦 烨	8	1	1	1	1	2	2	29	12	29	4750	8500	4955
蒋顶小学	瞿靖镇蒋顶村	小学	村庄	秦 烨	6	1	1	1	1	1	1	11	7	11	2850	4570	1666
任桥回民小学	峡口镇任桥村	小学	集镇	李朝辉	11	1	2	2	2	2	2	25	17	24	3400	6816	4392
余桥中心小学	青铜峡镇余桥村	小学	村庄	施学武	6	1	1	1	1	1	1	16	10	15	1620	4745	3395
杨滩小学	陈袁滩镇杨滩村	小学	村庄	朱立新	6	1	1	1	1	1	1	11	5	11	2681	4980	1779
红星中心小学	小坝镇红星村	小学	村庄	罗永华	6	1	1	1	1	1	1	21	15	19	1620	4680	1760
新林小学	小坝镇新林村	小学	村庄	罗永华	6	1	1	1	1	1	1	16	12	16	306	5400	2255
先锋小学	小坝镇先锋村	小学	村庄	罗永华	2	0	0	0	0	1	1	4	1	4	1402	1200	1205
林皋小学	小坝镇林皋村	小学	村庄	哈达宏	2	0	0	0	0	1	1	4	1	4	2000	1200	2125
新桥小学	大坝镇新桥村	小学	村庄	卢学军	6	1	1	1	1	1	1	14	12	14	2934	3240	2069

2016年全市各小学基本情况一览表

续表2-1

学校名称	所在位置	办学类型	校址分类	负责人姓名	教学班个数							教职工人数			面积(平方米)		
					合计	一年级	二年级	三年级	四年级	五年级	六年级	合计	其中女	专任教师	绿化用地面积	运动场地面积	校舍面积
中滩中心小学	大坝镇中滩村	小学	村庄	卢学军	6	1	1	1	1	1	1	16	11	14	990	4358	2173
上滩小学	大坝镇上滩村	小学	村庄	卢学军	6	1	1	1	1	1	1	15	10	14	2219	4368	1299
沈闸中心小学	峡口镇沈闸村	小学	村庄	王学明	6	1	1	1	1	1	1	15	10	15	1500	4440	2287
郝渠小学	峡口镇郝渠村	小学	村庄	丁晓国	6	1	1	1	1	1	1	13	11	13	1615	5860	2001
西滩小学	峡口镇西滩村	小学	村庄	马金龙	8	1	1	1	2	2	1	17	10	17	2125	7223	2824
谭桥小学	峡口镇谭桥村	小学	村庄	蔡建华	3	1	1	1	0	0	0	5	2	5	200	840	598
汉渠民兴小学	峡口镇汉渠村	小学	村庄	赵宏斌	9	1	1	2	2	2	1	19	9	19	2000	6000	2050
巴闸小学	峡口镇巴闸村	小学	村庄	王　鹏	6	1	1	1	1	1	1	13	8	13	2570	5408	1989
跃进小学	峡口镇跃进村	小学	村庄	陈进军	6	1	1	1	1	1	1	8	3	8	1892	2400	1385
广武中心小学	青铜峡镇广武村	小学	村庄	王自荣	6	1	1	1	1	1	1	13	8	13	1699	6251	2085
三趟墩小学	青铜峡镇三趟墩村	小学	村庄	王自荣	6	1	1	1	1	1	1	11	9	10	1680	4977	1252
陈袁滩小学	陈袁滩镇袁滩村	小学	城区	李培虎	8	1	1	1	2	2	1	23	11	21	3240	6910	2529
唐滩小学	陈袁滩镇唐滩村	小学	村庄	吴少忠	6	1	1	1	1	1	1	11	6	11	1158	3557	1201
市第三中学	青铜峡镇解放路149号	九年一贯制学校	集镇	孙建银	18	3	3	3	3	3	3	82	49	74	8400	22371	13256
甘城子中心学校	邵岗镇甘城子村	九年一贯制学校	村庄	徐堂银	6	1	1	1	1	1	1	40	22	40	3620	7168	4815
大坝电厂学校	大坝电厂生活区	九年一贯制学校	村庄	薛忠祥	8	1	1	1	2	2	1	50	33	47	500	13349	8209
市回民中学	峡口镇闫渠村	九年一贯制学校	村庄	张爱平	6	1	1	1	1	1	1	76	36	74	11797	18685	9164
铝业学校	青铜峡铝厂三村	九年一贯制学校	集镇	王　忠	18	3	3	3	3	3	3	106	72	95	15055	32662	16126

【市第六小学】筹建于2015年，2016年8月底建成投用。属城区完全小学。学校位于小坝古峡东街文昌路福景街137号，主要招收城市东区周边义务教育阶段学生。学校占地面积25131平方米。其中校舍建筑面积9872平方米、运动场面积12543平方米。设计标准为36个教学班。有音乐教室2个、舞蹈排练室1个、计算机教室2个、美术教室1个、综合实践室2个、图书阅览室1个、藏书室1个、多功能大厅1个。学校有教学班14个、学生511名、专任教师28名。教师中，市级以上骨干教师7名。学校建有校园广播网络和校园局域网，实现网络班班通。年内，学校获"全区禁毒才艺展示"二等奖。

（席艳）

初中教育

【概况】2016年，全市有初级中学6所（不含5所九年一贯制学校）、教学班194个，在校学生9489人。教职工857人（含九年一贯制学校354人），其中专任教师790人（含九年一贯制学校330人）。开设课程有：语文、数学、英语、政治、历史、地理、物理、化学、生物、音乐、体育与健康、美术、信息技术、思想品德。年内，落实大课间活动和课外体育活动制度，开展大课间特色活动，确保学生每天锻炼一小时，初中生体质健康及格率达到90.72%。推进义务教育均衡发展工作，改善办学条件，优化校园环境，确保学生进得来、留得住、学得好，学生入学率达到98.6%，升学率达到95.96%。加强教育教学管理，完善"一校一案"式教学质量目标管理考核体系，实施高层次人才队伍培养培训项目，开展薄弱学校"跟踪督导"和教学质量"生源地追踪"活动，打造高效课堂，初中教学质量稳步提高，义务教育阶段教学质量监测成绩位居吴忠市前列。编制上报2016—2020年中小学布局调整、2016年农村义务教育薄弱学校改造和2016—2020年公共事业项目规划，市第七中学学生浴室和厕所、第四中学回民食堂建成投入投用。市第六中学被评为全国青少年毒品预防教育"6·27"工程"先进学校"、学校毒品预防教育工作"先进单位"，全区教育系统先进基层党组织、毒品预防教育"示范学校"，吴忠市第二届青少年机器人竞赛"优秀组织单位"；获全国青少年学生法治知识网络大赛初中组"优秀组织奖"。市第五中学被评为第三十一届全国青少年科技创新大赛"科技教育创新优秀学校"，获全国青少年学生法治知识网络大赛初中组"优秀组织奖"、宁夏回族自治区第六届学生合唱艺术节初中组"一等奖"。市第七中学被命名为"全国学校体育工作示范学校"。市回民中学获全国青少年学生法治知识网络大赛初中组"优秀组织奖"。市第四中学获2015年全区中小学校科普剧创作表演"三等奖"。市第三中学、第四中学、第五中学、第七中学4所学校被命名为"吴忠毒品预防教育示范学校"。市铝业学校被评为第31届宁夏（吴忠赛区）青少年科技创新大赛"优秀学校"。邵岗中学被评为吴忠市最佳志愿服务组织。

【市第六中学校园禁毒图书角】市第六中学成立于2009年7月。现有教学班30个、在校生1520名、教职工总数102人。近两年，学校着眼构筑"信息主导、保障发力、创新带动、内外联动"禁毒预防教育"防护墙"，强化青少年毒品预防教育，增强青少年识毒、防毒、拒毒意识，依托学校图书阅览室、教学班每周1节阅览课及"校园毒品预防教育数字化科技馆"，组织实施"校园毒品预防教育图书角"项目，在占地面积103.5平方米图书角摆放各类杂志、报刊130余种，设置开放式数字查询区、阅览区、VR体验区、影视区、创意区，安排专人管理，方便学生阅读体验。在数字查询区，学校将图书馆4万余册图书目录纳入局域网电脑系统，学生可以通过班级电子白板、计算机网络教室查询自己需要借阅图书，填写借阅卡，及时反馈给图书管理员，节省排队借书时间。在阅览区，建有嵌入式书架，摆放1000余种文学、科技、教育、艺术、禁毒类书书籍；2台数字多媒体阅读一体机，并在其中安装自治区禁毒总队"青少年毒品预防教育"网络平台和本校校园毒品预防教育活动工作动态信息软件，学生在点击观看过程中随时能了解到本班及其他班级学生活动开展情况。在VR体验区，学校提供6套VR设备，片源内容涵盖"VR禁毒宣传片"和"VR禁毒科普片"等内容，体验者利用VR设备，通过观看故事情节、3D虚拟交互手法，了解毒品危害，掌握防毒拒毒方法技巧。在影视区，学生依托10台IPAD，上网

浏览信息、查阅资料和观看视频，参与益智互动游戏，在学习娱乐的同时，可将学习心得及个人创意作品发布到网络空间，开展深度交流活动。在创意区，学生可利用计算机、3D打印机、机器人和画板等设备，动手实践，将自己学习到的新知识转化为一件件作品。学校制定校园禁毒图书角管理制度，明确各项工作职责，指派1名专职管理员对学生阅览及活动进行全程管理，负责数字信息上传、设备维护及软件更新工作，积极搭建全校1600名师生开放学习空间，并新建数字化图书室，逐步形成“互联网+校园毒品预防”工作格局，活动取得丰硕成果。2016年1月6日，国家禁毒办、教育部在云南省曲靖市召开全国学校毒品预防教育经验交流暨“6·27”工程推进会议，市第六中学作大会交流发言。是年7月1日，全国校园禁毒图书角工作会议在青铜峡召开。辽宁、山西、甘肃、陕西、四川、内蒙等多地禁毒部门、学校来青探讨交流工作。市第六中学先后被评为全区“首批中小学信息技术应用培育性示范基地”“学校毒品预防教育示范学校”；吴忠市“德育工作先进集体”、禁毒预防教育“优秀示范学校”。

（席艳）

高中阶段教育

【概况】2016年，全市有普通高中学校两所，均为自治区级示范学校。有教学班99个，在校学生5120名。有教职工406人。其中，专任教师371人；骨干教师98名。骨干教师中，有自治区级骨干教师17名、吴忠市级骨干教师36名、青铜峡市级骨干教师45名。学校开设课程有：语文、数学、英语、政治、历史、地理、物理、化学、生物、音乐、体育与健康、美术、信息技术、通用技术、研究性学习。加强师资队伍建设，完善教学考评机制，强化教学过程管理，规范教学行为；开展高中教师联研联训活动，召开高考研讨会、复习会，举办高三年级模考、联考活动；实施教学目标质量管理，设立教学成果奖、教书育人奖和立志成才奖，对高考、中考成绩优秀教师和学生实行重奖，凡年度中考成绩位于全市前100名且到本市高中就读到毕业优秀初中生每人每年发放奖学金1000元；加大市财政补贴力度，从2016年起，市财政划拨公用经费240万元，将普通高中公用经费由每生每年375元提高到400元，解决普通高中取消“三限生”公用经费缺口问题；兑现骨干教师津贴制度，凡区、地、市级骨干教师，每人每月分别增加骨干教师津贴400元、300元、200元；争取普通高中改善办学条件补助资金150万元，对高级中学校园进行场地硬化维修改造。年内，全市高考上线人数达到651人，比2015年增加132人；上线率达到33.16%，比2015年提高6.59个百分点。其中，一类本科上线人数达到344人，比2015年增加80人，上线率达17.52%，比2015年提高4个百分点。艺术类考生上线59人。体育类考生上线6人。市高级中学被命名为“全国学校体育工作示范学校”。市第一中学组队参加2016年全区青少年排球锦标赛，获男子甲组“第六名”，并被评为吴忠市“五四红旗团委”；参加宁夏回族自治区第六届学生合唱艺术节，获高中组二等奖。

（席艳）

2016年全市初级中学办学情况一览表

表3-1

学校名称	学校所在位置	办学类型	地域分类	负责人姓名	教学班数				初中学生情况(人)							教职工人数(人)									占地面积(平方米)			校舍面积
					合计	按年级分			合计	女生数	男生数	其中:少数民族			寄宿生	合计	专任教师								合计	其中		
						初一	初二	初三				合计	女	男			计	其中女	少数名族	中教高级	中教一级	中教二级	中教三级	未定级别		绿化用地面积	运动场地面积	
市第七中学	黄河外滩小区西南侧	初级中学	城区	哈少锋	21	7	7	7	1118	520	598	322	155	167	1057	80	70	26	11	6	37	22	0	5	58559	5709	12890	5827
邵岗中学	邵岗镇邵西村	初级中学	村庄	李　涛	10	3	4	3	421	201	220	110	58	52	256	38	38	16	2	6	22	10	0	0	26680	5042	10575	3190
市第二中学	瞿靖镇集镇区	初级中学	集镇	乔铁山	10	2	4	4	370	171	199	6	6	0	240	49	40	6	1	9	16	15	0	0	44000	2070	14244	3699
市第三中学	青铜峡镇解放路149号	九年一贯制学校	集镇	姚　国	9	3	3	3	358	173	185	272	125	147	0	82	74	49	22	11	10	10	0	4	54419	8400	22371	5922
甘城子中心学校	邵岗镇甘城子村	九年一贯制学校	村庄	徐堂银	7	3	2	2	335	162	173	119	61	58	0	40	40	22	0	4	10	8	0	2	15351	3620	7168	3500
大坝电厂学校	大坝电厂生活区	九年一贯制学校	村庄	薛忠祥	5	1	2	2	171	78	93	3	3	0	73	50	47	33	2	13	9	0	0	0	27405	500	13349	4082
市回民中学	峡口镇闫渠村	九年一贯制学校	村庄	张爱平	18	6	6	6	727	347	380	556	258	298	0	76	74	36	33	8	27	25	0	0	50400	11797	18685	5874
市第四中学	小坝龙海宾馆南侧	初级中学	城区	汤莹丽	36	12	12	12	1842	911	931	114	79	35	526	130	124	63	8	25	69	27	0	3	52585	9416	20080	9412
市第五中学	供电局东侧	初级中学	城区	周茂才	30	10	10	10	1681	876	805	132	57	75	0	104	92	51	3	27	53	10	0	2	34668	9000	15933	8803
市第六中学	小坝文化街43号	初级中学	城区	苗志利	30	10	10	10	1452	755	697	84	44	40	0	102	96	47	8	16	52	26	0	2	32281	1176	16054	6979
铝业学校	青铜峡铝厂三村	九年一贯制学校	集镇	王　忠	18	6	6	6	914	428	486	409	201	208	387	106	95	65	8	2	25	22	3	0	64466	15055	32662	9489

2016年全市普通高中办学情况一览表

表4-1

办学类型	学校位置	负责人姓名	教学班数（人）				毕业生数（人）			在校生数（人）				教职工人数（人）								占地面积(平方米)			建筑面积	教学及辅助用房（平方米）		
			合计	其中：按年级分 高一	高二	高三	合计	其中女	其中男	合计	按年级分 高一	高二	高三	合计	其中女	专任教师	中教高级	中教一级	中教二级	中教三级	未定职级	合计	绿化用地面积	运动场地面积		合计	教室	实验室
高级中学	小坝银河西街	李彬	47	14	16	17	839	466	373	2376	716	801	859	208	117	184	52	63	61	0	8	70707	15772	21353	34276	13574	11339	1254
市第一中学	小坝学府街南侧	陈英君	52	17	18	17	779	439	340	2744	960	929	855	198	121	187	43	61	54	0	29	207800	68709	42333	53549	18198	10198	3250

职业教育

【概况】2016年，市职业中心设置有机电光伏、机修焊接、信息技术、学前教育、农业技术、医学护理和基础学科7个学部，开设12个专业。其中，有供用电技术、光伏技术、食品生物工艺3个自治区级骨干专业，汽车驾驶与维修、焊接技术、计算机平面设计、财会、机电设备安装与维修5个传统专业，学前教育、医学护理和高铁乘务3个校际联办专业。建有供用电实训中心、光伏实训中心、食品生物实训中心、汽车修理实训中心、学前教育实训中心、医学护理实训中心和体育活动中心。配备供用电专业实训室16个、光伏技术综合实训室5个、食品化学实验室1个、食品分析与检验实训室1个、食品焙烤室1个、葡萄酒生产工艺实训室1个、钳工实训室1个、汽修实训车间2个、焊接实训车间2个、画室3个、电钢琴室3个、舞蹈练功厅3个、礼仪教室1个、医护实训室6个、电脑微机室12个、液晶白板多媒体电教室76个、图书阅览室2个、乒乓球和羽毛球场馆各1个、技能创新室1个、多媒体阶梯教室2个、全自动录播教室1个，设备总值约8700万元。有72个教学班，在校学生人数3219人。有专兼职教师148人。其中专任教师96人、兼职教师52人。专任教师中，有中教高级21人、中教一级41人、中教二级31人。年内，学校在宁夏各县市率先与北京商鲲教育集团合作，联合开设高铁乘务专业；争取自治区产教融合专项资金2000万，增建10000平方米实训综合楼；组队参加“大地杯”第2届中国青少年创造力大赛暨第68届德国纽伦堡国际发明展中国西部赛区邀请赛，被评为“创新教育特色学校”。学校先后被评为吴忠市“毒品预防教育示范学校”“职教联盟技能大赛先进集体”，青铜峡市“职业教育目标管理奖”。跨入“全国职业院校数字化校园实验校”行列。

【教师管理、培训】修订《教职工考勤制度》《师德师风考核办法》《内部管理八项规定》《评优评先评定打分标准》等制度，要求行政领导带头，坚持用制度管人管事。加强专业教师培训工作，选派35名教师、领导到北京、天津、哈尔滨、武汉等地进行培训、学习。

【校园文化建设】制作不同主题文化墙，组织开展《弟子规》和中华古诗词诵读活动，通过举办诵读比赛，职业教育周专场文艺演出及法律、心理健康、礼仪礼节等知识讲座，开展校史校情和校规校纪集中教育、社会主义核心价值观经常性教育活动等，加深学生对中华优秀传统文化的理解学习，提升学生文明行为养成。年内，先后举办“第二个职业教育周专场文艺晚会”“军训会操及特色展示”“全市中学生运动会团体操表演”及《学生傣族舞》校外展演合活动。

【教学管理】突出质量强校，推进专业教学改革，以课程建设为切入点，抓好课堂常规管理和教师培训，围绕公共课程、职业核心课程、专业项目课程等重点课程，健全学科教学管理制度，细化学科教学任务，实施教学环节质量控制与过程管理，明确技能训练要求及质量问责标准。针对外聘教师教学经验少、管理能力差问题，制定外聘教师考核管理办法，组织教务处、研训处开展结对帮扶活动，举办骨干教师示范课观摩和新教师上汇报课活动。针对自治区分类考试政策改变，开设“高考班”，为学生学历提升提前做好准备。

【教学方法创新】转变教育思想和观念，创新专业建设，推进以能力为本位、以职业实践为主线、以项目课程为主体教学改革，按照“有用、适用、够用”标准、职业资格技能鉴定及学生职业生涯发展需要设置课程和教学环节，健全专业理论项目和实践操作项目课程体系，实施项目教学法，整合实验实训资源，推行理实一体化教学模式，实现边讲边做、边做边讲、讲做结合。改革教学考核办法，着力推进教育与产业、学校与企业、专业设置与职业岗位、课程教材与职业标准、教学过程与生产过程对接，将学历教育与职业资格培训融合，利用电化教育和实物展示形象直观特点，组织启发式、讨论式、互动式、项目式教学，实现课堂教学高效化及技能掌握牢固化。改进学生考试方式，采用实践考核、现场能力测试等方法，记录和评价学生成绩，摒弃记忆性、知识性考试模式，搭建专业定位与职业岗位对接、课程教材与职业标准对接人才培养质量平台。

【工学结合】推进教学改革，秉承“车间就是教室、教师就是师傅、学生就是员工”办学理念，狠抓学生技能训练，坚持以赛促教。年内,举办3次校级技能大赛,完成3000人技能鉴定任务;组队参加吴忠市职教联盟技能大赛,获总分第二名。

【德育教育】以学生心理健康课程为载体,以学科课堂德育渗透为手段,推行德育量化考核制度和"驾照"式管理,有针对性地对学生进行思想教育。凡学生德育考核分值减少,可通过做好事、参与志愿者社会公益服务实践活动等加分。发挥班主任学生思想管理主力军作用,选拔责任心强、工作经验丰富教师充实班主任队伍,实行班主任和班级量化考核,坚持管理育人。组织开展文明班级创建活动,强化班级文化建设,通过每周举行主题班会,讨论制定班规生约,组织学习《弟子规》,举办班级健美操及校园板报比赛,搭建学生交流思想、展示才艺平台。依托高铁乘务专业,加强纪律管理,推行学生食宿卫生、早操等方面军事化、正规化、精细化管理,磨砺学生意志,强健学生身体。创新学生评价模式,建立以能力为核心的评价模式,实行学业、德育、操行、技能、实习综合评价及德育分值一票否决制,提高学生综合职业素养,引导学生全面发展。

【和谐师生关系创建】 利用手机短信平台,了解、倾听家长和学生意见建议。公开学校行政领导和相关工作人员职责及联系方式,及时办理、答复学生所反映问题。建立校长接待日制度,每周安排1天时间,由校长牵头,相关处室负责人、考核办工作人员承办,集中接待学生。深入推进联班联生工作,要求每名行政领导联系1~2个班级、每位教师联系8~9名学生,形成良好关爱学生育人氛围。抓好中职教育免费全覆盖政策落实工作,做好国家助学金发放工作,安排学生代表全程参与助学金评审工作,确保助学金评选公开、公正、公平。发挥学生会在"两操"、卫生、宿舍及社团活动管理等方面作用,锻炼自己,提升素质。

【师德师风建设】召开"养师德,铸师魂"评比动员会,围绕"如何当一个好老师"等主题,组织开展两次征文活动。

【校园安全】制定校园安全预案,落实行政领导包点排查、"一岗双责"及教师全员值周制度,每周安排一名中层领导、4名教师对全校各方面工作进行考核检查、跟踪管理。加强中午、下午、晚上等空闲时段、事故高发时段值班检查,安排同性别教师晚上入住学生宿舍,参与住宿学生教育管理,预防各种突发事件。推行校领导每人每周住校一天管理制度,周末放学组织值班领导、教师及各班班主任按时在学校西门口蹲点执守,要求各班班主任对学生到校、离校情况第一时间通过短信告知家长。年内,开展多次应急疏散演练活动,全年无重大安全事故发生。

【改善办学条件】加强实训基地建设,投资2027万元,实施产教融合实训楼项目;投资260万元,采购机电专业实训基地装备;投资220万元,购买汽修教学设备;投资76万元,添置画室专业设备。

【招生工作】树立"以出口带动入口,以就业推动招生"理念,加强与区内外骨干企业沟通,推荐学校优秀毕业生前去就业和实习。加强招生工作宣传,组织全校教职员工开展进村入户宣传,投入10余万元,在市电视台、《吴忠日报》及网络媒体刊播招生简章,广泛宣传学校办学实力及国家职业教育优惠政策,年内完成招生任务1446人。

【校校合作】做好学校专业互补,11月底,与宁夏民族职业技术学院、宁夏幼儿高等专科学校交换学员信息,完成2016级学生医学护理、学前教育、高铁乘务3个专业录取注册工作。

(田学平)

民族教育

【概况】2016年,全市有"百所标准化回民中小学"4所,其中小学3所、中学1所。分别是:市回民中学、任桥回民小学、杨滩小学和余桥中心小学。全市各级各类学校在校少数民族学生数及其所占比重分别为:学前教育1983人,占26.37%;小学6014人,占29.62%;初中阶段教育2127人,占22.65%;普通高中803人,占15.68%。年内,加强学校清真食堂监督管理,落实高考、中考及特岗教师招录等少数民族照顾政策,深化各类"民族团结进步示范学校"创建活动,各学校通过主题班队会,开设橱窗、民族知识团结宣传墙,印发宣传画册、折页,编写校本教材,制作举办手抄报,举办知识竞赛,开展手拉手快乐大课间等主题实践活动,加大民族政策宣传力度,提高学生民族认知教育工作水平。

(席艳)

2016年四所标准化回民中小学基本情况一览表

表5-1

学校名称	学校所在位置	办学类型	地域分类	负责人姓名	教学班数	学生情况(人)				教职工人数				占地面积(平方米)			校舍面积
						合计	女生数	男生数	少数民族	合计	专任教师			合计	其中		
											合计	其中女	少数民族		绿化用地面积	运动场地面积	
市回民中学	峡口镇闫渠村	九年一贯制学校	村庄	张爱平	18	727	347	380	556	76	74	36	33	50400	11797	18685	5874
余桥中心小学	青铜峡镇余桥村	小学	村庄	施学武	6	179	91	88	165	16	15	10	8	12035	1620	4745	4392
任桥回民小学	峡口镇任桥村	小学	村庄	李朝辉	6	372	171	201	309	25	24	17	11	16683	3400	6818	3395
杨滩小学	陈袁滩镇杨滩村	小学	村庄	朱立新	6	157	66	91	145	11	11	5	8	8970	2681	4980	1779

成人教育

【概况】2016年，青铜峡市成人教育以市电大工作站、市职业教育中心、市农业广播电视学校为阵地，面向社会开展学历教育，满足不同层次学员学习需求。青铜峡市电大工作站开设法学、会计学、汉语言文学、卫生事业管理、金融、英语、学前教育、行政管理本科专业和法学、财务会计、护理学、药学、工商管理、水利水电、建筑工程、学前教育、行政管理专科专业。市职业教育中心侧重于举办各类短期培训班。

（席艳）

【电大教育】发挥招生小组作用，采取多种形式，宣传电大办学原则、招生专业、各项费用和报名手续等，年内，招收注册学员240名。开展新入学学员网络操作技能培训，提高学员上网学习能力，要求班主任教师首先学会网上操作，确保每位学员所考课程能及时注册。抓好电大日常教学组织和管理工作，组织学员按计划开展网上自学活动，针对个别专业难度较大实际，邀请自治区广播电视大学教师来青开展面授辅导、组织论文答辩。加强考试组织与管理，严肃考风考纪，要求每位考务人员严格监考，不徇私情，发现考试违纪学员及时给予纪律处分，考试工作受到区电大认可。（杜茬　马力民）

教学研究

【概况】2016年，市教学研究室以推进课程改革为主线，以高效课堂研究为突破口，履行"研究、指导、管理、服务"职能，服务学校、服务教师、服务学生。筹备召开2016年教科研工作会议，组织实施寒假教师教学能力提升培训、初三高三联考、中小学高效课堂研讨、联片教研展示、一师一优课评选上报、教师信息化能力测试、名师工作室送课下校等研训活动26场次，开展同课异构、送教下校、学科研训、课标教材培训等活动24场次，组织教研员推门听课2700余节次，举办专题业务辅导讲座28场次，组织指导校本教研、片区教研活动92场次，完成调研报告16篇，编发《古峡教研》两期。组织学生参加各学科竞赛4936人次，203人次获自治区级以上奖励。组织全市中小学生参加质量监测，完成命题、校对、阅卷、登分和成绩核算等工作。做好优质课参选作品组织、筛选和报送工作，一个月内完成2589节晒课任务，全市上报各类优课228节，42节优课参与吴忠市赛课，25节优课参与自治区评选，11节被评为自治区级优课，7节被评为国家级优课。组织500余名师生参加自治区教具大赛和全国陶艺作品大赛，70余人次获自治区级以上奖励，3件自制教具获全国一、二等奖，教研室荣获全区自制教具优秀组织奖。选送作品参加全区第十七届中小学电脑作品制作比赛，两件获全国三等奖，23件获自治区级一等奖、12件获二等奖、31件获三等奖，市教研室获优秀组织奖。组队参加第十五届全区电教论文、多媒体课件制作大奖，全市收集作品400余件，89人次作品获一、二、三等奖。选送作品参加全区师生网络空间、微课评比活动，33件教师随笔获网络空间比赛一、二等奖，5件获微课二等奖；17件学生作品获网络空间一、二等奖。组队参加全区"和教育"信息技术论文评选活动，上传论文343篇，数量占全区总数的13%。深化课题研究工作，完成107项立项课题中期督查及总结工作。加大教研员学习培训力度，选派56人次参加各级培训、48人次到区内名校听课观摩。筹组全市教师文化课和专业课考试，提升教师专业技能。加强电大学院注册管理，完成招生240名学员招生任务。本年度，市教研室被评为全区第九届自制教具评选活动优秀组织奖、中小学电脑制作活动先进单位、电大开放教育招生工作先进集体，吴忠市“一师一优课、一课一名师”活动优秀组织奖”。

【教研人员学习培训】为教研员订阅《宁夏教育》《人民教育》《试题与研究》《中学学科教学参考》等专业书刊70余册，做到人手一册，方便教研人员参悟学习，提高专业素质。年内，组织56人次参加各级各类培训。其中，11人次参加国家级培训学习，26人次参加区内听课、观摩活动，2人参加全区电大工作人员培训。

【联片研训】制发、审核联片研训实施方案，根据年度教科研会议安排，全年组织开展联片教研活动18次。其中市级以上活动7次。4月，以“课题研究”为题，协调指导市第二小学片区开展研训活动；以“信息技术能力测试”为题，协调指导铝业学校片区开展研训活动。5月，以“三地交流互动”为题，协调指导汉坝小学片区举办片区展示交流活动。11月，以“信息技术在课堂中的应用”为题，协调指导市第六中学片区举办教学观摩研讨活动。12月，以“智慧课堂教学探索”为题，协调指导第五中学片区开展课堂教学展示活动。同时，依托《青铜峡教育信息网》，及时报道研训活动开展情况，上传活动信息18条，营造联片研训活动浓厚氛围。

【骨干教师引领示范作用】5月，选派8名骨干教师，分赴市第二中学、瞿靖中心小学、甘城子学校等地，开展语文、数学、英语、音乐等学科下校巡回送课活动，活动送课20余节，300余名教师入室观摩。10月，组织中学语文、数学、化学、文综和小学语文、数学、英语、综合等8个名师工作室，分赴市第六中学、邵岗中学和市第三中学，开展“送教下校”活动，上观摩课16节。

【中考、高考复习研讨】年内，组织高三、初三教师参加全区、吴忠市复习研讨活动及相关会议，帮助教师了解考试说明及命题趋势，获取有用备考复习信息。筹组两次高三联考、两次初三联考活动及10门中学学科教学质量监测工作，完成命题、考务工作安排、成绩核算、卷面分析等工作，提醒学校及教师及时发现复习工作存在问题，提高复习工作效率。

【学科研训】根据区、市教研室相关工作安排，做好学科研训活动组织、指导及参赛工作，以研带训，以赛促研，拓展学校和教师视野。3月，组织部分中小学教师参加12场次吴忠市级以上学科研训活动，筹备召开2015—2016学年第二学期期末教学质量监测科目卷面分析会。4月、10月，选择中小学各3所，开展为期二周推门听课活动，覆盖学校所有教师，通过听课、检查和座谈，为学校把脉寻诊。年内，协调各学校美术学科参加周庄杯“全国陶艺大赛”，上交作品125件，34件作品获奖。组织中学物理学科教师参加全区“录像课”“实验说课”评比及全国中学物理青年教师优质课竞赛、物理名师赛活动，8人分获国家和区级一、二、三等奖。推荐1名中学化学教师参加全区实验说课比赛，获二等奖；7名中学历史学科教师参加全区录像课评比，2人获二等奖、3人获三等奖；2名信息技术学科教师参加全区录像课评比，分获二、三等奖。组织508名学生参加中学生数学竞赛活动，11人获全国一、二等奖，25人获自治区一、二、三等奖；503名学生参加初中物理竞赛活动，23人获全国或自治区一、二、三等奖；172名学生参加高中物理竞赛活动，15人获全国或自治区一、二、三等奖；1949名学生参加全国中学生英语竞赛活动，41名学生进入复赛。

【参加全区第九届自制教具比赛】3月，参加全区第九届自制教具比赛，从27所学校317件(教师作品197件、学生作品120件)报名参赛作品筛选47件作品(教师作品31件、学生作品16件)参加评选活动，教师作品获一等奖5个、二等奖13个、三等奖13个，学生作品获一等奖1个、二等奖7个、三等奖8个。市第一中学教师郭广荣、第六中学教师马文斌2人作品代表宁夏参加全国评选。马文斌被评为“全区优秀自制教具能手”。市教育局获“全区自制教具评选优秀组织奖”。

【“一师一课”活动】4月，筹办全市“一师一课”推进会，安排部署相关工作，同步开展中小学“名师优课”送教下校活动，送教进校6所，上示范课18节。5月，完成“一师一课”第一阶段教师注册任务，全市各中小学注册教师2058人，注册率达到教师总数的97.89%。随后，召开培训启动会，按照规定比例和指数开展全市联评，完成数据整理、光盘归整、上传审核、资料上报等市级层面工作。年内确定市级优课228节，推荐上报吴忠市优课42节、自治区级优课25节，11节课被评为省级优课，7节课被评为部级优课。

【教师寒暑假培训】1月21—23日和8月29日—30日，分别在市高级中学举办全市中小学(园)教师教学能力提升专项培训，确定10个学科班级。邀请专家围绕"信息技术和信息化资源在学科教学中的应用"主题组织开展培训，解决教师课件制作、教学设备实地操作等存在问题，促进教师专业化发展。621名教师参加培训，提交作业863篇，13位教研员参与培训组织工作。

【"国培计划"实施】根据"国培计划——培育性示范县"工作安排，2015年7月25日，组织实施"五类"培训，全市2395名教师参加培训，培训项目全部完成。其中，2016年3月21日—3月30日，完成第二期50名乡村教师访名校培训任务。4月，完成第一期中小学教师网络研修任务。5月4日—13日，完成第三期50名乡村教师访名校培训任务。是月同步完成"校长助力培训""访名校培训""送教下乡""网络研修""信息技术能力提升"等五大项1680人信息上报工作。6月，完成"国培计划(2015)"资料汇编工作。7月下旬和10月中旬，完成2批共100名中小学校长访名校培训任务。9月26日—27日，会同吉林教育学院完成吉林省中小学部分学科名师工作室来青送培送教工作。11月27—12月8日，完成第三期50名乡村教师访名校培训任务。

【教师全员网络研修培训】建立远程培训QQ群，及时发布网络研修人员注册、课程安排、培训课程视频和资源上传方式。年内，完成1100名教师信息技术能力提升、380名"送教下乡"参训教师网络研修、150名访名校教师网络研修和100名校长助力培训网络研修培训工作任务。

【"名师工作室"建设】1月、3月，分别召开全市名师工作室总结会和推进会，组织各工作室主持人总结2015年工作，交流2016年工作思路，互听互学，相互促进。5月、11月，组织6名省部级"名师优课"获奖教师和全市"名师工作室"成员，开展"送教下校"活动，通过展示课堂风采、进行现场互动和课后点评方式，检验"名师工作室"建设成果，活动用时4天，累计送课40节次，组织研讨活动12场次，346名教师参加听课、评课。

【教师培训】加强青年教师培养，以骨干教师津贴发放考核为牵引，适时提出新的工作要求，给骨干教师"压担子"，激发骨干教师自我成长需要，促使其沿着优秀青年教师、教学能手、学科带头人、骨干教师、名教师轨迹发展。加强教师"传、帮、带"工作，开展"一帮一""一帮二""结对子"活动，围绕示范课、随堂课和诊断课"三类"课型重点，从思想交流、课前学情和教材分析到教学过程设计、课后反思，对骨干教师教学工作进行全程纪实，引导骨干教师先定格，再入格，直至跳出"模式"逐步形成自身教学特色和风格，帮助骨干教师提升专业技能。7月，在高级中学对全市中小学骨干教师进行文化课及课标、教材教法考试。8月31日，在市教研室举办全市特岗教师岗前培训，邀请专家系统讲授教学常规及备课、课堂组织、作业设计等基本知识，帮助21名新招聘特岗教师增强专业意识，掌握从教所需技能，缩短青年教师入职适应期。

【课题研究】年内，开展第四届基础教育课题申报工作，全市申报课题212项，经区、市两级教研室评审，批准区级立项课题61项、市级立项课题107项，全市168个立项课题进入研究阶段。9月，结合"国培"项目实施，聘请外省教育教学专家复审立项课题。11月，完成第四届立项课题中期督查及总结工作。

【交流学习】建立信息和学术交流制度，发挥骨干校长与教师学术引领作用。12月27日，举办全市中小学校长论坛，安排资深校长登坛开讲，组织全市中小学校长到银川兴庆区回民二小和银川外国语实验学校实地观摩学习。

【师生信息化水平提升】年内，配合市教育局，抓好中小学教师网络学习组织检查和青铜峡市创建全区"教育信息化示范县"相关工作，通过组织全市义务教育阶段教师信息技术能力测试，筹办全区中小学生电脑画、课件制作竞赛青铜峡赛区预赛，提升师生信息化技术应用能力。3月，开展中小学生电脑作品制作评选，各学校上报作品200余件。3—6月，筛选作品参加第十五届全区电教论文、多媒体课件等大奖赛，收集作品400余件。5月，组织全市九年级信息技术等级考试。

(杜茗 马力民)

科技

【概况】2016年，全市申报和实施各级各类科技项目31项。其中，自治区企业科技创新后补助3项、科技金融专项7项、科技基础条件建设专项2项、科技特派员专项10项、科技型中小企业创新基金8项、科普专项1项。申报发明专利、外观专利及新型实用专利145件，授权84件。新增科技特派员17人，科技特派员总数达到346人(家)。组织实施自治区级科技特派员专项10个。其中，重点项目2个，引导项目8个。引进、示范、推广新品种47个、新技术26项。年内，以打造科技创新体系为重点，以培养企业自主创新能力为主线，发挥政府引导、企业主导双重作用，为全市工业经济发展注入生机和活力。

【项目申报】年内，围绕全市工业产业发展，精心编报项目，向上对接争取政策资金扶持，全年申报和实施各级各类科技项目31项，获项目补贴资金1080余万元、“宁科贷”助力企业发展贷款3400余万元、自治区知识产权质押贷款1000万元。

【科技研发】建立健全企业主导、政府引导、社会参与科技投入良性机制，全年规模以上工业企业投入研发活动经费支出金额达2.6余亿元。其中，研究与试验发展(R&D)投入1.6余亿元，比2015年增长23%。围绕装备制造、能源化工、新材料、特色农产品加工等产业，加强与北京中关村、郑州金属材料研究所、浙江大学、宁夏大学及白俄罗斯国立大学等在技术攻关、成果转化应用、人才引进培育方面科技合作，帮助企业提高科技创新能力。年内，全市6项科技成果通过自治区鉴定，13家企业通过自治区科技型中小企业认定，4项科技成果获自治区科技进步三等奖；获批新建自治区技术创新中心1家。

【队伍建设】出台政府扶持优惠政策，引导和支持企业加快人才培养，积极从事科技创新工作。截至年底，全市工业企业拥有各类科技机构76家、从业人员540人。企业科技工作人员中，具有高中级技术职称人员160人，占到企业技术人员总数30%。全市拥有国家级博士后工作站1个，自治区级企业技术中心4个、技术创新中心7个、知识产权示范企业1家，市级知识产权示范企业10家。自治区科技型中小企业31家。

【骨干企业扶持】提请市人民政府出台优惠政策，开展骨干企业帮扶工作。年内，对6件企业发明专利给予30万元奖励，为20家企业贴息261万元。其中，宁夏塞上阳光太阳能有限公司科技金融贴息48万元，宁夏新大众机械制造有限公司科技金融贴息26万元，宁夏银河钢塑滴灌设备有限公司金融贴息15万元。连续3年为宁夏勤昌滚动轴承制造有限公司知识产权抵押贷款提供协调指导服务，帮助企业每年获取质押融资贷款1000万元。市人民政府对以知识产权质押方式融资企业给予30%贴息、减免90%评估费等政策支持，3年累计减免宁夏勤昌滚动轴承制造有限公司90万元评估费用。

【知识产权质押融资服务】做好国家知识产权质押融资试点城市工作，深入企业开展调研摸底，从各高新技术企业、科技型中小企业和创新型企业中选取11家企业，作为知识产权示范企业，促其做好技术创新和知识产权成果转化应用工作。加强企业知识产权质押融资政策宣讲和业务培训，举办政策宣讲和业务培训班3场，50余家企业参与银企对接活动及区、市知识产权培训班，5家企业提供知识产权质押相关资料。开展企业知识产权质押融资服务工作，建立知识产权评估、投资、信贷、担保及科技金融风险补偿基金等服务机制，邀请专利代理机构和评估公司深入企业开展面对面服务，引导企业加强与知识产权评估公司、专利代理机构及金融机构交流合作，协调金融机构创新知识产权融资方式，开发知识产权质押融资产品，帮助拥有自主知识产权中小企业解决融资难问题。年内，对4家企业进行知识产权评估。10家企业通过“宁科贷”风险补偿基金贷款3400余万元。

【专利申报】年内，全市申请发明专利、外观专利及实用新型专利145件，84件获得授权,年均增幅达到20%以上。

【科技特派员管理】建立科技特派员动态管理和创业定期联系制度,实时跟踪掌握特派员创业情况,加强指导管理服务。年内,新增科技特派员17人,取消7名作用发挥不好科技特派员资格,全市创业科技特派员、信息科技特派员、法人科技特派员总数346人(家)。科技特派员依托设施园艺、生态渔业等现代农业示范基地,以利益共同体形式开展创业示范活动,引领优质水稻、酿酒葡萄等优势产业发展。截至年底,全市创办科技特派员创业企业49个、专业协会25个、专业合作社81个、家庭农场6个。136名特派员组建73个利益共同体,年收入9935万元,示范区农民人均纯收入1.1万元,人均增收1150余元。

【科技特派员培训】年内,选派46人次,参加自治区企业管理、互联网平台建设等科技特派员培训。邀请宁夏大学3名专家教授,来青举办4场科技培训,培训特派员216人(次)。组织科技特派员利用创业示范基地、园区科技培训中心和特派员培训课堂,举办各类科技培训班67场次,发放实用技术资料1.5万份,培训农民3950人(次)。

【项目引导】全年围绕优质粮食、酿酒葡萄等产业发展,组织实施自治区级科技特派员专项10个,投入项目资金6580万元,建立科技示范点82个,示范推广先进实用技术48项,引进试验示范新品种65个、面积16.6万亩,流转经营土地36900亩,培育科技示范户8425户,辐射带动农户2.4万户,136名特派员参与设施园艺蔬菜、生态渔业养殖、酿酒葡萄种植加工等项目。

【技术合作、服务】加强院校企交流合作,整合科技力量,推进产学研结合,打造技术示范高地,促进全市设施农业、酿酒葡萄、有机水稻、生态渔业、生物环保养殖产业发展。年内,协调宁夏中航郑飞塞外香清真食品公司与宁夏农林科学院签订科技合作协议、与江南大学签订战略合作框架协议,宁夏家道回乡农业开发有限公司与北方民族大学生物科学与工程学院签订科技合作协议,宁夏葡萄与葡萄酒研究院与宁夏华昊葡萄酿酒有限公司签订农业科技示范推广协议。全市建立农业龙头企业特色网站12个,组建专家服务团5个,成立示范基地技术服务组10个。青铜峡市有机水稻标准化示范基地等5个示范基地被列入自治区现代农业示范基地。

【农村科技信息服务】加强农村科技信息化建设,构建农村新型科技服务体系。年内,开启"示范区+农村科技户+经纪人+示范辐射农户"信息服务模式,建成各类技术服务信息点30个,在6个龙头企业特色网站和4个园区设施温棚安装远程智能化控制系统,在各信息点开通网络链接功能,通过连接园区合作社、各村专业协会和种植大户,健全完善互联互通信息服务机制,及时解决农民所遇技术问题。全年开展科技文化服务活动75次,各技术服务信息点实现年收入1755万元。

【"三区"科技人才工作】做好"三区"(远贫困地区、边疆民族地区和革命老区)科技人才工作,加大项目、资金和技术等方面扶持力度,发挥产业园区引领带动作用。根据生态移民新村规划布局,结合产业发展实际,依照集成配套生产管理技术规程,引进赤霞珠、梅鹿辄、蛇龙珠、霞多丽等品种,示范推广酿酒葡萄节水控灌、苗木嫁接和高效栽培技术,打造优质酿酒葡萄基地500亩;引进澳系荷斯坦奶牛1500头,示范推广高效饲喂、疫病综合防控术、奶牛线性鉴定等技术,建立标准化奶牛养殖科技示范园区。截至年底,在4个生态移民村培育庭院经济科技示范户23户,带动农户152户;举办先进实用科学技术培训班20期,培训农民960户;建立酿酒葡萄及奶牛养殖科技示范园区3个,引进推广新品种8个,发放各类宣传资料1870份。

(郭冬梅　田永海)

QINGTONGXIA YEARBOOK

文化·旅游

编辑◎王雪霞　马　婷

文化

综　述

【概况】2016年，全市文化工作按照“文化惠民”总体要求，开展创建国家现代公共文化体系示范区活动，提高公共文化服务水平，完善公共文化设施，开展各类文化活动，打造黄河文化品牌，为人民群众提供全方位、多形式的文化服务。全市现有国办文化体育事业（广播影视）单位15个，基中：文化馆1个、图书馆1个、文物所1个、广播电视台1个、农村电影放映中心1个、乡（镇）文化站8个、街道文化站1个、林场文化站1个。有村级文化室85个、标准文化大院10个、文化信息资源共享工程基层服务点12个、业余文艺团队42个。有青少年体育活动中心1个、标准体育场地1624个（其中城区720个、镇场904个）、单项体育协会13个、体育俱乐部7个、社会体育指导员534人、专兼职教练员15人。年内，组织开展“高空王阿迪力青铜峡黄河大峡谷挑战”活动，举办青铜峡市“稻花香里”文化艺术节、首届中华黄河楼大型彩灯嘉年华花灯展及元宵节焰火晚会等系列文化活动。全年完成各类文学及文艺作品创作53件，其中获区级以上11件，吴忠市级12件，青铜峡市级30件。成功申报区级非遗保护项目1个（牛首山佛教音乐）。

【文化活动】发挥地方文化资源优势，以大型活动及传统节日为带动，开展特色文化活动。春节期间，举办歌舞、交响乐、钢琴独奏、秦腔等专场演出25场次，“文化下乡”送春联1980副，“喜迎新春·和谐古峡”书法美术作品展1期，社火大赛，“电影过年”展演，“同筑中国梦·共度书香年”楹联文化展，“书香古峡暨4·23世界读书日”，首届中华黄河楼大型彩灯嘉年华花灯展及元宵节焰火晚会等系列文化活动；举办2016广场舞大赛，有22支代表队参赛，评选出一等奖2个、二等奖4个、三等奖7个、优秀奖9个、优秀组织奖1个。7月，联合市委宣传部、教育局、团委、妇联等部门，共同举办青铜峡市2016年“唱响宁夏·回乡最强音”电视歌手大赛。8月，组织开展“高空王阿迪力青铜峡黄河大峡谷挑战”活动。9月，举办青铜峡市首届“稻花香里”文化艺术节活动。全年举办、协办书画展2次，筛选作品参加各类艺术、书画展6次；组织开展各类文艺演

出264场次，其中，广场文艺43场次，进景区演出26场次，送戏下乡演出195场次（其中演艺公司演出88场次，自治区及吴忠市惠民演出7场，业余文艺团队演出100场次），观众累计18万人次。

【文艺创作】市演艺公司结合宣传党的十八届五中全会精神，创作排演《十八大精神指航程》《和谐花开》等新剧目40个，在全市各镇巡回出。组织排练大型秦腔历史剧《火焰驹》《慈母泪》《五典坡》等剧目在春节期间为市民演出。为纪念长征胜利80周年创作编排演秦腔小戏《过草地》，7月，代表宁夏进京汇报演出，得到文化部及有关专家好评。眉户戏《爱有你我他》代表宁夏角逐国家文化部第十七届群星奖。全年创作各类艺术作品209篇（幅、首、项），其中，有106篇（幅、首、项、件）文艺作品在各类文学刊物、艺术书画展、文艺展演中获奖、入选、发表。83件（次）书画、摄影、文学作品在自治区及区以上展览及刊物中获奖、入展、刊登发表。

【文化惠民活动】①政策扶持。争取自治区文化厅专项资金80万元，为各镇文化站、业余文艺团队、村文化室、文化大院配置笔记本电脑、打印机、音响等设备。②送戏下乡。筹措资金，采取政府购买、演出补贴等形式购买市演艺公司节目，开展公益演出活动100场，组织星级业余文艺团队下乡演出100场，每场补贴2000元。③文化共享助农。利用“三下乡”、农村集市、节假日等，为农民群众下载家禽饲养、农作物栽培和法律知识等相关信息达1万余条，为全市各镇种养殖大户免费发放各类信息资料6000份，制作并免费发放各类光碟600张。向乡镇、社区、村组、文化站、农家书屋、文化户送书刊5000册，举办视频讲座培训4场次，受益群众7000余人次。④文艺骨干培训。年内，举办基层文艺团队骨干声乐、书法培训班各30期，培训学员累计2000人；为老年大学、自乐班等长期免费培训美术、声乐培训班20期；为全市各镇、村、社区各民间艺术团队进行舞蹈、戏曲、声乐等辅导培训15期，累计辅导学员1000人。⑤农村电影放映。按照放映计划，抓好片源及各镇放映场次安排工作，全年放映电影1410场。

【文物保护】用时4年，完成第一次全国可移动文物普查认定和文物登录工作，形成普查总结报告。配合宁夏文物考古研究所、中科院古脊椎动物与古人类研究所、中国社科院、北京大学等科研机构，对鸽子山遗址第10地点进行考古发掘，出土1000余件石制品、炭样标本以及动植物标本，为研究鸽子山遗址古人类文化传播、植物采集加工驯化和原始农业萌生提供依据。加强古长城、甘城子古城址、广武岩画等文物保护单位安全巡查。以第十一个中国文化遗产日、《长城保护条例》颁布十周年为契机，组织200余人志愿者队伍，开展北岔口长城绿色徒步公益行动。加强非物质文化遗产保护传承，成功申报区级非遗保护项目1个（牛首山佛教音乐）。

【文化市场管理】①行政审批。适应文化市场“先照后证”管理新常态，依法许可，规范审批，严把歌舞娱乐和互联网上网服务营业场所准入关，实现文化市场技术监管与服务网上审批。严格执行行政审批各项管理制度，全年办理行政审批23件、审核148家文化市场经营场所。②日常监管。与文化市场经营业主签订《营业场所目标管理责任书》《禁毒责任书》和《文明服务承诺书》，增强从业人员守法经营意识。年内，举办文化市场经营业主法律法规知识培训班4期，培训业主400余人次。③文化市场综合执法。推行执法人员持证检查制度，日常巡查和执法案件录入“全国文化市场监管平台”，全年录入执法案件4起、日常巡查500多家次，上传执法信息12条。④“扫黄打非”专项整治行动。协调相关部门，开展2016“清源”“净网”“秋风”“固边”“护苗”专项行动，重点整治网吧接纳未成年人、歌舞厅娱乐场所无证经营等违法违规经营行为。全年出动执法人员560人次，检查文化经营场所1620家次，责令整改29家、立案查处5家，停业整顿1家，罚款0.8万元。⑤“双随机、一公开”（在监管过程中随机抽取查检对象、随机选派执法检查人员，抽查情况及查处结果及时向社会公开）工作机制建立。依托全国文化市场技术监管与服务平台，建立执法人员责任信息库和文化市场经营单位信息库，建立健全“双随机、一公开”文化市场事中事后监管机制，通过随机抽取检查对象和执法检查人员，每次抽取执法检查人员不得少于2人，歌舞娱乐、互联网上网服务场所抽查比例不得少于75%，抽查频次原则上每月不得低于2次，及时在市文化体育广电局信息网站和市政务网上面公示，行政审批事项和随机抽查事项方便社会监督，确保公开公正。加强文化市场信用监管，抽查发现违法违规行为，列入文化市场监管警示名单，及时通报公安、市场监管等部门，实现联合惩戒，一处失信、处处受限，增强市场主体守法自觉性。⑥正版化软件推广使用。加强政府机关软件正版化工作，建立健全软件正版化责任人数据库和正版软件基本情况台账，准确地掌握全市机关单位正版软件安装和使用情况。

【阿迪力挑战青铜峡黄河大峡谷极限之旅活动】 8月26日至28日，2016“高空王”阿迪力挑战黄河大峡谷极限之旅活动在青铜峡市举行。本次挑战现场架设主钢丝全长1800米，钢丝两端分别架设在黄河岸边贺兰山和牛首山山顶，横跨黄河及大禹文化园。其中西岸贺兰山顶钢丝距离黄河水面约180米，东岸牛首山顶钢丝距离水面约45米。这是阿迪力首次挑战青铜峡黄河大峡谷，也是首次挑战世界最长无防护高空行走钢丝绳。8月26日12时10分，举行挑战活动出征仪式。出征仪式结束后，

阿迪力与徒弟沙塔尔手持长8米、重约12.5公斤平衡杆走向起点，向1800米钢丝发起挑战，阿迪力从牛首山一端出发，沙塔尔则从贺兰山一端出发，不采取任何保护措施，两人相向而行，在黄河上空相遇，并在直径36毫米钢丝绳上进行换位，然后继续前进，直至各自终点。行走历时1小时30分钟。8月27日、28日，阿迪力和徒弟沙塔尔再次成功挑战黄河大峡谷。其间，师徒两人在钢丝上先后完成高空行走、金鸡独立、前后倒走、交叉换位、高空坐椅表演以及新疆舞蹈动作。此次阿迪力黄河高空挑战活动受到社会各界重视，中央电视台、湖南电视台、凤凰卫视、腾讯网、广东电视台、芒果TV、爱奇艺等200余家新闻媒体现场直播挑战活动盛况。青铜峡电视台首次与湖南电视台合作，全程参与现场电视直播解说工作。

【青铜峡市首届“稻花香里”文化艺术节】 9月23日至10月12日，青铜峡市在叶盛镇地三村举办首届“稻花香里”文化艺术节”。文化艺术节以“农耕文化”为主线，以“稻花香里”为主题，依托镇、村组织和农业产业化龙头企业，举办草编展示、农事趣味、农产品营销、肉驴选美比赛、农家乐风情展示、大米发展论坛等活动。

【队伍建设】 开展文化艺术辅导培训，组织市文化馆、图书馆、演艺公司专业人员深入村镇、社区开展“五带一建”（带文化任务、带文化精神、带专业技能、带文化产品、带调研任务，建长期培训辅导基地）和“六送”（送图书、送电影、送文艺、送设备、送科技、送服务）活动，定期举办器乐、声乐、合唱、美术书法、摄影、舞蹈、戏剧培训班，使培训工作常态化，为全市公共文化服务提供人才支持。全年培养基层业余文艺人才300余名。

（韩波）

群众文化

【培训辅导】 2016年，举办全市基层文艺团队骨干声乐、书法培训班各30期，培训学员累计2000人。在老年大学、民间自乐班开办美术、声乐培训班20期。为全市各镇、村、社区举办舞蹈、戏曲、声乐等辅导培训15期，培训学员1000人。落实免费开放管理制度，利用馆内场地，提供美影书法技术指导、棋牌娱乐、非遗展示服务。年内，免费为各业余文艺团队提供排练场地100小时、书法、摄影技术指导服务90天。3月，市文化馆被市委组织部确定为全市艺术人才培育示范基地。

【文艺演出】 全年组织各类演出活动210场次。其中，元旦、春节文艺演出33场；基层文艺自乐班在青秀园演出75场；广场文艺演出43场次；进景区演出26场次；进校园演出9场次；进部队演出1场次；进社区演出2场次；进农村演出11场次，观众累计8万余人。

【作品展览】 全年举办或选送作品参加各类展两览期。包括：举办青铜峡市“喜迎新春·和谐古峡”书法美术作品展；筛选作品参加全区第二届群众书法绘画摄影大赛，获二等奖1个、优秀奖2个。

【大型活动】 筹办全市社火大赛，筛选优秀团队参加吴忠及全区社火大赛，叶盛、陈袁滩代表队获吴忠市社火比赛二等奖。开展“三下乡”义务送春联活动，义务送春联1126副，惠及群众1500余人。举办“印象黄河·彩虹之上”合唱节、青铜峡第十届百花奖广场舞大赛，推荐4个优秀团队、部分优秀节目参加全区“欢乐宁夏”广场舞决赛及文艺会演活动，获一、二、三等奖，市文化馆获优秀组织奖。

【文艺创作】 全年完成各类文学及文艺作品创作53件，其中，获自治区级以上11件，吴忠市级12件，青铜峡市级30件。

【非遗保护】做好自治区文化厅对非遗保护督查准备工作，建档立卡，查缺补漏，摸清底数，汇总信息。年内，申报自治区级非遗保护项目1个（牛首山佛教音乐）。

【基地免费开放】加大公共文化设施免费开放力度，整合资源，延伸触角，拓展服务，为各民间艺术团队提供戏曲、舞蹈、音乐活动场地。年内，开设书法摄影、非遗保护展厅免费进行集舞蹈、美术、书法、器乐、声乐、戏曲、摄影等领域初级培训，累计培训学员200人；利用馆内现有场地举办“十百千”基层艺术人才培训班30期，培训文艺骨干2000人。

（刘锋）

文艺创作与演出

【概况】2016年，市文化演艺有限公司继续推行现代企业运作机制，规范公司运营管理，激发演职人员创作热情，提高演职人员演艺实力，开拓文化演艺市场。7月17—18日，青铜峡市文化演艺公司代表宁夏参加全国基层院团戏曲会演，在北京民族文化宫大剧院上演秦腔小戏《过草地》、眉户小戏《爱有你我他》选段和秦腔折子戏《打镇台》，受到文化部和有关专家好评。全年演出各类文艺节目80余场次，创作编排剧节目40余个。打击乐《塞上鼓韵》参加山西太原锣鼓邀请赛，获银奖。

【文艺演出】以“贯彻十八大精神·文化惠民乐万家”为主题，开展送戏下乡活动。排练《踏歌起舞》《十八大精神指航程》《多彩家园》《走进新农村》《移民心声》《掀起你的盖头来》《飞天》《盖碗情思》《多彩家园》《群众是国土工作的动力》《办证轶事》《幸福水》《要为人民立新功》《我们是党的宣传员》《依法治国齐行动》《秦风秦韵》《花儿与少年》等节目进村入户演出。协助各单位主办或承办广场文艺演出，丰富广大人民群众文化生活。反映古峡人民风俗民情，打造文化旅游新景观，创排大型实景《黄河情韵》在黄河楼景区演出。

【文艺创作】年内，创作编排眉户戏《河湾村的女人》《爱有你我他》，花儿广播剧《女村官》。其中，眉户小戏《爱有你我他》参加全区欢乐宁夏演出评比。眉户戏《河湾村的女人》自治区剧协组织专家两度观看并给予指导，现继续修改打磨。花儿广播剧《女村官》完成30集录播工作。

（龙建侠）

文物保护

【一百零八塔、鸽子山遗址文物保护】实施108塔、鸽子山遗址保护建设项目，108塔防雷建设项目完成招投标和施工；鸽子山遗址保护设施建设项目完成7千米保护围栏、6处文物保护碑、95块保护界桩栽立及420平方米看护用房、供电供水设施等建设。

【北岔口长城抢险加固修缮】加强境内长城日常巡查和监测保护，以“本体抢险加固、消除安全隐患”为目标，编制《北岔口段长城抢险加固维修工程建设方案》，争取国家文物局专项资金，对北岔口长城开展抢救性保护。

【长城执法专项督查】制定《青铜峡市长城执法专项自查工作方案》，成立执法工作小组，对全市境内60千米长城墙体、9座敌台、36座烽火台、5座城址进行全覆盖执法巡查。针对巡查发现的狼不井子沟口南、大沙沟南两处影响长城本体、历史风貌等问题，向有关单位下发建议函、整改通知书。在市人民政府网站公开长城青铜峡段保护范围及建设控制地带等信息。建立长城青铜峡段文字音像档案及日常巡查工作记录档案，调整充实全市长城保护员队伍，增补8处长城保护标志碑、2处城址文物保护界桩。9月26日，国家文物局对青铜峡市长城保护工作进行督查。

【文物保护单位岁修】强化日常管护，确保文物本体安全，针对108塔部分塔基平台基础防水层老化，出现雨水渗漏、排水不畅现象，进行防水处理，排除威胁塔基侧墙安全隐患。会同驻青某训练部队，对四眼井西夏遗址周边历史风貌进行综合管护，在文物保护区范围设置600米扎丝围栏，增设自治区级文物保护单位标志石碑1块、文物保护宣传警示石碑2块，恢复遗址周边私挖滥掘地貌，更改穿越遗址区训练砂石道路。开展甘城子古城遗址围栏二期保护工作，巩固古城遗址1100米保护围栏、外围环境整治成果，增设自治区文物保护标志碑4块，标明保护范围及建设控制地带。恢复城墙内侧历史环境风貌，遏止侵害文物保护单位不良行为。结合旅游建设项目，对市级文物保护单位河西总干渠铁桥（小铁桥）进行综合修缮加固，新建混凝土桥墩，更换受损严重木质桥墩，对钢梁进行除锈并涂刷防腐油漆，重新铺设沥青桥面。

【文物安全监管】开展全国文物法人违法案件专项整治行动，重点查处破坏、损毁不可移动文物本体，在文物保护单位保护范围及建设控制地带内违法建设、造成不可移动文物大规模消失等行为，遏制文物法人违法案件高发态势。针对全市田野文物点多、面广、线长实际，建立文物监管常态化机制，完善文物保护三级网络建设，发挥35名文物保护员和152名文物保护志愿者作用。开展贺兰山东麓、古墓葬、长城、广武岩画等文物保护单位重点巡查，通过文字记录、拍摄图片、走访文物保护员等形式，及时掌握田野文物状况。开展文物保护单位、博物馆单位火灾隐患排查整治活动，全面排查一百零八塔、牛首山寺庙群、黄河铁桥等文物古建筑和近现代代表性建筑火灾隐患。通过加强文物安全监管，确保全市文物保护单位绝对安全。

【第一次全国可移动文物普查】严格文物普查信息登录操作规程，按照普查步骤、时间节点开展文物调查、认定、信息采集、资料整理和审核报送等工作，建立包括文物名称、类别、级别、年代、质地、外形尺寸、质量、完残程度、保存状态、包含数量、来源方式、入藏时间、藏品编号、收藏单位等14项基本指标项信息库，遴选公布全市首批16件（套）馆藏代表性历史文物名录。经普查认定，青铜峡市行政区域内现有可移动文物收藏单位3家，分别是青铜峡市文物管理所、宁夏水利博物馆、渠首管理处，可移动文物收藏量为1115件（套）。历时4年时间，完成第一次全国可移动文物普查。通过普查工作全面了解和掌握全市国有可移动文物数量分布、保存状况、使用管理等基本信息。

【鸽子山遗址考古发掘】配合宁夏文物考古研究所、中科院古脊椎动物与古人类研究所、中国社科院、北京大学等科研机构，对鸽子山遗址第10地点进行考古发掘。在为期两个月发掘过程中，出土具有旧石器向新石器过渡特征以尖状器、磨食器为代表的石制品、炭样标本以及动植物标本1000余件，为研究鸽子山遗址古人类文化传播、植物采集加工驯化和原始农业萌生提供重要依据。同时，组织开展鸽子山遗址考古公众开放日活动，通过考古专家现场讲解、互动交流、观看展板、亲自参与部分发掘工作，满足社会公众直观了解考古知识需求。

【搭建公众参与平台】动员社会力量广泛参与文物保护。以第十一个中国文化遗产日、《长城保护条例》颁布十周年为契机，组织动员200余人志愿者队伍，开展北岔口长城绿色徒步公益行动，通过发表《北岔口长城保护倡议书》、捡拾北岔口长城8千米沿线废弃饮料瓶、食品袋等，恢复长城原有环境风貌，营造全社会关心、支持、参与长城保护良好氛围。在市第七中学开展“宣传长城·保护长城”青少年长城主题教育活动，组织引导全校学生通过绘画、手抄报、硬笔书法、征文等形式，表达对长城热爱、赞美之情。借助各类媒体创新宣传方式。利用电视、广播、报纸以及新兴媒体平台，加强文物保护相关法规、历史知识宣传力度。中央电视台中文国际频道《远方的家——长城内外》聚焦青铜峡明长城，纪录片《贺兰山》聚焦鸽子山遗址、唐徕渠、昊王渠等古迹拍摄制作节目，节目播出后社会反响热烈。编辑制作《我们集结在长城脚下》公益宣传片上传微信、QQ群等网络，浏览量超过万人次。全年在中国文物报、宁夏电视台、宁夏日报、华兴时报、新消息报等媒体刊登青铜峡文物保护信息12条；在青铜峡文物微信平台发布历史文化、文物古迹微信35条。激发社会公众参与文物保护热情。开展“文化遗产融入我的生活”主题征文活动，通过作者讲述发生在身边的故事，让人们记得住乡愁，感受到青铜峡历史文化厚重感和归属感。提高文物社会认知度和全民参与文物保护意识。《我的青镇我的桥》

《古塔的召唤》等15篇征文作品获奖。

（黄金成）

图书管理

【概况】2016年，图书管理工作以创建国家公共文化服务体系示范区建设为目标，坚持“读者至上，服务第一”宗旨，做好图书馆免费开放、全民阅读等工作。聘请深圳文华数图有限公司、超星公司技术人员到馆进行业务理论及实操培训，推进图书管理工作健康有序发展。年内，筹集资金，征订期刊324种、报纸45种；购买新书4054册，修补装订图书2200册，合订期刊600余册，整理地方文献464册。组织采编工作人员对馆内藏书进行数据存储和深加工，完成回朔建库任务8000册，累计完成5.1万册。

【阵地服务】坚持免费开放各项制度，保证每周开馆不低于56小时、每年开馆365天。截至年底，新增办证1187个，挂失补证201个，到期延证995个，退证283个，累计办证5897个。全年接待读者12.3万人次，流通书刊22.1万册次，解答读者咨询226人次，电子阅览室接待读者6300人次。同时，开展“手机图书馆”推广活动，拓展纸质书刊、数字资源服务，让读者充分享受到24小时无障碍、无界线阅读。发挥公共图书馆阵地作用，在电子阅览室每周推介优秀栏目、名家讲座、生活常识、电影及优秀地方剧目，利用“4·23读书日”播放科普类等影片，引导未成年人多读书。寒假期间，在电子阅览室开展红色经典影片数字资源展播活动，为青少年读者免费播放《霓虹灯下新哨兵》《地雷战》《邓小平在1928》《进军大西南》等影片12场次，接待小观众400余人。同时，结合春节系列文化活动，利用文化信息资源共享设备和优秀资源，为敬老院、老年公寓老年读者放映电影6场次。

【读书活动】①承办中华传统楹联文化展活动。1月25日—3月25日，以“同筑中国梦·共度书香年”为主题，以赏析传统佳联与展示反映当代小康生活创作联为主，制作40张活动宣传展板，设置楹联概述、楹联分类、楹联形式以及楹联创作四个版块，面向读者全面介绍楹联起源、特点和文化内涵。其间，于2月1日在首届自治区书香之镇---叶升镇举办楹联文化展开幕仪式。同时，挑选适合农民朋友阅读科技类图书、期刊、报纸200余种400余册，在活动现场举办科技图书展活动，活动接待读者14260人次。②开展大型图书展活动。立足于丰富全市人民精神文化生活，营造积极向上、健康文明文化氛围，建设“以读书长知识，以读书增智慧，以读书树理想，以读书塑人格”书香古峡，年初五到正月二十，举办全民阅读大型书展活动。活动展出图书3000种3万余册，接待读者1万余人。③开展志愿服务活动。挑选养生保健、战争题材故事片、名著欣赏讲座、中国京剧音配像等系列视频资料，定期为老年大学、敬老院等服务网点开展上门送资源服务活动；组织专人到社区空巢老人、残疾人读者、留守儿童等弱势群体家中开展送书上门服务，丰富弱势群体读者精神文化生活。3月5日，深入青铜峡市第三敬老院进行走访慰问，送去120册书刊及300余元慰问品。年内，为各服务点开展上门送资源服务活动12次，为40户弱势群体读者开展上门送书50次1000册。④开展有奖灯谜竞猜活动。元宵节，在市图书馆悬挂涉及文化、历史、地理、经济、艺术、生活常识等内容谜语1500条，激发全市中、小学生和中青年读者竞猜兴趣，活动持续8小时，到馆读者达1000人次，发出奖品500份。⑤开展寒暑假系列读书活动。通过组织开展以“传承文明·弘扬美德”为主题的讲故事比赛、“小小图书管理员”志愿者体验活动、“开心寒假·快乐阅读”读书活动、“轻松学知识·快乐过寒假”影片欣赏活动，举办成语接龙有奖竞赛及作文指导讲座、“美丽家园·幸福童年”——少儿绘画作品展、走进图书馆欣赏经典少儿电影展映等活动，丰富学生假期生活，增强孩子们阅读兴趣。⑥开展“4·23”世界读书日活动。4月23日，在市图书馆举办百人签名、优秀影视作品展播、小读者讲故事比赛及老年读者座谈活动，为甘城子大沟村学军文化大院配送160册少儿读物，并组织甘城子中小学生开展《三字经》《孟子》《弟子规》等传统国学经典诵读、读书演讲比赛等活动。

【新书推介】通过制作畅销书宣传单、专架展款等方式，开展新书推介活动，让到馆读者掌握最新知识快讯。年内，开设新书专柜，上架各类新书1200册，推介新书600多种。

【书刊赠送】开展赠送书刊活动。年内，为叶盛镇当地群众送去300余册科学种养殖图书；为王嘴子清真寺捐赠图书200册；为创业园捐赠图书500册；为邵岗镇捐赠图书300册，；为新林清真寺捐赠图书300册；为新材料工业园区捐赠图书800册；向老年读者捐赠保健类期刊300余册，向高级中学捐赠作文类、辅导类过刊200余册，在青年创业孵化园、韵馨苑增设图书阅读服务网点，累计捐赠图书期刊2900册，满足读者需求，丰富人民群众精神文化生活。

【基层服务】①开展文化共享助春耕、讲座视频展播等活动。利用“三下乡”、农村集市、节假日等，在各镇向农民朋友免费发放共享工程光盘和实用技术资料。同时，针对种养殖户在种养植过程碰到实际问题，对症下药，从共享工程网络资源库中下载相关内容，刻录成实用光盘免费赠予。年内，为全市各镇种养殖大户免费下载家禽饲养、农作物栽培和法律知识等相关信息资料5000余份，制作各类光碟1200张，向镇、社区、村组、文化站、农家书屋、文化户送书刊2200册，举办视频讲座培训4场次，受益群众3000余人。②开展基层网点指导、服务工作。先后在嘉宝轻纺工业园区、宁夏勤昌滚动轴承制造有限公司、宁夏青铜峡市法福来面粉有限公司、三和瓶业及青铜峡市明珠圆清真食品公司建立图书服务点，配送图书1279册、光盘90张。同时，组织业务人员到全市各农家书屋检查、指导工作，现场为农家书屋管理人员进行书刊分类、排架、借阅流程等业务知识指导，在峡口新村社区农家书屋开展寒假作业辅导及演讲比赛，参与读者160余人，此项工作被中国农家书屋网发布并推广。③开展公益性培训活动。1月18日，举办农家书屋管理员培训班，就图书分类、排架到配送进行专题辅导。2月26日，深入各镇村举办种养殖知识讲座，就种养殖大户关心种养殖技术知识进行现场讲解，200余人参加活动。年内，在青铜峡市老年公寓老年人举办营养保健、养生保健、健康知识讲座，56名老年人参加活动。（王新梅）

图书发行

【概况】2016年，新华书店坚持多发书，发好书。全年实现图书销售收入795.36万元，与2015年相比，减幅7.38%。其中，教材实现销售收入497.2万元，与2015年相比，减幅3.8%，主要原因是学生人数减少和循环教材增多。实现教辅销售收入216.63万元，与2015年相比减幅8.78%，主要原因是幼儿园教材改版后价格降低和春季高中《语文读本》未征订上。一般图书实现销售收入81.53万元，与2015年相比，减幅21.9%。实现利润23.68万元（不含税4.4万元）。费用总额为195.52万元，与2015年相比增长8.7万元。

【一般图书发行】①政治理论读物发行。组织职工走出店门，深入各党政机关、工厂企业、部队学校，推荐时政热门读物，取得较好社会效益和经济效益。其中，发行《重读抗战家书》300余本，码洋6000余元；《全面小康社会热点面对面》2000册，码洋近4万余元；《习近平总书记关于严明党的纪律和规矩》1300余册，码洋26000余元；《党纪政纪处分依据手册》300余本，码洋12000余元；《习近平总书记系列重要讲话读本》《知之深、爱之切》各300本，码洋22000余元；《中国共产党章程》8000余本，码洋近3万元；《胡锦涛文选》486套，码洋67994元。②送书下乡。全年组织下乡6次，销售图书145册，码洋2187.9元。③图书促销和展销活动。“三八”妇女节，销售图书6400.8元；“4.23”世界读书日，销售图书1837元；“六一”儿童节，配合图书音像公司开展“欢乐童年·悦读无限”主题营销活动，销售图书4764.60元。

【经营服务】弘扬“以书为媒，传承文明，服务读者，诚信至上”服务理念，抓好售前准备、售中服务、售后跟踪服务，提高服务水平。年内，在门店内设立意见簿、缺书登记簿，安装微信支付宝等支付设备，更换维修门市电器电路，重新制作门市工作人员制服，修订完善《门市绩效工资计提管理办法》《员工岗外销售管理办法》《门市主任工作职责》《门市岗位职责等制度》。公开竞聘门市主任。（纳永）

文学艺术

【概况】2016年，市文联贯彻落实习总书记在全国文艺工作座谈会上讲话精神和《中共中央关于繁荣发展社会主义文艺的意见》，搭建文艺平台，拓宽服务领域，实施文艺精品工程，履行“联络、协调、服务”工作职能，组织开展各类文艺交流和创作活动。年内，市作家协会会员刘志海报告文学集《铁血铸魂》（30万字）出版发行，谢黎明《过年》获“东丽杯”孙犁散文评选活动三等奖，孙海翔获《黄河文学》双年奖“新人新作奖”；市戏剧家协会会员高正升创作的大型眉户剧《河湾村的女人》经自治区文化厅领导专家组认定后搬上舞台，受到群众好评；市美术家协会会员袁柏生、王波等5人作品获宁夏第八届中国西部（银川）房车博览会美术书法大赛等级奖和优秀奖，王波、任云作品获宁夏群众文化大赛“优秀奖”；市书法家协会会员李杰获宁夏第四届青年书法展提名奖；市音乐家协会会员汪才创作的《长城脚下庙山湖》获自治区文化厅音乐创作类“二等奖”；市摄影家协会会员李鹏、滕永松、程维莲创作的摄影作品获全区摄影大赛等级奖。

【全市第二届优秀文艺作品评奖】 按照市委、政府关于《青铜峡市文学艺术作品奖励办法》（青党办发〔2010〕225号）有关规定，会同市委宣传部印发《关于组织开展优秀文艺作品申报评奖的通知》，对全市范围内2012～2015年度申报的优秀文艺作品进行评审。评选优秀文学艺术作品73件。其中，文学类8件、艺术类55件、出版类10件。

【编辑出版《青铜峡市书法美术作品集》《青铜峡市摄影作品集》】 年内，征集书法、美术作品230幅，摄影作品300余幅，现已完成2部作品集前期编审工作。

【季刊《古峡文学》编辑】 坚持“出人才、出精品”为重点，在培养本土作者同时，约稿全国、全区名家作品，丰富《古峡文学》内容。截至年底，完成2016年第一、二、三期出版发行，第四期正在编辑排版中。全年征集刊发文艺作品300余件。

【文艺交流和创作】 ①消防科普绘画比赛活动。联合市教育局、市公安消防大队等部门，以“远离火灾，珍爱生命，保护家园”为主题，在全市中小学、幼儿园举办消防科普绘画比赛活动。征集中小学生美术作品155幅，评出一等奖3名、二等奖8名、三等奖15名、优秀奖20名、优秀指导教师5名，最佳集体组织奖2个。②“送欢乐进军营”文艺志愿者服务活动。对接联系自治区文联，赴驻青68242部队联合开展“送欢乐·下基层”文艺志愿者服务活动，为广大官兵送上歌舞、戏曲、书画、剪纸等文艺节目，营造军民团结一家亲良好氛围。③摄影艺术展览品读会。举办宁夏第9届摄影艺术展览品读会，邀请区内知名摄影家开展摄影艺术交流，集中展示市摄影家协会会员创作的《走过丝路》《梦的家园

青铜峡》《从城市到戈壁》等专题摄影作品。④第三届国际标准舞艺术交流展演。邀请银川市金凤区、中卫市、吴忠市等11个市县成人摩登舞和拉丁舞选手进行表演，为全市国标舞爱好者提供技艺展示平台。⑤迎新春书画创作笔会。举办市书法家协会第九届“金猴迎春”书法雅集活动，邀请宁夏书协副主席、著名书法家魏沁参加临书作品点评，50余名银川市、吴忠市和市书协会员参加。⑥送春联活动。结合全市科技、文化、卫生“三下乡”活动开展，组织书协骨干会员深入叶盛镇集市为农民群众义务书赠春联300余幅。⑦采风交流创作活动。在毛泽东同志《在延安文艺座谈会上的讲话》发表74周年来临之际，组织文联所属9个协会骨干会员到中卫市进行采风创作，召开两地艺术家交流座谈会；组织会员到市正鑫源集团水稻种植基地进行实地采风，开阔创作视野，丰富创作素材。⑧“文化遗产融入我的生活”主题征文活动。围绕全国第11个“文化遗产日”主题，会同市文物所、市作协开展文物保护征文活动。征集散文、诗歌等文学稿件30余篇，其中8篇作品分获等次奖、10篇获优秀奖。

（赵志强）

体育

【概况】 2016年，全市体育工作以增强人民体质、提高人民整体素质为出发点，以做“群众的健康卫士、当公民健身的贴心人”为落脚点，做好设施建设、群众体育、竞技体育、赛事承办、体育产业普查等工作，完善全民健身服务体系，满足广大群众日益增长文化体育需求。全市有各类体育协会14个、体育俱乐部6个，各类社会体育指导员534人，建成镇级全民健身广场8个、移民村体育健身广场3个，标准场地412个，城区人均健身场地面积1.2平方米，常年参与健身活动人群8万人。在市青秀园新建休闲体育公园，建成10个标准运动场，安装健身路径10套160件、乒乓球案10套。举办全市干部职工运动会、“2016年青铜峡市上陵爱丁堡水郡杯乒乓球邀请赛”及篮排球、毽球、羽毛球、乒乓球、健步走、越野赛等体育比赛活动。选派93名运动员参加全区青少年锦标赛田径、举重、武术、跆拳道、羽毛球、乒乓球、游泳7个项目比赛。

【基础设施建设】 争取自治区体育局体育彩票公益金292万元，在市青秀园新建休闲体育公园，建成10个标准运动场，安装健身路径10套160件，乒乓球

案10套。实施城市东区体育场建设项目，11月中旬开工建设。

【群众体育】成立青铜峡市全民健身节组委会，制订《2016年青铜峡市全民健身节实施方案》，通过新闻营造市民参与活动氛围。年内，举办全市职工拔河、跳绳比赛”，53支代表队、2500人参加比赛；举办“2016年青铜峡市上陵爱丁堡水郡杯乒乓球邀请赛”，来自吴忠市、红寺堡、青铜峡市33支代表队200余名运动员参加比赛。举办全市毽球比赛，21支队65名运动员参加比赛；举办全市篮排球比赛，15支队185名运动员参加比赛；举办全民健身日启动仪式暨系列活动，5000余人参与活动。依托各协会，组织开展足球、羽毛球、信鸽、象棋、钓鱼等比赛，1200余人参与活动。

【比赛承办】6月24日至26日，在龙海宾馆承办“李宁·红双喜杯”2016年全国乒乓球协会会员联赛，来自全国13个省、自治区、直辖市468名运动员参加比赛，其中吴忠市和青铜峡市共16支代表队100余名运动参加比赛。7月12日至15日，在龙海宾馆承办全区青少年举重锦标赛，来自全区14个市县173名运动员参加比赛。8月6日至7日，在庙山湖举办全区山地汽车、摩托车大赛，来自全区50辆汽车、60辆摩托车参与比赛，观众达1500人。做好第五届黄河金岸国际马拉松青铜峡赛段筹办工作，按照吴忠市委、政府要求，组织7500人参加迷你马拉松、10000名观众为中外运动员加油助威，央视5套全程直播马拉松赛。

【竞技体育】利用寒假组织集训15天，全力备战全区十五届全运会。组队参加自治区青少年锦标赛，选派93名运动员参加田径、举重、武术、跆拳道、羽毛球、乒乓球、游泳7个项目比赛，取得较好成绩。年内，注册运动员173人。

【体育产业专项调查】根据国家体育总局及自治区人民政府相关要求，做好全市体育产业专项调查工作，成立青铜峡市体育产业专项调查工作领导小组，抽调各乡镇文化站骨干人员，历经5个月时间，对全市197个体工商户和108个法人单位进行摸底清查，形成市级体育产业专项调查单位名录库，并上报自治区体育局等待审核。（胡开锋）

旅游

【概况】2016年，全市旅游工作围绕创建国家全域旅游示范市发展目标，以“黄河岸边、稻花香里、贺兰山下”三条基线为重点，完善旅游配套服务设施，培育旅游新业态，提升旅游服务功能，打响“印象黄河·彩虹之上”旅游品牌，实现旅游提质增效。成立吴忠文化旅游产业投资有限公司。开通串联景区旅游直通车线路。黄河楼景区国家AAAA创建通过自治区旅游局初审。黄河大峡谷·中华黄河坛景区荣登全国“旅游服务最佳景区”红榜。全市有国家AAAA旅游景区3个（黄河大峡谷、黄河坛、中华黄河楼）。全年接待游客268万人次，实现旅游直接收入0.85亿元。

【全域旅游示范县市创建】成立市国家全域旅游示范市创建工作委员会，建立“市委牵头、政府主抓、部门落实、社会参与”责任落实和工作推进机制，下发《青铜峡市创建国家全域旅游实施方案》《青铜峡市旅游提升年活动实施方案》，编制《青铜峡市全域旅游总体规划》《青铜峡市创建全域旅游示范市三年行动计划》，将创建工作任务细化、量化、具体化，形成全域资源、全面布局、全境打造、全民参与工作格局。4月20日，在黄河楼景区举办创建国家全域旅游示范市启动仪式。

【基础设施建设】年内，解决景区内断头路、断头桥及公共卫生间不足问题，改善景区基础设施。开通黄河楼、黄河

大峡谷、一百零八塔、中华黄河坛等景区旅游直通车线路。完成一百零八塔观景平台和大禹文化园及一百零八塔厕所建设。实施黄河大峡谷跨东干渠景观桥、大峡谷游客中心至一百零八塔环线综合整治、牛首山停车场和鸟岛中心湖基础设施建设等项目。完成黄河缤纷园建设。

【旅游宣传推介】坚持政府宣传旅游形象与企业推介产品相结合、业界推广与公众宣传相结合、“请进来”与“走出去”相结合，锁定周边500千米以内地市作为主要客源地，开展旅游宣传促销活动。利用电视台、媒体网络、报刊、微信等主流媒体和大众宣传平台，营造“四有”（电视有镜头、报刊有文章、阵地有活动、活动有声势）氛围。出台《青铜峡市引客入青奖励办法》，开通榆林—定边—青铜峡旅游专线，举办黄河楼彩灯嘉年华、百家旅行社来青踏青踩线和“我在黄河边等你”等活动，发行99元惠民旅游年卡，推行节日景区门票优惠等措施，激活旅游消费市场，带动交通、餐饮、商贸等服务业加快发展。全年组织各景区赴吴忠、定边、左旗、西安等周边方圆500千米区域参加旅游宣传推介会8次，在区内外各主流新闻媒体适时发布文字、图片报道500余次，在境内高速沿线、滨河大道设立大型旅游宣传牌18块，在西安、银川火车站设立宣传灯箱，在吴忠市公交车制作车体广告宣传，在各大景区及城市主要街道悬挂创建全域旅游示范县市主题道旗，全方位、多渠道开展宣传活动。

【招商引资】年内，与宁夏翼扬通用航空有限公司对接，商谈2017年在青实施翼扬低空旅游机场工程项目；引进敦煌智慧旅游公司策划“互联网+”智慧旅游项目；与北京文化传媒公司对接，计划实施黄河楼负一层3D艺术馆建设项目。争取国家、自治区旅游专项资金2.2亿元。

【乡村旅游】出台《关于加快乡村旅游发展的实施方案》，为乡村旅游发展提供政策保障。开拓“稻花香里”发展空间，完成展示线规划布局、项目策划、产品体系打造、年度发展计划，开展乡村休闲观光农业旅游带建设，实施正鑫源休闲农业观光园、大青葡萄长廊、龙门旅游特色村、红十月采摘园4个休闲农业旅游观光园建设项目，开发农家乐、渔家乐、采摘园等乡村旅游产品。指导10个在建、已建农家乐开展提质改造，调动各镇村发展乡村旅游积极性和主动性。

【节会活动举办】年内，举办黄河楼彩灯嘉年华、百家新闻媒体黄河行、牛首山庙会、黄河母亲节、全国李宁“红双喜杯”乒乓球邀请赛、阿迪力高空挑战极限之旅、旅游商品展销和创意大赛及旅游摄影大赛、黄河楼灯光秀、稻花香里文化艺术节、黄河排沙节等系列文化活动，提升旅游景区人气。成立黄河楼书画院，开展特定节日期间票价折扣和特定人群免票等旅游惠民活动，吸引周边县市游客来青度假观光，提升青铜峡对外知名度和美誉度，青铜峡成为周边方圆500千米区域内游客关注焦点、旅游热点。

【行业规范化建设】落实“十百千万”工程，制定《青铜峡市旅游服务质量提升实施意见》，举办青铜峡旅游从业人员培训班、景区讲解员风采大赛，以培促长，以赛代训，提升旅游从业人员服务水平。4名讲解员、22名从业人员分别被吴忠市授予“十大金牌导游讲解员”“吴忠市百名旅游服务之星”荣誉称号。执行国家、自治区级旅游行业标准，开展景区创A、酒店创星行业创优评先活动，启动黄河楼国家AAAA级旅游景区、孔雀山庄四星级农家乐、龙泉度假村三星级农家乐创建及黄河生态园、龙海宾馆安全生产标准化A级企业评定工作，龙泉度假村、快活林、峡逸缘3家农家乐晋级为三星级农家乐，黄河生态园、龙海宾馆评定为全区安全生产标准化首批A级企业。开展景区环境治理整顿工作，各景区（点）环境卫生脏、乱、差现象明显改观，一些破坏性建设和低层次开发现象得到遏制。强化行业监管责任，与各景区签订安全生产目标责任书，设立游客服务投诉箱、投诉电话，公示收费标准，组建旅游联合执法检查组，开展星级宾馆、景区景点日常监管和节假日专项整治，打击无证经营、价格欺诈、违约失信等各类违法违规经营活动，保障消费者和守法经营户合法权益。

（孟鑫玉）

QINGTONGXIA
YEARBOOK

大众传媒

编辑◎王雪霞　马　婷

广播电视

【概况】2016年,市广播电视台围绕市委、政府中心工作,以服务社会、服务群众、服务大局、服务发展为目标,坚持“新闻立台、精品强台”宗旨和“三贴近”原则,突出宣传重点,丰富宣传内容,改进宣传方式,提高节目质量,强化考核管理,确保安全播出。

【新闻宣传】围绕市委、政府中心工作和重大主题活动,组织记者、编辑深入采访、策划制播“市第十二次党代会”“新春走基层”“两会”“政府工作报告解读”“重点跟踪”“百日专项行动”“双百行动”“全域旅游示范市创建”“禁毒人民战争”“爱国卫生”“两学一做”学习教育、“寻找身边的雷锋”“巾帼风采”“春播进行时”“优秀家训家规家风故事展播”等系列报道。其中,“市第十二次党代会”报道会前开设“回眸发展路·喜迎党代会”、会中开设“聚焦党代会”、会后开设“党代会精神解读”专栏,营造浓厚宣传氛围。在“新春走基层”系列报道中,市电视台组织骨干记者、编辑于春节前后深入基层一线,全力报道春节期间坚守在工作岗位默默奉献的普通职工感人事迹,传播正能量,《移民村群众过春节看春晚》稿件在央视新闻栏目播出。年内,编播电视新闻稿件2001条。

【对外宣传】加强对外宣传,扩大青铜峡对外影响力与知名度。年内,在上级新闻媒体发稿165条。其中,在中央电视台发稿1条,宁夏电视台发稿71条,吴忠电视台发稿93条。

【广播宣传】加强与中央人民广播电台“中国乡村之声”合作,办好广播节目,促成“中国乡村之声”外派采访组来青进行采访报道。市电台每天转播“中国乡村之声”频率的《致富青年帮》《乡土乡情》《三农中国》《举案说法》《乡村音乐》等13个栏目节目;联办《今日青铜峡》《古峡风采》《金色生活》等6个栏目节目,为基层群众了解掌握党的惠民政策、致富信息、健康知识以及丰富群众文化生活搭建平台。年内,电台制作播出各类专栏节目210期。

【专栏宣传】办好《青铜峡新闻》栏目,开设《古峡印记》《品味青铜峡》《普法栏目剧》及《星期六课堂》等特色电视专题栏目。市电视台全年播出专题节目26期,录播《青铜峡问政》一期,制作完成《2016年青铜峡市产业发展和重点工作巡礼》大型专题片1部,拍摄普法栏目微电影4部,制播《天气预报》364期。

【青铜峡广播电视台微信公众平台】贯彻落实中央、自治区关于推进传统媒体和新兴媒体融合发展的意见精神,于2015年4月开通青铜峡广播电视台微信公众账号平台,做好青铜峡新闻微信平台制作传播工作。同时,加入宁夏县级电视台联盟,拓展青铜峡新闻传播渠道,增加信息量。全年发送《魅力青铜峡》微信237期1400余条。

【节目播出】从正规渠道购买电视剧和电影节目,为广大人民群众提供健康、积极、向上影视节目。与多家文化传播公司建立关系,引进播出影视、社教、文艺节目,丰富节目内容,满足群众需求。年内，公共和精品回放频道播放电视剧224部6849集（每天播出21集）；采集播出电影610部；播出纪录片121集。同时，根据要求播出各类公告107条，播出各类公益广告56条。

【参与大型活动】组织策划"2016唱响宁夏·青铜峡好声音"前期宣传、海选、复赛以及决赛各项工作，为十强选手拍摄个人短片，"魅力青铜峡"微信公众号吸引粉丝10000余人。参与"高空王阿迪力挑战黄河大峡谷"活动前期宣传报道和后期现场采访报道等工作。策划实施"首届'稻花香里'文化艺术节"闭幕式。全程录制播出《全市禁毒知识竞赛》《全市餐饮酒店礼仪技能服务大赛》等活动。

【上级节目转播】做好公共直播卫星"户户通"电视信号发射工作，通过"户户通"单频网、多频网数字电视发射机，向全市群众发射电视节目8套，"户户通"电视信号传输正常率达到99.8%。

【设备维护】加强技术培训，搞好设备维护保养，规范技术操作规程，及时排除各类故障；完善安全播出预案，加强技术值班和对节目的监播，开展安全播出和应急演练，杜绝错播、迟播、漏播、停播等现象发生。全年重大活动、重要节日、重点时段安全播出，没有出现任何安全事故，实现零播出事故的目标。

【新闻队伍建设】针对人才短缺问题，市电视台采取"走出去、请进来"办法，加大采编播业务人员培训力度。年内，组织27名采编播人员参加市委宣传部新闻写作理论培训班；选派4人观摩中宁县"最美杞乡人"颁奖晚会，并就大型活动策划、新闻宣传、微信平台运作等方面业务同中宁电视台进行沟通交流；选派25人参加中国影视传媒资讯网、自治区新闻出版广电局、贺兰广播电视台举办的广电媒体如何走好融合发展之路、电视节目制作、新闻热点追踪、突发事件采访、微信公众号、广电管理营销等行业知识培训班；邀请宁夏广电总台新闻中心新闻部副主任陈志远，为采编播人员作"新闻稿件的深度开掘"专业辅导培训；邀请中央人民广播电台"中国乡村之声"栏目主持人张程开办采编播人员新闻业务知识讲座；邀请中国广播电视节目营销专家团成员高勇为全台职工作广播电视现状及发展前景实战讲座。

【"广播惠农"工程】总结和评估青铜峡市广播惠农应急信息网络（一期）经验成果，实施全市广播惠农应急信息网二期工程，在全市62个行政村、社区安装29000户入户低音音箱、100台室外低频音柱，发放10000台定频收音机。截至年底，全面完成工程建设。

（吴立军）

电影放映

【概况】2016年，放映公益电影1586场次，累计观众达19.8万人次，平均每场125人。其中，行政村放映电影1054场、固定点放映电影215场、移民村放映电影55场、农林场放映电影24场、广场社区放映电影238场。超额完成全年1547场次放映任务。

【冬季电影放映】提前做好电影放映各项准备工作，元旦、春节期间，13个固定放映点放映优秀国产故事片13部215场次，观影人数达到2.4万人次。

【公益电影放映】①巩固完善农民电影自选超市。每月将下载片源分类列表，发放到放映员手中，放映后让农民从片源中自选下一场想看电影，或在片目书中选定自己喜欢影片，从根本上满足农民需要。②增加公益放映场次。推出广场电影、社区电影、农民工电影和敬老电影，抓住"七一"建党、"八一"建军、"十一"国庆和纪念长征胜利80周年有利时机，让电影放映走进社区、建筑工地、学校部队、敬老院、农民工和孤寡老人身边，提升公益电影社会效应。截至10月，在社区放映优秀影片185场、建筑工地放映5场、部队放映3场、学校放映5场、敬老院放映34场。③开展纪念“七一”建党、抗战胜利、纪念红军长征胜利80周年优秀国产影片展映活动。5月，将抗战题材影片列入重点定片计划。定购《血战小朱庄》《百团大战》《义勇军魂》《烽火长城线》等经典影片。8月，选订《升旗》《战狼》《恶战》《军渡》《狙击时刻》等优秀国产爱国影片。自7月初到10月中旬，在全市85个农村放映点(包括农村小学操场)、10个社区、3个广场放映爱国影片9部386场次，累计观众4.83万人，平均每场120人以上。

(李建军)

电视网络

【概况】2016年，宁夏广播电视网络有限公司青铜峡分公司实现总收入1000万元。其中，主营业务收入700万元、多元化经营收入300万元，完成区公司下达任务的70%。年内，新增用户2106户。争取“宽带乡村”项目政府配套资金320万元，建设青铜峡分平台，为“智慧青铜峡”服务，帮助更多人了解青铜峡的风土人情、政务信息、旅游资源、特产美食等，扩大青铜峡市对外知名度。分平台数据存储系统10月建设完成。

【“宽带乡村”及智慧城市项目】2015年12月18日，青铜峡市“宽带乡村”及中小城市基础网络完善工程项目签约。项目实施期限为两年，概算总投资1.07亿元。资金来源为宁夏广电传媒集团投资97%，为1.0379亿元(2016年7月底之前资金到位50%，2016年11月底前资金到位70%，剩余30%2017年7月底前全部到位)，青铜峡市政府配套3%，为321万元。工程于2016年4月底开工建设。年内，申请办结汉延渠、西干渠、唐徕渠、大青渠和西夏渠过渠审批手续；置换完成铁通中卫分公司21千米杆路，移动公司2.94千米管道、杆路52千米，联通公司4千米杆路；完成大坝镇、陈袁滩镇等12处乡镇及中心村机房建设；在全市8镇2场直埋光纤管道90千米，敷设光缆362千米、架空60千米，83个行政村开通电视、宽带等业务，发展宽带农户150户，实现90%以上行政村光纤全覆盖任务。

【宣传服务】印制宣传彩页2万余份，逐门逐户发放、讲解、宣传，同时，利用维护车贴、游动字幕及在小区、广场、公园悬挂横幅等形式，强化业务宣传。开展用户诉求回访、满意度抽测活动，将用户诉求办理情况以微信形式及时告知对方，增强处理用户投诉时效性和透明度。特别是处理光宽带维修时，针对日常维护过程出现问题，每月开展一次维修人员技术交流，提高维修时效，巩固已有市场。

【参与全市重点项目建设】2016年，青铜峡市人民政府开工建设鸽子山中法葡萄酒庄集群示范区项目。青铜峡分公司被指定为该项目通信工程唯一运营商。鸽子山中法葡萄酒庄集群示范区项目是青铜峡市与友好城市——法国波尔多市弗龙萨克大区联合打造的集高效节水葡萄种植及酿造、生态旅游、休闲观光、培训服务、葡萄酒品牌建设、葡萄酒养生保健产品开发、市场营销等功能于一体的高标准葡萄园区。作为青铜峡市重点建设项目，通信工程将在5年内相继完成。主要任务是建设通信基站2处、架设通信网络55千米。截至年底，完成通信工程项目前期规划及10余千米线路敷设工作。

【智慧家庭云平台业务宣传推广】借助电视台电视游动字幕，滚动播放六盘云睛彩宁夏手机电视隆重上线通知，使之众所周知，家喻户晓，为下一步宣传做好铺垫。组织分公司全体员工利用微信朋友圈群，发布六盘云·智慧家庭云平台业务，邀请亲朋好友熟悉人群关注并扫描下载安装六盘云·精彩宁夏手机客户端。利用“精彩宁夏”手机APP二维码电视业务宣传彩页，购置立式会签200个，置于辖区各大宾馆、酒店，方便来客扫码安装。指派专人到全市各部门、单位进行宣传推广，要求公司员工利用维修、安装、收费、催费、社交等时间主动做好推广工作。借助“李宁·红双喜杯”全国乒协会员联赛在青铜峡举办之机进行新业务宣传和手机APP推广。以冠名形式参与2016青铜峡市“唱响宁夏——回乡最强音”电视歌手大赛进行宣传推广。

(陈建军)

中国电信股份有限公司青铜峡分公司

【清0加1工作】清“0”未发展用户光分线箱，提出完成每个OBD至少新增1个用户。针对OBD清单，划小单元，通过加快业务发展途径，实现OBD设备清“0”加“1”。

【大走访活动】面对宽带市场竞争加剧、增量放缓，全市范围开展“树创引领，守土攻坚”服务大走访活动，采用逐户上门服务方式，强化重点小区服务，加快单宽迁转融合，提高服务质量，提升用户感知，确保市场份额稳定。

【专项营销活动】强进攻，稳份额，激发营销活力，完成年内各项经营目标任务。8月，开展“决战150天”专项营销活动。

【网络专项维护】①通信机房标准化整治。年内，完成小坝2个中心机房和9个农话机房整治，做到尾纤入槽、走线整齐、机架固定、预留规范、标签统一、绑扎规范美观。②ODN网络整治。组织人员归整域网交接箱38个，修改光路248条、修改成端56块，对所有入箱光缆进行全部接地和挂牌，引上口进行封堵。③网络资源数据提质。按照提质要求，对33张表格38769条数据逐表核查，核改和删除各类数据，截至11月底，比对数据25432条，删除垃圾数据5896条，修改VLAN数据2869户。公司在二季度全区检查评比活动中排名第一。④光进铜退工作。继续实施农村FTTH覆盖村队电缆退出工程，完成五星、郝渠、正闸、区水泥厂新加坡、雷桥等地缆工作，退出电缆2198线对千米。⑤通信线路整治。年内，组织人员对汉延东西区、光明小区、安居工程、煤炭小区通信线路进行整治，优化布局，换旧治乱。

【工程建设】年内，投资207万元，完成三批整村推进项目建设，在全市各镇村新建FTTH端口3528个；投入131.7万元，完成78项引资项目建设，新建FTTH端口4688个，实现全市自然村村村通光纤。依据政府规划需求，完成市看守所、宁夏大唐国际大坝发电有限责任公司扩建、邵岗沿街线路入地改造、新林3队道路扩宽杆路迁移、宁夏金昱元化工集团有限公司杆路迁移等工作。

（蒯起敬）

中国移动通信集团宁夏有限公司青铜峡分公司

【概况】2016年，中国移动公司青铜峡分公司立足市场实际，拓展网络资源，改进客户服务，提高网络质量，扩大4G用户规模，巩固市场所占份额。

【网络建设】完成LTE基站四期、微站及增补基站建设。截至年底，实现全市范围LTE覆盖。同时，挖掘MR大数据，调高RS功率弥补LTE建网初期覆盖不足问题，提升LTE网络整体质量。借助IP网承载优势，改变传统数据网承载模式，提升综合类网站业务下载速率。拓展家宽网络资源，建立社区、家庭市场“营、装、维”一体营销服务体系，针对不同区域、开展差异化营销，提升移动光宽带客户知晓度，扩大光宽带用户规模、市场份额。

【客户服务】延伸集客服务渠道，从过程管控、焦点问题治理及员工业务技能培训入手，强化服务规范，促进集客服务转型。开展客户班驻厅、驻店服务及厅店暗访、驻地辅导工作。发挥服务监督与服务支撑职能，加强销售过程监控，创新营销服务形式，消除各项服务短板。青铜峡分公司移动通信广场营业厅荣获全区满意100“十佳”厅店荣誉称号。

【市场营销】加快乡镇渠道转型，给予业务指导和技术支持，通过召开月度工作会议、强化政策业务宣传、统一下放渠道统一桌签、帮助代销商进行店员管理、落实月度店员服务提升计划，提高渠道执行力、厅店运营能力及终端销售能力。

（蔡雯雯）

中国联合网络通信有限公司青铜峡分公司

【概况】2016年，中国联通公司青铜峡分公司贯彻落实区、市公司经营工作思路，聚焦渠道建设，推进智慧沃家发展和渠道经理“八大员”工作，通过安装新积分制管理系统、巡店系统和沃受理系统，优化收入结构，提升移网收入占比，落实存量经营，强化流量经营，逐步实现由批零差向非批零差营销模式转型。

【营销活动】落实营销计划，加快融合业务发展，先后开展“开门红”、扫村活动，众筹终端，二、三、四季度劳动竞赛，阿迪力挑战青铜峡黄河大峡谷、马拉松比赛通信保障，固移融合专项，校园部队等营销活动，提高市场占比，增加公司收入。

【渠道建设】加强渠道人员培训，安排渠道经理每周进行两次住店帮扶指导。年内，拓展社会渠道35家，在小坝城区核心商业圈新建合作大厅3家、专营店6家、代理点8个。

【光纤改造】实施PON小区光纤平移工程，配合市住建局进行暖网改造。截至12月，完成5个小区光纤平移，实施小坝老城区光纤全覆盖。

【实名制管理】加强日常管理，严格执行实名制销售“一要二看三验四记”四动作。渠道经理定期开展巡店检查，规范用户实名制管理，保障用户合法权益，维护网络信息安全。

（范娇娇）

电子政务网络与信息化建设

【政府信息公开】围绕市政府中心工作以及公众关切热点问题，强化制度、机制和平台建设，推进重点领域信息公开，加强信息发布、解读和回应工作，增强政府信息公开实效。①制度建设。健全政府信息主动公开、依申请公开、保密审查等制度，为政府信息公开提供机制保障。②信息载体建设。以推进阳光直通车工程为抓手，整合信息资源，形成以市政府门户网站为主，各镇、部门子网站为辅的青铜峡市政府网站集群，实现数据共享、相互联动，打造及时、准确、透明政府信息发布平台。③信息内容公开。按照“公开为原则，不公开为例外”工作要求，围绕市委、政府重点工作和公众关注的经济社会发展热点问题，在网站设立重点介绍、政策解读、政务动态等栏目，及时公开相关内容。年内，通过政府网站公开政府文件、行政职权责任清单、财政预决算、保障性住房、事业单位人员招录、建设项目、环境影响项目等信息520条。

【电子政务外网建设】①外网建设。按照“统一平台、整合资源、信息共享、提速增效”要求，加强与电信、移动公司联系，协调做好市、镇、村（社区）电子政务外网联网工作，完成全市政务外网287个单位光纤连接任务。②网上办公。做好政务外网连接情况督查、考核和验收工作。年内，举办全市政务协同办公系统管理员培训班2期，培训镇、农林场、市直各部门及各村、社区OA系统管理员500人次，政务办公系统（PC端）于5月1日实现双轨制运行，移动端于6月1日试运行，政务协同办公、无纸化办公延伸到各镇、村和社区。开展全市电子印章和CA认证系统应用培训、推广使用工作，全市下发电子印章83个。③阳光政务直通车工程建设。指导和做好门户网站信息发布、更新及维护工作，推进市政府及各镇、部门事业单位96个门户网站上线运行。全年举办部门网站管理员培训班3期，培训管理员300人次。

【政府网站管理】围绕发挥政务网站“对外宣传、政务公开、在线服务、公众参与”功能，完善网站发布审核和管理制度，加强网络管理维护，提高网站运行质量。网站累计发布古峡动态、乡镇动态、部门动态、视频新闻、区内外要闻等信息1370条。开展政府网站普查，注册中国轴承谷、“印象黄河·彩虹之上”

等7个域名。健全市委书记、市长信箱登记、转办、督办、回复、回访等制度，办理群众来信43件，回复21件。书记、市长信箱听取群众意见建议，解决一批群众反映热点难点问题。

【农村信息化建设】加快农村信息基础设施建设，增加基础设施建设投入，实施"宽带乡村"光纤入户等项目。修订考核办法，加强农村综合信息服务站管理和考核，抓好农村党员干部远程教育培训。全年举办培训班两期，集中培训农村信息员200余人次，开展农民计算机技能培训3500余人次，发布农产品供求、种养殖技术、市场信息等7400条，交易额达1800余万元。

【涉青舆情监测处理】加强网络舆情信息日常监测，落实分组监测、定期分析、跟踪、督办等制度，健全三级预警联动应对处置机制，全年启动二级预案8次，监测涉青舆情14件，做到及时发现、及时报告、及时处置。提请市委出台《党委（党组）意识形态工作责任制实施办法（试行）》，印发全市意识形态领域问卷调查方案，完成识形态领域分析报告，为市委科学决策提供详实基础。加强全市部门政务微博管理，制定印发《关于做好官方微博、微信账号登记备案与管理工作的通知》，指导相关部门处理群众反映诉求问题17件。

【网络安全宣传】开展网上"扫黄打非"行动，开通举报电话，接受群众举报。会同市公安局、教育局、工业信息化和商务局、农牧局、交通局等9个单位组织开展"网络安全警示教育宣传月"活动和"国家网络安全宣传周"活动，印发宣传彩页1500余份、网络安全知识宣传册100本，向全市100多个单位发放《互联网管理法律法规选编》150本，通过市广播电视台、青铜峡政务网、古峡广场电子屏和新华政务通青铜峡手机报等播放和推送"网络安全"宣传片和宣传标语，引导网民履行社会责任，文明上网。

【网络管理】动员各单位开展关键信息基础网络设施安全自查，组织市关键信息基础设施网络安全检查工作领导小组成员对各部门、企事业单位自查工作进行督查，全市确定关键信息系统2个、上报无关键信息函单位96个。健全政府中心机房网络安全规章制度，加强安全值班、安全检查，排除隐患，保证各项防范措施落到实处。年内，为政府局域网各入网单位提供上门指导技术服务100余次。配合市委办、保密局对各镇、市直部门网络应用系统开展保密检查和重点领域信息安全检查，确保政府网络和各应用系统安全、稳定、有序运行。举办网络安全检查工作培训班，108个部门、企事业单位分管领导和专兼职人员参加培训。

【农村电子商务工作】实施自治区"千村电商"工程，加大宣传力度，加强电商人才培养和政策扶持，举办全市农村电商发展座谈会，组织人员到盐池、灵武等县市考察学习电商工作，协助农村淘宝、京东商城、苏宁易购等市级服务中心发展村级代购点，支持宁夏家道回乡农业开发有限公司、宁夏正鑫源现代农业集团、御马国际葡萄酒业宁夏有限公司、宁夏青铜峡市禹皇酒庄有限公司等企业和山果果业等专业合作社在天猫、淘宝、京东商城进行网上销售。年内，举办电商人才培训班两期，280名电子商务从业人员参加培训；制发《关于推动农村电子商务发展的实施意见》，建成村级代购点80个，实现农村电子商务交易额2100万元；采取"走出去、引进来"办法，与安徽潜山和沐电子商务公司签订战略合作框架协议，引进建设"智慧城乡生活"电子商务平台；协助市工业信息化和商务局争取国家电子商务进农村综合示范县项目资金2000万元。

（平吉炜　詹立荣）

QINGTONGXIA
YEARBOOK

卫生和计划生育

编辑◎王雪霞 马 婷

综述

【概况】2016年，全市卫生和计生工作以深化医改为主线，以落实民生计划为核心，以提高人民健康水平为目标，提升医疗卫生服务质量，夯实基层卫生工作，预防控制重大疾病，加强重大节日、重要活动、重点行业卫生监督执法管理，增强妇女儿童保健能力，普及卫生健康知识。年内，将市第二人民医院现有编制人员、资产合并到市人民医院，实现医疗资源有效整合。实施5000平方米市卫生监督所、兰馨苑社区卫生服务站建设项目，完成青镇广武分院、邵岗中心卫生院门诊住院综合楼及附属设施建设项目，峡口、大坝、小坝、瞿靖卫生院中医馆投入使用。全市共有公立医疗卫生机构17个。其中，综合医院2个，卫生院9个，卫生监督机构1个，疾病预防控制机构1个，妇幼保健机构1个，社区卫生服务站2个，厂(场)综合医院1个。实有床位923张。职工1416人，其中，卫生技术人员1219人。

【医疗机构信息平台建设】各医疗卫生机构按照自治区“卫生云”平台建设总体要求，做好公立医疗卫生机构联通全区政务外网前期工作。市医院完善“先诊疗、后结算”就医“一卡通”服务模式和以电子病历为核心的医院信息系统，逐步实现远程会诊、远程教育等功能，并与北京301医院开通远程会诊系统；开通手机预约挂号，实现网络、患者、医院三方受益。市中医医院对现有系统进行升级维护、扩容，对医院信息管理系统硬件系统进行公开挂网采购，11月底，完成医院信息化管理系统升级改造。为全市35家村卫生室配置健康一体机，农村基层远程会诊系统网络升级提速，远程会诊项目平稳运行。

【“七免一救助”】实施“七免一救助”惠民政策。年内，农村孕产妇住院分娩补助2099人，补助资金104.95万元，补助率100%；免费婚前医学检查2344对，检查率97.65%；免费新生儿“四病”筛查2049人，筛查率93.45%，听力筛查2153人，筛查率98.76%；免费对初次接受产前保健孕产妇艾滋病、梅毒和乙肝检测2388人，检测率96.68%；0～6岁儿童孤独症筛查11790人，无确诊孤独症患儿；免费为全市1529对计划怀孕夫妇进行孕前优生健康检查，完成目标任务118%；完成农村妇女宫颈癌初筛6099人，初筛完成率76.2%；农村妇女乳腺癌初筛1458人，初筛完成率72.9%。

【医疗卫生服务】①医疗质量万里行。落实医疗质量和医疗安全13项核心制度，改进医疗质量，保障医疗安全，提高服务水平和服务能力。年内，接诊门诊病人687790人次，收治入院患者21607人次，患者平均住院日9.5天；抢救成功率96.95%；出入院诊断符合率99%，医疗服务水平明显提高。②“三好一满意”活动。开展医疗服务质量、服务态度、医德医风工作督查，提升医院管理科学化、专业化、规范化、精细化水平，促进医患关系和谐。③控制医药费用不合理增长。落实处方点评等制度，将控制次均费用、药占比、抗菌素应用比例等关键指标与科室及科主任奖金挂钩，加大处罚力度；坚持执行同级医院检查结果互认工作，加强与医保部门配合,遏制医药费用过快增长。④抗菌药物临床应用专项整治。落实医疗质量和医疗安全核心制度,加强抗菌药物临床应用专项整治及临床路径管理,规范医疗行为,住院患者抗菌药物使用率小于60%,门诊患者抗菌药物使用率小于20%。⑤临床路径管理。规范临床路径管理,将10个科目45个病种纳入临床路径管理,入组率66.7%,完成率100%。⑥医院感染管理。开展医院感染专项检查,检查各级各类医疗机构46家,举办院感知识讲座16期,规范“医疗废弃物”管理,加强医疗机构重点部门、重点科室、重点环节管理,确保医疗安全。

【医药卫生体制改革】①巩固基本药物制度。全市所有公立医疗机构100%配备使用基本目录药物,实行零差率销售,规定时限配送到位率85%。扩大非政府办基层医疗卫生机构实施基本药物制度覆盖面,提高二级医院基本药物申购金额比例,申购金额比例达到40%。加强药品保障监督检查,规范药品集中采购,确保群众用药安全,提高群众满意度。②强化资金保障。整体剥离各公立医院2013年以前合规历史债务,纳入政府性债务统一化解。将公立医院离退休人员符合国家规定离退休费用整体移交财政集中发放。在编在岗人员工资由市财政按照核定编制人员总数工资40%予以保障。③完善改革运行机制。实行门诊统筹按人头包干预付制度和公立医院住院医疗费用总额包干预付制度,建立完善基本药物制度,各公立医院采购使用药品以基本药物为主,非基本药物使用比例控制在40%以内;将药品加成15%核定为政策性亏损,20%通过财政定项补助进行弥补。

【基层卫生工作】①基本公共卫生服务均等化项目。开展公共卫生质量提升年活动,推进慢性病规范管理,建立慢性病管理长效机制。高血压、糖尿病、老年人、重性精神病人规范管理率分别为45%、30%、75%、125%,实现“不花钱防病”目标。②基层卫生服务能力。持续开展“群众满意基层医疗机构”创建工作,叶盛、峡口卫生院创建为自治区第二批“群众满意乡镇卫生院”。遴选瞿靖、大坝、陈袁滩3家卫生院及16家村卫生室创建2016年自治区“群众满意基层医疗机构”。③乡村一体化管理。推行社区医生和乡村医生签约服务,改善乡村、社区医疗服务质量,乡村医生、社区医生签约率分别达到81.5%、45.8%。④岗位练兵。按照自治区相关部门要求,开展基层岗位大练兵活动,通过岗位练兵常态化,提升基层卫生人员综合能力和医疗技术水平。⑤完善基层医疗机构绩效激励机制。落实聘用和岗位管理制度,实施奖励性绩效分配政策,合理拉开收入差距,提高医务人员工作积极性。⑥村医队伍职业化。建立村医进入、退出机制,34名60岁以上村医离岗,并按月领取离岗生活补助。安置新毕业50名大专毕业生到村卫生室工作,确保村医队伍良性发展。

【重大疾病防控】①二类疫苗预防接种专项检查。年内,核查医疗卫生单位17家,核查中未发现山东涉案疫苗。②疫苗接种。适龄儿童国家免疫规划疫苗接种率95%以上,麻疹类疫苗接种率98%以上。0~6岁儿童建卡、建证率分别为100%,新生入托(学)预防接种证查验率100%,狂犬病暴露预防处置门诊覆盖率100%。③重点传染病防控。全市无甲类传染病报告,乙、丙类传染病15种813例,报告发病率295.23/10万;处理预警信息39条,网络报告率及时报告率和及时审核率均为100%。④结核病防治。累计接诊可疑肺结核患者1080例,查痰率98.89%。发现登记、报告、管理、治疗活动性肺结核患者84例,涂阳肺结核患者密切接触者筛查率为100%。⑤艾滋病防治。全市累计报告艾滋病病人及感染者45例,新发现HIV感染者4名,随访管理HIV感染者和病人30人,22例接受免费艾滋病抗病毒治疗药物,开展艾滋病自愿咨询检测1533人次。⑥包虫病、地方病防治。

开展包虫病成人血清学检测、B超检查5000人,儿童血清学检测500人;完成800份犬粪监测及25000条家犬6次药物驱虫工作。全市登记管理包虫病病人45例,免费药物治疗25例,手术治疗4例。全市碘盐覆盖率100%,监测盐样300份,合格碘盐食用率97.7%;对病氟村370名8~12岁儿童进行氟斑牙监测,对112人进行砷中毒病情调查,采集尿砷30人份,未发现新发病例。开展布病职业人群干预1112人,重点人群血清学检测445人,确诊50例阳性病人,全部建立病例管理档案。⑦死亡病例、肿瘤病例报告、收集、审核、录入。全年报告死亡病例1566例、肿瘤病例报告859

例，报告卡审核率、录入及时率均为100%。⑧公共卫生监测。开展健康危害因素监测工作，完成餐饮服务行业、公共场所从业人员健康体检9215人，合格率99.25%。开展生活饮用水监测、医疗单位消毒监测、一次性生活用纸和餐具检测、公共场所监测，全年检测"五小行业"80家，采样712份，合格率89.3%。

【卫生综合保障】执行卫生行政许可审批制度，开展卫生执法知识培训宣传，加强重大节日、重要活动、重点行业卫生监督执法管理，查办群众举报投诉案件和各类卫生违法案件。年内，审查办理公共场所卫生许可证60份，办理饮用水卫生许可证1份，检查各类监管单位916家1665户次，总监督覆盖率99.46%。其中，检查公共场所、生活饮用水、医疗服务机构、传染病防治机构、学校和托幼机构、放射卫生诊疗单位、职业卫生服务机构监督覆盖率分别为99.37%、100%、98%、100%、100%、100%、100%；检查采供血机构1家，监督覆盖率100%；检查餐饮具集中消毒企业覆盖率100%；监测医疗卫生样品合格率90.7%；查处卫生违法案件59家，依法给予警告4家，罚款58家，罚款总金额62000元。对全市16家疫苗接种单位开展两轮二类疫苗专项核查工作。配合各部门做好各类卫生应急工作，完成阿迪力黄河大峡谷挑战吉尼斯世界纪录、鸿乐府宗教活动、牛首山庙会、广场文艺汇演等卫生应急任务18次，组织出动医疗卫生人员270余人，救护车55辆次。

【妇女儿童保健】坚持以提高产科服务质量为重点，开展妇幼健康优质服务示范工作，加强孕产妇、儿童系统管理，强化督查，降低孕产妇死亡率和婴儿死亡率。全市孕产妇系统管理率97.19%，住院分娩100%，孕产妇死亡率连续五年为零。加强儿童生长发育监测、疾病防治，7岁以下儿童管理率96.94%，3岁以下儿童管理率96.13%，5岁以下儿童死亡率7.38‰，婴儿死亡率控制在5.21‰。全市农村妇女目标人群增补叶酸2067人，服用率95.74%，各项指标均达到规定指标。

【健康知识普及】①拓宽健康教育宣传领域。利用市清秀园环境优美、游人众多特点，建立健康教育"主题公园"，设置健康步道、健身设施、温馨提示牌、健康宣传栏，将健康科普、休闲、健身进行融合。在银河广场建立健康教育"主题广场"，设置动漫宣传栏、灯箱宣传栏、健康步道、健身器材、体质指数转盘等设施，通过定期更换宣传栏、开展咨询等活动，拓宽健康教育宣传领域。②开办《卫生与健康》专题节目。制作《健康之家》专家、群众面对面访谈节目6期，邀请市医疗卫生专家就高血压、糖尿病、心血管疾病、科学就医、合理用药等内容开展现场讲谈、咨询活动。③开展健康教育巡讲。以"健康中国行 燃亮中国梦"为主题，组织医疗卫生专家组成巡讲团，深入农村、社区、学校、企业、机关等地开展巡讲11场次，发放《健康100》《健康66条》等健康教育口袋本7000份，健康知识宣传围裙200条，健康教育口杯500个，受益人群达1万余人。

【中(回)医发展】①开展中医药适宜技术推广培训。发挥中医院中医指导科及中医药适宜技术推广基地作用，推动中医药服务"进农村、进社区、进家庭"。以农村常见病、多发病防治为重点，在全市推广中医药适宜技术。②发挥基层医疗机构中医药特色优势。完成瞿靖卫生院、大坝卫生院等4家基层医疗机构中医馆建设项目，提升各镇卫生院中医药服务能力。③在市中医院开展全国基层名老中医药专家传承工作室建设。遴选3名卫生院、卫生室人员接受中医药专家传承，通过"传、帮、带"提高基层中医(药)服务能力。

【婚育文明建设】①加强阵地宣传。配合各镇维护翻新国策门9个，打造人口文化宣传阵地10个，新建穆斯林人口文化书屋3个。②抓好主题宣传。利用"3·5"学雷锋纪念日、"三八"国际妇女节、"4·15"国家安全日、"5·29"协会会员日、"7·11"世界人口日等纪念日在古峡广场设立宣传台，摆放宣传展板和资料，开展面对面宣传服务活动。在叶盛镇集贸市场举行纪念中国计划生育协会成立36周年文艺演出及系列宣传服务活动，走访慰问计划生育"少生快富"家庭、贫困母亲家庭、留守儿童家庭，为计划生育特服家庭建立健康档案，免费发放体检卡。③加强媒体宣传。强化主流媒体宣传，在《中国人口报》(网站)发表宣传稿件9篇，《宁夏日报》(网站)刊登文章15篇，《吴忠日报》(网站)刊登信息31条，刊发专版2期；在电视台开设《卫生与健康》和《乡村》专栏，开展计划生育生殖健康、优惠政策专题宣传12期，新闻宣传60余条。④加大培训力度。利用穆斯林文化书屋，在峡口镇西滩清真大寺和陈袁滩镇条滩清真寺举办穆斯林生殖健康培训班3场次，参加人数达180人；全面两孩政策实施、自治区计划生育条例调整后，深入8镇、1办、2个农林场举办培训班11场次，参加人数达1600人；组织计生专干、信息员业务考试，参训率达98%以上。

【人口信息统计】每月举办流动人口计生专干例会，组织学习《流动人口计划生育条例》《全国流动人口计划生育服务管理工作规范》和全员流动人口计划生育系统应用操作、流动人口档案管理、统计报表等专业知识，提高基层计生专干工作能力。利用流动人口返乡时机，组织人口计生、公安等部门在火车站、汽车站等人流密集处设立流动人口服务台，发放人口计生宣传资料、避孕药具等。开展“流动人口清理清查服务月”活动，摸清流动人口底数，核对流出、流入人口个案信息。落实流动人口卫生计生公共卫生服务项目，重点落实好传染病防控、孕产妇儿童保健、计划免疫、健康档案建立、计划生育技术服务、健康教育等6类基本卫生计生服务，提高流动人口卫生和计划生育基本公共服务均等化服务水平。截至年底，全市统计流动人口10188人，其中流出人口3893人，跨省流出育龄妇女359人，办理《婚育证明》328人，办证率为91.36%；跨省流出已婚育龄妇女314人，办理《婚育证明》302人，已婚育龄妇女办证率为96.17%。流入人口6295人，其中，跨省流入育龄妇女921人，建档921人，建档率为100%；跨省流入已婚育龄妇女730人，建档698人，持证率为95.6%。

【计生法制化建设】①规范社会抚养费征收程序。聘请专业律师指导基层行政执法工作，组织开展执法人员培训班，提高执法人员水平。加大征收力度，在具体征收中，严格按照法定程序规范操作，严禁违法行为发生。②部门联动综合治理。把5月定为联合执法月，与公安、司法部门联合开展社会抚养费集中征收活动，同时，简化计划生育案件执行程序，提高计划生育案件执行能力。③加大监督力度。社会抚养费严格执行“收支两条线”，由执法人员直接缴到市财政局社会抚养费专户，征、管、用情况实行动态管理。会同市财政、审计等部门不定期对社会抚养费征管用情况进行抽查或联合检查，发现问题，及时整改落实。

【计生优惠政策落实】年内，为新增76户“少生快富”项目户兑现奖扶资金116.5万元；为3042人兑现提前奖励扶助资金366.5万元；为502名满60周岁农村计划生育家庭奖励扶助资金60.24万元；对83户计划生育特别扶助家庭兑现特扶资金69.12万元；为2311户家庭补助独生子女保健费117.3万元；为56名考取国家高等院校农村独生子女户和双女户子女补助助学成才奖11.2万元；为9767名独生子女户、双女户夫妇补助农村合作医疗保险补助19.53万元；为1407名独生子女补助学生意外伤害保险费7.035万元；对三级以上节育手术并发症对象实行档案管理，免费治疗，并给予每人400～1000元不等的扶助金，消除群众后顾之忧。

【国家卫生城市长效管理】①“爱国卫生日”活动。把每周星期五和每月最后一周的星期五作为“爱国卫生日”，动员全市各单位开展环境卫生整治，促进爱国卫生工作长效化。②“爱国卫生月”活动。采取发放宣传资料、出动宣传车、制作宣传牌等方式进行宣传。同时，在全市各镇村掀起以拆违治乱、清理乱堆乱放的环境卫生集中整治“爱国卫生月”活动，清理垃圾死角、白色垃圾，清除各种视觉污染、乱贴乱画、乱堆乱放，促进爱国卫生工作常态化。③全市城乡环境卫生一体化管理。在全市8个镇、2个农林场开展“以里论美、精细管理”为主题的环境卫生一体化管理综合整治。现场督查各镇场环境卫生工作，印发“通报”“督查通告书”，反馈督查发现问题，实现以城带农、以农促城、城乡联动、协调发展工作目标。年内，全市拆除违法建筑986处，拆平面积96437平方米，清理垃圾46352吨，整治巷道和绿化带7242条、主干道路和林地2943千米、广告牌匾3237块、国道219处，清理流动摊点和“牛皮癣”以及沿路摆摊3254处、沿街门店乱堆乱放1741处；增设垃圾箱720个。④病媒生物防制。制定《2016年春夏季节灭蚊蝇活动安排》，活动采取消杀工作与专项整治相结合，全面排查公厕设施及内外环境，清理卫生死角，清除杂草、杂物、粪便等暴露垃圾，清掏地坑撒落垃圾及渗滤液，降低蚊蝇鼠蟑孳生密度。⑤国家卫生城市长效管理。把加强督查作为确保工作成效的有力抓手，组织开展督查活动，通过编辑手机短信，印发督查“通报”“通告书”“执行任务通知书”“整改通知书”，对督查中发现突出和重点问题，责令相关单位及时整改。全年编发环境整治手机短信18条，印发“通报”8次、“通告书”40份、“执行任务通知书”14份、“整改通知书”20份。

（季伟　李燕）

卫生监督

【概况】2016年，审查办理公共场所卫生许可证60份，办理饮用水卫生许可证1份，出动卫生监督员1200人次、车辆239车次，检查各类监管单位916家1665户次，总监督覆盖率99.46%。其中，检查公共场所经营单位474家858家次，监督覆盖率99.37%；检查生活饮用水供水单位7家41家次，监督覆盖率100%；检查医疗服务机构165家297家次，监督覆盖率98%；检查传染病防治机构168家233家次，监督覆盖率100%；检查学校和托幼机构67家95家次，监督覆盖率100%；检查放射卫生诊疗单位22家，监督覆盖率100%；检查职业卫生服务机构2家3家次，监督覆盖率100%；检查采供血机构1家3家次，监督覆盖率100%；检查计划生育技术服务机构6家9家次，监督覆盖率100%；检查餐饮具集中消毒企业1家2家次，监督覆盖率100%。监测各类公共卫生服务单位220家次，抽检各类公共卫生样品2386项次，监测合格2164项次，总合格率90.70。查处卫生违法案件59家，依法给予警告4家，罚款58家，罚款总金额62000元。

【医疗服务卫生监督】加强医疗服务机构传染病防治、消毒管理和医疗废弃物管理，开展从业人员资质管理、放射诊疗卫生管理等重要环节监督检查，打击非法行医行为。年内，出动监督人员255人次、车辆26车次，检查各级各类医疗机构167家414家次。其中，检查市级医院3家、妇幼保健所1家、民营医院3家、康复医院1家、城市社区服务站4家、镇卫生院11家、门诊部1家、个体诊所55家、村卫生室88家，对164家存在问题医疗机构进行不良执业行为积分管理，对167家医疗卫生机构进行传染病防治专项检查，检查内镜诊疗室2家、消毒供应室3家、基层医疗机构注射室162家，对检查中发现重复使用一次性注射器医疗机构依法责令整改，并给予4000元行政处罚。对13家有二类疫苗预防接种资质医疗机构和疾病预防控制机构开展二类疫苗专项检查。对60家医疗机构进行“诚信服务、规范管理”专项检查，对88家村卫生室、59家民营医疗机构开展医疗执业行为、传染病报告、消毒管理、医疗废弃物处置等专项检查，对检查中发现3家无证行医、5家聘用非卫生技术人员执业医疗机构依法进行处理，其中依法责令改正8家、罚款8家，共计罚款11000元。对148家医疗机构进行消毒质量监督监测，检测样品774份，合格753份，合格率97.3%，对19家监测不合格医疗机构依法给予15000元罚款的行政处罚。查处无证行医3起，聘用非卫生专业技术人员5家，责令改正8家、罚款8家，罚款11000元。

【学校卫生监督】联合市教育局、疾病预防控制中心组织开展全市学校、托幼机构突发事件卫生管理、传染病预防控制管理、常见病与多发病管理、饮用水卫生管理、教室环境卫生监测与管理等内容联合监督检查，开展学校卫生监督综合评价。出动人员140人次、车辆28车次，检查学校67家221家次、托幼机构29所58家次。年内，对12所小学68个班级开展学校教学环境监测，对67所中小学校29所幼儿园进行传染病防治监督检查，对12所中小学校进行传染病防治、教室和生活环境等方面综合评价，对存在问题学校和托幼机构提出现场整改意见。

【公共场所卫生监督】①执行2016年全区卫生计生重点监督检查和专项整治工作部署。出动执法人员125人次、车辆25车次，检查各类公共场所经营单位82家。其中，检查美容美发场所40家，宾馆、招待所25家，游泳场所3家，沐浴场所5家，文化娱乐场所52家，商场超市2家，影剧院1家，游艺厅2家，音乐厅3家，汽车站候车室1家，对66个存在问题经营单位下达限期整改意见书；对82家公共场所公共用品用具、空气质量进行抽检监测，检测样品项目642项，合格563项，合格率87.69%，对检测不合格单位给予警告处理2家、罚款处理25家，罚款金额17200元。②开展公共场所专项整治活动。采取拉网式检查方式，对辖区336家美容理发场所、105家宾馆招待所、11家淋浴场所、52家文化娱乐场所开展集中整治，公共场所“两证”办证率90%，“一栏、两账、三册”建立率70%，专用洗涤消毒保洁设施配备率80%，功能区标识率100%，禁止吸烟标识率100%。③加强旅游景区公共场所专项检查。针对人大代表关于加强辖区旅游景区卫生间管理提案建议，组织开展金沙湾、黄河楼、黄河生态休闲公园旅游景区及周边地区住宿服务业专项检查，检查住宿服务单位14家，针对被监督单位消毒管理、病媒生物防治等方面存在问题下达整改意见书，将人大代表提案建议落到实处。④加强乡村公共场所卫生监督管理。针对镇村卫生监督协管巡查中发现问题，集中7天时间对辖区9个镇所在地公共场所进行专项检查，检查公共场所经营单位73家，审查办理公共场所卫生许可证60份，并就从业单位卫生管理制度制订、亮证经营、卫生管理档案填写、公共用品消毒保洁、消毒产品索证等重点环节进行现场指导，提出整改意见。

【生活饮用水卫生监督】 制定《青铜峡市2016年生活饮用水重点监督检查工作实施方案》和《青铜峡市2016年千吨以上供水专项整治工作实施方案》，对4家市政供水单位、3家城市二次供水单位、12家农村集中供水单位（其中网报千吨以上5家）、2家企业自备供水单位进行监督检查；对全市17家供水单位进行水质检测，检测枯水期水样40份、丰水期水样42份，其中市政供水6份、二次供水4份、自备供水12份、农村集中供水60份。

【放射诊疗卫生监督】 开展放射诊疗卫生专项整治，检查放射诊疗医疗机构22家、放射工作人员54人、X射线机12台、CR机12台、DR机4台、CT机5台、牙片机8台、口腔全景机2台、口腔CT机1台。对20家放射诊疗机构进行放射防护检测，对54名放射工作人员进行个人剂量监测。辖区22家放射诊疗机构均建立放射事件应急预案，放射诊疗许可证持证率100%，放射工作人员持证上岗率100%，放射卫生档案建档率100%，20家受检单位放射防护检测合格率100%，41台设备合格29台，合格率70.7%，通过3个周期个人剂量监测，有11人在第二周期监测中个人剂量超标，放射卫生监督覆盖率100%。

【计划生育服务监督】 辖区现有母婴保健和计划生育服务机构6家，从事母婴保健和计划生育技术服务人员37人。按照打击“两非”专项行动工作安排，出动卫生监督员20人次、车辆4辆次，对18家开展B超业务医疗卫生机构B超类型、数量、操作人员、警示标志、就诊登记等项目进行专项检查，检查B超机25台、B超工作人员38人。全同市公安、妇联、市场监督管理部门对1家市级医院、2家民营医院、1家镇卫生院、2家药店进行打击“两非”突击检查，婴保健和计划生育服务机构监督覆盖率100%，未发现“两非”违法行为。

【药品“三统一”监督】 辖区现有药品集中采购医疗机构31家。为确保药品“三统一”各项政策全面落实，先后会同市医院、中医院专家组，组织开展“中药饮片管理”、药品集中采购工作专项检查，检查药品集中采购医疗机构31家、中医诊疗机构17家，31家医疗机构药品集中采购率100%，药品网上申购率100%。所有药品均实行零差率销售，且回款及时，未发现网下采购药品现象。

【卫生稽查】 以卫生监督重点工作、卫生监督信息网络报告、卫生监督队伍着装风纪稽查为内容，组织开展公共场所经营单位稽查120家，持证120家，持证率100%；稽查从业人员150人，持健康证136人，持证率90.6%。稽查医疗服务机构40家，持证40家，持证率100%；稽查从业人员30人，持证29人，持证率96.7%。开展卫生监督信息网络报告稽查2次，稽查公共场所报告信息60家，医疗机构30家，信息报告及时率、合格率均为100%。开展卫生监督员工作作风、着装风纪稽查8次，稽查工作人员130人次，对未按规定着装6名监督员依纪给予处罚，对现有26名卫生监督员重新进行资格审核和申报。年内，查处群众投诉举报7起，承办行政违法案件59起，依法给予行政处罚59起，其中警告4家，罚款58家，罚款金额62000元。

【信息网络报告】 加强报告信息质量日常监控，定期组织开展卫生监督网络报告信息的跟踪稽查，及时搞好报告信息审核和纠错工作，执行国家卫生监督信息网络直报各项规定，完成卫生监督网络报告系统平台年度信息更新和日常维护工作。卫生监督信息报告完整率100%，及时率100%，合格率100%。

【卫生监督协管】 年内，组织召开协管员队伍例会培训9次，培训协管员100人次；举办基层卫生监督协管员培训班1期，培训140人次；开展卫生协管工作一线指导活动30次，收到卫生监督协管信息128条、卫生监督协管巡查问题信息22条，卫生协管工作管理步入制度化规范化轨道。

（王玉国）

疾病预防控制

【概况】2016年，全市疾病预防控制工作贯彻“预防为主”工作方针，完善疾病预防体系建设，履行疾病预防控制工作职责，落实重大疾病防控措施，免疫规划工作和碘缺乏病检测工作代表宁夏接受国家检查，结果为优。慢性病、精神病及艾滋病防控工作分别在全区疾控工作会议上作交流发言。市疾控中心获全国“十二五”地方病防治工作先进集体荣誉称号。

【传染病监测与防控】开展不明原因肺炎、手足口病及人感染禽流感、中东呼吸综合征等新发重大疫情监测。截至年底，全市无甲类传染病报告。报告乙、丙类传染病15种890例，报告发病率323.19/10万。处理预警信息47条，网络报告及时报告率和及时审核率均为100%，无漏报现象。对全市43名朝觐回国人员进行医学观察，未发现异常。全年无突发公共卫生事件报告。

【重点传染病防控】全面落实“四免一关怀”政策。年内，接诊可疑肺结核患者1080例，查痰率98.89%。发现登记、报告、管理、治疗活动性肺结核患者84例，涂阳肺结核患者的密切接触者筛查率为100%。免费对全市4530名初、高中新生开展结核病筛查，防止学校结核病疫情暴发。开展民生计划艾滋病关怀救治工程，全市累计报告艾滋病病人及感染者45例，完成自愿咨询检测任务102.5%、暗娼人群干预572人次，完成吸毒人员干预任务106.0%，完成“两劳”人员HIV检测任务94.18%，并为22例艾滋病病人免费提供艾滋病抗病毒治疗药物。

【免疫规划】遵循“区域规划，合理布局，定点接种，规范管理”原则，加强预防接种服务网络建设，加快规范化预防接种门诊建设步伐，提高规范化预防接种门诊达标率。执行一类疫苗和二类疫苗接种有关规定，保证全市预防接种工作正常有序开展。开展宁夏卫生云免疫规划信息管理工作，完善儿童预防接种信息化管理系统。开展疑似预防接种异常反应监测，建立预防接种反应报告系统，及时妥善处理异常反应。加强脊髓灰质炎监测，落实脊灰疫苗常规免疫和持续保持无脊灰状态，对报告的AFP病例及时进行流调、采样，保证各项监测指标达到要求。开展8月龄~6岁儿童麻疹类疫苗查漏补种活动。截至年底，全市基础免疫接种率99.84%，加强免疫接种率99.5%，二类疫苗乙肝疫苗接种7059支，狂犬病疫苗接种6071支，B型流感嗜血杆菌疫苗接种168支，水痘疫苗接种278支，流感疫苗接种531支。

【慢性病防治】做好慢性病干预项目终期评估工作，开展慢阻肺病人体检，累计发现慢阻肺病人299人，建档率为90.7%。为11个项目村配备雾化器及指夹式脉搏血氧仪。巩固国家慢性病综合防控示范区，开展健康支持性环境创建工作，对全市创建健康单位、社区、学校、食堂、餐厅等6个单位进行指导验收。开展医疗机构心脑血管事件报告工作，累计报告病例1002例。截至年底，全市累计发现高血压病人19493人、糖尿病病人6064人。高血压患者健康管理率45%，规范管理率87.5%；Ⅱ型糖尿病患者健康管理率30%，规范管理率88.3%；血压、血糖控制满意率分别达到70.8%和50%，高血压、糖尿病患者管理质量较2015年有所提升。开展严重精神障碍患者管理、癫痫病随访工作，累计管理严重精神障碍患者1162人，患者管理率达到125.6 %，规范管理率达到93.3%，稳定率为95%，通过强化管理，预防和减少严重肇事肇祸案事件发生。死因检测、肿瘤病例报告、收集、审核、录入工作，全年报告死亡病例1665例、肿瘤病例928例。举办中国首届“万步有约”职业人群健走激励大奖赛活动，全市医疗卫生单位近200人参加启动仪式，宁夏日报、青铜峡市电视台等多家新闻媒体均进行报道。

【卫生应急能力提升】完善卫生应急机制和预案体系，规范应急处置程序，开展应急演练，提升事件处置能力。

更新、适量储备应急物资，加强应急队伍建设，提高应急流调水平。坚持24小时值班制度，积极应对各类传染病疫情、食物中毒、饮用水污染等突发公共卫生事件，做到反应迅速、报告及时、措施到位、快速处置。巩固完善国家卫生应急综合示范市创建成果，在青铜峡市库区湿地管理局（鸟岛）开展人感染高致病性禽流感防控应急处置演练。完成牛首山庙会食品安全、峡口鸿乐府民族宗教集会、庙山湖庙会和阿迪力挑战黄河现场消杀等应急消毒工作。对连湖农场、瞿靖镇等外来务工人员开展麻疹疫苗应急接种3200人。

【健康危害因素监测】开展餐饮服务行业、公共场所从业人员健康体检。年内，完成从业人员健康体检10228人，合格率99%。检测“五小行业”公共场所80家，采样712份，合格率89.3%。采集并检测食源性病例标本125份，为全市食品安全风险监测提供科学依据。监测12所中小学56个班级环境卫生，完成学生生长发育、常见疾病体检建档工作。截止10月31日，网报审核农药中毒卡44张。21家厂矿企业筛查出疑似职业病病人6人，并全部进行网报。

【疾病综合防控能力建设】年内，选派专业技术人员参加国家级专业知识培训5期7人次，参加自治区级各类业务知识培训29期59人次，举办各类培训与工作会议34期，培训学员1741人次。加强实验室能力建设，招标采购检验设备，满足公共卫生检验检测技术需求。接受自治区艾滋病、梅毒、布鲁氏菌病、碘缺乏病、地方病氟、砷及饮用水水质监测质量控制考核，考核结果为合格。实验室通过自治区质监部门计量认证复核评审。

【地方病、布病、包虫病防治】年内，开展农村生活饮用水监测、儿童氟斑牙、布病高危人群筛查工作。完成5000人B超检查及血标本采集和800份犬粪监测工作，监测儿童血清学500人份。完成25000条家犬10次药物驱虫。对新发现包虫病病人进行免费药物治疗。

（董少军）

妇幼保健

【概况】2016年，全市妇幼卫生和计划生育技术服务工作以妇女、儿童发展《两纲》为目标，以妇幼保健为中心，以降低孕产妇、婴幼儿死亡率为重点，以重大妇幼卫生项目为抓手，改善服务态度，提升服务质量，优化医疗卫生发展环境，开展“三好一满意”妇幼健康示范活动，成立产前筛查门诊，全面应对“二孩”计生政策实施，宁夏电视台《经济之窗》栏目、《吴忠日报》对市妇幼保健所产前筛查门诊、营养包服务进行宣传报道。2015年10月至2016年9月底，市妇幼保健所累计接诊门诊病人26397人次、妇产科住院321例、计划生育手术1060人次，开展新生儿疾病筛查382人、听力筛查384人。年内无安全生产事故发生。

【消除婴幼儿贫血行动】8月，首次在全市实施“消除婴幼儿贫血行动”，改善婴幼儿营养和健康状况。应发营养包5738人次，实发4733人次。

【农村孕产妇免费住院分娩】2015年10月至2016年9月，全市孕产妇健康管理2287人，住院分娩补助2099人，补助资金104.95万元，补助率为100%。高危孕产妇管理率、住院分娩率达100%，连续7年孕产妇死亡率为零。

【婚前免费医学检查】全年为2344人在本市办理结婚登记手续男女双方进行免费婚检，婚前医学检查率96.78%，疾病检出688人，疾病检出率为29.35%，并给予相应卫生知识指导。

【儿童孤独症筛查】年内，对14537名0～6岁儿童进行孤独症筛查，无确诊孤独症患儿。

【农村妇女增补叶酸预防神经管缺陷项目管理】开展备孕妇女免费发放增补叶酸活动，严格按照流程发放，提高叶酸服用率和依从率，预防神经管缺陷发生，减少出生缺陷。全市农村妇女目标人群增补叶酸2067人，服用率95.74%；叶酸服用1740人，依从率84.18%；知晓人数1988人，知晓率96.18%。

【“两癌”筛查】召开青铜峡市2016“农村妇女乳腺癌、宫颈癌筛查”项目推进大会。2016年农村妇女宫颈癌检查工作目标任务8000人，截止9月底，累计初筛6099人，阴道镜检查175人，病理检查16人。农村妇女乳腺癌检查工作目标任务2000人，完成初筛2462人。

【儿童保健管理】全年免费开展新生儿“四病”筛查2049人，筛查率93.95%；听力筛查2153人，筛查率98.72%。加强儿童生长发育监测、疾病防治工作，婴儿死亡13人，婴儿死亡率5.65‰；5岁以下儿童死亡21人，死亡率9.12‰。

【计划生育技术服务】①孕前优生健康检查。全市目标人群1300对。截止9月底，为1529对计划怀孕夫妇进行孕前优生健康检查，覆盖率达118%，提前完成全年任务。②计生技术服务实现全程免费。加强市、镇、村三级计生服务阵地建设，实施计划生育免费技术服务，做好查环情、查孕情、查治妇科病“三查”服务工作，服务人数达13059人次，为6776名育龄妇女进行免费B超检查盆腔和乳腺检查。③避孕药具发放。服务育龄妇女达57020人次，避孕药具使用人数7596人，药具应用率99.13%，药具有效率100%。

（市妇幼保健所）

健康教育

【概况】2016年，全市健康教育与健康促进工作以公共卫生服务项目为基础，以“健康青铜峡行动”项目和“健康素养促进”项目为重点，以《健康教育服务规范》为标准，整合各种健康教育资源，分层面统筹推进健康教育工作。各卫生院、社区卫生服务站、村卫生室均设置固定宣传栏，每两个月更换一期内容。年内，各级公共卫生机构举办大课堂496场次，受益人数20305人次；开展公众咨询296场，接受各类群众咨询3万余人；举办健康教育宣传栏587期，播放影像资料1800小时，发放宣传材料26种16万份，开展个体化健康教育16500人。

【健康素养促进行动】①播放公益广告。以科学就医、快捷方便，健康生活、从点滴做起，健康素养《跑道》，无烟生活《保证书》公益广告宣传为内容，普及无烟生活、健康素养等相关知识，倡导健康生活方式，营造良好社会氛围。②健康教育巡讲。以“健康中国行 燃亮中国梦”为主题，开展健康教育巡讲活动。5月，协调医疗卫生专家组成巡讲团，深入农村、社区、学校、企业和机关，开展巡回宣讲。针对不同目标人群，分别举办健康素养、合理用药、慢性病防治、职业病防治等知识讲座。制作健康教育宣传展板8块，开展巡讲11场次，发放《健康100》《健康66条》等健康教育口袋本7000份、围裙200条、口杯500个，受益人群达1万余人。③“健康中国行”主题宣传。在古峡广场举办2016年“健康中国行 燃亮中国梦”宣传周活动启动仪式，市医院等9家医疗卫生单位近100人参加活动。活动现场，设立咨询台、摆放宣传板、悬挂横幅，医护人员免费为前来咨询群众讲解慢性病防控、老年人养生、健康生活方式，测量血糖血压，围绕平衡膳食、适量运动、戒烟限酒、心理平衡开展宣传工作。活动众发放《健康100》《健康箴言》《健康66条》等宣传资料10余种8000余册，印有健康教育、疾病预防、烟草危害、优生优育等健康宣传内容圆珠笔4000余支、购物袋400个、饮食禁忌张贴画500张，摆放卫生计划生育知识展板14块，解答群众咨询340余人，为群众测血压、血糖130余人。市健康教育所向全市发布“控烟”和“科学就医”健康生活提示；市疾控中心深入瞿靖镇时坊社区举办《传染病的防治》和《健康66条》等健康教育讲座；市中医院开展中医适宜技术下乡服务，受益群众达30余人；市二医院通过健康教育进社区宣传，向居民讲解健康素养精髓；市妇幼保健所结合“优生优育健康检查”开展专项保健访视，受益达1100余人。④重点疾病或领域健康教育。加强地方病、包虫病、结核病及艾滋病等领域健康教育宣传培训，在全市14家医疗机构人员举办培训班8场次，300人参加培训。以医务人员、社区居民、宗教人士、机关干部、学生及妇女、屠宰人员为目标人群，举办地方病、包虫病培训班13场次，1200余人参加培训；向学生及群众发放宣传资料9100余份；在电视台播放地方病防治知识1次；开办专题宣传栏13期，培训一级目标人群3300人；协调教育部门在小学4至6年级开设碘缺乏病、饮水型地方氟中毒、饮水型地方砷中毒等地方病防治知识课。在全市8个镇1个农场开展包虫病调查及健康教育宣传1080人次。在市级医疗机构举办艾滋病防治知识讲座1期，反歧视宣传14场次，干预615人次，免费发放安全套2783只，发放宣传资料582份。⑤健康促进医院创建。市医院通过健全组织、强化制度、改善医疗环境、普及健康技能、面向患者及其家属、社区居民、乡镇群众开展健康促进活动，提高人民群众健康意识和自我保健能力，创建工作取得良好效果，通过自治区专家验收。

【健康青铜峡行动】①健康知识传播。利用广播、电视等媒体开展健康知识传播活动。在市电视台开办《卫生与健康》专题节目，制播《健康之家》专家、群众面对面访谈节目6期，邀请全市医疗卫生专家就高血压、糖尿病、心血管疾病、科学就医、合理用药等内容开展现场讲谈、咨询活动。每天在“青铜峡新闻”结束后播出1～2条健康温馨提示。②学校健康知识普及。保证每两周1课时，上好健康教育课，做到“教师、教材、教案、课时、评价”五落实，开课率100%。利用校园广播、橱窗、板报和宣传栏开展健康宣传。③公众健康服务。开展城乡居民健康体检，建立健康档案，对体检出的高血压、糖尿病、心脑血管疾病等慢性病患者实行健康管理。落实“七免一救助”政策，为农村孕产妇住院分娩进行补助，为新生儿进行“四病”筛查和听力筛查。开展慢性病规范化管理，对重点慢性非传染性疾病及其高危人群采取综合防治措施，建立高血压病、糖尿病、重性精神病等慢性病专病档案，实行“专病专案专人”管理，实现疾病早预防、早发现、早诊断、早治疗。④健康家园创建。协调指导市医院、疾控中心、中医院、保健所创建健康素养、控烟、慢性病、中医、妇幼保健健康教育基地，在各医疗卫生单位、清真寺设置健康教育咨询点117个，在各医疗单位、学校、机关、企业设置健康教育宣传栏213块，定期更换内容。在青秀园建立健康教育主题公园，设置健康步道、健身设施、温馨提示牌、健康宣传栏。在银河广场建立健康教育主题广场，设置动漫宣传栏、灯箱宣传栏、健康步道、体质指数转盘等设施。年内，全市创建健康单位3家、健康餐厅3家、健康社区3个、健康学校3所、“健康小屋”19个。

【健康教育宣传】利用“科普宣传日”“结核病防治日”“糖尿病日”“高血压病日”“碘缺乏病日”“食品安全宣传日”“全国无烟日”“三下乡”等宣传日，在古峡广场、各镇集贸市场、居民小区、农村社区等地开展宣传咨询活动。在青铜峡电视台、广播电台开办健康栏目，在各医疗单位、学校、部分机关、企业在单位醒目位置设置健康教育宣传栏，面向全市职工群众宣传普及健康知识。

（薛凤华）

爱国卫生工作

【概况】2016年，全市爱国卫生工作贯彻国务院关于进一步加强新时期爱国卫生工作意见，围绕国家卫生城市暨城镇环境卫生一体化管理工作主线，开展国家卫生城市长效管理、城乡环境卫生清洁行动、城镇环境卫生一体化管理、卫生镇村创建等群众性爱国卫生活动，改善城乡环境卫生，提高人民健康水平，提升全市人民文明卫生素质。

【“爱国卫生日”活动】开展“爱国卫生日”活动，制定《青铜峡市“爱国卫生日”活动实施方案》，把周末卫生清扫日和每月最后一周的星期五作为“爱国卫生日”，开展环境卫生集中整治。城区各单位组织职工清理公共责任区域卫生，各镇场组织镇村干部、村民清理镇村驻地街道和沿路沟渠、镇村道路和村民庄点巷道乱堆乱放杂物。全年开展“爱国卫生日”活动11次。

【爱国卫生月活动】2016年4月是全国第28个“爱国卫生活动月”，也是全市环境卫生集中整治暨“百日专项行动”启动之时。是时，各单位按照青铜峡市国家卫生城市长效管理工作目标考核内容，梳理存在问题，制定行之有效措施，整治市容市貌，清理规范摆摊设点、占道经营、店外经营、机动车和非机动车乱停乱靠等现象，整顿交通秩序，铲除越冬垃圾杂物和卫生死角，清除绿化带、草坪、绿篱间垃圾和枯枝败叶，巩固国家卫生城市“复审”成果。各镇村以拆违治乱、清理乱堆乱放为重点，清除垃圾死角、白色垃圾，清除各种视觉污染、乱贴乱画现象，清理乱堆乱放，促进爱国卫生工作常态化。

【城镇环境卫生一体化管理】在全市8个镇、2个农林场开展“以里论美，精细管理”和“干净整洁，美观有序”为主题的环境卫生一体化管理综合整治，组织人员采取入镇场、下村组、串巷道督查方式，对各镇场环境卫生一体化管理工作进行现场督查，针对发现问题逐一反馈给各镇场限期整改。叶盛镇率先示范，积极探索城镇环境卫生一体化管理工作新模式，新方法、新标准，成为参观学习城镇环境卫生一体化管理工作“示范镇”。各镇场以叶盛镇为标杆，集中人力、物力和财力，加强群众反映强烈建筑垃圾、生活垃圾以及垃圾死角和各种废弃物长期堆积无人清理问题整改，全面推行“组保洁、村收集、镇集中、市处理”卫生管理模式，力促城镇环境卫生面貌改善。年内，各镇场投资1981.9万元，参加人数16.05万人，出动车辆17215台次，清运垃圾132293吨；聘请卫生保洁员564名，收缴卫生保洁费35.06万元，清理平整地坪250.4平方米、违建房屋620处5882.7平方米，修整路基1131.6千米；配置垃圾清运车116辆，拆除乱搭乱建841处，清理残墙断壁9107米，砌护围墙249米，增设垃圾箱1271个、垃圾池613个，安装围网162445米；清理主干道194条821371米、巷道2474条216062米、果园围墙24380米，配备立方米垃圾箱1102个、摆背式垃圾箱954个、摆背式垃圾车20辆；粉刷墙体74845米、垃圾池1726个，油漆垃圾箱1352个，安装绿化围栏24655米、路灯920座，进行道路铺砂17.4千米。组织城镇环境卫生一体化管理工作督查20余次；爱卫会(国卫指挥部)办公室每月下发“通报”“督查通告书”各1期，反馈各镇场环境卫生一体化工作存在问题；市政府办每季度下发“通报”1期，对各镇场工作进展前3名分别给予5万元、4万元、2万元奖励，对年度考核前3名镇场分别给予15万元、10万元、5万元奖励。

【卫生单位创建】巩固自治区和吴忠市卫生镇村创建成果，各镇配置垃圾箱、清运处理车辆，建立卫生保洁队伍，垃圾转运中心正常使用，实现“村收集、镇集中、市处理”垃圾管理模式。年内，全市申报创建吴忠及青铜峡卫生先进单位7个。其中，北苑社区卫生服务站申报创建吴忠市卫生先进单位。申报命名青铜峡市级卫生先进单位6个。

【病媒生物防制】制订《2016年春夏季节灭蚊蝇活动安排》，采取日常消杀与专项整治相结合，对居民小区垃圾桶、草坪蚊蝇进行药物消杀；市政管理服务中心全面排查公厕设施及内外环境，集中清掏地坑撒落垃圾及渗滤液。各单位集中清理卫生死角，清除杂草、杂物等暴露垃圾，降低蚊蝇鼠蟑孳生密度。

【国家卫生城市长效管理】①大型活动卫生督查。在全市重大活动及上级领导来青调研工作前夕，加强环境卫生督查，针对发现问题及时与分管领导及专干沟通，提出整改要求，限时完成。②居民小区卫生督查。发挥“爱国卫生监督员”每天巡查和市爱卫会(国卫指挥部)办公室不定期督查作用，重点对名峡人家、英伦庄园、派生等居民小区绿化、卫生保洁工作进行督查，组织开展星河传说、金岸一品等居民小区侵占绿化带、违规种菜现象督查，责令林业部门清除种菜现象，植绿补绿。③店外经营、市容市貌联合督查。会同市场监管局、环保局、公安局、城建监察队等部门，对店外经营、流通摆摊设点情况进行督查，要求沿街路门店在规定区域“坐店经营”，清理无证经营、借店(依托他人门店)经营及烧烤门店店外经营，划定经营区域及标准，引导烧烤门店向城市东区转移，逐步解决城市西区烧烤门店店外经营摊点扰民和二次污染，影响居民正常生活和国家卫生城市形象。会同市住建局、公安局、民政局等部门，对城区路面破损和交通隔离栏损坏、街道指路牌破损现象进行督查，责成相关单位进行维修更换。④市民投诉问题办理。年内，接待市民投诉卫生情况电话、投诉信件70余件，通过会同有关单位到现场解决，联系相关单位协同解决，下发“青铜峡市国家卫生城市长效管理工作执行通知书”“青铜峡市国家卫生城市长效管理工作整改通知书”限期解决等方式，投诉案件全部得到解决。全年编发环境整治手机短信18条、印发“通报”8次、“通告书”40份、“执行任务通知书”14份、“整改通知书”20份。　　（樊　勇）

市属医院

【市人民医院】2016年，市人民医院坚持以深化公立医院改革、转换医疗工作机制、完善诊疗服务体系为重点，树立“以病人为中心”服务理念，改进医疗质量，提高业务能力和服务水平。年内，迎接“二甲”复审取得较好成绩。全年接诊门诊病人244169人次，收治入院患者13250人次，住院病人治愈率94.2%，病床使用率82.5%，患者平均住院日9天，抢救成功率90.1%，出入院诊断符合率99%，门诊平均每诊疗人次费用160元，住院平均每诊疗人次费用3755元。

医院改革。①加强重点学科和人才队伍建设。打造西部疼痛微创中心、血液透析中心、体检中心、ICU、眼科中心、耳鼻喉科中心、肿瘤中心、微创介入8大医疗中心，依托北京同仁医院、北京肿瘤医院、阜外医院、316医院、郑医大一附院、闽宁对口帮扶和自治区医疗集团有利条件，采取“送出去、请进来”办法，加强医护人员培养，借助外力，走联合办院之路。其中，眼科中心运行一年来，为1500名患者实施各种手术，让他们重见光明。同仁医院为市人民医院配备价值1700万元设备，在耳鼻喉科打造变态反应、睡眠医学、助听器验配诊治平台，开展耳鼻喉疑难杂症诊治。②落实医疗服务项目价格。严格执行《关于县级公立医院医疗服务价格调整的意见》（暂行）规定，全面调整医疗收费价格。③深化人事分配制度改革。在稳定现有人员编制基础上，逐步实行编制备案制，建立动态调整机制，实行分类设岗、自主确定岗位，合理设置管理岗位、专业技术岗位和工勤技能岗位，其中专业技术岗位以医、药、护、技等岗位为主体，比例不低于单位岗位总量75%。④深化用人机制改革。在院内全面推行聘用制度，坚持竞聘上岗、按岗聘用、合同管理，签订聘用合同确立人事关系，通过规范医院聘用合同订立、变更、续订、终止、解聘、辞聘等重点环节，建立以合同管理为基础的能进能出、能上能下灵活用人新机制。⑤深化绩效考核管理。完善分配激励机制合理确定医务人员薪酬，建立以公益性服务和运行效率为核心的双重考核绩效考核体系。年内，聘请深圳一家专业设计公司，重新为医院设计修订绩效分配方案，突出质量安全、运行绩效、服务能力和社会满意度等考核指标，通过健全以服务质量、数量和患者满意度为核心的内部分配机制，做到多劳多得、优绩优酬、同工同酬。⑥提高医院管理信息化水平。加强区域医疗卫生信息平台建设，打造以电子病历和医院管理为重点的医院信息系统，盘活医疗健康档案，逐步实现远程会诊、远程教育等功能。完善“先诊疗、后结算”就医“一卡通”服务模式，提高医院精细化管理水平。⑦整合医疗卫生资源。将二医院现有编制人员、资产合并到市医院。加强对北苑医院、青镇分院管理，提高青镇分院技术水平，满足青镇周边地区基本医疗服务。⑧推行合理分级诊疗模式。发挥“青铜峡市人民医院医疗集团”主体主导作用，建立基层首诊、双向转诊、急慢分治、上下联动就医秩序，为转诊患者提供优先就诊、优先检查、优先住院等便利。⑨市人民医院被列入全国首期100家乡村医生培训中心。7月20日，“建乡医之家，圆执业之梦”——中国乡村医生培训工程启动会暨首期培训会在市人民医院召开，国家卫计委领导以及来自全国20个省卫计委负责人、培训中心代表和乡村医生代表共300人参加会议。⑩加快网络建设。推行"卫生云平台"工作，完成全院临床医生实施临床路径网络系统，与北京301医院开通远程会诊系统。开通手机预约挂号。

医疗质量。①加强临床路径管理，扩大病种范围。规范医疗行为，减少不合理检查、不合理用药，降低医疗费用，全院纳入临床路径病种有10个专业45种。②加强控费管理。重新调整医院各科室药品比例，成立质控小组，每周对科室医疗质量、住院标准、合理检查、合理用药等情况进行检查，全院药占比31.9%，符合二级医院低于50%要求。③加强人才队伍培养。年内，举办院内业务讲座25次，其中请外院相关专业专家来院讲课23次、院内专家讲课2次。派出8名专业人员到宁夏医科大总院和自治区人民医院进修学习。派出人员参加区内各种短期培训班13次。加强"三基"培训，每季度组织"三基"知识考试，参考医生342人次。④加强人才梯队建设。对60余名试用期满医护人员进行考核，按比例择优签订中长期聘用协议；新聘3名大学生，充实医疗队伍，逐步解决人才断层问题。⑤加强门诊工作。聘请北京316医院著名医学专家顾柯、闫宇邱不定期来院坐诊、手术，聘请宁夏医科大附属医院6名专家每周到医院坐诊。⑥加强急诊绿色通道管理，及时救治急危重症患者。落实首诊负责制，建立120联动协调制度，与社区卫生服务机构、乡镇卫生院、各大厂矿建立急诊、急救转诊服务机制，确保120急救中心绿色通道畅通，急危病人抢救工作及时、准确、有效。⑦开辟全新治疗渠道。3月，成立集手足、疼痛、微创、骨科为一体综合性科室——外五科，应用国内最新微创新技术治疗脊椎、关节等疾病。5月，腹腔镜中心外一科主任陈林金带领医疗团队，首次采用腹腔镜经腹腔无张力修补成人腹股沟疝手术取得成功。⑧加强妇产科管理。落实新出生医学证明首次签发证书及领取授权协议书签订。截止10月10日，接诊孕产妇1742人，活产儿总数1747人，上报孕产妇及出生信息1742人次。办理出生证1727人次，其中换证20个，换证率1.2%；废证12本，废证率0.69%。做好住院分娩24H乙肝、卡介苗接种及新生儿疾病筛查工作，新生儿疾病筛查率达98%、听力筛查率90%以上，乙肝免疫球蛋白接种人数67人，梅毒1人，0~7岁儿童健康体检1310人。⑨传染病网络报告。年内，报告乙、丙类病例457例，无迟报漏报现象。其中，手足口103例、结核75例、梅毒41例、水痘59例、流腮32例。肿瘤卡上报221例，死亡卡网报166例，食源性疾病网报123例，糖尿病上报720人。农药中毒卡40例，新生儿第一针接种1647人，接种率为100%。9月30日，通过国家预防接种规范化管理检查。⑩纠纷调解和责任保险。开展医疗纠纷调解和医疗责任保险工作，保障医患双方合法权益，化解医疗纠纷，构建和谐医患关系。年内，接到投诉8起，调解结案4起、赔偿79500元，正在处理医疗纠纷4起，为全院650名医务人员投保江泰医疗保险60.8406万元。

护理管理。改善护理服务，提升护理工作满意度和健康知识掌握程度，累计走访患者及家属800余人次，发放护理满意度和健康知识掌握程度调查表517份，健康知识掌握率90%，护理工作满意率96.2%。开展护理培训，全年举办护理人员学术讲座30期，参加培训3000余人次。58人次赴外参加短期学习培训班；接收护理实习生115人、护理见习生39人。37名护理人员到瞿靖、邵岗卫生院开展对口支援工作。

落实国家基本药物和药品"三统一"政策。取消药品加成，执行药品"零差率"。加强抗菌药物临床应用管理，每季度召开药事委员会会议。年内，点评门诊处方86004张，处方合格率99.24%；点评住院病历10916份，药品配送率72.44%，门诊抗菌药物使用率15.9%，住院抗菌药物使用率47.54%，Ⅰ类切口使用率21.2%送检率59.52%，急诊抗菌药物使用率9.3%，基本药物使用率36.81%。

感染防控。加强医院感染病历监测，监测出院内感染病例214例，感染率1.6%、漏报率14.5%，清洁手术切口甲级愈合率99.2%、感染率0.8%。开展现患率调查，应查412人，实查411人，实查率99.8%，发现院内感染病人5例，医院感染现患率为1.2%，对各科室医院感染病历漏报、迟报、错报等情况进行通报和处罚。加强"多重耐药菌"监测及预防控制，防止"多重耐药菌"在医院传播，保障广大患者和医务人员安全。开展环境卫生、医务人员、消毒液等监测，对供应室手术器械清洗、无菌物品消毒、灭菌效果不定期进行督导检查，发现问题及时整改。加强外来手术器械管理、规范医务人员职业暴露防护处置流程及医疗废弃物管理。全年举办院感知识讲座4次。

医保管理。贯彻执行农村孕产妇"七免一救助"政策及城乡医疗救助工作，实行城乡医保住院、出院结算一站式服务，严格掌控住院标准，每月开展控费工作检查督导，控制门急诊住院患者检查费用，减轻患者负担。加强住院病人管理，控制住院天数，降低人均费用。严格使用国家规定报销目录内药品，控制医药费用不合理增长。严格逐级转院管理制度、医保病人转诊转院审核制度。全年收治城乡居民病人12805人次，人均费用3941元，报销比72%。职工医保2611人次，人均费用4273元。医疗救助2556人，金额1816383元。转院2187人。

（曹红梅）

【市中医医院】2016年，全院医疗收入3885万元；门急诊量157042人次、人均费用139.38元；体检3938人次，收入51万元；收治入院病人数4989人次，出院病人数4985次，住院人均费用3208元，治愈好转率99%，平均住院天数9天，床位使用率78%。

医疗质量管理。①强化质量安全责任意识。成立医疗质量管理委员会、科室医疗质量管理小组、院内感染管理委员会等组织，健全和完善首诊医师负责制、病历书写、疑难病例讨论、危重病人抢救、死亡病例讨论、医疗差错事故报告等医疗制度，落实医院人员岗位责任制，定期、不定期开展医疗质量管理检查与监督，每月组织医疗质量考核小组对全院医疗安全进行检查。② 加强人才队伍建设。组织理论知识、基本技能学习，每季度进行一次“三基”考试。开展病历书写和技术操作规范化培训，加强临床医护人员急诊急救知识和技术培训。年内，238人次参加各类短期业务培训，选派4名医护人员赴广东中医医院进行康复医学知识培训。③开展老中医药专家师承工作。经自治区中医管理局批准，在医院建设老中医传承工作室。确定6名医师开展中医医术传承教育，选派2名医师作为第一批宁夏基层中医优才研修项目学员到区内外三甲医院学习。④开展处方点评，加强抗菌药物临床应用管理和药械不良反应监测上报工作。医院对不同管理级别抗菌药物处方权限进行限定，规范抗菌药物使用。定期评审门诊及住院处方，对临床所用抗菌药物进行排名，监测各科室抗菌药物使用情况，强化药械不良反应上报工作，促进临床合理用药，保障患者用药安全。⑤狠抓医疗文书质量。规范病历书写，加强病历检查，及时归档病历。⑥抓好网络视频培训。坚持每周星期二集中对各社区卫生服务站、镇卫生院、村卫生室工作人员进行网络视频培训。全年培训42次、800人次。

中医护理。①加强中医护理知识及健康教育培训。修订各项护理质量控制标准，落实中医护理常规，开展专科专病护理，实施具有中医特色健康指导。加强护士中医“三基”培训，组织护理骨干参加中医质控管理培训班，强化西医毕业护士中医基础知识、技能培训和中医文化学习。②拓展医院中医护理服务项目。年内，在推行艾灸、中药熏洗、耳穴压豆、汤瓶八诊、拔罐、磁热疗法、中药灌肠、穴位注射等中医护理基础上，重点推行“引阳入阴失眠推拿、五音疗法”中医护理技术，中医护理技术收入140万元。③开展优质护理服务示范工程活动。发挥中医药特色优势，在各病区推广颈椎操、降压操、失眠调理操、提肛操等中医养生保健操，采取集中学习与个案健康教育形式，确保每一位患者掌握一套保健操。按照中医护理方案指导，在病房、中医综合治疗室播放音乐，开展“五音疗法”，舒缓患者情绪，促进患者康复。

医改政策落实。落实基本药物制度，采取一减一调一补，消除以往医药费用过高现象，医院于1月1日对医疗服务价格进行调整，降低大型设备检查、检验项目价格，合理提高医疗诊查、护理、床位、手术费及中医服务等价格。推行便民惠民措施，出台“无假日医院”、优化诊疗流程、缩短就医等候时间、医保城居患者即时即报、优质护理服务、控制医药费等举措，方便患者来院就诊。住院平均费用为川区县市最低。

信息化建设。加强医院信息化建设，对护士工作站、药房系统、收费系统进行扩容升级，完成医生工作站、病案管理系统、医技工作站系统等软硬件设备采购，11月底完成医院信息化管理系统升级改造。

对口帮扶。与叶盛卫生院、小坝卫生院、紫薇社区服务站签订帮扶协议，安排专业技术人员开展下乡义诊和举办中医科普讲座，推广开展中医适宜技术，接受乡村中医药工作人员来院进修培训。年内，先后选派16名医护人员到大坝卫生院、叶盛卫生院、陈袁滩卫生院举办义诊讲座。

基础设施建设。增加医疗设施，提高医疗质量。4月，新购十六排螺旋CT投入临床使用，结束医院无大型医疗设备历史。同时，购置医用分子筛制氧设备，改造中心供氧室，为医院和辖区卫生医疗机构提供医用氧气。加强医院中医药服务功能，将门诊二楼装修建成中医馆。

（施学平）

QINGTONGXIA
YEARBOOK

社会事务管理

编辑◎王雪霞　马　婷

人力资源和社会保障

【城乡居民就业】2016年，全市城镇新增就业5276人，城镇失业人员再就业1612人，开发公益性岗位安置就业困难群体163人，城镇登记失业率为3.97%，转移农村劳动力就业39715人，实现工资性收入44782万元。完成城乡劳动力职业技能培训963人，其中，就业技能培训12期605人，电子商务培训7期205人，清真产业培训1期50人，精准扶贫技能培训2期103人；企业岗位技能提升培训8期409人，创业能力培训(SIYB)12期355人，创业意识培训400人。发放支持创业小额担保贷款6943.8万元，新培养小老板375个，培育小企业185家，创造新岗位1060个，全民创业带动就业2513人，就业形势总体稳定。

【社会保险】①医疗保险。2016年，全市职工基本医疗保险参保40079人，完成年度目标任务40000人的100%；城乡居民参保216982人，完成目标任务214700的101.6%;工伤保险参保32844人，完成年度目标任务30500人的107.6%;生育保险参保30598人，完成年度目标任务29000的105.5%。②医疗基金收支。全年职工基本医疗保险总收入9030万元，支出7088万元。其中，城乡居民基本医疗保险总收入10561万元，支出8396万元；职工工伤保险总收入819万元，支出740万元；职工生育保险预算收入算职工生育保险收入255万元，支出238万元。③企业职工基本养老保险。全市应发企业离退休人员基本养老金4474万元，实发4474万元，支付率100%。全市基本养老保险参保51780人(其中，参保职工人数37408人)，完成全年目标任务51962人的99.6%(其中，参保职工完成全年目标任务的99.5%)，新增扩面831人。④城乡居民基本养老保险。截至9月底，全市城乡居民基本养老保险参保9.7万人(其中，60周岁以上领取待遇人员2.61万人)，完成目标任务的100%。⑤失业保险。全市养老保险、失业保险实行同登记、同基数、同申报、同缴费。截至9月底，失业保险参保31360人，完成全年目标任务34500人的90%，新增扩面605人。⑥机关事业单位养老保险。截至9月底，机关事业单位参保人数达到9863人，完成年度目标任务10929人的90.2%；其中，在职职工人数达到6498人,完成年度目标任务7396人的87.8%，机关事业单位养老保险征缴工作暂没有正常开展。

【公务员考核、培训】①2015年度政府部门公务员考核。对政府部门43个行政单位960名公务员(含参公人员)进行年度考核，全市评选出优秀公务员154名，其中嘉奖127名、记三等功27名，并报请市委、政府进行表彰奖励。②机关工作人员职务职级并行审核。为全市符合职务晋升条件469人办理手续。③公务员培训。全市1176名科级及以下公务员参加全区干部网络教育培训，选派10名优秀公务员参加各类外出培训学习。④公务员平时考核。抽调专人组成考核组,采取每季度深入各部门、单位实地走访调查和调阅相关单位公务员平时考核资料等方式,侧重核实“重点人群”到岗上班情况,加强全市公务员(含参公人员)平时考核工作监督检查,杜绝占编制、不上班、领工资“吃空饷”现象发生。

【事业单位人事管理】①专业技术人员职称评审。对全市各部门、单位上报的专业技术人员高、中级职称评审材料进行初审,审核上报参评高级职称157人、中级职称346人,审核初级职称评审材料52份。②工勤技能人员岗位晋级和岗位聘用。对全市机关事业单位工勤技能人员岗位晋级和聘用工作进行资格初审,审核上报工勤技能人员晋升资料97份。③专业技术人员职务聘任、工勤技能人员岗位晋升认定。按照事业单位专业技术人员岗位核定空岗职数,为事业单位专业技术人员办理聘任认定手续。④人才工作。面向全市选拔37名农村实用人才,分四批先后选派到宁夏农业学校、孙家滩培训基地、浙江省和陕西杨凌参加农村实用技术学习培训;推荐上报自治区“塞上英才”人选6人、青年拔尖人才人选6人。⑤事业单位工作人员公开招聘。全市事业单位招录32人,正在进行聘用前网上公示。

【工资福利审核审批】①全市机关事业单位年度考核正常晋升薪档工资审批。录入2015年度考核结果6924人,审批136个机关事业单位工作人员正常晋升薪档工资6843人,月增资48万余元。②全市事业单位2016年度奖励性绩效工资审批。审批98个事业单位2015年度奖励性绩效工资4465万元,涉及职工5396人。③日常工资变动审批。办理日常各类工资变动审批1614人(件)。其中,办理新招录(聘)人员工资信息采集、工资审批2人;办理工作调动工资转移手续29人,岗位聘任手续1500人,等级晋升手续7人,丧葬抚恤手续51人,遗属生活困难补助手续10人,特岗津贴手续15人。④完成全市在职人员工资标准及艰边津贴调整。⑤兑现2016年全市符合条件34名公务员职务职级并行工资。

【工伤认定】①工伤案件立案、调查、认定。全年受理工伤认定申请195件。其中认定172件,不予受理5件,不予认定5件,正在调查4件,中止认定5件。②因工伤残等级评定和劳动能力鉴定审核、上报、送达。年内,受理、上报申报劳动能力鉴定20件、因工伤残等级评定53件。

【行政审批】做好申请特殊工种提前退休审查上报工作。截至年底,收到申请特殊工种提前退休107人,经研究同意上报61人,吴忠市人社局审批通过26人。

【劳动保障执法监察】开展清理整顿人力资源市场秩序专项行动,检查人力资源中介机构15家、用人单位34家,查处违法案件16件,退赔劳动者相关费用12万元,规范劳动合同247份。开展劳务派遣机构专项检查,检查劳务派遣机构17家,吊销经营资质3家,限期整改6家。会同市住建局开展建筑领域用工专项整治,查处拖欠农民工(含企业职工)工资支付、未签订劳动合同及未及时缴纳各项社会保险等违规行为,检查各类企业37家,下发整改通知书6份,收取28家企业农民工工资保证金274万元。会同市国土局对全市13家制砖企业相关问题进行专项检查,收缴制砖企业农民工工资保证金202万元,保障劳动者合法权益。建立企业职工工资集体协商工作督导制度,协调市总工会等部门组成督导组,采取分包负责、定点联系等形式,定期不定期深入全市8个镇和252家规模以上企业督促指导,对全市企业职工工资集体协商工作做到底数清、情况明。开展劳动人事争议案件调处工作。全年受理拖欠企业农民工工资举报投诉案件124件,办结119件,结案率为95.9%,清理拖欠工资1391.6万元,涉及农民工3228人,限期责令改正违反劳动法律法规行为77件,以涉嫌拒不支付劳动报酬罪案件移送公安机关3件。受理各类劳动争议案件78件,做出不予受理28件,立案调处或裁决70件。其中,裁决17件,调解53件,待结案8件。

【重点改革任务落实】①机关事业单位养老保险制度改革。6月,将全市机关事业单位退休人员养老金发放工作由财政移交至社保,实行社会化发放。全市105个单位2602名机关事业单位退休人员养老金全部移交社保发放。②“五险合一”经办体制改革。根据自治区人民政府关于印发《宁夏回族自治区社会保险“五险合一”经办体制改革方案》通知(宁政发〔2015〕56号)精神,草拟《青铜峡市社会保险“五险合一”经办体制改革实施方案(送审稿)》,经市人民政府常务会议、市编委会议研究审定。年内,市社保局和医保中心分别对

1997年以来固定资产进行清查盘点，对各单位所有固定资产进行分门别类统计。③落实被征地农民参加养老保险。经镇、村两级初审，市直相关部门审核，全市符合参保条件被征地农民3026人，已参加职工养老保险331人，审核不符合266人，500人资格正在按程序审核。累计为1320人缴纳养老保险费，占应参保人数32%。④人力资源市场整合改革。将青铜峡市劳动就业服务局更名为青铜峡市就业创业和人才服务局，并在青铜峡市就业创业和人才服务局挂青铜峡市人力资源服务中心牌子。由市人力资源服务中心承担公共就业创业和人才服务职能职责，成为全市综合性人力资源服务场所。同时，在全市8镇、1个街道和各城镇社区建立以民生服务中心为主的劳动就业和社会保障公共服务平台。⑤社保卡综合运用。截止6月底，全市累计发放社会保障卡257642张，人群持卡率99.6%。职工医保功能激活使用33376张，占发卡使用率的98%；城乡居民医保功能激活使用220940张，占发卡使用率90%；医保卡就医结算使用率达到96%；金融功能激活使用154648张，占发卡使用率的60%。就医服务、住院登记、特殊医疗待遇申请等项目在各协议医疗机构医保刷卡结算系统可实现即时结算。⑥落实乡镇工作人员乡镇工作补贴政策。年内，为全市乡镇（不含街道）机关和事业单位正式工作人员（含各类机关事业单位派驻乡镇），符合享受乡镇工作补贴条件2246人兑现补贴资金1072.738万元。

（袁东宏）

民政

【概况】2016年，全市拥有敬老院2所，床位264张，五保供养人数114人。城镇享受最低生活保障人数为3709人，发放最低生活保障金1781万元。农村享受最低生活保障人数为9754人，发放最低生活保障金2671.6万元。

【老年活动中心建设】按照全区"统一规划、统一标准、统一外观、统一名称、统一标识"要求进行建设，敬老院设计床位130张，总投资1457万元；老年活动中心设计床位120张，总投资1376万元，中央投资1260万元。2个项目均于3月开工建设，11月底完工。

【城镇日间照料中心项目建设】按照自治区发改委项目批复，2015—2016年度，全市新建、改建城市社区日间照料中心9个，项目总建筑面积8617平方米，总投资1780万元，其中中央投资1143万元、市财政配套637万元。2015年10月，青铜峡镇峡西、艾山和峡口镇团结新村3个社区日间照料中心项目开工建设，裕民街道南苑、紫薇、惠源3个社区日间照料中心于2016年4月开工建设，韵欣苑、利民、电厂3个社区日间照料中心项目因实施条件发生变化报请自治区发改委进行调整批复后，完成规划、环评、项目预算、立项等手续，随后开工建设。截至年底，9个城镇社区日间照料中心都已完工投入使用。

【精准救助】①确定兜底人数。协调市扶贫办及相关镇场，对全市精准扶贫涉及到的青铜峡镇、邵岗镇6个移民村逐户进行摸底，按照三年扶贫攻坚计划，确定政府政策兜底人数6727人，其中最低生活保障对象1771人。②低保兜底脱贫。结合各包扶单位反馈意见和家庭调查情况，组织有关镇村及时受理符合保障条件人员低保申请，将其纳入低保保障范围，长期公示，做到对象准确、应保尽保。③农村扶贫标准与农村低保标准"两线合一"。对青铜峡镇同进村、同兴村，邵岗镇同富村、大沟村、甘城子村、玉西村精准扶贫对象进行调查，核实466户541人低保对象具体情况。按照"城市低保标准由每人每月380元提高到440元，农村低保标准由每人每年2400元提高到3150元"政策调整要求，缩小城乡之间低保标准差距，基本实现农村低保标准与扶贫标准"两线合一"。④精准管理低保对象。定期对低保家庭经济收入、财产状况等情况进行核查，实行动态管理，做到保障对象有进有出，补差水平有升有降，提高低保资金使用效率。全市农村低保对象8955户9923人，人均补差158.4元。城市低保对象2062户3710人，人均补差281.8元，保障覆盖面5.1%。全市临时救助困难群众968人次，发放救助金55.15万元。排查复核农村“五保”供养对象和农村留守儿童基本情况，6月完成统计上报工作。抓好城乡低保对象及社会救助家庭经济状况核查工作，重点核查申请人车辆、社会保险、房产、公积金以及个体经营情况等，提升低保申请人和社会救助对象认定准确率，减少和遏制“错保”现象。年内，核查1.1万人次，1517人退出低保。

【基层政权和社区建设】①完善村民代表会议制度。明确村民代表会议权利义务、职责任务和运行程序，加强镇村干部培训，培训村“两委”成员、村民代表、村监会成员179场次，参训人数3897人，提升镇村干部、村民代表和村监会成员及村民代表履职能力。②增加经费投入。自2016年起，市财政每年安排150万元作为全市21个社区运转经费，高于全区川区县每个社区7万元规定标准。提高社区工作者待遇，全市116名社区工作者扣除“五险一金”后，平均月工资达到2176元。③城乡社区服务管理。制发《青铜峡市市直部门进入社区服务事项清单》《青铜峡市街道（镇）民生服务中心便民服务事项清单》，按照社区党务、居务、政务相对分离原则，将社区承担各项政府职能和公共事务管理从社区剥离出来，全部“上交”街道（镇）。同时，清理规范市上下达的社区各类创评活动，取消、合并创评活动15项，只保留“五星级社区”创建1项。

【养老服务体系建设】①建立居家养老服务补贴制度。通过政府购买服务，为城镇“三无”、独居、空巢、高龄、困难老年人提供每人每月80元补贴，全年发放补贴75万元，服务老年人1.9万人次。②建立失能失智老年人护理补贴制度。对符合条件城乡低收入家庭中失能、失智老年人给予每人每月100～150元护理补贴。已享受残疾人护理津贴老年人，实行差额补贴。③建立为老年人购买意外伤害保险制度。年内，为全市7200余名低保、五保、“三无”和重点优抚老人每人购买一份老年人意外伤害保险。④农村老饭桌建设。在村集体经济较好、老年人相对集中和留守、空巢、独居老人就餐服务需求较多的陈袁滩镇袁滩村、峡口镇谭桥村、小坝镇南庄村、大坝镇蒋南村，整合利用村级现有资源及设施条件，改建农村老饭桌4个，为100余名失能、独居困难老年人提供用餐服务。

【双拥优抚】①开展“双拥在基层”活动。春节期间，协调市四套班子领导走访慰问驻青部队、优抚对象和武警拉练部队，组织民间艺术团、居民代表带着慰问品和文艺节目到部队慰问。宁夏金昱元化工集团有限公司投资800余万元，利用自备电厂余热为68216部队、68242部队供暖。华能大坝发电有限公司投资20万元，为68262部队维修暖气管道。4月11日，青铜峡库区湿地自然保护区发生火灾，68262部队调集官兵赶赴库区连夜救火。2016年7月，青铜峡市第七次荣获“全国双拥模范城”荣誉称号。②巩固深化军（警）寺共建活动成果。以军（警）寺共建活动为契机，各部队分别根据实际情况，为清真寺送桌椅、书柜、电脑、图书等，向信教群众普及科普知识。同时，邀请宗教人士走进军营讲解少数民族风俗习惯。驻青5支部队与辖区22个清真寺建立军寺共建协作关系。③优抚安置政策落实。全年发放优抚金413.4万元、门诊补助及医疗救助金28.6万元，为211名义务兵发放优待金175.5万元。对70名退役士兵进行驾驶、电脑等GYB创业能力培训，组织640名优抚对象进行健康体检。

【慈善公益活动】年内，实施“希望工程圆梦行动——黄河银行助学基金助学活动”等项目6个，资助往届、应届大学生193人，项目资金合计63.2万元。开展“为老服务”志愿服务活动，为志愿者购买意外伤害保险，鼓励更多群众投身志愿服务活动。全市新注册“为老服务志愿者”193名，现有青年志愿服务组织、巾帼志愿服务组织、为老服务志愿组织176个，注册志愿者28522人，占全市总人口10%。建成慈善超市13家，其中药品慈善超市两家。

（沈 涛　武宏斌）

劳动就业

【概况】2016年，全市城镇新增就业5276人，城镇失业人员再就业1692人，开发公益性岗位安置就业困难群体163人，城镇登记失业率为3.97%；转移农村劳动力就业39715人，实现工资性收入44782万元。完成城乡劳动力职业技能培训963人。其中，就业技能培训12期605人、电子商务培训7期205人、清真产业培训1期50人、精准扶贫技能培训2期103人。实施企业岗位技能提升培训8期409人、创业能力培训（SIYB）12期355人、创业意识培训400人。发放支持创业小额担保贷款6943.8万元，新培养小老板375个，培育小企业185家，创造新岗位1060个，全民创业带动就业2513人，就业形势总体稳定。

【就业服务】①就业常态化服务。利用就业宣传栏、QQ就业服务群、手机短信平台、宁夏人才与人力资源公共招聘网、古峡生活导报等宣传载体，多渠道、宽领域宣传就业信息和创业政策，实行求职登记、职业指导、推荐就业"一条龙"式就业服务。年内，发布招聘信息4200条，接待专业人才求职登记3863人，为150家用工企业办理招聘登记，提供就业岗位9150个，办理《就业创业证》1181本，托管下岗失业人员和高校毕业生档案1185份。②就业形势专题调研。深入全市11家经营困难规上企业和5家劳动密集型重点企业，调查了解企业生产经营状况和职工生活情况，撰写调研报告，客观准确分析报告全市就业状况，为上级部门制定政策提供依据。③就业专项服务。发挥人力资源服务在用工单位和求职者之间的桥梁纽带作用，深入开展"就业援助月""民营企业招聘周"等就业专项服务活动，举办宁夏（青铜峡）春风行动暨人力资源招聘洽谈会启动仪式，搭建就业平台。年内，推荐城镇新增就业5276人，转移农村劳动力就业39715人，实现工资性收入4.47亿元。

【困难群体帮扶】①高校毕业生就业创业。做好离校未就业高校毕业生实名制登记管理和档案转交工作，大力宣传促进高校毕业生就业优惠政策，落实企业吸纳高校毕业生就业社会保险补贴政策和自主创业贴息贷款政策。全年实名制登记离校未就业高校毕业生244人，推荐就业226人，就业率达到92.6%；托管高校毕业生学籍档案1080份；为10名自主创业大学生发放支持创业贷款81万元。②农村劳动力转移就业。培育壮大劳务经纪人队伍，推行"技能培训+劳务派遣"运作模式，组织农村劳动力有序转移就业。分解下达农村劳动力转移就业指标任务，将目标任务列入全市效能考核体系，确保农村劳动力转移就业任务如期完成。年内，举办全市农村劳务经纪人培训班，为73名参训考试合格劳务经纪人颁发结业证书；召开城乡劳动力转移就业工作座谈会，对在2015年城乡劳动力转移就业工作中成绩突出4家劳务派遣公司和4名优秀劳务经纪人进行表彰奖励。③创建充分就业社区。建立就业困难群体帮扶长效机制，组织开展充分就业社区创建工作。对全市城镇社区新登记零就业的36户家庭，通过公益性岗位安置和推荐就业，帮助42名家庭成员实现稳定就业，做到零就业家庭出现一户消除一户，动态清零率100%。

【落实就业政策】开发公益性岗位，举办公岗安置专场招聘会，重点帮扶韵欣园社区失地农民和城镇就业困难人员就业。加强公益性岗位安置人员监督管理，通过查看考勤记录、电话暗访、实地查岗等形式，对公益性岗位从业人员上岗情况进行检查。同时，做好公岗安置人员政策到期清退工作。年内，安置"4050"人员、复转军人、失地农民和高校毕业生等就业困难群体294人就业，核拨公益性岗位补贴303.9万元、社保补贴145.8万元。做好"4050"人员社会保险补贴政策宣传、申报和审核工作，印发致灵活就业"4050"人员申报登记社会保险补贴公开信，分发到各社区张贴，宣传社保补贴新政策。组织社区工作人员按照政策规定，对1093名新增灵活就业"4050"人员进行审核，做到符合条件“应补尽补”，促进就业困难群体自谋职业、自主创业、灵活就业。

【全民创业】①抓宣传引导。利用广播电视、微信公共平台、信息标语、发资料等形式，下农村、进机关、入社区、到厂矿，开展全民创业各项政策宣传，印发各类宣传材料1万余份。②抓基地带动。利用现有资源，对原北苑酒店3～5层2700平方米场地进行改建，建成青铜峡市“塞上e家电子商务孵化园”，并采取“创新与创业、线上与线下、孵化与投资”相结合模式，引进第三方运营，为科研人员、大学生、草根等创业人员（团队），特别是本地电子商务中小企业搭建低成本、便利化、全要素的开放式综合服务平台。年内，孵化园入驻商户50家。“塞上e家电子商务孵化园”“成泰农机创业园”申报创建自治区级创业孵化示范园。③抓典型示范。通过挖掘、宣传、培育创业带头人，开展自治区“创业征文”参评活动，选树滕云、茂国军、潘兴等民营企业家典型，在宁夏电视台公共频道、中国劳动保障报、吴忠日报集中宣传“塞上e家”网创园和滕云经验做法和典型事迹，以点带面，全面发展。④抓网络创业。开展电子商务培训，举办电子商务初级培训班7期205人参训。推荐8名创业者参加第二届“中国创翼”青年创业大赛。⑤抓资金支持。加大小额贷款扶持力度，通过创新融资服务，降低贷款门槛，为创业者提供有效资金支持。年内，为787户创业者及小微企业发放创业贷款6943.8万元，带动就业1646人，办理贴息541笔336.43万元。

【就业创业培训】①精选培训机构。确定吴忠市大力职业技能培训学校等6所教学设备齐全、师资力量雄厚、教学规范、社会影响力较好培训机构，全方位、多专业开展技能培训。②加强技能培训。紧盯市场需求，突出就业技能培训针对性和实效性，先后开设电焊工、钢筋工、果树工、装载机驾驶、挖掘机驾驶、木工、维修电工等培训班。③改变培训方式。在邵岗镇推行“技能培训+劳务输出”运作模式，将劳动力技能培训与市场对接，变“游击”式输出为“公司”化派遣，将培训课堂搬到“田间地头”，采取边授课、边实操方式进行技能培训，提高劳动者从业技能，增加劳务收入。④开展援企稳岗培训。根据企业用工需求，适时开展岗位技能提升培训，为宁夏金昱元化工集团有限公司培训电工100人。

【落实失业保险政策】及时核发失业保险待遇，保障失业人员基本生活。年内，先后为7932人次发放失业保险金742.56万元，为7833人次缴纳医疗保险费244.87万元。开展援企稳岗工作，稳定就业岗位防失业。先后3次深入全市关停并转企业详细了解下岗失业人员基本情况，通过政策宣传、企业申报、严格审核，经市人民政府常务会议批准等环节，为56家符合条件企业划拨2015年度失业保险补贴资金906.91万元，涉及困难企业职工13971人。

【高校毕业生“三支一扶”及事业单位实习生管理】做好114名“三支一扶”大学生及34名事业单位实习生监管、考核，建立个人考勤及工作实绩档案。采取不定期电话回访和到服务单位查岗方式确定人员在岗情况，及时统计退岗人员，避免吃空饷情况发生。

（徐晓梅）

社会保险事务管理

【概况】2016年12月8日，经吴忠市机构编制委员会批准，重新成立青铜峡市社会保险事业管理局。核定该局事业编制52名（全额预算事业编制33名、自收自支事业编制19名），局长（副科级）1名、副局长3名。2016年，全市参加企业职工基本养老保险人数（含其他人员，即以个体身份参保人员）59128人。比2015年增加850人，增长2.0%。其中，参保职工43614人，离退休人员14726人，分别比2015年增加4298人和850人，增长10.0%和6.13%。企业养老保险负担系数为0.441。企业退休人员月人均基本养老金2251元，比2015年人增加83元，增长3.8%。参加城乡居民养老保险人数近97500人。参加失业保险人数37579人。

【职工基本养老保险】①离退休人员养老金发放。2016年，全市应发企业离退休人员基本养老金4474万元，实发4474万元，支付率及社会化发放率均达100%。②企业职工基本养老保险。全市基本养老保险参保59128人，完成全年目标任务51962人113%。其中职工参保人数43614人，完成全年目标任务36457人的119%.新增扩面831人。

【城乡居民基本养老保险】全市城乡居民基本养老保险参保9.7万人，其中，60周岁以上领取待遇人员2.65万人，完成年度目标任务的100%。

【失业保险】全市养老保险、失业保险实行同登记、同基数、同申报、同缴费。失业保险参保37579人，完成全年目标任务34500人的109%。

【机关事业单位养老保险】机关事业单位参保人数9863人，完成年度目标任务10929人的90.2%。其中，在职职工人数6498人,完成年度目标任务7396人的87.8%。机关事业单位养老保险征缴工作暂没有正常开展。

【基金征缴】落实全民参保登记计划，自2014年10月开始，协调自治区社保局比对公安厅户籍登记人员信息，核实青铜峡市应登记未登记人员17000人，截至2016年9月，全市应登记未登记人员全部录入系统，完成目标任务的100%。全市计征缴职工养老保险费(含清欠1028万元)16698万元。

【制度体系建设】①机关事业单位养老保险制度改革和“五险合一”经办体制改革。设立机关事业单位养老保险经办窗口，准确采集机关事业单位工作人员信息，并在宁夏银行开设机关事业单位养老保险基金专户。6月，将全市机关事业单位退休人员养老金发放工作由市财政移交至社保局，统一实行社会化发放。全市105个单位、2602名机关事业单位退休人员、969.64万元养老金全部发放到位。草拟《青铜峡市社会保险“五险合一”实施方案》，上报市委、政府审核通过。②数据清理比对。参加自治区“五险合一”信息清理培训班，成立信息清理工作领导小组，每周进行工作督查。督促各机关事业单位与市医保中心比对信息，查出代码相同名称不同单位218家，有医保信息错误单位44家，组织机构重复单位9家；身份证号相同姓名不同人员766人，长期中断缴费人员173人，并对组织机构重复单位和身份证号相同人员信息进行处理。核实3942人户籍信息。③档案管理。加强养老保险档案工作规范化、制度化、科学化、电子化管理，严格落实档案库房“九防”要求，健全档案管理机制，完善档案管理流程，做到责任到位、管理规范，提高养老保险档案完整性和查阅效率，实现当月产生、当月归档、次月查阅利用。档案室存放自1987年以来业务、会计、退休人员、文书等各类档案共10677卷。年内，对2016年1～12月106卷、8624件业务档案分类进行整理，及时归档上架。④固定资产清查。开展1997年以来固定资产清查盘点工作。分门别类统计单位资产使用人及会议室、库房等公共用房固定资产，辨别核实产品型号及生产日期。对比固定资产与资产系统导出数据。粘贴固定资产条码，做到在用与闲置资产一物一码，条码内容包含资产编号、取得年份、所在科室及使用人。确定报废固定资产85件。其中，拟报废电子产品40件、家具45件。

【政策落实】①落实被征地农民参加养老保险制度。全市被征地农民4079人，确认符合参保条件3523人，已参加职工养老保险348人，不符合被征地农民养老保险参保条件208人，办理参保登记并出具缴费通知单3333人。其中，个人费用全部缴清2868人，1702人享受政府补贴。1702名享受政府补贴人员中，市财政补贴资金7816万元，村集体补助资金456万元，合计8272万元。2012年以来被征地农民参保缴费的2378人，占93.6%。年内，已为审核合格962名失地农民发放养老金，月人均养老金829元。②落实失业保险费率下调政策。应对当前经济下行压力，减轻参保企业负担，发挥失业保险作用，2015年，自治区人力资源和社会保障厅、财政厅、国税局和地税局出台《关于调整失业保险费率有关问题的通知》(宁人社发[2015]72号)有关精神，将失业保险缴费比例由3%下调至2%，单位缴费费率由本单位工资总额的2%调整为1.3%，个人缴费费率由本人工资的1%调整至0.7%。截至2016年9月底，全市34240人享受优惠政策，少缴失业保险费1119万元。③落实村干部参加养老保险政策。自《青铜峡市村干部参加基本养老保险实施办法》实施以来，全市参加村干部养老保险439人，其中，按非工薪参保232人，按村干部养老保险政策参保缴费207人。207名按村干部养老保险政策参保缴费人员中，享受2009年9月30日前政策待遇14人，转入企业职工基本养老保险11人，到2010年10月并入新农保后退休22人，现按村干部养老保险缴费还有160人。④落实脱贫攻坚经办工作任务。截止2016年4月，将海原县搬迁到邵岗镇同乐村参加城乡居民养老保险1734人（其中，16～59周岁缴费人员1375人，享受待遇领取养老金的有359人）、固原县搬迁到邵岗镇同乐村参加城乡居民养老保险430人（其中，16～59周岁260名，享受待遇领取养老金的有170人）将养老保险关系全部转入青铜峡市，及时变更处理529名享受待遇人员信息。5月，按时发放迁入邵岗镇同乐村退休移民养老保险待遇。

【基金监管】①基金信息管理。建立信息定期披露制度，每季度向上级部门及社会定期公布养老保险基金管理、使用情况，主动接受社会监督。坚持基金收支“两条线”和财政专户管理，基金收支有序规范。截至年底，征收企业职工基本养老保险27525.59万元、调剂金12791万元，支出40214.15万元，基金滚存结余9112万元；征收城乡居民基本养老保险费5759万元，支出4577万元，基金滚存结余13027万元。②落实社保稽核检查制度。落实《社会保险稽核办法》，制定稽核工作措施，将稽核关口前移，采取书面稽核和实地稽核相结合方式，促进扩面、征缴、清欠、续保、待遇支付、基础管理和宣传等工作，完成全年稽核任务。年内，稽核单位420家、37000人。③领取待遇人员认证管理。开展城乡居民基本养老保险养老金领取人员资格认证工作，将领取待遇人员身份信息打印成册，一一进行比对。对不参与认证人员，在各村进行半个月公示，督促其前来认证。逾期仍不认证的暂停发放待遇，待本人确认后恢复发放。认证涉及24914名2015年12月31日以前领取待遇人员。截至年底，完成认证15264人，认证率达99%。开展企业职工养老金领取人员认证工作，利用全国金保工程实行异地居住人员网上认证，上传认证信息193人，完成认证163人。（乔瑞山）

医疗保险事务管理

【概况】2016年，全市职工基本医疗保险参保40079人，完成年度目标任务40000人的100%；城乡居民参保216982人，完成年度目标任务214700的101.6%；工伤保险参保32844人，完成年度目标任务30500人的107.6%；生育保险参保30598人，完成年度目标任务29000的105.5%。职工基本医疗保险收入11198万元，支出8202万元；城乡居民基本医疗保险收入12603万元，支出10290万元；职工工伤保险收入1207万元，支出878万元；职工生育保险收入315万元，支出409万元。

【医疗保险发生费用】①职工医疗保险。发生费用9028万元，统筹支出5642万元。其中，住院发生总费用5975万元，统筹基金发生费用3885万元；住院6329人次，次均住院费用9441元，统筹次均费用5072万元，实际报销比例65%，住院率15.8%；门诊大病就诊58032人次，发生总费用2007万元，统筹支付1321万元；门诊统筹就诊121442人次，发生总费用1046万元，统筹支付436万元。②城乡居民医疗保险。医疗总费用17537万元，基金发生费用10401万元。其中，住院25968人次，发生总费用14517万元，统筹基金支付8609万元，实际报销比例60%；次均住院费用5590元，统筹次均住院费用3315元，住院率12%；普通门诊统筹就诊538063人次，发生总费用1154万元，统筹支付800万元。门诊大病就诊57928人次，统筹支付992万元、商业保险支付459万元。

【建筑业工伤保险】协调人社、城建、安监、工会等部门，做好建筑业职工特别是农民工参加工伤保险工作调查摸底、政策宣传、参保登记、待遇落实等工作,保障职工合法权益。全市有在建、新建工程94个,从业人员3010人。其中,在建项目参保50个,参保人员1550人;新开工项目参保44个,参保人员1460人。

【参保缴费申报稽核】开展2016年度参保缴费申报稽核工作,全年基本医疗保险、生育保险书面稽核376个单位,稽核21365人;工伤保险书面稽核416个单位,稽核25465人,稽核率达100%。实地稽核28个单位、11724人,稽核率达到100%。

【新生儿参保政策落实】加强产科医院新生儿管理及经办人员培训,做好新生儿基础信息采集,协调产科医生及时向产妇及家属发放新生儿参保告知书,提高新生儿落地参保率,确保符合政策规定新生儿及时参保并享受相关待遇。年内,为715名新生儿办理参保手续,参保率达到98%。

【社会保障卡综合应用】开展社会保障卡制卡、发卡和应用管理工作。截至年底,全市累计发放社会保障卡264249张。其中,职工37376张、城乡居民226873张;职工医保功能激活使用37376张,占发卡使用率的98%;城乡居民医保功能激活使用221359张,占发卡使用率97.5%;金融功能激活使用168648张,占发卡使用率63.8%。年内,制卡6366张,补卡9757张,激活卡16008张,挂失卡5860张,医保卡使用率达96%。未发卡3500余张。其中,信息比对存在问题1500余张、来不及制作1000余张,因工作调动、住址变迁等原因没有发放社会保障卡1000余张。

【"五险合一"信息比对】按照自治区人社厅开展"五险合一"应用系统上线数据整合工作要求,做好医疗保险信息比对工作,查出代码证相同单位名称不同信息45条,身份证号码相同名字不同信息1320条。

【门诊大病保险政策落实】2016年,全市城乡居民大病保险参保216983人,市政府从城乡居民基本医疗保险统筹基金中为参保人员缴纳大病保险费694万元。年内,着眼于完善城乡居民大病保险管理,方便参保群众报销,协调人保财险公司青铜峡支公司于2016年7月18日选派工作人员进驻市政务大厅,与市医保中心服务窗口对接,合署办公,采取一站式办结工作方式,解决参保群众需求。截至11月底,受理大病保险案件1110件,赔付金额556.26万元。其中,2015年赔付案件263件,赔付金额105.83万元;2016年赔付案件847件,赔付金额450.43万元。执行门诊大病统筹制度,规范门诊大病审核程序。截至11月底,累计审核办理门诊大病手册13836人,其中,12368人享受待遇。

【异地就医即时结算】做好区内外退休人员、长期在外务工人员异地居住备案工作。截止11月底,完成网上备案登记、建档、信息维护2719人,其中,区内2014人、区外705人。在区内完成异地备案登记参保人员,可按政策规定在区内75家协议医疗机构就医购药。做好异地就医医疗费用对账工作。按照一次一清、及时划转要求,每月按时完成区内协议医疗机构对账工作(其中,住院业务74家、药店164家)。做好异地就医医疗机构服务协议签订工作。通过洽谈商议方式,与各定点医疗机构、152家药店签定医疗服务即时结算协议,凡城镇职工、城乡居民就诊及住院网络即时结算,实现自治区及吴忠市定点异地就医结算医疗机构就医即时结算目标。④落实基本医疗保险转诊转院制度。召开全市医疗机构关于落实《宁夏回族自治区基本医疗保险转诊转院管理暂行办法》专题会议,将青铜峡市人民医院、市中医院、铝厂医院确定为转诊医院,方便患者转院治疗。截止11月底,3家医疗机构办理区内三级协议医疗机构转诊转院患者1732人。

【普惠性健康体检】推进普惠性健康体检工作,结清2015年度普惠性体检工作基本医疗保险统筹支付费用,按季度统计上报体检数据。截至11月底,为7820人进行普惠性健康体检(其中,居民6880人、退休职工940人)。

【定点医疗机构监管】1月,与16家医疗机构、91家乡镇卫生院(村卫生室)、242家零售药店(其中,本市78家、市外164家)、35家个体诊所签订《医保服务协议》,协议签订率100%。按照要求,录入本市内协议医疗机构名称、电话、法定代理人等相关信息,更新相关医、药机构变更信息。加强市内各医疗机构日常监管,保证每月对各医疗机构参保病人住院管理情况进行一次巡查,每季度对协议医疗机构住院病历进行集中审核,全年抽取住院病历3629例,查出违规病历249例,涉及违规金额11.95万元并全部追回。加强医保协议零售药店、诊所监管及市级医疗机构外伤管理工作。年内，支付532名外伤人员医疗费用247.25万元，拒付716人医疗费用329.92万元。建立医保考核机制，制发《青铜峡市医疗保险2016年度协议医疗机构、零售药店考核方案》，严格进行半年及全年医保考核工作，规范医保监管。

【医保医师诚信管理】下发《关于开展基层医疗机构医保服务医师诚信管理的通知》，对全市13家乡镇卫生院及社区卫生服务站医保服务医师进行信息采集、资料审核、网传数据审核及《医保服务医师协议》签订，并于12月启动医保服务医师诊疗行为与年度诚信计分挂钩工作。年内，对30名医保医师因违反《医保服务医师诚信管理办法》相关规定进行扣分，暂停3名医师3个月医保服务资格，追回医保服务资格期间发生费用5432.12元。

【基金监控】①网络监控筛查分析。针对中心基金网络监控查出疑似违规案件，组织医保专家审核住院病历。截止11月底，抽取19家医疗机构住院病历3629例，通过专家评审确定违规病历249例，涉及违规金额11.95万元全部追回。②处方抽取评审。按季度抽查、评审普通门诊统筹、住院统筹处方病历，并及时通报抽查结果。年内，抽查103家医疗机构普通门诊处方9万余张、16家医疗机构住院疑似违规病例1766余份，根据签约服务人数及时调整普通门诊统筹总量指标。

（金丽霞）

民族宗教事务管理

【民族团结进步创建】按照"585模式"，巩固和深化全国民族团结进步示范市创建成果，创建民族团结精品示范单位，打造经验样板区、军民共建展示区、汉族地区创建工作实验区、移民创建工作示范区，丰富创建工作类型和层次分布，培育特色精品亮点。年内，按照《青铜峡市2016年民族团结进步创建活动工作要点》，确定62个示范点、16个精品示范点，将创建活动延伸到未命名单位和各宗教场所，助推民族团结进步创建升级进位。

【民族团结宣传教育】加强宣传教育，夯实民族团结思想基础。以各级领导干部为重点，组织开展民族法制教育。在乡村开展民族团结一家亲宣传教育，在城市社区开展邻里一家亲宣传教育，在机关开展民族事务依法治理宣传教育，在学校开展中华民族认知认同教育，在企业开展互助互惠宣传教育，在军营开展民族团结互学共建宣传教育，在宗教场所开展爱国守法教育。各单位组织干部群众学习党的民族宗教政策，张贴宣传标语，举办邻里节等民族团结主题活动，营造各民族大团结和谐氛围，"三个离不开""四个维护""五个认同""六个相互"思想更加深入人心。组织观摩学习利通区民族团结进步创建活动。年内，申报五星村、怡园社区为自治区民族团结进步创建示范单位。

【民族地区经济发展】申报少数民族发展资金项目，引进少数民族发展资金，实施叶盛镇五星村道路硬化、邵岗镇同富村特色小广场建设等9个项目。落实民贸民品企业优惠政策，宁夏国平油脂有限公司、宁夏祥云皮草有限公司、青铜峡市清真食品有限责任公司、宁夏顺宝现代农业有限公司、青铜峡市明珠圆清真乳业有限责任公司被国家民委确定为民族特需商品定点生产企业。搭建企业与银行合作平台，争取企业贷款贴息，解决小微企业融资难问题。开展统一战线助力精准扶贫活动，以项目促发展，帮助青铜峡镇同兴村村民脱贫致富。年内，争取项目资金330万元，实施少数民族民族特色村寨建设项目1个。

【民族团结月活动】9月，开展以"中华民族一家亲˙同心共铸中国梦"为主题的民族团结月活动。按照《关于组织开展2016年民族团结月活动的通知》（青党办〔2016〕81号），在全市唱响各民族大团结、大发展、大繁荣主旋律。营造民族团结进步浓厚氛围。以电子屏幕、标语、邻里节等活动为载体，寓民族团结教育于活动之中。利用举办讲座、广播、电视、报刊等，宣传民族团结进步先进典型。组织干部群众深入学习习近平总书记来宁视察重要讲话、中央民族工作会议和全国宗教工作会议精神，邀请宁夏社科院伊斯兰教研究所所长马金宝来青讲解党的民族宗教政策。开展主题实践教育活动。围绕“为少数民族群众办实事”主题，古尔邦节期间召开座谈会，慰问广大穆斯林群众和回族老干部，帮助困难群众解决实际问题；在小坝镇新林寺开展送法、送医、送科学、送文化、送政策、送技术服务活动；举办“珍爱生命、远离毒品”卧尔兹演讲比赛和巡回宣讲活动；协调指导市公安局、民政局等部门，加强办事窗口管理，优化服务流程，做好少数民族城市流动人口管理服务工作，增进民族团结，维护社会和谐。

【清真食品管理】开展清真食品专项整治，对全市清真餐厅、商场超市、生产加工企业进行拉网式检查，依照《宁夏回族自治区清真食品管理条例》，审核清真食品经营主体资格、从业人员比例、生产加工过程、原料采购环节，整治清真食品生产经营违法行为。加强重大节日经营监管，在“两会”“春节”“五一”、开斋节、古尔邦节期间，强化商场超市、农贸市场和市区、车站旅游景点检查。年内，在古峡广场开展3次清真食品知识、民族宗教常识和清真餐饮文化宣传活动；核发《清真食品准营证》家，检查清真食品生产及经营主体600家(次)，受理举报5起；清除假冒“清真”图案、文字等标识1家；吊销《清真食品准营证》4家，限期整改9家。

【大型宗教活动】加强大型宗教活动服务管理，按照工作预案，做好治安和交通安全管理，维护农历“正月十三”“三月二十七”“四月初八”“五月初十”4起忌日活动和牛首山农历三月十五传统庙会宗教活动正常有序。年内，拟订《安全管理服务应急工作方案》，召开领导小组成员工作会议，落实任务分工，组织各成员单位开展安全隐患排处工作，查找、整改宗教场所建筑、防火、治安、食品卫生方面安全漏洞，规划整修交通道路和停车场，整治活动区域环境卫生。活动期间，落实交通管制和治安防范措施，做好沟通协调、保障服务工作，5起大型宗教活动期间没有发生安全事故。

【宗教场所安全整治】开展宗教场所百日安全整治活动，检查整治全市各宗教活动场所建筑设施、防火防盗措施，更换老旧电线、取暖设备，加固危旧房屋。强化宗教场所安全意识，集中整治宗教场所疑难复杂问题，确保宗教场所人身财产安全。年内，对排查出的大坝镇蒋东清真寺、陈袁滩镇唐滩三队清真寺、大坝镇蒋南护国寺、小坝镇红星净土寺、牛首山东寺保安寺天桥、牛首山进山道路6处重大安全隐患和西滩大寺、古峡基督教堂等5处存在矛盾问题宗教场所建立整改台帐，明确工作进度、工作措施、责任人员，翻建大坝镇蒋南护国寺、小坝镇红星净土寺，拆除牛首山东寺保安寺天桥，化解裕民街道古峡基督教堂管理人员与信教群众纠纷，制止一起藏传佛教在邵岗镇圆明寺举办的宗教活动及一起群体性上访。

【“和谐寺观教堂”创建活动】依法加强管理，推进宗教事务管理法治化。按照《宗教事务条例》《自治区宗教事务若干规定》《自治区宗教活动安全管理暂行办法》，加强宗教场所、宗教活动、宗教人员管理，从严审批翻建、扩建、新建宗教场所，对符合条件宗教场所办理《宗教场所登记证》。坚持就地、小型、从简原则审批大型宗教活动，减少活动次数、人数、时间，确保各类大型宗教活动依法依规、安全平稳有序进行。设立财务公户，落实宗教活动场所民主管理、财务管理等制度。依法调处2处长达八年之久宗教场所矛盾纠纷。开展五大发展理念、社会主义核心价值观、国旗、党报党刊、文化书屋“五进”宗教场所活动。10月18日，在市党校举办伊斯兰教界人士社会主义核心价值观培训班。开展“党和政府信任、宗教界同行信服、信教群众信赖”“感恩古峡行”“念好两本经，再做新贡献”系列主题实践活动，在宗教场所举行升国旗仪式，提升宗教界人士思想境界。开展军寺共建活动，组织伊斯兰教界人士和清真寺“八一”期间慰问驻地部队。以清真寺为阵地，选择20座清真寺为禁毒教育基地，发挥宗教界作用，做好禁毒宣传工作，引导宗教界争做服务社会“八大员”、做爱国爱教模范。坚持学习教育，加强宗教人士队伍建设。开展宗教政策法规学习月活动和“三定”(定时间、定人员、定地点)学习，举办伊斯兰教、佛教、道教宗教教职人员、管委会主任培训班，系统讲解学习党的民族宗教政策、法律法规及中央、自治区、吴忠市、青铜峡市相关工作会议精神，统一思想认识，共同为青铜峡市经济社会发展出力。

(蔡红艳)

房屋产权产籍管理

【保障性住房分配管理】2016年,对已经享受保障房3631户信息进行动态核查。租金收取标准为:城镇低收入家庭执行原廉租住房租金,城镇中低收入家庭及外来务工人员执行公租房租金。全年收取保障性住房租金544.65万元。对原享受廉租住房租金补贴370户家庭进行年度复核。全年发放租金补贴320户775人,发放金额65.73万元。截至年底,清退保障性住房81户243人。其中,廉租住房租金补贴退出50户113人。对审计中发现违规享受廉租补贴4户家庭,通过发放催缴通知单、约谈和上门劝退,追缴违规所得0.7万元。

【房屋测量】2016年,全市实测房屋面积391865.67平方米。其中,各开发公司174736.16平方米,工矿企业、个人217129.51平方米。测量棚户区改造及各种预拆迁面积25873.91平方米。出具面积认证书3603户。

【房屋登记】截止9月27日(9月28日青铜峡市开始实行不动产登记,发放不动产权证),办理房屋所有权初始登记241件、所有权转移登记4443件、所有权变更登记152件、所有权预告登记1099件、抵押权设立登记3182件、抵押权预告登记867件、抵押权变更登记31件、抵押权注销登记2889件,发放各类房屋所有权证本6284件。

【房屋交易】2016年,全市交易房屋5665套、面积44.76万平方米。其中,新建住房4078套,交易面积33.96万平方米;存量住房1587件,交易面积10.8万平方米。办理各类业务14371件。接待群众档案查询利用9936件。自9月28日在全市开展存量房合同网签备案和商品房租赁合同备案工作,至年底,办理房屋合同网签备案2536套;其中新建商品合同网签备案2337套、存量房合同网签备案180套、商品房租赁合同网签备案19套。

(张槿杉)

住房公积金管理

【住房公积金缴存】2016年,全市实缴存单位269个、缴存人数16975人。新增缴存单位17个,完成年计划任务10个的160%。新增缴存人数204名,完成全年计划任务200人的102%。

【住房公积金归集】全年归集住房公积金20685.48万元,完成年度目标任务2.46亿元的84.09%。归集余额为81737.69万元。其中,结息1119万元,市财政补贴4664万元。

【住房公积金贷款】全年发放住房贷款5779.20万元,完成年度目标任务1.1亿元的46.22%。累计发放个人住房贷款11969笔。其中,当年放贷笔数245笔,平均每户放贷量23万元;存量贷款笔数2616笔;3期以上逾期贷款2.089万元,逾期率0.0887‰,逾期人数5人;到期逾期率0%。个贷率为39.83%。收回贷款5895.47万元,贷款余额32537.31万元。

【住房公积金提取】全年提取住房公积金16386.10万元,占当年归集的79.2%,其中,购、建房提取619笔,金额3946.80万元,占24.16%;离、退休提取489笔,金额3034.77万元,占18.68%;解除合同331笔,金额660.30万元,占4.07%;还贷提取2964笔,金额8167.80万元,占50.28%;房租提取18笔,金额17.38万元;其它132笔,金额559.05万元,占3.41%。

(朱玉明)

市政管理

【概况】2016年，全市市政管理工作以健全城乡环卫长效管理机制、打造宜居宜业生态环境为目标，树立“清洁城市、服务群众”工作理念，建立“统一收集、统一清运、统一处理”生活垃圾清运体系，实现城乡环卫保洁工作全方位覆盖、无缝隙对接、一体化管理，城乡人居环境质量明显改善。

【卫生保洁】拓宽城乡环卫保洁工作范围，使其由主干道路向背街小巷、美丽村庄延伸，由公共领域向居民院落、单位庭院延伸，由中心市区向城乡结合部延伸，由重点时段向全天保洁延伸，由简单“封堵”向人性化管理延伸，由单纯的市容环卫管理向综合管理延伸。年内，在小坝中心市区采取机扫、普扫、保洁、果皮箱清理、流动垃圾收集、管理人员巡回检查“六合一”街道清保作业管理模式，网格作业，明确标示，一扫多保，全天保洁，城区卫生实现深度清洁、精细化管理。

【垃圾清运】采取垃圾压缩车和电动流动收集车联合作业方法，沿公交线路将城区22条主要街道细划为9条主线、176个站点，实行循环收集。同时，按照辖区分片，利用电动垃圾收集车，对商户门店遗漏垃圾和果皮箱实行循环流动收运，形成机车与人力车垃圾收集全方位覆盖，实现垃圾日产日清。

【垃圾处理】落实垃圾无害化处理工作标准，实行垃圾处理目标责任制管理，从分层分区填埋到垃圾渗滤液回收，做到车辆出入有登记、垃圾填埋有记录、作业责任有签名，确保垃圾无害化处理措施落实到位。城乡生活垃圾处理率达到92.5%以上。

【路灯管理】通过路灯远程控制系统，对全市9033基120807盏路灯实行智能化管理。根据人流需求，及时调整启闭时间，满足夜间照明和群众出行。同时，加强路灯巡检维修，建立故障限时处理机制。全市路灯亮灯率达到98%以上。

【设施运行维护】落实直管公厕免费开放惠民措施，开展城市公厕服务考核评定工作，确保公厕星级化服务标准不降低。加强城市排水管网、公用箱点、转运站等设施维护保养。全年疏通雨水篦子46处，更换下水井、雨水篦子85个，疏通化粪池22座，维修果皮箱165个、公共垃圾站点24处，设施完好率达到98%以上。

【安全管理】落实安全管理“一岗双责”规定，签订《安全目标责任书》，坚持每月2次安全排查制度，实行隐患整改销账式管理、安全生产一票否决制等措施，杜绝各类安全事故发生。

【农村环境卫生管理】建立市、镇、村、组“四位一体”环境卫生管理机制，推行“组保洁、村收集、镇转运、市处理”农村环境清洁作业模式，统一管理镇级垃圾压缩转运站，统一调配环卫专用车辆，统一处理农村垃圾，解决垃圾随意倾倒污染环境、环卫设施闲置资源浪费等问题，提高农村环卫设施使用效率和卫生保洁程度，为打造洁净、有序、靓丽美丽村庄奠定基础。

（市市政管理服务中心）

QINGTONGXIA
YEARBOOK

银行·保险

编辑◎杜文君　丁　丽

中国人民银行青铜峡市支行

【概况】2016年，中国人民银行青铜峡市支行落实稳健货币政策主基调，维护区域金融稳定，履行基层央行职责，加快转型升级，支持地方经济发展。年内，全市各项存款余额128.7亿元，比2015年增加16.47%；各项贷款余额130.9亿元，比2015年下降6.22%。

【支持地方经济发展】召开经济金融运行分析例会、金融工作座谈会和报送金融专报，向市委、政府解释宣传货币信贷政策。金融专报《2016年人民银行青铜峡市支行货币信贷工作重点》得到市委领导肯定。积极建言献策，提请市人民政府成立青铜峡市古峡担保有限责任公司，拓展多元融资服务。年内，青铜峡市人民政府注资1亿元，设立青铜峡市中小微企业担保基金，协调各商业银行发放贷款15笔金额5860万元，支持农副产品加工、奶牛养殖、装备制造等中小微企业发展。提请市人民政府出台《青铜峡市促进房地产平稳健康发展的若干意见》。年内，全市房屋销售面积比2015年增长47%。

【货币政策管理】开展央行票据兑付后续监测考核、涉农信贷政策导向效果评估、地方法人银行业金融机构合格审慎评估、宁夏信贷政策支持再贷款政策效果评估、地方法人金融机构利率定价评估等工作，公开市场业务监测、存款准备金、支农再贷款和民贸民品贴息管理，引导辖内银行业金融机构结合地方经济发展实际，改善金融服务。年内，向9家民贸民品企业办理贴息44笔金额212万元。

【金融稳定管理】严格审核"宁夏贺兰山村镇银行"开业申请资料。加强县级三农事业部与农村信用合作社改革支持与监测，推动涉农金融机构改革顺利进行。加强辖区存款保险舆情和存款类金融机构流动性监测，做好重点地区、重点存款类金融机构风险状况监测分析，组织各吸收存款法人银行业金融机构按要求办理投保手续。

【精准扶贫】会同市财政局印发《加快发展农业特色优势产业贷款担保基金管理办法（试行）》《加快发展农业特色优势产业贷款风险补偿基金管理办法（试行）》《加快发展农业特色优势产业贷款贴息资金管理办法（试行）》等3个管理办法，深入辖区涉农金融机构，协调推动创新金融扶贫方式。年内，银行对辖区1891户建档立卡贫困户和1557户非建档立卡生态移民户，按照每户2万元标准，向托管主体发放扶贫贷款6896。

【国库核算】紧抓基础工作，有序开展国债发行工作，确保库款安全，实现业务核算"零差错"。配合市国地税、财政部门开展"营改增"无纸化上线工作。

【农村支付服务】重新筛选和布设辖区

银行卡助农取款服务点，应用非现金支付工具，加快各类银行在公共服务领域普及和应用进程，改善农村支付服务环境，助农取款乡镇覆盖率达到100%。

【反洗钱监管】对辖区农发行等7家金融机构进行反洗钱现场走访，开展反洗钱风险评估，提升反洗钱监管效率。组织开展《反洗钱法》颁布十周年知识宣传活动，对辖区反洗钱业务机构高管人员进行知识测试。

【征信基础】开展信用报告查询与异议处理工作，推广使用“征信小助手”微信公众号。

【人民币管理】开展“反假宣传月”和“残损人民币兑换服务月”活动，提高社会公众人民币知识和识假水平，净化辖内人民币流通环境。

【金融消保】推进全辖区金融消费权益保护评估工作。开展金融3·15、金融网络安全日、9月金融宣传月等各类型金融知识宣传活动。

【金融统计】开展县域法人金融机构一定存款比例用于贷款考核和实施。组织辖内银行业金融机构统计人员参加吴忠金融统计业务知识竞赛。配合上级行开展金融统计现场检查，组织人员对同心县工行和农联社金融统计业务进行现场检查，对辖内7家重点龙头企业按月开展工业发展前景调查。

中国农业发展银行青铜峡市支行

【概况】2016年，农业发展银行青铜峡支行加强风险防控，夯实管理基础，提升精细化水平，主要经营指标实现“四增一保持”。其中，贷款、存款、利润、中间业务收入增长，不良贷款保持零余额。贷款实现2010年来首次净增长。截至到2016年年底，各项贷款余额33573万元，比2015年增加14480万元；各项存款余额38691.14万元，比2015年增加18323.93万元，日均存款余额35084.44万元，比2015年增加24731.98万元；实现账面盈利680.07万元，比2015年增加668.10万元，完成区分行下达计划任务130.03%。2016年群众评议机关作风，本行参评成绩位居全区农发行13个分支机构第二。

【项目营销】协助政府筹划编制项目，研究解决项目贷款（基金项目）主体构建和担保抵押问题，协调相关部门完成项目贷款（基金项目）相关材料。创新担保方式，协调宁夏担保集团与市人民政府签订协议，为青铜峡市沿黄文化带公共基础设施建设项目提供担保，实现该集团在宁夏境内首次为政府项目贷款提供担保。年内，完成青铜峡市沿黄文化带公共基础设施建设项目和棚户区（城中村）改造项目贷款受理和已投放贷款资金支付工作。全年，累计审批3.4亿元，实际发放2.25亿元。

【基金业务】年内，完成基金项目5个，投资额15000万元。其中，续投项目3个，金额9000万元。新增供排水和天然气供热等基础设施建设项目2700万元、青铜峡市东部水系连通工程项目3300万元。至年末，累计完成基金项目8个12笔，投放金额42292万元，其中支付重点建设基金26322.77万元，支付率为62.24%。

【存款业务】截至12月末，各项存款余额38691.14万元，比2015年增加18323.93万元，比年初增加18323.93万元。其中，企事业单位存款余额38409.47万元，比2015年增加19123.37万元，比年初增加19123.37万元。财政性存款余额281.67万元，比2015年减少799.44万元，比年初减少799.44万元。各项存款日均余额35084.44万元，比2015年增加24731.98万元，比年初增加24731.98万元。其中，企事业单位存款日均余额33367.69万元，比年初增加28120.04万元。财政性存款日均余额869.76万元，比年初减少1407.65万元。同业存款日均余额为846.99万元，比年初减少1980.40万元。

【信贷基础管理】对信贷风险、合规操作和管理能力开展自查，涉及贷款企业7家、贷款笔数11笔、金额39093万元，发现问题12个，建立贷后管理专项检查问题台账，分析问题成因，明确问题形成责任，制定整改措施，落实整改责任，制定《青铜峡市支行履职尽责考核管理办法（试行）》，加强考核奖惩，提升信贷管理工作水平。

【储备粮管理】落实粮油封闭管理制度，确保粮油收购不出问题和国家粮食安全。支持青铜峡粮食储备库完成年度轮换储备小麦1100.4万千克、水稻97.7万千克，发放地方储备粮收储贷款2401万元。

【中长期贷款管理】加强与地方政府沟通协调和贷款企业经营状况监测，提前掌握政府财力状况，发出贷款到期提示书，确保2016年度贷款本息按期收回，进一步缓释风险，全年无逾期、欠息贷款，无新增不良贷款，不良贷款继续保持零余额。5月，地方政府债务置换，提前归还贷款6800万元。加强粮油企业储备贷款动态管理，按期收回宁夏中航郑飞塞外香清真食品有限公司贷款资金220万元。落实农发行与农业部签订战略合作协议，开展土地流转、农林牧业和粮油加工等重点企业调研。

【贷后检查】开展企业经营状况和抵押物检查分析工作，完成授信后管理工作，管控贷款风险。6月末，累计收回贷款8020万元。企业贷款风险分类正常，无逾期、欠息贷款，无贷款形态下滑情况，无重大风险事项，保持不良贷款零余额。

【信贷管理】严格进行新准入客户评级授信，加强贷款客户授信后管理，开展CM2006系统数据维护、财务报告录入、风险分类、贷后检查及分析工作，按时收回到期贷款。

【财会基础管理】强化财务收支核算，控制各项费用开支，压缩各项消费性支出，确保准确、及时处理、记载各种会计账务。开展“营改增”工作，做好增值税纳税管理、发票管理、会计核算等相关工作。会同市国地税部门启用增值税管理平台，每日进入平台对前一日发生业务进行逐笔核对，确保数据准确无误。

【反洗钱工作】履行反洗钱监督报告和反洗钱报表上报职责，安排专人负责查找系统漏提取大额交易，修补交易信息缺失，确保反洗钱数据报送无遗漏、无差错、无延误。

【账户管理】按照人民银行人民币账户管理手册和区分行账户管理相关规定，开展存量账户自查。年内，有存款账户21户。其中，基本存款户8户、一般存款户9户、专用存款户4户。截至年末，应发存、贷款对账单340份，收回340份，收回率达到100%。

【宣传工作】利用《粮油市场报》“农发行专版”、《党建通讯》《信息摘报》等载体，宣传支持“三农”发展取得成绩。全年在总行工团网站投稿5篇，被总行《青年园地》采编2篇、《宁夏日报》刊登1篇、《党建通讯》采用3篇、《粮油市场报》采用1篇，编发简报18期。

【业务培训】全年组织员工参加各类业务培训22人次。其中，参加分行信贷培训15人次、财会培训5人次、办公室培训2人次。组织员工赴外参培8人次。

中国工商银行股份有限公司青铜峡支行

【概况】2016年，工商银行青铜峡支行以实现同业市场领先为目标，以强化渠道建设为保障，调整工作思路，提升服务品质，发展客户规模，扭转业务大幅下滑趋势。截至年末，实现净利润3836万元。支行获青铜峡市2016年支持地方发展先进单位。

【存款业务】截至年末，两项存款余额117395万元。其中，储蓄存款时点余额为65848万元，比年初增长7756万元；对公存款余额为51545万元，比年初增长4361万元，日均增长2062万元。年日均存款一万元以上个人客户12150户，比年初负增加687户。年存款0～5万元客户增加6259户、5～20万元客户增加169户、20～100万元客户增加32户。100万元以上存款客户44户，比年初增加9户。年日均金融资产1万元（含）以上公司客户数188户，比2015年6月末增加36户，比年初增加3户。

【贷款业务】截至年末，各项贷款余额20.52亿元，比年初增加1721万元。其中，公司贷款比年初净增3390万元，增量占四行第一，累计营销票据贴现9018万元。加大优质信贷项目营销投入，实现公司贷款稳步增长。个人贷款比年初减少1668万元。全年退出小企业两户、贷款金额550万元。

【中间业务】截至年末，实现中间业务收入1089.31万元，完成全年任务的87.9%。其中，大零售条线769.67万元，对支行中间业务贡献度70.7%，比2015年同期增加229.67万元；对公条线中间业务收入207.14万元，比2015年同期减少5.26万元。全年新增信用卡7087张、特约商户85家；分期付款1435万元，信用卡消费交易额37489万元。

【不良贷款】截至年末，清收转化个人不良贷款260余万元，不良贷款余额85万元，全部为个人贷款，比年初增加4万元，不良贷款率0.04%。

【内控管理】开展案件风险排查、屡查屡犯风险及重点风险专项治理活动，落实分行“十大重点领域及关键环节”风险治理和内控合规“基础强化年”主题活动。全年没有发生较大差错和经济案件，安全营运无事故。

【反洗钱工作】突出抓好涉敏业务、客户身份识别、大额和可疑支付交易合规管理，提升全行反洗钱工作整体水平。参加年度反洗钱风险自评工作获青铜峡地区金融、保险系统第一。

【宣传工作】全年组织开展“消费者权益保护”“金融知识万里行”、反假币、防范电信诈骗、打击非法集资等宣传活动16场次，发放宣传资料6000余份。

中国农业银行青铜峡市支行

【概况】2016，农业银行青铜峡市支行紧盯市场和同业动态，强化危机意识、进取意识和稳健发展意识，加强风险管理，积极开拓市场，业务经营发展良好。截至年末，人民币各项存款余额215316万元，比2015年增加29141万元，完成年度计划任务121.42%。其中，储蓄存款余额141189万元，比2015年增加14645万元，完成年度计划任务的87.17%；对公存款余额74127万元，比2015年增加14496万元，完成年度计划任务的201.33%。各项贷款余额148488万元，比2015年下降22548万元。实现中间业务收入1719万元，完成年度计划任务的95.56%。参加吴忠市首届年度金融行业宣传评优推介活动，支行被评为“年度十佳金融服务机构”，支行党委书记、行长杜银秀获“年度金融行业杰出贡献奖”，客户部经理胡永兴被评为年度金融行业十大创新人物。营业部被命名为分行、总行“青年文明号”。广场分理处被推荐为“宁夏金融工会青年先锋号”。客户部副经理李芳被授予“吴忠金融系统青年岗位能手”。瞿靖分理处王建军被总行评为“优秀客户经理”。

【存款业务】强化考核，着力增日均、稳时点、扩流量，年内存款增量市场份额占比达到82%。紧抓财政社保资金账户留存和专项资金，积极扩大存款存量，76个村级账户和4个乡镇民生保障中心账户余额达到3060万元。抓扩户工程，新增对公基本账户135户，一般账户59户，新开账户存款余额1860万元。存款存量、增量市场份额实现四行“双第一”。

【贷款业务】截至年末，各项贷款余额148488万元。在贷款期限结构上，短期贷款和中长期贷款占比分别为57.92%、42.08%，中长期贷款中个人住房贷款余额为32279万元，占比达51.66%，个人住房贷款占比增大，贷款期限结构调整合理。在客户结构上，法人贷款和个人贷款占比分别为57.17%、42.83%，个贷份额增加。前十大客户贷款余额为76645万元，占比为51.62%，比2015年下降4.68个百分点。

【中间业务】依托“春天行动”“激情仲夏”“赢在金秋”三大零售业务综合营销活动，开展“比学赶超”“员工贵金属专项营销”“自助设备跨行转账”“信用卡网点发卡营销”、“网点1日1户”“网点微沙”“基金定投PK赛”“金市通交易大赛”“青年员工专项营销”“掌上银行专项营销”等专题营销活动。全年中间业务收入1719万元，完成年度计划任务的95.44%，比2015年增长3.58倍。

【“三农”服务】年内，新增惠农卡274张，惠农卡总量达到30429张，激活率100%。在全市布放电子机具511台，电子机具覆盖乡镇和行政村分别达到100%和82%。营销“E商E农管家”核心商户22户、上下游商户260户,交易额达到1600万元。发放扶贫贷款17796万元。组织员工为帮扶贫困户捐款8400元,征订赠送《致富快报》报刊22份。参与青铜峡市人民政府“PPP”项目招标,最终以1.87亿元份额中标项目优先级份额供应商。2016年,支行被青铜峡市委、政府授评为“支持地方经济发展先进单位”。

【运营业务】加强员工业务知识培训,举办运营业务新操作规程、制度培训3次,开展业务技能比赛两次,并按季度组织业务知识测试。开展柜员等级考核评定和监管经理考核工作,落实运营主管每日“三问”、每周“三提示”,监管经理现场跟班辅导频次实现季度网点全覆盖,全行对账率在宁夏分行排名前3。清理全行固定资产、低值易耗品,开展信息科技应急演练,节能降耗,支付密码器推广率超过宁夏分行平均水平,排名第5名。小坝分理处被宁夏分行评为“2016年度运营基础管理单位”。

【风险管理】①强化“大风险”管理。按季召开风险管理委员会和贷后管理例会,开展条线尽职监督检查,接受西安审计分局、分行内控评价、案件风险排查及行长任中经济责任审计,对查出问题逐项查明原因进行整改,问题整改率达到100%。重新调查贷款客户二次用信,规范个人贷款调查。②强化贷款准入管理。对全部法人客户和50万元以上个人贷款客户开展集中贷后检查。先后2次开展法人客户用信重检工作,严控风险隐患。③强化清收处置管理。全年清收各类不良贷款637.42万元,核销不良贷款20.1万元,完成分行年度清收计划任务。

【安保工作】加强安防基础管理,通过OA分控后台视频监督,实时纠正各网点存在安防隐患。会同吴忠保安公司召开安防联系会议,防范外派保安、押运管理各环节隐患,组织网点开展防爆和电力中断应急演练,彻底整改2015年安全生产大检查发现隐患。峡口分理处被总行评为“2016年度安全保卫‘三化三达标’单位”。

【金融消费者权益保护】①加大网点6S管理,设立网点文化墙、营销墙、公告墙、党建墙等,优化网点营销环境,开展网点“好服务”大讨论活动,全员签订客户信息承诺保证书,压降客户投诉,严控声誉风险,完成全辖所有网点理财代销业务销售专区“双录”建设。②制定个人金融信息保护管理制度、消费者权益保护工作计划和工作规划,组织开展“金融知识进万家”“金融知识万里行”宣传活动。全年开展上街下镇宣传活动18场次。发放宣传资料9000余份。③开展“两加强、两遏制”回头看专项检查及“回头看”、个人金融信息保护、个人征信系统用户账户安全管理、反洗钱专项自查、新型网络诈骗专项治理等工作,保障客户利益。

中国建设银行股份有限公司青铜峡支行

【概况】2016年,建行青铜峡支行以“三个增强”“四种表率”“五项突破”为重点,以“做强做优做大”为目标,抓存贷,强服务,较好完成各项工作任务。全年实现拨备前账面利润8379.29万元。一般性存款时点新增-28608万元、四行新增占比-80%,新增占位第四。其中,企业存款时点新增-32266万元、四行新增占比-1840%,新增占位第四;个人存款时点新增3658万元、四行新增占比10.78%,新增占位第四。各项贷款余额353509万元。其中,公司类贷款269119万元,比年初下降16131万元;个人类贷款84390万元,比年初下降5220万元。四行余额占比43%,余额占位第一。实现中间业务收入2022.50万元,完成分行下达计划任务2325万元的87.48%,四行占位第一。对公全量客户1219户,全年新增10户;对公有效客户478户,全年新增26户;加权有效客户2497户,比年初减少53户。新增对公账户147户,其中基本结算账户增加140户;个人全量客户146002户,全年新增9265户;个人有效客户42140户,全年新增5216户。信用卡客户新增5225户(11月末),完成新增计划的223.5%。不良贷款余额3911万元。其中,公司类3578万元、个人类333万元。不良贷款率1.11%,不良贷款额呈现反弹。渠道建设进一步加快,自助设备达到47台,新增7台;

改造简版柜员机8台，新增标准版柜员机14台。电子银行各项指标全面完成计划。年内，支行获区分行企业年金业务营销贡献奖、资金体内循环率提升营销突出贡献奖一等奖、全区建行综合技能竞赛团体第一名。神秘人评分在二级分支行中排名靠前，青铜峡铝厂支行2次获得神秘人月度评分全区第一。

【存款业务】将抓存款作为第一要务，抓重点、寻突破。在全行开展“存款止跌回升”专题营销活动，慰问驻青部队，密切军银关系，存款在短时间内止跌回升。年内，机构存款时点新增1.11亿元，增速46.32%，存款余额占对公存款的占比由2015年的23.58%提高到47.82%。对驻青部队营销工作被建总行评为“八一工程”成功案例。

【绩效考核】坚持每周召开班子会议，分析业务进展情况；每季度召开经营分析会，点评和盘点各项业务和产品指标完成情况，制定下季度工作措施。开展员工绩效目标任务完成情况检查评比考核工作，按旬通报工作进展，一般性存款新增额在同业领先。

【“期期达标”活动】在所辖6个网点开展个人金融重点产品“期期达标”考核活动，将网点2016年综合经营业务指标按照全年22期进行分解，确定短期(每半月)目标任务，下达到副行长、营运主管、客户经理、大堂经理、产品经理、普通柜员、其他人员7类人头，做到人人头上有指标。个个肩上有任务，每一月考核兑现一次，每个营业网点和员工个人工作成绩与收益挂钩。

【贷款业务】加大对宁夏大唐国际大坝发电有限责任公司、宁夏华能大坝发电有限责任公司、中电投宁夏能源铝业青鑫碳素有限公司、宁夏金昱元化工集团有限公司等重点客户营销力度，维持信贷存量。完成中电投宁夏能源铝业青鑫碳素有限公司、华能宁夏大坝电厂四期等项目15亿元贷款审批工作。

【风险防控】抓好不良项目贷款资金处置工作，加强与当地政府、监管机构及同业沟通协调，合理运用再融资、期限调整、贷款承接表外信贷业务、调整结息方式等风险控制缓释措施，采取一户一策、一户多策、有进有退“差别化”处置措施，防控化解风险，全年回收不良贷款267万元。

【基础工作】①加强网点基础管理，提出加强网点基础管理10项要求，强化营业网点排班负责人、流程、尾箱、印章及重要物品管理，杜绝各类风险隐患，提高网点执行力和突发事件处理与风险管控能力。②开展“严纪律、明规矩、正行风”专项治理活动，强化组织建设，检查违规违纪行为，树立合规经营意识。③加强人才培养，结合网点转型，选拔优秀人才担任网点负责人，全年调整交流中层干部16名。④挖掘内部潜力，优先为公司业务部和网点配置客户经理，实现对公客户与客户经理服务全覆盖。⑤落实重大违规操作事项和重大差错责任事项责任追究制度，对18名严重违规违纪。信贷、客户经理，进行严肃处理，3人被记大过，15人减发绩效，罚款65440元，给予相关责任机构积分50分处罚。

中国银行股份有限公司青铜峡支行

【概况】2016年，中国银行青铜峡支行围绕“担当社会责任，做当地最好银行”发展战略，按照“稳增长、抓收入、调结构、促转型、控风险、化不良，防案件、打基础”总体要求，创新工作思路，树立宗旨意识，优化窗口服务，强化风险管理。年内，实现本外币收入总额9391.61万元，其中利息收入6178.83万元。实现本外币利润总额2744.91万元，比2015年增加1551.45万元，增幅为130%。

【存款业务】年内，人民币存款时点余额为111445万元，比2015年末增长23490万元。年新增额在当地同业四大行占比第二。其中，储蓄存款时点余额为46038万元，比2015年增加7899万元，新增额在当地同业四大行占比第二；日均余额为43456万元，比2015年新增6063万元，完成全年日均6300万元计划的96.23%，完成率全辖排名第四。企业存款时点余额为65407万元，比2015年增加15591万元，新增额占比居同业第二。

【贷款业务】年内，人民币贷款余额为122407万元(含银行卡透支4093万元)，比2015年末减少10068万元，在本地同业(工、农、中、建、信用社、宁夏银行)6家银行占比第四。其中，公司贷款余额100518万元，比2015年末下降18533万元。

【中间业务】全年实现中间业务收入622.42万元，比2015年同期增加165.47万元，增幅36.21%。

【不良贷款】年内，个人贷款不良余额120.02万元(按五级分类)，不良贷款率0.006%；公司贷款不良额与不良率保持双零。

【绩效考核】重新修订绩效考核管理办法、产品考核奖励指导意见、中层激励约束办法，把费用、收入、资源配置向一线倾斜，及时兑现计件奖励，做到奖优罚劣。制定员工量化积分考核实施方案，利用员工绩效考核系统每月进行一次考核，调动员工营销热情。

【业务竞赛】年内，精心策划安排，每季度组织开展一次业务竞赛活动，积极拓展市场。其中一季度"开门红"期间，代发近2亿元农民住房补贴资金。

【普惠金融】加强涉农行业和实体经济资源投入，解决当地种植大户备耕备播购买化肥、种子、农药等农资产品临时性资金周转问题；依托"中银福农信用卡"产品推出"福农卡分期"业务。年内，累计向17位农户办理"福农卡"分期业务贷款204.7万元，为农业产业化龙头企业提供原料农户发放"种殖贷"5户余额825万元，向购买核心企业产品29家养殖户发放"养殖贷"余额750万元，向宁夏华能大坝发电有限公司投放1亿元项目贷款，支持企业实现热电联产。

(林星)

宁夏银行青铜峡支行

【概况】2016年，宁夏银行青铜峡支行坚持"服务中小企业、服务城乡居民"，突出"稳发展、增实力、强管理、控风险"经营思路，面向"三农"、中小微企业、全市重点建设项目、重点招商引资企业拓展业务，加大营销力度，提高服务水平，实现业务提速与资产提质并重，经营发展与基础管理并举。截至年末，支行各项存款时点余额142451万元，比2015年末增加34264万元(不包括非保本理财新增21516万元)；各项贷款余额115957万元，比2015年末新增11467万元，增幅居辖内第三。其中存款余额在辖内市场占比11.98%，排名第4位，各项存款增量排名第一。支行被青铜峡市人民政府评为"2016年度支持地方发展先进单位"。

【重点项目信贷】加大对全市重点建设项目及重点招商引资企业信贷支持。年初，认真梳理研究市人民政府重点项目清单，确立轴承、机电等新上项目扶持对象，成功中标"青铜峡市人民政府社会资本合作(PPP)项目财政投资基金"优先份额5000万元、"青铜峡市财政局加快发展农业特色优势产业贷款风险补偿基金经办银行采购项目"及"青铜峡市支持创业小额担保贴息贷款经办银行服务采购项目"。与青铜峡市人民政府签订协议，共同组建青铜峡市古峡信用担保公司，全年累计担保贷款20笔、金额8000余万元。

【中小微企业贷款】加强风险管控，推进小微企业发展。截至年末，全行小微企业196户，贷款余额6.9亿元，占全部贷款余额的60%。

【特色涉农信贷】年内，支持宁夏中航郑飞塞外香清真食品有限公司、宁夏青铜峡市法福来面粉有限公司、宁夏可可美生物工程有限公司(米来淀粉公司)等粮食加工企业，御马国际葡萄酒业(宁夏)有限公司、青铜峡市禹皇酒庄有限公司等酿酒葡萄种植生产销售企业，青铜峡市祥云皮草有限责任公司等皮草加工企业。肉牛、肉驴养殖等特色养殖产业发展，通过和专业担保公司合作，累计发放涉农贷款余额77119.55万元，占全行贷款的66.5%。

青铜峡农村信用合作联社

【概况】2016年，市信用联社以回归"服务三农"市场定位为主题，以"一体化"管理为核心，以"八个统一""六个集中""五个坚持"为主要内容，坚持转型、调整、创新、管理四大发展理念，积极拓展市场，强化风险管控，整体经营工作保持审慎、稳健发展态势。截至12月末，实现各项收入21236万元，比2015年同期减少4184万元；各项支出23133万元，比2015年同期减少24856万元，收支轧差实现利润总额-1897万元，比2015年同期增加20672万元（剔除本年计提减值准备8371万元，实现经营利润6474万元，比2015年同期增加2782万元）。

【存款业务】截至12月末，各项存款余额377214万元，比年初下降7027万元。其中，活期存款77556万元（含保证金），比年初增加6829万元，增长9.66%；对公存款30921万元，比年初增加934万元；50万元（含）以下小额存款315157万元，比年初下降8645万元。

【贷款业务】截至12月末，各项贷款余额为326,258万元，比年初增加42454万元，其中，贷款（不含贴现）余额为259166万元，比年初减少2442万元；转贴现余额为67092万元，比年初增加44896万元。各项贷款户数为10772户，比年初净增1948户，增长22.08%。其中，500万元（含）以下正常类贷款10538户，余额为108818万元，比年初增加1966户8039万元，分别增长22.94%和7.98%。

【支农贷款】截至12月末，涉农贷款余额为228679万元，增速0.54%，高于贷款增速1.47个百分点。小微企业贷款余额为178515万元，增速为15.44个百分点，高于各项贷款增速0.48个百分点；户数为644户，高于2015年同期23户，申贷率为100%。

【不良贷款】坚持网点责任清收与联社督导清收并重，对新增大额不良贷款和存在潜在风险大额贷款联社班子成员包户管理，部门经理专项负责、重点跟进、逐户督导。采用分类清收与全面催收、户户见面与重点突破方式，对不良贷款分类排队，根据贷款风险状况、清收潜力和难易程度，有选择、有目标、有重点地强力清收；采用责任人清收与依法清收方式，重点做好涉诉贷款依法清收工作；采用现金清收与化解盘活方式，做好不良资产盘活转化，提高信贷资产质量。截至12月末，现金收回不良贷款277万元，盘活化解全口径不良贷款8221万元，续借转化潜在风险贷款58140万元，五级分类不良贷款余额为32559万元，比年初下降2328万元，下降2.31百分点；不良率为9.98%，比年初下降2.31个百分点。

【活期存款营销】按管辖片区细分目标市场，按对公客户、个人基础客户、信贷客户等细分客户群体，加大活期存款营销力度，实现负债业务由"费用拉动动态增长"变"全员营销稳步增长"，提高日均存款余额和活期存款占比。截至12月末，活期存款余额为77556万元，比年初增加6829万元，增长9.66%，活期存款占比20.56%。

【电子银行】截至12月末，新增发银行卡14649张，银行卡存款余额43294万元，比年初增加7003万元；激活社保卡11.38万张，社保卡沉淀资金2448万元，比年初增加1977万元；缴纳社保21万笔、金额3159万元，自助机具渠道缴费3.9万笔、金额570万元。

【涉农贷款】扶持产生规模效应主导产业，重点支持优质粮食、蔬菜、草畜、酿酒等四大产业。年内，发放优质粮食种植生产贷款13199万元、蔬菜种植加工贷款366万元、畜牧业养殖贷款1708万元、酿酒葡萄种植加工贷款4647万元。截至12月末，发放家庭农场等新型农业经营主体贷款352户，余额40209万元。

【小微企业贷款】截至12月末，累计发放中小微企业贷款（含贴现）202927万元，重点支持宁夏中航郑飞塞外香清真食品有限公司、宁夏法福来清真食品股份有限公司、宁夏正鑫源现代农业发展集团有限公司等农业产业化龙头企业，青铜峡市明珠圆清真食品乳业有限责任公司、青铜峡市祥云皮草有限责任公司等地方特色民贸民品产业企业，宁夏勤昌滚动轴承制造有限公司、连湖古峡酒业有限公司等其他小微企业客户。截至12月末，小微企业贷款户数10538户，贷款108818万元，分别比年初新增1966户、8039万元。

【"千村信贷互助资金"工程】加强与市扶贫办对接，摸清辖区贫困人口基础数据。加强与市劳动就业部门对接，为各类创业人员提供资金。截至12月末，为辖区贫困村农户发放扶贫小额贷款1212户、余额4225万元，比年初分别增加271户、1461万元，增幅为28.80%和52.87%。其中，年内市扶贫办认定建档立卡贫困户560户、发放贷款1783万元，比年初分别增加89户、468万元，增幅为18.90%和35.57%。

【风险防控】①完善法人治理结构，修订社员代表大会议事规则、理事会议事规则，组建理事会下设薪酬委员会、审计委员会、关联交易控制委员会、提名委员会、风险管理委员会等各类专门委员会，并制定相关议事规则。②完善组织架构。推进"大核算、大后台、大运行"模式，筹建预警、清算、对账、事后监督、档案中心、远程授权、风险监控等中心职能部门，完成远程授权中心设置方案拟定及硬件设备配置、票据发售系统及人民币冠字号码查询系统上线运行，配备更新硬件设施，切换使用新一代反洗钱监测系统数据，更换录像失真、数据断档等老化陈旧远程监控设备，全辖新增监控主机11台、硬盘88块、监视器7台、摄像机18路、镜头18个。③切实加强制度建设。将标准化、规范化、流程化、统一化纳入基础管理、业务操作、风险管控全流程，加强与黄河银行管理系统对接，修订完善各项规章制度98个。④组织实施客户群监测，杜绝借冒名、垒大户贷款问题发生。按照区域经济金融运行情况，引导各营业网点将信贷资金投向重点支持领域和重点行业，保障服务"三农"。借助信贷管理系统、审计系统，按季分析联户联保客户群、还款来源相同客户群、风险缓释来源相同客户群等，严防集中度风险。

【风险稽查】强化柜面业务操作监督，采取定期突击检查和暗访检查相结合方式，坚持每月对网点进行定期专项检查。年内，开展各类检查326次，查处纠改问题589条，检查面达到100%。实施信息安全集中管理，完成各营业网点网络升级改造、柜面交互式密码键盘集中更换、办公室桌面安全助手安装应用及网点厅堂WIFI建设等工作。

【员工培训】制定详细员工培训计划，针对不同岗位分批次实施培训。年内，组织各类培训50余次，累计受训5800人次。

【网点服务】调整网点布局，优化功能分区，增设电子机具。年内，增设运行ATM机50台，设置在行式自助银行39个、离行式自助银行11个，其中新建自助银行5个、新增ATM机7台；设置便民金融服务点90个，布放电话自助终端84台、万村千乡自助终端59台，完成90家服务点规范化标示改造、安装验收工作。

【标杆网点打造】设置延伸柜台，与市医疗保险事务管理中心对接，在联社营业部配置社保局补卡、制卡专柜和社保卡查询机，在市政务大厅设置单独柜台，负责办理社保卡激活工作，方便客户和群众办理社保卡业务，提高社保卡激活效率。根据工作实际情况，推行柜员单班制劳动作业模式、朝九晚五作息时间，在营业部设置高低柜，提高客户服务体验。

【评级授信】加强与市统计局对接，收集青铜峡农村经济发展情况数据，摸清辖区农村经济发展底数。11月，制定信用评定统一标准，修改完善"三信"管理办法，协调指导各基层营业网点逐乡、逐村、逐户开展摸底调查，建立农户、农业经营主体信息档案，做好评级授信工作，建档立卡贫困户信息采集和评级授信面达到100%，农村个人客户信息采集和评级授信面达到30%以上，农村经济组织信息采集和评级授信面达到30%以上。

石嘴山银行青铜峡支行

【存款业务】截至年末，各项存款时点余额14110.33万元，比年初增加9315.24万元，增长194.27%。其中储蓄存款10717.98万元，比年初增加6753.13万元，增长170.32%；对公存款2855.45万元，比年初增加2528.14万元，增长772.40%。各项存款日均余额8240.72万元，比年初增加3445.66万元。

【营销活动】开展主题营销、产品宣讲等理财微讲堂活动。依托岗位培训和学习，提升营销经理技能。加强特约商户营销管理，开展畅刷麒麟卡观影、9元洗车等活动，提高POS机具及银行卡活跃度，银行卡活跃度为47.03%。

【贷款业务】调整信贷业务结构，根据区域经济金融变化，调整小微业务发展方式和投放力度，加强客户经理业务培训，严控信贷业务风险。年内，与青铜峡市古峡担保有限公司合作，利用担保基金，开展住房按揭、汽车消费贷款业务。

【内控建设】根据业务开展情况，制定实施细则，明确和规范相关业务处理流程。年内，修订各类实施细则22条。同时，针对银监局“两加强、两遏制”回头看活动查出问题，制定整改方案，通过召开运营沟通会、风险沟通会及时全面查找存在问题，讨论解决方法，制定处罚措施，提高员工防范意识。规范各项业务办理，确保各项业务合规开展。

【管理培训】强化员工学历教育及业务知识集体学习，分条线开展员工培训工作。全年组织实施柜员操作知识培训15次、信贷业务培训6次。

宁夏青铜峡贺兰山村镇银行股份有限公司

【概况】青铜峡贺兰山村镇银行是经中国银监会批准、由内蒙古阿拉善农村商业银行股份有限公司发起、具有独立法人资格股份制商业银行，是青铜峡市第一家县级法人村镇银行。服务对象为青铜峡市辖区城乡居民、个体工商户和中小微企业。该行2015年12月18日正式开业。有员工32人。其中，本科以上学历20人，占比59%；大专学历12人，占比41%。银行内设综合管理部、风险合规部、业务发展部3个职能部门和1个营业部。2016年，各项存款余额27789.99万元。累计发放贷款7540.78万元、395户，其中，涉农贷款金额5264.38万元、366户，占各项贷款的65.56%。截至年底，各项贷款余额4451.23万元、351户。其中，涉农贷款余额3731.91万元、301户，涉农贷款占比83.84%。开立个人结算账户4485户、单位结算账户29户，累计发放银联卡1671张，开通网上银行27户、手机银行522户，布放POS机42台。

【小额贷款业务】加强与市劳动就业局联系，开展支农、个体工商户就业创业贴息贷款业务。全年发放创业贴息贷款合计1338万元、172户，其中，个体工商户63万元、8户，农户1275万元、164户。截至年末，累计发放个体工商户小微贷款661.5万元、87户。

中国人寿保险股份有限公司青铜峡支公司

【概况】2016年，人寿保险青铜峡支公司强化市场对标、队伍建设、制度执行和风险管控，践行“守信用、担风险、重服务、和规范”核心价值理念，积极推行业务发展，全年没有发生重大违纪案件和群体上访事件。公司总保费实现14851.3万元，比2015年增长33%。赔款支出466万元，比2015年下降1%。获总公司“县域成长百强县支公司”荣誉称号。

【期交业务】以首年期交对标比值提升为底线目标，以推进(“331”)组织架构改革模式和职场标建为抓手，以提升有效人力规模为根本，加大期交业务销售力度，提高渠道价值创造能力。

【短险业务】强力拓展学生保险、员福计划等版块业务，开发双低、两孤、城乡居民等特殊群体和弱势群体业务，将保险民生工程做实做优。个险渠道大力发展卡折、激活卡式业务和团单业务。银保渠道大力推进信贷激活卡式业务。

【运营服务】依托服务和管控两条主线，构建操作规范、服务高效运营体系，配合销售渠道开展各项竞赛活动，力促“国寿E门店”“国寿E家”“云助理”等互联网销售，深化“国寿E宝账”“微服务”等功能应用，分析客户需求，满足客户自主、便捷服务要求。

【风险管理】加强销售人员管理和引导，保证客户投保信息真实性和准确性，把好业务风险第一关。开展非法集资专项治理活动，对重点地区、重点人群做到早预防、早发现、早治理。按照保监会和总公司要求，对“两个遏制、两个加强”工作进行回头看，对照发现问题，及时整改，查漏补缺。

中国人保财险青铜峡支公司

【概况】2016年，人保财险青铜峡支公司实现保费收入8190.66万元，比2015年减少38.47万元，增速-0.47%。其中，车险保费收入4534.55万元，比2015年同期减少152.56万元，增速-3.26%，业务占比55.36%；商业险保费收入704.21万元，比2015年减少68.28万元，增速-8.84%，业务占比8.60%。意健险完成309.27万元，比2015年减少43.11万元，增速-12.23%；责任险完成171.32万元，比2015年减少42.36万元，增速-19.82%；企财险完成157.39万元，比2015年增长9.32万元，增速6.29%；家财险完成20.80万元，比2015年增长8.17万元，增速64.75%；货运险完成45.43万元，比2015年减少0.29万元，增速-0.64%。全年支付各类赔款5788.89万元，缴纳税款291万元.

【农业险】实现保费收入2951.90万元，比2015年同期增长182.37万，增速6.58%，业务占比36.04%。其中，养殖业承保1000户，承保头数57.89万头，农户自交保费171.43万元，养殖业总保费1663.51万元。种植业承保36490户，承保亩数38.27万亩，农户自交保费120.45万元，种植业总保费1663.51万元。林果业承保2994户，承保亩数4.44万亩，农户自交保费40.54万元，林果业总保费202.71万元。林木业承保4户，承保亩数7070亩，收取保费12.54万元。农险养殖业赔案4002件，赔款1137.51万；种植业陪案475件，赔款950.57万。种植业中，蔬菜价格指数保险赔付301.54万元、苹果赔付64.88万元、葡萄赔付87.28万元、脱水蔬菜赔付25.29万元、温棚赔付16.30万元、西瓜赔付0.94万元、水稻赔付175.98万元、玉米赔付185万元、小麦赔付93.36万元。

2016年养殖业承保汇总一览表

表1-1　　　　单位:元

险种	承保户数	头数/只数	农户自交	总保费
蛋种鸡	2	500373	375279.75	375279.75
商业奶牛	18	2321	317907	317907
能繁母猪	581	8110	48372	483720
基础母羊	211	33300	249750	999000
成年奶牛	188	34077	715617	14312340
后备奶牛		816	7344	146880
合计	1000	578997	1714269.75	16635126.75

2016年种植业业承保汇总一览表

表1-2　　　　单位:元

险种	承保户数	亩数	农户自交	总保费
价格指数	140	1286.7	221312.4	1106562
脱水蔬菜	244	3227.2	38726.4	193632
葵花	1	90	540	2700
西瓜	3	460	2208	11040
温棚	1118	691	27640	276400
小弓棚		7592.8	51759.04	517590.4
小麦	8595	53273.85	95892.93	958929.3
水稻	11168	109848	263635.2	2636352
玉米	15221	151347.63	272425.734	2724257.34
制种玉米		54855.9	230394.78	2303947.8
小计	36490	382673.08	1204534.484	10731410.84

2016年林果业承保汇总一览表

表1-3　　　　单位:元

险种	承保户数	亩数	农户自交	总保费
苹果	2059	16974.8	142588.32	712941.6
葡萄	935	27377.68	262825.728	1314128.64
小计	2994	44352.48	405414.048	2027070.24

2016年养殖业赔款汇总

表1-4　　　　单位:元

险种	案件件数	赔款头数	赔款金额
能繁母猪	523	567	567000
羊只	1990	2777	1273950
奶牛	1489(商业奶牛183件)	1306(小牛35头)	9534100
合计赔款金额	4002	4650	11375050

【大病保险】2016年,城乡居民大病保险参保人次21.66万人,比2015年增加2900人,平均每人缴费32元,全市缴纳大病保险费693.07万元,比2015年增加9.18万元。全市大病保险报销起付标准为9300元,人均报销比例不低于50%。截至年末大病保险赔付金额643.90万元,比2015年减少633万元;理赔1239件,比2015年减少841件。其中,赔款金额达到万元以上案件有125件,单笔赔款金额达到3至8万元案件有8件。

【理赔情况】2016年,赔付5788.89万元。其中,车险赔案3316件,赔款2646.3万;商业险赔案1202件,赔款410.61万;农险赔案4477件,赔款2088.08万元;城乡居民大病保险赔案1239件,赔款643.90万元。全险种赔付率62.81%,比2015年上升2.87个百分点。

QINGTONGXIA YEARBOOK

镇·街道·农(林)场

编辑◎杜文君　丁　丽

青铜峡镇

【招商引资】年内，完成招商引资到位资金3亿元，占全年目标任务的375%。其中，恒瑞肉驴养殖场1.2亿元、金睿源牛养殖场1亿元、玉兴养殖场8000万元。计划上争项目资金900万元，实际完成1243万元，占全年目标任务的138%。其中，自治区民委少数民族特色村寨项目资金150万元，一事一议项目资金175万元，社区日间照料室改造项目100万元(利民社区)，广武、三趟墩土地整理项目资金700万元，基层政权政府办公楼改造项目资金118万元。

【农业生产】全镇播种农作物面积22700亩。其中优质粮食作物20500亩。种植小麦5000亩、水稻2500亩、玉米10500亩，间种大豆2500亩，种植经济作物2200亩，地膜蔬菜692亩、拱棚瓜菜500亩、油料饲草1008亩，粮食总产达1100万千克。开展春秋农田水利基本建设，对31条沟道和456条支、斗、农渠进行清淤，整治农路184条，完成畦田建设面积2300亩。整治32500亩重点片区农田。完成水利确权及余桥村"一事一议"渠道砌护。举办农业实用技术培训班25场次，培训群众2800人次，发放宣传技术资料1000余份，引进农产增产增收实用技术10余项。

【水产养殖】发展水产养殖面积6430亩。其中粗养殖4812亩。实现水产量90万千克。

【畜牧养殖】投资1.2亿元，建设青铜峡市金睿源奶牛养殖场，年内建成双列式圈舍4栋，现存栏奶牛1800头；投资8000万元，建设青铜峡市金水渊肉驴养殖场。投资5000万元，建设青铜峡市恒源林牧肉驴养殖场。全年辖区奶牛存栏9500头、肉牛存栏2400头、生猪饲养量8600头、羊饲养量29000只、禽类饲养量25.5万只。动物疫病防治密度100%，消毒面100%。

【禁育封牧】开展巡回政策宣传，发放宣传单300份、刷写标语13条、张贴通告92张。开展禁育封牧拉网式排查及专项整治活动，捣毁私搭羊圈10处，处罚羊群15群。

【环境整治】结合全市开展城乡一体化建设和集中整治违法建筑"百日专项行动"，动用各种工程车辆590余辆4900余人次，整治违法建筑和乱堆放垃圾173处，约29732.5平方米，清运垃圾2400余吨；清理民居巷道409条、主干道路210千米、违法广告293处、沟渠39条、乱堆乱放378余处，叫停违法在建工地3处；新置垃圾箱63个，新刷油漆60个；抚育植树3500余棵，完成庄点绿化造林面积120亩，经果林面积300亩；在109国道补栽960亩，栽植各类树木6万株。争取区环保项目资金890万元，在余桥村、沃沙村实施集中连片环境综合整治工程。

【特色庄点建设】年内，完成余桥村、同兴村少数民族特色村寨建设项目，惠及群众782户。

【扶贫开发】为1461户贫困户建档立

卡，每户提供2000元扶持贷款。争取互助资金380万元，建立同兴村、同进村“扶贫互助合作社”，解决移民群众生产所需资金。帮助农户发展种植业、清真食品加工等，发放贷款农户146户，贷款金额394.5万元。移民每户每年获得2800元奶牛托管分红。依托黄河金岸建设和工业园区发展，帮助1631名扶贫对象找到就业岗位，占移民村劳动力人口的93%。移民医疗保险参保率100%。3月，在同兴村召开精准扶贫启动会议，协调各参会单位捐助扶贫资金12.9万元。年内，为同兴村407户移民争取市扶贫办“庭院经济”400元农资物品。

【文教卫生】推荐青铜峡电花艺术团参加全区广场舞比赛，获乡镇组第1名。在辖区6个村、6个社区设文体活动室、农家书屋。全镇村、社区光纤入户率达到100%。为全镇50～59周岁居民开展免费健康体检。

【双拥、宗教工作】加强镇武装部阵地建设，建立装备器材库和战备值班室，完成年度民兵整组工作，组织民兵参加全区专武干部及民兵骨干集训，抓好民族宗教工作，申报建设清真寺两座，搭建同进村同来礼拜点板房，排查整改宗教场所安全隐患。

【保障和改善民生】全镇有城乡低保户2151户2786人、优抚对象56人、“五保”供养对象57户57人、孤儿48人。年内，累计发放城乡高龄津贴512860元、城乡低保金6073701元、优抚金19200元，“五保”供养费181440元、孤儿养育津贴244000元。有残疾人981人。其中二级以上重度残疾人378人。年内，为46名重度残疾人申请生活津贴，为55名残疾人申请燃油补贴，为29名残疾人申请“阳光家园”补助，全镇城乡居民医疗保险、养老保险参保总人数分别为28634人和9562人。累计输出劳动力2800人，收入2600万元。城镇新增就业2307人，培育小企业30个、小老板42个，创造新岗位230个，为辖区60名符合条件个体经营者申请办理创业贴息贷款300余万元，为53名经济困难失能失智老年人发放补贴资金519400元，为29名居家养老服务对象发放护理补贴19523元。完成余桥村、赵渠村人饮站管网合并工作，解决余桥村水质不达标问题。发展农村淘宝服务站两个。

【民主政治建设】支持镇人大履行职能。全年市人大代表提建议3件，收到政协委员提案4件，全部办理完成。加强工会、共青团工作，慰问困难职工105人，慰问金额52500元。开展辖区内企业职工工会会员普查，录入企业60家、会员3467余人；新组建工会7家，发展会员617人。落实妇女小额创业贷款，为95户妇女创业小额贷款279万元。

【法治宣传】年内，开展普法宣传12次（进军营2次、进学校7次、进社区2次、进宗教场所1次），青少年毒品预防教育宣传8次，对辖区12个村、社区普法工作进行检查和指导。利用节假日集中开展反邪教宣传教育，刷写大型宣传标语22条，悬挂横幅18条，出动宣传车9台次，发宣传单8000余份。

【综治工作】开展矛盾问题排查化解专项行动。对全镇来信来访、拖欠工资、安全生产隐患、环境保护等各类矛盾问题进行“拉网式”排查，排查矛盾问题105件，化解67件。对9名矫正对象和13名刑释解教人员按要求建立矫正和帮教档案，年内，解除矫正人员8名，签订帮教协议10名，定期进行回访谈话。

【禁毒工作】成立12个戒毒康复工作站，建立河东、河西2个社区康复中心，配备11名禁毒专干，组建30人构成的禁毒志愿者队伍，对吸毒人员实行网格化管理。全年在辖区各企事业单位开展禁毒宣传60场次，举办禁毒“流动课堂”14场次，制作禁毒宣传课件6个、禁毒宣传展板5块，发放宣传单页6000份。

小坝镇

【概况】2016年，小坝镇围绕农民增收致富核心，推进产业结构转型升级，夯实农业农村基础，改善城乡人居环境，提升民生保障水平。全镇工农业总产值达到26.4亿元。其中，工业总产值20.79亿元、农业总产值5.64亿元。实现农民年人均纯收入12190元。

【葡萄产业】投资223万元，建设占地6300余平方米先锋大青葡萄综合服务中心。投资10万元，建设大青葡萄长廊，在先锋村一、二、三、四、五组新栽葡萄510亩。9月1日至4日，举办先锋大青葡萄新闻发布会和葡萄采摘节。

【现代农业】年内建成南庄村绿丰源蔬菜示范基地1200亩、移动大拱棚360栋，全镇瓜菜种植面积达到16000亩，其中供港蔬菜面积达到2500亩；落实工厂化育秧大棚306栋，建成4个工厂化育秧基地；建设绿色公关模式化栽培示范园区1个，面积560亩。与山东登海种业公司、山东冠丰种业公司、宁夏银川大夏蔬菜制种公司签订制种订单，落实农作物制种面积15518亩。其中，玉米制种14439亩、水稻制种929亩、小麦制种150亩。创建玉米高产千亩展示方6个，面积12000亩；建立测土配方施肥标志性示范区10个，面积26000亩。

【畜牧养殖业】支持小坝村建设唐西养殖基地，项目占地230亩，总投资4000万元。开展春秋季动物防疫和突发疫情防治工作，对全镇9个村、57个村民小组及各养殖园区进行强制免疫和圈舍消毒，免疫生猪18854头、牛11080头、羊18120只、禽3503940羽，耳标佩戴率达到100%，防疫密度100%。年内，全镇猪、牛、羊及家禽存栏量分别达到2.1万头、1.3万头（其中奶牛4389头）、2.2万只、35万羽，无重大疫情发生。

【农村改革】流转土地9200亩，完成农村土地承包经营权确权登记颁证工作。发展村集体经济，成立林东村等三个土地股份合作社。培育农机大户7家，成立2家农民专业合作。开展创业就业技能培训，培育劳务公司2家，建成农村淘宝网店5家。

【“两大任务”】落实招商项目4个，总投资15900万元。其中，朔方混泥土预制厂2400万元、小坝养殖场4000万元、小坝东区商贸中心4500万元、金穗油品5000万元，项目全部开工建设。落实上争项目7个。其中，一事一议项目4个（林东村文化广场建设项目、先锋五队葡萄基地道路硬化硬化、林东六队巷道及村部东侧道路硬化项目和林皋村原曹湾二、三队道路硬化项目）；农业合作社项目3个（先锋村葡萄批发市场建设项目、林东村蔬菜批发市场建设项目和林皋村蔬菜批发市场建设项目），到位资金1079万元。

【农业基础】建设高标准农田4.01万亩。其中，新建高标准农田1.5万亩，复整巩固提高2.51万亩。年内，打造新林永丰高标准农田建设项目片区，复整林东、红星、先锋村片区及千亿斤粮食田间工程建设项目片区，完成支、斗、农、沟清淤454条309.63千米，支、斗、农渠清淤579条388.7千米，整修农路593条356.3千米。抓好机耕、秸秆还田工作，完成机深翻4万亩，出工40400人次，出动各类机械442台次。

【土地确权】征地500亩，完成新希望反刍饲料公司、仁和纺织、高速公路扩建、卫生监督所等项目征地丈量、测算及补偿工作。核实整理辖区2015年土地遥感检测图斑，完成多多停车场拆迁工作。配合市农经站完成农村集体土地及宅基地确权登记、先锋村小康示范村创建任务。

【城乡环境】完成棚户区改造1039户。实施阳光沐浴工程，为1280户农民安装太阳能热水器。4月至7月，开展“百日专项整治行动”，累计清理违章建筑62处、乱堆乱放1350余处，垃圾370余立方米，整治巷道457条，在109国道两侧新建围栏8600余米。组织人员和车辆对部分秸秆进行集中拉运、堆放。

【社会保障】全镇有各类保障对象2171人。其中，农村低保1045户1187人、城市低保168户287人、“五保”户44人、优抚对象29人、农村退役士兵58人、残疾人384人。1～9月，发放各类保障资金349·4万元。按照能进能出原则，退出低保48人，新申“五保”户11人、农村低保152人、城市低保14人，调增2人。录入低保信息台账1787户，到公安局、车管所、房管局、工商局、社保局录入社会救助家庭核对表信息5865人，迁坟47座，举办残疾人培训两期87人。举办创业意识培训两期175人，培训月嫂、保姆75人（林皋村），家政服务、催奶师60人（小坝村），培训劳务经济人5名，转移劳动力5228人。受理变更粮补信息186户，接待来访群众400人次，配合市农牧局完成2014和2015年粮补资金核查工作。核对录入城乡居民医疗保险信息188户，发放宣传资料1000余份。年内，全镇发放粮食、良种和农业综合补贴资金414.5万元。新建林东、南庄居家养老服务中心，完成农村养老保险缴费7124人，缴费比例达到97%，新增到龄领取待遇98人，享受待遇2668人，享受人员死亡停发28人；城乡医疗保险参保21736人，参保率达95%。

【文化卫生】新建文化广场1个。成功主办大青葡萄文化节和采摘节。完成两癌筛查、精神病患者调查、成人健康普惠性体检等免费健康体检工作任务，计划生育五星级镇创建成功。

【综合治理】年初，与辖区9个村和25家企业签订安全生产责任书和消防安全责任书，全年开展安全生产检查10次、矛盾纠纷大排查10次，化解涉诉案件1起、涉访案件20起，调处各类矛盾纠纷146件，调解率100%，成功率97%，辖区无刑事案件发生。

瞿靖镇

【概况】2016年，瞿靖镇以建设特色小城镇为主线，以全面建成小康社会为目标，把发展经济和改善民生作为出发点和落脚点，围绕全镇重点项目、重点工作和“两大任务”落实，紧抓产业结构调整，加快城乡一体化发展，改善民生，保障民利，全镇呈现出经济发展、社会进步、环境友好良好局面。年内引进青铜峡市鑫茂源银光、新民2万吨果蔬贮藏加工冷库项目，卿龙生物质与生活垃圾复合成型燃料项目，落实招商资金3735万；申报上争资金项目11个，争取资金521万元。

【粮菜种植】完成水稻种植面积4.6万亩、小麦种植面积3万亩、玉米种植面积4.6万亩（含制种玉米1.8万亩）、旱改稻种植面积2900亩。与宁夏中航郑飞塞外香清真食品有限公司、宁夏青铜峡市法福来面粉有限公司等企业签定优质粮食订单6.3万亩。其中，有机富硒水稻2.56万亩、小麦1.1万亩。完成瓜菜种植面积15520亩。其中，拱棚瓜菜3300亩、日光温室蔬菜2700亩、大地蔬菜9520亩。

【设施农业示范基地建设】完成新品种展示示范区建设面积330亩，展示玉米、小麦、大豆等260余个品种。建成有机水稻示范园区两个。其中，瞿靖村示范基地1500亩、毛桥村示范基地1000亩。引进鑫茂祥冷链物流公司，投资8000万元建成优质外销蔬菜基地10400亩，成为全市最大蔬菜外销基地。引进广明蔬菜合作社在瞿靖村投资1500万元，建设千亩越夏番茄永久性蔬菜基地。发展“红十月”葡萄合作社，投资1000万元，建设十里休闲果蔬采摘长廊。建设国家级玉米制种基地，完成制种面积1.8万亩。

【经营体制改革】开展土地承包经营权、宅基地确权工作，完成14个行政村9435户土地测景信息采集、登记、上报，颁证8686户，完成率92%；宅基地确权8234户，完成测量登记工作。新增流转土地6122亩，累计流转土地1.9万亩。培育新型家庭农场3家，家庭农场达到19家；培育农民专业合作社5家，农民专业合作社达到43家。筛选蒯桥村开展土地股份合作制改革试点工作。年内争取发展集体资金85万元。

【畜牧养殖】年内，争取少数民族发展扶持资金40万元，投资171万元，完成银光村肉牛养殖园区改造。全镇有投资500万元以上规模养殖企业7家，年产值500万元以上畜产品加工企业3家。全镇奶牛存栏5940头，牛饲养量达到9100头，生猪饲养量15.75万头，家禽饲养量55万只，羊饲养量4.75万只。

【农田水利建设】投资2800万元，实施友谊、瞿靖、蒯桥、尚桥村农综亚行贷款项目，毛桥、友好村千亿斤粮食生产项目，治理土地面积2.5万亩，复整土地面积4.2万亩，治理土地等面积达到6.7万亩。清淤支、斗、农沟643条426千米，支、斗、农渠1571条1067千米。开展防汛抗旱工作，争取一事一议项目新建泵站3处。其中，蒋新渠泵站2处、芦义渠泵站1处。争取小农水项目，投资400余万，维修毛桥、友好、银光、朝阳村4处泵站，砌护渠道15条8400米。

【小康示范村建设】围绕经济发展、社会和谐、生活质量、民主法制、文化教育、资源环境6个方面18项创建标准组织开展创建工作。年内，朝阳村、光辉村、新民村各项指标数据达到小康社会标准。

【美丽村庄建设】争取上级资金450万元，修建光辉村3～5队入户道路、蒯桥村入户道路、银光村中干沟路等主干道路3条4.9千米。争取“一事一议”项目，投资199万元，硬化银光、瞿靖、毛桥、友好村乡村道路5条6.8千米，全镇形成“五横六纵”交通格局。实施阳光沐浴工程，为1500农户安装太阳能热水器，解决生活热水问题。

【镇村环境】实施基层政权建设项目，投资200万元，对镇政府办公楼进行外立面暖气整治改造、更换门窗，前后院地面硬化等。开展城乡环境卫生一体化综合整治工作，推行“一月一督查一通报、一季一考评一奖惩”环境卫生管理长效机制。开展集中整治违章建筑“百日专项行动”，拆除违法建筑129处4992平方米，清理乱堆乱放1430处、垃圾1618余吨，整治巷道472条、渠道183条、广告牌匾425块，粉刷垃圾池(箱)566个，新建垃圾池11个，镇区环境基础设施逐步完善。拆除银瑞化工乙炔制造厂及5家木炭加工小作坊，督促众乐乳品厂、生猪屠宰厂等排污企业安装污水处理设备。巩固“自治区文明村镇”建设成果，实施生态绿化工程，栽植防护林160亩，植树1.2万余株，补植造林1.6万株；实施干沟护坡造林6千米23亩，栽植籽穗槐苗木11万株；营造经济林40亩，栽植苗木1800株；实施修枝抚育81千米60万株，铲除杂草林带1800亩，涂红刷白26万株。完成湿地确权登记、取证、确认等工作。

【文化体育】实施广播惠民工程，配合、协调市文化体育广电局为全镇11个村5628户安装惠民广播，为新民、镇畜牧园区、金穗葡萄园区及3个优质蔬菜种植基地安装调频音柱12支。参加全市春节社火大赛，获三等奖。参加全市“迎新春”乒乓球比赛，获男团二等奖、女团三等奖。参加“电信杯”广场舞大赛，获三等奖。全年举办“迎新春”文艺演出、“庆三八”巾帼文艺展示赛、“庆五一”秦腔交流演唱会、庆“七一”、“明德惟馨”文艺汇演等各类文艺演出6场次，“文化惠民·送戏下村”文艺巡演活动20场次，“迎新春”职工趣

味运动会、“百乡千村”农民体育月等群众体育活动5场次，春节社火巡演活动18场次。

【教育卫生】改善办学条件，提高教育质量，适龄少年、儿童入学率达到100%，小学无辍学人员，初中辍学率控制在1%以内。筹集45100元善款，资助家庭贫困学生76名。落实“七免一救助”惠民政策，开展60岁以上老人健康体检2300余人、优生健康教育1763人次、孕前优生健康检查222对，完成自治区级计划生育“五星级乡镇”创建工作。落实全面二孩政策，开展少生快富示范户帮扶活动，落实帮扶资金16000元，结合开展“5·29”计生协会日活动救助计生困难家庭11户，发放“生育关怀互助资金”6500元。

【民生工作】年内，全镇城乡居民医疗保险参保人数达31249人，参保率96.4%；城乡居民养老保险参保人数19028人，参保率95.2%；城乡居民医疗保险和养老保险参保率位居全市前列。审核发放60周岁以上农村老年人养老金5283人，核发率100%；为430名重度残疾人申报生活补助21.5万元，为432名重度(包括智力三、四级)残疾人申报护理补助17.28万元。全年累计为1207户农村低保户发放低保金280.3万元，为62户城市低保户发放

低保金41.63万元，为71户“五保”户发放供养费22.9万元。

【妇女工作】年内，发放妇女小额担保贷款147户667万元、“母亲小额循环”贷款项目资金30万元，协助办理妇女担保贷款贴息资金110户41.2万元。实现转移农村劳动力就业5034人，外出务工农民人均工资收入达到2万元。

【精神文明建设】突出典型培育，倡导文明新风，树立和睦家风，评选出全国最美家庭1户、青铜峡市最美家庭5户、巾帼建功标兵1人。时坊村创办“善行银行”，开展志愿服务活动70余次，帮扶辖区弱势群体，引导广大群众向“道德标杆”学习。

【法治政府建设】规范政府投资项目合同文本，监督做好农民工工资清欠工作，化解债务资金3635万元；开展“三资清理”工作，落实村财镇管的委托代理工作，加强对村级事务督导管理。

【综治维稳】在全镇建立综治信访维稳工作站15个，坚持每月召开1～2次综治信访工作领导小组协调会议制度，对各类矛盾纠纷进行大防控、大排查、大调处，实行领导包案化解制度和AB岗接访责任制。年内，排查各类矛盾纠纷37件。其中，重点信访问题18件、较小矛盾纠纷19件，建立清单台账化解31件。辖区未发生群体性上访事件。综治信访维稳工作多次代表青铜峡和吴忠市接受自治区综治工作督查。开展禁毒专项斗争工作，创新建立红黄蓝绿“四色”预警管控机制，受到自治区禁毒委肯定，“四色”预警管控机制在全区推广，并被评为吴忠市和自治区禁毒工作先进集体。

大坝镇

【概况】2016年，大坝镇围绕“基础建设强基础，产业发展带产业，项目实施争项目，稳定工作保稳定，作风建设促作风”五大主线，全面推进党的建设、经济发展、城乡建设、民生改善、文化繁荣、社会稳定等各项工作。至年底，农民人均可支配收入达到12344元，年增长8%。全年实现农村社会总产值9.67亿元，其中，农业产值3.39亿元、二三产业值6.28亿元。完成上争资金171万元，招商引资4100万元。

【农业基础设施建设】实施农业综合开发、国土整治、世行贷款节水灌溉、千亿斤粮食、中小河流治理、库区移民后期扶持、山洪沟治理等项目，砌护支斗农渠306.9千米，清淤治理沟道293千米，新建各类水利配套建筑物1870座、维修泵站4座，治理高标准农田8.5万亩。

【小康示范村创建】围绕小康示范村建设6个方面18项指标，按照《大坝镇建成全面小康社会实施方案》要求，建成利民、三棵树、陈俊、韦桥、大坝、滑石沟6个小康示范村。

【招商引资】争取韦桥文化活动中心、库区移民后期扶持、棚户区改造、西线高压输变线路，蒋东村、王老滩村一事一议道路硬化、沙庙村、利民村渠道砌护等项目。引进宁夏恒辉牧业发展有限公司、宁夏晓月生态农牧业发展有限公司、宁夏博润牧业发展有限责任公司

等投资企业。实施马国平肉牛肉羊养殖项目、立新转盘中石油加油站扩建项目、长明加气站建设项目、部分村组道路硬化和渠道砌护等项目。开工建设中滩田间市场项目、中庄农家乐项目、新桥肉驴养殖项目。

【粮食种植】按照统一规划、统一实施，统一流转土地、统一建设思路，稳定粮食作物种植，培育优势特色产业。全镇农作物种植面积达到108873亩。其中，水稻面积16860亩（有机富硒水稻面积10000亩）。发展工厂化育秧大棚162栋，完成水稻机插秧面积10000亩。

【特色农业】培育蒋东村、中庄村两个瓜菜示范基地。在蒋东村农业示范园区安装卷帘机500台，调制生物秸秆反

应堆300栋，投资75万元硬化园区道路3千米，温棚种植率达100%。全镇粮食蔬菜制种面积达到11300亩，林果瓜菜栽种面积达到9800亩，日光温棚达到732栋，牧草种植面积达到1800亩，水产养殖面积达到4840亩。在中庄村种植连片露地蔬菜506亩。

【畜牧养殖】 在大青路沿线完成华易、秀萍等万头生猪养殖场建设，立荣、红宇等万只肉羊养殖场建设，永青、嘉泰、天徕3个千头奶牛养殖场建设。全镇各类规模养殖大户发展到335户。其中，300头(只)以上规模养殖户28户。生猪饲养量达到6.46万头，羊饲养量达到3.5万只，奶牛存栏3200头，家禽饲养量达到38.8万只。

【家庭农场、专业合作组织建设】 全镇累计发展家庭农场33家，注册农民专业合作社51家。上滩村土地股份合作社作为全市典型予以资金扶持。

【土地经营确权流转】 完成9218户农村土地承包经营权确权登记，确权面积82181亩。完成8300户农户宅基地信息收集、确认、发证工作。支持种植大户成立家庭农场或以合作社流转土地，进行土地集约化经营。年内，完成土地流转面积24229亩。

【美丽村庄建设】 年内，建成利民、三棵树、蒋南、韦桥4个美丽村庄，拆除各类建筑物399户68376.4平方米、残墙断壁及果园围墙8800米，初设果园透视围栏19821.1米，粉刷房屋及墙面132855.3平方米，实施林带修枝抚育15万株。

【环境整治】 开展拆违百日专项行动，完善考核细则及奖惩办法，细化领导督查考核责任区、干部管理责任区、保洁员保洁责任区，规定每月10号、20号、30号为全镇环境保洁日。年内，新配保洁员26名，重点抓好109国道、万上路、小大公路等主干道路沿线环境卫生整治。

【基础设施建设】 争取农村环保项目、8个村环境连片整治项目，三棵树、中庄、利民污水处理项目、沙庙村、利民村农渠砌护等项目。硬化农村道路65.5千米，建成文体广场11处，创建韦桥、利民两个自治区级生态村。续建中庄新居，完善新居道路、中心广场、商贸楼、水、电、天燃气、绿化等基础设施建设。完成中大路至刘庙公路连接段、立新至高桥公路连接段、中大路镇政府段、中大路至新大路连接段、新立路改建、滑石沟新村道路6条道路建设和蒋东村、王老滩村道路硬化。完成利民、蒋南、沙庙、韦桥4个村650户旧庄点改造，其中危房改造102户。实施人饮工程，投资1100万元完成王老滩、上滩、中滩、利民等10个村6397户安全饮水工程，铺设主管道82千米，布设各类输水设施建筑1411座。

【社会治安综合治理】 开展信访矛盾纠纷大排查大调处工作，建立矛盾纠纷排查化解统计台账，落实主管业务领导负责化解、包村领导及干部协助化解责任，调查核实情况，会同司法、公安、农经、国土多措并举进行化解。设立社区戒毒康复中心，明确管理人员职责要求，与戒毒人员签订社区戒毒康复协议。开展反邪教宣传，打击各类邪教活动。

【人口与计划生育】 开展以“三查”服务为主要内容的健康检查进村服务活动。实施人口“网格化”管理，加强流动人口和移民计划生育管理工作，解决流动人口超生问题；落实双向管理职责，拓展服务内容，摸查流动人口出生、“四术”和孕检、办证等工作。建立信息档案电子化。

【社会保障】年内，城乡居民基本医疗保险参保26801人，完成计划任务100.44%；城乡居民社会养老保险参保11739人，完成计划任务99.45%。接收社保卡26647张，发放社保卡26218张，整体发卡率98.39%。帮助192名农村妇女申请创业贷款598万元。新建陈俊村、王老滩村两个农村幸福院和蒋南村老年饭桌。

【文教卫生】完善镇图书室、文化活动室、资源共享室、电子阅览室硬件设施，镇文化活动中心实行免费开放。建设标准化农家书屋、电子阅览室、文化活动室，培育民间自乐班子，配备拉杆音箱等娱乐设施，解决各村群众跳广场舞难问题。实施广播惠农工程，为全镇6400余户村民配发小广播。开展文化惠民工程，组织开展各类文化娱乐活动，上滩村社火获全市春节社火比赛一等奖，韦桥村广场舞获全市电信杯广场舞比赛三等奖。

【民兵精神文明建设工作】开展民兵装备维修分队和抗洪防凌分队集中整组点验，点验率达到100%。组织民兵预备役官兵参加上级军事部门各类集训，机枪连代表宁夏军区参加兰州军区比武考核，得到好评。完成兵役登记和征兵任务，开展“道德模范”“乡村好人家”“十星级文明户”及“好媳妇、好儿女、好公婆、好邻居”等评选活动，成功创建自治区级文明镇，韦桥村进入自治区级文明村行列。

【党建工作】①阵地建设。筹措资金100余万元，新建中庄村村部，搬迁陈俊村村部，扩建滑石沟村部。②村级建设。整顿蒋南、滑石沟、大坝、三棵树4个软弱涣散党组织，调整村两委班子，将农村低保、农资直补各项惠民政策落实纳入村民议事范围，规范村级事务管理。③争先创优。创建利民、上滩2个三星级服务型党组织，打造利民、沙庙、韦桥3个服务型党组织示范点。年内，举办各类党员培训活动150场次，远程教育站点组织教育活动360场，参加党员干部5000人次。做好党员发展工作，新发展党员20名。

【党风廉政建设】加强制度建设，落实镇党委主体责任和纪委监督责任“两个责任”。推行镇党委权力公开透明运行和党政一把手“五个不直接分管”等工作。推进廉政文化“六进”活动，通过发放宣传单、制作展板、设立党风廉政宣传栏、参观廉政教育警示基地等方式，推进廉政文化进农100(次)。开展“庸懒散、奢吃贪、蛮横硬”、公款消费、侵害群众利益等专项整治行动，严肃查处各类侵害群众利益案件7起。

峡口镇

【概况】2016年，峡口镇围绕全面建成小康社会总目标，抓好新农村建设、农业产业结构调整、生态环保、招商引资、精神文明建设、“百日专项”整治和禁止焚烧秸秆等专项工作，全镇农业、农村经济及社会各项事业发展良好。全镇实现国内生产总值14.33亿元，增长8%。其中，农业生产总值2.78亿元，增长6%，二、三产业产值11.4亿元。农民人均可支配收入达到12157元，增长9%，人口自然增长率控制在3.86‰以内。全年落实招商引资资金8500万元，上争资金940万元。

【小康示范村创建】巩固巴闸、任桥、赵渠、谭桥、闫渠、草台子6个小康示范村建设成果，确定郝渠、沈闸和汉渠3个村为新创对象，按照“缺什么补什么，差什么做什么”原则，先后组织实施高标准农田复整、郝渠美丽乡村提升改造、财政“一事一议”奖补、沈闸供港蔬菜种植、惠民广播安装等项目，郝渠村、沈闸村和汉渠村总体实现程度分别达到92.21%、91.86%和91.35%。

【特色农业及专业合作组织】在西滩村推行农村土地股份合作制改革试点工作，支持从玉菜业等专业合作社集中流转土地10781亩。巩固培育学文、鹏源苗圃、牛首山庄特禽养殖展示等家庭农场8家和鸿乐府果蔬、金柱果蔬等农产品专业合作组织32家。发展露地瓜菜3560亩。其中赵渠村学文家庭农场流转土地发展露地蔬菜730亩。实施赵渠村水肥一体化项目，建设钢结构材质蔬菜移动大棚120个，在西滩、谭桥、汉渠3个村种植连片优质水稻1万亩(水稻机插秧3100亩),引进深圳双晖公司种植供港蔬菜1500亩,全镇供港蔬菜面积达到4000亩。年内,新培育生国、庆威和艳玲3个家庭农场,创建龙骏、宁惠2个专业合作社、申报创建市级规范专业合作社2个、示范专业合作社2个、星级家庭农场2个;新增农机大户2家、农业机械12台(套)。

【畜牧养殖】依托荒地资源,在牛首山北麓发展奶牛养殖产业,巩固原有17个规模养殖场,续建蕤昶牛羊养殖场和万花牧业千头奶牛养殖场,同时,加强畜牧防疫工作。年内,全镇奶牛存栏8413头,肉牛饲养量2500头,羊只饲养量47292只,生猪饲养量10187头。

【农业基础设施建设】实施沟渠整治工程治理西滩村沟尾24条2.6千米,配套修建水利建筑物65座;硬化郝渠、赵渠村生活巷道6.5千米投入使用;实施牛首山高效节水项目,铺设2200亩滴灌管网,完成牛首山泵站翻修建设,更换机电设备6台套,新增630千伏安变压器1台,砌切南支渠1千米,修建道路涵洞2处;完成牛首山道路修建及停车场硬化等前期准备工作维修,已开工建设。

【土地确权颁证工作】按照"保持稳定、尊重历史、照顾现实、分类处置"原则,推进土地确权工作。年内,完成11个村土地经营权确权工作,并按照市档案局档案整理要求,完成任桥村土地确权档案整理。

【林木栽植和管护】在鸿牛路、任三路林带补植刺槐6500棵、榆树3300棵、旱柳500棵、紫穗槐2万株,跃进村土地整理片区新栽植新疆杨5100株、旱柳1980株、优质苹果树苗16500棵,牛首山北麓土地整理片区栽植新疆杨1600株、旱柳4000株、垂柳800株、紫穗槐3万株;完成吴青路、鸿牛路、任三路、京藏路林带除草平整、起垄浇水管护。

【环境整治】年内,出动人员10289人、机械473辆,拆除违法建筑34处192.5平方米,清理垃圾8895吨、渠道265条、整治巷道928条、主干道路230千米,为全镇13个村(居)新配备垃圾箱100个,在新田、跃进规划建设垃圾填埋场1座。

【美丽乡村建设】争取美丽乡村提升改造工程,整合资金465万元,实施财政一事一议道路硬化、天然气管网入户项目和阳光沐浴工程、郝渠黄河人家改整治造。完善峡口镇特色小城镇、乐府苑美丽乡村基础设施建设及镇村服务管理。硬化道路10040平方米,群众文化广场1900平方米,建设跨滨河路林带分界沟拱桥1座;维修疏通排水管网5100米,铺设排水管网620米,绿化林带供水管网800米,新建排水检查井110座;安装路灯101个;铺设天然气入户管网7.1千米;安装太阳能热水器324个、安装公共绿化带围栏1050米,绘制彩绘墙425平方米,清淤整治草桩砌护沟道2.2千米。投资188万元,实施团结新村社区日间照料中心项目,改造镇敬老院一二层楼房及附属用房。

【人口与计划生育】落实计划生育二孩政策和各项奖励扶助政策,加强计划外生育户管理,开展惠民计生、诚信计生和便民计生创建、流动人口管理工作。2016年全镇人口自然增长率为3.86‰,出生政策符合率为98.12%。

【民生保障】开展全镇50~59岁以上群众免费健康体检建档、孕前优生和两癌筛查等"八免一救助"工作,建成郝渠、新田、草台子村3个老年幸福院,谭桥老年饭桌正式运营;开展"阳光低保"和残疾人各项政策措施,发放"五保"、高龄、抚恤等资金52万元;加强创业就业工作,完成劳务输出5390人,新增小企业小老板8家,创业带动就业150人;举办挖掘机、电焊工、和装载机等培训班4期,培训人数达170人次,支持办理小额贴息贷款60户426万元。

【教体文卫】投资27万元,实施草台子村文化广场硬化工程,峡口镇中心幼儿园扩建项目完工并投入使用。开展最美家庭评选及无毒家庭创建活动,组织最美家庭代表、镇村干部到吴忠市戒毒所参观学习,举办健康教育大课堂13期650余人,发放健康教育资料700余份。

【安全生产】全年开展各类安全检查10次,下发安全隐患整改通知书30余份。对账整改一批重大安全隐患,在吴青路吴忠至青铜峡与鸿牛路鸿乐府至牛首山平交路口安装交通信号灯,拆除牛首山寺庙群内存有重大安全隐患便桥两座,在重大危险源处设置安全警示标示50余处。

【信息宣传】每月按时上报重大决策部署及重要工作信息简报。年内,上报信息30篇,在《吴忠日报》、青铜峡新闻等各类媒体发稿150余篇。

【党组织建设】①教育培训。年初，镇党委与13个村(社区)党支部层层签订党建目标责任书，采取集中轮训、理论测试、观看警示教育片等方式，分级分类对750余名党员进行培训。②制度落实。坚持“三会一课”、述职评议等制度，推行党委委员党建工作联系点制度，48名党员干部联系村、社区、非公企业、社会组织19个，对比督查指导党建工作。③摸底调查。安排各支部对全镇753名党员开展组织关系排查，摸清党员底数和党员队伍。开展非公企业调，摸清非公企业底数，全镇现有非公有制企业46家，其中，规模以上企业1家，在岗职工994人，其中，11家非公企业建立党组织，现有党员38人。④“两学一做”。镇党委及各村支部制定“两学一做”学习教育四个清单。年内，开展夜学活动67场次、组织专题讨论70余次，建立“两学一做”宣传角14处，悬挂刷写横幅、标语56条，制作展板61块，撰写心得体会文章850余篇，镇党委及各支部为党员送党章670余份。⑤党委、政府换届。在16个党支部选出128名党代表，于7月28日召开中共峡口镇第十三次代表大会，选出新一届党委班子、纪委班子和15名出席中共青铜峡市第十二届委员会党代表。按照市、镇人代会召开各个环节要求，选举61名镇人大代表、出席青铜峡市第十五届人民代表大会第一次会议代表20名。2016年9月5日，召开镇第十六届人民代表大会第一次会议，选举产生镇人大主席团、镇人民政府领导班子。

【党风廉政建设】①开展群众评议机关和干部作风等活动，完善《领导班子“四重一大”制度实施暂行办法》等6项规章制度，制定《峡口镇针对干部无利不工行为责任追究制度》《信访工作责任追究及奖励制度》和《信访接待答复化解工作制度》，对跃进等4个村14名干部进行提醒、诫勉谈话，审批上报党和国家工作人员婚丧嫁娶等重要事项报告8起。②结合中央八项规定“回头看”工作，推出“四个侧重”工作法，落实“两个责任”和“一把手”“五不直接分管”工作制度，将人事、财政、工程建设、物资采购、行政审批等权力下放至分管领导和相关站所。③开展岗位廉政风险防控，在全镇13个村(社区)落实“阳光低保”“三务公开”和村民监督委员会“五牙子章”等制度。排查出廉政风险58条，制定廉政风险防控措施62条。

【社会管理】建立矛盾问题接待转办、信访接待及责任追究奖励制度，每月开展一次镇村组三级摸排，做到群众来访有专人接待登记、调查核实、答复调处。在全镇13个村(社区)、3个非公党支部建立人民调解委员会16个，安排专人负责日常调解。年内，排查矛盾问题47起，调处45起，化解率97%。组织巡防员和联防员在辖区内开展义务巡逻，做好应急事件警戒救援和信息收集上报。开展反邪教专项整治活动，结合“公共安全防范警示教育”，发放《消防安全》及传销宣传手册26000余份，参与群众5000人次。开展禁毒宣传和社区戒毒康复工作，协调公安部门组织开展禁毒工作“十进十讲”活动，定期深入清真寺、企业、学校进行普法宣传。按照“七统一”要求，改建峡口镇戒毒康复中心办公室、谈话室、特色工作室，制作制度牌24块，购置办公设备6台套；建成巴闸、沈闸等12个村级戒毒康复工作站并投入运行；在全镇33座清真寺设立禁毒知识宣传栏、宣传岗，与社区108名戒毒康复人员签订协议，实行动态化和信息化管控，社区戒毒康复执行率达到70%以上。

【民族团结进步创建】完善各类审批手续，按程序逐级报批峡口镇大型宗教活动服务预案，采取安全检查、交通管制、环境整治、现场管理等措施，确保鸿乐府拱北13次跨地区大型宗教活动和牛首山农历三月十五庙会活动安全平稳开展。开展民族团结进步创建活动，聘请82名宗教人士担任义务法律宣传员和矛盾纠纷调解员、30名清真寺阿訇为食品和宗教场所安全监督员，累计创建民族团结进步和谐寺观28个、民族团结模范村(居)12个。在全镇33座清真寺、38座汉族庙宇开展“拉网式”安全大检查，确保宗教场所安全。

【“七五”普法】落实司法所和派出所所长“授课制度”，组织全镇干部开展宪法和“五法一条”例等法律法规学习，举办领导干部法制讲座10次、学法考试8次、心得交流3次，发放宣传资料30000余份；开展培训讲座8次、发放资料2000余份、解答群众法律问题240件，建立图书角30个、普法中心户13个。

叶盛镇

【概况】2016年，叶盛镇党委、政府围绕"建设经济强镇、滨河靓镇、现代农业大镇、商贸重镇、文化名镇，宜居宜业宜游美丽新叶盛"发展目标，推进"九项规划""两大任务"及"四区一基地""双百"行动等各项目标工作落实，全镇经济和社会事业保持稳定、健康发展良好势头。全年完成招商引资8850万元，上争项目资金5785万元；实现社会总产值7.49亿元。其中，农业总产值2.65亿元、二三产业总产值4.84亿元。农民人均纯收入11890元。

【特色农业】以专业合作社和龙头企业为引领，巩固地三、盛庄、蒋滩3个万亩现代农业示范园区。完成优质有机富硒水稻种植面积3.8万亩，建设3000～5000亩有机富硒水稻方点3个，发展生态农业展示示范区1个、稻田养蟹示范区1个、有机水稻示范区1个、全区农艺农机水稻创高产机械化生产示范园区1个，完成工厂化育秧大棚602栋、水稻机插秧2.5万亩、优质春小麦2.5万亩、冬麦2400亩、优质玉米2.9万亩，种植弓棚瓜菜2400亩，在地三村举办全区农业服务体系阵地建设现场会。

【农村改革】开展农村集体土地承包经营权确权登记工作，完成全镇10个行政村土地确权登记工作，新增流转土地面积1100亩，土地流转面积累计达到3.2万亩。深化五星村土地股份合作社运行模式，在联丰、盛庄2个村成立土地股份合作社，通过"托管""订单农业"等形式种植优质水稻420亩。吴忠市农业农村改革现场会在五星村、龙门村召开。年内，完成五星、正闸、蒋滩等8个行政村宅基地使用权确权登记地籍调查工作，建成3608户农村宅基地地籍管理数据；新注册培育农民专业合作社两家，累计达到24家；新培育家庭农场两家，累计达到12家。

【畜牧养殖】鼓励引导养殖户"出户入园"，全年完成生猪补栏11.9万头、奶牛存栏5870头，羊饲养量达到3.6万只，家禽饲养量达到48万只，动物免疫密度、标识率达到100%。

【特色旅游】支持地三、龙门等村发展休闲农业观光产业，打造地三优质水稻观光特色村。9月23日，在正鑫源基地举办青铜峡市首届稻花香里文化艺术节。建成龙门村全域旅游特色示范村，开工建设5家农家乐，其中4家建成投入运营。

【"两大任务"】全年完成招商引资8850万元。其中，叶盛稻香园新村商网建设资金1500万元、青铜峡市易高清洁能源有限公司投资5200万元、龙门生态园旅游度假村投资800万元、宁夏汇丰源一二三产业融合发展资金1350万元。争取项目资金5785万元。其中，自治区财政厅"一事一议"奖补项目资金300万元、基层政权建设项目资金85万元、小城镇供排水基金项目资金3900万元、美丽小城镇项目1500万元。全镇有规模以上企业8家，规模以下企业和个体工商户360余家。

【小康示范村建设】按照叶盛镇全面建成小康社会实施计划梯次安排，抓好张庄、盛庄两个示范村创建。年内，张庄、盛庄两个村经济发展、社会发展、人口素质、生活质量、民主政治、资源环境6个方面18项小康社会指标基本达标。

【城镇化建设】总投资2700万元，推进"稻香园"幸福村庄商贸网建设进程，完成东侧主体工程，正在建设西侧工程，完成266户棚户区改造货币安置补偿工作。争取国家第三批项目基金3900万元，对小城镇供水、给排水管线、道路等进行维修改造。争取资金130万元，高标准实施龙门一队"美丽乡村"工程。争取资金1500万元，实施美丽小城镇项目，建设污水处理、绿化、路灯工程，完成沿京藏高速603户农户危房改造。

【民生建设】争取"一事一议"财政奖补项目，投资99.945万元，完成盛庄村大北渠、八八渠农渠砌护。投资49.3万元，实施龙门村三、四、五队渠道砌护。投资43万元，实施联丰村四、五队农沟片石砌护。投资31.53万元，实施龙门村六队道路硬化。投资64万元，实施联丰村六队生活巷道硬化。实施五星、正闸农业综合开发项目和反帝沟治理、水利设施防护项目，清淤整治支、斗、农沟494条287.5千米，支、斗、农渠1132条591.5千米，整修农路675条347千米，治理总面积5.2万亩，实施永昌沟基础配套设施工程，修建涵洞6处、渡槽3处、生产用桥2处，建设龙门小农水泵站1处、蒋滩小拱棚瓜菜抗旱井1个，改善镇域基础设施。

【环境整治】开展拆违治乱百日专项及环境综合整治，重点整治109国道、101省道、京藏高速、滨河大道、叶玉路、叶甘路等主干道路两侧，拆除违章建筑34处2083平方米，清理生活生产垃圾2800余吨，粉刷垃圾池365处、垃圾箱70个，砌护透视围网4千米，整治主干道路42.8千米，巷道497条，建立5个垃圾集中处理场，全市环境整治现场会在叶盛召开。

【生态环境】实施"美丽乡村"生态建设工程，在干沟干渠干路两侧建设农田防护林和生物护坡林，新栽补栽树木47.6万株、防护林带杂草416条、紫穗槐16千米，完成经果林栽种105.2亩，实施涂红刷白41.5万株、修枝抚育29万株。

【社会保障】兑现低保、救灾、救济、优抚、残疾人等政策，落实"阳光低保"民主评议制度和动态管理制度，确定193名高龄津贴享受对象，发放低保救济金、物价补贴86.5万元，高龄津贴、五保供养费和各类生活补贴41.56万元；慰问177户困难群众，发放冬令春荒救助金、临时救济金等18.94万元。年内，发放优抚对象优抚金38.94万元、残疾人燃油补贴155人4.03万元、残疾人生活津贴等补贴257户15.42万元。

【社会管理】开展平安建设活动，每月第一周星期四召开全镇矛盾纠纷、信访问题、社会治安情况协调会，对全镇矛盾纠纷、信访问题进行排查，确定问题清单、责任清单、销号清单、排查任务清单，对出现矛盾纠纷问题建立台账逐一化解。做好依法治理工作，全年开展矛盾纠纷排查94次、法制宣传教育62场次、法律知识竞赛2场次、法律援助32起、调处化解各类矛盾纠纷79起。镇司法所获全区"六五普法"先进集体，被评为吴忠市四星级司法所；人民调解委员会被评为全区优秀调解委员会。

【社会事业】组建群众文艺团队，开展文化惠民"三下乡"文艺演出活动122场次。举办"妇女节""母亲节""百乡千村"农民运动会、广场舞比赛等18场次。春节社火演出获全市二等奖。推进人口与计划生育工作，计生三项制度落实率、政策符合率均达95%以上，孕前优生健康检查完成率达100%，流动人口清查率、免费服务率均达到95%以上，流动人口信息录入率达到100%。开展农村计划生育家庭户各项优惠奖励政策审验、上报工作，兑现各项奖励扶助资金。做好经济社会发展年报和定期、季度报表统计工作，提高统计数据质量。

【民风建设】深化政策宣传"农村直通车"工程，成立镇村政策宣讲团，完善例会培训制度，全年宣讲中央、区市文件及领导讲话精神150余场次，受惠群众17240人次。发挥政策超市作用，提高政策普惠性和知晓率。全年在《宁夏日报》《吴忠日报》、中央、自治区、吴忠市及青铜峡市各级电视台等新闻媒体播发各类稿件和信息131篇。开展寻找"最美叶盛人""最美家庭""无毒家庭"等活动，选出26名最美家庭、最美母亲、最美儿媳、最美丈夫、最美睦邻、最美叶盛人、无毒家庭，寻找真善美，传递正能量。

【群团工作】实施青年妇女创业就业工程，为43名妇女争取创业小额贷款196万元，组织开展妇女技能培训29场次。加强共青团建设，发挥青少年综合服务平台作用，全年组织各类技能培训16场次，参训青年达3200人次。

【党建工作】以开展"两学一做"学习教育工作为抓手，狠抓班子、干部队伍、服务型党组织建设，转变工作方式、改进工作作风。全年创建服务型党组织示范点2个、星级党支部15个，整顿后进党支部1个。组织开展党员组织关系排查，登记784名在册党员基本信息，排查出流动党员38名、失联党员7名，找到失联党员7名。7月25日，召开中共叶盛镇第十一届代表大会第一次会议，投票选举镇党委、纪委领导班子。

实施“人才强镇”战略，实施龙门村乡村休闲旅游特色人才项目，建设以小云林果协会为代表的劳动技能型人才集聚地；加强村级阵地建设，新建张庄社区，5月初搬入使用。完善589党建工作机制，加强党员教育培训。年内，举办村党支部书记、主任培训班12次，组织党员培训64场次，参训党员784名。

【党风廉政建设】落实党风廉政建设责任制和目标管理责任制，强化“两个责任”，规范和制约一把手权力，以政府采购、招投标、征地拆迁、低保审核等领域为重点，落实“四重一大”决策制度，开展廉政风险防控管理。强化廉政教育和案件查办，化解征地拆迁、土地流转等领域存在各类矛盾纠纷28件。加大“四风”问题和干部纪律松散、作风漂浮、不作为、乱作为等不良作风整顿力度，通报批评9名村干部和7名镇干部迟到、缺会等不遵守工作纪律行为，对两名被群众信访投诉镇干部和一名村干部进行约谈提醒。加大村级财务、三资管理、重大事项决策办理监督力度，规范村监会成员“五牙子章”财务监督工作，每季度对各村“三务”公开情况进行监督检查，年内举办村监会培训班1场次。开展“立家规、树家风、守廉洁、促民风”家风建设活动，征集家规家训100余条。

邵岗镇

【概况】2016年，邵岗镇按照“项目建设强基础、产业发展增实力、民居建设提形象、社会发展保稳定、民生建设促和谐”发展思路，全力以赴促增收，千方百计惠民生，凝心聚力谋发展，全镇经济提速、民生改善、管理创新、政治稳定、社会和谐、党的建设不断加强。全年实现社会生产总值8.34亿元，比2015年增长6.0%。其中，农业产值达到4.55亿元，比2015年增长6.5%；农村居民人均可支配收入达到12241元，比2015年增长9%。上争资金900万元，完成1495万元，超额完成595万元。

【“两大任务”】下达引资任务6000万元，实际完成1.6亿元，超额完成1亿元。其中，引进宁夏容园美酒庄有限公司完成投资2000万元、古城人家酒庄完成投资2000万元、柏图酒庄完成投资1200万元、同富村农贸市场完成投资2130万元、宁夏鑫茂源冷链物流专业合作社完成投资1147万元、丹麓酒庄完成投资1500万元、密登堡酒庄投资6052万元。下达上争资金任务900万元，实际完成1495万元，超额完成595万元。一事一议项目资金536万元、垃圾填埋场资金423万元、小城镇建设第二批资金400万元、沙湖美丽村庄建设资金136万元，

【现代农业】全年落实农作物种植面积9.85万亩。其中，有机富硒水稻3.5万亩、水稻插秧1.4万亩。建成优质粮食高产创建15000亩水稻高产示范区1个。完成病虫害专业化统防统治8700亩。新建水稻工厂化育秧大棚60栋，完成瓜菜种植1800亩、供港蔬菜2500亩、单种小麦520亩，种植冬牧70黑麦牧草3700亩。

【畜牧养殖】全镇饲养生猪5.88万头、奶牛存栏6650头、肉牛存栏3630头、羊饲养量5.4万只、家禽饲养量85.3万羽。顺宝蛋鸡养殖场完成10栋鸡舍建设，入栏蛋鸡80万羽，达到200万羽养殖规模。美加农标准化养殖场二期完成牛舍、场地、水电等基础设施，入栏胚胎牛2000头。

【酒庄建设】以鸽子山中法葡萄酒庄集群示范区项目建设为依托，引进古城人家、丹麓、密登堡、贺兰芳华、容园美等酒庄建设，全镇酿酒葡萄种植面积累计达到4.8万亩。年内，新建续建酒庄酒堡10家，产葡萄酒4500吨。

【生态绿化工程】实施生态绿化工程，新造防护林210亩，补植造林135亩，涂红刷白树木24.9万株，修枝抚育树木4.46万余株。完成玫香园小区中心村及沙湖村美丽村庄生态绿化任务，在大沟、甘城子、玉西三个村栽植苹果、小杂果500亩。

【农田水利建设】实施东方红村1.5万亩农业综合开发高标准农田建设项目，复整永涵、邵南、邵岗、邵北、下桥、玉泉、邵西村国土高标准农田建设3.5万亩。实施秋翻5.2万亩、小畦田建设0.7万亩，疏通支、斗、农沟439条、长264.3千米。清淤支、斗、农渠1020条、长1072.8千米，整修农路494条、长337.8千米。开展保灌抗旱工作，增加补水泵19台，解决群众灌溉问题。加大小农水工程建设，渠道砌护加高1560米。完成邵北、下桥、邵西、二旗、玉泉、东方红等村10个"一事一议"项目。

【"双百"项目建设】①邵岗镇小城镇建设项目。完成排水、道路、中心广场改造及农贸交易市场工程建设。②同富村农贸市场项目。南庄点建设完成，北庄点一层完工。③宁夏鑫茂源冷链物流合作社冷库建设、高渠村农机合作社项目。流转土地1500亩，购置冷链物流车10辆，在瞿靖新民、银光、小坝永丰建设三座冷库，完成投资6753万元。④乡镇垃圾填埋场项目。年内动工，至年底交付使用。⑤邵岗镇沙湖村美丽村庄改造项目，安装太阳能热水器320台，敷设排水管网3.2千米，建设样板卫生间1户，完成村部附属工程建设。⑥大沟村污水处理厂建设项目。2.5千米污水管道铺设，污水处理厂主体土建工程、污水处理设备安装全部完工。⑦优质牧草建设项目。在二旗村建设7000亩优质牧草示范基地1个，种植紫花苜蓿3600亩、冬牧70麦草3400亩，冬牧70麦草于6月全部收割完毕复种机育机插水稻。筹办全区冬麦收割及夏播生产观摩现场会。

【精准扶贫】年内，完成253户965人脱贫任务。接收同乐村移民1344户6410人。

【养老及医保】为农村284名60岁人员办理养老保险、72名居民办理养老保险参保手续。全民参保核对登记完成2418人，"新农合"参保人数达到20979人，实现新农保、新农合全覆盖。

【小康示范村建设】开展东方红村、邵西村、大沟村3个小康示范村6个方面23项指标监测和建档工作，3个村达到小康示范村创建标准。

【信息报送】搜集、整理经济社会发展和创新事件及信息，年内，报送各类宣传信息170余篇。其中，青铜峡手机报采用43余篇，《吴忠日报》刊载发表23篇；《宁夏日报》刊载发表8篇，央广网发表1篇；被宁夏电视台报道2次。

【"七五"普法启动】开展法律"八进"活动，建立法治文化长廊4个，创办法治文化园1个，开展法制宣传、法律咨询活动12场次，为310余名群众解答法律咨询，发放各类宣传资料1.5万余份。聘请1名律师为镇人民政府专职法律顾问。

【平安建设】开展镇、村治安联防巡逻，打击黄赌毒、传销、邪教活动，群防群治，14个村建成网格化管理机制。辖区全年发生刑事案件14起、治安案件74起。调解矛盾纠纷48起，调解成功43件，成功率90%，挽回经济损失107.5万元。及时协调答复群众反映问题办理群众来访8起、来信3件，网上办理20起。加大安全隐患摸排，排查123家企业安全隐患9项。开展道路交通安全隐患排查4次，排查安全隐患5项。摸排辖区58个大小湖泊、鱼池和57处沟渠路桥，砌筑安全防护栏330米。开展清真食品专项排查，排查食品安全隐患5个，不卫生和过期食品、学校周边小商店销售无生产厂家小食品等安全隐患4个。加强宗教事务管理工作，配合宗教局劝返外来非法传教人员1人。

【民生保障】关注农村弱势群体，提高社会保障水平。年内，新增低保72户，月发放低保资金1139户26万元；发放临时救助及大病救助83户7.6万元。规范殡葬管理，为低保户家庭生活困难离世人员发放丧葬补助5.3万元。改善养老服务，建成大沟村、邵岗村、玉西村幸福院，安装健身器材36件。全年累计发放高龄津贴296户81万元。

【教育文化】巩固"两基"成果，小学、初中适龄儿童入学率分别达到100%和98%。推进公共文化服务，投资10万元改造镇文化活动中心。年内，建成7000平方米邵岗文化广场，在同富村南庄点建成1500平方米文化广场1处，组织文化惠民演出4场次、其他各类文艺演出20余场次，参与全市春节社火比赛取得第二名，组织参加黄河楼广场舞大赛获优秀奖。

【卫生健康】开展爱国卫生运动、健康

教育和除“四害”工作，巩固自治区卫生镇创建成果。年内，完成1468名65岁以上人群普惠性健康体检，1218户“七免一救助”宫颈癌、乳腺癌项目筛查。

【人口与计划生育】开展计划生育星级镇创建活动，通过宣传引导、健康促进、优生咨询、高危人群指导和采取免费孕前优生健康检查、补充营养等各项出生缺陷防御措施，提高人口出生素质。年内，实现人口出生率8.23‰，综合节育率95%，符合政策生育率96.9%。

【“百日专项行动”】拆除违法违章建筑144处，清运垃圾7020余吨，清理巷道367条、渠道298条、乱堆乱放3400处，整治主干道路76.3千米、绿化带1002条、广告牌286块、在建工地6处，规范流动摊点、乱摆乱放168处。

【劳务经济】培育小企业21家、小老板24人，为133户个体工商户和养殖户申请创业贴息贷款1041万元。完成农村劳动力转移就业5524人，实现劳务收入5535.5万元，培育劳务经纪人73人，成立劳务公司两家，创造新岗位142个。

【群团工作】组织志愿者结对帮扶5名留守儿童。开展推进“青铜峡梦想助学金”帮扶工作，筹集贫困大学生助学金12650元，救助10名贫困大学生完成学业，募集捐款50897元救助邵北村烧伤学生。推广志愿服务活动，完成青铜峡志愿者注册3352人。

【妇女工作】年内，动员各方力量支持妇女创业，发放妇女创业贷款86户356万元，办理妇女担保贷款贴息资金115户310939.45元，举办“道德讲堂”两期，5户家庭获得吴忠市“最美家庭”称号。被评为自治区农村妇女岗位建功先进集体。

【民兵、工会工作】强化民兵整组点验，做好兵役登记和民兵训练。规范基层工会工作，组建工会5家，发展会员452人。指导企业签订工资集体协商合同14家。对企业进行经费审计4家，救助困难职工17人，调解职工劳动纠纷两起。

【精神文明建设】成立“情缘沙湖”村级志愿服务队，开展“文明礼仪提升”“奉献他人·情暖邵岗”“典型示范引领”等志愿服务活动25次，打造沙湖村“美丽乡村”精神文明建设示范点。在同富村开展城乡文明共建活动。开办道德讲堂4期，评选“最美人物”7名，评选星级文明户303户。实施青少年思想引导工程，推荐“身边的雷锋”“向上向善好青年”青年典型4名。5户家庭获吴忠市“最美家庭”称号。

【基层党建】加强基层组织建设，细化16+2方案，18个党支部申报创建星级服务型党组织。深化“三建四关心”党内关怀机制，建立党内关怀基金14620元。春节、“七一”期间走访慰问老党员、困难党员98人，“七一”表彰优秀党务工作者13人、优秀共产党员20人、带头致富模范党员15人。为邵南村15名患有重大疾病的困难老党员申请发放党内关爱基金3000元、全镇61名村干部每人购买220元人身意外伤害保险。落实流动党员“一方隶属、双重管理”机制，通过电话、短信、微信、QQ等方式，同57名流动党员加强沟通交流，确保流动党员全部纳入党组织管理。贯彻执行三级联述联评联考机制，选派政治素质高、工作能力强领导干部到同富村任第一书记，选派大学生村官到邵南、下桥、同富等村任村书记助理，强化村班子建设。打造沙湖村、同富村党建示范点，沙湖村、邵南村创建成为吴忠市级五星级党员远程教育站点。落实记实、票决、公示、预审和责任追究五项制度，发展预备党员8名，转正党员7名。

【党风廉政建设】开展“守纪律、讲规矩、转作风、抓落实”主题教育、群众评议机关和干部作风等活动，落实党风廉政建设“两个责任”和四个“责任清单”，将党风廉政建设和反腐败工作28项责任细化，明确分工，落实到人，要求领导班子认真履行“一岗双责”职责。开展作风不实，守纪不严，政令不畅等5项专项整治，修订完善《镇村干部管理办法》《公务用车管理办法》等23项制度，规范业务站所办事流程37项，开展专题讲座、观看警示教育片、参观警示教育基地、重温入党誓词等廉政教育，营造“守纪律、讲规矩”良好氛围。深化权力公开透明运行，推行“五个不直接分管”工作机制，加大政务公开力度，每季度对党务、政务、村务、财务进行公开，重大项目、重大资金使用情况实行随时公开，发现和修正工作中出现的漏洞和不足。加强涉农案件查处，办理案件2起，对5名镇、村干部以及党员分别给予开除党籍、党内警告、诫勉谈话、停职检查等处分。

陈袁滩镇

【概况】2016年，陈袁滩镇围绕“保增长、重民生、维稳定”总体要求，抓好招商引资、重点项目建设、安全生产、信访稳定、平安建设、党的基层组织建设等工作，全年实现社会总产值12.68亿元，增长7.5%；农民人均纯收入达到12818元，增长9%。完成“招商引资任务6000万元，上争项目资金任务900万元。

【环境整治】年内，投入资金70余万元，出动各类机械560余台次、人力1万余人次，新建垃圾池40处，维修垃圾池120处，安放垃圾桶40个，清理乱堆乱放、卫生死角300余处，清扫主干道路5条79千米，清运垃圾2300吨，拆除乱搭乱建违章建筑34处(强制拆除5处)23140平方米。

【重点项目保障】坚持“五加二、白加黑”工作方式，主要领导带头，协调解决疑难问题。加强宣传动员，利用出动宣传车、悬挂横幅、召开动员会、登门入户做工作等多种方式，做好群众拆迁说服工作。参与征迁人员分成多个小组，要求限时完成，坚持廉洁征迁，要求所有工作人员都自觉执行征迁工作廉洁自律有关规定，不得接受被征迁户吃请，不得收受礼金、礼物，不得优亲厚友，对所有征迁户必须做到“三个一”(即执行一个政策，实行一个补偿标准、坚持一视同仁)，做到征迁过程程序、每户补偿数额一律公开透明。年内，全镇辖区内有市重点项目8个，完成征地任务5000余亩，签订棚户区改造协议207户。其中，高速公路扩建征地约81亩、博阳公司征地500亩、宁夏德迈数控机床有限公司征地110亩、新希望公司征地33亩、纬四路建设征地75亩、宁夏汇高科技集团有限公司、宁夏苏锡光电铜业科技有限公司等其他项目征地约4200亩。

【农村改革】①农村土地承包经营权确权工作年内发放陈滩村、袁滩村、补号村1574本土地承包经营权证书。其中，陈滩村517本、袁滩村958本、补号村99本。完成唐滩村、沙坝湾村土地承包合同续签工作，正在进行复核和错误纠正。②补号村集体产权制度改革工作。成立产权制度改革领导小组和工作小组，制定实施方案，完成清产核资，股权量化、人员身份界定，正在进行股权证制作和发放工资。③沙坝湾村土地股份制改革。5月村土地股份制合作社成立，以土地地租金额和投入生产费用计算股份方式，吸收农户土地入股300亩，种植水稻200亩，完成麦后白菜种植100亩。

【特色农业】年内，全镇种植小麦8070亩、玉米15100亩，发展有机富硒水稻10000亩。完成200栋水稻工厂化育秧大棚育秧工作，建设3000~5000亩有机富硒水稻方点和万亩优质水稻基地各1个。发展大小弓棚西瓜3270亩、螺丝菜种植面积930亩。在陈滩村建设1000亩永久性蔬菜基地1个，发展拱棚瓜菜3500亩，建设瓜菜集中连片1000亩方点1个。黄河谣农副产品加工项目投入运营。新培养家庭农场2家、农业合作社1家，完成土地流转3000亩，累计达到11000亩。

【畜牧业】全年全镇羊饲养量达到19210只，牛饲养量达到6490头，生猪饲养量达到2600头，家禽饲养量达到11.22万只。开展动物疫病防疫工作，发放消毒药品280千克，消毒面积16.8万平方米，全镇防疫密度、标示率、抗体水平均达到100%。与养羊户签订封育禁牧协议，加大偷牧处罚力度。

【生态环境】开展城乡环境综合整治活动，在沙坝湾村北支沟两侧栽植护坡造林54亩、紫穗槐20余万株。购置绿篱修枝机2台，修葺绿篱3千米，涂红刷白树木30万株，栽植花灌木1500株、乔木2000株、植枣树400棵。

【农业基础生产】开展秋季农田水利建设，实施农田沟渠清淤面积3万亩。其中，陈滩片区治理面积1.3万亩，唐滩、沙坝湾片区1.7万亩。清淤干(支、斗、农)沟558条286.5千米，支(斗、农)渠576条372.93千米。整修农路340条187千米。进行畦田建设0.48万亩、秋翻3.35万亩。整治农田防护林带966亩38千米。争取“一事一议”项目资金76万元，砌护民生渠唐滩段2.3千米，解决2000亩农田淌水难问题。

【小康示范村创建】对照示范村考核验收标准，推进沙坝湾村小康示范村创建工作，18项指标实现程度达到100%，小康示范村总体实现程度为100%。全镇下辖各村全部完成小康示范村建设任务。

【强农惠农政策落实】兑现粮食直补、农资综合补贴、农业保险等惠农政策，全年发放粮食直补资金280万元，农作物投保率达到100%。年内，全镇受灾农作物获赔372万元。

【社会保障】全年发放各类救济资金26万元。完成新农保、新农合参保工作，城乡居民养老保险投保6604人，缴费115.33万元，办理失地农民养老保险500余人，城乡居民养老保险参保率达到97%以上，城乡居民医疗保险参合率达到95%以上。完成韵欣苑社区老年人日间照料中心项目建设。开展农业技术培训16场次，培训农民1.1万余人次。

【失地农民再就业】在韵欣苑社区建立失地农民就业创业培训基地、劳务输出协会，通过广播、短信等平台为失地农民提供就业信息。年内，发放妇女创业小额担保贷款16户81万元，提供就业服务信息180余条，全镇外出务工人员总人数达3519人。

【卫生计生】开展农村妇女两癌筛查和城乡居民普惠性健康体检工作，对132对新婚育龄夫妇免费孕前检查，组织1002名50周岁以上居民免费体检。

【科教文化】开展农业技术培训、咨询、示范和推广服务，年内，举办农业技术培训10场次，培训农民6000余人次。

推行农村文化公共服务体系建设，在全镇建立5个群众自乐班子，5个农家书屋统一配置30余套书橱、1.1万余册图书、600余张DVD光盘。开展文化“三下乡”活动，组织文艺演出、社火等巡回演出50场次，举办各类趣味运动会2场次。

【安全生产】开展安全生产隐患大排查、大整治活动，对重点行业、重点领域、重点地区、重点部位集中开展“拉网式”排查整治行动，排查各类安全生产隐患60处，整改率100%。开展食品安全知识培训，定期对镇区内所有餐饮行业进行食品安全检查，全年全镇无食品安全事故发生。

【信访维稳】建立健全信访组织机构和信访信息网络，每月召开综治、公安、信访、司法等站所负责人、村综治专干、信息员座谈会，针对征地补偿、拆迁安置及历史遗留问题，细化维稳措施，加强矛盾纠纷化解调处。

【“平安陈袁滩”创建】在5个行政村建立农村社会管理综合信息平台，完善网格化管理、信息化支撑、全程化服务、群众满意为主要内容“三化一满意”联系服务群众工作新机制。在各村部(社区)和重点部位安装治安视频监控设施，增强村庄安全防范系数，建立综治维稳组织，完善镇、村、组防控体系，全镇治安案件大幅度降低。

【民族团结】加强民族宗教政策宣传，依法管理宗教事务，开展经常性宗教领域矛盾纠纷排查工作。争取上级支持，实施少数民族特色村寨项目。

【法制宣传】开展“六五”普法教育活动，发挥法律服务所和法律援助工作站职能作用，全年累计发放各类法律宣传单1.3万余份，举办各类法治讲座、法律培训班74场次，受教育群众达7.8万人次，接待法律援助对象法律咨询270余人(次)。

裕民街道

【转变街道、社区职能】编制《裕民街道民生服务中心受理社会管理和公共服务事项清单》，将原由社区承担的低保、社保、医保、残疾人救助、计划生育服务、政策性住房审核等公共服务和行政审核事项转由街道统一管理，社区协助做好有关审核事项入户调查工作。按照自治区统一要求，保留"星级和谐社区"创建工作，取消其他各类单项社区评比达标活动，执行公共服务事项社区准入制度，为社区减负增效。

【网格化管理】将8个社区划分成63个网格，开展"三统一"活动，即统一网格示意图、联系方式、工作职责等服务内容，统一制作工作胸牌、服装，统一制作并向居民发放网格服务联系卡。推进"五员"（网格员，警员、禁毒员、物业管理员、协管员）联动机制，督促网格员深入网格巡查、服务、核对居民信息，将信访维稳、矛盾纠纷、安全生产、民生服务、环境卫生等各项服务纳入网格，做到"时时有人理事，事事有人抓实，处处有人服务"，实现社区管理服务全覆盖、零距离，消除管理服务盲区。

【信息化建设】以"政务云"推广应用为抓手，以街道民生服务中心为依托，按照打造一张信息网络、一套应用系统、一个便民窗口、一支服务队伍和一套保障机制的"五个一"要求，建立完善市、街道、社区"三级联通"公共服务信息平台，将街道所承担的行政审核、便民服务和社会管理等27项服务事项统一纳入"政务云"系统，简化公共服务流程，推行服务事项办理时限承诺制，提高行政效率，方便居民办事。

【惠民政策落实】按照"动态管理，分类施保"原则，做好城市低保工作，加强已办理退休手续领取养老金、家庭成员发生变化低保对象核查工作，对不符合条件的取消低保待遇。截至年底，辖区在册低保对象972户1616人。其中，年内新增低保对象109户228人，停发低保对象66户170人。全年发放低保金5914386元、冬令春荒救助资金60000元、临时救济金15500元，春节慰问民政对象162户，审核上报公共租赁房508户。为29户29名高龄老人发放高龄津贴138500元。

【养老服务】争取中央预算投资463万元，在紫薇、南苑、惠源三个社区建设3150平方米的社区日间照料室。截至2016年，辖区建有残疾人康复室6个、医疗服务站2个、老年人饭桌1个、爱心超市5个、日间照料室4个。

【残疾人工作】建立辖区残疾人基本信息数据库，登记在册残疾人914名，春节慰问残疾人57户。全年新增重度残疾人生活补贴40人，为符合条件403名残疾人办理护理补贴，为25名残疾人申请上报燃油补贴。

【创业就业】发挥街道社区劳动保障所和信息员桥梁纽带作用，提升社区居民就业服务水平。全年辖区新增就业人员2698人，消除零就业家庭35户41人；上报4050灵活就业人员社保补贴638人，发放社保补贴144.32万元，培养小老板77家，培育小企业30家、创业典型3个。

【人口与计化生育】开展计生优质服务活动，免费实施孕前优生健康检查228对456人，办理《生育服务证》226个，兑现独生子女保健费25.155万元。年末，辖区人口总数47041人。其中育龄妇女14052人，新出生人口223人。人口出生率4.78‰，人口自然增长2.28‰。

【"拆违治乱"百日专项整治】出动机械84辆、人力836人次，清理垃圾246吨、违规菜地720处3600平方米，整治巷道12条，在建工地10处，拆除违法建筑216处。

【老旧小区综合改造】配合市住建局推进老旧小区改造项目，完成怡园、南苑等11个小区基础设施综合改造工程，解决屋顶漏水、路面破损、地下管网跑冒滴漏、城区街巷维修等问题。

【病媒生物防制】对辖区63个小区5385个下水井进行集中消杀，在101个小区4985个投放点开展投放蚊蝇灭杀工作，购买发放灭蟑药1万袋。

【"两大任务"】年内，完成招商引资项目2个，（宁夏水龙吟孔雀山庄餐饮服务项目、青铜峡市盛泰工贸有限公司建筑材料生产项目),计划投资3000万元;上争项目资金1个(老旧小区基础设施改造项目),落实资金600万元。

【平安建设】年初,与辖区134个行政企事业单位、8个社区、2个公安派出所及10个物业公司签订综治工作目标责任书及禁毒、信访、防邪教等6个专项目标责任书,加强督促考核,层层压实责任。开展"无毒社区"创建活动,打响禁毒人民战争,在6个社区全部建立社区禁毒(康复)工作室,配备桌椅、文件柜、电脑等办公用品及1名专职工作人员。完善社区戒毒(康复)工作制度和网络、流程,建立吸毒人员档案,实施跟踪防控。开展"无邪教街道"建设、摸底排查工作,掌握辖区转化对象和外来邪教人员活动情况。加强排查整治,盯紧辖区网吧、宾馆、幼儿园、农贸市场等人员密集场所及居民小区楼道、车棚、地下车库、消防通道等重点行业领域、重点部位,全年开展各类安全生产大检查6次,排查安全隐患41处,整改39处,整改率达98%。加强信访维稳工作,开展社会矛盾大排查大调解大防控工作,街道9个调委会89名人员调解员解答当事人法律咨询106次,调解纠纷48起,调解成功48件。强化社区矫正管理,累计接收社区服刑人员151人,解除社区服刑人员100人,组织开展集中教育9次,社会公益劳动9次,对3名违反社区矫正规定服刑人员提请警告处分,帮教率、安置率达到100%。加强普法宣传工作,全年组织普法宣传6场次,发放各种法律知识宣传单3000余份,电子屏播放30期,举办法制讲座8场次。

【服务型党组织建设】对12个基层党支部评星定级,评定三星级服务型党组织3个、二星级服务型党组织8个、零星级服务型党组织1个;做好党员组织关系排查工作,动员全辖力量查找43名失联党员,对找到的失联党员,建立个人信息档案,重新纳入党支部管理。做好非公企业党建工作,完成新宁百货党支部等3个非公企业党支部换届选举工作,在青铜峡市塞上e家网创园和青铜峡市国贸百货有限公司成立非公党支部。深化"联合党委"工作机制。调动"联合党委"成员单位在人才、资金、场地等方面资源参与社区共建,全年辖区"联合党委"共建单位帮助社区解决帮扶资金11.3万元,通过认领微心愿、节庆慰问帮扶困难居民285人,开展志愿活动26场。加强在职党员管理,落实在职党员到社区报到制度,辖内有在册在职党员2664名。

【工、青、妇工作】加强基层工会规范化建设,全年组建基层工会组织6家,新增会员500人,农民工入会600人。结合"五四"青年节、建团94周年开展"五四精神传薪火·激扬青春献祖国"、中华经典诵读、重温入团誓词等团日活动。开展鲜花朵朵送雷锋活动,推荐身边的雷锋3人。加强志愿服务队建设,组建青年禁毒志愿者队伍、消防志愿者队伍,网上注册志愿者3000人,开展志愿服务活动9次、青少年禁毒宣传6次,成立非公企业团建示范点1个。以"三八"妇女节、"母亲节"、"六一"儿童节等活动为契机,开展扶贫困送温暖活动,提升妇女组织亲和力。

【党风廉政建设】落实"一岗双责",制定"两个责任"清单,明确党工委、纪工委及各分管领导责任范围、主要任务和重点事项,完善监督检查、问题反馈、责任追究工作机制,抓好各项制度落实,严格公车管理、财务管理、公务接待、会议发文和重大事项报告等制度,紧盯重要节日、重大活动、重点工作领域,加强各项制度落实情况监督检查,确保"四风"问题不反弹、干部不违规违纪。加强权力监督制约,促进权力运行规范,将干部人事、财务审批、办公用品采购、项目建设及审批审核等工作权限进行分解,由各相关分管领导按照各自职责、工作权限把好第一道审核签批关口,2000元以上财务支出、干部岗位调整、项目招投标、救助金发放等"四重一大"事项由相关站所、分管领导提议,街道党工委会议集体研究、民主决策,确保各项工作公开透明,职责权限明确,权力规范运行。加强低保救助、社会保障、公章管理、财务等重点岗位监督防控,从工作职责、业务流程、重点环节、制度机制等方面加强廉政风险点梳理排查,列出风险防控清单,加强事前、事中和事后的防控和监督。强化廉政宣传教育,把干部纪律教育、廉政教育和警示教育与干部教育管理相结合,采取集中学习、重点领学、专题辅导、座谈交流等方式,增强党员干部遵守廉政纪律自觉性。健全谈话教育制度,做到领导、站所、社区负责人、普通党员干部谈话教育全履盖。组织领导干部、社区干部到吴忠廉政教育警示基地观看廉政警示教育片。

【民族团结进步创建】深化“三进两创一公开”及“和谐寺观教堂”创建活动，加强宗教场所安全管理。全年开展宗教场所安全检查7次。怡园社区被确定为自治区级民族团结示范点。

【信息宣传】年内，在各类媒体刊登信息215篇。其中，自治区级31篇、吴忠市级48篇、青铜峡市级136篇。

树新林场

【林场改革】落实中共中央、国务院和宁夏回族自治区《国有林场改革方案》精神，结合林场实际，按照分类推进改革要求，围绕保护生态、保障职工生活两大目标，制定符合林场工作实际、发展需要改革方案。年内，方案上报自治区国有林场改革领导小组待审。

【生态绿化】完成甘城子刺槐种子园嫁接工作，实施中幼林修枝抚育项目6000亩，配合宁夏大学实施次生盐碱地造林改良项目，完成中央财政林木良种补贴试点资金项目。全年营造防护林1200亩，植树13.2万株，在大坝梁、甘城子分场、沿山公路西、中干沟、小大公路、庙山湖义务植树基地、辖区各大公司所在地，造林1800亩、补植苗木2.5万株，林木成活率达到85%以上。

【种苗培育】紧盯苗木市场需求，抓好苗木培育工作，全年新增育苗面积300亩。发挥林产品经纪人示范引领作用，加强林产品销售，帮助职工销售各类苗木35万株，增加经济收入375万元。

【经果林产业】新发展经果林200亩，在全场推广苹果疏果套袋、灰枣优质丰产管理技术，提升经果林产品产量和品质，增强市场竞争力。

【酿酒葡萄】做好与辖区葡萄酒企业对接联系，帮助职工做好葡萄生产销售工作。配合市林业局在沿山公路西侧中法葡萄基地完成6000亩酿酒葡萄种植任务。

【基础设施建设】争取项目资金546万元，实施林苑社区美化亮化工程、透视围墙建设项目，国有林场税费改革补助资金Ⅱ标段渠道砌护项目，小大公路大坝滞洪区道路硬化项目，甘城子分场东园队渠道砌护项目和树新分场和园艺分场扬水泵站改造项目。筹资50万元，做好场部锅炉房改造及锅炉更换工作。

【农田水利建设】全年清挖支斗农沟30条15.7千米、支斗农渠60条21.6千米，整修农路55条18.7千米。

【环境整治】安排3名保洁人员各分场清洁卫生、车辆定期清运垃圾。抽调专人成立领导小组，对辖区内所有企业、专业合作社、家庭农场各类地上建筑物（构筑物）逐一排查清理。全年调运人工510人次、机动车辆117台次，整治旧庄点5个，完善文化广场1处，清理沟渠、主干道路两侧垃圾、杂物，修整路基25千米，清除卫生死角33处，清运垃圾321.3吨，修整道路69条149千米，整治广告牌10处，清理渠道28千米，新建垃圾池22座，粉刷墙体1244平方米，新建围墙328米；查处违规采砂16处。

【“两大任务”】全年落实招商企业7家，意向投资企业1家，落实项目资金6169万元。上争项目9个，资金1207.4万元。

【畜牧养殖】年内，青铜峡市兴盛达肉驴养殖场和青铜峡市绿宝肉驴养殖场完成建设任务，肉驴存栏量2500头。宁夏塞上兰山农牧有限公司5000头肉驴养殖项目完成6栋养殖圈舍和办公室、青储池建设任务，青铜峡市牧乐养殖专业合作社现代标准化生猪养殖场圈棚建设正在抓紧施工。做好畜禽补栏工作，全场猪、牛、羊、驴、家禽饲养量分别达到6678头、5555头、32989只、2969头、909520只。

【科技培训】实施科技兴场战略，全年组织职工开展各类技术培训38场次，培训职工2900人次，选送8批次26人次外出观摩学习。

【社会治安综合治理】落实综治工作责任制，加强社会治安综合治理各项措施，每季度召开综治工作例会，听取各分场综治工作汇报。做好辖区内巡逻工作，加大铁路沿线巡护，与职工签订家庭护路责任承诺卡，对铁路桥涵进行重点巡防检查。加强流动人口协管，每月对出租屋进行治安检查一次，流动人口登记率达到100%。抓好“无毒单位”创建、禁毒宣传及反邪教、反传销工作，全年发放反邪教、反传销宣传资料300余份；深化民族团结宣传教育活动，增进各民族了解、交流和团结。做好普法工作，通过组织学习、辅导讲座、刷写标语、观看电教片等形式，提高全场干部职工学法、用法、守法意识。重视封山禁牧工作，除每天安排专人专车在林场辖区内进行巡查外，要求各分场安排1名禁牧人员加大分场辖区巡查力度。

【工青妇工作】做好场务公开民主管理工作，建立职工维权“两书”工作制度，为145名女职工进行生殖健康检查，组织168名职工参加全市职工医疗保险。开展工会维权帮扶救助工作，建立困难职工档案，“两节”期间争取到市工会困难慰问金39500元，慰问全场79名困难职工，为6户困难职工子女争取“金秋助学”资金1.8万元。建立林苑社区“妇女之家”，利用“3·5”“3·8”“母亲节”，开展巾帼志愿者服务活动和好媳妇、好婆婆、巾帼致富女能手、和谐文明家庭评选表彰活动，和“巾帼建功”示范创建活动，做好妇女儿童维权、困难妇女家庭帮扶救助工作。全年为场内女职工争取小额贴息小额贷款417万元，为2015年贷款户争取贷款贴息32.8万元。

【信访维稳】抓好信访维稳工作，强化信访责任，建立健全信访组织机构和信访信息网络体系。落实领导包案化解责任制，按月通报重点信访问题包案化解情况。全年排查矛盾纠纷8件，化解6件，正在化解2件。

【安全生产】开展安全生产百日专项整治，定期不定期对辖区内渔池、砂场、煤场等45家企业及20家商铺进行安全生产大检查活动，制作安全警示牌5块，与辖区内企业签订安全生产责任书65份。

【党务、场务公开】加强制度建设，规范场务公开工作，利用党务、场务公开栏、局域网、民情恳谈会议等有效载体，加大重大决策、重要事项、“三公”经费支出等事项公开力度，全年公开干部推荐任免、重大项目建设和大额度资金使用、组织建设、强农惠农政策、水费等重要内容31期，保障职工群众知情权、参与权和监督权。

【计划生育】开展生育知识培训，做好育龄妇女生殖健康、两癌免费检查工作，全面二孩政策宣传服务和孕前优生健康检查工作及流动人口计划生育管理服务、人口信息平台维护工作。

【社会保障】加强低保人员救助工作，经阳光低保评议，停发城市低保人员43人，新增低保人员4户6人。调查摸底因病因灾导致困难群众家庭，为111名困难家庭发放临时救助资金83700元，81户冬春受灾困难群众发放救灾资金5万元，176户受灾困难群众发放救灾资金7万元。

【基层组织建设】研究制定树新林场党建目标责任书，不定期召开会议研究部署党建工作。建立领导干部“下基层”工作制度，帮助各支部和职工解决生产生活困难。狠抓林苑社区党建示范点创建，实施党员志愿者服务工程。开展党员组织关系集中排查工作，核查党员身份信息，摸清流动党员、失联党员、“口袋”党员底数，理顺党员组织关系，确保每名党员纳入党组织管理。开展“党员结对帮扶”活动，引导党员干部职工在生产经营中带头致富，增加经济收入。

【政策理论宣传】推进学习型党组织创建活动，坚持“一把手”抓学习责任制，创新学习方法。全年发放宣传单(2300余份)，悬挂横幅(32条)，设立农家书屋(4个)，安装宣传大喇叭(16个)。

【信息宣传】年内，上报各类信息142条，发刊81篇。其中，被《宁夏日报》采用1篇、《吴忠日报》采用9篇，青铜峡市电视台采用18条，其他媒体报刊采用53条。

【党风廉政建设】落实党风廉政建设“两个责任”，推行一把手“五个不直接分管”和权力公开透明运行工作，编制职权目录、制度汇编，将职权范围、办事、流程公开。修改完善各类制度，当月通报每月纪律考勤、新闻宣传、党委行政发文及落实情况、党委会议决定事项落实情况、党建工作开展情况、安全生产情况、信访问题包保化解责任制落实情况、平安建设、土地巡查、环境整治情况10项工作。年内，印发督查通报5期，处理相关人员12人，开展廉政提醒约谈18人次。

良繁场

【"两大任务"】年内，完成招商引资1032万元，占年度目标任务103.2%；完成上争项目资金375.82万元，占年度目标任务的107.38%。

【种业发展】年内，加强与自治区农科院农作物研究所合作，建设国审新品种宁2038和宁春50号小麦原种扩繁基地300亩。加强与宁夏科泰种业公司合作，建设高端优质水稻品种宁粳50号良种繁育基地2160亩，落实水稻、小麦"三圃"提纯复壮基地50亩，落实水稻新品种试验示范展示园区220亩。

【土地集约经营】流转土地1019亩，引进宁夏鑫茂源冷链物流专业合作社建设供港蔬菜种植基地。与银川大夏种业公司签订合作协议，发展蔬菜品系杂交制种120亩。

【畜牧养殖】提升生态养殖园区建设水平，力促畜牧园区补栏增效，年实现生猪饲养量5729头，奶牛饲养量1024头。

【示范园区建设】加强与区农科院农作物研究所合作，实施2016年农作物新品种展示示范园区建设项目，承担自治区及农作物研究所水稻、小麦、玉米新品种区域试验、生产试验、对比试验、密度试验、筛选试验、耕作模式试验和展示示范9组49个品种。其中，水稻"三圃"提纯、新品种区域试验27亩，示范展示推广水稻新品种（系）27个300亩；引进小麦新品种（系）8个，落实小麦"三圃"提纯复壮及区域试验示范23亩，实施宁春50号小麦原种扩繁和国审小麦新品系宁2038繁种项目300亩；落实玉米新品种展示14个。

【扬水设施改造】投入18万元，改造场区农水工程及扬水泵站，完成500米斗渠提升改造工程，改善职工群众生产生活环境。

【盐碱地改良】争取自治区农科院农业资源环境研究所技术支持，落实唐西分场盐碱地综合改良试验项目500亩。

【人饮工程改造】争取项目资金30万元，会同市城市公用事业服务中心实施人饮工程改造，铺设地埋管线6800余米，解决全场118户职工群众家庭安全饮水问题。

【农田水利建设】开展沟渠田林路综合治理，清淤沟渠79条40.4千米，修建农路32条17.9千米，改造畦田0.2万亩，完成0.3万亩复整高标准农田工作；新栽植绿化苗木0.22万株，涂红刷白林木0.8万株；完成反帝沟过境段1.5千米治理任务。

【生态建设】年内，栽植各类绿化苗木3500余株，绿化美化场区、庄点。抓好封育禁牧工作，全场无偷牧、游牧现象。开展环保专项整治行动，综合整治环境污染隐患企业，腾退小大、小李公路两侧企业2家，整顿奶牛和生猪养殖场5个。

【专项整治】开展辖区公路沿线"三乱"、场区内生活垃圾、污水、柴草垛和违章建筑治理，配备垃圾处理设施60台（套），动用机械30次，投入人力480人次，累计拆除违章建筑两处、违建彩钢棚2000余平方米，完成庄点综合整治3处。

【社会保障】全年审核发放低保金31.8万元、冬令春荒补助资金8.03万元、残疾人机动车燃油补贴资金0.45万元。申报保障性住房两户，复审廉租住房补贴7户。

【科教文卫】年内，发放人口计生宣传品850余份，为群众提供计生优质服务60人次。场文体活动中心投入使用，农家书屋建设实现全覆盖。

【社会管理】加强普法宣传教育，推进民主法治建设。强化社会矛盾隐患排查和社会稳定风险评估，解决信访突出问题。抓好禁毒、反邪教、打击非法传销工作，全年无吸毒人员、邪教和非法传销活动发生。年内，调解各类矛盾纠纷12起，接访职工群众30余人次，现场办结群众诉求8起，办理上级部门接转信访案件1起。建立立体化治安防控体系，投资16.5万元实施场区视频监控技防工程。

国营连湖农场(连湖现代农业发展)有限责任公司

【概况】2016年,连湖农场实现营业收入9705万元;归还集团公司流动资金借款180万元;清收各类欠款141万元;职均收入3.14万元;利润亏损147万元,与2015年同期相比减亏20.7万元,比2015年减少12%;上交集团公司资源收益费47万元。全年实现收入119万元,农场(公司)弥补亏损38万元。

【农业种植】全年粮食种植面积1.84万亩,三大作物良种繁育面积7000亩。水稻、玉米、小麦平均单产分别为607千克、738千克、500千克。

【粮食高产创建】根据集团公司2016年粮食高产创建活动整场推进计划,建设3000亩粮食作物高产创建示范片1个。其中,小麦示范1000亩,经农技中心实测亩产520千克;水稻示范1000亩,经实地测产亩产达700千克。

【农业新技术推广】开展土壤富硒检测、测土配方施肥、激光平地和土壤深松新技术,农业科技投入和产出明显增长。

【工业生产经营】泡沫箱厂全年生产泡沫箱68.8万套,销售70.03万套;生产注塑筐2.53万个。实现销售收入517万元,与2015年同期相比减收59万元,同比减少10%;实现利润20万元,完成年度目标任务的44%。全年生产销售大米262.3吨,与2015年同期相比增加66.3吨。实现销售收入140万元,与2015年同期相比增加收入6.4万元,同比增加4.6%,利润持平,完成年度目标任务的100%。

【农业生产经营】全年繁育销售各类种苗430万株(其中番茄种苗110万株),实现经营收入92万元,实现利润10万元,完成年度目标任务的100%。全年销售水稻种子188.6吨,与2015年同期相比减销33.75吨。实现销售收入84.6万元,与2015年同期相比减收6.8万元,同比减少7.4%,实现利润2.6万元,完成年度目标任务的52%。

【基础设施建设】树立“抓项目、促发展”理念,投资658万元,完成项目建设7个(农业队科普室、农七队人饮、连李公路维修、种子库改造、种子筛选设备、东大沟治理)。投资255万元,实施在建项目1个(东支渠砌护)。申报储备项目4个(移民后扶渠道砌护、连心小区基础设施改造、农二、三队民居道路、农五队泵站实施)。

【收缴清欠】出台《关于切实抓好2016年清欠工作的通知》,将清欠目标任务分解到人,按照谁签字、谁经手、谁负责清欠原则,将清欠工作纳入绩效考核并与管理人员评先评优、职务升降相结合。全年清收各类欠款141万元。

【党建工作】组织实施巩固基层组织建设,抓好1个党总支、15个党支部班子建设,配齐党支部书记。开展党员关系集中排查。邀请吴忠市委党校教授围绕课题对党员干部组织实施培训。开展基层服务型党组织星级评定工作,5个党总支(支部)被评定为二星级党组织,10个党支部被评定为一星级党组织。加强党风廉政建设,印发《2016年党风廉政建设和反腐败工作要点》,签订《2016年党风廉政建设目标责任书》,邀请青铜峡市纪委领导现场为农场(公司)党员干部做题为《正确认识反腐形势 把党风廉政建设引向深入》“两学一做”党课专题辅导。开展“两学一做”“回头看”活动,组织农场(公司)领导班子成员及全体管理人员撰写自查报告,签定承诺书。年内,农场(公司)党委给予党纪政纪处理5人、诫勉谈话13人次,追回经济损失5万余元。

【社会保障】年内,为全场933名职工足额上交养老金813万元、医保金321万元、生育保险金10万元,为68名4050人员上交社保补助22.9万元,为236户(6636人次)发放低保金198.1万元,为164户低收入家庭发放廉租房补贴39.9万元。

【扶贫帮困】全年为困难职工发放救助金27.34万元,春节期间自筹资金4.7万元慰问老干部、老党员和困难群众。

QINGTONGXIA
YEARBOOK

荣誉榜

编辑◎王雪霞　马　婷

先进集体

自治区厅(局)级先进集体名录

【全国学校体育工作示范校】

青铜峡市汉坝小学、青铜峡市第四小学、青铜峡市陈袁滩中心小学、青铜峡市第七中学、青铜峡市高级中学

颁奖单位:教育部办公厅

颁奖时间:2016年6月17日

【“1+1”中国法律援助志愿者行动2015年度先进单位】

青铜峡市司法局

颁奖单位:司法部律师公证工作指导司、司法部法律援助工作司、司法部法律援助中心、中华全国律师协会、中国法律援助基金会

颁奖时间:2016年7月

【青岛2016亚洲大众体操节选拔赛第五届全国全民健身操舞大赛宁夏赛区暨全区健美操锦标赛特等奖】

青铜峡市第二幼儿园

颁奖单位:国家体育总局体操管理中心

颁奖时间:2016年6月

【2016年度全国工会优秀审计项目】

青铜峡市总工会

颁奖单位:全国总工会经费审查委员会

颁奖时间:2016年12月19日

【全国“十二五”地方病防治工作先进集体】

青铜峡市疾病预防控制中心

颁奖单位:中国疾病预防控制中心、地方病控制中心

颁奖时间:2016年5月

【自治区文明单位】

青铜峡市民政局

颁奖单位:自治区精神文明建设指导委员会

颁奖时间:2016年3月

【自治区毒品预防教育示范学校】

青铜峡市第六中学

颁奖单位:自治区禁毒委员会

颁奖时间:2016年1月18日

【2015年度全区组织系统信息宣传工作先进单位】

青铜峡市委组织部

颁奖单位:自治区党委组织部

颁奖时间:2016年1月20日

【全国社会科学普及基地】

中华黄河楼

颁奖单位:自治区党委宣传部

颁奖时间:2016年10月24日

【2015年度全区领导干部网络培训先进组织单位】

青铜峡市委组织部

颁奖单位:自治区党委组织部、自治区党校

颁奖时间:2016年3月10日

【全区文化科技卫生“三下乡”先进集体】

青铜峡市委宣传部

颁奖单位:自治区党委宣传部、文明办、教育厅、科技厅、司法厅、农牧厅、林业厅、文化厅、卫计委、新闻出版广电局、团委、妇联、科协、文联

颁奖时间:2016年1月

【2015年全区宣传思想文化工作优秀组织奖】

青铜峡市委宣传部

颁奖单位:自治区党委宣传部

颁奖时间:2016年4月14日

【2015年全区宣传思想文化工作优秀创新案例】

实施广播惠农工程 建设幸福文明乡村(报送单位:青铜峡市委宣传部)

颁奖单位:自治区党委宣传部

颁奖时间:2016年4月14日

【“以五大发展理念统领‘四个宁夏’建设”主题征文活动优秀组织奖】

青铜峡市委宣传部

颁奖单位:自治区党委宣传部

颁奖时间:2016年6月7日

【《培树先进典型 夯实党建基础》荣获2016年度优秀党建项目】

青铜峡市公安局党委

颁奖单位:公安厅党委

颁奖时间:2016年11月

【全区教育系统先进基层党组织】

青铜峡市教育局党委

青铜峡市第六中学党支部

青铜峡市汉坝小学党支部

青铜峡市沈闸中心小学党支部

颁奖单位:自治区教育工委、自治区教育厅党组

颁奖时间:2016年7月1日

【2016年宁夏职工“劳动者之歌”合唱大赛优秀组织奖】

青铜峡市总工会

颁奖单位:自治区总工会、自治区文化厅、宁夏广播电视台、宁夏广电传媒集团有限公司

颁奖时间:2016年8月

【自治区维护妇女儿童权益先进集体】

青铜峡市人民法院　青铜峡市司法局

颁奖单位:自治区妇女联合会

颁奖时间:2016年3月

【全区文联系统先进集体】

青铜峡市文学艺术联合会

颁奖单位:自治区文学艺术届联合会

颁奖时间:2016年12月

【自治区规范化社区康复站】

青铜峡市嘉宝工业园区威格瑞斯康复站

青铜峡市中西医结合医院康复站

青铜峡市峡口镇林盛皮毛有限责任公司康复站

青铜峡市青铜峡镇同进村康复站

颁奖单位:自治区残疾人联合会

颁奖时间:2016年10月13日

【2016年度残疾人工作二等奖】

青铜峡市残疾人联合会

颁奖单位:自治区残疾人联合会

颁奖时间:2016年12月23日

【2016年度伊协工作先进单位】

青铜峡市伊斯兰教协会

颁奖单位:自治区伊斯兰教协会

颁奖时间:2016年12月8日

【第31届宁夏青少年科技创新大赛优秀组织单位】

青铜峡市科协

颁奖单位:自治区科协、自治区教育厅、自治区科技厅、自治区团委、自治区环保厅

颁奖时间:2016年5月9日

【2015年度科协工作先进集体】

青铜峡市科协

颁奖单位:自治区科学技术协会

颁奖时间:2016年1月18日

【宁夏实施《全民科学素质行动计划纲要》“十二五”工作先进集体】

青铜峡市科协

颁奖单位：自治区财政厅、自治区人力资源和社会保障厅、自治区农牧厅

颁奖时间：2016年4月1日

【首批自治区级特殊教育改革实验区】

青铜峡市

颁奖单位：自治区教育厅

颁奖时间：2016年8月22日

【全区老年法律维权工作先进集体】

青铜峡市民政局

颁奖单位：自治区民政厅、老龄办

颁奖时间：2016年3月16日

【2015年度信息工作先进集体】

青铜峡市民政局

颁奖单位：自治区老龄办

颁奖时间：2016年4月7日

【2015年度全区老龄工作先进单位】

青铜峡市民政局

颁奖单位：自治区老龄办

颁奖时间：2016年4月12日

【全区药械规范化管理医院】

青铜峡市中医院

青铜峡市妇幼保健所

颁奖单位：自治区食品药品监督管理局、自治区卫生和计划生育委员会

颁奖时间：2016年1月4日

【全区卫生计生监督执法办案先进单位】

青铜峡市卫生监督所

颁奖单位：自治区卫生和计划生育监督局

颁奖时间：2016年8月5日

【全区卫生计生监督执法优秀案卷三等奖】

青铜峡市卫生监督所选送《青铜峡市建国水上休闲中心游泳水质监测不符合国家卫生标准案》

颁奖单位：自治区卫生和计划生育监督局

颁奖时间：2016年8月5日

【自治区就业与创业服务局命名第一批创业孵化示范基地】

青铜峡小云劳务服务公司

青铜峡陈袁滩镇韵蕊苑新世民创业园示范基地

青铜峡成泰农机创业园

青铜峡市塞上e家网创业园

颁奖单位：自治区就业与创业服务局

颁奖时间：2016年10月17日

【全区创业工作先进集体】

青铜峡市就业创业和人才服务局

颁奖单位：自治区就业与创业服务局

颁奖时间：2016年12月29日

【全区就业信息监测工作先进集体】

青铜峡市就业创业和人才服务局

颁奖单位：自治区就业与创业服务局

颁奖时间：2016年12月29日

【全区"六五"普法先进单位】

青铜峡市司法局

颁奖单位：自治区依法治区协调小组

颁奖时间：2016年8月

【全区农民工工作先进集体】

青铜峡市就业创业和人才服务局

颁奖单位：自治区农民工工作领导小组

颁奖时间：2016年3月

【自治区防震减灾工作县级先进单位】

青铜峡市地震局

颁奖单位：自治区地震局

颁奖时间：2016年11月23日

【2016年度征订发行工作先进单位】

青铜峡市委宣传部

颁奖单位:宁夏日报报业集团

颁奖时间：2016年9月9日

【2016年度新华社新闻信息中心供稿发行工作先进单位】

青铜峡市委宣传部

颁奖单位:新华社新闻信息中心

颁奖时间：2016年11月11日

【新华社客户端先进单位】

青铜峡市委宣传部

颁奖单位:新华社宁夏分社

颁奖时间:2015年12月

吴忠市级先进集体名录

【全市"六五"普法先进机构】

青铜峡市依法治市领导小组办公室

青铜峡市教育局普法依法治理领导小组

颁奖单位:中共吴忠市委员会、吴忠市人民政府

颁奖时间:2016年10月

【全市"六五"普法先进单位】

青铜峡市委宣传部

青铜峡市财政局

青铜峡市国家税务局

青铜峡市第三小学

青铜峡市裕民街道办事处南苑社区

黄河上游水电开发有限责任公司宁电分公司

青铜峡市峡口镇赵渠村

宁夏渠首管理处

颁奖单位:中共吴忠市委员会、吴忠市人民政府

颁奖时间:2016年10月

【2015年度卫生计生工作综合目标管理一等奖】

青铜峡市

颁奖单位:吴忠市人民政府

颁奖时间:2016年2月23日

青铜峡市级先进集体名录

【先进基层党组织】

青铜峡市叶盛镇党委

青铜峡市教育局党委

青铜峡市市场监督管理局党委

青铜峡市峡口镇沈闸村党支部

青铜峡青铜峡镇余桥村党支部

青铜峡市大坝镇上滩村党支部

青铜峡市小坝镇小坝村党支部

青铜峡市陈袁滩镇袁滩村党支部

青铜峡市瞿靖镇蒯桥村党支部

青铜峡市叶盛镇盛庄村党支部

青铜峡市邵岗镇沙湖村党支部

青铜峡市青铜峡镇利民社区党支部

青铜峡市裕民街道南苑社区党支部

青铜峡市树新林场树新分场党支部

青铜峡市城市公用事业服务中心党支部

青铜峡市扶贫开发办公室党支部

青铜峡市妇幼保健所党支部

青铜峡市审计局党支部

青铜峡市文化演艺有限公司党支部

青铜峡市检察院离退休党支部

青铜峡市地税局党总支

青铜峡市第四中学党支部

青铜峡市第三小学党支部

青铜峡市第四小学党支部

青铜峡市叶盛中心小学党支部

青铜峡市连湖农场卫生院党支部

宁夏中航郑飞塞外香清真食品有限公司党支部

青铜峡市国雄饲料有限公司党支部

青铜峡市叶盛华标园艺果品购销协会党支部

青铜峡市众禾农机协会党支部

颁奖单位:中共青铜峡市委员会

颁奖时间:2016年6月29日

【2015年度效能目标综合考核先进单位】

1. 效能目标综合考核第一名

青铜峡市峡口镇

青铜峡市发展和改革局

青铜峡市经济技术合作局

青铜峡市委组织部

青铜峡市科学技术协会

青铜峡市就业局

青铜峡市广播电视台

青铜峡市农业技术推广服务中心

青铜峡市裕民街道办事处

2. 效能目标综合考核第二名

青铜峡市叶盛镇

青铜峡市农牧和科学技术局
青铜峡市公安局
青铜峡市委宣传部
共青团青铜峡市委员会
青铜峡市农业综合开发办公室
青铜峡市党史地方志编纂委员会办公室
青铜峡市农业机械安全监理站
青铜峡市树新林场

3. 效能目标综合考核第三名

青铜峡市瞿靖镇
青铜峡市陈袁滩镇
青铜峡市市场监督管理局
青铜峡市教育局
青铜峡市委办公室
青铜峡市政策研究室
青铜峡市网络和信息化办公室
青铜峡市文化馆
青铜峡市农村合作经济经营管理站
颁奖单位：中共青铜峡市委员会、青铜峡市人民政府
颁奖时间：2016年2月5日

【2015年度效能目标单项工作考核先进单位】

1.招商引资先进单位

青铜峡市峡口镇
青铜峡市青铜峡镇
青铜峡市邵岗镇
青铜峡市发展和改革局
青铜峡市经济技术合作局
青铜峡市工业信息化和商务局
青铜峡市嘉宝轻纺工业园管理委员会

2.上争资金先进单位

青铜峡市峡口镇
青铜峡市邵岗镇
青铜峡市大坝镇
青铜峡市发展和改革局
青铜峡市财政局
青铜峡市教育局
青铜峡市民政局
青铜峡市就业创业和人才服务局
青铜峡市残疾人联合会

3.促进工业经济发展先进单位

青铜峡市工业信息化和商务局
青铜峡市统计局
青铜峡市嘉宝轻纺工业园管理委员会
吴忠青铜峡新材料基地管理委员会
青铜峡市国土局
青铜峡市安全生产监督管理局

4.农业农村工作先进单位

青铜峡市叶盛镇
青铜峡市陈袁滩镇
青铜峡市瞿靖镇
青铜峡市农牧和科学技术局
青铜峡市住房和城乡建设局
青铜峡市农村合作经济经营管理站
青铜峡市农业综合开发办公室

5.党的基层组织建设工作先进单位

青铜峡市叶盛镇
青铜峡市陈袁滩镇
青铜峡市邵岗镇
青铜峡市裕民街道办事处
青铜峡市公安局
青铜峡市审计局
青铜峡市市场监督管理局
青铜峡市树新林场
青铜峡市教育局

6.党风廉政建设和反腐败工作先进单位

青铜峡市峡口镇
青铜峡市瞿靖镇
青铜峡市委办公室
青铜峡市委组织部
青铜峡市人民法院
青铜峡市审计局
青铜峡市裕民街道办事处

7.宣传思想文化和精神文明建设工作先进单位

青铜峡市瞿靖镇

青铜峡市陈袁滩镇

青铜峡市青铜峡镇

青铜峡市财政局

青铜峡市农牧和科学技术局

青铜峡市教育局

青铜峡市市场监督管理局

青铜峡市文化体育广播电视局

青铜峡市民政局

8.平安建设工作先进单位

青铜峡市峡口镇

青铜峡市裕民街道办事处

青铜峡市青铜峡镇

青铜峡市人民法院

青铜峡市委政法委员会

青铜峡市信访督办局

青铜峡市公安局

青铜峡市市场监督管理局

青铜峡市财政局

青铜峡市委组织部

青铜峡市卫生和计划生育局

9.支持地方经济发展先进单位

青铜峡市国家税务局

青铜峡市地方税务局

青铜峡市供电局

宁夏渠首管理处

青铜峡市气象局

国家统计局青铜峡调查队

青铜峡市道路运输管理所

青铜峡市住房公积金中心

中国农业银行股份有限公司青铜峡市支行

中国人民银行青铜峡市支行

中国银行股份有限公司青铜峡支行

中国农业发展银行青铜峡市支行

石嘴山银行青铜峡支行

颁奖单位：中共青铜峡市委员会、青铜峡市人民政府

颁奖时间：2016年2月5日

【党管武装工作先进单位】

青铜峡市青铜峡镇

青铜峡市陈袁滩镇

青铜峡市小坝镇

颁奖单位：中共青铜峡市委员会、青铜峡市人民政府、青铜峡市人民武装部

颁奖时间：2016年4月8日

【全市教育工作先进集体】

1.高考(职业教育)目标管理先进学校

青铜峡市高级中学

青铜峡市第一中学

青铜峡市职业教育中心

2.中考目标管理先进学校

青铜峡市第五中学

青铜峡市第六中学

青铜峡市第二中学

青铜峡市大坝电厂学校

3.教学质量监测先进集体

青铜峡市第五中学

青铜峡市第四小学

青铜峡市邵岗中学

青铜峡市大坝电厂学校

青铜峡市第五小学

青铜峡市河西中心小学

青铜峡市广武中心小学

4.教育管理先进集体

青铜峡市人民政府教育督导室

青铜峡市教育考试中心

5.学校德育工作先进集体

青铜峡市第一中学

青铜峡市职业教育中心

青铜峡市第五中学

青铜峡市回民中学

青铜峡市第三小学

青铜峡市第五小学

青铜峡市邵岗中学

青铜峡市中滩中心小学

青铜峡市广武中心小学

青铜峡市邵岗中心小学

颁奖单位:中共青铜峡市委员会、青铜峡市人民政府

颁奖时间:2016年9月8日

【阿迪力挑战青铜峡黄河大峡谷极限之旅活动及第五届宁夏黄河金岸(吴忠)国际马拉松赛组织工作先进集体】

青铜峡市委办公室

青铜峡市委宣传部

青铜峡市政府办公室

青铜峡市市公安局

青铜峡市市文化体育广电局

青铜峡市住房和城乡建设局

青铜峡市市卫生和计划生育局

颁奖单位:中共青铜峡市委员会、青铜峡市人民政府

颁奖时间:2016年9月26日

【阿迪力挑战青铜峡黄河大峡谷极限之旅活动组织工作先进集体】

共青团青铜峡市委员会

青铜峡市国土资源局

青铜峡市交通运输局

青铜峡市市场监督管理局

青铜峡市旅游局

青铜峡市青铜峡镇

青铜峡市机关事务管理中心

青铜峡市公安局交管大队

青铜峡市政管理服务中心

青铜峡市道路运输管理所

青铜峡市供电局

青铜峡市气象局

青铜峡市黄河大峡谷旅游有限公司

黄河上游水电开发有限责任公司宁电分公司

颁奖单位:中共青铜峡市委员会、青铜峡市人民政府

颁奖时间:2016年9月26日

【第五届宁夏黄河金岸(吴忠)国际马拉松赛组织工作先进集体】

青铜峡市教育局

青铜峡市水务局

青铜峡市林业局

青铜峡市大坝镇

颁奖单位:中共青铜峡市委员会、青铜峡市人民政府

颁奖时间:2016年9月26日

【服务基层文化特别贡献奖】

青铜峡市文化演艺公司

颁奖单位:中共青铜峡市委员会、青铜峡市人民政府

颁奖时间:2016年12月13日

【基层优秀业余文艺团队】

青铜峡镇电花艺术团

裕民街道古峡明珠艺术团

裕民街道民乐艺术团

裕民街道红歌艺术团

瞿靖镇朝阳自乐班

峡口镇赵渠自乐班

小坝镇华美玲自乐班

大坝镇俏村姑自乐班

裕民街道青铜峡民族乐团

裕民街道夕阳红秦腔剧社

颁奖单位:中共青铜峡市委员会、青铜峡市人民政府

颁奖时间:2016年12月13日

【原创优秀剧目】

《过草地》

《打镇台》

《爱有你我他》

《河湾村的女人》

颁奖单位:中共青铜峡市委员会、青铜峡市人民政府

颁奖时间:2016年12月13日

先进个人

省部级先进个人

【全国办案标兵——董建华】

董建华，1974年10月出生，1996年参加工作，中共党员。2013年5月任青铜峡市人民法院执行一庭庭长。从业至今执结各类案件900余件，无不合格案件，无不良言行投诉，无缠访闹访。

多年来，董建华摒弃以往机械办案、孤立办案、不讲实效陈旧理念，坚决用足用好各项法律规定的强制措施，同时借助公安、金融、房管、工商等部门力量，查询被执行人存款、房产、工商登记以及车辆情况，及时查找被执行人财产线索，为案件顺利执行铺平道路。对拖延、逃避、抗拒执行的被执行人，建议院方果断采取强制执行或信用惩戒措施，取得良好社会效果。针对不同案件，努力做好双方当事人的思想工作，通过耐心细致的讲法释理，让被执行人明白不履行生效裁判文书的严重后果，既融洽了双方关系，受到当事人信任，又化解了当事人及其亲属对抗逃避执行心理。针对执行积案多，工作量大，坚持白天下乡执行办案，晚上加班制作执行文书，对待当事人从不因工作繁忙而有所散漫，热情依旧。始终恪守法官职业道德，从小事、细微处抓起，自觉抵制各类诱惑。对说情者，晓之以理，动之以情，打消其顾虑。严以律已，带头示范，无违法违纪行为发生。2014年、2015年被吴忠中院评为吴忠市法院“执行能手、办案能手”，2015年被自治区高院评为全区法院优秀廉政监察员。2016年被最高人民法院评为全国办案标兵。

（杜文君）

【全国青年岗位能手——唐雅芳】

唐雅芳，女，汉族，1988年10月出生，2007年6月加入中国共产党，2011年6月毕业于天津科技大学国际经济与贸易专业，9月考入青铜峡市地方税务局工作。

近年来，唐雅芳始终秉持干一行、爱一行工作原则，热爱自己的本职工作，认真完成领导交办的各项工作，保质保量完成工作任务。在工作中，一贯保持虚心好学的态度加强业务知识的学习，向书本学，向实践学，向同事学。同时坚持一边工作一边学习，自学会计和注册税务师等相关知识，不断提高自身综合素质水平。2012年全国企业所得税考试，宁夏作为备考单位选拔50人参考。作为一名新人，一名非税收、会计专业毕业生，唐雅芳克服税收工作时间短、税收政策理论知识功底浅等实际困难，利用上班及业余时间，刻苦钻研企业所得税法及相关实务操作，勤学苦练，积极备考，成为该次参考人员中年龄最小的一名考生。2015年度，她被推荐参加全区地税系统“大学习，大练兵，大比武”总决赛，在众多选手中脱颖而出，取得全区地税系统业务竞赛社保类第二名。2013年在河东税务所副所长空缺的情况下，她被局党组选拔为河东税务所副所长；2015年在担任小坝税务所副所长期间，在所长因病住院期间，勇挑重担，负责全所工作及处理各项事务，不仅税收任务超前完成，各项工作考核均在前列。2012—2013年度，唐雅芳连续两年被中共青铜峡市地税局党组评为“优秀共产党员”。2016年6月被共青团中央、人力资源和社会保障部授予“全国青年岗位能手”荣誉称号。

（杜文君）

【全国旅游系统劳动模范——王国璋】

王国璋，男，回族，1957年6月出生，中共党员，大专学历。现任黄河生态园有限公司总经理。

近年来，王国璋立足黄河生态园旅游发展实际，围绕打造“黄河神韵”“生态美景”“休闲度假”品牌，大胆开拓创新，通过加快基础设施建设，积极推进景区开发，强化对外宣传促销，加强行业规范管理，努力克服园区基础差、资金缺、人员少等带来的重重困难，使黄河生态园知名度不断提升，旅游基础环境明显改善，旅游行业管理步入规范，旅游客源市场逐步形成，旅游发展氛围日益浓郁，呈现出良好的发展态势和广阔市场前景，为景区生态旅游后续快速发展奠了基础，黄河生态园也成为了远近闻名的休闲旅游胜地，被纳入吴忠市境内精品旅游线路之一进行重点规划和重点推介。现在的黄河生态园由生态观赏、惊险娱乐、舌尖美食等板块组成，集生态旅游、文化旅游、乡村旅游、休闲旅游为一体。截至2016年年底，公司项目资产和基础设施总投资达到1.33亿元，有各类游乐项目68家、餐饮服务项目15家、水上游乐项目7家，旅游从业人员1300余人，解决失地农民就业266人。2016年，全年接待游客138万人次，实现旅游收入3250万元。

2014年12月，黄河生态园被评定为国家AAA级旅游景区，先后荣获吴忠市"平安创建单位""文明景区"；全区"水上交通企业先进集体""旅游行业安全生产工作先进单位""旅游安全生产标准化首批A级旅游企业"等称号。王国璋本人先后被青铜峡市交通运输局评为"安全工作先进个人"，被吴忠市旅游局评为"安全生产者"，被自治区海事局水上交通运输局评为"安全先进个人"，被自治区旅游局评为"优秀质监员"。2016年12月，被国家旅游局授予"全国旅游系统劳动模范"荣誉称号。

自治区厅(局)级先进个人名录

【2015年度全区领导干部网络培训优秀网络培训管理员】

张　军　青铜峡市委党校教务室主任

颁奖单位：自治区党委组织部、自治区党校

颁奖时间：2016年3月10日

【2015年度全区领导干部网络培训优秀学员】

莫忠和　青铜峡市人民检察院检察长

李　鹏　青铜峡市文化旅游广播电视局文物所所长

李国海　青铜峡市人民法院瞿靖人民法庭庭长

颁奖单位：自治区党委组织部、自治区党校

颁奖时间：2016年3月10日

【第31届宁夏青少年科技创新大赛优秀组织工作者】

杨秀如　青铜峡市科协

颁奖单位：自治区科协、自治区教育厅、自治区科技厅、自治区团委、自治区环保厅

颁奖时间：2016年5月9日

【2014—2015年度"一师一优、一课一名师"活动自治区级"优课"一等奖】

陈　静　青铜峡市铝业学校（美丽的丹顶鹤）

张丽萍　青铜峡市第五中学

（Unit 5 Do you want to watch a game show ?(la-lc)）

马金云　青铜峡市第七中学（我和你）

颁奖单位：自治区教育厅

颁奖时间：2016年4月21日

【2014—2015年度"一师一优、一课一名师"活动自治区级"优课"三等奖】

刘海波　青铜峡市邵岗中学（频率的稳定性）

李学利　青铜峡市高级中学（幂函数）

颁奖单位：自治区教育厅

颁奖时间：2016年4月21日

【自治区级首批"信息技术教学应用名校"】

马　艳　青铜峡市邵岗小学

刘向军　青铜峡市第六中学

颁奖单位：自治区教育厅

颁奖时间：2016年4月21日

【自治区防震减灾先进工作者】

梁　军　青铜峡市地震局

颁奖单位：自治区地震局

颁奖时间：2016年11月23日

【全区教育系统优秀共产党员】

李春桦　青铜峡市教育局

刘文仓　青铜峡市第一中学

秦　玮　青铜峡市第五中学

董立宏　青铜峡市瞿靖中心小学

张颜军　青铜峡市光辉中心小学

颁奖单位：自治区教育工委、自治区教育厅党组

颁奖时间：2016年7月1日

青铜峡市级先进个人名录

【优秀共产党员】

郭志强　青铜峡市委办公室主任

代兴科　青铜峡市大坝镇党委书记

王　成　青铜峡市邵岗镇党委书记

王志远　青铜峡市青铜峡镇党委副书记

贾兴德　青铜峡市峡口镇党政办主任

苏学信　青铜峡市小坝镇农业服务中心主任

张　耘　青铜峡市瞿靖镇妇联主席

田英峰　青铜峡市瞿靖镇道路环保站站长

田学才　青铜峡市瞿靖镇林业站站长
洪　峰　青铜峡市邵岗镇环保站站长
叶建国　青铜峡市叶盛镇农业服务中心主任
刘忠保　青铜峡市大坝镇综治办副主任
马金萍　青铜峡市陈袁滩镇唐滩村党支部副书记
叶小云　青铜峡市叶盛镇龙门村党支部副书记，叶盛镇龙门林果协会党支部书记、会长
白永德　青铜峡市邵岗镇同富村党支部书记、村委会主任
陈维兵　青铜峡市邵岗镇邵西村干部
贺自侠　青铜峡市大坝镇王老滩村村民
张宗伏　青铜峡市瞿靖镇友好村村民
黄学芹　青铜峡市青铜峡镇艾山社区党支部书记、居委会主任
李希花　青铜峡市青铜峡镇铝厂社区党支部书记、居委会主任
柳　娟　青铜峡市裕民街道惠源社区党支部副书记、居委会副主任
张　梅　青铜峡市青铜峡镇峡西社区党支部委员
雷晓军　青铜峡市树新林场园艺分场职工
余振兴　青铜峡市纪委常委、执法纠风室主任
姜国宏　青铜峡市工业信息化和商务局党委副书记、副局长
王志琴　青铜峡市公安局刑侦大队副大队长
刘志成　青铜峡市委机要局干部
李广平　青铜峡市发展和改革局干部
李自荣　青铜峡市农业综合开发办公室外资科科长
段文定　青铜峡市住房和城乡建设局办公室主任
马明武　青铜峡市市政管理服务中心河西所所长
吴振兵　青铜峡市农牧和科学技术局办公室主任
哈东兴　青铜峡市农业技术推广服务中心干部
王自君　青铜峡市卫生监督所二科科长
王新梅　青铜峡市图书馆办公室主任
李亚玲　青铜峡市文化馆公共文化公益服务中心服务员
聂振华　青铜峡市市场监督管理局干部
任新玉　青铜峡市市场监督管理局裕民监管所所长
鲁忠义　原青铜峡市政协副主席、退休党员
哈学文　青铜峡市第六中学教师
杨小林　青铜峡市回民中学教师
田兴华　青铜峡市第四中学教师
哈亚楠　青铜峡市第三小学教师
秦丽珍　青铜峡市第二幼儿园副园长
包　进　青铜峡市中医院门诊医师
温玉红　青铜峡市陈袁滩镇卫生院院长
马金平　宁夏金昱元化工集团能源化学公司副装置长
岳光军　宁夏天峰化工有限公司生产科调度长
陈　山　青铜峡市小坝镇先锋村大青葡萄协会会长
黄学锋　青铜峡市高酸苹果运销协会党支部书记、会长

【优秀党务工作者】

马玉海　青铜峡市住房和城乡建设局党委书记、局长
郑光明　青铜峡市国税局党组书记、党总支书记、局长
哈存连　青铜峡市裕民街道党（工）委书记
王爱萍　青铜峡市委组织部副部长、市非公有制经济组织党（工）委书记
马存福　青铜峡市邵岗镇党委委员、副镇长、同富村第一书记
赵小龙　青铜峡市邵岗镇党委组织干事、机关党支部委员
李冰洋　青铜峡市裕民街道党（工）委组织干事
李　杰　青铜峡市教育局党委组织干事、团委书记
丁保礼　青铜峡市峡口镇西滩村党支部书记、村委会主任
丁宝明　青铜峡市青铜峡镇沃沙村党支部书记、村委会主任
王海军　青铜峡市大坝镇蒋南村党支部书记、村委会主任
石学忠　青铜峡市陈袁滩镇补号村党支部书记、村委会主任
舒生明　青铜峡市邵岗镇玉泉村党支部书记、村委会主任
武　聃　青铜峡市裕民街道怡园社区党支部副书记、居委会副主任
龚红丽　青铜峡市离退休干部党（工）委委员、市委老干部局党支部委员、办公室主任
倪柱山　青铜峡市农经站党支部书记
王　泉　青铜峡市广播电视台党支部委员、办公室主任
丁　琦　市青铜峡市汉坝小学党支部书记、校长
乔贺岭　青铜峡市农业广播电视学校教师、非公有制企业党建工作指导员
苏亚平　青铜峡市民办教育机构联合党支部委员、青铜峡市小太阳（圣花）幼儿园园长

颁奖单位：中共青铜峡市委员会
颁奖时间：2016年6月29日

【2015年度优秀公务员】

1. 受嘉奖公务员

段玉红中共青铜峡市纪律检查委员会
吴艳红中共青铜峡市纪律检查委员会
李志平中共青铜峡市纪律检查委员会
舒学忠中共青铜峡市纪律检查委员会
樊维莲　中共青铜峡市纪律检查委员会
任天龙　中共青铜峡市纪律检查委员会
武旭红　青铜峡市委办公室
塔朝清　青铜峡市委办公室
贾　捷　青铜峡市委办公室
陈树华　青铜峡市委组织部
马　伟　青铜峡市委组织部
王亚军　青铜峡市委组织部
鲍　祥　青铜峡市人大办公室
张文哲　青铜峡市人大办公室
姜建辉　青铜峡市政协办公室
陈腾霄　青铜峡市政协办公室
陈建民　青铜峡市统一战线工作部
纳文琴　青铜峡市档案局
吴建成　青铜峡市档案局
孟光宁　共青团青铜峡市委员会
席海燕　青铜峡市总工会
马　亮　青铜峡市委政法委员会
郭正军　青铜峡市委党校
陈建设　青铜峡市残疾人联合会
杨永安　青铜峡市残疾人联合会
李长华　青铜峡市委政策研究室
李志琴　青铜峡市文学艺术联合会
蒋文俊　青铜峡市老干部局
张怡慧　青铜峡市老干部局
沈中山　青铜峡市人民法院
赵春娟　青铜峡市人民法院
安兆军　青铜峡市人民法院
刘丽娟　青铜峡市人民法院
刘兴发　青铜峡市人民法院
孙　平　青铜峡市人民法院
蒋宁侠　青铜峡市人民法院
马秀花　青铜峡市人民法院
魏新元　青铜峡市人民法院
史永强　青铜峡市人民法院
赵庆伟　青铜峡市人民法院
何建平　青铜峡市人民法院
赵明玲　青铜峡市人民检察院
叶建平　青铜峡市人民法院
李国新　青铜峡市人民法院
郑维军　青铜峡市人民法院
张　娟　青铜峡市人民法院
吕宇星　青铜峡市人民法院
杨　亮　青铜峡市人民法院
刘　丹　青铜峡市人民法院
李　翔　青铜峡市人民法院
李春亮　青铜峡市人民法院
陈　惠　青铜峡市妇女联合会
赵壮壮　青铜峡市委宣传部
郭恒君　青铜峡市党史地方志编纂委员会办公室
马金祥　青铜峡市伊斯兰教协会
李　斌　青铜峡市机构编制委员会办公室
张　雪　青铜峡市政府办公室
甘　泉　青铜峡市政府办公室
沈云霞　青铜峡市信访督办局
杨富威　青铜峡市发展和改革局
聂少军　青铜峡市发展和改革局
叶　华　青铜峡市发展和改革局
马玉梅　青铜峡市发展和改革局
王正平　青铜峡市国土资源局
张朝军　青铜峡市住房和城乡建设局
梁　才　青铜峡市住房和城乡建设局
包作军　青铜峡市交通运输局
黄　瑛　青铜峡市教育局
李云峰　青铜峡市公安局森林派出所
李海文　青铜峡市水务局
姜国宏　青铜峡市工业信息化和商务局
李晓刚　青铜峡市工业信息化和商务局
李建功　青铜峡市司法局
李金凤　青铜峡市司法局

宋自豹　青铜峡市司法局
李尚智　青铜峡市司法局
魏占峰　青铜峡市司法局
张庆云　青铜峡市安全生产监督管理局
冯彦祥　青铜峡市安全生产监督管理局
田吉祥　青铜峡市人力资源和社会保障局
周桂玲　青铜峡市人力资源和社会保障局
王晓岚　青铜峡市民政局
吴　晖　青铜峡市审计局
丁福山　青铜峡市审计局
王淑芳　青铜峡市审计局
刘　华　青铜峡市审计局
王　平　青铜峡市审计局
高　勇　青铜峡市民族宗教事务局
张全才　青铜峡市环境保护局
夏建军　青铜峡市财政局
宋金萍　青铜峡市财政局
李凤霞　青铜峡市农牧和科学技术局
余振民　青铜峡市农牧和科学技术局
李发新　青铜峡市农牧和科学技术局
肖敬元　青铜峡市统计局
刘旭平　青铜峡市公安局
李正江　青铜峡市公安局
张　晗　青铜峡市公安局
康国斌　青铜峡市公安局
鲁国强　青铜峡市公安局
王建军　青铜峡市公安局
王学宁　青铜峡市公安局
李方春　青铜峡市公安局
王　璐　青铜峡市公安局
黄静宁　青铜峡市公安局
郭旭龙　青铜峡市公安局
田　波　青铜峡市公安局
叶　舜　青铜峡市公安局
陈立宁　青铜峡市公安局
武宏国　青铜峡市公安局
姜会平　青铜峡市公安局
钟海燕　青铜峡市公安局
刘立君　青铜峡市公安局
代树峰　青铜峡市公安局
蔡永全　青铜峡市公安局
杨晓彬　青铜峡市公安局
杨建柱　青铜峡市公安局
杨增帅　青铜峡市公安局
汤羽飞　青铜峡市公安局
滕建荣　青铜峡市市场监督管理局
叶宏伟　青铜峡市市场监督管理局
沈建忠　青铜峡市市场监督管理局
徐皓明　青铜峡市市场监督管理局
高永生　青铜峡市市场监督管理局
李春燕　青铜峡市市场监督管理局
张建设　青铜峡市市场监督管理局
金良才　青铜峡市市场监督管理局
王　娟　青铜峡市市场监督管理局
张新顺　青铜峡市市场监督管理局
胡继忠　青铜峡市市场监督管理局
刘　攒　青铜峡市市场监督管理局
陈　岚　青铜峡市市场监督管理局
侯学武　青铜峡市市场监督管理局
杨晓玲　青铜峡市市场监督管理局
帅　平　青铜峡市市场监督管理局
施晓青　青铜峡市市场监督管理局
戴　军　青铜峡市市场监督管理局
陈智辉　青铜峡市市场监督管理局
雷学礼　青铜峡市卫生和计划生育局
郑玉兴　青铜峡市卫生和计划生育局
王葆青　青铜峡市文化体育广播电视局
李自荣　青铜峡市文化体育广播电视局
杨森军　青铜峡市文化体育广播电视局
哈存连　青铜峡市裕民街道办事处
窦海军　青铜峡市裕民街道办事处
魏国伏　青铜峡市裕民街道办事处
郭恒斌　青铜峡市小坝镇
刘彦英　青铜峡市小坝镇
李　强　青铜峡市小坝镇
任金生　青铜峡市大坝镇

王　娟　青铜峡市大坝镇
梁学军　青铜峡市大坝镇
李金梅　青铜峡市陈袁滩镇
马金兰　青铜峡市叶盛镇
吴巧微　青铜峡市叶盛镇
李　涛　青铜峡市叶盛镇
马小琴　青铜峡市叶盛镇
马维忠　青铜峡市瞿靖镇
刘　强　青铜峡市瞿靖镇
王昕玮　青铜峡市瞿靖镇
潘存彪　青铜峡市瞿靖镇
李　华　青铜峡市邵岗镇
叶　平　青铜峡市邵岗镇
洪　峰　青铜峡市邵岗镇
李　珂　青铜峡市邵岗镇
武霞梅　青铜峡市邵岗镇
王　群　青铜峡市青铜峡镇
马新斌　青铜峡市青铜峡镇
于乐海　青铜峡市青铜峡镇
吴　燕　青铜峡市青铜峡镇
王自迁　青铜峡市峡口镇
杨泽芳　青铜峡市峡口镇
李彩霞　青铜峡市峡口镇
伏媛媛　青铜峡市经济技术合作局
牛淑芳　青铜峡市经济技术合作局
王毅贞　青铜峡市政务服务中心
席元春　青铜峡市政务服务中心
郭永环　青铜峡市老龄办
陶振飞　青铜峡市扶贫开发办公室
叶　才　青铜峡市就业创业和人才服务局
徐晓梅　青铜峡市就业创业和人才服务局
张惠敏　青铜峡市就业创业和人才服务局
刘晓宇　青铜峡市就业创业和人才服务局

2.记三等功的公务员

关秀林　青铜峡市工商业联合会
薛伟萍　青铜峡市人民法院
罗晓明　青铜峡市人民法院
李兴华　青铜峡市人民法院
丁　帆　青铜峡市人民法院
薄鹏飞　青铜峡市人民法院
董建华　青铜峡市人民法院
卢春柱　青铜峡市人民检察院
马　楠　青铜峡市人民检察院
郑慧荣　青铜峡市科学技术协会
盛利勇　青铜峡市委办公室
马　力　青铜峡市政府办公室
张伟莉　青铜峡市发展和改革局
杨秀梅　青铜峡市林业局
铁　楠　青铜峡市人力资源和社会保障局
郭冬梅　青铜峡市农牧和科学技术局
叶晓琳　青铜峡市旅游局
张　超　青铜峡市公安局
张志华　青铜峡市公安局
王晓丽　青铜峡市公安局
王永安　青铜峡市公安局
晏　军　青铜峡市公安局
康　辉　青铜峡市公安局
栾志丹　青铜峡市公安局
刘万鹏　青铜峡市公安局
王　武　青铜峡市公安局
周立刚　青铜峡市公安局
张永红　青铜峡市公安局
郁作为　青铜峡市公安局
李　明　青铜峡市公安局
张宏武　青铜峡市公安局
汪正文　青铜峡市公安局
蔡建功　青铜峡市公安局
刘振林　青铜峡市卫生和计划生育局
周文军　青铜峡市陈袁滩镇
沈　冰　青铜峡市陈袁滩镇
杨　萍　青铜峡市青铜峡镇
马　芳　青铜峡市峡口镇

颁奖单位：中共青铜峡市委员会、青铜峡市人民政府
颁奖时间：2016年4月15日

【武装工作先进个人】

周　俊　青铜峡市瞿靖镇人民武装部部长

申志华　青铜峡市叶盛镇人民武装部部长

窦海军　青铜峡市裕民街道办事处人民武装部部长

颁奖单位：中共青铜峡市委员会、青铜峡市人民政府、青铜峡市人民武装部

颁奖时间：2016年4月8日

【优秀教师（校长）】

1.高考优秀教师

罗彦君　青铜峡市高级中学

李淑红　青铜峡市高级中学

张淑萍　青铜峡市高级中学

孟君良　青铜峡市高级中学

拜文忠　青铜峡市高级中学

石金玲　青铜峡市高级中学

苏聚丰　青铜峡市高级中学

万自荣　青铜峡市高级中学

韩丽娟　青铜峡市高级中学

陈淑萍　青铜峡市高级中学

韩玉霞　青铜峡市高级中学

尤贵新　青铜峡市高级中学

贺新成　青铜峡市高级中学

方　宏　青铜峡市高级中学

何永红　青铜峡市第一中学

张　强　青铜峡市第一中学

石玉山　青铜峡市第一中学

陈　军　青铜峡市第一中学

董国宏　青铜峡市第一中学

金兴文　青铜峡市第一中学

王惠萍　青铜峡市第一中学

牛晓燕　青铜峡市第一中学

周伟琴　青铜峡市第一中学

赵　芳　青铜峡市第一中学

李慧宁　青铜峡市第一中学

张　渊　青铜峡市第一中学

李爱玲　青铜峡市第一中学

韩　伟　青铜峡市第一中学

黄祖毅　青铜峡市第一中学

陆　林　青铜峡市第一中学

2.中考优秀教师

柴少清　青铜峡市第二中学

朱　江　青铜峡市第二中学

王玉山　青铜峡市第二中学

黄秀玲　青铜峡市第五中学

周桂霞　青铜峡市第五中学

魏文刚　青铜峡市第五中学

冯兴民　青铜峡市第五中学

马　玮　青铜峡市第五中学

刘　杰　青铜峡市第五中学

贾晓瑞　青铜峡市第五中学

姜兴国　青铜峡市第五中学

陆永丰　青铜峡市第五中学

李自霞　青铜峡市第五中学

王　瑞　青铜峡市第五中学

李振业　青铜峡市第五中学

徐静娴　青铜峡市第六中学

白　斌　青铜峡市第六中学

王海涛　青铜峡市第六中学

计鹏飞　青铜峡市第七中学

王　伟　青铜峡市铝业学校

丁翠英　青铜峡市铝业学校

何　玲　青铜峡市铝业学校

姜芸玲　青铜峡市铝业学校

杜　娟　青铜峡市铝业学校

李社萍　青铜峡市铝业学校

朱淑玲　青铜峡市铝业学校

王和平　青铜峡市铝业学校

朱　彩　青铜峡市铝业学校

谢　飞　青铜峡市铝业学校

杨丽红　青铜峡市铝业学校

李淑萍　青铜峡市甘城子中心学校

李长春　青铜峡市甘城子中心学校

潘淑红　青铜峡市大坝电厂学校

赵向枫　青铜峡市回民中学

贺秀梅　青铜峡市回民中学

3.全区职业教育技能大赛优秀指导教师

周　杰　青铜峡市职教中心

田立宁　青铜峡市职教中心

叶　武　青铜峡市职教中心
黄思玉　青铜峡市职教中心
王国平　青铜峡市职教中心
李丽宁　青铜峡市职教中心
陈建华　青铜峡市职教中心
雍永明　青铜峡市职教中心
杨耀臣　青铜峡市职教中心
陈荣丽　青铜峡市职教中心

4.教学质量监测优秀教师

贾志萍　青铜峡市第二小学
何廷玲　青铜峡市第二小学
孟　伟　青铜峡市第三小学
张文瑞　青铜峡市第四小学
安学红　青铜峡市第四小学
李玉珍　青铜峡市第四小学
马丽芳　青铜峡市第四小学
吴慧琴　青铜峡市第四小学
蒋　萍　青铜峡市第五小学
乔吉林　青铜峡市第五小学
陈　娟　青铜峡市第四中学
沈丽红　青铜峡市第四中学
史　瑛　青铜峡市第四中学
周　洁　青铜峡市第五中学
席向梅　青铜峡市第五中学
王学坡　青铜峡市第五中学
汤丽娟　青铜峡市第五中学
汤红霞　青铜峡市第五中学
刘振凤　青铜峡市第六中学
马铁军　青铜峡市第七中学
李　榕　青铜峡市铝业学校
孙永燕　青铜峡市铝业学校
赵　婧　青铜峡市铝业学校
蒋兴华　青铜峡市邵岗中学
丁玉霞　青铜峡市邵岗中学
李　奋　青铜峡市邵岗中学
唐国玮　青铜峡市邵岗中学
张丽娟　青铜峡市大坝电厂学校
李　洁　青铜峡市大坝中心小学
王红霞　青铜峡市大坝中心小学
谷红艳　青铜峡市河西中心小学
王月梅　青铜峡市河西中心小学
鲍美玲　青铜峡市甘城子中心学校
李红霞　青铜峡市叶盛中心小学
张红霞　青铜峡市甘城子中心学校

5.教书育人优秀教师

教书育人优秀教师

沈春莹　青铜峡市汉坝小学
张秀萍　青铜峡市汉坝小学
钱金萍　青铜峡市汉坝小学
袁　霞　青铜峡市第二小学
叶晓梅　青铜峡市第二小学
王彦宏　青铜峡市第二小学
赵少锋　青铜峡市第三小学
任金花　青铜峡市第三小学
吴玉梅　青铜峡市第三小学
王学梅　青铜峡市第四小学
邓　萍　青铜峡市第四小学
陈　蓉　青铜峡市第四小学
马学红　青铜峡市第五小学
周建华　青铜峡市第五小学
王　丽　青铜峡市第五小学
代　红　青铜峡市第六小学
胡　钰　青铜峡市第二中学
孙　燕　青铜峡市第三中学
刘向华　青铜峡市第三中学
唐毅昭　青铜峡市第四中学
董月红　青铜峡市第四中学
万　兵　青铜峡市第四中学
徐海英　青铜峡市第四中学
刘　娟　青铜峡市第五中学
张　岩　青铜峡市第五中学
黎彦萍　青铜峡市第五中学
陈金霞　青铜峡市第五中学
董　磊　青铜峡市第六中学
樊建国　青铜峡市第六中学
盛艳梅　青铜峡市第六中学

徐万寿　青铜峡市第六中学
周丽萍　青铜峡市第七中学
赵建林　青铜峡市第七中学
高占林　青铜峡市第七中学
李成国　青铜峡市铝业学校
沙风侠　青铜峡市铝业学校
贾永珍　青铜峡市铝业学校
赵惠霞　青铜峡市河西中心小学
余凤琴　青铜峡市陈袁滩中心小学
张淑珍　青铜峡市回民中学
李清琦　青铜峡市回民中学
马晓娟　青铜峡市沈闸中心小学
孙丽娟　青铜峡市沈闸中心小学
李少红　青铜峡市沈闸中心小学
毛占礼　青铜峡市中滩中心小学
杨俊杰　青铜峡市大坝中心小学
鲍　娟　青铜峡市红星中心小学
席保元　青铜峡市红星中心小学
张金云　青铜峡市广武中心小学
潘文秀　青铜峡市广武中心小学
杨学兰　青铜峡市叶盛中心小学
王　琦　青铜峡市叶盛中心小学
夏兴民　青铜峡市瞿靖中心小学
李淑芳　青铜峡市光辉中心小学
赵学忠　青铜峡市邵岗中心小学
付建设　青铜峡市邵岗中心小学
朱文伟　青铜峡市邵岗中学
王　娟　青铜峡市甘城子中心学校
李君芸　青铜峡市甘城子中心学校
魏　政　青铜峡市大坝电厂学校
黄拥军　青铜峡市大坝电厂学校
丁绍玉　青铜峡市余桥中心小学
万　华　青铜峡市教学研究室
赵奋刚　青铜峡市教育局
周占文　青铜峡市教育局
贾小燕　青铜峡市第一幼儿园
李惠敏　青铜峡市第一幼儿园
沈海霞　青铜峡市第二幼儿园
吴玉梅　青铜峡市第三幼儿园

轮岗交流优秀教师

许瑞芸　青铜峡市汉坝小学
强秋菊　青铜峡市第三中学
周　霞　青铜峡市第五中学
王　娟　青铜峡市第四中学
曹自力　青铜峡市中滩中心小学
包光云　青铜峡市红星中心小学
李春阳　青铜峡市光辉中心小学
马凤芹　青铜峡市回民中学
秦晓红　青铜峡市第一幼儿园

普通高中教育教学优秀教师

张艳荣　青铜峡市高级中学
闫向梅　青铜峡市高级中学
李　恒　青铜峡市高级中学
李　瑾　青铜峡市高级中学
师晓梦　青铜峡市高级中学
张　红　青铜峡市高级中学
王生伟　青铜峡市第一中学
丁文慧　青铜峡市第一中学
商　莉　青铜峡市第一中学
孙雪莲　青铜峡市第一中学
王丽萍　青铜峡市第一中学
胡永胜　青铜峡市第一中学

职业教育优秀教师

陶明钊　青铜峡市职教中心
秦宁霞　青铜峡市职教中心
徐梦莹　青铜峡市职教中心
包文花　　青铜峡市职教中心
王秀梅　青铜峡市职教中心
丁少林　青铜峡市职教中心
安　娜　青铜峡市职教中心
包万才　青铜峡市职教中心
陆　洋　青铜峡市职教中心
郑　楠　青铜峡市职教中心

6.优秀班主任

刘俊萍　青铜峡市高级中学
马金梅　青铜峡市第一中学

刘学俭　青铜峡市第二中学
李嘉美　青铜峡市第三中学
刘宏伟　青铜峡市第四中学
牛艳娥　青铜峡市第五中学
李广军　青铜峡市第六中学
曹　丽　青铜峡市第七中学
郭　丽　青铜峡市汉坝小学
肖瑾觐　青铜峡市第二小学
梁艳红　青铜峡市第三小学
尚丽萍　青铜峡市第四小学
庄　萍　青铜峡市第五小学
王淑梅　青铜峡市第六小学
王学霞　青铜峡市第一幼儿园
余　梅　青铜峡市第二幼儿园
汪丽波　青铜峡市第三幼儿园
常福宝　青铜峡市职教中心
杨玉琴　青铜峡市河西中心小学
张晓花　青铜峡市陈袁滩中心小学
马平涛　青铜峡市回民中学
李　惠　青铜峡市中滩中心小学
杨自平　青铜峡市沈闸中心小学
马翠香　青铜峡市沈闸中心小学
鲍文东　青铜峡市大坝中心小学
刘　英　青铜峡市红星中心小学
张　晶　青铜峡市广武中心小学
雍小薇　青铜峡市叶盛中心小学
张广才　青铜峡市瞿靖中心小学
詹菊芬　青铜峡市光辉中心小学
胡金萍　青铜峡市邵岗中心小学
刘海波　青铜峡市邵岗中学
杜金芳　青铜峡市铝业学校
张欣芳　青铜峡市甘城子中心学校
王学琳　青铜峡市大坝电厂学校

7.优秀校长

王　忠　青铜峡市铝业学校
周茂才　青铜峡市第五中学
高天飞　青铜峡市沈闸中心小学
王自荣　青铜峡市广武中心小学
董立宏　青铜峡市瞿靖中心小学
张爱平　青铜峡市回民中学
马金环　青铜峡市第四小学
李丽华　青铜峡市第一中学
石国华　青铜峡市职教中心
卢进平　青铜峡市光辉中心小学

8.教书育人奖

全市高三年级任课教师
颁奖单位：中共青铜峡市委员会、青铜峡市人民政府
颁奖时间：2016年9月8日

【从事教育工作满30年教师】

王金龙　青铜峡市高级中学
陈淑萍　青铜峡市高级中学
蒯玉华　青铜峡市高级中学
刘　东　青铜峡市高级中学
沙欣荣　青铜峡市高级中学
朱晓宁　青铜峡市职教中心
哈彦华　青铜峡市职教中心
任维健　青铜峡市职教中心
朱金东　青铜峡市职教中心
钱金山　青铜峡市职教中心
顾学林　青铜峡市第一中学
哈敬春　青铜峡市第一中学
姜　林　青铜峡市第一中学
刘亚红　青铜峡市第一中学
俞克俭　青铜峡市第一中学
张建新　青铜峡市第二中学
岑树利　青铜峡市第三中学
来学广　青铜峡市第三中学
陆生地　青铜峡市第三中学
张　波　青铜峡市第三中学
马耀明　青铜峡市第三中学
马保成　青铜峡市第四中学
陶明川　青铜峡市第四中学
叶春梅　青铜峡市第四中学
刘宏军　青铜峡市第四中学
王惠琴　青铜峡市第四中学
徐光军　青铜峡市第四中学

张　博　青铜峡市第四中学
朱晓琴　青铜峡市第四中学
刘劲松　青铜峡市第五中学
雷福琴　青铜峡市第五中学
姜兴国　青铜峡市第五中学
周桂霞　青铜峡市第五中学
詹丽君　青铜峡市第五中学
王丽萍　青铜峡市第五中学
王建新　青铜峡市第五中学
刘建平　青铜峡市第六中学
白　斌　青铜峡市第六中学
陈莲花　青铜峡市第六中学
乔占奎　青铜峡市第六中学
陆凤英　青铜峡市汉坝小学
陈　巍　青铜峡市汉坝小学
景月芳　青铜峡市汉坝小学
夏芙蓉　青铜峡市汉坝小学
王丽华　青铜峡市汉坝小学
王彦梅　青铜峡市汉坝小学
冯瑞英　青铜峡市汉坝小学
石宁生　青铜峡市第二小学
朱淑静　青铜峡市第二小学
张志宏　青铜峡市第二小学
叶晓梅　青铜峡市第二小学
何廷玲　青铜峡市第二小学
周月霞　青铜峡市第三小学
余克俭　青铜峡市第三小学
杨新梅　青铜峡市第四小学
吴惠菊　青铜峡市第四小学
雷亚萍　青铜峡市第四小学
包月琴　青铜峡市第四小学
赵月霞　青铜峡市第五小学
闫红梅　青铜峡市第五小学
丁少琴　青铜峡市第五小学
吴光萍　青铜峡市第五小学
尚学红　青铜峡市第五小学
张建国　青铜峡市铝业学校
孙　军　青铜峡市铝业学校
吴立恒　青铜峡市铝业学校
田稳惠　青铜峡市铝业学校
马春霞　青铜峡市回民中学
张爱平　青铜峡市回民中学
高成斌　青铜峡市大坝电厂学校
赵建国　青铜峡市大坝电厂学校
丁玉霞　青铜峡市邵岗中学
王冬华　青铜峡市邵岗中学
李万鸿　青铜峡市邵岗中学
陈文军　青铜峡市市邵岗中学
哈　文　青铜峡市河西中心小学
王学明　青铜峡市沈闸中心小学
王凤君　青铜峡市沈闸中心小学
张桂琴　青铜峡市沈闸中心小学
唐丽萍　青铜峡市中滩中心小学
于金华　青铜峡市大坝中心小学
詹怀云　青铜峡市大坝中心小学
张光荣　青铜峡市大坝中心小学
朱元成　青铜峡市大坝中心小学
杨建保　青铜峡市大坝中心小学
余志红　青铜峡市红星中心小学
席保元　青铜峡市红星中心小学
吴绍彬　青铜峡市陈袁滩中心小学
李艳珍　青铜峡市陈袁滩中心小学
丁耀忠　青铜峡市陈袁滩中心小学
赵丽萍　青铜峡市陈袁滩中心小学
陈仙芬　青铜峡市陈袁滩中心小学
张克宏　青铜峡市叶盛中心小学
包学明　青铜峡市叶盛中心小学
王淑娟　青铜峡市光辉中心小学
詹菊芬　青铜峡市光辉中心小学
孙秀芳　青铜峡市光辉中心小学
顾娟侠　青铜峡市邵岗中心小学
哈彦明　青铜峡市邵岗中心小学
张　萍　青铜峡市第一幼儿园
詹　莉　青铜峡市第一幼儿园
卢金花　青铜峡市第三幼儿园
张少洲　青铜峡市教育局

乔海莉　青铜峡市教学研究室

马万良　青铜峡市教学研究室

颁奖单位：中共青铜峡市委员会、青铜峡市人民政府

颁奖时间：2016年9月8日

【全市普通高考成绩优秀学生】

1.青铜峡市文科前6名考生

文科第一名　青铜峡市高级中学　陈　爽

文科第二名　青铜峡市第一中学　丁洪宝

文科第三名　青铜峡市第一中学　马　瑞

文科第四名　青铜峡市第一中学　梁萌萌

文科第五名　青铜峡市第一中学　白　钰

文科第五名　青铜峡市高级中学　武　静

文科第六名　青铜峡市高级中学　王雯丽

2.青铜峡市理科前10名考生

理科第一名　青铜峡市第一中学　李宝祥

理科第二名　青铜峡市高级中学　周梓岳

理科第三名　青铜峡市第一中学　马　俊　李小宇

理科第四名　青铜峡市第一中学　寇根强

理科第五名　青铜峡市高级中学　袁　媛　刘银南

理科第六名　青铜峡市第一中学　邓思源

理科第七名　青铜峡市第一中学　王博勇　刘　茜

理科第八名　青铜峡市第一中学　丁　鹏

理科第八名　青铜峡市高级中学　鲁　轩

理科第九名　青铜峡市第一中学　马金芳　马振荣

理科第十名　青铜峡市第一中学　贾　瑞

理科第十名　青铜峡市高级中学　牟思琦

颁奖单位：中共青铜峡市委员会、青铜峡市人民政府

颁奖时间：2016年9月8日

【阿迪力挑战青铜峡黄河大峡谷极限之旅活动组织工作先进个人】

闫鸿鹏　青铜峡市委办公室秘书

卜　斌　青铜峡市委办公室秘书

李登江　青铜峡市委办公室司机

周慧玲　青铜峡市委宣传部副部长

何建兵　青铜峡市委宣传部副部长

高　明　青铜峡市委宣传部办公室主任

马玉宁　青铜峡市委宣传部干部

陈建民　青铜峡市委统战部常务副部长、工商联党组书记

王　宏　青铜峡市工商联副主席、餐饮商会会长

丁富春　青铜峡市政府办公室副主任

马　力　青铜峡市政府办公室副主任

官振华　青铜峡市政府办公室副主任、信访督办局局长

王学军　青铜峡市政府办公室秘书

朱彦珍　青铜峡市政府办公室秘书

马学兵　青铜峡市工业信息化和商务局副局长

叶玉洁　青铜峡市工业信息化和商务局干部

罗　平　青铜峡市公安局瞿靖派出所所长

秦立军　青铜峡市公安局大坝派出所所长

哈　林　青铜峡市公安局经侦大队教导员

王　磊　青铜峡市公安局指挥中心教导员

张　升　青铜峡市公安局警务保障室副主任

王　杰　青铜峡市公安局朔光派出所副所长

张进智　青铜峡市公安局峡口派出所副所长

李韶华　青铜峡市公安局法制大队副主任科员

刘长军　青铜峡市公安局城关派出所副主任科员

龚　磊　青铜峡市公安局刑侦大队中队长

杨　勇　青铜峡市公安局禁毒大队民警

蔡永全　青铜峡市公安局国保大队民警

张东生　青铜峡市公安局治安大队民警

郭　振　青铜峡市公安局刑侦大队民警

岳晓军　青铜峡市公安局交警大队民警

罗韶华　青铜峡市公安局交警大队民警

杨　阳　青铜峡市公安局城关派出所民警

杨晓彬　青铜峡市公安局河东派出所民警

赵光平　青铜峡市公安局河西派出所民警

石　民　青铜峡市公安局邵岗派出所民警

卢　鹏　青铜峡市公安局库区派出所民警

李志军　青铜峡市公安局小坝派出所民警

马君凯　青铜峡市公安局治安大队民警

何秀花　青铜峡市公安局交警大队民警

董立华　青铜峡市公安局交警大队民警

卢　鑫　青铜峡市公安局交警大队协勤

王　谦　青铜峡市国土资源局矿管科副科长

刘自勤　青铜峡市国土资源局青铜峡镇国土所所长

王立明　青铜峡市住房和城乡建设局建设办主任

詹学锋　青铜峡市地方海事局局长

徐永宏　青铜峡市交通运输局工程师
丁贵荣　青铜峡市交通运输局工程师
金　炜　青铜峡市交通运输局安全生产专干
郭清华　青铜峡市道路运输管理所所长
姜宏亮　青铜峡市道路运输管理所副所长
刘　锐　青铜峡市公路管理段段长
张学锋　青铜峡市公路管理段副段长
费宁怀　青铜峡市道路运输管理所客运站站长
王　海　青铜峡市道路运输管理所货运站职员
马振斌　青铜峡市公路管理段滨河大道公路站站长
高　鹏　青铜峡市公路管理段余桥公路站职工
包树军　青铜峡市文化体育广电局副局长
张志明　青铜峡市卫生和计划生育局副局长
龚志毅　青铜峡市市场监督管理局餐饮科科长
叶宏伟　青铜峡市市场监督管理局河东所所长
叶晓琳　青铜峡市旅游局监督管理科科长
刘自文　青铜峡市旅游局干部
韩青林　青铜峡市旅游局干部
白银波　青铜峡市信访督办局干部
卢　海　青铜峡市机关事务管理中心副主任
王宝茹　青铜峡市机关事务管理中心副主任
柏晓东　青铜峡青铜峡镇人民政府镇长
马立忠　青铜峡青铜峡镇副镇长
杨亚龙　青铜峡青铜峡镇党政办主任
刘万云　青铜峡青铜峡镇村镇站站长
王自成　青铜峡青铜峡镇余桥村党支部书记
马浩洋　青铜峡市政管理服务中心副主任
曹严宁　青铜峡市政管理服务中心办公室主任
李彦侠　青铜峡市政管理服务中心职工
王仙灵　青铜峡市政管理服务中心职工
丁向军　青铜峡市政管理服务中心职工
杨月芳　青铜峡市政管理服务中心职工
李　娟　青铜峡市政管理服务中心职工
胡兴慧　青铜峡市政管理服务中心职工
徐国峰　青铜峡市政管理服务中心职工
王平安　青铜峡市政管理服务中心职工
朱正清　青铜峡市城市公用事业服务中心办公室主任
于向武　青铜峡市城市公用事业服务中心大坝水厂厂长
赵志勇　青铜峡市城市建设监察大队办公室主任
闫　健　青铜峡市城市建设监察大队中队长
罗　瑞　青铜峡市城市建设监察大队中队长
党永锋　青铜峡市文化馆干部
田　柯　青铜峡市广播电视台制作部主任、编辑
徐雅丽　青铜峡市广播电视台制作部副主任、主持人
李晓军　青铜峡市疾控中心公共卫生科科长
陈学栋　青铜峡市人民医院外三科医师
谢　德　青铜峡市中医医院医教科主治医师
马占福　青铜峡市黄河大峡谷旅游有限公司总经理
张志勇　青铜峡市黄河大峡谷旅游有限公司副总经理
丁国军　青铜峡市黄河大峡谷旅游有限公司后勤部长
马占全　青铜峡市黄河大峡谷旅游有限公司大禹文化园经理
王　丹　青铜峡市黄河大峡谷旅游有限公司营销部副经理
刘　宁　青铜峡市黄河文化演艺有限公司调音师
白少军　青铜峡市青运集团有限责任公司调度员
王登殿　青铜峡市青运集团有限责任公司调度员
巴建国　青铜峡市顺通运输有限责任公司经理
陆　敏　青铜峡市顺通运输有限责任公司副经理
杨　卫　青铜峡市保安服务公司保安
崔光茂　青铜峡市保安服务公司保安

颁奖单位：中共青铜峡市委员会、青铜峡市人民政府
颁奖时间：2016年9月26日

【第五届宁夏黄河金岸（吴忠）国际马拉松赛组织工作先进个人】

马　凯　青铜峡市委办公室秘书
陈树华　青铜峡市委组织部常务副部长、机关工委书记
俞国庆　青铜峡市委宣传部司机
牛天昊　青铜峡市政府办公室秘书
王秀峰　青铜峡市教育局体卫艺室主任
何　炜　青铜峡市公安局叶盛派出所所长
丁跃林　青铜峡市公安局库区派出所所长
党清清　青铜峡市公安局刑侦大队副大队长
李　明　青铜峡市公安局城关派出所副所长
王兴武　青铜峡市公安局交警大队民警
马学清　青铜峡市公安局交警大队民警
段文定　青铜峡市住房和城乡建设局办公室主任

李海文　青铜峡市水务局副局长

仇建明　青铜峡市水务局办公室主任

张　伟　青铜峡市文化体育广电局办公室主任

张宏杰　青铜峡市文化体育广电局体育中心主任

鲍　辉　青铜峡市林业局种苗场场长

汪建军　青铜峡市林业局园林监察大队队长

高峻岭　青铜峡市政管理服务中心环卫四队副队长

魏旭东　青铜峡市政管理服务中心职工

龚伏祥　青铜峡市城市建设监察大队工会主席

杨瑞鹏　青铜峡市道路运输管理所稽查队队长

魏　鹏　青铜峡市广播电视台记着

翟　慧　青铜峡市大坝镇文化站站长

曹　琦　青铜峡市高级中学副校长

哈少锋　青铜峡市第七中学校长

朱金东　青铜峡市职业教育中心工会主席

张兴华　青铜峡市第一中学教师

蔡晓青　青铜峡市人民医院急诊科护士长

罗孝贤　青铜峡市金岸明珠文化旅游产业有限公司员工

颁奖单位:中共青铜峡市委员会、青铜峡市人民政府

颁奖时间:2016年9月26日

【优秀主创人员】

哈吉军——《爱有你我他》导演

侯宏章——《爱有你我他》编剧

乔迎春——《爱有你我他》主演

李林洲——《过草地》主演

郭　利——《过草地》音乐

安海军——《过草地》创作

高正昇——《河湾村的女人》编剧

颁奖单位:中共青铜峡市委员会、青铜峡市人民政府

颁奖时间:2016年12月13日

【杰出文艺人才】

美术类:曹元升、袁柏生

音乐类:汪　才

戏剧类:李林洲、鲁少忠、侯洪章

书法类:周培贵

摄影类:李　鹏

写作类:刘志海

颁奖单位:中共青铜峡市委员会、青铜峡市人民政府

颁奖时间:2016年12月13日

【优秀民间文化传承人】

1.自治区级非遗项目传承人

马兴军　二毛皮制作工艺项目传承人

牛银霞　南营武术项目传承人

2.吴忠市级非遗项目传承人

张淑玲　青铜峡柳编工艺传承人

赵玉明　中医药烧烫伤制剂项目传承人

3.青铜峡市级非遗项目传承人

王宝锁　社火道具制作工艺项目传承人

颁奖单位:中共青铜峡市委员会、青铜峡市人民政府

颁奖时间:2016年12月13日

【见义勇为先进个人】

潘益民　青铜峡市高级中学总务主任

马　立　青铜峡市大坝镇蒋东村第二村民小组村民

颁奖单位:青铜峡市人民政府

颁奖时间:2016年3月

QINGTONGXIA
YEARBOOK

附 录

编辑◎王雪霞　乔才山

重要文献选编

青铜峡市落实党风廉政建设党委主体责任和纪委监督责任考核办法(试行)

青党发〔2016〕11号

为认真贯彻落实市委《关于落实党风廉政建设“两个责任”的实施办法》精神，促进党委主体责任和纪委监督责任有效落实，结合我市实际，制定本办法。

一、考核对象

各镇、街道，市直各部门(单位)，各人民团体。

二、考核内容

检查考核重点突出党委的主体责任和纪委的监督责任。

党委的主体责任包括：党组织领导班子的集体责任、主要负责人的第一责任人责任、班子其他成员分管范围内的领导责任。

纪委的监督责任包括：履行协调配合责任、执纪监督责任和纪律审查责任。

具体考核内容按照《青铜峡市落实党风廉政建设“两个责任”任务清单》(青党办发〔2015〕91号)执行。

三、考核方式

考核工作由全市各级党风廉政建设和反腐败工作领导小组办公室组织实施，实行分级负责、分级考核。每年年底组织一次集中检查考核，各党(工)委(党组)的检查考核由市委负责组织，各党(工)委(党组)负责对所属单位党组织的检查考核。考核工作坚持上级考评与下级测评、定量考核与定性考核、平时抽查、半年督查与年终考核、考核领导班子与考核领导干部相结合的方式进行。

(一)平时抽查。包括工作督查、专项检查等，主要检查市委、市纪委关于党风廉政建设相关工作安排的落实情况。

(二)半年督查。主要检查党风廉政建设责任制落实和履行党委主体责任、纪委监督责任的情况。

(三)年终考核。年底前对党风廉政建设责任制和党委主体责任、纪委监督责任落实情况进行综合考评。考评采取开展述责述廉、个别谈话、召开座谈会等形式组织进行民意调查和民主测评。

四、考核评分

检查考核评分实行百分制，由市党风廉政建设考核领导小组办公室按照考核评分细则计分评定。

(一)综合评分。平时抽查、半年督查分别占全年综合考核得分的40%、20%，年终集中考核占40%(其中，组织考评占20%，群众测评占20%)。

(二)加分因素。在落实党风廉政建设责任制中，具体工作有创新、有成效，并受到中央、自治区、吴忠市级表彰奖励(以颁发的奖励证书、奖牌及原始文件为准)或在全国、自治区、吴忠市召开的有关会议上作经验介绍或交流发言的，年度综合考核时分别加5分、3分、2分，同一项目按最高级别加分，不重复计算。

（三）**减分因素**。对平时抽查和半年检查中发现的问题没有及时整改落实的，从年度考核总分中酌情扣除相应分值。

五、结果评定及运用

（一）**等次评定**。根据被考核单位所得分值情况，将考核结果分为优秀、良好、一般、不合格四个等次。考核得分在90分以上（含90分）的为优秀等次，80~89分之间的为良好等次，70~79分之间的为一般等次，70分以下的为不合格等次。

（二）**结果运用**。党风廉政建设责任制落实情况的检查考核结果作为对领导班子总体评价和领导干部业绩评定、奖励惩处、选拔使用的重要依据。当年度考核等次为一般等次的单位，由市纪委主要负责人对单位领导班子进行工作约谈；考核不合格的单位，由市纪委对单位主要负责人及分管领导进行问责处理。同时，依据实行党风廉政建设“一票否决”的有关规定，对考核不合格的单位以及本单位领导班子成员或党员干部受到党政纪处分的一律取消本单位及个人评先评优的资格。

中共青铜峡市委员会

2016年4月5日

青铜峡市落实党风廉政建设“两个责任”追究办法（试行）

青党发〔2016〕11号

第一章 总 则

第一条 为进一步贯彻落实党风廉政建设责任制，强化党委主体责任和纪委监督责任，根据《中国共产党党内监督条例（试行）》、《中国共产党纪律处分条例》和《宁夏回族自治区党风廉政建设主体责任和监督责任追究办法（试行）》以及市委《关于落实党风廉政建设“两个责任”的实施办法》等规定，结合我市实际，制定本办法。

第二条 本办法适用于全市各级党政机关、事业单位、各人民团体党组织领导班子和班子成员以及纪检监察机关的领导班子、班子成员和各镇（街道）纪（工）委纪检干事。

第二章 责任追究情形

第三条 各级党组织领导班子落实党风廉政建设主体责任，有下列情形之一的，应当追究领导班子和主要负责人的责任：

（一）党风廉政建设责任制落实不力，对上级党组织、纪检监察机关关于党风廉政建设和反腐败工作部署要求，不传达贯彻、不研究安排、不组织实施、不督促落实，以及对上级组织决定不执行、变通执行或不完全执行的；

（二）不按规定报告落实党风廉政建设主体责任情况，不按规定听取下级党组织、分管领域党风廉政建设情况汇报，发现下级党组织不履行或者不正确履行主体责任不及时纠正、处理的；

（三）对中央和区、市关于改进作风相关规定不认真贯彻落实，导致“四风”问题突出或群众评议机关和干部作风连续两年排名末位的；

（四）对上级党委、纪委安排交办的党风廉政建设责任范围内的事项及自治区巡视组反馈的问题推诿扯皮、变通应付，存在不作为、慢作为、不愿担当等懒政现象，造成不良影响的；

（五）权力监督制约机制不健全，“四重一大”事项集体决策等措施不落实，导致决策失误、执行不力、监督失效的；

（六）不严格执行党的政治纪律、组织纪律、廉洁纪律、群众纪律、工作纪律、生活纪律等，致使领导班子成员或者干部职工纪律松弛、组织涣散，年内发生违纪问题较多的；

（七）没有把党性党风党纪教育列入党员干部教育经常性内容，不认真组织开展党风廉政教育的；

（八）不支持、不配合执纪执法机关依法依纪履行职责，接受组织调查搞变通的；不及时协调解决党风廉政建设和反腐败工作重大问题、重大事项，导致腐败案件没有得到及时查处、造成恶劣影响的；

（九）在党风廉政建设责任制考核中，连续两年考核成绩排名末位的；

（十）其他违反党风廉政建设责任制规定的行为。

第四条 各级党组织领导班子成员（含主要负责人）有下列情形之一的，应当追究领导班子成员责任：

（一）主要负责人履行“第一责任人”职责不力，未坚持党风廉政建设和反腐败重要工作亲自部署、重大问题亲自过问、重点环节亲自协调、重要案件亲自督办，致使本地区、本系统、本部门（单位）

不正之风蔓延和发生腐败问题的；

（二）主要负责人不严格执行一把手“五个不直接分管”制度，在“四重一大”事项上未按规定程序进行科学民主决策，或者未能正确执行集体决策，造成不良后果的；

（三）班子其他成员不认真履行“一岗双责”，未定期研究、安排、检查和报告分管范围内的党风廉政建设工作情况，未把党风廉政建设要求融入到分管业务工作中的；

（四）对分管范围内党员干部不严格教育、严格监督、严格管理，对存在的苗头性、倾向性问题不及时提醒约谈，对领导班子成员或者直接管辖的下属发生严重违纪违法问题，负有失教、失察、失管责任的；

（五）不带头遵守党纪国法和廉洁从政规定，在领导干部个人事项报告中未如实报告有关情况；违反有关规定经商办企业、大操大办婚丧事宜借机敛财等；对亲属、身边工作人员违纪违法行为知情不管的；

（六）其他违反党风廉政建设责任制规定的行为。

第五条 各级纪检监察机关领导班子及其成员未能正确履行监督责任，有下列情形之一的，应当追究责任：

（一）协助同级党组织加强党风廉政建设和组织协调、监督检查党风廉政建设和反腐败工作任务不力的；

（二）对党的政治纪律和政治规矩，党的路线方针政策、决议决定执行情况，以及中央和区、市党委重大决策部署贯彻落实情况监督检查不力的；

（三）未能严肃查处违规违纪案件，对发现的违规违纪行为和损害群众利益的突出问题放任不管、隐瞒不报、压案不查的；

（四）对作风建设情况监督检查不力、查处不严，致使违反中央八项规定精神和自治区若干规定、吴忠市及我市实施办法等顶风违纪问题突出的；

（五）对发现的苗头性、倾向性问题，不及时提醒约谈、督促纠正的；

（六）在纪律审查工作中落实“一案双查”制度不力，导致应当追究责任而未追究或者追究责任不落实的；

（七）其他违反党风廉政建设责任制规定的行为。

第三章 责任追究方式

第六条 领导班子有违反本办法第二章所列情形，情节较轻的，责令作出书面检查；情节较重的，给予通报批评；情节严重的，进行组织处理。

领导班子成员有违反本办法第二章所列情形，情节较轻的，给予批评教育、诫勉谈话、责令作出书面检查；情节较重的，给予通报批评；情节严重的，给予调整职务、停职检查、责令辞职、免职、降职等组织处理，涉嫌违纪的给予党纪政纪处分。

以上责任追究方式可以单独使用，也可以合并使用。

第七条 对领导班子进行责任追究时，主要负责人和分管领导承担主要领导责任，参与决策的班子其他成员承担重要领导责任，对错误决策提出明确反对意见而没有被采纳的，不承担责任。

错误决策由领导个人决定或批准的，追究该领导干部个人的责任。

第四章 责任追究结果运用

第八条 领导班子及其成员违反党风廉政建设主体责任和纪委监督责任有关规定，由纪检监察机关或者纪检监察机关会同相关部门按照职责和权限，查明事实、追究责任。

第九条 责任追究结果与党风廉政建设责任制考核挂钩，纳入所在单位年度效能目标管理考核。领导班子被追究责任的，取消本地区、本部门、本单位当年年度考核评优和评选各类先进的资格。领导班子主要负责人及其成员被追究责任，受到诫勉谈话、责令书面检查、通报批评处理的，取消当年年度个人考核评优和评选各类先进的资格；受到责令辞职、免职处理的一年内不得重新担任与其原任职务相当的领导职务，两年内不得担任高于原任职务层次的职务；受到降职处理的，两年内不得提升职级和领导职务。受到党纪政纪处分的，按相关规定执行。

第十条 各部门、单位党政领导干部受到责任追究情况应当报上一级党委、纪检监察机关、组织人事部门备案。

第十一条 对责任追究决定有不同意见的，自收到责任追究决定书之日起15日内向追究责任决定机关或上级机关提出申诉。追究责任决定机关收到申诉后，应当在30日内作出申诉处理决定。申诉处理决定应当以书面形式告知申诉人及其所在单位。申诉期间不停止原决定的执行。

第五章 附 则

第十二条 本办法由中共青铜峡市纪律检查委员会负责解释。

第十三条 本办法自发布之日起执行。此前制定的《青铜峡市落实党风廉政建设“两个责任”问责暂行办法》（青纪发〔2014〕82号）同时废止。

中共青铜峡市委员会

2016年4月5日

青铜峡市创建国家全域旅游示范市实施方案

青党发〔2016〕40号

为深入推进国家全域旅游示范市创建工作，全力构建“产业围绕旅游转、产品围绕旅游造、结构围绕旅游调、功能围绕旅游配、民生围绕旅游兴”的全域旅游发展格局，拓展全市文化旅游产业深度和广度，有计划、有步骤推进全域旅游示范市创建工作，结合实际，制定本实施方案。

一、指导思想

以党的十八大和十八届四中、五中全会精神及国务院《关于促进旅游业改革发展的若干意见》《关于进一步促进旅游投资和消费的若干意见》为指导，以创建国家全域旅游示范市为目标，以打响“印象黄河·彩虹之上”旅游品牌为核心，以打造“黄河岸边、稻花香里、贺兰山下”三条基线为重点，全力建设国内独具特色的黄河文化旅游精品区。

二、基本原则

（一）坚持优先发展。全市上下要坚定加快建设旅游强市的决心和信心，充分认识全域旅游创建是顺应经济发展规律、推动产业转型升级的迫切需要，是发挥资源优势、抢抓发展机遇的内在要求，是惠及广大群众、全面建成小康社会的重要抓手，进一步增强发展旅游产业的责任感、紧迫感和使命感。

（二）坚持统筹兼顾。既要注重当前发展，又要着眼长远可持续发展；既要坚持政府主导，又要充分发挥市场对资源基础性配置作用；既要在重点领域实现突破，又要注重优化空间布局，实现城市与乡村、旅游与其他产业统筹融合发展。

（三）坚持因地制宜。依托现有黄河文化旅游资源，全域开发集水利、湿地、岩画、长城等为一体的多样性旅游资源。一方面要因地制宜、因时制宜，突出景区特色；另一方面要加大资源整合力度，集中力量在重点领域和关键环节实现突破，发挥产业聚集效应和叠加效应。

（四）坚持创新发展。旅游产业涉及面广、关联度大，需多个行业和部门共同参与、密切配合，科学制定发展规划。要进一步创新管理体制，强化政策引导，推进区域联动和部门协作；创新融资方式，用好用活旅游产业发展专项资金，广泛吸纳社会资本；创新经营模式，增强市场竞争力；创新激励机制，充分调动社会各方面的积极性和主动性。

三、创建目标

充分挖掘和丰富文化旅游资源内涵，提升景区品位，完善旅游服务功能，改善旅游环境，将青铜峡打造成国内独具特色的旅游目的地和文化旅游产业强市。具体目标是：争取到2018年旅游业增加值占GDP比重达10%以上；旅游业从业人员占本地就业总数比重达20%以上；年游客接待人次达到本地常住人口数10倍以上；当地农村常住居民年人均可支配收入20%以上主要来源于旅游收入；旅游税收占地方财政税收10%左右；区域内有特色鲜明的旅游主打产品，关联度高、覆盖范围广。

四、实施步骤

（一）筹备启动阶段

1.成立创建全域旅游示范市工作委员会。成立以市委主要领导任主任，政府主要领导为常务副主任，市四套班子相关领导为副主任，各相关职能部门、单位主要负责人为成员的全域旅游创建工作委员会。委员会办公室设在市旅游局，旅游局主要负责人兼任办公室主任，具体负责全域旅游示范市创建协调工作。将全域旅游创建工作纳入各部门、单位年度效能目标管理考核，各部门、单位结合实际分别制定推进计划，按时间节点细化分解创建工作任务。

责任领导：张铁缨

责任单位：市委办、政府办、政研室

完成时限：2016年5月

2.编制全域旅游发展总体规划。以黄河文化旅游带、乡村休闲观光带、贺兰山东麓文化旅游带为重点，编制《青铜峡市全域旅游总体规划》《青铜峡市创建全域旅游示范市三年发展行动计划》，从全局和整体出发，明确文化旅游业发展方向和目标，优化配置、合理开发境内旅游资源，为旅游业发展提供科学依据，推动全市旅游业持续健康发展。

责任领导：杨春燕

责任单位：旅游局

完成时限：2016年6月

3.启动国家全域旅游示范市创建工作。举行创建国家全域旅游示范市启动仪式，切实将各部门、单位的思想和行动统一到市委、政府创建全域旅游示范市的决策部署上来，调动一切积极性因素，凝聚社会各方力量，营造一切资源皆为旅游资源、人人都是旅游宣传员的良好氛围，努力实现旅游全域覆盖、惠及民生。

责任领导：杨春燕

牵头单位：旅游局

配合单位：市委办、政府办、宣传部、文化体育广电局

完成时限：2016年4月

4.设立全域旅游专项发展资金。按照吴忠市委、政府有关要求，设立全域旅游专项发展资金，支持旅游景区和旅游企业基础设施建设、旅游宣传推介和重点旅游商品研发。制定出台《青铜峡市鼓励和支持全域旅游示范市创建工作优惠政策》，在土地、税收、招商引资、基础设施建设、人才队伍建设、宣传营销等方面给予优惠政策支持。建立文化和旅游产业投资基金，为文化旅游产业进行贷款担保和贴息。建立文化旅游项目开发激励机制，通过政府引导投入，撬动社会资本投资文化旅游项目建设。

责任领导：杨春燕

牵头单位：财政局

配合单位：发改局、旅游局、国税局、地税局

完成时限：长期

5.建立全域旅游学者专家库。加强旅游人才队伍建设，聘请国内知名旅游专家学者1~2名，举办全域旅游主题培训班。实施旅游急需紧缺人才引进工程、青年拔尖人才培养工程等，引进外地优秀旅游企业管理人才，以优惠条件吸引和留住人才。建立从业人员合理结构体系，不断加强景区管理、市场营销、高级导游、设备维修等人才队伍建设，制定切实可行的人才培训计划，多渠道、多方式开展培训。

责任领导：杨 铎

责任单位：组织部、人社局、旅游局、就业局

完成时限：长期

6.组建青铜峡黄河文化旅游集团公司。进一步理顺旅游产业管理体制，组建青铜峡黄河文化旅游集团公司，将各景区人、财、物划归黄河文化旅游集团公司管理，作为全市文化旅游产业规划开发经营的主体和投融资平台，进一步优化资本结构和配置，盘活国有资产，明确景区发展方向和功能布局，实现全域旅游资源市场价值和综合效益最大化。

责任领导：杨春燕

牵头单位：旅游局

配合单位：财政局、监察局、审计局、陈袁滩镇

完成时限：2016年6月

(二)持续推进阶段

1.营造浓厚的创建氛围。采取悬挂横幅、LED电子屏、宣传栏、媒体报道、微信平台等传统媒体和现代媒体相结合方式，大力宣传创建国家全域旅游示范市的目的意义，深入宣传创建工作进展情况及取得成效，宣传各部门(单位)开展全域旅游创建工作的好经验、好做法，营造凝心聚力、齐抓共管的浓厚氛围。

责任领导：杨旭年

责任单位：宣传部、文化体育广电局、旅游局

完成时限：长期

2.持续开展项目争取和招商引资。积极包装、储备项目，全力争取各级各类旅游产业政策、资金支持，完善旅游交通路网、水电通讯、旅游标识、游客中心等旅游基础设施和公共服务设施，增强全域旅游服务功能。持续开展旅游招商引资工作，积极引进大项目、好项目及示范项目，带动引领全域旅游统筹城乡发展。加快推进引入旅游项目建设，促进旅游项目开发与运营。

责任领导：王 飞

责任单位：旅游局、经济技术合作局

完成时限：长期

3.编制完成"十三五"期间重大旅游专项规划。坚持规划引领，围绕"黄河岸边、稻花香里、贺兰山下"三条基线，编制完成《青铜峡库区鸟岛保护和开发规划》《乡村休闲旅游规划》《牛首山佛教旅游规划》和《庙山湖山湖庄园开发规划》等专项规划，以规划的刚性引领全市旅游产业持续健康发展。

责任领导：杨春燕

责任单位：旅游局

完成时限：2018年6月

4.实施景区服务功能提升工程。实施一批带动能力强的旅游项目，重点抓好黄河文化旅游带、乡村休闲观光带、贺兰山东麓文化产业带等基础设施建设项目，加快旅游景区、景点、农家乐及连接点公共卫生间改造、连接道路、停车场、游客集散中心、自驾车营地等配套基础服务设施建设步伐，大幅提升旅游景区服务功能。

责任领导：杨春燕

牵头单位：旅游局

配合单位：发改局、国土资源局、环保局、住建局、交通运输局、水务局、林业局、各相关镇

完成时限：2018年10月

5.强力推进宣传营销

(1)实施旅游品牌营销战略。建立宣传、文化、商务、旅游等部门合作的大旅游联合宣传机制，实现渠道互换、信息共享。依托电视、报刊和网络、手机等传统与新兴信息传播渠道，综合运用网络营销、事件营销、公关营销等手段，开展立体化宣传营销，高水平策划制作一批影视、书籍等宣传精品，大力拓展

国内主要客源市场。

责任领导：杨旭年

责任单位：宣传部、文化体育广电局、旅游局、网信办

完成时限：2018年12月

（2）加强旅游整体形象宣传。编制完善青铜峡旅游宣传营销方案，将旅游推广纳入全市对外宣传、交流、合作整体方案，强力宣传推介青铜峡旅游品牌。争取在央视及区内外有影响力的主流媒体播放青铜峡旅游宣传片，在携程网、途牛、驴妈妈等多家网络媒体宣传推介青铜峡旅游，力争进入各主要网络搜索引擎和一些热门站点的友情链接。印制青铜峡旅游宣传册，在区内外相关报刊杂志刊登青铜峡旅游信息专版，力争打响“印象黄河·彩虹之上”旅游品牌。

责任领导：杨旭年

牵头单位：旅游局

配合单位：宣传部、文化体育广电局、网信办

完成时限：2018年12月

（3）加强区域营销合作模式。与周边600千米城市联合开展市场共育、品牌共塑、客源共享活动。与沙坡头、沙湖等周边知名旅游景区（点）及旅行社加强合作，共同策划线路产品，编制专题信息资料和宣传品，提升“印象黄河·彩虹之上”品牌影响力，逐步扩大至全国乃至境外旅游圈。

责任领导：杨春燕

牵头单位：旅游局

配合单位：各景区

完成时限：2018年12月

（4）推广应用青铜峡旅游主题宣传用语及标志图案（LOGO）。在各类旅游宣传营销材料及旅游商品外包装上印制青铜峡旅游主题宣传用语及旅游标志图案（LOGO）。在机场、车站、景区主要交通沿线制作大型户外广告牌，展现旅游标志图案（LOGO）。全市旅游系统工作人员统一使用青铜峡旅游主题宣传手机彩铃。持续组织景区参加区内外各类旅游交易会、招商会，大力宣传推介青铜峡旅游资源品牌。

责任领导：杨旭年

责任单位：宣传部、文化体育广电局、旅游局

完成时限：2018年12月

（5）构建青铜峡旅游现代营销体系。加入全区旅游网络营销联盟，以该平台为依托，多渠道、多样化开展旅游电子宣传推广、旅游信息服务、旅游电子商务工作，进一步扩大青铜峡旅游官网、微信及各景区微信公众号的影响力和覆盖面。利用微博、微信等传播媒介策划宣传青铜峡旅游影响力事件，实施事件营销，吸引网民关注。加快智慧旅游建设，全面实施黄河楼、黄河大峡谷景区“互联网+”智慧旅游工程，初步建立景区资源管理、电子自助导览、监控管理、门禁与安防、电子巡更五大系统。

责任领导：杨春燕

责任单位：旅游局

完成时限：2018年12月

（6）组织开展文化旅游节庆活动。坚持以“节”造势，聚集人气，按照每月有活动的要求，重点举办黄河母亲节、旅游商品创意大赛、旅游摄影大赛、稻花香文化艺术节、阿迪力黄河大峡谷挑战吉尼斯极限之旅、黄河文化周、中秋黄河楼赏月、牛首山庙会、葡萄酒文化节、黄河鲤鱼跳龙门排沙节、黄河大集等文化旅游节庆活动，集中展示青铜峡旅游品牌魅力，切实增强文化旅游市场吸引力和竞争力。

责任领导：杨旭年

责任单位：宣传部、文化体育广电局、旅游局、宗教局、林业局

完成时限：2018年12月

6.优化旅游发展环境

（1）旅游服务质量提升工程。全面实施自治区政府关于旅游服务质量提升“十百千万”工程，着力改善我市旅游消费软环境。计划3年创建3条旅游特色街区，做强3家旅游精品景区，建设8个旅游特色村，打造10家优秀旅行社，做优10家旅游饭店，推广10大金牌小吃，扶持10家四星级农家乐，评树10名金牌导游，开发30个旅游特色商品，评选100名旅游服务之星，培育100名乡村旅游带头人，培训1000名旅游从业人员，实现全市旅游服务质量大提升。

责任领导：杨春燕

责任单位：旅游局、工业信息化和商务局、各镇

配合单位：市场监管局、宗教局、住建局、就业局

完成时限：2018年12月

（2）营造安全、和谐、文明的旅游环境。加强景区、车站、旅游通道、宾馆等游客聚集区治安管理，严厉打击各类违法犯罪行为；全面落实安全生产责任，制定突发公共事件处置应急预案，健全旅游安全保障机制和应急处置机制，增强游客安全感和满意度。加大旅游市场监管力度，建立完善旅游市场交叉检查、暗访检查工作机制。

责任领导：撒贵清

牵头单位：安监局

配合单位：公安局、市场监管局、交通运输局、旅游局、相关镇

完成时限：2018年12月

（3）优化旅游发展政务环境。各职能部门要紧紧围绕全市旅游产业发展，开通绿色通道，简化办事程序，优化服务流程，提升工作效率，以优质高效服务营造旅游发展良好环境。

责任领导:杨春燕

牵头单位:旅游局

配合单位:各相关职能部门

完成时限:2018年12月

7.实施城镇基础设施提升工程

(1)完善城镇配套设施建设。强化城镇供水、供热、供气等城市基础设施建设。分阶段实施老城区供热、供暖等配套管网改造工程,实施河东区污水处理厂及集污管网工程。实施老旧小区综合改造、停车场、城区道路工程等项目。实施城乡一体供水基础设施改造、城市生活垃圾分类收集处理及第二、三污水处理厂提标改造等项目工程;实施城镇绿荫行动,强化绿线管理,合理配置各类绿地,逐步形成乔灌花草相互搭配、城郊乡村一体发展的城镇绿化体系。

责任领导:崔奇鹏、陈雪松

责任单位:住建局、林业局

完成时限:2018年12月

(2)网络通信。加快宽带通信网、数字电视网和互联网等信息基础设施建设,促进网络融合和系统互联互通,实现信息共享。加快推进农村宽带网及智慧城市项目,实现全市镇(场)、村(社区)光纤入户;不断创新业态,实施农村淘宝项目,扩大特快专递、物流配送等新兴业务;实施"广播惠农"应急信息网络二期工程;实施青铜峡市社会管理信息平台建设项目,加强城市综合指挥调度中心、公共服务信息平台建设,实现公共区域无线局域网全覆盖。

责任领导:杨旭年

责任单位:文化体育广电局、网信办、邮政局、电信青铜峡分公司、移动青铜峡分公司、联通青铜峡分公司

完成时限:2018年12月

(3)交通道路。在全市交通发展总体规划中,优先安排实施旅游交通道路建设与改造项目,科学布局景区营运线路。实施青铜峡旅游直通车工程,开通黄土地、生态园、黄河楼、黄河大峡谷、黄河坛、鸟岛旅游直通车线路。面向社会发布招标公告,引进社会资本投资运营,为广大游客和市民日常旅游出行提供方便、快捷条件。完成叶盛黄河大桥改造工程,实施中大路至新大路连接线、甘城子主干路、201省道至庙山湖公路项目及葡萄长廊中法葡萄集群示范区长城路、中央大道等项目,进一步提升旅游交通保障能力。

责任领导:陈雪松

责任单位:发改局、交通运输局、旅游局

完成时限:2018年12月

8.推进产业要素配套建设

(1)鼓励引导旅行社向专业化、网络化方向发展。旅行社(含分支机构)由9家发展至15家,鼓励在青铜峡设分社且条件成熟的宁夏中国旅游社、宁夏中国国际旅行社、宁夏环球国际旅游社等依托电子商务,扩展经营规模,实现网络化经营。加强旅行社预订系统与航空预订系统、宾馆预订系统对接,加快网上旅行社发展。

责任领导:杨春燕

责任单位:旅游局

完成时限:2018年12月

(2)加快旅游住宿业发展。鼓励龙海宾馆创建五星级宾馆、青铜峡宾馆创建四星级宾馆,提升发展时兴饭店、明珠圆饭店等三星级饭店。在现有农家乐基础上,积极争创更多星级农家乐。优化在建、拟建宾馆旅游住宿设施空间结构、档次结构和功能结构,着力打造各具特色的会议型、商务型、度假型宾馆。建设家庭旅馆、汽车旅馆、青年旅馆等特色旅馆,进一步增强旅游接待能力。

责任领导:撒贵清

责任单位:工业信息化和商务局、旅游局

完成时限:2018年12月

(3)打造特色旅游餐饮品牌。充分发挥青铜峡餐饮协会牵头带动作用,推广宣传以龙海宾馆、青铜峡宾馆、时兴饭店为主的酒店餐饮,以华庭一号、鸿乐府建云手抓、小郝手抓、古峡美食楼等为主的清真餐饮,以清逸园、黄河渔村、黄龙湾为主的农家乐餐饮。主推清真系列"黄河鱼""峡口羊杂"等名品菜,精品汉餐、驴肉系列等特色菜,引进大型品牌餐饮连锁店,推动全市旅游星级宾馆、餐馆、农家乐特色化、规模化和品牌化经营,全面提升旅游餐饮服务接待能力。

责任领导:撒贵清

责任单位:工业信息化和商务局

配合单位:旅游局、市场监管局、相关镇

完成时限:2018年12月

(4)加大特色旅游商品研发和推广。积极开展旅游商品创意大赛,深度挖掘"黄河玉"等青铜峡特色旅游商品,加快本土特色化、系列化旅游纪念品、土特产品和实用工艺品等旅游商品开发。加大旅游商品研发力度,借力"农超结合",推进旅游商品进超市、进商场,培育特色购物店,满足游客购物需求。建设欧陆风情特色商业街区,全方位满足游客休闲、娱乐等需求。开发青铜峡大米、葡萄酒、鲜食葡萄、特色林果等天然绿色旅游食品和保健品,提升购物在旅游消费中的比重,着力打造国内外知名品牌。

责任领导:撒贵清

责任单位:工业信息化和商务局、旅游局

完成时限:2018年12月

(三)全面创建阶段

围绕"黄河岸边、稻花香里、贺兰山下"三条主线，通过连珠成线、串线为片，实现旅游与一二三产融合互动发展，切实打造黄河文化游、田园风情游、寻古探幽游、养心健身体验游等旅游靓丽名片。

一是加快黄河文化旅游带建设，打造"黄河岸边"旅游主线。立足"黄河文化"主题，围绕打造宁夏沿黄旅游核心区目标，深度挖掘黄河文化内涵，集中整合沿黄旅游资源。升级建设黄河旅游龙头景区，发挥黄河楼、中华黄河坛、黄河大峡谷景区核心带动作用，将108塔、大禹文化园、鸟岛、牛首山寺庙群等黄河金岸各大景点串珠成线，高标准打造"黄河金岸"文化展示区，进一步提升旅游发展整体水平。实施各景区旅游停车场、公共卫生间、标识系统等配套服务设施和休闲栈道、智慧服务等工程。以市区及青铜古镇为核心，培育一系列特色餐饮、茶馆、咖啡厅、休闲街区、休闲演艺场所等夜间休闲业态。

二是加快休闲农业观光带建设，打造"稻花香里"旅游主线。以滨河大道、109国道、罗家河沿岸为重点，大力发展以"塞上江南"农业观光休闲旅游区为核心的休闲农业体验游，培育创意农业示范园、观光农业科技园、休闲养生度假村等乡村旅游新业态，打造一批风格迥异、主题鲜明集休闲观光、健康养生、种植采摘为一体的旅游村镇、休闲农庄和星级农家乐。2016年重点抓好龙门村旅游特色村、先锋大青葡萄长廊、黄河楼七彩园景观绿化、红十月金穗采摘园4个主题鲜明的乡村休闲带项目建设，争取到2018年创建休闲观光旅游特色村8个，打造星级农家乐30家，带动发展一批乡村休闲旅游示范园、示范村、示范户，延伸旅游全产业链。

三是加快贺兰山东麓文化旅游带建设，打造"贺兰山下"旅游主线。以贺兰山东麓甘城子葡萄文化长廊为核心，链接鸽子山遗址、明长城古迹、庙山湖神泉、广武岩画等历史遗存，依托各具特色的葡萄庄园，发展欧美式葡萄酒庄、野生沙枣露营、生态大棚种植、亲耕体验田、山湖温泉、清凉寺、草根艺吧、生态保育区、跑马场、酒店餐饮、采摘种植区、民俗农家乐、沙漠冲浪体验区等旅游业态。沿明长城古迹一线开发探秘游、寻古游，让游客品红酒、看酿酒，进贺兰山沟壑徒步、探险、探幽，释放都市生活压力，促进文化与旅游深度融合。重点推进庙山湖旅游开发、鸽子山、明长城、广武岩画保护开发等文化旅游保护项目，进一步完善青铜峡全域旅游框架结构。

责任领导：杨春燕

责任单位：旅游局

配合单位：各相关职能部门

完成时限：2018年12月

(四)总结验收阶段

1.全面总结全域旅游示范市创建工作。开展"回头看"，进一步健全完善帐表卡册等内业资料，对各项创建工作进行分项归类，统计汇总，查漏补缺。

责任领导：杨春燕

责任单位：旅游局

配合单位：各部门(单位)、各镇

完成时限：2018年10月

2.向自治区呈报验收报告，迎接自治区初验和国家旅游局验收。

责任领导：杨春燕

责任单位：旅游局

配合单位：各部门(单位)、各镇

完成时限：2018年11月

五、组织机构及工作职责(略)

六、保障措施

(一)加强组织领导。市全域旅游工作委员会各成员单位要站在促进全市经济社会持续健康发展的高度，充分认识创建国家全域旅游示范市的重要性和必要性，切实将思想和行动统一到市委、政府关于创建国家全域旅游示范市和开展旅游提升年活动的决策部署上来，成立相应组织机构，加强工作领导，采取有力措施，全力推进国家全域旅游示范市创建工作，确保各项目标任务顺利完成。

(二)强化责任落实。各责任单位要严格按照职责分工，健全"一把手"亲自部署、分管领导全面主抓、指定专人具体负责的责任落实和工作推进机制，严格按照时间节点，细化分解目标任务，制定专项工作方案及推进计划，做到分工明确、责任到人，形成一级抓一级、层层抓落实、全民总动员的工作格局，不折不扣将全域旅游示范市创建工作任务落到实处。

(三)加大督查力度。市委政府督查室要会同市全域旅游工作委员会办公室，严格按照"一月一督查、一月一通报"要求，定期对各责任单位工作落实情况进行督查，全面了解全域旅游创建各项工作进展情况和存在的问题。及时下发督查通报，宣传推广相关责任单位工作落实中好的经验和做法，督促责任落实不到位、工作成效不明显的责任单位积极整改，并将有关情况作为年度考核重要依据，充分调动各责任部门、单位工作的积极性和主动性，不断提升全市旅游业整体发展质量和水平。

中共青铜峡市委员会
青铜峡市人民政府
2016年7月13日

青铜峡市财政支农实施办法

青政发〔2016〕113号

为认真贯彻落实《自治区人民政府关于创新财政支农方式加快发展农业特色优势产业的意见》(宁政发〔2016〕27号)精神,充分发挥好财政资金"四两拨千斤"作用,深化农业结构性改革,引导更多社会资本投向农业,加快推进农业优势特色产业质量和效益并举发展,结合我市农业产业发展实际,对财政支农提出如下办法。

一、扶持对象

围绕自治区确定的"1+4"产业,因地制宜,主要对优质粮食、蔬菜、草畜、酿酒葡萄等产业进行扶持,扶持对象为我市范围内从事上述产业的各类经营主体,即专业大户、家庭农(牧)场、农民专业合作社和农产品加工企业(龙头企业)及普通农户。

二、扶持原则

——政府引导,多元投入。充分发挥政府引导作用,推动支农资金由财政直接补贴向财政与金融信贷相结合,主要依靠信贷支持转变,撬动吸引金融和社会资本投资农业,形成多元化投入机制。

——分类施策,区别支持。对不同经营主体采取不同的支持方式,涉农企业主要以信贷担保、贴息和引导基金支持为主;专业大户、家庭农场和农民专业合作社主要以风险补偿、贴息、实物租赁支持为主,兼顾直接补贴;普通农户主要以直接补贴支持为主,兼顾贷款、贴息。

——严格审核,扶优扶先。以"支持干事"为核心,坚持大干大支持、小干小支持、不干不支持,根据全市特色产业发展实际和各类经营主体资金投入确定支持额度。制定科学合理的政策支持审核标准和申报流程。建立竞争性资金分配和奖励机制。

三、扶持方式及标准

(一)贷款担保。用于技术攻关、产品研发、成果转化、市场开拓等环节,主要面向抵押物不足的涉农经营主体,由担保机构为其提供增信,通过银行贷款进行扶持。具体标准:

1.种植业。主要扶持优质大米、蔬菜等产业。

对优质大米种植大户、专业合作社、家庭农场经营200~500亩、年产值达到40~100万元、可带动周边农户20~35户的,最高给予30万元贷款担保;对经营500~1000亩、年产值达到100~210万元、可带动周边农户35~45户的,最高给予80万元贷款担保;对经营1000~2000亩、年产值达到210~400万元、可带动周边农户45~80户的,最高给予150万元贷款担保;对经营2000~5000亩、年产值达到400~1000万元、可带动周边农户80~150户的,最高给予300万元贷款担保;对经营5000~10000亩、年产值达到1000~2000万元、可带动周边农户150~200户的,最高给予400万元贷款担保;对经营10000亩以上、年产值达到2000万元以上、可带动周边农户200户以上的,最高给予500万元贷款担保。

对蔬菜大户、露地永久性蔬菜基地大户、专业合作社经营200~500亩、年产值达到60~150万元、可带动周边农户20~55户的,最高给予50万元贷款担保;对经营500~1000亩、年产值达到150~300万元、可带动周边农户55~120户的,最高给予100万元贷款担保;对经营1000~2000亩、年产值达到300~600万元、可带动周边农户120~150户的,最高给予200万元贷款担保;对经营2000~5000亩、年产值达到600~1500万元、可带动周边农户150~200户的,最高给予400万元贷款担保;对经营5000亩以上、年产值达到2000万元以上、可带动周边农户200户以上的,最高给予500万元贷款担保。

2.养殖业。主要扶持奶牛、肉驴、肉牛、肉羊、生猪等养殖业。

对奶牛规模500~1000头最高给予150万元贷款担保;1000~2000头最高给予200万元贷款担保;2000头以上最高给予300万元贷款担保。

对肉驴规模500~1000头最高给予100万元贷款担保;1001~2000头最高给予150万元贷款担保;2000头以上最高给予200万元贷款担保。

对肉牛规模500~1000头最高给予50万元贷款担保;1000~2000头最高给予100万元贷款担保;2000头以上最高给予150万元贷款担保。

对肉羊规模500~1000只最高给予50万元贷款担保;1000~2000只最高给予80万元贷款担保;2000只以上最高给予100万元贷款担保。

对生猪规模500~1000头最高给予50万元贷款担保；1000~2000头最高给予100万元贷款担保；2000头以上最高给予150万元贷款担保。

3.酿酒葡萄。辖区内新种植酿酒葡萄的酒庄（企业）、合作社等种植酿酒葡萄集中连片100亩以上最高给予30万元贷款担保；酒庄（企业）、合作社及种植大户等对自有5年以上树龄的老葡萄园进行改造提升，且葡萄园集中连片200亩以上最高给予60万元贷款担保；2016年3月以后辖区内新建的酒庄，在酒庄建成经验收合格并投入使用后第二年，可申请贷款担保，担保贷款额度不超过酒庄投资总额的50%。

4.农产品加工企业。对资产总规模500万元以下、固定资产200万元以下、年销售收入500万元以下的农产品加工企业，最高给予100万元贷款担保；对资产总规模500~1000万元、固定资产200~500万元、年销售收入500~1000万元的农产品加工企业最高给予200万元贷款担保；对资产总规模1000~3000万元、固定资产500~1500万元、年销售收入1000~3000万元的农产品加工企业最高给予300万元贷款担保；对资产总规模3000~5000万元、固定资产1500~3000万元、年销售收入3000~5000万元的农产品加工企业最高给予500万元贷款担保；对资产总规模5000万元以上、固定资产3000万元以上、年销售收入5000万元以上的农产品加工企业最高给予1000万元贷款担保。

上述贷款期限不超过2年，每个经营主体累计贷款担保不超过1000万元，贷款利率上浮比例不得超过同期贷款基准利率的30%；担保费率不得超过1.5%。

（二）贷款风险补偿。用于基础建设、设备购置、市场销售等环节，因不可抗力给农业经营主体造成的贷款损失，贷款逾期一定期限后，经积极清收仍不能追偿的，通过财政风险补偿基金进行代偿支持。对发生贷款风险损失的，政府与经办银行按照一定比例分担。具体标准：

1.种植业。对优质大米种植大户、专业合作社、家庭农场经营200~500亩、年产值达到40~100万元、可带动周边农户20~35户的，最高给予20万元贷款风险补偿基金；对经营500~1000亩、年产值达到100~210万元、可带动周边农户35~45户以上的，最高给予50万元贷款风险补偿基金；对经营1000~2000亩、年产值达到210~400万元、可带动周边农户45~80户的，最高给予80万元贷款风险补偿基金；对经营2000~5000亩、年产值达到400~1000万元、可带动周边农户80~150户的，最高给予150万元贷款风险补偿基金；对经营5000~10000亩、年产值达到1000~2000万元、可带动周边农户150~200户的，最高给予200万元贷款风险补偿基金；对经营10000亩以上、年产值达到2000万元以上、可带动周边农户200户以上的，最高给予300万元贷款风险补偿基金。

2.养殖业。对奶牛规模500~1000头最高给予150万元贷款风险补偿基金；1000~2000头最高给予200万元贷款风险补偿基金；2000头以上最高给予300万元贷款风险补偿基金。

对肉驴规模500~1000头最高给予100万元贷款风险补偿基金；1000~2000头最高给予150万元贷款风险补偿基金；2000头以上最高给予200万元贷款风险补偿基金。

对肉牛规模500~1000头最高给予50万元贷款风险补偿基金；1000~2000头最高给予100万元贷款风险补偿基金；2000头以上最高给予150万元贷款风险补偿基金；

对肉羊规模500~1000只最高给予50万元贷款风险补偿基金；1000~2000只最高给予80万元贷款风险补偿基金；2000只以上最高给予100万元贷款风险补偿基金。

对生猪规模500~1000头最高给予50万元贷款风险补偿基金；1000~2000头最高给予100万元贷款风险补偿基金；2000头以上最高给予150万元贷款风险补偿基金。

3.酿酒葡萄。对酒庄（企业）、合作社等种植酿酒葡萄100亩以上最高给予30万元贷款风险补偿基金；酒庄（企业）、合作社及种植大户等对自有5年以上树龄的葡萄园进行改造提升且葡萄园集中连片200亩以上最高给予60万元贷款风险补偿基金。

4.农产品加工企业。对资产总规模500万元以下、固定资产200万元以下、年销售收入500万元以下的农产品加工企业最高给予50万元贷款风险补偿基金；对资产总规模500~1000万元、固定资产500万元以下、年销售收入500~1000万元的农产品加工企业最高给予100万元贷款风险补偿基金；对资产总规模1000~3000万元、固定资产500~1500万元、年销售收入1000~3000万元的农产品加工企业最高给予200万元贷款风险补偿基金；对资产总规模3000~5000万元、固定资产1500~3000万元、年销售收入3000~5000万元的农产品加工企业最高给予300万元贷款风险补偿基金；对资产总规模5000万元以上、固定资产3000万元以上、年销售收入5000万元以上的农产品加工企业最高给予500万元贷款风险补偿基金。

上述贷款周期不超过2年，每个经营主体贷款金额不超过500万元，贷款利率上浮比例不得超过同期同档次贷款基准利率的30%。

(三)贷款贴息。用于产品研发、成果转化、品牌建设等环节，对已享受贷款的农业经营主体，经产业主管部门审核通过后，通过补贴一定利息进行支持。根据实际，可给予不同额度、不同期限的贴息。具体标准：

1.种植业。围绕我市优质大米产业，对种粮大户、专业合作社经营200~500亩、年产值达到40~100万元、可带动周边农户20~35户的，最高给予30万元贷款同期同档次基准利率70%的贴息；对经营500~1000亩、年产值达到100~210万元、可带动周边农户35~45户的，最高给予80万元贷款同期同档次基准利率70%的贴息；对经营1000~2000亩、年产值达到210~400万元、可带动周边农户45~80户的，最高给予150万元贷款同期同档次基准利率70%的贴息；对经营2000~5000亩、年产值达到400~1000万元、可带动周边农户80~150户的，最高给予300万元贷款同期同档次基准利率70%的贴息；对经营5000~10000亩、年产值达到1000~2000万元、可带动周边农户150~200户的，最高给予400万元贷款同期同档次基准利率70%的贴息；对经营10000亩以上、年产值达到2000万元以上、可带动周边农户200户以上的，最高给予500万元贷款同期同档次基准利率70%的贴息。

对蔬菜大户、露地永久性蔬菜基地大户、专业合作社、经营200~500亩、年产值达到60~150万元、可带动周边农户20~55户以上的，最高给予50万元贷款同期同档次基准利率70%的贴息；对经营500~1000亩、年产值达到150~300万元、可带动周边农户55~120户的，最高给予100万元贷款同期同档次基准利率70%的贴息；对经营1000~2000亩、年产值达到300~600万元、可带动周边农户120~150户的，最高给予200万元贷款同期同档次基准利率70%的贴息；对经营2000~5000亩、年产值达到600~1500万元、可带动周边农户150~200户以上的，最高给予400万元贷款同期同档次基准利率70%的贴息；对经营5000亩以上、年产值达到2000万元以上、可带动周边农户200户以上的，最高给予500万元贷款同期同档次基准利率70%的贴息。

2.养殖业。对奶牛规模500~1000头最高给予150万元贷款同期同档次基准利率70%的贴息；1000~2000头最高给予200万元贷款同期同档次基准利率70%的贴息；2000头以上最高给予300万元贷款同期同档次基准利率70%的贴息。

对肉驴规模500~1000头最高给予100万元贷款同期同档次基准利率70%的贴息；1000~2000头最高给予150万元贷款同期同档次基准利率70%的贴息；2000头以上最高给予200万元贷款同期同档次基准利率70%的贴息。

对肉牛规模500~1000头最高给予50万元贷款同期同档次基准利率70%的贴息；1000~2000头最高给予100万元贷款同期同档次基准利率70%的贴息；2000头以上最高给予150万元贷款同期同档次基准利率70%的贴息。

对肉羊规模500~1000只最高给予50万元贷款同期同档次基准利率70%的贴息；1000~2000只最高给予80万元贷款同期同档次基准利率70%的贴息；2000只以上最高给予100万元贷款同期同档次基准利率70%的贴息。

对生猪规模500~1000头最高给予50万元贷款同期同档次基准利率70%的贴息；1000~2000头最高给予100万元贷款同期同档次基准利率70%的贴息；2000头以上最高给予150万元贷款同期同档次基准利率70%的贴息。

3.农产品加工企业。对资产总规模500万元以下、固定资产200万元以下、年销售收入500万元以下的农产品加工企业最高给予100万元贷款同期同档次基准利率60%的贴息；对资产总规模500~1000万元、固定资产500万元以下、年销售收入500~1000万元的农产品加工企业最高给予200万元贷款同期同档次基准利率60%的贴息；对资产总规模1000~3000万元、固定资产500~1500万元、年销售收入1000~3000万元的农产品加工企业最高给予300万元贷款同期同档次基准利率60%的贴息；对资产总规模3000~5000万元、固定资产1500~3000万元、年销售收入3000~5000万元的农产品加工企业最高给予500万元贷款同期同档次基准利率60%的贴息；对资产总规模5000万元以上、固定资产3000万元以上、年销售收入5000万元以上的农产品加工企业最高给予1000万元贷款同期同档次基准利率60%的贴息。

上述每个经营主体贷款贴息总额不得超过100万元。

(四)直接补贴。除落实国家农业支持保护补贴政策外，主要用于新品种、新技术示范和市场开拓等公益性和确需直补的环节，通过项目资金后补助、以奖代补等方式进行支持。

(五)实物租赁。用于购置机械、冷链设备等易形成资产的农业基础设施，通过民办公助、直接采购等方式进行支持。民办公助形成的基础设施，经产业主管部门登记备案后，交由农业经营主体使用，产业主管部门不参与经营，在资产处置时收回。直接采购形成的基础设施，经产业主管部门登记备案后，交由供销社监管。

针对每一产业实际采取不同的扶持方式，但同一环节只能享受一种扶持政策，直接补贴(除农业支持保护补贴外)和贴息不能同时享受。

享受以上所有政策扶持的各类经营主体必须符合产业主管部门的前置条件，包括项目(园区)建设标准、种植(养殖)面积和数量、技术规程等均要达到要求，经验收合格后进行扶持。

贷款担保、贷款风险补偿和贷款贴息三种支持方式由市财政局负责，会同金融办、人民银行青铜峡支行制定出台具体管理办法。

四、强化保障措施

(一)切实加强组织领导。市政府统筹财政支农资金使用。各产业主管部门要切实担负起推进"1+4"及其他产业发展的主体责任，落实好配套资金。市农办会同财政局、产业主管部门对财政支农情况进行检查和督导，及时分析新情况，解决新问题，适时提出需要调整完善的财政支农政策意见建议，经市农村工作领导小组研究后，报市政府审定。

(二)建立推荐审核机制。农业优势特色产业放贷工作以产业主管部门为主组织实施，市农牧科技、林业等产业主管部门要建立规范的符合特色产业实际的贷款申请推荐流程，负责向金融机构推荐贷款对象。对普通农户，由村推荐、镇初审、产业主管部门把关、金融机构调查审核放贷；对专业大户、家庭农场和农民专业合作社，由镇推荐、产业主管部门把关、金融机构调查审核放贷；对涉农企业，由产业主管部门推荐把关，金融机构调查审核放贷。不同农业经营主体推荐审核办法由各产业主管部门制定。

(三)严格风险防控管理。市农牧科技、林业等产业主管部门要严把贷款推荐关口，推进贷款使用—推荐—放贷环节紧密衔接，切实从源头管控风险。金融机构要逐步完善覆盖全市主要农业经营主体的征信系统，实现信用信息、业务信息和风险信息数据共享，建立放贷、不良贷款等信息定期通报制度。对形成的不良贷款，有关部门要配合金融机构积极组织清收。

(四)全面推进信息公开。按照"三公开、五公示"(即补贴资金政策公开、程序公开、结果公开，补贴对象、地址、规模、标准、额度公示)要求，强化资金支付和使用全过程公开，凡是涉及直接补贴、实物租赁、贷款、贴息的支农资金信息，根据享受主体属性，在村民小组、新型经营主体间全部进行公开。涉及到户的普惠性政策，以短信形式向村民公示。

(五)强化资金监督检查。市农牧科技、林业等产业主管部门要按照财政支农资金"公平、公正、公开"和"谁使用、谁管理、谁负责"的原则，健全制度，明确责任，强化措施，自觉接受监督。深入开展涉农资金专项检查，财政、审计等部门要将支农资金管理使用情况列入年度审计和监督检查重点。产业主管部门要建立健全支农资金使用追踪问责制度，严肃查处侵吞、挤占、挪用、虚报、冒领支农资金的行为。

青铜峡市人民政府

2016年8月22日

市委、政府文件

2016年中共青铜峡市委文件

文　件	文　号	发文时间
中共青铜峡市委员会2016年工作要点	青党发〔2016〕1号	1月16日
青铜峡市委关于印发《落实自治区党委巡视组巡视工作意见的整改方案》的通知	青党发〔2016〕3号	1月4日
关于青铜峡市委常委班子“三严三实”专题教育民主生活会情况的报告	青党发〔2016〕4号	1月8日
关于表彰2015年度效能目标管理考核先进单位的决定	青党发〔2016〕5号	2月5日
关于自治区党委第一巡视组移交转办问题办理情况的报告	青党发〔2016〕6号	3月8日
关于自治区党委第一巡视组交办问题调查情况的报告	青党发〔2016〕7号	3月6日
关于表彰党管武装工作先进单位和武装工作先进个人的决定	青党发〔2016〕8号	4月8日
关于印发《青铜峡市旅游提升年活动实施方案》的通知	青党发〔2016〕9号	4月1日
关于推荐全国优秀共产党员 优秀党务工作者 先进基层党组织情况的报告	青党发〔2016〕10号	4月11日
关于印发《青铜峡市落实党风廉政建设党委主体责任和纪委监督责任考核办法（试行）》和《青铜峡市落实党风廉政建设“两个责任”追究办法（试行）》的通知	青党发〔2016〕11号	4月5日
关于呈送《青铜峡市委落实自治区党委巡视组巡视反馈问题整改工作进展情况》的报告	青党发〔2016〕12号	4月19日
关于青铜峡市委常委班子召开专题民主生活会情况的报告	青党发〔2016〕13号	4月15日
关于认真学习贯彻赵永清书记在青铜峡市委专题民主生活会上讲话精神的通知	青党发〔2016〕14号	4月19日
关于印发《青铜峡市干部选拔任用动议办法（试行）》的通知	青党发〔2016〕15号	4月18日
关于表彰奖励2015年度优秀公务员的决定	青党发〔2016〕16号	4月15日
关于进一步深化“强龙工程”加强农村基层党建工作的实施意见	青党发〔2016〕18号	5月13日
关于终止执行相关优惠政策的决定	青党发〔2016〕20号	6月1日
关于靠实责任 勇于担当 积极处置疑难复杂问题的意见	青党发〔2016〕21号	5月31日
关于印发《青铜峡市2016年度效能目标管理考核办法》的通知	青党发〔2016〕22号	5月31日
关于青铜峡市促进房地产市场平稳健康发展的若干意见	青党发〔2016〕23号	6月2日
关于成立青铜峡市法学会的批复	青党发〔2016〕24号	6月2日
关于同意召开中国共产党青铜峡市叶盛镇第十一次代表大会的批复	青党发〔2016〕25号	6月16日

文　　件	文　号	发文时间
关于同意召开中国共产党青铜峡市邵岗镇第三次代表大会的批复	青党发〔2016〕26号	6月16日
关于同意召开中国共产党青铜峡市瞿靖镇第十四次代表大会的批复	青党发〔2016〕27号	6月16日
关于同意召开中国共产党青铜峡市陈袁滩镇第三次代表大会的批复	青党发〔2016〕28号	6月16日
关于同意召开中国共产党青铜峡市小坝镇第三次代表大会的批复	青党发〔2016〕29号	6月16日
关于同意召开中国共产党青铜峡市大坝镇第三次代表大会的批复	青党发〔2016〕30号	6月16日
关于同意召开中国共产党青铜峡市青铜峡镇第十二次代表大会的批复	青党发〔2016〕31号	6月16日
关于同意召开中国共产党青铜峡市峡口镇第十三次代表大会的批复	青党发〔2016〕32号	6月16日
关于表彰全市先进基层党组织 优秀共产党员和优秀党务工作者的决定	青党发〔2016〕33号	6月29日
关于坚决打赢脱贫攻坚战确保提前两年实现整体脱贫的实施意见	青党发〔2016〕34号	7月1日
关于深化供销合作社综合改革的意见	青党发〔2016〕35号	7月5日
关于召开中国共产党青铜峡市第十二次代表大会的请示	青党发〔2016〕36号	7月4日
关于呈报2016年上半年工作总结暨下半年工作要点的报告	青党发〔2016〕37号	7月11日
关于提名市四套班子党员领导干部 法院院长 检察院检察长为有关基层党(工)委选举的市第十二次代表大会代表候选人的通知	青党发〔2016〕38号	7月15日
关于中国共产党青铜峡市第十二次代表大会代表选举工作的通知	青党发〔2016〕39号	7月15日
关于印发《青铜峡市创建国家全域旅游示范市实施方案》的通知	青党发〔2016〕40号	7月13日
关于转发《中共青铜峡市人大常委会党组关于市 镇两级人民代表大会换届选举工作安排意见》的通知	青党发〔2016〕41号	7月18日
关于部分市领导提名为相关基层党委出席市第十二次代表大会代表候选人的通知	青党发〔2016〕42号	7月22日
关于中央第八环境保护督察组交办群众举报环境污染问题查处情况的报告	青党发〔2016〕43号	7月24日
关于中央第八环境保护督察组交办群众举报环境污染问题查处情况的报告	青党发〔2016〕44号	7月25日
关于中央第八环境保护督察组交办群众举报环境污染问题查处情况的报告	青党发〔2016〕45号	7月25日
关于中央第八环境保护督察组交办群众举报环境污染问题查处情况的报告	青党发〔2016〕46号	7月25日
关于中央第八环境保护督察组交办群众举报环境污染问题查处情况的报告	青党发〔2016〕47号	7月29日
关于中央第八环境保护督察组交办群众举报环境污染问题查处情况的报告	青党发〔2016〕48号	7月29日
关于中央第八环境保护督察组交办群众举报环境污染问题查处情况的报告	青党发〔2016〕49号	7月29日
关于中央第八环境保护督察组交办群众举报环境污染问题查处情况的报告	青党发〔2016〕50号	7月29日

文　　件	文　号	发文时间
关于中央第八环境保护督察组交办群众举报环境污染问题查处情况的报告	青党发〔2016〕51号	8月2日
关于中央第八环境保护督察组交办群众举报环境污染问题查处情况的报告	青党发〔2016〕53号	8月4日
关于中央第八环境保护督察组交办群众举报环境污染问题查处情况的报告	青党发〔2016〕54号	8月5日
关于中央第八环境保护督察组交办群众举报环境污染问题查处情况的报告	青党发〔2016〕55号	8月6日
关于中央第八环境保护督察组交办群众举报环境污染问题查处情况的报告	青党发〔2016〕56号	8月8日
关于中央第八环境保护督察组交办群众举报环境污染问题查处情况的报告	青党发〔2016〕57号	8月8日
关于中央第八环境保护督察组交办群众举报环境污染问题查处情况的报告	青党发〔2016〕58号	8月10日
关于中央第八环境保护督察组交办群众举报环境污染问题查处情况的报告	青党发〔2016〕59号	8月11日
关于中央第八环境保护督察组交办群众举报环境污染问题查处情况的报告	青党发〔2016〕60号	8月11日
关于同意下派魏鑫同志为市第十五届人民代表大会代表候选人的批复	青党发〔2016〕61号	8月12日
关于中央第八环境保护督察组转办事项整改销号情况的报告	青党发〔2016〕62号	8月11日
关于中央第八环境保护督察组交办群众举报环境污染问题查处情况的报告	青党发〔2016〕62号	8月12日
关于中央第八环境保护督察组交办群众举报环境污染问题查处情况的报告	青党发〔2016〕63号	8月12日
关于中央第八环境保护督察组交办群众举报环境污染问题查处情况的报告	青党发〔2016〕64号	8月12日
关于中央第八环境保护督察组交办群众举报环境污染问题查处情况的报告	青党发〔2016〕65号	8月13日
关于中央第八环境保护督察组交办群众举报环境污染问题查处情况的报告	青党发〔2016〕66号	8月13日
关于中央第八环境保护督察组交办群众举报环境污染问题查处情况的报告	青党发〔2016〕67号	8月14日
关于中央第八环境保护督察组交办群众举报环境污染问题查处情况的报告	青党发〔2016〕68号	8月14日
关于中央第八环境保护督察组交办群众举报环境污染问题查处情况的报告	青党发〔2016〕69号	8月16日
关于中央第八环境保护督察组交办群众举报环境污染问题查处情况的报告	青党发〔2016〕70号	8月18日
关于部分市级领导干部提名为相关基层党(工)委出席市第十二次党代会代表候选人的通知	青党发〔2016〕71号	8月24日
关于批转《市委统战部关于政协青铜峡市第十一届委员会换届委员提名工作方案》的通知	青党发〔2016〕72号	8月24日
关于批转《市委统战部关于市工商联(民间总商会)第九届执委会换届工作的实施方案》的通知	青党发〔2016〕73号	8月24日
关于张克文同志提名为相关基层党委出席市第十二次党代会代表候选人的通知	青党发〔2016〕74号	9月1日
贯彻落实《党委(党组)意识形态工作责任制实施细则(试行)》情况的报告	青党发〔2016〕75号	9月6日

文　　件	文　号	发文时间
关于表彰全市教育工作先进集体和先进个人的决定	青党发〔2016〕76号	9月8日
关于为全市从事教育工作满30年教师庆祝教龄的决定	青党发〔2016〕77号	9月8日
关于表彰全市普通高考成绩优秀学生的决定	青党发〔2016〕78号	9月8日
关于确定青铜峡市出席中国共产党吴忠市第五次代表大会代表候选人预备人选的情况报告	青党发〔2016〕79号	9月23日
关于表彰阿迪力挑战青铜峡黄河大峡谷极限之旅活动及第五届宁夏黄河金岸(吴忠)国际马拉松赛组织工作先进集体和先进个人的决定	青党发〔2016〕80号	9月26日
关于中国共产党青铜峡市第十二次代表大会和市委十二届一次全体会议 纪委十二届一次全体会议选举结果的报告	青党发〔2016〕81号	9月27日
关于《中共青铜峡市委换届工作总结》的报告	青党发〔2016〕82号	9月29日
关于中央第八环境保护督察组转办事项整改销号有关情况的报告	青党发〔2016〕83号	10月28日
关于中央第八环境保护督察组转办事项未销号案件制定整改方案有关情况的报告	青党发〔2016〕84号	10月28日
关于青铜峡市人大 政府 政协领导班子及法检两长换届选举结果的报告	青党发〔2016〕85号	10月29日
中共青铜峡市委员会关于市第十二次党代会报告任务分工的通知	青党发〔2016〕86号	10月26日
关于印发《青铜峡市关于促进餐饮住宿业发展的政策措施(试行)》的通知	青党发〔2016〕87号	11月1日
中共青铜峡市委员会关于学习《胡锦涛文选》的通知	青党发〔2016〕88号	11月3日
关于《青铜峡市2016年工作总结暨2017年工作思路》的报告	青党发〔2016〕89号	12月5日
青铜峡市委2016年意识形态领域工作情况报告	青党发〔2016〕90号	12月8日
关于同意召开中国共产党青铜峡市公安局第九次党员大会的批复	青党发〔2016〕91号	12月12日
关于同意召开中国共产党青铜峡市住房和城乡建设局第三次党员大会的批复	青党发〔2016〕92号	12月12日
关于同意召开中国共产党青铜峡市树新林场第三次党员大会的批复	青党发〔2016〕93号	12月12日
关于表彰侦破“12·06”特大盗窃案专案组的决定	青党发〔2016〕94号	12月15日
关于中共青铜峡市委员会落实全面从严治党“主体责任”的报告	青党发〔2016〕95号	12月15日
关于表彰奖励全市服务基层文化特别贡献奖基层优秀业余文艺团队及原创优秀剧目优秀主创人员的决定	青党发〔2016〕96号	12月13日
关于表彰奖励全市第二届优秀文艺作品的决定	青党发〔2016〕97号	12月13日
关于表彰奖励全市杰出文艺人才优秀民间文化传承人的决定	青党发〔2016〕98号	12月13日
关于在全市公民中开展第七个五年法治宣传教育深入推进依法治市进程的实施意见	青党发〔2016〕99号	12月21日
关于出席党的十九大代表候选人推荐人选推荐提名情况的报告	青党发〔2016〕100号	12月30日

2016年青铜峡市人民政府文件

文 件	文 号	发文时间
关于同意以扣划公共财政预算划转资金等方式代偿棚户区改造项目贷款本息的承诺函	青政发〔2016〕1号	1月12日
关于同意中宁县购买青铜峡市耕地占补平衡指标的报告	青政发〔2016〕2号	1月28日
关于水工建筑项目建设用地的请示	青政发〔2016〕3号	1月29日
关于2016年第一批次城镇建设用地的请示	青政发〔2016〕4号	1月29日
关于贯彻落实《关于加大脱贫攻坚力度支持革命老区开发建设指导意见》的实施意见	青政发〔2016〕5号	2月3日
关于鸿乐府拱北举行农历正月十三大型宗教活动的请示	青政发〔2016〕6号	2月3日
关于吴忠至蒋顶220千伏输变电工程用地的请示	青政发〔2016〕7号	2月3日
关于土地利用总体规划局部调整的请示	青政发〔2016〕8号	2月3日
关于实施草原生态保护补助奖励机制情况的报告	青政发〔2016〕9号	2月24日
关于印发青铜峡市2016年经济社会发展主要目标任务分解落实意见的通知	青政发〔2016〕10号	2月16日
关于2016年承诺为民办10件实事责任分工的通知	青政发〔2016〕11号	2月16日
关于宁夏古城人家酒庄有限公司建设年产100吨葡萄酒庄立项的请示	青政发〔2016〕12号	2月22日
关于宁夏贺兰芳华田园酒庄有限公司建设年产200吨葡萄酒庄立项的请示	青政发〔2016〕13号	2月22日
关于宁夏丹麓酒庄有限责任公司建设年产200吨葡萄酒庄立项的请示	青政发〔2016〕14号	2月22日
关于宁夏容园美酒庄有限公司建设年产400吨葡萄酒庄立项的请示	青政发〔2016〕15号	2月22日
关于2016年第一批次村镇建设用地的请示	青政发〔2016〕16号	2月17日
关于对《青铜峡市建筑用砂石料、建筑用砂及砖瓦用粘土矿采矿权设置区划》审查备案的报告	青政发〔2016〕17号	2月22日
关于2016年第二批次工业项目建设用地的请示	青政发〔2016〕18号	2月24日
关于做好2016年民兵组织整顿工作的通知	青政发〔2016〕19号	2月24日
关于验收青铜峡鸟岛国家湿地公园(试点)的请示	青政发〔2016〕20号	3月3日
关于青铜峡鸟岛国家湿地公园(试点)建设情况自查评估的报告	青政发〔2016〕21号	3月3日
关于青铜峡鸟岛国家湿地公园(试点)建设情况的报告	青政发〔2016〕22号	3月3日
关于印发青铜峡市重大行政决策程序规定的通知	青政发〔2016〕22号	3月31日
关于2016年第三批次工业项目建设用地的请示	青政发〔2016〕23号	3月3日

文　　件	文　号	发文时间
关于印发青铜峡市国民经济和社会发展第十三个五年规划纲要的通知	青政发〔2016〕24号	3月3日
关于兑现2015年度卫生和计划生育目标管理责任书的决定	青政发〔2016〕25号	3月7日
关于生态移民工程专项审计调查报告(征求意见稿)有关问题说明情况的报告	青政发〔2016〕26号	3月7日
关于印发青铜峡市属国有资本收益收取暂行管理办法的通知	青政发〔2016〕27号	3月14日
关于印发青铜峡市社会保险"五险合一"经办体制改革实施方案的通知	青政发〔2016〕28号	3月15日
关于青铜峡市"十二五"生态移民安置区质量排查情况及整改措施的报告	青政发〔2016〕30号	3月18日
关于华能宁夏青铜峡30MWp光伏并网发电特许权项目用地的请示	青政发〔2016〕31号	3月22日
关于2016年第二批次城镇建设用地的请示	青政发〔2016〕32号	3月22日
关于将京藏高速公路吴忠黄河大桥下方安全隐患设施列入京藏高速公路改扩建工程拆迁范围的请示	青政发〔2016〕33号	3月23日
青铜峡市人民政府关于授予马立见义勇为先进个人的决定	青政发〔2016〕34号	3月25日
关于立马公路两侧绿化改造提升工程项目补助资金的请示	青政发〔2016〕35号	3月27日
关于土地利用总体规划局部调整的请示	青政发〔2016〕36号	3月30日
关于鸽子山遗址保护设施建设项目一期工程用地的请示	青政发〔2016〕37号	3月30日
关于终止2015年棚户区改造项目部分提款计划的请示	青政发〔2016〕38号	4月5日
关于申请归还2015年棚户区改造项目国开行部分贷款资金的请示	青政发〔2016〕39号	5月20日
关于"青铜峡金昱元化工集团公司出尔反尔欺诈百姓"信访事项调查核实情况的报告	青政发〔2016〕40号	4月7日
关于吴忠至中卫铁路项目建设用地的请示	青政发〔2016〕41号	4月10日
关于牛首山举行农历三月十五传统庙会的请示	青政发〔2016〕42号	4月12日
关于2016年第三批次城镇建设用地的请示	青政发〔2016〕43号	4月12日
关于调整吴忠青铜峡新材料产业基地规划的请示	青政发〔2016〕44号	4月12日
关于宁夏大唐国际沙石墩梁风电场扩建项目建设用地的请示	青政发〔2016〕45号	4月17日
关于调整青铜峡市城乡建设用地增减挂钩(三期)试点项目区的请示	青政发〔2016〕46号	4月17日
关于青铜峡库区湿地自然保护区"4.11"火灾情况的报告	青政发〔2016〕47号	4月16日
关于2016年第四批次工业项目建设用地的请示	青政发〔2016〕48号	4月17日
关于协调解决黄河楼商标注册及侵权案件的请示	青政发〔2016〕49号	4月18日

文　件	文　号	发文时间
关于申报扶持村集体经济发展试点的请示	青政发〔2016〕50号	4月22日
关于2016年第五批次工业项目建设用地的请示	青政发〔2016〕51号	4月22日
关于印发《青铜峡市深化投融资体制改革实施方案》的通知	青政发〔2016〕52号	4月25日
关于鸿乐府拱北举行农历四月初八大型宗教活动的请示	青政发〔2016〕53号	4月29日
关于2015年地方政府置换债券自查和核查情况整改工作的报告	青政发〔2016〕53号	4月30日
关于2016年第四批次城镇建设用地的请示	青政发〔2016〕54号	5月3日
关于2016年第六批次工业项目建设用地的请示	青政发〔2016〕55号	5月4日
关于呈报《2015年财政收支决算》的报告	青政发〔2016〕56号	5月10日
关于青铜峡库区湿地自然保护区“4·11”火灾自查情况的报告	青政发〔2016〕57号	5月10日
关于印发青铜峡市地震应急预案的通知	青政发〔2016〕58号	5月10日
关于中央巡视组反馈意见涉及土地出让金问题整改情况的报告	青政发〔2016〕59号	5月12日
关于土地审计发现问题整改情况的报告	青政发〔2016〕60号	5月13日
关于申报全国电子商务进农村综合示范市的请示	青政发〔2016〕61号	5月20日
关于印发《青铜峡市“先照后证”改革后加强事中事后监管工作实施方案》的通知	青政发〔2016〕62号	5月20日
关于2016年第五批次城镇建设用地的请示	青政发〔2016〕63号	5月23日
关于终止青铜峡市滑石沟矿山地质环境治理项目的请示	青政发〔2016〕64号	5月25日
关于替换部分吴忠市未开工重点建设项目的请示	青政发〔2016〕65号	5月25日
关于河东区污水处理厂及集污管网工程有关情况的报告	青政发〔2016〕66号	5月23日
关于新材料基地规划修编及申请进入国家开发区目录的请示	青政发〔2016〕67号	5月27日
关于青铜峡市嘉宝轻纺工业园申请进入国家开发区公告目录的请示	青政发〔2016〕68号	5月27日
关于解决青铜峡库区湿地自然保护区生态恢复能力建设项目经费的请示	青政发〔2016〕69号	5月27日
关于解决青铜峡库区湿地自然保护区生态恢复能力建设项目经费的请示	青政发〔2016〕69号	5月27日
关于呈报《青铜峡市2014—2020年学校布局规划调整方案》的报告	青政发〔2016〕70号	5月31日
关于公布市本级政府部门(单位)和镇行政权力事项保留暨清理调整意见的决定	青政发〔2016〕71号	5月30日
关于印发市政府党组落实党风廉政建设主体责任清单的通知	青政发〔2016〕72号	5月30日

文　　件	文　号	发文时间
关于2016年第七批次工业项目建设用地的请示	青政发〔2016〕73号	5月30日
关于申报2016年自治区财政支持可再生能源应用试点示范项目专项资金的请示	青政发〔2016〕74号	5月30日
关于调整青铜峡市贺兰山东麓中法葡萄酒庄集群示范区国家公益林地的请示	青政发〔2016〕75号	6月2日
关于支持宁夏可可美生物工程有限公司融资情况的报告	青政发〔2016〕76号	6月7日
关于核减2015年棚户区改造项目国开行部分贷款额度的请示	青政发〔2016〕77号	6月7日
关于补发2014—2015年度粮食补贴的请示	青政发〔2016〕78号	6月7日
关于申请调整青铜峡市嘉宝轻纺工业园规划范围的请示	青政发〔2016〕79号	6月12日
关于申请设立吴忠青铜峡新材料基地工业园的请示	青政发〔2016〕80号	6月12日
关于设立吴忠青铜峡新材料产业基地的请示	青政发〔2016〕81号	6月16日
关于2016年第九批次工业项目建设用地的请示	青政发〔2016〕82号	6月21日
关于印发《青铜峡市融资性担保有限责任公司组建方案》的通知	青政发〔2016〕84号	7月28日
关于聘请青铜峡市古峡担保有限责任公司董事长的决定	青政发〔2016〕85号	6月21日
关于核减2014年棚户区改造项目国开行部分贷款额度的请示	青政发〔2016〕86号	6月21日
关于印发加强新时期爱国卫生工作的实施意见的通知	青政发〔2016〕87号	6月21日
关于呈报《青铜峡市乡村教师支持计划(2015—2020年)实施办法》的报告	青政发〔2016〕88号	6月24日
关于2016年第八批次工业项目建设用地的请示	青政发〔2016〕89号	6月24日
关于2016年第十批次工业项目建设用地的请示	青政发〔2016〕90号	6月24日
关于2016年第十一批次工业项目建设用地的请示	青政发〔2016〕91号	6月24日
关于公布市政府部门和镇政府行政职权责任清单的决定	青政发〔2016〕92号	6月30日
关于聘任青铜峡市产业基金管理有限公司法定代表人的决定	青政发〔2016〕93号	6月29日
关于2016年第二批置换债券的请示	青政发〔2016〕94号	7月20日
关于青铜峡新材料基地嘉华化工有限公司"6.07"溴素泄漏事件处理结果的报告	青政发〔2016〕95号	7月22日
关于对谭桥中心村等3个少数民族特色村寨进行命名挂牌的请示	青政发〔2016〕96号	7月22日
关于青铜峡铝业发电公司储灰场扩容增地相关事宜办理情况的报告	青政发〔2016〕97号	7月22日
关于聘任青铜峡市葡萄产业投资发展有限公司法定代表人的决定	青政发〔2016〕98号	7月22日

文件	文号	发文时间
关于申请2016年自治区新型工业化资金设立青铜峡市工业企业发展担保基金的请示	青政发〔2016〕99号	7月27日
关于青铜峡市嘉宝轻纺工业园环境保护工作情况的报告	青政发〔2016〕100号	7月29日
关于印发《青铜峡市推动农村电子商务发展的实施意见》的通知	青政发〔2016〕101号	7月30日
关于2016年第十二批次工业项目建设用地的请示	青政发〔2016〕102号	7月28日
关于石嘴山(蒙宁界)至中宁公路改扩建项目用地的请示	青政发〔2016〕103号	7月28日
关于2016年第十三批次工业项目建设用地的请示	青政发〔2016〕104号	8月2日
关于2016年第六批次城镇建设用地的请示	青政发〔2016〕105号	8月2日
关于2016年上半年耕地保护目标责任履行自查情况的报告	青政发〔2016〕106号	8月2日
关于聘请青铜峡市古峡担保有限责任公司董事长的决定	青政发〔2016〕107号	8月4日
关于呈报《青铜峡鸟岛国家湿地公园(试点)工作整改方案》的报告	青政发〔2016〕108号	8月10日
关于2016年第十四批次工业项目建设用地的请示	青政发〔2016〕109号	8月9日
关于审定《青铜峡市公务用车改革工作实施方案》的请示	青政发〔2016〕110号	8月16日
关于申报创建第三批自治区基本公共体育服务体系示范县(区)的请示	青政发〔2016〕111号	8月17日
关于印发《青铜峡市加快发展养老服务业的实施意见》的通知	青政发〔2016〕112号	8月20日
关于印发《青铜峡市财政支农实施办法》的通知	青政发〔2016〕113号	8月22日
关于2016年第七批次城镇建设用地的请示	青政发〔2016〕114号	8月23日
关于2016年第十五批次工业项目建设用地的请示	青政发〔2016〕115号	8月23日
关于2016年第十六批次工业项目建设用地的请示	青政发〔2016〕116号	8月23日
关于公布全市境内明长城保护范围及建设控制地带的通知	青政发〔2016〕117号	8月24日
关于2016年防汛工作情况的报告	青政发〔2016〕118号	8月24日
关于拨付黄河宁夏段二期防洪工程青铜峡段征地补偿费的请示	青政发〔2016〕119号	9月1日
关于经济社会发展自查情况的报告	青政发〔2016〕120号	9月3日
关于申请授予潘益民吴忠市“见义勇为模范”荣誉称号的请示	青政发〔2016〕121号	9月3日
关于授予潘益民“见义勇为先进个人”的决定	青政发〔2016〕122号	9月3日
关于印发《青铜峡市电子商务进农村综合示范市实施方案》的通知	青政发〔2016〕123号	9月5日

文　件	文　号	发文时间
关于生态移民工程专项审计调查问题整改情况的报告	青政发〔2016〕124号	9月3日
关于2016年农业支持保护补贴情况的报告	青政发〔2016〕125号	9月6日
关于印发《青铜峡市重点入黄排水沟污染2016—2018年综合整治实施方案》的通知	青政发〔2016〕126号	9月8日
关于印发《青铜峡市水污染防治工作方案》的通知	青政发〔2016〕127号	9月8日
关于2016年第十七批次工业项目建设用地的请示	青政发〔2016〕128号	9月8日
关于呈报返乡农民工创业试点市申报材料的报告	青政发〔2016〕129号	9月18日
关于呈报宁夏青铜峡市青铜峡镇产城融合发展新型城镇化试点实施方案的报告	青政发〔2016〕130号	9月18日
关于河东区污水处理厂及集污管网工程整改情况的报告	青政发〔2016〕131号	9月19日
关于青铜峡铝业股份有限公司厂房主体结构安全隐患排查情况的报告	青政发〔2016〕132号	9月20日
关于呈报《青铜峡市国有林场改革实施方案(送审稿)》的报告	青政发〔2016〕133号	9月10日
关于解决连湖分场生态移民安置区工程建设资金缺口的请示	青政发〔2016〕134号	9月22日
关于印发《青铜峡市水权交易试点方案》的通知	青政发〔2016〕135号	9月22日
关于呈报《青铜峡市公务用车制度改革工作实施方案》及配套文件的报告	青政发〔2016〕136号	10月8日
关于青铜峡鸟岛国家湿地公园(试点)复验的请示	青政发〔2016〕137号	9月30日
关于清理偿还政府欠款情况的报告	青政发〔2016〕138号	10月21日
关于呈报宁夏青铜峡市服务业综合改革试点实施方案的报告	青政发〔2016〕139号	10月26日
关于统计融资平台公司债务等有关数据情况的报告	青政发〔2016〕140号	10月31日
关于宗教场所安全隐患排查整改工作有关情况的报告	青政发〔2016〕141号	10月31日
关于2016年度青铜峡市实行最严格水资源管理和节水型社会建设工作自查报告	青政发〔2016〕142号	11月1日
关于审批青铜峡市土地利用总体规划调整完善成果的请示	青政发〔2016〕143号	11月4日
关于2016年第八批次城镇建设用地的请示	青政发〔2016〕144号	11月3日
关于上报2017年自治区民生事实征集情况的报告	青政发〔2016〕145号	11月4日
关于印发《青铜峡市农村C级危房改造实施方案》的通知	青政发〔2016〕145号	7月14日
关于青铜峡市2016年法治政府建设自查自评情况的报告	青政发〔2016〕146号	11月10日
关于吴忠市环保局秸秆禁烧督查发现问题整改落实情况的报告	青政发〔2016〕147号	11月11日

文　　件	文　号	发文时间
关于报送青铜峡市"十二五"生态移民工作总结的报告	青政发〔2016〕148号	11月11日
关于申请第一批自治区级历史文化名镇名村的报告	青政发〔2016〕149号	11月11日
关于审批青铜峡市土地利用总体规划(2016调整完善版)的请示	青政发〔2016〕150号	11月16日
关于全市划定森林防火区规定森林防火期的通知	青政发〔2016〕151号	11月16日
关于吴忠市环保局秸秆禁烧督查发现问题整改落实情况的报告	青政发〔2016〕152号	11月16日
关于认定宁夏大坝发电有限责任公司二期(2×330兆瓦)机组为集中供热机组的请示	青政发〔2016〕153号	11月16日
关于印发《关于进一步加强全市协调劳动关系三方工作机制建设的实施意见》的通知	青政发〔2016〕154号	11月15日
关于自治区人民政府办公厅1~3季度政务公开工作考核赋分情况核查的报告	青政发〔2016〕155号	11月17日
关于青铜峡市水权改革、节水项目工作进展情况的评估报告	青政发〔2016〕156号	11月18日
关于对吴忠市2017年民生实事(拟选)修改意见的报告	青政发〔2016〕157号	11月18日
关于2017年承诺为民办10件实事责任分工的通知	青政发〔2016〕158号	11月20日
关于国道110线闽宁镇至青铜峡段公路项目用地的请示	青政发〔2016〕159号	11月20日
关于2016年第九批次城镇建设用地的请示	青政发〔2016〕160号	11月23日
关于电子商务进农村综合示范工作进展情况的报告	青政发〔2016〕161号	11月23日
关于赴台湾考察企业对接项目情况的报告	青政发〔2016〕162号	11月23日
关于上报《青铜峡市农业可持续发展试验示范区建设方案》的报告	青政发〔2016〕163号	11月24日
关于2016年第十九批次工业项目建设用地的请示	青政发〔2016〕164号	11月25日
关于青铜峡市2016年消防工作自查自评情况的报告	青政发〔2016〕165号	11月25日
关于印发《青铜峡市关于开展精准招商活动的实施方案》的通知	青政发〔2016〕166号	11月25日
关于延期取缔宁夏金昱元能源化学有限公司直接入黄排污口的请示	青政发〔2016〕167号	11月27日
关于中央第八环保督察组反馈问题整改落实情况的报告	青政发〔2016〕168号	11月29日
关于全面推行"双随机一公开"工作有关情况的报告	青政发〔2016〕169号	11月30日
关于呈报青铜峡市服务业综合改革试点实施方案的报告	青政发〔2016〕170号	11月30日
关于呈报青铜峡市2016年政府信息公开工作年度报告的报告	青政发〔2016〕171号	12月1日
关于青铜峡市自发移民调查情况的报告	青政发〔2016〕172号	12月2日
关于2016年"云惠宁夏·服务城乡"暨政务云推广应用工作自查情况的报告	青政发〔2016〕173号	12月4日

文件	文号	发文时间
关于2016年第十八批次工业项目建设用地的请示	青政发〔2016〕174号	12月7日
关于2016年第十批次城镇建设用地的请示	青政发〔2016〕175号	12月7日
关于青铜峡市国有林场改革工作自查报告	青政发〔2016〕176号	12月7日
关于政府网站自查情况的报告	青政发〔2016〕177号	12月9日
关于政务公开工作情况的自查报告	青政发〔2016〕178号	12月12日
关于2016年度耕地保护责任目标履行情况的自查报告	青政发〔2016〕179号	12月12日
关于2016年第三批次村镇建设用地的请示	青政发〔2016〕180号	12月13日
关于2016年第四批次村镇建设用地的请示	青政发〔2016〕181号	12月13日
关于2016年第十一批次城镇项目建设用地的请示	青政发〔2016〕182号	12月13日
关于2016年第二十批次工业项目建设用地的请示	青政发〔2016〕183号	12月13日
关于2016年第二十一批次工业项目建设用地的请示	青政发〔2016〕184号	12月13日
关于2016年地方政府置换债券资金整改落实情况的报告	青政发〔2016〕185号	12月14日
关于2016年度大气污染防治重点工作落实情况的自查报告	青政发〔2016〕186号	12月15日
关于拨付石嘴山(蒙宁界)至中宁高速公路青铜峡段改扩建工程征地补偿费的请示	青政发〔2016〕187号	12月16日
关于国务院第三次大督查反馈意见整改落实情况的报告	青政发〔2016〕188号	12月18日
关于自然资源资产审计反映问题整改落实情况的报告	青政发〔2016〕189号	12月19日
关于印发《青铜峡市创建公共体育服务体系示范市实施方案》的通知	青政发〔2016〕190号	12月21日
关于印发《青铜峡市全民健身实施计划(2016—2020年)》的通知	青政发〔2016〕191号	12月21日
关于2016年第十二批次城镇建设用地的请示	青政发〔2016〕192号	12月21日
关于2016年第二批次村镇建设用地的请示	青政发〔2016〕193号	12月21日
关于给于宁夏金昱元化工集团公司水泥错峰生产差别化政策的请示	青政发〔2016〕194号	12月22日
关于创建国家生态文明建设示范市工作自查情况的报告	青政发〔2016〕195号	12月21日
关于印发《青铜峡市2017年经济社会发展主要目标任务分解落实意见》的通知	青政发〔2016〕196号	12月26日
关于中华黄河楼申报创建国家4A级旅游景区初评整改落实情况的报告	青政发〔2016〕197号	12月26日
关于第四季度政策措施落实情况跟踪审计报告(征求意见稿)有关情况的报告	青政发〔2016〕198号	12月26日
关于宽带宁夏建设整改落实情况的报告	青政发〔2016〕199号	12月28日

索 引

说明：

1.本索引采用主题分析法，按主题词首字汉语拼音字母顺序排列。

2.主题词后的数字标示内容所在页码，数字后的a、b、c表示该页自左至右的栏别。

N

P

Q

R

S

T